텍스트 언어학 총서 1

한국문학작품과 텍스트분석

고영근 · 고성환 · 김동근 · 성기옥
신선경 · 신지연 · 안정오 · 양영희
양정호 · 엄 훈 · 오장근 · 윤석민
이성만 · 이은경 · 이인경 · 이정복
이희승 · 장경희 · 장소원 · 조보라미
조숙환 · 최용호 · 최형용 · 황선엽

2010년도
대한민국학술원
기초학문육성
우수학술도서
선정

집문당

머리말

한국텍스트언어학회는 1992년에 창립되어 봄과 가을에 걸쳐 한 해에 두 번 전국학술대회를 열고 있으며 그 결과를 기관지 『텍스트언어학』에 실어 왔다. 『텍스트언어학』은 1994년에 창간호가 나왔으며 2008년 현재 25집이 간행되었다. 텍스트 언어학은 '텍스트 · 담화 과학' 내지 '텍스트과학'이라고 불리기도 하는데 1960년대 중반 옛 서독에서 횃불을 올린 신종 인문학문이다. 나는 텍스트 언어학을 '텍스트과학'이라 부르는 관점을 취한다. 이 학문은 그 사이 독일어 사용권은 물론, 영국과 프랑스와 동구권을 거쳐 미주와 일본, 중국, 한국 등 극동지역에까지 영향을 미쳐 지금은 정규대학의 교과목으로 자리를 잡을 정도로 확고한 위상을 확보하였다. 텍스트를 '담화'와 동일시하는 일도 없지 않으나 담화보다는 범위가 넓다. 일차적으로는 문장(sentence)보다 한 단계 높은 문법단위를 지칭하지만 범위를 넓히면 한 권의 책도 텍스트가 될 수 있고 언어로 번역할 수 있는 문화기호도 텍스트가 될 수 있다.

텍스트언어학회가 창립되면서 구상한 것이 '텍스트 언어학 총서'를 간행하는 일이었다. 이 총서는 텍스트과학뿐만 아니라 화용론에 관한 업적까지 포용대상으로 삼는다. 세종대의 악장문학인 『월인천강지곡』과 중세어 한글자료의 협주에 대한 분석을 비롯하여 현대문장의 텍스트 요약과 현대어의 문장종결법을 다룬 업적이 이미 총서로 간행되었으며 작년에는 대화화제와 말차례 체계를 다룬 화용론에 관한 업적도 총서로 간행되었다. 앞으로는 외국의 텍스트과학의 흐름과 동향을 점검하는 연구물도 총서로 간행되리라 믿는다. 텍스트과학과 화용론은 응용성이 짙은 학문이다. 응용성이 짙다는 것은 언어와 언어 사용자인 사람과의 관계가 깊다는 뜻이다. 이른바 관념론에 기반을 둔 언어연구로서 실증론에 기반을 둔 언어연구와는 거리를 두고 있다. 한국에는 관념론적인 언어연구는 언어연구의 본질적 영역이 아니라는 인식이 퍼져 있다. 두 방향의 조화로운 공존을 위해 노력할 필요가 있다.

이 책은 지난 15여 년에 걸쳐 쌓은 한국 텍스트과학 업적 중 이론전개나 자료처리에 있어서 비교적 보편성을 잃지 않았다고 생각되는 것들을 골라 엮은 논문선이다. 주로 한국문학작품을 텍스트과학에 의하여 분석한 업적을 선택하였으나 실용문에 관한 분석도 배제하지 않았다. 텍스트과학이 탄생한 이래 실용문의 분석에서 가장 큰 성과를 거두었다는 점을 인정하였기 때문이다. 이 책은 모두 6부로 구성하였다. '총론, 시, 소설과 희곡, 실용문, 광고, 텍스트 처리'가 그것이다. 각 부에는 해설을 자세히 붙여, 학부의 '문학과 언어' 같은 강좌나 대학원 과정의 '한국텍스트과학 특강' 등의 교재로 사용할 때 도움이 되게 하였다. 아무쪼록 이 책이 한국의 텍스트과학의 발전과 토착화에 밑거름이 되기를 바라는 마음 간절하다.

끝으로 이 책을 편찬하는 과정에서 조언을 주신 윤석민 교수와 이 책을 텍스트 언어학 총서에 넣는 것을 허락해 준 한국텍스트언어학회(회장 안정오 교수)에 대하여 고마운 인사를 표한다. 독자 여러분들의 아낌없는 편달을 바라 마지않는다.

2009. 4. 23.
저자 대표 고영근 적음

차 례

I. 총 론

II. 시텍스트와 텍스트성

III. 소설, 희곡 텍스트와 텍스트성

IV. 실용문과 텍스트성

V. 광고와 텍스트성

VI. 텍스트 처리(생산, 수용, 해석, 이해, 요약)

해 설

고영근

'텍스트'란 용어는 사람마다 그 용법이 조금씩 다르지만 나는 언어로 되어 있거나 언어로 번역할 수 있는 문화기호에 한정하기로 한다. 어떤 문화기호가 텍스트가 되려면 적어도 형식상으로는 짜임새가 있어야 하며 내용상으로는 구멍이 있어서는 안 된다. 전자를 응결성(cohesion), 후자를 응집성(coherence)이라고 하며 사람에 따라서는 '응결성'을 '표층결속성', '응집성'을 '심층결속성'이라 부르기도 한다. 용어야 어쨌든 응결성은 텍스트를 텍스트답게 구성하는 가시적 언어장치이며 응집성은 심리적으로나 사회적으로 텍스트를 텍스트답게 만들어 주는 비가시적인 의미적 연결망이다. 심리적인 요인에는 의도성(intentionality)과 수용성(acceptability)이 있고 사회적 요인에는 정보성(informativity)과 상황성(situationality)이 있다. 이 밖에도 간텍스트성(intertextuality)을 텍스트 형성의 중요 요건으로 들기도 한다. '간텍스트성'은 국내에서 '상호텍스트성'으로 번역하여 사용하는 일이 많으나 이는 우리말의 번역문법에 어긋나기 때문에 취하지 않는다. 이 책에 실린 글 가운데서도 이 말을 사용하는 사람이 없지 않으나 독자들은 '간텍스트성'으로 이해해 주기 바란다.[1] 텍스트의 응결성을 확인하고 궁극적으로는 응집성을 파악하는 학문을 전통적으로 '텍스트언어학'이라 부르고 있지만 20세기 후반부터는 '텍스트과학'이라고 하여 21세기의 학문 전반을 선도하고 있다.[2]

1) 이곳에서 내가 지향하는 텍스트에 관한 견해는 고영근(1999: 1장)을, 텍스트에 대한 기호학적 근거는 위의 책 3장을, '응결성'과 '응집성'에 대하여는 위의 책 5장을 보라. 박금자(2003)는 '간텍스트'(Intertext)와 '간텍스트성'(Intertextuality)을 구별한다. 전자는 '텍스트들 사이에 있는 텍스트', 후자는 간텍스트를 만드는 특성으로 정의하였다.

2) 텍스트과학의 최근 동향에 대하여는 보그랑드(1997)와 그 내용을 평설한 민병곤(2001)

텍스트를 파악하는 태도에는 명제적 견해(命題的 見解, propositionale Auffassung)와 동태적 견해(動態的 見解, dynamische Auffassung)가 있다. 전자는 언어체계 중심의 텍스트관(觀)으로서 문장을 상위단위로 삼아 전후의 문맥에 따라 지시대상을 가려내는 태도를 가리키고 후자는 상황을 일정하게 설정해야만 지시대상을 찾아낼 수 있는 태도를 의미한다. 두 견해가 비록 고유의 영역을 확보하고 있다고 하여도 세부로 들어가면 상보적인 면을 띠는 것이 많다. 동태적 견해를 취해도 텍스트 구조의 미시적인 면을 소홀히 할 수 없기 때문이다.[3] 정태적 견해에 따라 텍스트를 분석할 때에는 문단으로부터 단락과 텍스트를 거쳐 문장에 이를 수도 있다.

텍스트분석의 궁극적 목적은 텍스트의 주제를 파악하는 것이다. 주제 전개에서 많이 이용되는 모형에는 프라그학파의 '주제부-설명부'의 개념과 반 다이크의 서사구조 개념이 있다. 전자에는 단순전개식, 주제일관식, 상위주제 파생식, 설명부 분열식, 주제비약식 등의 전개유형이 있고[4] 후자에는 거시구조, 서사구조, 논증 구조가 있다.[5] 그리고 주제전개의 기본모형에는 기술형, 설명형, 논증형이 있다.[6]

한편 텍스트는 동태적 견해에 따르면 제보 기능, 호소 기능, 책무 기능, 접촉 기능, 선언 기능, 감동 기능의 여섯 가지로 나눌 수 있다. 어떤 텍스트든지 어느 한 기능만으로 성립되어 있지 않다. 지배적인 기능에 따라 텍스트를 유형화하면 제보텍스트, 호소텍스트, 책무텍스트, 접촉텍스트, 선언텍스트, 감동텍스트를 둘 수 있다.[7] 동양과 한국의 한문텍스트와 간간이 보이는 한글텍스트도 이런 유형화가 가능하며,[8] 갑오경장 이후에 적극적으로 산생되기 시작한 한글텍스트도 위와 같이 유형화할 수 있다.[9] 21세기에 접어들면서는 인터넷의 보급으로 전에는 생각하지

을 보라.

3) 텍스트 파악의 두 가지 태도에 대하여는 고영근(1999: 6-8)을 보라.
4) 자세한 논의는 고영근(1999: 206-210)을 보라.
5) 자세한 논의는 고영근(1999: 210-220)을 보라.
6) 관련 논의는 고영근(1999: 225-237)을 보라.
7) 텍스트의 기능과 유형화에 대하여는 고영근(1999: 252-268)을 보라.
8) 동양과 한국의 텍스트 유형화 문제에 대하여는 고영근(1999: 268-279)을 보라.
9) 관련 논의는 고영근(1999: 280-307)을 보라.

못했던 새로운 종류의 텍스트들이 가상공간에서 생산되고 있다.

이 책에 실리는 글들은 책의 제목에 맞추어 텍스트의 감동기능을 다룬 감동텍스트를 주로 선택하였으나 실용문을 분석한 글도 넣었다. 현대의 텍스트과학은 전통시대의 '文'의 내용과 차이가 없다는 점도 고려하였기 때문이다. 전체를 6부로 구성하였다. 각 부의 특징과 해당 기고의 특징을 평설하기로 한다.

제1부 총론에서는 텍스트와 대화의 구조를 비롯하여 텍스트과학이 문학작품에 응용되는 측면과 응결성의 문제를 다룬 글들을 실었다.

고영근의 「텍스트의 개념정립과 텍스트처리에 관한 문제」(『텍스트언어학』 19, 2005, 1-18쪽)는 한국의 텍스트과학 연구의 어제를 되돌아보고 텍스트의 개념과 텍스트처리 문제를 다룬 것이다. 20세기 말경부터 인터넷이 보급됨에 따라 종전에는 생각지도 못하던 새로운 종류의 텍스트, 이른바 하이퍼텍스트가 가상공간에서 무수히 생산되고 있다. 기고자 고영근은 하이퍼텍스트가 설사 그 형성이 비선형적이라고 하더라도 텍스트의 기본개념에 변질을 가져올 정도는 아니라는 점을 강조하고 비선형적인 형성방식을 도식화하는 문제를 제기하였다.[10] 텍스트수용은 그 사이 텍스트과학에서 크게 주목받지 못하였으나 심리언어학자들의 참여로 연구가 활성화되고 있으며 국어학자 주시경(1976~1914)의 의미해석이론[11]과 이희승(1896~1989)의 시조감상이론[12]을 통합하여 문학텍스트를 수용하는 문제를 제기하였다. 기고자의 글을 바탕으로 하여 문학텍스트, 특히 시텍스트의 수용과 감상에 관련된 문제가 활성화되기 바란다.

장경희의 「국어의 대화 구조」(『한양어문연구』 16, 1998, 211-236쪽)는 최근에 와서 활발해지고 있는 대화분석의 방법론을 모색한 것이다. 기고자 장경희는 과거의 언어분석에서 이용된 구조의 개념을 대화분석에 활용하는 문제를 제기하였으며 화자와 청자의 역할행위, 역할교체, 선행화자와 후행화자의 언표내적 행위 등에서 시공간적 작용이 일어나고 그것이 대화행위에 일정한 구조를 부여하는 것으로 보았다. 이곳에서는 '계층구조'와 '진행단계 구조'를 다루었다. 계층구조는 '발화 > 참여행위 >

10) 인터넷상의 텍스트에 대하여는 박금자(2001), 마이어(2002), 이정복(2003)을 보라.
11) 주시경의 의미해석이론에 대하여는 고영근(1982/1983: 289-310)을 보라.
12) 이희승의 시조감상이론에 대하여는 이 책 II부의 첫 기고 「시조감상 일수」를 보라.

교환행위 > 단계적 행위'로 파악하였고 진행단계 구조는 시작, 전개, 종결로 이루어지는 것으로 보았다. 대화분석은 영미권에서는 인류학과 관련하여 활발히 연구되어 왔고 독일어권 사용지역에서는 텍스트과학의 테두리에서 연구되어 왔다. 세부적으로는 텍스트 언어학과 대화언어학을 구별하지만 상위에서는 같이 묶는 태도를 취한다.[13] 대화분석에 대한 전반적인 정보는 박용익(2001)에서 얻을 수 있고 최근 텍스트 언어학 총서로 나온 박성현(2008)은 말차례 체계를 집중적으로 다루었다는 점에서 우리말 대화분석의 중요한 참고문헌이다.

이정복의 「전자편지 텍스트의 구조와 기능」(『텍스트언어학』 12, 93-118쪽)은 인터넷 보급 이후 탄생된 전자편지의 구조와 기능을 탐색한 기고이다. 기고자 이정복은 컴퓨터 통신망에 의하여 교환된 메시지를 '전자편지'라 부르고 일반편지와의 차이점을 비롯하여 수신자들이 전자편지를 수용·처리하는 문제와 그에 대한 세대별 차이점을 밝힘으로써 우리말 연구영역의 확대를 탐색하는 것을 목표로 삼고 있다. 기고자는 이미 인터넷 통신언어를 전반적으로 다룬 저서를 출간하여 이 방면 연구에 선편(先鞭)을 쥔 바 있거니와,[14] 이정복의 기고를 계기로 하여 이 방면에 관심이 집중되기를 바란다. 인터넷상에서 창작되고 향유되는 구비문학 텍스트와 함께 구비언어문학의 새로운 영역의 확보로 볼 수 있다.[15]

윤석민의 「텍스트 언어학과 문학작품 분석」(『한국어학』 25, 2004, 53-87쪽)은 문학작품도 국어연구의 주요한 대상이 될 수 있다는 사실을 텍스트과학을 이용하여 밝히려고 시도한 것이다. 이효석의 『메밀꽃 필 무렵』을 분석하여 텍스트과학에 의한 문학작품 분석의 단초를 연 기고자 윤석민은 우리의 전래 민담 〈해와 달이 된 오누이〉와 조선시대의 가요 〈농가월령가〉를 대상으로 하여 문학작품에 대한 텍스트과학의 응용 가능성을 모색하고 있다. 기고자는 먼저 계열적 연구로서 〈월인천강지곡〉과 〈농가월령가〉를 중심으로 응집성과 응결성의 문제를 거론하고 다음

---

13) 독일어권의 대화분석에 대하여는 고영근(2002)에 자세히 나와 있다. 2000년 베를린 그뤼터 출판사(Walter de Gruyter Verlag)에서 나온 HSK(Handbücher zur Sprach- und Kommunikationswissenschaft)의 제16권은 두 책으로 분책되어 있는데 1책에는 텍스트 언어학, 2책에는 대화언어학이 배당되어 있다.

14) 이정복(2003나)을 보라.

15) 심우장(2001)에 이런 문제가 폭넓게 논의되어 있다.

으로 문학작품의 통합 구조를 분석하였다. 문학작품을 두 가지 관점에서 분석하는 틀은 이미 주신자(1987)에서 시도된 바 있어 참고가 되고 한국텍스트언어학회 기관지 『텍스트언어학』에 관련 업적이 많이 실려 있다.

고성환의 「응결 장치의 계층성과 텍스트 경계」(『시학과 언어학』 5, 61-85쪽, 2003)는 텍스트 내의 문장들 사이와 텍스트와 텍스트 사이를 이어 주는 응결 장치를 의미적인 의존성을 기준으로 하여 논의하고 특히 명사구 생략문제가 텍스트 경계와 밀접한 관련이 있는 것으로 파악하였다. 기고자 고성환은 문장 성분의 생략이 '텍스트'와 관련된다는 것은 '텍스트'의 지위를 그만큼 확고하게 하는 데 기여한다는 점을 지적하였다. 그러면서도 기고자는 '텍스트'임을 나타내 주는 문법적 표지가 없기 때문에 '텍스트'를 언어단위로서 자리매김하는 데는 아직도 많은 문제점이 있음도 아울러 지적하고 있다. 텍스트 경계의 설정에 관한 문제는 박금자(1995)와 고성환(2002)에서 자세한 정보를 얻을 수 있다.

제II부는 시텍스트의 텍스트성을 중점적으로 다룬 기고들을 모았다.

이희승의 「시조감상 일수(一首)」는 원래 『學風』 1(74-81쪽, '학풍본'이라 부름)에 실렸었는데 뒤에 고등학교 국어(1953)('고등국어본'이라 부름)에 전재된 바 있다. 고등국어본은 앞부분을 부분적으로 삭제·변용하고 인용된 한시(漢詩) 중 소동파, 유관, 위장, 황장계의 것이 삭제되었다. 한시는 음을 앞세우고 괄호 안에 한시를 제시하였으며 바로 아래 번역을 붙였다. 『一石李熙昇全集』 8(2000)('전집본'이라 부름)에는 고등국어본을 옮겨 실었다. 세 이본(異本)에 대한 비교·대조는 미주(尾註)[한자 숫자로 표시함]에 넣었는데 필자 이희승의 증손녀 이경은 양(서울대 대학원)이 협조하였다. 본서에 실리는 것은 전반적으로 한글전용으로 다시 편집하였으며 단 어려운 한자는 괄호 안에 넣었다. 내용의 얼개를 파악하는 데는 고등국어본이나 전집본을 보아도 좋으나 내용의 세세한 면을 탐색하는 데는 학풍본을 주석하고 고등국어본과 전집본을 대교한 본서 소재본을 보는 것이 좋다. 본서 소재본을 '교감주석본'이라 부르기로 한다. 교감주석본에서는 학풍본의 5개 분장에 그에 해당하는 이를테면 '감상과 관조'와 같은 명칭을 붙였다. 교감주석본의 입력과 각주의 한시 번역은 한문학 전공의 김동준 교수(이화여대)와 강혜선 교수(성신여대) 내외가 협조하였다.

주석대교본은 다음과 같이 편성하였다.

1. 들어가기/ 2. 감상과 관조/ 3. '이화'와 관조의 세계/ 4. 시조감상의 절차/ 5. 美를 어떻게 발견할 것인가

1에서는 작품의 내용보다는 훈고주석에 기울어져 있는 해방 후의 고전문학계의 학풍을 극복하고 작품의 미적 측면을 드러내는 방법론을 도입할 필요가 있다는 점을 강조하였다. 2는 미를 감상하려면 관조의 세계에 들어가야 한다는 점을 예를 들어 보였다. 3은 고려 공민왕 때의 문인인 이조년의 시조 '梨花에 月白하고-'를 인용하고 이 시조의 '梨花'와 간텍스트성을 형성하고 있는 중국 시인 구위, 소동파, 유관, 위장, 백낙천, 여중부와, 우리나라의 여류시인 허난설헌, 황장계의 시를 들었다. 4에서는 시조감상의 절차를 베풀었는데 특히 '배꽃'이 '달', '두견'과 맺는 관계를 간텍스트성의 관점에서 거론하였다. 5에서는 구체적으로 미를 발견해 내는 방법론을 제시하였다. '多情도 病인 양하여'의 주체가 '자규', '작자' 중 누구냐에 따라 해석이 두 가지로 갈린다고 보고 이러한 해석상의 중의성은 바로 연결어미 '-여'(<어서)에 내재해 있다고 하였다. 이희승의 글을 통하여 우리는 문법적 지식이 잘 갖추어져 있으면 문학작품에 나타나는 중의성을 설명하는 데 도움을 받을 수 있다는 점을 알 수 있다.[16)]

장소원의 「한국 현대시를 통해 본 상호텍스트성」(『텍스트언어학』 23, 2007)은 부제에 제시된 바와 같이 김춘수의 '꽃'과 장정일의 '라디오와 같이 사랑을 끄고 켤 수 있다면'의 간텍스트성을 추구한 것이다. 두 작품은 '패러디'라는 응결성에 의하여 간텍스트성을 이루고 있다. 응결성에 기댄 간텍스트성은 전통시대에는 차운(次韻)에 의하여 형성되었으며 현대시에서도 그런 현상이 목격된다. 박목월의 '나그네'는 조지훈의 '완화삼'에 화답하기 위하여 쓰인 것으로서 두 작품 사이에는 '구름', '나그네', '마을', '술' 등의 어휘가 반복된다. 기고자 장소원은 먼저 의미 내용, 문체, 통사 구조 등에 의한 반복의 양상을 확인하고 다음으로는 대체와 첨

16) 문법적 지식이 문학작품의 해석에 기여하는 문제에 대하여는 고영근(1999: 123-125)을 보라.

가, 확장과 압축 등의 변형 관계에 의한 간텍스트성을 밝혀내었다. 텍스트성 중에서 간텍스트성만큼 문학작품의 분석에 활용도가 높은 것이 달리 있는 것 같지 않다. 이 방면에 대한 나라 안팎의 기초 이론서를 폭넓게 읽을 필요가 있다.[17]

최용호의 「김소월의 〈진달내꼿〉, 그 의미에 관하여」는 프랑스 언어학자 라스티에(F. Rastier)의 텍스트 의미론을 김소월의 〈진달내꼿〉의 분석에 응용한 것이다. 텍스트 의미론은 텍스트를 주제부, 변증부, 변론부, 전략부로 구성된 복합적인 단위로 간주한다. 텍스트 의미론은 그동안 구조의미론에서 간과된 규범과 맥락의 문제를 부각시키고 그 중요성을 강조한다. 기고자 최용호는 김소월이 1922년에 『開闢』 7월호에 발표한 〈진달내꼿〉을 원문대로 제시하고 분석에 임하였다. 우리의 책에 실리는 글은 기고자가 『텍스트의미론강의』(2004)에서 시도한 분석을 보강하여 보내온 것이다. 기고자는 〈진달내꼿〉의 종속주제들 간의 위계적 구조를 상위에 '感'을 놓고 이를 나뭇가지 형태로 이분하되 먼저 '有情'과 '無情'으로 나누고 有情은 '愛'와 '情'으로, '無情'은 '恨'과 '憎'으로 나누었다. '愛'에 대하여는 잠재적인 차원으로 존재한다고 생각하여 점선으로 표시하였다. 기고자는 〈진달내꼿〉은 길이는 얼마 안 되지만 연인들이 느낄 수 있는 '愛, 情, 恨, 憎'을 잘 나타내고 있다고 보았다. 기고자가 시도한 텍스트 의미론에 근거한 한국시에 대한 분석이 이어지기를 바란다.

성기옥의 〈용비어천가〉의 서사적 짜임」(『백영정병욱선생화갑기념논총』, 신구문화사, 지식산업사, 1982, 154-173쪽)은 비록 텍스트과학의 이론과 방법을 활용하지는 않았으나 결과적으로는 텍스트성의 두 축인 응결성과 응집성의 개념을 어느 정도 활용한 것으로 보고 이 책에 실었다. 기고자 성기옥은 〈용비어천가〉가 영웅 서사시가 아니라는 견해에 대하여 반론을 제기하고 '서사적 짜임새'와 이를 지배하는 '서사원리'를 찾아 〈용비어천가〉가 영웅 서사시로서의 요건을 갖추고 있다고 보았다. 〈용비어천가〉의 전체적 짜임이 '서사(序詞), 본사(本詞), 결사(結詞)'로 구성되어 있다는 점은 텍스트성의 언어장치인 응결성을 달리 표현한 것으로 보인

17) 간텍스트성의 개념과 이 방면의 최근 연구 성과는 홀티우스(1993)와, 클라인·픽스(Hg)(1997)의 제3부의 기고를 보라.

다. 그리고 서사단계가 4단으로 되어 있다는 점은 응집성을 달리 표현한 것이 아닌가 한다. 그러니까 〈용비어천가〉는 응결성과 응집성의 관점에 설 때 영웅 서사시로서의 자격을 충분히 갖추고 있다고 규정할 수 있다. 앞으로 〈용비어천가〉의 특징을 텍스트과학의 입장에서 가려내는 작업이 이어지기를 바란다. 〈용비어천가〉는 〈월인천강지곡〉과 함께 조선조 초기의 악장문학의 쌍벽(雙璧)을 이루고 있다. 양자는 중국과 이씨왕조의 역사, 그리고 석가모니의 일대기를 짧은 시형으로 압축하였기 때문에 배경설화를 모르면 시가의 내용을 파악하기가 어렵다. 배경설화가 어떤 과정을 밟아 시가화되었는가 하는 문제도 중요한 연구거리가 될 수 있다.[18]

제Ⅲ부는 산문텍스트, 곧 우리 시대의 대하장편소설 『혼불』, 『태백산맥』, 오태석의 희곡, 「안락국태자전」을 텍스트과학의 관점에서 분석한 기고를 모은 것이다.

김동근의 「『혼불』의 기호체계와 텍스트성」은 『혼불』의 담론체계를 텍스트기호학의 방법으로 분석한 것이다. 기고자 김동근은 서사의 축에 의지하는 구조적 읽기와 다양한 민족지를 통한 문화적 읽기, 내포적 의미를 해석하는 시적 읽기의 세 관점에서 『혼불』의 텍스트성을 구명하였다. 기고자는 『혼불』이 다양한 문화 현상들을 중층적으로 구조화하고 있다고 전제하고, 『혼불』의 담론체계를 청암부인과 강모의 서사가 병립하여 두 축을 형성하고 있는 것으로 보았다. 특히 미시담론으로서의 문학텍스트가 거시담론으로서의 문화텍스트와 어떻게 간텍스트성을 유지하고 있는가 하는 문제에 대하여도 주의를 놓치지 않고 있다. 대하소설일수록 이입된 텍스트가 나오기 마련이다. 이 작품에서는 민담, 한시, 시가 등 많은 기생텍스트가 유달리 많이 나오는데 이는 서사적 긴장감을 부여하기 위한 목적이라고 해석하였다. 『혼불』기념사업회에서는 『혼불』의 문학성과 언어적 특징을 구명하는 연구모임을 여러 차례 가져왔다.[19]

양영희의 「『태백산맥』의 주제 전개를 위한 응결성 실현 양상에 대한

18) 〈용비어천가〉와 〈월인천강지곡〉의 텍스트성과 배경설화에 대하여는 고영근(1999: 336-349), 고영근(2001: 29)을 보라. 고영근 밖에(2003)에서는 〈원일천강지곡〉 권상의 192곡에 대한 텍스트분석을 시도하였다. 나머지 권에 대하여도 이런 작업이 이루어져야 한다. 후학들의 분발을 바란다.

19) 이 방면의 연구결과는 전라문화연구소 『혼불의 문학세계』(소명출판, 2001)와 혼불기념사업회 · 전라문화연구소, 『혼불의 언어세계』(전북대학교출판부, 2004)를 보라.

고찰」(『한국문학연구』 16, 2001, 39-59쪽)은 조정래의 장편대하소설 『태백산맥』에 응결성의 양상이 어떻게 실현되어 있는가를 구명할 목적으로 쓰였다. 기고자 양영희는 『태백산맥』의 주제가 '상위주제 파생식'을 취함으로써 대하소설의 약점인 '느슨함'을 극복할 수 있었으며 '단순 선형식'을 취함으로써 상위주제 파생식의 단점인 논리적 비약을 피할 수 있었다고 보았다. 이어 기고자는 주제 전개를 위한 응결성 실현 양상을 검토하였다. 대표적으로 재수용에 의한 명사적 연쇄가 그것이다. 여기에는 명칭을 반복하는 단순반복과 대명사에 의한 재수용을 들 수 있다. 양영희의 논의를 통하여 우리는 『태백산맥』의 주제 전개가 작품을 이루는 구성요소들 간의 응결성에 의하여 이루어진다는 사실을 확인할 수 있다.

조보라미의 「오태석 희곡의 상호텍스트성 연구」는 오태석의 희곡 〈심청이는 왜 두 번 인당수에 몸을 던졌는가〉의 간텍스트성을 구명함을 목표로 삼았다. 기고자 조보라미는 오태석의 위의 작품이 통시적으로는 『심청가』와, 공시적으로는 이강백의 희곡 〈셋〉, 오종우의 희곡 〈칠수와 만수〉, 최인훈의 희곡 〈달아 달아 밝은 달아〉와 간텍스트성을 이루고 있음을 밝혔다. 기고자는 오태석 희곡이 기존의 다양한 텍스트를 창작의 원천으로 삼으면서도 그것을 하이퍼텍스트에 자연스럽게 융합시킴으로써 창조적인 작품을 생산해 내었다고 평가하였다. 이로써 이 논문은 '간텍스트성'이라는, 오태석 희곡의 창작원리를 밝히는 한편, 간텍스트성을 문학연구에 활용하기 위한 시론(試論)으로서의 의의를 갖는다.

황선엽의 「텍스트 생산자를 중심으로 한 「안락국태자전」의 텍스트 언어학적 분석」(『관악어문연구』 18, 1994, 273-297)은 『월인석보』 권8에 삽입되어 있는 「安樂國太子傳」을 텍스트과학의 관점에서 분석한 것이다. 기고자는 주로 동작주의 바뀜을 기준으로 삼아 12개 단락과 98개의 화제로 나누어 그 외적 관계와 내적 관계를 고찰하되 주로 공대법(흔히 경어법) 사용을 기준으로 삼았다. 내적 관계는 텍스트 속의 인물들 간의 관계이고 외적 관계는 텍스트 속의 인물과 생산자와의 관계이다. 그리고 어휘적 등가성에 의하여 텍스트가 어떻게 형성되는가 하는 문제도 다루었다. 『월인석보』에는 「安樂國太子傳」과 같은 기생텍스트가 많다. 「석보상절」 권11과 『월인석보』 권21의 「忍辱太子傳」, 『월인석보』 권22의 「善友太子傳」, 『월인석보』 권23의 「目連傳」 등이 그러한 것이다.[20] 이런 소품에 대한 텍스트분석도 놓쳐서는 안 된다.

제Ⅳ부는 실용문의 텍스트분석을 다룬 글들을 모았다. 실용문도 그 기능을 중시하면 얼마든지 세분할 수 있다.[21] 여기에서는 보도자료, 공지문, 훈민정음 서문, 전통사회의 논변에 국한하여 분석하는 문제를 보기로 한다.

장소원·양정호의 「보도자료 텍스트의 특성 연구」(『텍스트언어학』 17, 281-308)는 실용문의 한 유형인 보도자료의 형식 및 내용상의 특징을 분석하는 것을 목표로 삼았다. '보도자료'는 언론매체에 보도되는 것을 목적으로 언론기관에 제공된 자료를 가리킨다. 기고자 장소원·양정호는 인터넷 홈페이지와 팩스 등을 통해 언론기관에 제공된 자료 379편을 대상으로 하여 내용상의 특징과 형식상의 특징을 가려 내었다. 내용상으로는 '정보 공개형 자료', '홍보형 자료', '입장 표명형 자료'의 셋으로 분류하되 형식상으로는 '단독형'과 '첨부형', '격식형'과 '비격식형'으로 나누었다. 한편 기고자들은 내용에 따른 세 유형과 형식에 따른 네 유형을 조합하여 열두 가지 유형을 세우고 텍스트분석과 텍스트 수정을 행하였다. 이 기고는 지금까지 사각지대에 놓여 있었던 '보도자료'라는 실용문을 텍스트분석의 대상으로 삼아 바람직한 보도자료의 전형을 탐색하였다는 평가를 받을 수 있다.

이은경의 「공지문 텍스트의 구조와 기능」(『텍스트언어학』 15, 2003, 225-252쪽)은 공지문 텍스트를 대상으로 하여 그 구조와 기능 및 언어적 장치 등을 밝힌 것이다. 기고자 이은경은 100여 편의 공지문을 디지털 카메라로 촬영하여 자료를 구축하였다. 공지문의 필수조건을 '제목－본문－발신자'로 보되 셋을 다 갖춘 것도 있고 '발신자'가 빠진 것도 있으며 '본문－발신자'만으로 된 것이 있는가 하면 '본문'만 있는 네 유형을 확인하였으며 그 가운데서 첫째 유형이 가장 일반적이라고 하였다. 이어 공지문의 제목을 유형화하였는데 명사형과 명사구형이 선호된다고 하였다. 본문은 서술식, 항목식, 혼합식으로 나누었으며 발신자도 그 유형을 몇 가지로 정리하였다. 공지문의 대표적인 기능으로 제보 기능과 호소

20) 관련 논의는 사재동(1975)을 보라.
21) 자세한 정보는 고영근(1999: 268-290)을 보라.

기능을 두고 각 기능의 사례를 들면서 그것이 어떤 언어적 표지로 나타나는가 하는 문제를 추적하였다. 공지문과 같은 실용텍스트가 언어학적 분석의 대상에 오른 것은 동태적 견해에 입각한 텍스트과학이 자리 잡음에 따라 부각된 분야이다.

신지연의 「『훈민정음』의 두 서문의 텍스트성」(『언어』 25. 3, 2000, 367-382쪽)은 『훈민정음』의 두 서문을 비교하여 그 텍스트성을 구명한 것이다. 기고자 신지연은 국역 예의본인 「세종어제훈민정음」(이하 '어제 서문'이라 부름)[22]과 훈민정음 해례본(이하 '해례본 서문'이라 부름)의 끝에 붙어 있는 정인지의 서문을 비교하여 그 간텍스트성을 확인하였다. 먼저 기고자는 '어제 서문'의 거시 구조를 종결어미를 기준으로 삼아 크게 나누고 연결어미를 기준으로 하여 5개의 하위텍스트로 나누었다. 거시구조에서는 시간적으로 하나의 선적 구성을 가지고 부정적 상황이 긍정적 상황으로 전환된다는 점을 밝혔다. '해례본 서문'에서는 7개의 하위텍스트로 나눈 다음, 그것이 '어제 서문'의 확대 텍스트란 점을 지적하였다. '확대'란 정인지가 책의 편찬과 관련되는 부분을 덧붙였다는 뜻이다. 텍스트과학, 다시 말하면 텍스트 언어학은 종전에 예사로 보던 우리말의 제반 현상을 새로운 눈으로 볼 수 있는 계기를 만들었다는 점에서 그 기여가 적지 않다.

엄훈의 「조선 전기 공론 영역 논변의 사례 분석」(『텍스트언어학』 12, 2002, 69-92쪽)은 조선조 전기의 공론 영역에 나타나는 논변을 논증 분석 방법론을 이용하여 분석한 것이다. 기고자 엄훈은 성종 19년에 있었던 공론영역에서 전개된 임사홍의 탄핵 논변 기사 중 여섯 번째 통보행위[23]를 대상으로 공론 영역에서의 논증적 대화의 유형을 논거의 유형과 논증 도식의 유형으로 나누어 논의하였다. 기고자는 '사례의 분석'에서 먼저 '논거의 유형'을 '근거, 보증, 지원'의 셋으로 들고 그중 '보증'은 특정한 논증적 대화의 장을 지배하는 관습적 사고를 반영하며 논증적 대화에서 생략되는 일이 많다고 하였다. 기고자는 '보증'을 뒷받침하는 '지

---

22) 『월인석보』 권1의 머리에 붙어 있는 '世宗御製訓民正音'은 원래의 이름은 '訓民正音'이었다고 하여 최근에 그 정본을 재구하여 배포한 일이 있다. 조규태(2007)를 보라.

23) 기고자는 'communication'을 '소통'이라고 번역하였으나 필자는 '통보'라는 용어로 대치하였다. 고영근(1999: 21)을 보라.

원'은 명시적으로 제시되며 강력한 설득력의 대상이 된다고 하였다. '논증 도식'의 유형에서는 임사홍의 탄핵 논변을 '권위로부터의 논증'과 '유추에 의한 논증'의 양면이 드러나는 것으로 보았다. 끝에는 분석대상의 자료인 '대사헌 이칙 등의 상소'가 마련되어 있다. 원문은 각주에 인용되어 있다. 앞의 황선엽의 기고에서 보았듯이 긴 글은 자료를 따로 제시하는 것이 텍스트분석을 수월하게 한다.

제V부는 광고텍스트의 텍스트성을 다룬 글을 모았다. 광고, 특히 상업성을 띤 광고가 신문의 지면과 라디오의 전파를 거쳐 TV 화면에 그 얼굴을 드러낸 지도 수십 년이 되었다. 최근에 와서는 인터넷에서도 새로운 형태의 광고가 많이 등장하고 있다. 이곳에서는 각종 매체에 나타나는 광고텍스트를 대상으로 하여 광고의 구조와 기능, 광고 전략과 중의성, 광고의 기능 등의 문제를 짚어 보기로 한다.

신선경의 「TV광고의 텍스트 언어학적 특징」(『텍스트언어학』 7, 1999, 117-139쪽)은 텔레비전 광고의 유형적 특징, 응결성과 응집성을 구명한 것이다. 기고자 신선경은 TV광고는 다른 광고방식과 비교할 때 설득력이 강한 텍스트라고 규정하고 그 특징을 구명하였다. TV 텍스트는 문장 이하의 구나 단어로 실현되는 일이 많으며 음성기호가 주로 사용되고 문자기호는 보조적으로 사용되는 경우가 많다고 그 성격을 규정하였다. 이어 기고자는 TV광고의 발화 형식을 해설부, 대화부, 독백부, CM부, 문자부의 5개 영역으로 구성되는 것으로 보고 특징을 설명하였으며 광고텍스트가 성립하는 데 요구되는 응결성과 응집성에 대하여도 언급하였다. 마지막으로 발화단위를 나누는 기준으로 화자교대(turn taking)가 중요한 기준으로 작용하고 이 밖에도 휴지나 억양, 운율 등도 발화의 경계로 삼을 수 있다고 하였다.

최형용의 「광고 전략과 언어적 중의성」(『텍스트언어학』 9, 2000, 169-193쪽)은 광고 전략과 이를 통하여 나타나는 중의성의 문제를 다루었다. 기고자 최형용은 광고에 나타나는 동음성을 이용하여 광고의 효과를 극대화시키는 광고주의 전략문제를 논의하였다. 기고자는 텍스트성의 일곱 가지를 광고텍스트를 통하여 설명하고 초구조라 부르는 총괄적 구조의 도식에 따라 광고텍스트를 분석한 결과 논증구조가 선호된다고 하였다. 하나의 표현에 대하여 의미가 여러 가지로 해석되면 제품의 선전에 긍정적 효과를 거둘 수 있다고 하였다. 광고는 짧은 분량에 담아야 할 내용이 응축되어 있기 때문에 텍스트과학의 중요 소재가 될 수 있다고 말하고 이 방면 연구에 관심을 기울일 필요가 있음을 강조하였다.

오장근의 「광고언어의 호소적 기능에 대한 텍스트 언어학적 연구-인쇄광고 헤드카피의 텍스트 화용론적 분석」(『텍스트언어학』 14, 2003, 321-349쪽)은 텍스트 화용론적 관점에서 광고를 분석하는 문제를 제기한 것이다. 기고자 오장근은 광고 커뮤니케이션에서 차지하는 광고의 기능이 호소기능이라는 점을 부각하고 그것이 주어지는 문제를 폭넓게 논의하였다. 광고에 사용되는 문안을 '카피'라 부르고 그 구조를 비주얼과 언어정보로 분석하였으며 헤드카피와 그 기능을 설명하고 이를 화행론적으로 분류하는 문제를 거론하였다. 이어 기고자는 헤드카피와 비언어적 성분들과의 관계를 논하고 사례분석을 통하여 광고의 호소기능과 헤드카피의 역할을 거론하였다. 결국 광고의 호소기능을 수용자의 텍스트 기대에 의해 주어진다고 하고 수용자의 헤드카피를 통하여 광고를 이해해야 한다는 점을 강조하였다

이인경의 「TV광고의 텍스트 언어학적 분석」(『텍스트언어학』 15, 2003, 255-285쪽)은 앞의 신선경의 기고와 같은 성격의 광고에 대한 텍스트과학적인 분석이다. 기고자 이인경은 TV광고 텍스트를 구성하는 발화 형식들의 텍스트성 실현 양상을 분석하고 그것이 광고 전략과 어떤 관계를 맺는가를 탐색하는 데 목표를 두었다. 이곳에서는 먼저 성우들의 문어담화를 해설부와 대화부로 나누어 결속구조, 곧 응결성을 밝혔다. 기고자는 응결성으로 반복, 생략을 들고 결속성, 곧 응집성과의 상관관계를 밝혔다. 이어 기고자는 TV광고의 해설부와 대화부가 TV광고 텍스트 안에서 어떤 역할을 하고 광고주제의 전달과 광고 전략이 어떻게 수행되는가 하는 문제를 다루었다. 이곳에서는 텍스트수용자에게 직접적인 행동을 요구하는 광고주제는 대화부가 삽입된 텍스트에서, 부가가치를 부각시키는 이미지 광고는 주로 해설부 중심의 광고에서, 비교적 값비싼 금융·가전 제품은 해설부 중심의 텍스트에서, 일상 생활용품은 대화부에서 두드러진다는 사실을 각각 확인하였다.

제VI부는 텍스트처리에 관련된 기고를 모은 것이다. 텍스트처리는 언어심리학의 영향을 받아 비교적 최근에 텍스트과학의 과제로 부상하였

다. 텍스트처리는 텍스트 생산과 밀접한 상관관계를 형성하고 있는데 여기에는 텍스트 이해, 수용, 해석, 요약을 넣을 수 있고 문학작품의 감상도 이 범주에 넣을 수 있음은 물론이다. 텍스트 이해에 관련된 전반적인 정보는 고전적인 것으로는 뷜러(K. Bühler, 1934/1995/지광신 · 최경은 공역(2008))가 있으며 반 다이크(1978/정시호 역, 2001: 제6장), 고영근(2002), 파터(2001/이성만 역, 2006: 제5장) 등에서 관련 정보를 얻을 수 있다.

안정오의 「텍스트의 이해」(『텍스트언어학』 16, 2004, 265-288쪽)는 퍼스의 기호에 관한 견해를 중심으로 텍스트의 해석과 이해의 문제에 접근하였다. 퍼스 기호학은 소쉬르와는 달리 기호를 언어 사용자와 긴밀하게 관련시킨다. 현대의 텍스트과학이 퍼스의 기호학과 화용론의 발달에 영향을 받았다는 것은 이미 알려져 있다. 기고자 안정오는 텍스트 이해에 관한 여러 가지 견해, 곧 심리언어학적인 이해, 반 다이크의 텍스트 이해, 화용론에서의 텍스트처리, 교육적 면의 텍스트처리 등으로 유별하여 그 흐름을 정리하였다. 이어 기고자는 퍼스 기호학에서의 해석체를 화용적이고 문화적인 측면에서 이해해야 한다고 하였으며 퍼스의 가추법이 바로 텍스트 이해에 유효한 틀이 된다고 보았다.

조숙환의 「응집성과 텍스트 이해」는 원래 『인지과학』 13.2(2002), 1-13쪽에 실었던 것인데 기고자 조숙환이 다시 손질하여 보내온 것이다. 기고자 조숙환은 응결성은 '응집장치'로 부르고 응결성은 '응집성'이라 불러 과학텍스트를 읽고 이해하는 문제를 분석하였다. 과학텍스트의 이해는 응집성의 강도와 어떤 관계가 있고 특히 텍스트의 이해가 지엽적 응집성 및 총체적 응집성과 어떻게 관련되는가 하는 문제를 실험을 통하여 확인하였다. 읽기 시간이 길게 나타난 것은 응집장치 내용의 통합과정으로 인한 부가적인 인지과정이 추가된 데 그 까닭이 있는 것으로 보았다. 기고자는 응집성의 강도가 모든 응집장치에 의하여 일관되게 정보처리에 영향을 주는 것이 아니며 응집장치가 장치의 종류 및 과제의 유형에 따라 차별적 효과를 준다는 최근의 연구결과를 뒷받침한다고 하였다. 텍스트처리는 인지과학 내지 언어심리학자의 소관사로 알려져 왔으나 국어문법학자들도 이 방면에 눈을 뜰 때가 되었다고 믿는다.[24] 모두 텍스트과학의 수용으로 대두된 새로운 영역이다.

오장근의 「텍스트 이해와 수용자의 전략」(『텍스트언어학』 7, 1999, 287-314쪽)은 텍스트가 수용자에게 어떻게 이해되는가 하는 문제를 소통적, 곧 통보적 관점에서 다룬 것이다. 기고자 오장근은 먼저 구조적 측면과 기능적 측면을 아우르는 통합적 관점에서 이해 중심의 텍스트 개념을 정의하였다. 텍스트 이해는 텍스트콤페텐츠(Textkompetenz)에서부터 시작하여 텍스트처리(Textverarbeiten)를 거쳐 이루어지는 것으로 보았다. 다음으로 반 다이크와 킨치의 전략적 텍스트수용 모형을 소개하고 문제점을 비판하였으며, 수용자의 관여성과 텍스트종류에 대한 지식을 발판으로 하여 독일어 신문을 분석대상으로 텍스트종류에 대한 지식과 수용전략의 상호작용을 논의하였다. 기고자는 텍스트 이해가 일정한 언어적 또는 비언어적 의미조절성분에서 수행되는 것이 아니라, 텍스트종류 지식을 기반으로 한 상호작용을 통하여 구성된다고 보았다. 이때 텍스트종류에 대한 지식은 '텍스트기대'라는 수용전략의 기초 형식으로 파악되었다. 오장근의 기고는 텍스트 이해에 대한 독일학계의 지식을 바탕으로 하여 텍스트 이해의 문제를 본격적으로 다루었다는 데 그 의의를 지니고 있다.

이성만의 「텍스트 이해에서 바꿔쓰기의 기능」(『텍스트언어학』 5, 1998, 59-85쪽)은 텍스트 이해에서 '바꿔쓰기'의 구조와 기능 문제를 다룬 것이다. 통보 행위에서 수용자는 최적의 텍스트를 구성하고 화자의 생산의도를 재구성하기 위하여 여러 가지 보조수단을 이용할 수 있는데 이 가운데서 가장 중요한 것이 '바꿔쓰기'이다. 기고자 이성만은 텍스트과학으로 독일에서 박사논문을 쓰고 귀국하여 이 방면의 정보를 가장 많이 소개한 사람이다. 기고자는 먼저 문장에서의 바꿔쓰기에 대한 개념적 접근을 시도하고 이어 방법론적 접근을 제시하였다. 방법론적으로는 '통사적 바꿔쓰기', '의미적 바꿔쓰기', '화용적 바꿔쓰기'를 두었다. 끝으로 기고자는 '요약', '해석', '설명', '변형'을 통한 이해전략을 들었다. 우리는 이성만의 기고를 통하여 바꿔쓰기가 문어와 구어를 묻지 않고 텍스트 이해에 중요한 기능을 수행함을 확인할 수 있다.

---

24) 우리의 주목을 끄는 연구로는 관형절에 대한 일련의 연구를 들 수 있다. 대표적으로 김성일 · 이재호(1995)를 보라.

[참고문헌]

고영근(1999), 『텍스트이론』, 아르케.

고영근(2005), 「텍스트의 개념정립과 텍스트처리에 관한 문제」, 『텍스트언어학』 19, 1-18쪽.

고성환(2002), 「응결장치와 텍스트경계-〈월인천강지곡〉을 중심으로」, 『문법과 텍스트』, 607-632쪽.

고성환(2003), 「응결장치의 계층성과 텍스트 경계」, 『시학과 언어학』 5, 61-85쪽.

고영근(2005), 「텍스트의 개념정립과 텍스트처리에 관한 문제」, 『텍스트언어학』 19(본서 3-18에 다시 실림).

김성일 · 이재호(1995), 「한국어 관계절 문장의 이해 과정과 구조」, 『인지과학』 6-2, 5-22쪽.

마이어(J. Meier)(2002), "Zwischen Textphilologie, Kulturwissenschaft und neuen Medien," 픽스(U. Fix), 아담찌크(K. Adanzik), 안토스(G. Antos)(2002), *Brauchen wir einen neuen Textbegriff*, Lang,.

박금자(1995), 「석보상절, 월인석보의 텍스트의 범위와 텍스트 통합성」, 『텍스트언어학』 3, 293-317쪽.

박금자(2001), 『인터넷 미디어 읽기』, 커뮤니케이션북.

박성현(2008), 『한국어 대화 화제와 말차례 체계』, 텍스트언어학총서 7, 집문당.

박용익(2001), 『대화분석론』(개정증보판), 역락.

뷜러(K. Bühler)(1934/1995), 지광신 · 최경은 공역(2008), 『언어의 이론(Sprachtheorie)－언어의 서술기능』, 도서출판 나남.

사재동(1975), 「월인석보의 문학적 연구」, 『인문과학논문집』 2.6(충남대학교)

사재동(1989), 「월인석보의 강창문학적 성격」, 제4회 3개 학회 합동발표논문.

심우장(2001), 「통신문학의 구술성에 관하여」, 김종회 · 최혜실 편, 『사이버문학의 이해』, 집문당, 233-272쪽.

이정복(2003가), 「인터넷 게시판의 특성과 이용자 별명의 관련성」, 『텍스트언어학』 14, 139-165쪽.

이정복(2003나), 『인터넷 통신언어의 이해』, 월인.

전라문화연구소(2001), 『혼불의 문학세계』, 소명출판.

조규태 박에(2007), 『훈민정음 언해본 이본 조사 및 정본 제작연구』, 학술연구 사업보고서, 문화재청.

주신자(Shin Ja Joo Hwang)(1987), "Discourse Features of Korean Narration", A Publication of the Summer Institute of Linguistics and the University of Texas at Arlington,

클라인(J. Klein) · 픽스(U. Fix)(Hg)(1997), *Textbeziehungen*, Tübingen: Stauffenburg-Verl.

파터(H. Vater)(2001)/이성만 역(2006), 『텍스트의 구조와 이해』(Einführung in die Textlinguistik, 3. Auf), 배재대학교출판부.

반 다이크(van Dijk)(1978)/정시호 역(2001), 『텍스트학』(Textwissenschaft)(제 2판), 아르케.

혼불기념사업회 · 전라문화연구소(2004), 『혼불의 언어세계』, 전북대학교출판부.

홀티우스(S. Holthius)(1993), *Intertextualität: Aspekte einer rezeption sorientierten Konzeption*, Tübingen: Stauffenburg-Verl.

I. 총 론

텍스트의 개념정립과 텍스트처리에 관한 문제

고영근

1. 들어가기

글쓴이는 한국의 텍스트자료를 이용하여 독일어 사용권에서 개화·발전된 텍스트과학(흔히 텍스트 언어학)을 동양의 훈고학 및 시학, 그리고 한국의 주시경의 의미해석이론과 이희승의 문학감상이론과 접합시키는 관점에서 1999년 『텍스트이론』을 집필·간행한 바 있다.(실제로는 1998년에 탈고함) 그러나 글쓴이는 요즈음 한창 논의되고 있는 '하이퍼텍스트'와 텍스트의 수용문제는 거의 손을 대지 못하였거나 적극적으로 다루지 못하였다. 7년의 세월이 흐르는 사이에 하이퍼텍스트의 본질에 관한 외국이론이 많이 소개되고 이를 바탕으로 하여 한국에서 생산되는 하이퍼텍스트에 대한 연구가 날이 갈수록 열기가 더해 오고 있으며 특히 인지과학과의 접합(接合)을 통하여 텍스트수용을 중심으로 한 텍스트처리에 관한 연구가 또한 풍성한 성과를 거두어 오고 있다.

지난 세기 90년대 후반부터 새 천년 벽두(劈頭)에 이르는 7, 8년 동안은 국내외적으로 텍스트과학의 발전에 새로운 전기(轉機)가 마련된 시기였다. 1980년대 초에 인지과학적인 측면에서 드레슬러(W. Dressler)와 함께 텍스트 언어학 입문서를 저술하여 텍스트과학의 발전에 큰 영향을 미쳤던 보그란데(B. de Beaugrande)는 1990년대 후반에 담화를 통하여 지식과 사회에 접근하는 자유를 뒷받침할 목적으로 '텍스트·담화과학'이라는 새로운 학문분과의 주춧돌을 놓았고[1] 지난 70년대 중반부터 베

1) 관련 논의는 민병곤(2001)을 보라.

를린의 de Gruyter 출판사에서 나오기 시작한 〈텍스트이론〉 총서가 25권으로서 일단 간행을 멈추었으며 2000년에는 de Gruyter 출판사의 〈언어학과 통보학 편람〉(Handbücher Sprach- und Kommunikationswissenschaft, 줄여서 HSK) 총서 중 권16이 간행됨으로써 1960년대 중반부터 발전을 거듭해 온 텍스트 언어학과 대화언어학의 지식체계를 한 그릇에 담는 성과를 거두기도 하였다.

지난 10여 년 동안의 한국의 텍스트과학 연구는 정히 눈부실 정도라고 말할 수 있다. 1971년 한글학회 50돌 기념행사 때 서독 튀빙엔대학의 코세리우(E. Coseriu) 교수에 의하여 텍스트 언어학이 소개된 후, 20년에 가까운 세월 동안 몇몇 사람들의 손으로 물밑 탐색이 계속되었으며 1990년대에 들어서면서는 학회가 창립되고 이어 기관지 『텍스트언어학』이 나왔다. 이와 함께 관련 저술이 번역되어 나오는가 하면 작년에는 학회의 공동저술인 『텍스트언어학의 이해』가 출간됨으로써 이제는 적어도 이론적인 목마름은 해소할 수 있게 되었다. 뿐만 아니라 한국과 외국의 텍스트자료에 근거한 학위논문이 줄지어 나오고 한국 텍스트과학의 현주소를 점검한 『한국텍스트과학의 제과제』(2000)와 문법과 텍스트과학의 상관관계를 추구한 『문법과 텍스트』(2002)가 출간되어 한국적인 텍스트과학의 건설이 우리 눈앞에 다가서 있음을 느낄 수 있다.[2] 여기서는 글쓴이가 전일에 미치지 못하였거나 숙제로 남겨 두었던 두 주제를 중점적으로 거론함으로써 텍스트에 대한 기본개념을 다시 한번 되씹어 보고 텍스트 수용문제를 어떻게 풀어나가야 하는가를 제기해 보고자 한다.

2. 텍스트의 개념은 변질되고 있는가

글쓴이는 앞에서 든 『텍스트이론』에서 수많은 사람들의 손으로 제안

2) 텍스트과학 연구가 성황을 이룬 이면(裏面)에는 부정적인 측면도 상당하다. 글쓴이에게 조만간 그것을 드러낼 수 있는 기회가 주어지기를 바란다.

된 바 있는 '텍스트'라는 문법단위에 대하여 "텍스트는 사람에 따라 그 정의가 가지각색이지마는 대체로 언어로 표현되어 있거나 언어로 번역할 수 있는 문화기호로 그 성격을 규정할 수 있다"라고 정의한 바 있다.[3] 이러한 의미의 텍스트는 그 진행방향이 선형적(線形的)이며 미치는 영역이 국지적(局地的)이다.[4] 그러나 모든 의사소통이 선형적·국지적으로만 수행되지는 않는다. 문자가 가공되기 이전에는 그림을 그리거나 표적을 남겨 의사소통을 하기도 하였다. 그림이나 표적에도 선형성과 국지성의 개념을 적용할 수 있을까. 미술사학자들은 울산 반구대의 바위그림[岩刻畵]을 고래잡이 과정을 가르치는 교육용 그림으로 해석한다. 각종 사물이 평면에 지그재그로 처리되어 있으니 선형적이라고 할 수 없다.

할머니가 손자를 무릎에 누이고 옛날이야기를 들려주다가 손자가 자는 기척이 있으면 이야기의 줄거리와는 상관이 없는 이를테면 "호랑이가 문 밖에 와 있다"라는 이야기를 하여 졸음을 쫓을 수 있다. 현대의 작가가 이야기를 전개해 나가다가 독자가 지루함을 느낄 단계가 되면 외설담(猥褻談)을 삽입하여 정신이 들게 하는 것도 비슷한 현상이다. 고대의 불경에 적어 넣은 석독구결, 중세의 문헌에 나타나는 언해, 그리고 협주(夾註), 현대의 저서에 보이는 각주, 후주도 비슷한 성격을 지니고 있다. 우리 시대의 명편 최명희의 『혼불』은 텍스트 형성이 교직적(交織的)이요, 단속적(斷續的)인 곳이 많아 어느 것이 대화이고 독백인지 구별하기가 어려운 곳이 한두 군데가 아니다.[5]

판소리 사설이나 고대소설을 베껴 적을[筆寫] 때 베낀 이(필사자) 나름의 생각을 덧붙이거나 책을 읽을 때 책의 빈칸에 적어 두는 소견[메모]을 보통의 텍스트의 개념으로 설명할 수 있을까. 이들은 보통의 텍스트라도 선형적이 아닐 수 있음을 알려 주는 예이기도 하다. 사전은 모든 지식을 편의상 가나다 순서로 정렬하였을 뿐이고 같은 지식체계끼리 취합(聚合)하려면 앞뒤를 뒤지지 않으면 안 된다. 사전은 지식체계를 찾는

3) 클렘(2002: 17-29)에 그 사이에 제안된 텍스트에 관한 정의가 종합되어 있다. 최근 박영순(2004: 26)에서는 담화를 텍스트의 하위단위로 보는 특이한 견해를 제안하기도 하였다. 담화와 텍스트에 대한 보편적 견해에 대한 이해가 아쉽다.

4) 글쓴이는 고영근(2002가)에서 하이퍼텍스트의 특징을 상론한 바 있다.

5) 『혼불』의 텍스트성에 대하여는 고영근(2004)를 보라.

방식이 수동적이기는 하나 지식체계가 사전 전체에 걸쳐 있다는 점에서 전국적(全局的)이라고 하겠다. 이런 점에서 사전은 하이퍼텍스트의 원초적인 형태라고 할 만하다.

우리는 '하이퍼텍스트'란 말을 자주 사용하고 있고 실제로 컴퓨터의 화면에는 보통의 텍스트 개념으로는 설명할 수 없는 무수한 텍스트들이 산생(産生)되고 있다. 영화도 종전과는 달리 각종 매체가 디지털 방식으로 제작되어 가고 있다. 최근 독일에서는 『우리는 새로운 텍스트 개념을 필요로 하는가』(*Brauchen wir neuen Textbegriff?*, 2002)를 내어 신종매체인 하이퍼텍스트를 어떻게 처리할 것인가 하는 문제를 집중적으로 토론하였다.

아담찌크(K. Adamzik)(Genève)와 픽스(U. Fix)(Leipzig)는 1998년 '텍스트종류언어학'(Textsortenlinguistik)을 세울 목적으로 다음과 같은 4개 설문지를 텍스트 언어학자들에게 돌린 바 있다. 그들은 텍스트 언어학이 문장을 넘어서는(transphrastisch) 관찰로부터 상황적, 행위중심적, 인지적인 방면으로 접근해 왔다는 점에 유의하여 설문지를 만들었던 것이다.

(1) 텍스트 언어학은 '텍스트'라는 현상을 언어를 넘어서는 것(übersprachlich)으로도 파악할 수 있는가? 다시 말하면 텍스트개념을 기호에 선행하는 분야로 이해할 수 있고 다른 영역의 기호에까지 확대할 수 있는가? 그렇다면 특정한 시기의 다양한 문화적 관련사항(이를테면 텍스트와 이미지)을 연구하는 데 중요성을 부여하게 될지도 모른다.

(2) 텍스트 언어학은 지금까지의 텍스트개념으로는 정당성을 확보하지 못하던 새로운 전자미디어 가공물(加工物, Artefakt)을 처리할 수 있는 인식에 도달할 수 있는가? 그렇다면 하이퍼텍스트를 면전에 놓고 볼 때 확대된 텍스트개념을 확립하고 다른 기술방법을 계발시켜야 할 것이다.

(3) 텍스트 언어학은 간텍스트적인 관계를 뛰어넘어 담론의 층위(Ebene der Diskurs)도 텍스트의 상위의 단위로서 고려할 수 있는가?

(4) 텍스트 언어학은 텍스트종류(Textsorten)를 문화적 특수성의 테두리 안에서 관찰할 수 있는가? 그렇다면 결과적으로 간문화적인 비교의 가능성을 예측할 수 있으며 문화학(Kulturwissenschaft), 곧 사회문화적으로 이해되

는 언어역사관찰(Sprach-geschichtsbetrachtung)과 외국어교수법을 위한 새로운 문제의식을 열어 줄 수 있을 것이다.

위의 설문은 하이퍼텍스트의 대두를 계기로 하여 텍스트개념을 새로 규정할 것인지, 아니면 텍스트의 종류를 늘여야 할 것인지로 요약된다. 새로운 통보기술, 이를테면 다중매체와 하이퍼텍스트가 발달하고 텍스트를 담론 내지 담화(Diskurs)의 구성성분으로 간주할 수 있느냐는 논의가 일어난다고 하여도 텍스트의 개념을 확대할 필요가 없다는 것이 대체적인 응답 경향이었다. '하이퍼'(hyper)란 접두사는 형성방식이 비선형적이고 진행방향이 전국적(전방위적)이란 뜻에서 붙인 것이지, 텍스트의 개념에 변질을 가져오거나 텍스트의 종류를 늘리는 것이 아니라고 생각한다.[6] 하이퍼텍스트를 '비선형텍스트'(nonlinear text)[7]라 부르기도 하는데 이것이 오히려 본질에 맞는 이름일지도 모른다.

그러면 신종매체인 하이퍼텍스트가 텍스트의 개념에 본질적인 변화를 일으킬 수 없다면 구성성분과 의미를 어떻게 분석해야 할 것인가 하는 문제를 거론할 필요가 있다.

앞에서 글쓴이는 하이퍼텍스트가 얼굴을 내밀기 전에도 사람은 문자창제 이전부터 하이퍼텍스트적인 미디어를 창조하여 왔다고 하였다. 그러한 텍스트는 아날로그식으로 직조되어 있기 때문에 담을 헐어 내면 금방 선형성이 회복된다. 간단한 예로 책이나 논문에서 소견이나 각주와 같은 덤텍스트(기생텍스트, Paratexte)를 떼어 내면 단절성을 극복할 수 있다. 각종 매체가 디지털식으로 융합되어 있다는 것이 하이퍼텍스트이다.[8]

글쓴이는 고영근(2002가: 17)에서 하이퍼텍스트의 구조를 다음과 같이 형식화한 일이 있다.

---

6) 하이퍼텍스트에 대한 전반적인 정보는 랜도우(1992)/여국현 밖에(옮김)(2001), 박여성(2000), 후버(2002), 김성도(2003: 197-284)를 보라.

7) 콩클린(J. Conklin)(1987)에 나오는 용어이다. 메러(2001: 322)에서 인용하였다.

8) 쉐르너(1998: 1043)에서는 이미지, 음향, 말소리와 문자의 비선형적인 엮음(Verflechtung)을 기호의 복잡한 퇴적(Agglomat)으로 파악하고 이를 하이퍼텍스트라 불렀다. 김성도(2003: 163-194)에는 하이퍼텍스트를 융합기호학이라는 관점에서 고찰한 바 있다. 앞으로 하이퍼텍스트에 대한 기호학적 연구가 줄을 잇기를 바란다.

[T(H(글×그림×소리) ∞ H]T

위의 공식에서 ×표를 한 것은 글, 그림, 소리[9] 등이 전국적[전방위적]으로 융합되어 거대한 망(net)을 이루었다는 뜻이고 '∞'는 이러한 융합텍스트가 무제한적이라는 뜻이며 'H'는 하이퍼텍스트란 뜻이다. 위와 같은 틀이 하이퍼텍스트의 구조라고 일단 상정하기로 한다. 보통의 텍스트는 하나의 낱말 자체가 텍스트가 되는 일도 있고 한 권의 책이 텍스트가 될 수도 있다. 전자는 큰 문제가 없지만 후자는 장, 절, 문단, 단락, 문장으로 분석할 수 있다. 사람에 따라서는 주술구조를 갖춘 문장만이 문법단위가 될 수 있다고 하지만 텍스트를 문법연구에 끌어들이면 단어도 얼마든지 텍스트단위가 될 수 있다.[10]

최혜실의 「디지털 구보 2001」은 박태원의 「소설가 구보씨의 하루」를 대본으로 하여 하이퍼텍스트로 각색한 것이다. 이런 관점에 선다면 하이퍼텍스트 내지 하이퍼미디어는 기존의 활자매체를 재매체화한 것으로 볼 수 있다. 다시 말하면 하이퍼텍스트는 기존의 텍스트에서 파생된 것이다. 이런 관점을 취한다면 하이퍼텍스트는 기존의 텍스트와 단절된 것이 아니라 연속성을 유지하고 있다고 할 수 있다. 그렇다면 그 구조를 분석하는 것이 어렵지 않을 수 있다.[11] 그러나 디지털 하이퍼픽션[12]과 같이 컴퓨터 화면에서만 그 기능을 제대로 발휘할 수 있는 하이퍼텍스트는 그 나름의 분석법을 고안할 필요가 있다. 1940년대 미국의 기술언어학자들은 'meet you'의 실제 발음 /miyčuw/에서 'č'는 'meet'의 't'와 'you'의 'y'가 융합·합일된 것으로 보아 'č' 아래 밑줄을 그어 두 형태소의 정체를 파악한 일이 있다. 이런 현상은 우리말을 비롯하여 세계 각 언어에 산재하여 있다.[13] 글쓴이는 하이퍼텍스트를 두 형태소의 융합·

---

9) 최근 한국의 미디어에서 차지하는 '소리'에 대한 총체적인 조명이 있었다. 한국미디어학회(엮음)(2005)를 보라.

10) 관련 논의는 고영근(2002가)를 보라.

11) 관련 논의는 김성도(2003: 184, 212)를 보라.

12) 정형철(엮음)(2003: 53)에서는 '디지털 하이퍼픽션'과 '디지털화한 하이퍼픽션'을 구별하였다. 후자는 종이 위에 프린트하여 읽을 수 있으나 전자는 화면을 통해서만 읽을 수 있다.

13) 자세한 정보는 고영근(1999: 154-155)를 보라.

합일과 같이 처리할 수 있다는 가능성만 지적하고 자세한 논의는 다음 기회로 미루기로 한다.[14] 한 가지 지적할 것은 어떤 절차에 의하여 하나의 텍스트가 3차원의 가상공간에서 2차원의 텍스트, 곧 질 좋은 종이책으로 전이되는가 하는 문제를 깊이 천착할 필요가 있다.[15] 하이퍼텍스트를 순수한 언어학적 연구대상으로 삼아 그 구조와 의미를 파악하는 방면으로 시야를 넓힐 필요가 있다.[16]

3. 텍스트의 수용문제를 어떻게 다룰 것인가

텍스트수용(Textrezeption)은 달리 텍스트이해(Textverstehen)라고도 하거니와 텍스트생산(Textproduktion)과 함께 텍스트처리(Textverarbeitung, textprocessing)에 소속시키는 일이 많다. 도이취(W. Deutsch)와 야르벨라(R. J. Jarvella)는 언어심리학의 선구자인 뷜러(K. Bühler)의 "공리론"(Axiomatik)(1933)(뒤에 『언어이론』(Sprachtheorie), 1934에 수렴됨)의 출간 50년을 맞아 나온 Karl Bühlers Axiomatik(C. F. Graumann/Th. Herrmann, Hg, 1964)에 기고한 「언어생산과 언어이해의 불균형성」(Asymmetrien zwischen sprachproduktion und Sprachverstehen)에서 다음과 같이 말한 바 있다.

> 언어표현은 하늘에서 떨어진 것도 아니고 진공상태에 놓여 있는 것도 아니다. 그것은 뷜러가 그의 「공리론」에서 강조한 바와 같이 한편으로는 누군가에 의하여 생산되고 다른 한편으로는 다른 누군가에 의하여 수용되어 가공

14) 후버(2002: 46-107)에서는 'TAH'(TEXTLINGUISTISCHE ANALYSE MODELL HYPERTEXTE)라는 이름 아래 하이퍼텍스트의 구조를 분석하는 틀을 제안한 일이 있다. 하이퍼텍스트의 분석을 위한 한 대안이 될 수 있다고 생각한다.

15) 관련 논의는 폴(2002: 121-124)를 보라.

16) 특히 융합된 텍스트의 의미를 파악하는 문제는 메러(2001: 320-363)를 보라.

된다.

텍스트수용은 위의 인용문에서 보다시피 텍스트생산에 비하여 백과사전적인 지식이 스며들기 때문에 그 처리가 용이하지 않다. 텍스트수용은 고대수사학에 이미 그 씨앗이 배태되어 있었다. '창안, 배치, 연설법, 연기법, 기억' 중의 '기억'이 바로 텍스트수용의 원초적인 개념이다. 기억은 연기법에 선행한다. 연기를 하려면 텍스트를 외우고 있어야 한다는 뜻이다. 고대수사학에서는 기억행위가 텍스트로 드러나 있지 않기 때문에 크게 주목하지 않았으나 현대적인 관점에 서면 텍스트의 이해 내지 수용에 해당한다고 하겠다. 그리고 연기법은 텍스트생산에 해당한다.[17)]

텍스트수용 문제는 그 사이 텍스트과학 연구에서 크게 주목을 받지 못하였다. 언어심리학자들에 의하여 텍스트이해와 텍스트해석의 문제가 본격적으로 다루어짐으로써 전면에 부상하기에 이르렀으며[18)] HSK 권 16.1(2000: 458-506)의 '텍스트생산-텍스트구조-텍스트수용', 파터(2001: 120-152), 하이네만 · 하이네만(2002: 121-193), 간젤 · 유르겐즈(2002) 등의 텍스트과학의 입문서에서 1개 장이 할애됨으로써 텍스트과학의 한 분야로서 떳떳한 자리를 차지하게 되었다.[19)] 한국도 텍스트수용 문제는 그 역사가 오래지 않다. 언어심리학자들은 그 사이 문자/음운, 단어, 문장의 인지적 처리에 관심을 두었다가 최근에 와서 텍스트를 '덩이글말'이라고 불러 대명사, 문장통합, 글 이해를 중심으로 한 연구가 언어심리학의 핵심과제로 자리를 잡아 가고 있다. 그리고 국어교육학에서 독서를 중심으

17) 관련 내용은 고영근(1999: 30)을 보라.

18) 텍스트수용은 대표적으로 슈트로너(1990), 부세(1992)에서 중점적으로 다루어졌으며 텍스트생산은 이미 안토스(1989)에서 텍스트 언어학, 심리언어학, 글쓰기, 모어교수법과 언어습득, 병리언어학, 컴퓨터언어학, 실생활에서의 텍스트생산에 걸쳐 전문가들의 기고를 모은 일이 있었다. 쉐르너(1984)에서는 특히 텍스트를 이해의 관점에서 다루는 얼개를 보여 주었다.

19) 파터는 그 사이에 세 번에 걸쳐 텍스트입문서를 고쳐 썼다. 그런데 3판에 와서야 비로소 텍스트이해 문제를 다루었으며 하이네만 · 하이네만(2002)은 하이네만 · 피베거(1991)에서 산만하게 처리되었던 텍스트이해 문제를 3장에서 '텍스트생산과 텍스트처리'(Textproduktion und Texrverarbeitung)란 제목을 붙여 텍스트수용 문제를 폭넓게 다루었다. 간젤 · 유르겐즈(2002)도 텍스트생산과 텍스트수용 문제를 1개 장에서 체계적으로 다루었다. 그러나 아담찌크(2004)에서는 가장 늦게 나온 개론서임에도 불구하고 이 문제를 다루지 않았다.

로 텍스트수용문제가 활발하게 논의되고 있다.[20] 광고읽기에 대한 활발한 논의도 텍스트수용과 관련하여 거둔 수확이다.[21]

앞에서 우리는 텍스트처리가 인지과학의 발달에 의하여 가속화되었다고 하였다. 언어처리는 인간정신활동의 일부이며 인지과학이 대상으로 하는 것이 바로 이러한 정신활동이다. 인지과학은 인지의 정태적인 측면뿐만 아니라 절차적 측면과도 관련을 맺고 있다. 인지적 과정에는 보통 인지과정, 언어처리과정, 사고과정을 든다. 이 세 가지 과정은 세 가지 표상(Vorstellung)과도 일치한다. 포더(Forder)와 같은 사람은 지각과정과 언어처리과정을 입력체계(input system)에 넣고 카스톤(Carston)과 같은 사람은 중심체계(zentrales System)가 모든 사고과정을 포괄한다고 한다. 중심체계에는 모든 종류의 사고과정을 포함시킨다. 카스톤은 '생각하기'에 논증, 문제해결, 사색과 그 밖에 공상, 환상, 백일몽 등도 포함한다. 또한 기억도 여기에 속한다. 배우기와 같은 복잡한 사건은 문제해결과 기억과 같은 사고활동을 포함한다. 인지과정에서 출발하는 텍스트이해에는 기억(Gedächtnis), 질문, 추론, 흔적 읽기(Spulenlesen) 등도 포함된다. 특히 흔적 읽기는 쉐르너(M. Scherner)가 1989년 하르베크와 피베거 사이에 전개된 응집성에 대한 견해(텍스트 내재적 대 텍스트 동태적)를 절충하여 제안한 텍스트수용론이다, 쉐르너는 움베르토 에코의 『장미의 이름』에 나오는 말의 발자국을 보고 그것이 결국 누구의 말임을 표상하는 기호(Zeichen)라고 한 작자의 진술과 관련하여 기호인 (말발굽의) '흔적'으로부터 의미를 읽어 내는 텍스트이해 방식이라고 하였다.[22] 이 경우의 말발굽의 '흔적'은 사람이 의도적으로 부여한 기호이다. 말 발자국 자체는 말이 자기가 누구의 말인가를 알아 달라는 뜻으로 남긴 흔적이 아니다. 화산 폭발의 징후로 생기는 연기와 같은 자연 징후일 따름이다. 그것이 '정신의 언어'(verbum mentis),[23] 다시 말하면 언어로 번역

20) 대표적으로 박영목(1996), 김봉순(2001), 황미향(1998), 고성환(1999), 김혜정(2001)을 들 수 있다. 렌케마(1993)/이원표(역)(1997: 299-315)에서도 독서를 텍스트이해의 중요과제로 다루고 있다.

21) 광고 읽기는 대표적으로 김영순·오장근(2004)을 들 수 있다.

22) 이 부분은 파터(2001: 120)를 보았고 이성만 교수의 번역본이 크게 도움이 되었다.

23) '정신의 언어'(verbum mentis)는 보통 '보편개념'으로 번역된다. 정신에 의하여 추상화되는 개념(심적 기호)이다. 에코(U. Eco)(1980)/이윤기(역)(상)(1992: 62)을 보라.

할 수 있는 문화기호가 된 것은 뒤쫓아 가는 사람이 특정인의 말을 찾기 위하여 붙인 해석체이다.24)

텍스트수용은 시텍스트를 제외하고는 텍스트생산자가 얽어낸 틀(frame)을 재구성하여 텍스트생산자의 의도를 파악하는 데서 출발하여야 한다. 텍스트생산자가 한 편의 논문이나 소설을 쓰고자 할 때에는 구상의 단계를 뛰어넘어 개요라든지 얼개라 부를 수 있는 밑그림[설계도]을 그린다. 짧은 글은 구상만으로 족하나 큰 저서나 장편 대하소설을 생산할 때에는 밑그림에 따라 텍스트를 생산해 나간다. 텍스트수용자가 특정한 텍스트를 이해하고자 할 때에는 텍스트생산자가 그려 놓은 밑그림의 틀을 거시규칙을 적용하여 얽어내야 한다. 그러니까 어떠한 구도(構圖) 아래 텍스트를 생산하였는가를 분석하여 재구성하여야 한다. 수용의 단계에는 수용자의 세계지식이 여러모로 가미되어 생산자의 의도와는 다른 틀을 구성해 낼 수도 있다. 같은 텍스트를 여러 학생들에게 분석시키면 그 개요가 얼마나 다양한가를 알 수 있는 것과 같다. 세계지식에는 상황, 지평 등 여러 가지가 있다. 지평은 상황과 밀접하게 관련되어 있다. 지평은 파트너들 간의 관계, 그들의 사회적 역할, 경험, 기억 그리고 기대뿐 아니라 그들의 '선지식', 곧 그들이 '생각하는' 모든 것을 포함한다. 텍스트이해에는 지각적 이해, 통사적 이해, 개념이해, 지시이해, 의미적 이해, 실용적 이해 등이 있다. 킨취(Kinch)와 반 다이크(van Deijk)는 텍스트이해를 위한 책략이론을 개발하여 이를 실천하는 가정(Annahme)으로서 구성주의적, 온라인적, 전제적, 책략적 가정을 세웠다.

문학작품, 특히 시텍스트의 경우는 이해와 해석의 차원을 넘어서 감상의 단계가 더 추가되기 때문에 수용의 문제가 단순하지 않다. 텍스트를 기능에 따라 분류할 때에 브링커(K. Brinker) 같은 사람은 문학작품을 제외하기도 하였으나 글쓴이는 감동기능을 텍스트의 기본기능의 하나로 보는 입장을 취한다. 감동기능은 야콥슨(R. Jakobson)의 표출적 기능과 심미적 기능을 종합한 것이다.25)

---

24) 비인간에 의해 생산되는 기호와 인간에 의하여 생산되는 기호의 관련성에 대하여는 고영근(1999: 22-23)을 보라.

25) 관련 논의는 고영근(1999: 99, 259-260)을 보라. 이곳에서는 야콥슨의 언어의 여섯 가지 기능을 들기만 해 놓고 그 가운데의 '심미적 기능'을 감동적 기능과 관련을 시

사실 문학작품의 완벽한 이해를 위하여는 해석의 단계를 뛰어넘어 감상의 경지에 이르러야 한다. 비문학텍스트는 앞에서 언급한 바와 같이 텍스트생산자의 생산의도가 반영된 밑그림을 파악하면 그 이해가 그리 어렵지 않을 수 있으나 시텍스트의 경우는 사정이 단순치 않다. 언어심리학자들은 비문학텍스트의 수용과 이해에 관하여는 그런대로 가시적인 성과를 거두고 있으나 문학작품의 경우는 거의 손을 대지 못하고 있다.[26] 그러나 우리 선학들이 세워 놓은 문학감상이론과 의미해석이론을 현대의 텍스트과학에 접합하면 문학작품, 특히 시텍스트의 수용이해가 불가능하지 않다. 감상이란 텍스트수용자가 텍스트 속에 스며 있는 '美'를 발견해 내는 활동이다.[27]

다음 시조는 고려 말기의 정승이며 문인이었던 이조년의 작품이다.

이화에 월백하고 은한이 삼경인 제
일지춘심을 자규야 알랴마는
다정도 병인 양하여 잠 못 들어 하노라

위의 작품을 올바로 감상하려면 먼저 세계지식을 활용할 필요가 있다. 이희승은 위의 작품을 감상하는 글 「時調鑑賞一首」(1949)에서 '이화, 자규, 달'을 소재로 하여 읊은 중국과 한국시인들의 작품을 인용함으로써 간텍스트성을 추구하였다. 하나의 텍스트가 텍스트로서의 자족성을 지니려면 간텍스트성을 확보하는 것이 좋다. 전통시대의 시(한시)는 차운(次韻)이라는 응결장치를 이용하여 다른 작품과의 간텍스트성을 추구하였다. 이희승이 보여 준 문학작품 감상에 있어서 간텍스트성의 추구는 텍스트과학의 간텍스트성 추구와 직접 연결된다는 점에서 시사하는 바가 크다.[28]

키지 못하였다. 이 자리에서 이를 시정하는 바이다.

26) 이 문제는 수년 전 조명환 교수와의 의견교환에서 거론된 일이 있다. 최근 독일에서는 간텍스트성을 중심으로 문학작품의 텍스트성을 구명하려는 노력이 일어나고 있고(홀티우스(1993), 호프만 · 케슬러(2003)), 쉐르너(2005)에서는 '메타텍스트성'(Metatextualität)을 이용하여 문학텍스트를 해석하는 문제를 제기하고 있어 주목을 끌고 있다.

27) 이희승(1949)에서 '감상'에 대한 정의를 비교적 분명하게 내리고 있다.

28) 간텍스트성에 대한 자세한 내용은 고영근(1999: 175-176), 이성만(2005)을 보라. 최근

다음으로는 언어지식을 활용하여야 한다. '은한, 자규'는 기능상의 공통성을 기반으로 하여 계열적 사슬을 이루고 있고 '일지'와 '이화', '춘심'과 '이화'는 통합적으로 연결되어 있어 의미기능적인 등가성을 이루고 있다.[29] 초장의 '이화에 월백하고'와 중장의 '일지춘심을 자규야 알랴마는'에는 어순도치가 일어났고 중장의 3음보는 규칙적 4음보에서 벗어났다. 탈자동화('낯설게 하기')를 보인 예라고 하겠다.

언어지식에서 지나칠 수 없는 것은 의미해석의 주관성이다. 의미해석의 주관성은 한국어문법연구의 창시자인 주시경의 『국어문법』(1910)에서 찾아볼 수 있다. 주시경은 의미를 파악할 때는 궁극적으로 사람의 마음과 관련시켜야 한다고 하였다. 언어 사용자의 마음먹기에 따라 의미가 달라진다고 하였다.[30] 이는 의미해석의 주관성을 가리키는 것으로 퍼스(P. S. Peirce)의 기호학과 연결된다.[31] 또 현대의 문학교육이 지향하는 '텍스트의 생산적 이해'와 거리가 멀지 않다.[32] 인지중심의 텍스트이해가 문학작품의 시적 텍스트에 큰 자극이 되고 있다는 것은 이미 실증된 바이다.[33] 이희승은 '다정도 병인 양하여'의 주체를 작자와 자규의 둘로 설정할 수 있다고 하면서 그것이 바로 문학작품의 묘미라고 하였다. 위의 구절에 중의성이 개재하는 것은 연결어미 '-여'의 기능과 밀접한 관련이 있다. 연결어미 '-여'가 이유의 용법을 띨 때에는 주절의 주어와 같을 수도 있고 다를 수도 있다, 이는 문학작품의 이해·감상에 있어서 문법적 정보가 매우 중요하다는 것을 웅변하는 근거가 된다.

의 이 방면의 나라 밖의 정보는 홀티우스(1993), 클라인·픽스(1997), 호프만·케슬러(2003)에서 얻을 수 있다.

29) 관련 논의는 고영근(1999: 124)를 보라.
30) 관련 논의는 고영근(1999: 92-94)를 보라.
31) 관련 논의는 고영근(1999: 92-94)를 보라.
32) 문학텍스트의 생산적 이해는 권오현(1999)에서 자세히 다루어져 있다.
33) 관련 논의는 호프만·케슬러(2003: 11)을 보라.

4. 마무리

이상과 같이 글쓴이는 최근 들어 가상공간에서 활발하게 산생되고 있는 하이퍼텍스트의 구조를 형식화하고 이를 분석하는 문제를 거론하여 보았다. 그리고 인지과학의 발전과 더불어 활성화하기 시작한 텍스트수용의 문제도 제기하여 보았다.

앞으로 하이퍼텍스트가 어떤 방식으로 그 정체성을 확보해 나갈지 예측할 수는 없다. 그렇다고 보통의 텍스트가 그 입지를 쉬이 상실할 것 같지도 않다. 움베르토 에코가 갈파한 것처럼 재즈가 클래식(고전음악)을 대체하지 못하였듯이 하이퍼텍스트가 보통의 텍스트를 몰아내는 일은 없을 것이다. 이는 문자문화가 대두하여도 구술문화가 병존하는 것과 이치가 같다. 사람들 가운데는 비선형성과 전방위성이 하이퍼텍스트의 구조라고 말하고 있으나(메러, 2001), 이는 형성방식이나 진행방식과 관련되지 결코 구조라고는 할 수 없다. 하나의 문장이 선형적으로 형성되어 있다고 하여 그것을 구조라고 할 수 있을까. 한 문장의 구조는 주어와 서술어로 구성되어 있는 것이다. 요컨대 융합된 텍스트를 어떻게 분석하여 기능을 파악할 수 있는가 하는 방법론을 탐색하는 방향으로 나아가야 하지 않을까.

인지과학의 발전과 함께 왕성해지고 있는 텍스트수용은 이제 막 삽질을 하고 있는 비허구적인 텍스트 중심의 연구가 활성화되어야만 가시적 성과를 거둘 수 있다. 이 과정에는 심리언어학자들과의 제휴가 모색될 필요가 있다. 텍스트수용은 텍스트 언어학자와 심리언어학자의 공유 영역이라고 할 만하다. 텍스트수용에 관한 이론은 허구적인 텍스트, 특히 시텍스트의 감상을 분명하게 하는 데도 기여하리라 믿는다. 신의론(新意論)을 주창한 고려시대의 이규보는 시는 의경(意境)이 주가 되므로 의경을 잡는 것이 가장 어렵고 말을 맞추는 것은 그 다음이며 의경은 또한 '기'(氣)가 주가 된다고 하였다. 氣는 흔히 천부의 재질이라고 한다. 이곳의 氣가 응결장치의 탈자동화와 관련되는지, 아니면 의미해석의 주관성과 관련되는지, 아니면 두 영역에 다 걸치는지는 아직 단언할 수 없지만 텍스트과학에 관한 제반 지식을 잘만 활용하면 문학텍스트의 우열을 가리는 척도를 마련할 수 있으리라 믿는다. 사실 지금까지 문학텍스트는 독자, 특히 심사자의 직관에 기대어 왔다. 직관에 기댄 평가가 그르다고는 할 수 없어도 사람에 따라 달리 나타나는 변항을 수렴하기가 쉽지 않다. 텍스트과학의 이론과 방법을 계발하여 시텍스트의 이해·감상을 도울 수 있는 방향의 탐색이 절실하다. 그렇게 보면 문학텍스트의 질을 판정하는 문제는 텍스트 언어학자와 문예학자의 공유영역이라고 하겠다. 텍스트과학은 동양의 전통적인 시학을 현대적으로 수용하는 데도 긍정적으로 작용할 수 있을 것이며 궁극적으로는 오랫동안 소원한 관계를 맺어 온 어학과 문학의 간극도 좁힐 수 있으리라 믿는다.

[참고문헌]

간젤(Ch. Gansel)·유르겐즈(F. Jürgens)(2002), *Textlinguistik und Textgrammatik*, Westdeutscher Verlag.

고성환(1999), 「설명형·논증형 주제 전개 모형과 읽기 교육」, 『텍스트언어학』 7, 339-363쪽.

고영근(1989/1999), 『국어형태론연구』(증보판), 서울대학교출판부.

고영근(1999), 『텍스트이론』(대우학술총서 448), 아르케.

고영근(2002가), 「문법과 텍스트 과학」, 고영근 밖에(2002), 3-28쪽.

고영근(2002나), 「국어국문학의 통합과 확산」, 『국어국문학』 131, 5-25쪽.

고영근(2004), 「『혼불』의 텍스트성과 한국의 언어문화」, 『혼불의 언어세계』, 전북대학교출판부.

고영근 밖에(2001), 『한국텍스트과학의 제과제』, 역락.

고영근 밖에(2002), 『문법과 텍스트』, 서울대학교출판부.

권오현(1999), 「문학텍스트와의 만남」, 『독어교육』 18, 37-72쪽.

김봉순(2001), 「구성주의적 읽기교육의 텍스트언어학적 기반」, 『텍스트언어학』 11, 43-71쪽.

김성도(2003), 『디지털 언어와 인문학의 변형』, 경성대학교출판부.

김영순·오장근(2004), 『광고 텍스트 읽기의 즐거움-기호적 인간의 아름다운 문화사회를 위하여』, 연극과 인간.

김혜정(2001), 「비판적 읽기를 위한 텍스트분석 시론-읽기 연구에 있어서 텍스트이론의 적용-」, 『텍스트언어학』 10, 73-105쪽.

랜도우(1992), 여국현 밖에 옮김(2001), 『하이퍼텍스트 2.0』(*Hypertext* 2.0: *the convergence of contemporary critical theory and technology*), 문화과학사.

렌케머(J. Renkemer)(1993), 이원표 역(1997), 『담화연구의 기초』, 한국문화사.

메러(A. Mehler)(2000), Textbedeutung, Lang.

민병곤(2001), 「서평: Robert de Beaugrande, *New foundations for a science of text and discourse*」, 역락, 401-480쪽.

박여성(2000), 「미디어폴리스 시대의 텍스트과학」, 고영근 밖에, 2000: 17-43쪽.

박영목(1996), 『국어이해론』, 법인문화사.

박영순(2004), 『한국어 담화・텍스트론』, 한국문화사.

부세(D. Busse)(1992), *Textinterpretation*, Westdeutscher Verlag.

쉐르너(M. Scherner)(1984), *Sprache als Text*, Niemeyer.

쉐르너(1998), "Text," in J. Richter und K. Gründer(Hg), *Historisches Wörterbuch der Philosophie*, Band 10: St-T. Darmstadt, Wissenschaftliche Buchgesellschaft.

쉐르너(2005), "Weiter im Text", Abschiedsvortragsmanuskript an der Westfälischen Wilhelms-Universität in Münster.

슈트로너(H. Strohner)(1990), *Textverstehen*, Westdeutscher Verlag.

아담찌크(K. Adamzik)(2004), *Textlinguistik-eine einführende Darstellung*, Niemeyer.

안토스(G. Antos)・크링스(H.P.Krings)(1989), *Textproduktion*, Niemeyer.

에코(U. Eco)(1980), 이윤기 역(1992)(상, 하), 『장미의 이름』(Il Nome della Rose), 열린책들.

이성만(2005), 「상호텍스트적 관계 속의 텍스트」, 『언어과학연구』 33, 221-242쪽.

이희승(1949), 「時調鑑賞一首」, 『학풍』 1, 74-81쪽.

정형철(엮음)(2003), *Hypertext Theory*, PUFS.

클라인(J. Klein)・픽스(U. Fix)(Hg)(1997), *Textbeziehungen*, Tübingen.

클렘(M. Klemm)(2002), "Ausgangspunkte: Jedem seinen Textbegriff," 아담찌

크, 안토스 클렘(Hg), 17-27쪽.
파터(H. Vater)(1994/2001), *Einfuehrung in die Textlinguistik*, 2/3. Aufl., Fink.
폴(A. Vohl)(2002), *Brauchen wir einen neuen Textbegriff*, 픽스 밖에(Hg), 121-124쪽.
픽스(U. Fix) · 아담찌크(K.Adamzik) · 안토스(Hg)(2002), *Brauchen wir einen neuen Textbegriff*, Lang.
하이네만(M. Heinemann) · 하이네만(W. Heinenmann)(2002), *Grundlagen der Textlinguistik*, Niemeyer.
하이네만(W.Heinenmann) · 피이베거(D.Viehweger)(1991), 백설자 역(2001), 『텍스트언어학입문』(*Textlinguistik: eine Einführung*), 역락.
한국미디어학회(2005), 『소리』, 커뮤니케이션북스.
한국텍스트언어학회, 『텍스트언어학의 이해』, 박이정.
호프만(M. Hoffmann) · 케슬러(Ch. Kessler)(2003), *Berührungsbeziehungen zwischen Linguistik und Literaturwissenschaft*, Lang.
홀티우스(S. Holthius)(1993), *Intertextualität*, Tübingen: Stauffenburg Verlag.
황미향(1998), 「한국어 텍스트의 계층구조와 결속표지의 기능」, 경북대 국어교육과 박사논문.
후버(O. Huber)(2002), *Hyper-Text-Linguistik*, Müncchen: Herbert Utz Verlag.

국어의 대화 구조

장경희

1. 들어가기

최근 대화에 관한 연구가 활발해지고 있다. 상호작용적인 언어행위로 파악되고 있는 대화 연구는 언어 구성체를 중심으로 하는 과거의 연구와는 그 연구대상과 방법이 차이를 지닐 것으로 예상되지만, 현재로서는 그러한 차이가 충분히 파악되었다고 볼 수 있다. 근래 진행된 연구들에서는 대화를 설명, 기술하기 위한 기본 단위와 개념 등이 정의되고 있으며 연구 주제, 접근방법 등이 모색되고 있다.

대화 연구를 위하여 필요한 작업의 하나는 과거의 언어 분석에서 사용된 개념들에 대한 검토인데, 대표적인 예로 '구조'의 개념을 들 수 있다. 언어 분석에서 중요한 '구조'의 개념이 대화 연구에 도입되고 있지만, 일반적으로 행위는 구조가 아니라 진행 절차나 방법 등의 관점에서 이해되므로 대화 분석에 '구조'의 개념이 적용될 수 있는가에 대한 검토가 필요하다. 이 글에서는 행위로 이해되는 대화를 분석하고 기술, 설명하는 데에 구조의 개념이 적용되는가, 적용된다면 어떤 관점에서 적용되는가를 살펴보고 국어에 존재하는 대화의 구조를 기술하여 보려고 한다.

발화와 텍스트를 생산하고 사용하는 행위인 대화는 발음, 표현, 청취, 이해, 언표내적 행위 등의 하위 행위로 구성되며, 대화행위가 발생하는 데에는 그 대상이며 도구인 발화와 텍스트가 공존한다. 따라서 대화에 대해서는 대화텍스트와 대화행위의 두 가지 관점에서 접근될 수 있다. 지금까지의 논의에서는 대화행위와 대화텍스트가 구별되지 않고 둘 다 (1)과 같은 형태로 제시되고 있는데, 대화를 행위로 보는 관점이 확립된 이상 대화 연구에서는 대화행위와 대화텍스트를 구별하여 나타낼 필요가 있다.

(1) 갑: 어제는 뭘 했니?
　　을: 집에 있었어.

(1)과 같은 형식은 대화텍스트를 논의하는 데서 출발하였고, 현재도 그런 표기에 적합하다고 생각되므로 대화행위를 다르게 나타내 보기로 한다. 대화행위를 구성하는 하위 행위인 '말하기, 듣기, 표현하기, 이해하기, 질문하기' 등의 여러 행위는 대화의 참여자인 화자나 청자가 발화 또는 텍스트를 대상이나 도구로 하여 발생하므로, 이들은 술어논리인 Pxyzt의 형식으로 나타낼 수 있다. 이때 x는 '화자'를, y는 '청자'를, z는 '발화'를, P는 '말하다, 청취하다' 등의 대화의 하위 행위를 뜻하는 술어를 나타내며 t는 행위가 발생한 시점을 나타낸다. 구체적으로 대화행위의 하위 행위 몇 가지를 들어 술어 논리 형식으로 나타내고 그것이 뜻하는 바를 적어보면 다음과 같다.

가. $S_{\text{갑}\cdot\text{을}\cdot\text{날씨가 좋다}}^{t1}$; 갑이 을에게 '날씨가 좋다'라고 t1의 시점에서 말한다(Say).

나. $S_{\text{갑}\cdot\text{을}\cdot\text{날씨가 좋다. 밖으로 나가자}}^{t1}$; 갑이 을에게 '날씨가 좋다. 밖으로 나가자'라고 t1의 시점에서 말한다(Say).

다. $H_{\text{을}\cdot\text{날씨가 좋다}}^{t1}$; 을은 '날씨가 좋다'라는 t1의 시점에서 듣는다(Hear).

라. $Q_{\text{갑}\cdot\text{을}\cdot\text{날씨가 좋니?}}^{t1}$; 갑이 을에게 '날씨가 좋니' 하고 t1의 시점에서 묻는다(Pronounce).

마. $C_{\text{갑}\cdot\text{날씨가 좋다}}^{t1}$; 갑이 '날씨가 좋다'라는 말을 t1의 시점에서 이해한다(Comprehend).

S, H 등의 술어를 한국어로 적어 '$\text{말한다}_{\text{갑}\cdot\text{을}\cdot\text{날씨가 좋다}}^{t1}$', '$\text{듣는다}_{\text{을}\cdot\text{날씨가 좋다}}^{t1}$'와 같이 쓸 수도 있다.

이러한 대화행위의 표기 방식은 발화와 텍스트를 대상이나 도구로 하는 대화행위의 본질을 나타내 줄 수 있고, 대화를 행위의 관점에서 설명·분석하는 데 용이하다. 또한 이 표기는 발화와 대화텍스트를 논항의 하나로 나타내고 있어서 대화텍스트에 관한 논의에도 사용될 수가 있다.

분석대상 자료는 실제 대화를 녹음하여 사용하였다. 기존 논문에 제시된 대화를 인용하는 경우는 그 출처를 밝혔으며, 대화의 전사는 이 논문에서 다루는 대화의 구조를 논의하는 데에 필요한 정도로 한정하였다.

2. 대화에 대한 접근의 여러 관점

사물과 행위는 그것을 이해하고 설명하는 접근방법이 차이가 있다. 사물은 구성 성분의 자질, 구조, 기능 등의 관점에서 설명되며, 행위는 방법, 진행과정 등의 관점에서 설명되는데, 근래의 대화 연구에서 구조에 관한 논의가 많이 이루어지고 있다. 사물과 행위에 대한 접근방법의 차이를 개관해 보고, 대화행위가 구조적으로 분석될 수 있는지를 보기로 한다.

2.1. 사물과 행위에 대한 접근방법의 차이

인간이 어떤 대상이나 현상을 이해하는 가장 일차적인 방법은 시각, 청각 등의 감각 기관을 사용하는 것이다. 크기나 형에 근거한 사물의 모양, 또는 사물의 색, 냄새 등으로 우리는 주위의 나무, 집, 산 등과 같은 많은 대상을 인식하고 확인한다. 사물의 모양은 보통 사람들이 사물을 인식하고 분류하는 대표적인 자질이며, 행위도 걷는 모습 또는 모양, 웃는 모습 또는 모양 등과 같이 행위 각각에 모양이 있으며, 이에 대한 관찰을 통하여 우리는 행위를 인식할 수 있다.

그러나 겉으로 보는 모양, 색 등의 자질만으로는 사물이나 행위를 충분히 이해할 수 없다. 이들을 보다 깊이 이해하려고 할 때 우리는 분석적인 관점에서 접근하는데, 사물과 행위는 그 본질과 존재 양상이 달라서 분석의 틀이 차이가 있다. 사물에 대한 분석적인 이해는 흔히 그 구조를 설명하는 것으로 이루어진다. 집의 구조, 신체의 구조, 나무의 구조 등의 구조 분석은 사물의 외적 모양에 의한 것보다도 이들 사물을 심도 있게 설명해 준다. 구조는 구성성분들 사이의 배열관계 및 결합 방식의 총체이며 구성 요소 사이에는 작용과 반작용이라는 상호작용적인 관계가 존재하는, 기본적으로 시공간적인 관계이다.

행위도 하위 행위나 동작 등으로 분석될 수 있지만, 행위를 구성하는 하위 동작 사이에는 시공간적인 관계가 아니라 시간적인 배열관계가 존재한다. 시간적인 배열관계는 상호작용적인 관계가 아닌 인과적인 관계나 계기적인 관계이다. 어떤 행위를 구성하는 하위 행위나 동작들의 시간적인 배열관계는 순서로 이해되며, 이 순서 사이의 진행이나 관계를 진행과정, 진행 절차, 방법 등의 개념으로 이해한다.[1)]

행위는 일상생활에서 걷기, 뛰기 등의 행위와 같이 그 자체만으로 존재하기도 하지만, 행위 가운데는 사물을 대상으로 삼아 발생하는 것도 있다. 대상성 행위를 이해하는 데에는 행위의 관점과 사물의 관점이라는 두 가지 접근이 가능하다. 집을 짓는 행위는, 행위의 관점에서는 '집 짓는 법', '집 짓는 절차' 등으로 설명되며, 행위의 대상이 되는 집과 재료인 목재, 벽돌 등에 대해서는 모양, 크기, 구조, 성분자질 등이 설명된다.

이렇게 사물과 행위에 대한 이해와 접근법이 차이가 있는데, 행위에 속하는 대화에 대한 접근방법에는 어떤 것이 있는가를 생각하여 보기로 한다.

---

1) 특정한 목적 행위에 도달하기 위한 하위 행위, 행동 및 동작에 대한 통제와 조작 체계 내지 수행 절차를 방법이라고 한다. 일상적으로 행위는 이 방법의 관점에서 가장 많이 설명되고 있다(김정택 역, 1993: 123).

2.2. 대화 구성의 특성과 접근 방법

대화도 시각과 청각 등의 감각을 통하여 관찰될 수 있다. 두 사람이 마주 대하여 있고, 그들 사이에 오가는 발화가 있다면 우리는 그들이 대화를 하고 있다고 생각한다. 이러한 관찰적인 접근은 사물이나 일반 행위에서와 같이 대화의 본질을 충분히 설명해 주지 못한다.

대화행위도 발화 및 텍스트를 대상으로 하고 있어서 행위와 대상의 두 가지 관점에서 접근할 수 있다. 대화의 발화나 텍스트에 대한 접근은 발화와 텍스트의 일반 이론에 비추어 대화의 특성이 분석될 수 있고 또한 그 특성이 분석될 수 있을 것이다. 대화의 행위적 측면에 대한 분석은 대화를 구성하는 하위 행위인 발음행위, 표현행위, 청취행위, 이해행위 등에 대하여 행위의 진행과정 및 절차 또는 방법이 다루어질 수 있다. 발음법, 표현법, 청취법, 이해법 등의 방법이나 발음절차, 표현과정 및 절차, 이해과정 및 절차 등이 다루어질 수 있고, 이 밖에도 발화를 사용하여 수행하는 언표내적 행위, 상대방에 대한 대우 행위와 화자들 사이의 역할교체 등에 대하여 화행법, 대우법, 역할교체법 등이 논의될 수 있다.

대화는 위와 같은 행위의 진행과정과 방법 등의 관점에서 다양하게 접근될 수 있는데, 실제로는 대화에 대한 연구가 상당히 진전되고 있는 현 단계에서도 방법의 관점에서 연구된 바는 별로 많지 않다. 역할교체법이 논의되는 정도일 뿐, 대화에 대한 논의는 상당 부분이 대화의 주제구조, 최소대화 구조, 복합대화 구조, 진행구조 등과 같이 구조를 중심으로 이루어지고 있다.

행위인 대화가 사물이나 텍스트와 같이 구조의 관점에서 접근되는 근거를 생각하여 보기로 한다. 대화행위는 표면상으로는 일반 행위와 같이 시간선상에서 발생하고 진행된다. 그런데 대화 화자들은 걷거나 뛰는 등의 행위나 단독 화자가 수행하는 연설, 강의 등과 같은 계기적 진행만을 하는 것은 아니다. 선행 화자의 행위는 후행 화자의 행위가 발생하는 시점에서 사라져 버리는 시간적인 진행을 하는 것이 아니라 후행 화자의 발화행위를 요구하며 그 화행의 유형을 한정짓기도 한다. 화자들 사이의 발화행위는 상호작용하며 이러한 상호작용을 통해 대화라는 다른 층위의 행위를 구성한다. 즉 다시 말하면, 대화행위는 하위 행위들의 결합으로 구성되며, 하위 행위들 사이에는 구조를 형성하는 핵심 자질인 구성요소 사이의 상호작용이 존재한다. 대화 이외의 언어활동에도 상호작용은 존재하지만, 언어행위의 유형에 따라 정도성을 지닌다. 문어 활동과 구어 활동이 다르고 구어적인 언어활동 가운데도 대화에는 여러 관점에서 상호작용이 발생한다.

대화행위의 상호작용은 화자와 청자의 역할 행위 사이에서 발생하고, 또 한편으로 선행 화자와 후행 화자의 발화행위 사이에 존재한다. 대화를 문어 활동인 저술 작업과 구어 활동인 연설과 비교하면서 상호작용을 살펴보기로 한다.

(2) 화용론은 기능론적 관점에서도 연구되어 왔다. 다시 말해서 비언어적 제약과 원인에 의해서 언어의 구조와 현상을 설명하려는 시도이다. 그러나 이러한 정의와 영역은 언어 연구와 많은 관련이 있는 학문들, 즉 심리언어학과 사회언어학 그리고 언어학적 화용론을 구별짓지 못한다는 약점을 지닌다(이두현, 1994: 1).

(3) 세계는 이곳에서 우리가 외치는 말을 별로 기억하지 못할 것입니다. 그러나 전몰한 용사들의 위대한 공적은 결코 잊혀질 수 없을 것입니다. 우리는 이 용사들이 이룩한 불멸의 공적을 본받아 그들이 보여 준 정의감을 우리들의 신념에 아로새겨야 할 것입니다(링컨 대통령의 게티즈버그 연설, 이옥련 · 민현식, 1996: 221).

(4) S강현 · 아버지 · 결혼식 이왕 하는 거 빨리 하는 게 안 좋겠습니까?^{t1}

S아버지 · 강현 · 그래, 가을쯤 하는 걸로 하지?^{t2}

S강현 · 아버지 · 저기요… 가을보다… 다음달 어때요?^{t3}

(2)의 저술활동과 (3)의 연설, (4)의 대화를 우리는 흔히 피상적으로 보아 다음과 같이 연속으로 인식한다.

(2a) 쓰다$_{\text{(이두현 · 발화1)}}{}^{t1}$ + 쓰다$_{\text{(이두현 · 발화2)}}{}^{t2}$ + 쓰다$_{\text{(이두현 · 발화3)}}{}^{t3}$

(3a) 말하다$_{\text{(링컨 · 청중 · 발화1)}}{}^{t1}$ + 말하다$_{\text{(링컨 · 청중 · 발화2)}}{}^{t2}$ + 말하다$_{\text{(링컨 · 청중 · 발화3)}}{}^{t3}$

(4a) 말하다$_{\text{(강현 · 아버지 · 발화1)}}{}^{t1}$ + 말하다$_{\text{(강현 · 아버지 · 발화2)}}{}^{t2}$ + 말하다$_{\text{(강현 · 아버지 · 발화3)}}{}^{t3}$

언어활동을 화자의 관점에서만 보면 (2a-4a)에서 보는 바와 같이 문어 활동이나 구어 활동이나 모두 화자의 발화행위의 연속으로 볼 수 있다.

그러나 구어 활동에는 화자의 활동이 청자의 활동과 상호작용하며 이루어진다. 청자가 현장에 없는 저술활동의 경우 저자와 독자의 상호작용은 현장에서는 이루어지지 않는다. 반면에 구어 활동인 연설이나 대화에서는 청자가 존재하지 않으면 화자의 발화행위가 발생하므로, 화자의 활동이 청자와의 상호작용 속에서 존재한다고 보아야 한다. (2-4)의 화자와 청자의 활동 사이의 상호작용을 다음과 같이 나타내 볼 수 있다.

(2b) 쓰다$_{(이두현 · 독자 · 발화1)}{}^{t1}$⟹ ⟸읽다$_{(독자 · 발화1)}{}^{t1}$
(3b) 말하다$_{(링컨 · 청중 · 발화1)}{}^{t2}$⟹ ⟸듣다$_{(독자 · 발화1)}{}^{t1}$
(4b) 말하다$_{(강현 · 아버지 · 발화1)}{}^{t1}$⟹ ⟸듣다$_{(독자 · 발화1)}{}^{t1}$

문어 활동의 경우 저자와 독자의 상호작용은 아직 발생하지 않았고, 가능성을 지닌 잠재적인 관계에 있다. (2b)의 농담을 넣은 표기는 화자의 활동 시에는 발생하지 않으나 이후에 발생할 가능성을 지닌 청자의 행동을 나타낸다. 연설(3b)과 대화(4b)에서는 화자가 청자의 행위를 유발하고(⟹), 이에 대한 반작용(⟸)이 청자에 의해 발생한다. '⟹ ⟸' 표기는 화자의 행위에 의해 시작되는 계기적인 순서의 개념이 존재하면서도 상호 인과적이고 상호의존적인 화자와 청자의 행위 사이의 관계를 나타낸다. 이를 화살표 '→ ←'로도 나타낼 수 있으나, 대화에서 화자와 청자의 상호작용은 여러 가지 관점에서 이루어지므로 그것을 나타내기 위하여 가지가 있는 화살표를 쓰는 것이 더 적절할 것 같다. 청자의 역할은 언어활동의 유형에 따라 차이가 있어, 연설보다는 대화에서 더 능동적인 역할을 한다. 대화의 청자는 발화의 청취나 이해행위 이외에 말에 대한 주의집중, 맞장구, 동의, 부정 등을 나타내는 청자 반응을 수행함으로써 대화가 지속적이고 안정적이 되도록 한다(박용익, 1997: 58). 이러한 청자 역할의 정도를 반영하면 (2b-4b)를 다음과 같이 나타낼 수 있다.

(2b′) 쓰다$_{\text{(이두현·독자·발화1)}}^{t1}$⇒ ←읽다$_{\text{(독자·발화1)}}$t^{1}
(3b′) 말하다$_{\text{(링컨·청중·발화1)}}^{t2}$⇒ ⇐듣다$_{\text{(청중·발화1)}}$t^{1}
(4b′) 말하다$_{\text{(강현·아버지·발화1)}}^{t1}$⇒ ⇐듣다$_{\text{(아버지·발화1)}}$t^{1}

이상에서 보듯이 대화와 연설 등의 구어 활동에는 화자의 말하기 행위와 청자의 듣기 행위 사이에 상호작용이 존재한다. 이러한 상호작용성으로 화자 행위와 청자의 행위가 결합하여 구어 활동을 구성한다. 즉, 다시 말하면 구어 활동은 화자의 행위와 청자의 행위의 결합 관계에 의한 구조를 지니는 것이다.

화자(또는 저자)와 청자(또는 독자)의 행위로 이루어지는 언어활동을 문어 활동과 구어 활동으로 구분하여 다음과 같이 나타내어 볼 수 있다.

(5) 문어 활동→[쓰다$_{\text{(저자·독자·발화1)}}^{t1}$-읽다$_{\text{(독자·발화2)}}^{t2}$]+[쓰다$_{\text{(저자·독자·발화2)}}^{t2}$-읽다$_{\text{(독자·발화 2)}}^{t2}$]+……

(6) 구어 활동→[말하다$_{\text{(화자·청자·발화1)}}^{t1}$+듣다$_{\text{(청자·발화1)}}^{t1}$]+[말하다$_{\text{(화자·청자·발화2)}}^{t2}$+듣다$_{\text{(청자·발화2)}}^{t2}$]+……

화살표 '→'은 통사분석에서와 동일하게, 오른쪽 범주를 구성성분으로 다시 쓴다는 것으로 오른쪽의 상위 행위를 왼쪽의 하위 행위로 다시 씀을 나타낸다. '-'은 관련은 있으나 시공간적인 구조를 형성하지 못하는 성분 사이의 관계를 나타내고 있고 '+'는 시공간적인 +구조를 형성하는 구성성분의 배열관계를 나타낸다.

(2-4)의 언어활동을 (5-6)의 구성 규칙을 적용하여 분석해 보면 다음과 같다.

(2c) [쓰다$_{\text{(저자·독자·발화1)}}^{t1}$-읽다$_{\text{(독자·발화1)}}^{t1}$]+[쓰다$_{\text{(저자·독자·발화2)}}^{t2}$-읽다$_{\text{(독자·발화2}}^{t2}$]+[쓰다$_{\text{(저 자·독자·발화3)}}^{t3}$-읽다$_{\text{(독자·발화3)}}^{t3}$]

(3c) [말하다$_{\text{(링컨·청중·발화1)}}^{t1}$+듣다$_{\text{(청중·발화1)}}^{t1}$]+[말하다$_{\text{(링컨·청중·발화2)}}^{t2}$+듣다$_{\text{(독자·발화2)}}^{t2}$]+ [말하다$_{\text{(링컨·청중·발화3)}}^{t3}$+듣다$_{\text{(독자·발화3)}}^{t3}$]

(4c) [말하다$_{\text{(강현·아버지·발화1)}}^{t1}$+듣다$_{\text{(아버지·발화1)}}^{t1}$]+[말하다$_{\text{(아버지·강현·발화2)}}^{t2}$+듣다

(강현・발화2)^{t2}] + [말하다(강현・아버지・발화3)^{t3} + 듣다(아버지・발화3)^{t3}]

문어 활동에서는 독자의 읽기 행위가 저술 현장에 존재하지 않아서 저자의 쓰기 행위와 어떤 구성체를 이루지 못하여, 저술활동은 저자의 계기적인 쓰기 행위들만으로 구성된다. (3c-4c)의 구어 활동에서는 시간적・계기적인 진행 이외에 화자의 행위와 청자의 행위 사이에 상호작용이 존재한다. 이 밖에도 (4c)의 대화 진행에는 화자와 다음 화자 사이에 역할 교체가 존재한다.

계기적인 진행과 상호작용 및 역할 교체를 표시하여 (2-4)를 다음과 같이 나타낼 수 있다.

(2d) ┌─ [쓰다(저자・독자・발화1)^{t1} ⇛ ←읽다(독자・발화1)^{tx}]
↓ ↓
↓ ↓
├─ [쓰다(저자・독자・발화2)^{t2} ⇛ ←읽다(독자・발화2)^{ty}]
↓ ↓
↓ ↓
└─ [쓰다(저자・독자・발화3)^{t3} ⇛ ←읽다(독자・발화3)^{tz}]
↓ ↓

(3d) ┌─ [말하다(링컨・청중・발화1)^{t1} ⇛ ⇐듣다(청중・발화1)^{t1}]
↓ ↓
↓ ↓
├─ [말하다(링컨・청중・발화2)^{t2} ⇛ ⇐듣다(청중・발화2)^{t2}]
↓ ↓
↓ ↓
└─ [말하다(링컨・청중・발화3)^{t3} ⇛ ⇐듣다(청중・발화3)^{t3}]
↓ ↓

(4d)

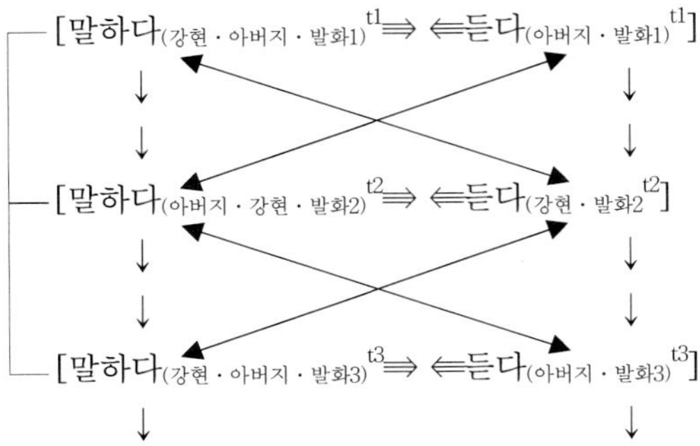

화살표 '↓'는 시간적인 진행을 나타낸다. 문어 활동에서는 저자 이두현 씨의 쓰기 행위만이 계기적으로 발생하고 있고, (3d)의 연설에서는 링컨의 말하기와 청중들의 듣기 행위가 계기적으로 지속되면서 상호작용하고 있고, 대화 (4d)에서는 화자의 역할교체로 연설에서보다도 화자와 청자 사이의 상호작용이 더 밀접한 것으로 나타나 있다. 청자가 화자로, 화자가 청자로 바뀌는 대화의 역할 교체는 도표에서 화살표로 나타내었듯이 상호작용적인 행위이다. 대화에서 청자의 역할을 하지 않은 사람이 갑자기 대화 화자로 등장하지 않는다. 그리하여 화자의 표현 및 발음 행위와 청자의 청취 및 이해 행위를 간략히 나타내 보면, (말한다x⇒ ⇐듣는다y) → (말한다y⇒ ⇐듣는다x) → (말한다x⇒ ……) 등의 순서가 되는데 (이때의 '→'는 시간 진행을 나타낸다.) 이러한 역할 교체는 순환적인 진행이며, 순환적 진행은 일종의 상호작용적 관계이다.

대화는 화자와 청자의 역할 행위 사이의 상호작용 이외에 화자와 화자 사이의 발화행위 사이에도 상호작용이 존재한다. 특히 언표내적 행위 사이에 현저한 상호작용이 존재한다. 추상적으로 '말하기', '듣기' 등으로 나타낸 화자와 청자의 행위를 좀 더 분석해 보면, 화자들의 언표내적 행위 사이의 상호작용을 볼 수 있다. 대략적으로 화자의 말하기 행위는 표현행위와 사용 행위로 구분할 수 있고, 듣기 행위는 이해와 반응 행위로 분석할 수 있다. 이러한 관계는 (7-8)과 같다.

(7) $\text{말하다}_{(\text{화자 · 청자 · 발화1})}{}^{t1} \rightarrow [\text{표현하다}_{(\text{화자 · 청자 · 발화1})} \wedge \text{사용하다}_{(\text{화자 · 청자 · 발화1})}]^{t1}$

(8) $\text{듣다}_{(\text{화자 · 발화1})}{}^{t1} \rightarrow [\text{이해하다}_{(\text{청자 · 발화1})} \wedge \text{반응하다}_{(\text{청자 · 발화1})}]^{t1}$

'표현하다'는 화자의 발음, 통사, 표현 등의 행위 등을 포괄하는 용어로 사용하였고, '사용하다'는 언표내적 행위를 나타낸다. '이해하다'는 소리를 청취하여 이해하고 해석하는 등의 행위를 포괄하는 용어로 사용하였다. '반응하다'는 주의집중, 맞장구, 동의, 부정 등의 신호 및 지속의 요구 등으로 나타나는 청자 반응을 나타내는 용어로 사용하였다. '∧'은 비분리적이며 동시적으로 진행하는 행위들의 결합관계를 나타낸다.

(6)의 오른쪽 성분에 (7-8)을 적용하면 구어 활동을 다음과 같이 나타낼 수 있다.

(9) 구어 활동→[말하다(화자·청자·발화1)^{t1}+듣다(청자·발화1)t1]+[말하다(화자·청자·발화 2)^{t2}+듣다(청자·발화2)^{t2}]+……
→[표현하다(화자·청자·발화1)∧사용하다(화자·청자·발화1)]^{t1}+[이해하다(청자·발화1)∧반응하다(청자·발화1)]^{t1}+[표현하다(화자·청자·발화2)∧사용하다(화자·청자·발화2)]^{t2}+[이해하다(청자·발화2)∧반응하다(청자·발화2)]^{t2}……

(9)의 규칙으로 앞의 (3)의 연설과 (4)의 대화를 분석해 보면 다음과 같다.

(3e) [표현하다(링컨·청중·발화1)∧주장하다(화자·청자·발화1)]^{t1}+[이해하다(청중·발화1)∧반응하다(청중·발화1)]^{t1}+[표현하다(링컨·청중·발화2)∧주장하다(링컨·청자·발화2)]^{t2}+[이해하다(청중·발화2)∧반응하다(청중·발화2)]^{t2}+[표현하다(링컨·청중·발화3)∧주장하다(화자·청자·발화3)]^{t3}+[이해하다(청중·발화3)∧반응하다(청중·발화3)]^{t3}

(4e) [표현하다(강현·아버지·발화1)∧제안하다(강현·아버지·발화1)]^{t1}+[이해하다(아버지·발화1)∧반응하다(아버지·발화1)]^{t1}+[표현하다(아버지·강현·발화2)∧대답하다(아버지·강현·발화2)]^{t2}+[이해하다(강현·발화2)∧반응하다(강현·발화2)]^{t2}+[표현하다(강현·아버지·발화3)∧제안하다(강현·아버지·발화3)]^{t3}+[이해하다(아버지·발화3)∧반응하다(아버지·발화3)]^{t3}

(3e-4e)로 분석되는 (3-4)의 언어활동을 하위 행위들의 진행과정과 상호작용을 나타내어 도식화해 보면 다음과 같다.

(3f)

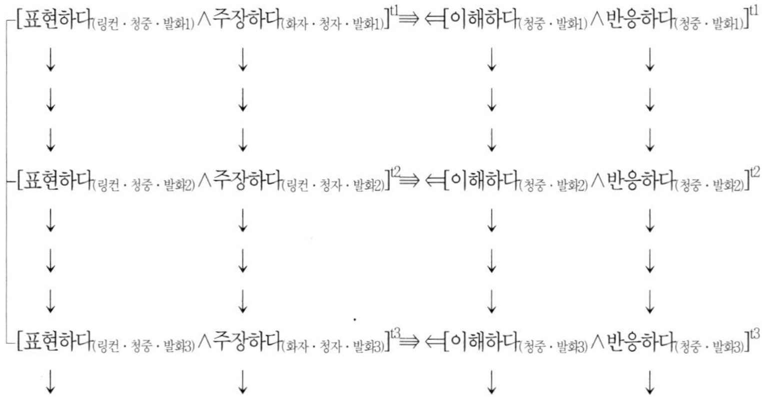

(4f)

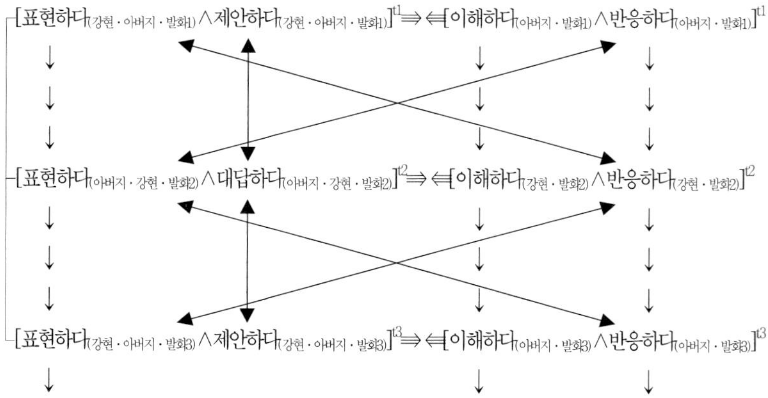

연설(3f)에서는 화자와 청자의 역할 행위가 상호작용하는 가운데 나머지 행위들이 동일인에 의해 계기적으로 진행되고 있다. 대화(4f)에서는 역할 행위 사이의 상호작용 이외에, 역할 교체와 언표내적 행위 사이의 상호작용이 존재한다. 이와 같이 대화에는 구성성분들이 구조를 형성하게 하는 상호작용이 다른 어떤 언어행위보다도 강하게 존재하는 것을 볼 수 있다. 이 상호작용성이 대화행위에 구조를 부여한다고 본다.

선행 연구들에서 대화행위의 구조 면이 논의되었고, 대화의 계층구조 또한 분석된 바 있다. 대화는 문장, 발화, 텍스트 등의 언어 구성체에 비해 훨씬 더 복합적인 구성체로 지금까지 주로 논의된 계층구조 이외에도 대화의 진행과정, 대화 확장의 원리 등 여러 관점에서 대화 구조가 분석될 수 있다고 보는데, 여기서는 계층구조와 진행구조를 중심으로 대화의 구조를 살펴보기로 한다.

3. 대화의 계층구조

대화가 진행되면 화자의 발음, 통사, 의미행위 등의 발화행위뿐만 아니라 청자의 청취행위, 이해행위 그리고 화자들의 참여행위, 이 참여행위로 구성된 교환행위, 참여행위 사이의 역할 교체 등의 여러 가지 행위가 여러 층위에서 발생한다. 대화는 이러한 여러 하위 행위들로 구성되는 계층구조를 지닌 것으로 파악되고 있으나 그 계층의 내용 및 용어 등에 견해의 차이를 볼 수 있다. 여기서는 우선 계층구조의 층위를 다시 설정해 보고 용어를 정리하기로 한다.

3.1. 대화의 하위 행위들 사이의 계층관계

Genève 학파의 대화분석에서는 대화가 교환(échange), 개입(intervention), 언어행위(acte de langage)의 세 층위의 구성성분으로 된 계층구조를 지닌 것으로 파악하였다(이두헌, 1994: 67). 교환은 개입으로 구성되고 개입은 언어행위로 구성되는 것으로 보았다. 개입은 교환을 구성하는 개별 화자의 가장 큰 독백단위로, 언어행위는 개입을 구성하는 독백의 최소 단위로 정의되어 있다(이두헌, 1994: 68). 이러한 대화의 계층구조의 층위 및 용어는 이론에 따라 차이가 있는데, 여기서는 대화에서 개별 화자가 수행한 행위의 기본 단위를 '발화행위'라는 용어로, 그리고 특정 말차례에서 개별 화자가 수행한 발화행위의 총화를 '참여행위'로 부르기로 한다.[2] 이 참여행위로 구성되는 화자들의 상호작용적인 언어행위를 '교환행위'라는 용어로 나타내기로 한다. 그리고 대화를 시작, 전개, 종결 등의 절차에 따라 지속하는 것을 대화의 단계적 진행행위라고 부르기로 한다. 이러한 용어와 층위 설정에 따르면, 대화를 구성하는 이러한 여러 행위들 사이의 계층관계는 다음과 같다.

(10) 발화행위 < 참여행위 < 교환행위 < 단계적 진행행위

대화는 화자와 화자 사이의 상호작용이므로, 대화행위의 직접 구성성분은 상대 화자와 상호작용하는 층위인 '참여행위'의 층위가 될 것이나, 대화나 참여행위를 설명하는 데에는 그 하위의 단위인 발화행위의 개념이 필요하므로 발화행위부터 대화 분석의 단위로 삼기로 한다. 발화행위는 개별 화자가 참여행위에서 하나의 발화를 생산하는 행위로 대화, 연설, 강의, 저작 등에 이르는 모든 언어활동의 기본이 되는 행위이다. 언어행위에서 가장 기본이 되는 것은 발화행위이며 또한 대화를 구성하는 행위적 특성의 많은 부분이 발화행위의 특성을 통하여 설명될 수가 있다.

발화행위는 논의에 따라 '행위(act)' 또는 '언어행위'(이두헌, 1994: 64)로 불리고 있으나, '언어행위'는 단순한 발음 행위에서부터 여러 하위 행위로 구성되는 연설, 강의, 대화 등의 행위까지를 나타낼 수 있어서 너무 외연이 큰 추상적인 용어이고, '행위'는 '언어행위'보다 더 추상적인 개념이어서 발화를 생산하는 행위를 뜻하는 용어로 부적절하다. 따라서 여기서는 개별 화자가 행하는 언어행위의 최소단위, 즉 발화를 생산, 사용하는 행위를 '발화행위'로 부르기로 한다. 이때의 '발화행위'는 발음, 형

---

2) 대화의 계층구조에 대한 분석은 그 층위의 수와 그들에 대한 용어가 논의에 따라 차이를 지니고 있다. 다음에서 볼 수 있듯이, 개별 화자가 특정 말차례에서 행한 행위의 총화를 대화의 분석단위로 삼는 이론도 있고 그보다 더 작은 단위인 하나의 발화를 말하는 행위인 발화행위를 대화의 분석단위로 보는 이론도 있다.

(1) turn < adjacency pair < sequence…… < overall organization(Sacks 1972, Sacks 1972 & Jefferson 1974, Levinson 1981, 1983)

(2) act < move < exchange…… < speech event(Sinclair & Coulthard 1975, Coulthard & Brazil 1979, Burton 1980, Stubbs 1983)

(3) act(화행) < turn(화번) < adjacency pair(인접쌍) / exchange(대화교환체) < …… < macrostructure(대화대구조)(구자은, 1991: 5)

(4) 언어행위 < 개입 < 교환(이두헌, 1994: 67-68)

태, 통사, 지시, 언표내적 행위 등을 모두 포함하는 용어로 사용한다. 그리고 화자 x가 발화 u1, u2 등을 발화하는 발화행위는 S_{xu1}, S_{xu2} 등으로 표기되며, 저자의 발화행위는 쓰기 행위로, R_{xu1}, R_{xu2} 등으로 표기된다.[3)]

대화 화자가 단 하나의 발화를 산출하는 경우도 있고 그 이상의 발화를 산출하는 경우도 있지만, 어느 경우이건 특정 말차례에서 발화행위를 수행하는 것은 이미 발생한 상대방 화자의 발화행위에 대응한 것이거나 앞으로 발생한 상대방 화자의 발화행위를 견제하여 이루어진다. 말을 한다는 것은 기본적으로는 발화를 생산, 사용하는 것이지만, 다음 화자를 대상으로 하는 대화의 발화행위는 동등하고 상호협력적인 언어 활동에 데한 참여를 의미한다. 이러한 사실에 근거하여 특정 말차례에서 행한 화자의 발화행위의 총화를 '참여행위'라 부르기로 한다. 이 층위는 '대화기여'(박용익, 1998: 57, 273), '개입'(이두헌, 1994: 75-78) 또는 '말차례' 등으로 불리고 있지만, 이들 '기여'나 '개입' 둘 다 참여의 의미를 지니면서도 특정 유형의 참여를 나타내므로, 여기서는 그러한 의미가 없는 '대화 참여행위' 또는 '참여행위'라는 용어를 사용하기로 한다.[4)] 대화의 참여자들의 협력은 화자와 화자 사이에 발생하고 또 한편으로는 화자와 청자 사이에서 발생하는데, 참여행위의 뜻하는 범위를 좀 더 엄밀히 하면, 참여자 가운데 한 사람이 화자로서 참여하고 나머지는 청자로서 참여하는 것으로, 대화의 화자와 청자 사이에 협력적인 언어 활동

---

3) '발화행위', '언표행위' 등으로 번역되는 오스틴(1962)의 'locutionary act'는 음성행위나 형태행위, 의미행위 등을 포함하나 언표내적 행위를 구별하고 있고, 썰(1969)의 'utterance acts'는 단어, 문장 등을 발화하는 것에 한정하고, 지시나 서술 등의 의미행위나 명제행위와도 구별하고 있는데, 여기서는 발화행위를 언어행위의 최소 단위로 보아 음성, 형태, 의미행위와 언표내적 행위까지를 포함하는 뜻으로 사용하였다.

4) '개입'이라는 용어는 다른 참여자가 원하지 않는 경우의 참여를 나타내는 것으로 부정적인 의미를 지니고 있어서 긍정이나 부정의 특성이 없는 화자와 청자의 활동을 나타내는 용어로 부적절하다. '기여'라는 말도 특정 목표나 효과를 달성하는 데에 대한 노력 및 참여를 뜻하나 직접적인 참여 이외의 간접적인 참여나 투자도 포함하고 있으며, 대화의 참여행위는 대화를 구성하는 일을 하는데, 어떤 일이나 성과에 대한 기여 행위가 바로 그 일이나 성과를 구성하는 것은 아니다. 또한 이 용어를 사용하는 이론(이두헌, 1994: 75-76)에서는 화자의 발화행위의 총화를 언표내적 행위에 중점을 두고 접근하고 있다. 단어의 의미나 이론상의 관점이나 '기여'라는 용어도 적절하다고 할 수 없다. 이들 외에도 화자의 발화행위의 총화가 말차례, 화번 등으로 일컬어지기도 하는데, 이들 용어는 행위의 개념이라기보다는 행위가 진행되는 순서이므로 활동을 총칭하는 용어로는 미흡하다.

은 시작되었지만 화자와 화자 사이의 상호작용은 아직 발생하지 않은 단계라고 할 수 있다.

역할 교체를 포함한 참여행위의 쌍은 교환행위를 구성한다. 화자와 청자로 각각 참여한 사람들이 역할을 교체하여 또다시 화자와 청자의 역할을 수행하면서 대화는 지속되어 가는데, 한 번의 역할 교체를 포함한 참여행위의 쌍에서는 화자와 청자 사이의 협력활동 이외의 화자와 화자 사이의 상호작용이 발생한다. 상호작용적인 언어행위라는 대화의 특성이 바로 이 교환행위의 층위에서 형성된다.[5] 세 번의 참여행위로 된 구성의 일부 형식이 교환으로 이해되기도 하지만(이두헌, 1991: 55), 여기서의 '교환행위'는 두 화자가 각각 한 번씩 화자로 참여한 언어활동을 뜻한다. 이 교환행위는 다음 절에서 논의되겠지만, 상황에 따라서 '단위대화', 또는 '대화행위', '대화'로 부를 수도 있다.

교환행위가 반복되면서 대화는 길게 지속·확장된다. 길게 진행된 대화는 시작, 전개, 종결 등의 진행단계 구조를 지닌다. 그리고 이 시작, 전개, 종결 등의 단계는 기능이나 텍스트의 소주제에 따라 다양한 전개 과정을 지닌다(구자은, 1991: 81).

이상에서 논의된 바와 같은 대화의 행위의 계층관계를 대략적으로 나타내보면 다음과 같다.

(11) a. 대화행위 → 시작 + 전개 + 종결
b. 시작 → 인사 + 관심표명……
c. 전개 → 문제 제기 + 설명, 논의, 문제 해결……
d. 종결 → 예비종결 + 종결
e 인사 → 소주제구성1 + ……소주제구성n
f. 관심 표명 → 소주제구성1 + ……소주제구성n
g. 문제 제기 → 소주제구성1 + ……소주제구성n
h. 설명, 논의 문제 해결 → 소주제구성1 + ……소주제구성n
i. 예비종결 → 소주제구성1 + …… 소주제구성n

---

5) 이론에 따라서는 화행에 중점을 두어 인접쌍의 개념으로 이해하는 이론도 있는데, 화행의 인접쌍은 참여행위에서 화자가 행한 여러 행위 가운데 일부에 해당하므로, 두 화자의 참여행위를 설명하는 데 충분한 개념이라고 할 수 없고 '교환행위'라는 용어를 사용하기로 한다.

j. 종결 → 소주제구성1 + ……소주제구성n
k. 소주제구성 → 교환행위1 + ……교환행위n
l. 교환행위1 → 참여행위1 + ……참여행위n
m. 참여행위 → 발화행위1 + ……발화행위n

3.2. 대화행위의 계층구조에 대응되는 대화텍스트 화용구조

대화의 발생과 동시에 생성되는 발화 및 대화텍스트에는 언표내적 행위, 대화행위의 계층구조, 대화 진행의 단계 등이 통사적 형식이나 텍스트 구성으로 반영되어 있다. 즉, 다시 말하면 대화텍스트에는 대화의 하위 행위들과 이들 사이의 계층구조 및 진행을 나타내는 통사 형식이나 언어 표현이 존재하며 행위구조가 텍스트에 구조화되어 있다. 대화텍스트의 이러한 구성은 대화행위의 구조를 나타내는 대화텍스트의 화용구조라고 하겠다. 대화텍스트의 화용구조는 다음과 같은 텍스트 사이의 계층구조로 되어 있다.

(12) a. 대화텍스트의 화용구조 → 시작텍스트 + 전개텍스트 + 종결텍스트
b. 시작 텍스트 → 인사 텍스트 + 흥미 유발 텍스트 + ……
c. 전개 텍스트 → 문제 제기 텍스트 + 설명, 논의, 문제 해결 텍스트……
d. 종결 텍스트 → 예비종결 텍스트 + 종결 텍스트
e. 인사 텍스트 → 소주제 텍스트1 + ……소주제 텍스트n
f. 관심 표명 텍스트 → 소주제텍스트1 + ……소주제 텍스트n
g. 문제 제기 텍스트 → 소주제 텍스트1 + ……소주제 텍스트n
h. 설명, 논의 문제 해결 텍스트 → 소주제 텍스트1 + ……소주제 텍스트n
i. 예비종결 텍스트 → 소주제 텍스트1 + ……소주제 텍스트n
j. 종결 텍스트 → 소주제 텍스트1 + ……소주제 텍스트n
k. 소주제 텍스트 → 교환 텍스트(단위대화텍스트)1 + ……교환 텍스트(단위대화텍스트)1
l. 교환 텍스트(단위대화텍스트)1 → 화자(x) 텍스트 + 화자(y) 텍스트
m. 참여 텍스트 → 발화1 + ……발화n

(13)

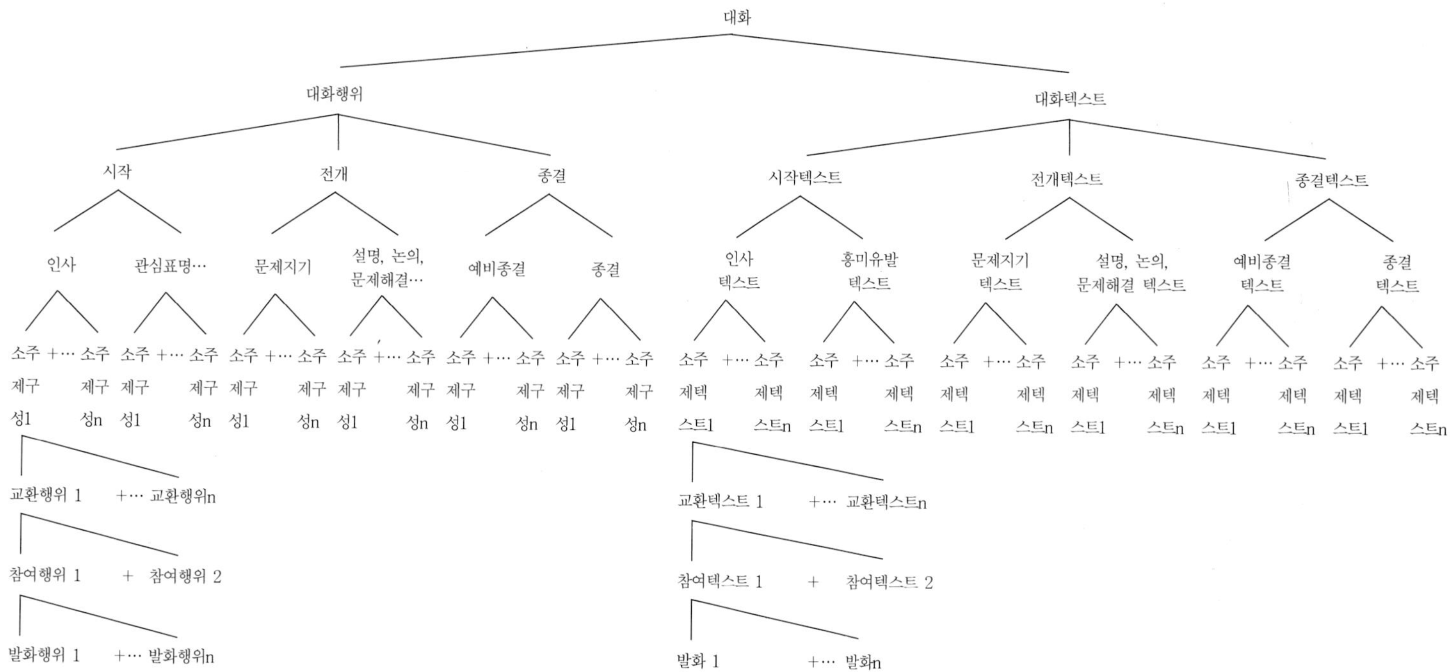
대화
대화행위
대화텍스트
시작
전개
종결
시작텍스트
전개텍스트
종결텍스트
인사
관심표명…
문제지기
설명, 논의, 문제해결…
예비종결
종결
인사 텍스트
흥미유발 텍스트
문제지기 텍스트
설명, 논의, 문제해결 텍스트
예비종결 텍스트
종결 텍스트
소주 +… 소주
제구 제구
성1 성n
소주 +… 소주
제텍 제텍
스트1 스트n
교환행위 1 +… 교환행위n
참여행위 1 + 참여행위 2
발화행위 1 +… 발화행위n
교환텍스트 1 +… 교환텍스트n
참여텍스트 1 + 참여텍스트 2
발화 1 +… 발화n

이상에서 볼 수 있듯이, 대화텍스트의 화용구조는 대화행위와 긴밀한 대응관계를 지니고 존재하고 있다. 이러한 대응관계는 분기도로 나타내면 (13)과 같다.

(13)에서 보는 바와 같이 발음, 청취, 이해, 해석 등의 대화행위 및 대화의 계층구조는 대화텍스트에 반영, 구조화되어 있어서, 대화텍스트만 보고도 우리는 그 대화가 어떻게 구성되고 어떤 단계로 진행되었는가를 알 수 있다. 그리고 대화텍스트를 통하여 대화행위의 구조와 진행 등을 논할 수 있다.

4. 단위 대화와 확장 대화의 구조

개별 화자의 발화행위나 참여행위는 아직 대화를 구성하지 못하며 두 화자의 참여행위로 구성되는 교환행위의 차원에서 대화가 구성된다. 교환행위의 특성과 기능을 살펴보고 교환행위의 반복을 통하여 진행 단계를 지닌 확장 대화가 구성됨을 보기로 한다.

4.1. 단위 대화의 구조

대화의 길이는 일정하지 않다. 다음 (14)의 대화도 더 길어질 수도 있고 이보다 더 짧게 끝날 수도 있다. 상황에 따라서는 (15)와 같은 짧은 형식으로 끝날 수도 있다.

(14) $S_{\text{형서}}$ · 여! 언제 재대했어?^{t1}

$S_{\text{지웅}}$ · 응, 저번달에.^{t2}

$S_{\text{형서}}$ · 그럼 다음 학기에 복학하니?^{t3}

$S_{\text{지웅}}$ · 아니, 다음 2학기에 복학해. 거진 1년 놀아야지.^{t4}

S형서 · 무슨 계획이라도 있니?t5

S지웅 · 글쎄, 비행기라도 한번 타볼까 해.t6

S형서 · 어디 가고 싶은데?t7

S지웅 · 돈 쪼금 가지고 오래 살 수 있는 데를 알아봐야지. 짐바브웨나 아프가니스탄 같은 데.t8

S형서 · 햐, 그냥 집에서 오래 살아라.t9

S지웅 · 형서 너는 얼마나 들었어?t10

S형서 · 해외여행?t11

S지웅 · 응.t12

(15) S형서 · 여! 언제 제대했어?t1

S지웅 · 저번달에?t2

어느 정도의 지속까지를 대화라고 할 수 있을 것인가? 또한 일상생활에서는 (16-18)과 같은 형식도 많이 볼 수 있는데 이들도 대화라고 할 수 있는가?

(16) S갑 · 안녕하세요?t1

S을 · 안녕하세요?t2

(17) S갑 · 밥 먹었니?t1

S을 · 응. 먹었어.t2

(18) S갑 · 순이 데리고 가는 게 좋을까?t1

S을 · 그것도 괜찮겠다.t2

(14)의 대화가 계속 더 지속될 수도 짧아질 수도 있다는 것은 대화의 길이가 임의적인 것임을 말해 준다. (16-18)의 질문과 대답, 인사교환 등은 교환행위로 그치고 있는데 실제로 일상생활에서는 교환의 형식만으로 의사소통이 많이 이루어진다.[6] 교환행위는 충분히 진행된 대화라고

6) 대화의 진행은 단위 대화가 반복되는 형식으로 이루어지는데, 누적적인 형태로 존재하는 사물은 흔히 그 최소 단위만으로는 그 사물의 본질이나 기능을 충분히 드러내지 못한다. 쌀 한 톨, 물 한 방울, 밀가루 입자 하나는 쌀, 물, 밀가루다운 존재를 보여 주지 못하지만 일정한 양적인 누적 형태로 그 존재를 존재답게 하며, 걷는 동작은 일정한 반복을 통하여 그 동작을 확실히 한다. 이와 같이 대화 단위로 분석된 교

는 할 수 없고 흔히 대화로 인식되지 않기도 하지만 상호작용적인 언어 행위라는 대화의 특성과 그에 따른 구조를 갖추고 있다. 길게 진행된 (14)의 대화도 이 교환행위가 반복되는 형식으로 구성되므로, 교환은 대화의 진행의 기본이 되는 형식이며 대화분자라고 할 수 있다. 대화의 특성을 갖춘 구성체로 최소로 진행된 형식이라는 점에서 '최소 대화행위' 또는 '단위 대화행위'로 부를 수도 있는데, 최소대화는 여기와는 다른 뜻으로 사용되고 있으므로 '단위 대화행위'라는 말을 사용하기로 한다.[7] 독립된 대화로서의 논의에서는 '단위 대화행위', '단위 대화', '대화'의 용어를 사용하고, 확장 대화의 일부로 관찰할 때는 교환행위라는 용어를 사용하기로 한다.

단위 대화의 교환행위 E는 다음과 같이 두 화자의 참여행위와 그 사이에서 발생하는 역할 교체로 분석된다.

(19) $E \rightarrow P_{갑} \Leftrightarrow P_{을}$

대화 참여자 사이에서 화자와 청자의 역할이 바뀌는 역할 교체는 일반적으로 언어를 사용하지 않고 이루어지는 행위이며, 참여행위에서 또 다른 화자의 참여행위로 진행하는 가운데 구조적으로 이루어진다고 할 수 있다. 이러한 비언어적인 행위를 언어적인 행위와 구별하여 언어 이외의 기호인 '⇔'으로 나타내기로 한다.

앞에 보았듯이 참여행위는 화자의 역할로서뿐만 아니라 청자로서의 참여까지를 포함하므로 단위 대화행위의 구조를 좀 더 명세화하면 다음과 같이 나타낼 수가 있다.

(20) $E \rightarrow P_{갑} \Leftrightarrow P_{을}$

$\rightarrow [S_{갑} + H_{을}] \Leftrightarrow [S_{을} + H_{갑}]$

환이 대화다움을 지니지 않는다고 대화가 아니라고 할 수 없다.

7) 박용익(1998: 99)에 의하면 최소대화는 말하기가 추구하는 목적달성 여부가 의사소통을 통해서 명확해진 구성체를 나타내는 용어로 사용되고 있다.

교환을 구성하는 첫째 참여행위 P1에서는 '갑'은 말하기에, '을'은 듣기에 참여하였고, 둘째 참여에서는 '을'이 화자가 된다. 역할 교체를 포함한 두 쌍의 참여행위로 구성된 교환행위는 상호작용적인 언어행위라는 대화의 특성을 갖춘 가장 작은 단위이며 확장 대화는 구성하는 단위가 된다.

4.2. 확장 대화의 구조

단위 대화인 교환행위가 반복되면서 대화다운 대화가 구성된다. 이러한 구성은 대구조, 거시구조, 복합대화 등으로 설명되고 있는데 여기서는 '확장 대화'라고 부르기로 한다. 확장 대화는 단위 대화보다 조금 길게 진행되기도 하여 길이 내지 시간적인 확장은 거의 임의적이라 할 수 있지만, 대화의 확장을 진행과정의 관점에서 보면 단순한 시간선상의 지속과 논리적 지속의 두 형태를 관찰할 수 있다.

대화의 행위도 걷거나 먹는 등의 일반 행위에서 볼 수 있는 단순한 시간적인 진행과정이 있다.

(21) S갑 · 순이 집에 있니?^{t1}
  S을 · 네, 있어요.^{t2}

(21)과 같은 대화의 최소의 진행 형식인 교환행위에서도 시작이 있고 진행 부분이 있으며 끝나는 시점이 있다. 이러한 시간적인 진행과정의 시작, 중간, 끝 등은 경계도 분명하지 않으며, 대화텍스트에 표시되거나 구조화되지도 않는다.

확장 대화에서 구조화되는 진행과정은 시작, 전개, 종결로 구분되는 단계에 따른 진행이다. 대화는 흔히 인사나 관심 표명, 호출 등의 행위로 대화가 시작되며, 이 시작단계에서는 대화를 진행하기 위한 준비 작업이나 대화 전개에 필요한 준비가 이루어진다. 전개 단계에서는 대화의 핵심 주제나 문제가 설명 · 논의되고 문제 해결이 모색되며, 종결 단계에서는 종결을 위한 준비와 대화가 끝났음을 나타내는 인사 등 대화의 마무리 작업이 이루어진다. 물론 대화의 진행단계는 상황에 따라 훨씬 더 복잡하고 다단계적으로 진행될 수도 있다. 시작 인사만 해도 집안 인사, 건강, 사업 근황 등의 여러 주제로 된 복합 구성을 지닐 수 있고, 특히 전개 부분은 대화의 주제와 목적에 따라 매우 다양한 구성을 지닐 수 있다. 대화의 이러한 진행단계는 대화의 진행 및 목적 달성을 합법적이고 순조롭게 하는 일종의 논리 구조로 볼 수 있다.

교환행위의 반복으로 이루어지는 대화의 진행과정에 시작, 전개, 종결 등의 단계를 구분하여 주는 것은 대화텍스트이다. 대화텍스트에는 시작, 종결 등을 실행하는 발화 형식들이 있고, 대화 진행단계에 따라 텍스트의 주제가 다르며 빈번히 사용되는 화행의 유형에도 차이가 있다. 시작 단계의 주제는 주로 날씨나 주변 이야기, 안부 등이며, 종결 단계에도 인사, 염려, 안부 등이 주제가 된다. 이러한 대화텍스트의 주제와 화행들을 통하여 구성된 대화텍스트의 화용구조가 교환행위의 연속체인 대화의 진행에 시작, 전개, 종결 등의 구조적 특성을 부여한다.[8] 확장 대화 (22)의 진행단계는 대화텍스트를 참조할 때, 1-6의 교환행위들은 시작 단계를 구성하며, 6-11은 전개 단계를, 11-14의 교환행위들은 종결 단계를 구성하고 있다.

(22) 1 S_A · 아이구! 이거, 노교수 아닌가.
2 S_B · 어, 김사장 오랜만이네. 얼굴 잊겠다.
3 S_A · 그렇군, 그래, 어부인은 안녕하시고
4 S_B · 덕분에. 어때 사업은 잘돼 가나?
5 S_A · 그럭저럭 입에 풀칠은 하지.
6 S_B · 좋구나.

(1–6: ① 시작)

8) 대화 진행단계 구조도 시작부, 주제부, 종결부로 구분하기도 하고, 시작부, 중심부, 종결부로 구분되기도 하는 등(구현정, 1997: 82-88) 용어상의 차이가 있는데, 여기서는 시작, 전개, 종결로 구분하였다.

근데, 부부동반 초대장 받았지?

7 S_A · 그래, 간다고 답했어. 자네도 가는 거지?

8 S_B · 팔자 좋은 소리!

9 S_A · 야! '삶은 구름 한 점 일어남이요,

죽음은 구름 한 점 흩어짐이니

에헤야, 세상님들 둥글둥글 사세' 몰라.

10 S_B · 그렇지. 그게 내 문자였지.

11 S_A · 알긴 아누만.

② 전개

어- 마침 차가 오네.

12 S_B · 만나서 반가웠네. 친구한테 안부 부탁하네.

13 S_A · 알았네, 이 친구야. 그럼, 나중에 만나세.

14 S_B · 미안허이, 잘 가게.

③ 종결

(구자은, 1991: 84)

모든 대화가 이러한 진행단계를 갖추지는 않는다. 시작이나 종결 단계가 없이 전개 단계만 지닌 대화도 일상생활에서 많이 볼 수 있다. 화자가 진행단계를 갖춘 대화를 하는가 그렇지 않는가의 여부는 대화가 격식을 갖춰야 하는 상황인가 아닌가에 크게 의존한다.[9] 형식을 갖춘다는 것은 화자와 청자의 친분관계, 대화 주제 등과 관련된다. 격식을 갖출 필요가 없는 친한 사람 사이의 일상적인 대화는 대부분 시작 단계를 거치지 않고 바로 전개 단계로 진행한다. 또한 위험에 대한 경고, 급한 상황에서의 문제 해결 등 격식을 갖출 여유가 없는 상황에서 이루어지는 대화도 시작, 종결 등의 단계를 지니지 않는다. 반면에 친한 사람 사이에서도 부탁하거나 충고하는 등의 부담스러운 주제가 다루어지는 때는 대화가 시작, 전개, 종결 등의 단계적 구성을 지니며, 예의를 갖춰야 하는 어려운 사이나 낯선 사람과의 대화에서는 (23)과 같이 매우 단순한

9) 물론 형식적인 대화는 전개부보다도 도입부와 종결부가 더욱 중요하고 관건이 되는 경우가 있다. 부담이 되는 대화는 도입, 종결부가 중요하다. 예를 들어 사돈 간의 만남에서 시작과 종결부가 주의 깊게 수행되어야 한다. 회의, 토론 등의 공식석상에서의 대화나 인간관계가 거리감이 있는 사람 사이, 대화 주제가 일상적이지 않고 특수한 주목을 받는 경우 등도 시작과 종결이 중요하다.

내용을 다루는 데에도 진행이 단계적으로 이루어진다.

(23) $S_{갑 \cdot 을}$ · 실례지만 말 좀 물어봅시다. 왕십리역이 어디요?^{t1}

$S_{을 \cdot 갑}$ · 저쪽이요.^{t2}

$S_{갑 \cdot 을}$ · 감사합니다.^{t3}

대화의 진행단계가 대화를 수행하는 데 필수적이 아니며 또한 대화의 가장 전형이라고 할 수 있는 친한 사람들 사이의 일상적인 대화가 대부분 진행단계를 지니지 않음을 볼 때, 대화의 진행단계는 대화의 구성의 본질을 이룬다기보다는 어려운 사람과의 대화나 격식적인 상황의 대화에서 부가되는 형식으로 볼 수 있다. 대화의 형성적 구조가 아니고 대화 진행 방법의 차원에서 구성되는 형식구조라 하겠다.

5. 마무리

이 글에서는 먼저 행위인 대화를 분석, 설명하는 데에 구조의 개념이 적용될 수 있는가를 살펴보았다. 구조를 형성하는 구성성분 사이의 상호작용이 대화행위에는 여러 차원에서 분석되었다. 화자와 청자의 역할 행위, 역할 교체, 선행 화자와 후행 화자의 언표내적 행위 등에서 시공간적인 상호작용이 존재하고 있음을 살펴보았고, 이것이 대화행위에 구조를 부여하는 것으로 보았다.

대화의 구조는 하위 행위들이 결합하여 상위 행위를 구성하는 계층구조와 진행단계에 따른 구조, 확장원리에 따른 구조 등 여러 차원에서 분석될 수 있는데 여기서는 계층구조와 진행단계 구조를 다루었다. 대화의 계층구조는 '발화 > 참여행위 > 교환행위 > 단계적 행위'로 파악하였다.

진행단계는 시작, 전개, 종결로 구성되며, 모든 대화가 진행단계 구조를 지니지는 않는다. 친근한 상대와의 일상생활 속의 대화는 흔히 시작,

종결 단계 없이 전개 단계만 지니고, 형식적이고 격식적인 상황일수록 대화는 진행단계를 갖추고 진행된다.

[참고문헌]

김정택 역(1993), 『인간행동의 심리학』(A. V. 페트로프스키, 1986, *Psychology*), 사상사.

구자은(1991), 「대화구조의 모형화에 관한 연구」, 경북대학교 박사학위논문.

박채화(1993), 「국어 담화의 주제 구조 연구」, 서울대학교 석사학위논문.

박성현(1996), 「한국어 말차례체계와 화제」, 서울대학교 박사학위논문.

이두헌(1998), 「대화 분석의 방법에 관한 연구」, 한국외국어대학교 박사학위논문.

이옥련 · 민현식(1996), 『무슨 말을 어떻게 할 것인가』, 숙명여자대학교출판부.

Austin, J. L.(1962), *How to Do Things with Words*. Oxford: Oxford University Press.

Bach K. and Harnish R. M.(1979), *Linguistic Communication and speech acts*, MIT Press.

Burton, D.(1980), *Dialogue and Discourse*. London: Routledge & Kegan Paul.

Brown, G. and Yule, G.(1983), *Discourse Analysis*, Cambridge: Cambridge Univ. Press.

Cole, P.(ed.)(1981), *Radical pragmatics*, Academic Press, New York.

Coulthard, M. and D. Brazil(1979), *Exchange Structure*. Discourse Analysis Monographs 5. Birmingham: Birmingham University.

Grumperz, J.(1982), *Discourse Strategies*, Cambridge: Cambridge Univ. Press.

Levinson, S. C.(1981), "Some Preobservations on the Modelling of Dialogue," *Discourse Processes* 4: 93-110.

______(1983), *Pragmatics*, Cambridge Univ. Press.

Sacks, H.(1972), "On The Analizability of Stories by Children," J. J. Gumperz and D. H. Hymes, eds. *Directions in Sociolinguistics*. New York: Holt, Rinehart & Wiston.

Sacks, H., E. A. Schegloff, and G. Jefferson.(1974), “A Simplest Systematics for the Organization of the Turn-Taking in Coversation,” *Language 50.*

Schffrin, D.(1987), *Discourse Markers*, Cambridge Univ. Press.

______(1994), *Approaches to scourse*, Blackwell.

Sinclair, J. M. and R. M. Coulthard(1975), *Towards and Analysis of Discourse*, London: Oxford University Press.

Stubbs, M.(1983), *Discourse Analysis*, Oxford: Basil Blackwell.

전자편지 텍스트의 구조와 기능

이정복

1. 들어가기

이 글은 현재 인터넷 이용에서 중요한 의사소통 수단으로 자리 잡은 전자 우편의 언어 자료를 대상으로 우리말이 어떻게 사용되고 있는지를 전자편지 텍스트의 구조와 기능에 초점을 맞추어 구체적으로 분석하는 데 목적이 있다.[1] 전자 우편은 통신 이용자들에게 "웹과 더불어 필요 불가결한 기술"로 취급되고 있으며, "몇 년 전부터 명함에도 이메일 주소가 등장하기 시작했는데 지금은 일반적인 관례"(월리스 지음, 황상민 옮김 2001: 20)가 될 정도로 일상생활에 뿌리를 내렸다. 그럼에도 우리나라에서 '운영자 언어', '게시판 언어', '대화방 언어'와 '휴대전화 문자 전송 언어'에 대한 연구는 이미 어느 정도 이루어졌으나 '전자편지 언어'에 대한 조사 및 연구는 아직 본격적으로 이루어진 바 없다. 여기서 전자편지 언어를 분석함으로써 통신 언어 전반에 대한 이해의 토대를 마련할 수 있는 한편, 전자편지 텍스트가 일반 편지와 어떤 구조적, 기능적 차이점이 있으며 그러한 차이에서 언어 사용의 특성이 어떻게 나타나는지를

1) '전자 우편'과 '전자편지'를 구별하여 사용한다. 한국정보통신기술협회(2000)에서는 '전자 우편'을 영어의 'electronic mail' 또는 'e-mail'에 해당하는 말로 풀이하였고 '전자편지'는 '전자 편지 폭탄'(letter-bomb)이라는 말 속에서만 사용하였다. 그러나 우리는 컴퓨터 통신망을 이용하여 메시지를 주고받는 행위나 수단, 기술을 가리킬 때는 '전자 우편'을, 그러한 수단에 의해 교환된 메시지 자체에 대해서는 '전자편지'를 쓰고자 한다. 따라서 우리말의 사용에 초점을 맞춘 이 글에서 직접적 논의 대상은 '전자 우편'이 아니라 '전자편지'가 된다.

알게 됨으로써 우리말 사용에 대한 연구 영역의 확대를 꾀할 수 있다.

여기서 분석 대상으로 삼은 전자편지는 필자가 2000년부터 받은 편지 가운데서 500여 통과 대구대학교 국어국문학과 학생들이 2001년 9월부터 수집한 500여 통이다. 필자가 받은 편지는 30대 이상의 화자들이 보낸 것이고, 학생들이 수집한 편지는 20대 대학생들이 주고받은 것이다. 전체 자료에는 '사적 편지'와 학회 등에서 보낸 '공적 편지'가 모두 포함되었지만 사적 편지가 대다수를 차지한다.[2] 이 가운데서 통계적 분석을 위해 개인적으로 주고받은 두 세대 집단별 각 100통을 따로 뽑았다.[3] 화자들의 범주에 따라 언어 사용에서 어떤 차이가 있는지를 통계 및 사례 분석 방법을 동원하여 조사·분석한다. 다음 2절에서는 '전자편지의 텍스트 구조', 3절에서는 '전자편지의 기능' 면에서 전자편지 언어의 특성을 살펴보기로 하겠다.

2. 전자편지의 텍스트 구조와 언어 특성

2.1. 전체 텍스트 구조

전자편지는 일반 편지[4]와 텍스트 구조가 상당히 다르다. 내용의 격식

2) 상품 등의 홍보를 위한 상업용 광고 편지는 송수신자의 관계, 편지의 목적, 언어 사용의 특성 면에서 다른 편지들과 차이가 큰 점을 고려하여 자료에서 제외하였다. 다만 필요한 경우 일반 전자편지와 대조적인 관점에서 언급하기로 한다.

3) 통계 분석용 세대별 표본 자료의 구성 과정에서는 표집 오차를 줄이기 위해 무작위로 편지를 뽑되, 송신자 1인당 최대 5통 이내로 제한하고 같은 사람이 하루에 보낸 편지가 2통 이상일 때에는 먼저 보낸 1통만 자료에 넣었다. 한편, 세대 구분에서 20대와 30대 이상의 두 집단으로 나눈 것은 통신 언어에 대한 앞선 연구 결과를 고려할 때 10대와 20대가 비슷한 통신 언어 사용 특성을 보이고 30대 이상에서도 세부적인 나이 차가 크게 나타나지 않은 점을 고려한 조치이다. 물론 현실적으로 전자편지 자료를 모으기가 쉽지 않은 점도 배경의 하나인데, 세분된 세대별 용법 분석은 앞으로의 과제로 넘긴다.

4) 오장근(2001: 258)에서는 편지를 텍스트 유형의 면에서 "시간적, 공간적으로 떨어져

성, 송수신자 관계에 따라 변이가 있지만 우리나라에서 일반 편지는 대체로 '받는 사람, 본문, 날짜, 보내는 사람, 붙임말' 순서로 텍스트가 구성된다. 다른 요소에 비해 '붙임말'의 존재는 높은 수의성을 보인다. '본문'의 경우 다시 '안부 묻기, 주요 내용, 마무리 인사' 부분으로 세분할 수 있다.[5] 그러나 전자편지는 '받는 사람, 보내는 사람, 제목, 날짜'가 함께 '첫머리'로 나오고[6], '본문', '보내는 사람'이 이어진다. 전자편지에서 '보내는 사람'은 본문 앞쪽에 배경 정보로 나오기 때문에 본문이 끝난 뒤 다시 적는 일은 수의성이 높다. 이용자에 따라서는 '보내는 사람'을 본문에 이어 직접 적는 대신 '서명 문서'를 따로 마련하여 이름과 전화번호, 주소, 좌우명 등 미리 준비된 내용을 편지마다 자동적으로 붙이는 경우가 있다. 한편, 전자편지에서는 일반 편지에 없는 '제목'이 본문 앞쪽에 배치되는 점도 새롭다. 이 '제목'은 일반 편지의 '받는 사람' 기능에 해당하기도 하고 그와 달리 내용을 요약하여 제시하는 새로운 기능을 갖기도 한다.

다음 두 편지는 전자편지와 일반 편지의 보기로서 구조적 차이점을 분명히 보여 준다.[7] 두 편지의 송신자와 수신자가 같다.

(1) 전자편지의 보기

제목: 희야 떨어졌다 아이가~~

보낸날짜: 2001년 06월 21일 목요일

있는 커뮤니케이션 참여자들 사이에서 이루어지는 일상적 텍스트로, 한 사회의 일정한 역사적, 사회적 상황에 의존하고 있는 일종의 커뮤니케이션 형식"이라 정의하였다.

5) 서정수(1991: 600-608)에서는 편지가 '첫머리, 본문, 끝맺음'의 세 부분으로 구성되는 것으로 기술하였다. 또 '첫머리'는 '시작하는 말', '문안', '자기 안부'로 구성되고, '끝맺음'은 '끝인사 또는 맺음말', '날짜와 이름', '붙임말'로 구성된다고 하였다.

6) 전자편지를 작성한 프로그램이나 전자 우편 중계 기관에 따라 첫머리 구성 요소들의 배열 순서와 이름이 조금씩 다르다. 여기에서 제시하는 보기들은 그러한 차이를 특별히 조정하지 않았다.

7) 이후 제시하는 모든 편지 보기에서는 제보자 사생활 보호의 면에서 이름, 전자편지 주소, 일부 본문 내용을 원문과 다르게 바꾸거나 생략하였다. 논의의 필요에 따라 밑줄을 긋고 분량을 조정하기도 하였다. 자료 수집 과정에서 도움을 준 대구대학교 국어국문학과 학생들에게 고마운 마음을 전하며, 아울러 필자에게 편지를 보냄으로써 의도와는 관계없이 30대 이상의 전자편지 자료를 제공해 주신 여러분께도 고마움과 죄송한 마음을 나타내고 싶다.

보낸이: "김정미" 〈mid***@hanmail.net〉
받는이: "이주희" 〈juh***@hanmail.net〉
내 셤 결과보러 왔는데
떨어졌다. 솔직히 쪽 팔린다. 하지만 다행이란 생각이 든다.
겨우 겨우 붙었으면 아마 제대로 공부도 안한거라
다신 책 보지 않을 것 같거덩.
그래 지금쯤이면 로비에서 책상 접었겠네,
열심이네… 요즘은 학교도 사람도 낯설어서 영~~~
다른 사람들은 혹시 나에 대해서 어떻게 얘기하나
싶기도 하고… 난 그래도인데 사람들은 그렇게 생각 안
할 수 있겠다 싶어.
내가 마음을 닫고 있는갑다.
그 마음이 다시 쉽게 열리지 않을 것 같아서 솔직히
내 자신이 실망스럽기까지 하다.
회의 잘 하고 무사히 귀가해라…
농활을 무사히….

(2) 일반 편지의 보기

나의 둘도 없는 친구 주희에게
짜자잔~!! 내가 마술 보여준다고 했는데… 알겠나?
모르면 주희는 바보.
오늘 내방에 있는 달력 바꿨다. 벌써 한해가 간다고 생각하니 왠지 우울해지는 것 같구나. 아마 너두 그럴꺼라 생각해. 넌 휴학까지 했으니 말야…
근데… 히히히^^ 니한테 일빠로 쓰는거다. 그러니까 영광으로 알도록!!!
푸하하하
주희야! 올 한해 건강하게 잘 지내고, 늘 나랑 두연이 무엇보다도 동아리 사람들에게 신경써 주는 모습 너무 사랑스러웠어. 난 그러지 못할꺼야. 역시 넌 든든한 女이다. 그자? 그리고 나의 둘도 없는 친구이기도 하고… (거기 두연이 없지?!) 히히 물론 두연이도 그렇구 말야.
우리 앞으로도 서로에게 힘이 되어 줄수 있는 친구로 그렇게 그렇게 오래도록 아껴주자. 알았지?
새해 복 많이 받으렴…

글구, 너의 사랑에 축복이 있길 바래. 사랑한다.
2000년 마지막Day 스토커 정미가

전자편지의 텍스트 구조가 일반 편지와 다른 점은 편지 작성 과정에서 국어 화자들에게 상당한 심리적 갈등을 일으키는 것으로 짐작된다.[8] 배경 정보, 특히 보내는 사람의 이름이나 전자편지 주소가 본문의 앞쪽에 자동으로 나오기 때문에 화자들이 본문을 끝낸 후 보내는 사람을 밝힐지의 문제로 고민하게 한다. (2)의 일반 편지에서는 보낸 사람이 밝혀져 있으나 (1)의 전자편지에는 본문 다음에 보낸 사람을 따로 적지 않았다. 전자편지의 텍스트 양식에 제목란이 있는 점도 화자들에게 갈등을 일으키는 요인이다. 제목을 달지의 문제, 제목을 단다면 어떤 내용을 제목으로 쓸지의 문제에서 화자들이 고민하는 것이다. 이 두 가지 면이 화자들의 전자편지 작성에서 어떠한 언어 사용 특성을 드러내는지에 대해 다음 2.2에서 좀 더 구체적으로 분석해 본다.

2.2. 송신자 표시와 언어 특성

전자편지를 작성할 때 편지 머리 부분의 보내는 사람 정보가 있음에도 본문 다음에 그것을 다시 밝히는 경우와 그렇지 않은 경우의 보기를 들면 다음과 같다.

(3) 본문 다음에 송신자를 밝힌 전자편지
제목: 비목어
보낸날짜: 2001년 07월 10일 화요일
보낸이: "권형아" 〈chu***@hanmail.net〉

8) 두 편지의 구조는 다르지만 언어 사용에서는 차이가 거의 없다. 전자편지에서는 물론이고 일반 편지에서도 전형적인 통신 언어의 특징으로 지적되는 문장부호 등의 비규범적 사용, 의성·의태어의 사용, 각종 글자나 기호의 반복적 사용이 보인다. "짜자잔~!!", "히히히^^", "알도록!!!", "받으렴…"의 보기들을 통해 통신 언어가 일상어에 빠르게 확산되어 가는 사실을 확인할 수 있다.

받는이: "김윤미" 〈jun***@hanmail.net〉
오늘 편지 부쳤다..
그래서 할말이 없다..^^;;
답장이나 써라..
퇴원하면 전화할게.. […]
무인도에서 행복한 형아가…

(4) 본문 다음에 송신자를 밝히지 않은 전자편지
제목: 푸하하
보낸날짜: 2000년 08월 12일 토요일
보낸이: "한주리" 〈hjr***@hanmail.net〉
받는이: "한정후" 〈jh9***@hanmail.net〉
내가 니 폰에 얼마나 많이 전화를 했는데..이 가시나가 전화를 하도 안 받아서 포기했다..카고 이번주 계속 바빴다 진짜.. 계속 친구만나고.. […] 진짜 연락하기 힘든가시나야..폰좀 받아라.. 부재중 통화없드나.. 있는거 그거 다 내가 한거지 싶다.. 삐진건 내다...암튼 바이다..

위의 두 편지 모두 20대 화자가 쓴 것인데 본문 다음에 보내는 사람을 밝혔는지의 면에서 차이가 있다. 통계 분석용 세대별 각 100통의 전자편지를 대상으로 본문 다음에 보내는 사람을 밝힌 경우와 그렇지 않은 경우의 비율을 조사한 결과는 다음과 같다.

20대 화자들이 쓴 100통의 전자편지 가운데서 보내는 사람의 이름을 본문에 이어서 직접 밝힌 경우는 5%에 지나지 않았다. 이와 달리 30대 이상에서는 70%가 이름을 밝혔다. 20대에서는 대부분 본문 다음에 보내는 사람을 따로 밝히지 않은 셈인데, 이것은 전자편지의 텍스트 구조를

〈표 1〉 전자편지 본문 다음의 송신자 표시 유무

송수신자 세대	송신자 유무		계
	있음	없음	
20대	5	95	100
30대 이상	70	30	100
합계	75(37.5)	125(62.5)	200(100%)

경제성의 관점에서 적극적으로 수용한 결과라 생각된다. 곧 자동으로 보내는 사람 이름이 전자편지 앞부분에 나오므로 불필요하게 이름을 다시 적지 않은 것이라 하겠다. 전체적으로도 보내는 사람을 밝히지 않은 경우가 더 많았는데(62.5%), 이 사실은 일반 편지에서는 끝에 항상 보내는 사람이 나오는 것과 대조적이다.[9] 일반 편지에서는 봉투에 보내는 사람을 적게 되지만 봉투와 본문을 적는 부분이 물리적으로 분리되어 있어 의식적으로 본문 다음에 보내는 사람을 따로 적는 일이 많다.

이처럼 전자편지에서 많은 국어 화자들이 본문 뒤에 이름을 밝히지 않은 것은 기본적으로 전자편지의 구조와 이용자들의 경제적 동기가 결합된 결과로 보이지만 다른 동기에 의해 이름을 생략하거나 표시 방식을 바꾸는 일도 관찰된다. 첫째, 전자편지는 하루에도 몇 번씩 교환할 수 있기 때문에 잦은 편지 교환으로 두 번째 이후 편지에서 이름을 생략하거나 간단히 적는 경우이다. 둘째, 상대방에 대한 경어법 사용의 어려움을 피하기 위해 이름을 생략하거나 이름 표시 방식을 바꾸는 경우이다.[10] 이들의 각 보기를 들면 (5, 6)과 같다.

(5) 잦은 편지 교환으로 송신자 이름을 생략하는 경우

가. 송신자 표시 있음

보낸 사람: "최성준" 〈csj***@hanmail.net〉

받는 사람: 〈lee**@taegu.ac.kr〉

제목: 교수님, 만나뵙고 싶습니다.

날짜: 2001년 2월 21일 수요일 오후 5:47

안녕하십니까? 교수님.

---

9) 표에서도 알 수 있듯이 본문 끝에 보내는 사람을 적는 경우는 세대가 올라갈수록, 송수신자의 지위 차이가 크고 격식성이 강할수록 증가하며, 내용이 공식적 일에 관련되는 경우에도 이름을 밝히는 비율이 높아지는 것으로 관찰된다. 이런 점에 대한 구체적인 분석은 다음 기회로 미룬다.

10) 이름 다음에 '올림', '드림' 또는 '씀'을 붙이지 않은 사실은 확인하기 쉽지만 보내는 사람 이름 자체를 생략한 경우는 어떤 요인 때문인지 확인이 쉽지 않다. 필자가 받은 편지 가운데서 경어법의 문제 때문에 보내는 사람을 의도적으로 적지 않은 경우가 상당수 있다고 생각되지만 그것을 밝히기 위해서는 필자가 받은 편지와 함께 상위자인 다른 사람에게 보낸 편지도 동시에 확보되어야 한다. 이런 점에서 경어법의 문제로 송신자 표시를 아예 생략한 사례는 따로 제시하지 않는다.

저는 ○○대학교 대학원에서 국어교육을 전공하고 있는 학생입니다. 논문을 준비하기 위해 평소 관심을 가지고 있었던 통신 언어에 대한 선행 연구자료를 검색하던 중에 교수님께서도 이 방면으로 많은 관심을 가지고 계신다는 것을 알았고 그래서 무척 반가웠습니다. [...] 감히 교수님의 조언과 채찍질을 기대해도 될른지 모르겠습니다. 조만간 만나뵐 수 있기를 간곡히 부탁드립니다.

최성준 올림

나. 송신자 표시 없음

보낸 사람: "최성준" 〈csj***@hanmail.net〉

받는 사람: 〈lee***@taegu.ac.kr〉

제목: 교수님 고맙습니다.

날짜: 2001년 2월 23일 금요일 오후 5:29

교수님, 연락 주셔서 고맙습니다.

그리고 긍정적인 대답을 해 주셔서 더욱 감사드립니다. [...] 교수님께서 좋으신 시간에 맞추겠습니다.

연락을 부탁드리겠습니다.

(5)의 보기 가운데 첫 번째 편지는 처음으로 보낸 편지이고, 두 번째 편지는 필자의 답장에 대한 답장으로 보낸 것이다. 첫 편지에서는 "최성준 올림"이라 보내는 사람을 분명히 적었지만 두 번째 편지에서는 그것이 생략되었다.

(6) 경어법 문제로 송신자 표시 방식을 바꾼 경우

가. '이름+올림'

보낸 사람: "이진경" 〈whi***@hanmail.net〉

받는 사람: 〈lee***@taegu.ac.kr〉 등 학회 구성원

제목: 안녕하십니까?

날짜: 2001년 5월 29일 화요일 오후 9:41

안녕하십니까?

내일은 비가 온다는데… 가물고 찌는 듯한 더위 속이라 더욱 다감한 사람들이 그리운 날들입니다.

이제 며칠 있으면 뵈올 수 있네요!
이미 유인물로 알려드린 바와 같이 6월 2일(토) 사회언어학회 학술발표회가 있습니다.
모두 뵈올 수 있으면 좋겠습니다. [⋯]
총무 이진경 올림

나. '이름+∅'
보낸 사람: "이진경" 〈whi***@hanmail.net〉
받는 사람: "이정복" 〈lee**@taegu.ac.kr〉
제목: [RE]곧 뵙겠습니다. (이정복)
날짜: 2001년 5월 30일 수요일 오후 11:22
답장 고맙습니다.
저도 반가운 만남이 설레게 기대된답니다.
참! 꼭 저녁 임원회 함께 식사도 하며 이야기 나눌 수 있는거죠? [⋯]
이진경

(6)의 두 편지에서 보내는 사람이 처음에는 "총무 이진경 올림"으로 되어 있으나 두 번째는 그냥 "이진경"으로 이름만 나와 있다. 첫 편지는 필자를 포함해 학회 여러 구성원들에게 보낸, 공식성과 격식성이 비교적 높은 편지이고 둘째 편지는 필자에게만 개인적으로 보낸 편지이다. 이름 뒤에 "올림"이라는 말이 있다가 빠졌다. 물론 이 통신 화자가 필자에게 보낸 편지 가운데서 개인적으로 보낸 것에 '올림'이라는 표현이 들어 있는 경우도 있지만 학회 회원이나 이사들에게 함께 보낸 편지에서는 거의 모든 경우 '올림'이 붙어 있는 점과 비교할 때 그 비율이 아주 낮다. 이것은 격식성이 줄어들고 친밀성이 늘어나는 상황과도 관련이 있겠지만 기본적으로 받는 사람이 보낸 사람보다 연하자인 점에서 지위 차이에 따른 경어법 사용의 문제로 이해할 수 있다.[11]

(7)의 전자편지도 경어법 사용의 문제로 보내는 사람의 이름은 있으나

11) 개인적 친밀성이나 편지 자체의 공식성에 따라 본문 다음에 보내는 사람 이름을 적는 문제, 제목을 붙이는 방식, 본문에서 낱말의 선택이나 문장 구성, 인사말의 내용이 차이를 보일 수 있겠다. 앞으로 이에 대한 구체적인 분석이 필요한데, 공식성이 높은 전자편지에서는 텍스트 구성 항목들이 잘 갖추어진 경우가 많다.

'올림'이나 '드림' 또는 '씀' 등의 말이 빠진 상태인데, 같은 직장에 근무하는 필자의 대학 선배가 보낸 것이다. 부름말에서는 평소 동료 교수로서 전략적으로 사용하는 "선생님"을 붙였지만 상당한 나이 차이가 있는 후배에게 '드림' 등을 쓰기에는 거북하여 이름만 적었다. 이런 용법은 필자가 받은 비슷한 조건의 여러 편지에서도 나타났으며, 상위자가 하위자에게 보내는 일반 편지에서도 흔히 관찰되는 것이기도 하다.

(7) 경어법 사용의 문제로 송신자 이름만 적은 경우
보낸 사람: "김영후" 〈yhk***@taegu.ac.kr〉
받는 사람: 〈lee***@taegu.ac.kr〉
제목: 질의문(김영후)
날짜: 2000년 11월 28일 화요일 오후 1:38
이정복 선생님
저에게 온 메일인데 선생님이 답변하시는 것이 나을 것 같아 보냅니다.
수고 좀 해주세요. 김영후

2.3. 제목과 언어 특성

전자편지에서 제목을 다는 문제와 관련하여 많은 화자들이 제목을 붙이는 쪽으로 방향을 잡은 것으로 나타났다. 제목이 있으면 본문을 읽지 않아도 어떤 내용의 편지인지를 쉽게 알 수 있는 점에서 편리하기 때문에 수신자 배려의 면에서 제목을 적극적으로 붙이는 일이 많다. 전자편지의 제목 붙이기 정도를 분석한 결과는 〈표 2〉와 같다.

〈표 2〉 전자편지의 제목 붙이기 정도

송수신자 세대	제목 있음		제목 없음	계
	답장 표시	적극적인 제목		
20대	7	86	7	100
30대 이상	34	61	5	100
합계	41(20.5)	147(73.5)	12(6.0)	200(100%)

두 세대 집단의 차이를 보면 20대는 86명(86%)이 적극적으로 제목을 붙였음에 비해 30대 이상에서는 그 비율이 61%로 나타났고, 그 대신 34%는 새로 편지를 작성하지 않고 받은 편지에서 답장 기능을 선택함으로써 편지 제목에 '답장: …' 또는 'RE: …'와 같이 제목을 붙였다. 전체 200통 가운데서 제목이 없는 편지는 12통에 지나지 않았고, 74%의 화자들이 적극적으로 제목을 붙인 것으로 나타났다. 제목을 달지 않은 이유를 생각하면, '기계' 또는 '시스템'이 강요하는 듯한 제목을 굳이 붙일 필요가 있는가와 관련된 저항 의식, 본문을 읽으면 다 아는데 제목은 번거롭게 왜 다느냐는 경제성의 요인, 기타 제목 달기를 잊었거나 마땅한 제목이 생각나지 않거나 제목을 붙이기에는 너무 간단한 내용이라서 그냥 보내는 경우를 들 수 있다.[12]

한편, 제목을 붙이더라도 전자편지의 텍스트 구조를 얼마나 적극적으로 받아들여 제목을 다는지가 중요한 문제인데, 이런 점에서는 제목은 있지만 답장에서 'RE: …'의 형식으로 달려 있는 제목은 적극성이 낮다고 하겠다.[13] 〈표 2〉의 분류를 참조하여 조사 대상 자료를 제목의 유무 및 적극성의 관점에서 다시 분류하면 '제목을 적극적으로 붙인 경우, 받은 편지의 제목을 그대로 붙인 경우, 제목을 붙이지 않은 경우'의 세 가지가 된다. 각각의 보기를 들면 다음과 같다.

(8) 제목을 적극적으로 붙인 경우

제목: 잘 지내고 있지?

---

12) 제목을 달지 않고 편지를 보낸 화자들에게 확인한 결과 앞의 이유들을 들었다. 그러나 한 30대 화자는 일과 관련되거나 상위자에게 보내는 편지에서는 제목을 '억지로'라도 붙인다고 하였다. 이는 전자편지의 텍스트 구성 양식이 개인적 차원을 떠나면 강제적 규범의 하나로 작용하고 있음을 알려 준다.

13) 제목에 답장 표시를 달 수 있는 것은 상대방에게서 이미 한 번 이상 편지를 받은 경우에 가능함을 지적한다. 그리고 30대 이상의 편지에서 답장 표시의 제목이 많은 것은 세 가지 면에서 그 동기를 찾을 수 있다. 뒤에서 다시 설명하겠지만 첫째는 30대 이상의 화자들은 주로 일과 관련되어 편지를 많이 주고받으며, 따라서 편지들 사이의 '의미 관련성' 또는 '응집성'이 높기 때문이다. 답장 기능으로 편지를 쓰면 상대방의 어떤 편지의 어떤 내용에 대한 답인지가 쉽게 드러나는 것이다. 둘째는 위에서 말한 제목 쓰기에 대한 저항이나 어려움을 피하려는 의식 때문이다. 필자의 경험에 의하면, 새로 편지 쓰기 양식을 화면에 띄웠다가도 적절한 제목을 찾지 못해 이전에 받은 편지를 다시 찾아 답장 쓰기 양식을 이용하는 일이 흔히 있다.

보낸날짜: 2000년 07월 05일 수요일

보낸이: “정혜란” 〈hr0***@hanmail.net〉

받는이: jh9***@hanmail.net

잘 지내나?

요즘 뭐 하고 지내노? 방학하고 벌써 몇 주일이 지났는데..

심심타..

생일 카드 고마워. 넘 이쁘더라.

오늘 난 운전 학원 등록 했다. 긴장 속에서 한시간 연습하고 왔다. 잘 할 수 있을지 걱정이다. […]

(9) 받은 편지의 제목을 그대로 붙인 경우

제목: [RE]기덩이 보아랑~^^

보낸날짜: 2001년 01월 17일 수요일

보낸이: “쪼매난앙마” 〈bab***@hanmail.net〉

받는이: “지선이가..^^” 〈yel***@hanmail.net〉

하이룽………

오늘 결과가 나왔당…. T.T

불쌍한 나의 폰의 사망 소식이.. 꺼이꺼이!!

그래두 문자는 날리 주마……^^

요즘 인터넷이 넘넘 좋아서리..크하하

요즘 날씨 풀리던뎅 날씨 좀 따시 했다구 방심하지말구

옷 따시 하게 입구 다니시길..ㅋㅋㅋ

그럼 빠빠룽……

(10) 제목을 붙이지 않은 경우

제목: 제목없음[14]

보낸날짜: 2001년 08월 09일 목요일

보낸이: “정경희” 〈jkh***@hanmail.net〉

받는이: “문혜라” 〈okp***@hanmail.net〉

어, 나두 이번주말에 설 갈지두 모르는데…

---

14) 전자편지를 보내는 사람이 제목을 붙이지 않으면 전자 우편 프로그램에 의해 ‘제목없음’과 같은 ‘제목’이 붙어 나오는 경우가 많다. 이러한 제목까지 나타나지 않도록 하려면 그 부분을 일부러 지우는 방법이 있다.

토요일에 중국서 만난 친구랑 같이 에버랜드에 놀러가기루 했거덩~
근데 설은 갈지 안갈지 잘 모르겠는걸…
간다면 우연이라두 만나면 되게 좋겠다~~!!!
그치?? […]

전자편지의 제목과 관련하여 한 가지 더 지적할 것은 제목을 붙이는 구체적 방식이다. 보내는 사람이 누구인지 밝히는 경우, 받는 사람을 적는 경우, 본문 내용을 요약하거나 내용의 일부를 적는 경우, 기호나 의성어 등을 적는 경우, 앞의 방식들을 섞어 쓰는 경우로 나뉜다. 보내는 사람을 밝히는 경우는 일반 편지의 첫머리에서 '○○에게'라고 쓰는 것과 대응된다고 할 수 있으나 다른 것은 전자편지의 등장과 함께 나타난 비교적 새로운 방식이다. 각각의 보기를 들면 다음과 같다.

(11) 전자편지 제목의 유형

가. 송신자를 적는 경우

김제동입니다…../누구게?……………깜찍이당^^/나당,,,/나라 환기……/지니다^^/미라야 나경숙^^ (20대)

한국어세계화재단/한국문화연구소/병국입니다../정규챌세/김선화입니다/창원에서 (30대 이상)

나. 수신자를 적는 경우

언니!!/오빠~야~~~/사랑하는 친구야~~~~~~~~~/아가야~~/*^^*답장없는 무심한 너한테/내사랑 소라/소라~~~ 보라랑^^ (20대)

이정복 교수께/이정복 선생님께 (30대 이상)

다. 내용을 요약하거나 내용 일부를 적는 경우

괜찬아!!!/지영쒸~ 아름다운 밤이예요 ^^/뭐하냐?/설 외출 나왔다…../고마 새해 복 받아뿌라/만우절킹카의 절규~!/나두 보고싶다…. (20대)

텍스트언어학회 주소를 알려 드립니다./반갑습니다/안부/긴급!! 알려주시겠어요?/부탁합니다!/잘 받았습니다./죄송합니다./ICKL 학회 발표 초록/ICKL abstract 양 (30대 이상)

라. 기호나 의성어 표현을 적는 경우

ㅋㅋㅋ/ *^^* / @!#$%^&* / ^^--^^--^^--^^ / … / (^^)(__)(^^) /야

야야야야야야/으구~~~/오예!~~~~`/야!!!!!!!/헤~~/휴!~~~~
(이상 20대)

위의 네 가지 방식 가운데서 둘 이상을 섞어 쓴 방식도 있었다. 예를 들어 "선생님, 김영민입니다"는 송수신자를 함께 밝힌 것이며, "차윤호, ○○학회 발표 부탁"은 송신자와 편지 내용을 포함한 제목이다. 세대별로 선호하는 유형이 다른 사실이 발견되었고, 다섯 가지 방식이 어느 정도로 나타나는지도 달랐다. 통계 분석 자료 200통 가운데서 제목을 적극적으로 단 경우를 중심으로 제목의 세부 유형 분포를 정리하면 〈표 3〉과 같다.

제목에서 가장 높은 비율을 보인 유형은 편지 내용을 요약하거나 내용 일부를 적은 것이다. 이 점은 두 세대 집단의 차이가 없는데, 국어 화자들은 전자편지 작성에서 본문 내용을 요약하는 방식으로 제목을 많이 단다고 이해할 수 있다. 다음으로는 보내는 사람이 누구인지를 밝힌 경우와 둘 이상의 방식을 결합한 경우가 많았다. 제목 작성 방식에서 보이는 뚜렷한 세대별 차이점으로 20대에서는 14명이 통신 언어에서 사용하는 기호나 의성어 등을 제목으로 달았음에 비해 30대 이상에서는 그런 편지가 전혀 없었다는 점이다. 또 20대는 보내는 사람과 받는 사람을 밝힌 경우가 비슷하였으나 30대 이상에서는 보내는 사람을 밝힌 경우가 훨씬 많았다. 20대에서 기호나 의성어를 사용한 사람이 상당히 많은 것은 전반적인 통신 언어 사용의 세대별 차이 관점에서 자연스럽다. 30대 이상에서 보내는 사람을 적은 경우가 많은 점은 이 화자들이 전자편지

〈표 3〉 전자편지 제목의 유형 분포

제목의 유형	세대 구분		합계
	20대	30대 이상	
보내는 사람	10(11.5)	14(22.9)	24(16.2)
받는 사람	12(13.8)	3(4.9)	15(10.1)
내용 관련	44(50.6)	32(52.5)	76(51.4)
기호, 의성어	14(16.1)	0	14(9.5)
복합	7(8.0)	12(19.7)	19(12.8)
계	87(100)	61(100)	148(100%)

를 주로 일과 관련하여 정보 교환의 수단으로 많이 활용하기 때문이다. 전자편지를 모아 둔 '편지함'에서 송신자가 누구인지를 보면 어떤 내용의 편지인지를 어느 정도 짐작할 수 있는데, 30대 이상 화자들이 제목에 송신자를 적는 것은 많은 경우 본문 내용을 요약하여 제목을 붙이는 것과 유사한 효과를 노린 언어 사용 행위라고 해석된다.[15]

그런데 전자편지에 제목을 붙이는 일이 일반화되다 보니 그것을 적극적으로 이용하는 경우도 있다. 사용 프로그램에 따라 자동으로 제목과 함께 본문 내용이 화면에 나타나는 일도 있지만 인터넷에서 편지를 읽는 '웹메일'의 경우에는 제목만 나타나고, 제목 단추를 눌러야 내용을 볼 수 있다. 이 때문에 전자편지에서 제목이 차지하는 중요성이 크다. 특히 제목에 상업적인 광고 편지임이 드러나면 편지 전달이 차단되거나 배달이 되더라도 받는 사람이 읽지 않고 지워버리는 일이 많은데, 읽히는 비율을 높이기 위해 개인적 편지인 것처럼 제목을 위장하는 상업적 광고 편지가 많다.

(12) 송신자 이름이나 제목을 전략적으로 이용한 광고 편지

가. 제목: 이정복님을 위한 명품 공동구매

가-1. [광고] leejb님 안녕하십니까? 이럴수가?? 엽기양말이 6켤레 만원 무료배송!!

나. 보낸 사람: 김선희, 제목: Re: 안녕하세요.. (본문: sexy588 운영진 일동)

나-1. 보낸 사람: 이자인, 제목: 망년회 안갈거야?..

다. 밤새 편안히 주무셨습니까?

다-1. 지금이 결심할 때 입니다 ……---광 고---

다-2. 정말 이 럴꺼야?

다-3. 메일 더이상 보내지마!! 우린끝났어!!

15) 20대 이용자들이 제목에 '받는 사람'을 밝히는 비율이 30대 이상보다 10% 정도 높다. 이것은 일반 편지의 첫머리에 '○○에게'라고 쓰듯이 전자편지의 제목란을 '받는 사람'을 적는 공간으로 활용하는 비율이 높음을 말한다. 그러나 30대 이상에서는 제목에 보내는 사람이나 본문 내용과 관련된 구체적 정보를 적고 여전히 본문 시작 부분에 '○○에게'라고 적는다. 20대 화자들에게는 전자편지의 제목란이 새롭게 추가된 잉여 형식이 아니지만 30대 이상 화자들에게는 일반 편지의 텍스트 구조와 비교하여 새로 늘어난, '번거로운' 공간으로 작용하기도 한다.

라. [Re] 문의 하신데로 무료 입니다 확인 하시고 이용해 주시기 바랍니다 [광고성 Re 메

라-1. [Re]…[Re] 문의 하신데로 무료 입니다 확인하시고 이용해 주시기 바랍니다 [광고성 / 보낸 사람: 답변재발송

라-2. 보낸 사람: 고객지원팀, 제목 re:요청하신 자료입니다.

마. 제목: [제목 없음] (본문: [성인광고] 반드시 성인만 보시기 바랍니다…미성년자 접근 불가입니다.)

마-1. 제목: [제목 없음] (본문: 〈광-고〉 현대인을 위한 현대인의 카드! 현대M카드!!)

광고 편지 가운데서 상당수는 광고 내용을 제목으로 붙이는 것이 아니라 받는 사람의 이름이나 통신 이름을 적어 개인적인 편지인 것처럼 보이게 하는 경우(12가, 가-1)[16], 보낸 사람의 이름, 특히 여자 이름을 밝혀 남성 수신자에게 관심을 갖게 하는 경우(12나, 12나-1), 내용을 크게 과장하거나 관심을 끌 만한 제목을 붙이는 경우가 있었다(12다 등). (12라~라-2)는 제목 앞부분에 "Re"를 붙임으로써 마치 받는 사람이 보낸 편지에 답장을 쓴 것처럼 위장하기도 하고, 성인 사이트에서 보낸 (12라-2)는 보낸 사람을 "고객지원팀"으로 밝혀 일과 관련된 호의적이고 적극적인 안내 편지인 것처럼 적고 있다. (12마, 마-1)처럼 제목을 아예 붙이지 않는 것은 수신자의 궁금증을 일으킴으로써 편지 읽기를 유도하고, 또 제목에 대한 검열 또는 차단 기능을 통과하려는 것이다. 최근에 대량 광고 편지를 규제하는 법이 생겨 의무적으로 제목에 광고임을 밝히도록 한 결과 (12가~다)의 사례는 많이 줄었으나 여러 가지 다른 방법을 통해 걸러지지 않고 전달되는 편지가 여전히 많다.[17]

16) 이처럼 광고 전자편지에서 받는 사람을 특별히 언급하는 것은 "대중에게 뿌려지는 메시지들을 개인화"함으로써 "친밀감을 느끼게끔 하는 전략"이라 해석할 수 있을 것이다(반스 지음, 이동후 · 김은미 옮김 2002: 151).

17) 요즘은 "[광고] 세계 최고의 동화, 아이와 함께"에서 보는 바와 같이 제목 앞에 '광고' 표시를 하도록 법적으로 규제하고 있다. 2001년 7월 1일부터 시행된 〈정보통신망이용촉진및정보보호등에관한법률〉 제50조에서는 "영리목적의 광고성 정보를 전자우편으로 전송하고자 하는 자는 정보통신부령이 정하는 바에 의하여 다음 각호의 사항을 전자우편에 명시하여야 한다. 1. 전송목적 및 주요내용 2. 전송자의 명칭 및 연락처 등 3. 수신거부의 의사표시에 관한 사항"으로 규정하였다. 또 그 법률의 시

(13) 제목을 전략적으로 이용한 개인 편지

제목: ;ㅣ ㅁ댜ㅑ로ㅜ ㅁㅈㄱ더ㅑ해ㅓ ㅁ자ㅓㅇ

보낸날짜: 2000년 06월 02일 금요일

보낸이: “서지연” 〈jiys@hanmail.ent〉

받는이: neti0077@hanmail.net

제목보고 놀랬지?

그냥 해본거다…그래야..니가 빨리 읽지…젤 먼저…

하기야!…이거 보내봤자…분명히 나랑 PC방 올때 읽을 거면서.. 넌 지금 쯤 집에 가고 있겠네… […]

편지 (13)은 20대 화자가 친구에게 개인적으로 보낸 편지인데도 제목을 전략적으로 이용하고 있어 눈에 띈다. 송신자는 받는 사람이 평소 편지를 빨리 읽지 않는 점을 고려하여 제목에 의미 없는 글자들을 나열함으로써 본문 내용의 궁금증을 높여 조금이라도 빨리 읽도록 유도하고 있다. 일반 편지라면 봉투의 송신자란에 엉뚱한 이름을 적거나 기호 등을 적음으로써 비슷한 효과를 거둘 수 있을 것이다. 사람들마다 하루에 적게는 십여 통, 많게는 몇 십 통의 전자편지를 받는 상황에서 광고성의 편지를 보내는 사업자나 개인적으로 편지를 보내는 일반 화자 모두 수신자가 편지를 바로 지우지 않고 열어 보도록, 그리고 다른 편지보다 우선적으로 읽도록 하려는 의도에서 제목을 전략적으로 활용하는 사실이 확인되었다.

행규칙에서는 “영리목적의 광고성 전자우편을 전송하고자 하는 자”는 전자편지의 제목란에 “광고”라는 문구와 본문 주요 내용을 수신자가 쉽게 알아볼 수 있도록 각각 명시하여야 한다고 밝혔다. 그러나 필자가 받은 편지를 보면 제목에 광고임을 표시하지 않은 것이 더 많은 실정이며, 그런 표시를 하더라도 ‘광:고’, ‘광 고’, ‘광. 고’, ‘광-고’, ‘안내’, ‘홍보’ 등으로 표시 방식을 바꿈으로써 광고 거름 장치를 통과하려는 경우도 흔하다.

3. 전자편지의 기능과 언어 특성

3.1. 전자편지의 주요 기능

전자편지의 기능은 여러 가지가 있겠지만 송신자가 편지를 보내는 '의도'나 '목적'이 무엇인지의 면에서 중요하다고 생각되는 것은 다음과 같이 다섯 가지 정도로 나눌 수 있다.[18] 하나의 편지에서 이 기능들이 복수로 나타날 수 있음은 말할 필요가 없다.[19]

(14) 전자편지의 주요 기능
가. 안부 묻기: 안부 묻기, 안부 전하기
나. 마음 나타내기: 감사, 축하, 사랑, 불만 등의 감정 나타내기
다. 정보 전하기: 비일상적 소식이나 구체적인 정보 전하기
라. 자료/행위 구하기: 자료 구하기, 행위 구하기
마. 즐거움 나누기: 재미있는 글 전하기, 재미있게 글쓰기, 시간 보내기

(14가)의 '안부 묻기'가 편지의 가장 보편적인 기능이라 할 수 있을 것이다. 일반 편지는 물론이고 전자편지에서도 이 기능이 기본적인 기능이라 판단된다. (14나)의 '마음 나타내기'도 일반 편지에서 흔히 관찰된다. 그런데 (14다)의 '정보 전하기'와 (14라)의 '자료/행위 구하기'는 전자편지에서 좀 더 활발하게 나타나는 기능으로 관찰된다. 또 다섯 가지 기능 가운데서 (14마)의 '즐거움 나누기'는 전자편지에서 새롭게 부각되는 기

---

18) 오장근(2001: 258-260)에서는 편지가 '호소적 편지(경고편지, 청원편지 등)', '정보적 편지(상용편지, 사적인 편지 등)', '접촉적 편지(안부편지, 연애편지 등)'으로 분류될 수 있음을 밝혔다. 또 '행위 층위'의 관점에서 '의도(접촉, 묘사, 평가, 요구)', '행위 범주(사적, 공적)', '송수신자 관계(대칭적, 비대칭적)', '행위 방향성(독백적, 대화적)'을 기준으로 편지 텍스트를 분류할 수 있음을 내비쳤다.

19) 아래의 전자편지 기능 분류는 분석 대상으로 삼은 통계용 자료 모둠에 한정된 것이며, 전자편지 언어의 특성을 분석하기 위한 편의에서 나온 분류 방식이다. 머리말에서 밝힌 바와 같이 분석 대상이 개인적 용도의 편지인 점을 고려하면 다른 성격의 전자편지 자료를 대상으로 할 때에는 기능을 더 넣거나 새로운 관점에서 분류 체계를 세울 수도 있음을 지적한다.

〈표 4〉 전자편지 기능의 송수신자 세대별 분포

전자편지 기능	송수신자 세대		합계
	20대	30대 이상	
안부 묻기	57	20	77(38.5)
마음 나타내기	9	23	32(16.0)
정보 전하기	17	48	65(32.5)
자료/행위 구하기	8	9	17(8.5)
즐거움 나누기	9	0	9(4.5)
계	100	100	200(100%)

능이며, 특히 젊은 층의 화자들은 이 새로운 전자편지 기능을 적극적으로 활용하는 면이 강하다. 이는 글을 재미있게 쓰거나 재미있는 글을 전달하거나 그냥 전자편지를 읽고 쓰는 자체에서 재미를 느끼고, 시간을 보내는 것이 목적인 상황을 말한다. 비규범적 통신 언어의 문제도 이 기능의 편지에서 가장 많이 나타나는 것으로 파악되었다.

이러한 전자편지의 각 기능이 어느 정도로 나타나는지를 송수신자 세대별로 조사한 결과는 〈표 4〉와 같다.

20대는 안부 묻기 기능의 편지가 57%로 가장 많았으며, 30대 이상은 정보 전하기가 48%로 가장 많았다. 20대는 전자편지를 주로 일상적인 안부 묻기의 기능으로 활용하고, 30대 이상은 정보 전달 등 일과 관련하여 전자편지를 주고받는 것으로 해석된다. '마음 나타내기'의 경우 20대보다는 30대 이상에서 비율이 더 높다. 이것은 30대 이상의 편지가 일과 관련된 것이 많고, 정보나 자료 제공이 이루어짐으로써 그에 대한 감사 표현이 많이 나타난 결과이다. 분석 대상에서는 '재미 나누기' 기능의 편지가 20대에서만 9통으로 나타났는데, 20대 이하로 확대하여 관찰할 때 실제 비중은 더 높을 것으로 짐작된다.

3.2. 기능별 언어 특성

앞에서 나눈 전자편지의 여러 가지 기능 가운데서 언어적으로 특히 뚜렷한 특징을 보이는 것을 중심으로 보기를 들어 전자편지 언어의 특성을 분석한다. 먼저 (15)는 '마음 나타내기' 기능의 전자편지로서 20대 이용자들의 일상적 통신 언어와 다른 점을 보여 준다.

(15) '마음 나타내기' 기능의 전자편지
제목: 새해 福 마니마니 받아여~~
보낸날짜: 2000년 12월 31일 일요일
보낸이: "박영미" 〈bas***@hanmail.net〉
받는이: yel***@hanmail.net
오늘은 12월의 마지막 날이자 2000년의 마지막날입니다~
2000년 한해를 반성해보고 20001년에는 새마음 새뜻으로 한해를 보내길…
2001년에는 좋은쪽으로 변한 모습을 보여줄께여~~
새해 福 왕따시 만큼 마니 받으세여~~ 항상 행복한 일만 있길 바라며…
영미가 보냅니다

위 편지는 새해를 잘 보내자는 '기원'의 뜻이 담긴 것으로 언어 면에서 상당히 모범적이다. '마니마니', '받아여', '보여줄께여' 등 통신 언어의 특성이 일부 나타나기도 하지만 전반적으로 문장의 구조가 잘 짜여 있고 심한 표기상의 변형이 보이지 않는다. 송수신자가 같은 다음 (16)을 보면 문장 구조, 문장 길이, 통신 언어 사용, 방언 사용 면에서 (15)와 뚜렷한 차이가 드러난다.[20] 두 편지가 시기적으로 하루 사이에 쓴 것임에도 경어법에서 큰 차이가 있는데, 일상적 안부 편지에서는 해체를 쓰고 있지만 마음을 표현하는 편지에서는 하십시오체를 주로 사용하였다. (15)에는 제목이 구체적으로 붙어 있지만 (16)에서는 제목이 없다.

---

20) 이정복(2000가)에서는 통신 언어 게시판에서 방언이 많이 사용되는 영역으로 '비공식적인 글, 구어성이 강한 글, 오락성을 띤 글'을 들었고 이와 달리 '사랑 고백'이나 '삶의 어려움'을 내용으로 하는 글에서는 방언형이 거의 사용되지 않음을 밝힌 바 있다. 이러한 글은 전자편지 기능 가운데서 '마음 나타내기'와 대응되는 점에서 (15)의 편지에 방언 어휘가 쓰이지 않은 점이 잘 이해된다. 한편 반스 지음, 이동후・김은미 옮김(2002: 77)은 전자편지 가운데서 "공식적인 메시지는 전통적인 언어 사용법을 그대로 유지하는 데 반해, 비공식적인 메시지는 새로운 상징 구조를 실험하며 정서적인 단서의 부재로 메우고 있다"고 하여 전자편지의 공식성 정도에 따라 줄임말 사용, 문장부호나 글자의 반복적 사용 면에서 표현 방식이 다름을 밝혔다.

(16) '안부 묻기' 기능의 전자편지

제목: 제목 없음

보낸날짜: 2000년 12월 30일 토요일

보낸이: "박영미" 〈bas***@hanmail.net〉

받는이: yel***@hanmail.net

문댕아~~

잘 살고 있나??

어째 안좋은 소식이 들리던데..아저씨랑..

우째 된기고…

흠…

왜 카노…

난 알바를 욜씨미 하고 있지…

ㅋㅋㅋ

힘들다..마니…ㅠ.ㅠ

에궁… […]

다음은 역시 20대 이용자의 전자편지로서 '재미 나누기' 기능이 두드러져 보인다. 인터넷이 일상적으로 쓰이기 이전에도 10대 청소년들이 개인적인 편지나 메모에서 재미로 글자를 변형하는 일이 흔히 있었으나 거의 모든 글자들을 변형시킨 아래 20대 대학생의 편지와는 비교가 되지 않을 것이다.

(17) '즐거움 나누기' 기능의 전자편지

제목: ㅋㅋㅋ ^^

보낸날짜: 2001년 05월 24일 목요일

보낸이: "뽀이" 〈pin***@hanmail.net〉

받는이: "김보배" 〈bo-***@hanmail.net〉

헐~~~~~~~

역쉬~~ 누나눈 사람 놀래키눈뎅 모 있다니깐~~~~

ㅋㅋㅋ

쑹혀니 멜 맞슴돠~

ㅇ ㅔ ㄱ ㅓ ~~~
군뎅 오 ㅐ 이러쿠럼 할말이 읍찌~~
퓨~~~~
ㅋㅋㅋ
어색~~~
뺄줌~~~
ㅎㅎㅎ
멀라 암튼 ㅃ ㅏ ㅇ ㅣ 당
ㅋㅋㅋ
ㄱ ㅖ ㅅ ㅔ ㅇ ㅕ~~ *^.^*

이 편지는 “역쉬~~ 누나눈 사람 놀래키눈뎅 모 있다니깐~~~~”과 “쑹혀니 멜 맞슴돠~” 정도만 구체적 의미가 있고 나머지 대부분은 기호와 의성어, 표기 변형 통신어로 감정과 오락적 분위기 전달에 치중되어 있다.[21] 편지를 쓴 목적이 무엇인지 알 수 없을 정도로 문장 구성 및 연결이 제대로 되지 않았다. 제목부터 본문에 이르기까지 각종 기호와 의성어를 사용하고 낱말의 형태를 변형시킴으로써 스스로 쾌감을 느끼고, 또 상대방에게 그러한 느낌을 전달하려는 것으로 이해된다. 이 화자는 ‘편지를 쓴’ 것이 아니라 비동시적인 ‘통신 대화를 나눈’ 것이며, 그 목적은 정보 전달이 아니라 재미 느끼기와 시간 보내기를 위한 ‘인터넷 말놀이’임이 분명하다.[22]

---

21) 사람들은 독자나 청자가 여러 명일 때 좀 더 상대를 즐겁게 하거나 웃기려고 애쓰게 되는데 규범에서 벗어난 통신 언어의 발생도 그러한 맥락과 관련이 많다. 전자편지는 여러 사람이 읽게 되는 대화방이나 게시판의 글과는 달리 극히 개인적 영역의 글쓰기인 점을 생각할 때 이 편지를 쓴 사람은 규범에서 벗어난 통신 언어의 사용이 이미 몸에 익은 상태이며, 그러한 언어 사용 자체가 편지 쓰기의 주요 목적임을 알 수 있다.

22) 윤영민(1996: 20)은 컴퓨터 통신이 ‘비동시적’이기 때문에 시간적 압박이 없으며, 따라서 차분히 생각하면서 글을 쓰거나 읽을 수 있기 때문에 인류가 경험한 가장 지적인 사회적 공간을 만들어 내고 있다고 하였다. 그러나 시간을 보내기 위한 통신 대화는 물론이고 이러한 오락적 전자편지를 보면 그러한 해석이 너무나 단편적이고 일면적임을 생각하게 된다.

4. 마무리

지금까지 전자편지 자료를 대상으로 그 구조적 특성과 기능, 그에 따른 언어 특성을 분석하였다.[23] 20대와 30대 이상 화자 집단을 구별하여 세대별 차이가 있는지도 확인하였다. 자료의 분석 및 해석 결과, 전자편지는 일반 편지와 달리 제목, 날짜, 보내는 사람, 받는 사람 등이 본문 앞부분에 나오고 본문이 이어지는 구조 때문에 제목 붙이기, 본문 다음에 보내는 사람 이름 적기 등의 면에서 다양한 용법 변이가 나타났다. 제목을 붙이는 경우도 어떤 내용을 제목으로 쓰는지, 얼마나 적극적으로 붙이는지가 세대별로 차이가 있었고, 편지 본문을 관심 있게 읽도록 하기 위해 제목을 전략적으로 이용하는 일도 관찰되었다. 전자편지의 기능은 대체로 '안부 묻기, 마음 나타내기, 정보 전하기, 자료/행위 구하기, 즐거움 나누기' 등 다섯 가지로 나눌 수 있었다. 20대 화자들은 '안부 묻기', 30대 이상 화자들은 '정보 전하기'의 기능으로 전자편지를 가장 많이 활용함을 보았다. 전자편지의 기능이 다름에 따라 언어적 특성도 달랐다. '마음 나타내기'의 경우 일상적 안부 편지보다 언어 사용의 격식성이 높았고, 이와 달리 '즐거움 나누기'의 경우 기호나 의성어, 표기 변형 통신어의 사용이 훨씬 많았다.

이러한 분석을 통해 국어 화자들이 새로운 의사소통 수단인 전자편지의 구조를 어떻게 받아들이며, 전자편지 텍스트의 구조적 특성과 기능에 따라 언어 사용을 어떻게 해 나가는지, 그러한 언어 사용에서 세대별 차이점은 무엇인지를 파악할 수 있었다. 국어 화자들은 컴퓨터 프로그램에 의해 주어진 전자편지 텍스트 구조를 경제성의 관점에서 수용하는 면이 강해 보이지만 본문 다음에 추가로 송신자 이름을 적는 일, 제목을 적극적으로 붙이거나 전략적으로 붙이는 일, 편지의 주요 기능에 따라 언어

23) 최근에는 '메신저' 또는 '쪽지'라고 부르는 인터넷 프로그램을 이용하여 의사소통을 해 나가는 일이 많다. 이것은 인터넷 대화방과 전자편지의 복합적인 기능을 갖는 것인데 동시에 대화를 나누면서 자료도 보낼 수 있는 기능이 장점으로 인식된다. '쪽지'에 의한 의사소통 및 언어 사용 특성이 대화방이나 전자편지, 휴대전화의 경우와 어떻게 다른지에 대한 연구도 앞으로 자세히 이루어질 필요가 있음을 지적한다.

사용 방식을 달리하는 일은 모두 국어 화자들의 적극적이고 전략적인 언어 사용 행위임을 드러내 주는 것으로 생각된다. 전자편지의 텍스트 구조와 기능에 따른 언어 특성을 분석한 이 연구는 인터넷 통신 시대의 국어 화자들이 얼마나 적극적으로, 전략적으로 우리말을 사용해 나가고 있는지를 구체적인 자료 분석을 통해 확인함으로써 우리말 사용에 대한 연구 영역의 확대를 꾀할 수 있었다고 믿는다.

[참고문헌]

남지애(2001), 「라디오 편지 텍스트의 특징」, 『한국 텍스트과학의 제과제』, 역락.

서정수(1991), 『문장력 향상의 길잡이』, 한강문화사.

오장근(2001), 「텍스트유형 '편지'로서 빌레몬서의 텍스트화행론적 분석」, 『텍스트언어학』 11, 한국텍스트언어학회.

윤영민(1996), 『전자정보공간론－컴퓨터 네트워크의 사회학적 탐색』, 전예원.

이의도 외(2000), 『우리 말글과 문학의 새로운 지평』, 역락.

이정복 외(2000), 『바람직한 통신 언어 확립을 위한 기초연구』, 연구보고서, 문화관광부.

이정복(1997), 「컴퓨터 통신 분야의 외래어 및 약어 사용 실태와 순화 방안」, 『외래어 사용 실태와 국민 언어 순화 방안』, 국어학회.

이정복(1998), 「컴퓨터 통신 분야의 외래어 사용」, 『새국어생활』 8-2, 국립국어연구원.

이정복(2000가), 「컴퓨터 통신 속의 지역 방언」, 『우리 말글과 문학의 새로운 지평』, 역락.

이정복(2000나), 「통신 언어로서의 호칭어 '님'에 대한 분석」, 『사회언어학』 8-2, 한국사회언어학회.

이정복(2001), 「통신 언어 문장종결법의 특성」, 『우리말글』 22, 우리말글학회.

이정복(2002), 「전자편지 언어에 나타난 우리말 변용 현상」, 『사회언어학』 10-1, 한국사회언어학회.

이정복(2003), 『인터넷 통신 언어의 이해』, 월인.

한국정보통신기술협회(2000), 『정보통신용어사전』(제4판), 두산동아.

홍윤선(2000), 『클릭 네티켓』, 중앙M&B.

Barnes, Susan B.(2001), *Online Connections-Internet Interpersonal Relationships*, Cresskill, NJ: Hampton Press. 이동후 · 김은미 옮김(2002), 『온라인 커넥션—새로운 커뮤니케이션의 공간』, 한나래.

Wallace, Patricia M.(1999), *The Psychology of the Internet*, Cambridge: Cambridge Univ. Press. 황상민 옮김(2001), 『인터넷 심리학』, 에코리브르.

텍스트 언어학과 문학작품 분석

윤석민

1. 들어가기

"시인이나 작가는 뛰어난 언어 감각으로 최선의 언어 표현을 추구하는 이상적 화자이다. 문학작품의 언어는 매우 풍부하고 섬세하며 세련되어 언어사용의 전범이자 시금석이 된다."[1]는 말은 언어학을 연구하는 사람들이 문학작품에 관심을 가질 이유를 충분히 설명하고 있다. 그럼에도 불구하고 현실은 그렇지 않다. 국어를 연구하는 사람들은 국어의 다양한 모습을 연구하면서도 주요 연구대상을 일상 언어에 한정하는 경우가 많았고 문학 언어에 대하여는 문학자들의 연구 영역으로 간주해 왔다. 또한 문학자들은 문학작품의 해석과 의의를 통한 예술적 측면의 연구를 다루면서 문학작품의 언어적 특성들에 대한 연구는 부분적이고 거시적으로 다루어 왔다. 이와 같은 연구 풍토는 어찌 보면 가장 전범적이고 이상적이어서 국어의 특성을 다루는 데 빠져서는 안 되는 문학 언어에 대하여 본격적인 연구를 하지 못하도록 할 위험이 있다.

그러나 지난 시대의 연구 경향을 보면 국어학자가 문학작품을 대상으로 분석하고 연구할 뿐 아니라 반대로 국문학자가 언어학적 소양을 가지고 연구한 전통이 있었음을 알 수 있다. 이미 1950년대 중반 조윤제(1955)에서 "국어"를 물에, "국문학"을 물고기에 비유하여 국어국문학이 상호 의존적인 관계를 지니고 있음을 말한 것도 그러한 맥락에서 그 의의를 찾을 수 있을 것이다. 김완진 외(1996)는 문학작품을 대상으로 수

1) 김완진 외(1996)의 머리말 참조.

행한 국어학적 연구 성과들이 매우 폭넓고 다양한 방법론에 기초할 수 있음을 보여 주고 있다.

이 글은 문학작품도 국어학의 중요한 한 연구대상이 될 수 있다는 것을 전제로 하여 텍스트 언어학의 방법론으로 문학작품을 분석하는 실마리를 제시하려고 한다. 문학작품을 대상으로 하는 국어학적 연구는 그동안 구조주의, 변형생성문법, 담화문법 등 새로운 이론이 도입될 때마다 많은 성과를 내었지만 그 연구대상이 각 개별 음운이나 어휘 또는 문장의 통사적 구조가 가지는 특성 등에 집중해 있는 느낌이 많았다. 그것은 이론이 가지는 한계에 기인하는 것이라고 할 수 있다. 즉 문학 작품은 대부분 문장을 넘어서는 단위로서 그들을 통합적으로 분석하고 연구할 수 있어야 하지만 기존의 이론에서 다루는 범위는 그와 같은 통합 구조를 연구의 전제로 가지지 못하고 최대 하나의 문장 안에서 설명되는 것이 일반적이었기 때문이다.

그러나 텍스트 언어학은 문장보다 더 큰 단위, 즉 텍스트를 기본 단위로 연구를 수행한다. 이는 텍스트 언어학이 기존의 다른 언어학적 이론보다 문학작품과 같이 문장을 넘어서는 언어 자료를 연구하는 데 유리한 이유가 된다. 그리하여 문학과 어학이 접점을 찾고 상호보완적 연구가 될 수 있도록 하는 데 좀 더 커다란 기능을 할 수 있을 것으로 생각된다.

따라서 이곳에서는 텍스트 언어학적 방법론 가운데 문학작품을 분석하는 데 유용하게 이용될 수 있는 것들을 소개하고 그 방법론을 적용하여 문학작품을 분석하는 실례를 보임으로써 문학작품에 대한 언어학적 연구의 새로운 가능성을 살펴보기로 한다.

2. 문학작품 분석과 텍스트 언어학적 방법론

텍스트 언어학에서 텍스트분석을 위하여 사용하고 있는 주요 방법론은 그대로 문학작품의 경우에도 적용될 수 있다. 구체적인 문학작품을 대상으로 했을 때 이러한 방법론은 크게 작품의 각 부분들 더 정확히는 각각의 부분텍스트들이 지니는 특성을 한 요소의 관점에서 살피는 계열적 접근(paradigmatic approach)과 이러한 각 요소들의 개별적 기능들이 결합하여 어떻게 작품의 전체적 특성을 형성하는지를 연구하는 통합적 접근(syntagmatic approach)의 둘로 구분할 수 있다. 전자는 주로 텍스트성(textuality)을 검토함으로써 확인되는데 텍스트를 최소의 단위로 분석하여 그 단위들 사이의 관련성을 미시적으로 검토하는 것이다. 이에 반해 후자는 텍스트의 최소 단위들이 어떻게 서로 통합되면서 하나의 전체 텍스트를 형성하는지를 살핀다. 이러한 작업은 물론 텍스트에 대한 미시적인 분석인 계열적인 분석을 바탕으로 하고 있다. 그리고 그러한 미시적인 분석은 대상 텍스트가 클수록 많아질 수밖에 없다. 이곳에서는 가능한 한 여러 종류의 문학작품을 대상으로 하여 텍스트성을 검토하고 작품의 통합 구조 분석은 실례를 들어 그 이점을 논하기로 한다.[2)]

3. 계열적 연구: 문학작품의 텍스트성 분석

텍스트성(textuality)은 텍스트를 텍스트답게 만드는 모든 특성을 말한다. 텍스트가 원래의 통보 목적을 달성하기 위하여 적절하게 조직되고 구성된 것이라면 그것은 텍스트성을 잘 갖추고 있을 것으로 기대된다. 따라서 하나의 텍스트가 얼마나 좋은 텍스트인가 하는 점은 그 텍스트가 가지고 있는 텍스트성을 검토함으로써 포착할 수 있다. 문학작품의 경우 일상적인 언어에 비하여 훨씬 정밀하게 구성되고 조직된 것이라고 할 수 있으므로 텍스트성의 검토는 그 작품이 가지고 있는 의미를 좀

2) 텍스트의 전제나 함축, 지시 및 시제나 텍스트경계, 주제 전개 구조, 텍스트 유형, 대화 분석 등의 다른 방법론도 있을 수 있다. 이에 대하여는 졸고(1989)나 이성만 역(1995) 등 참조.

더 구체적으로 확인하는 데 유용하게 이용될 수 있다.

텍스트성을 확인하는 기준으로는 흔히 보그란데와 드레슬러(1981)에서 제안된 것을 사용한다. 그곳에서는 텍스트성을 확인하는 구성 요건으로 응결성(cohesion), 응집성(coherence), 의도성(intentionality), 용인성(acceptability), 정보성(informativity), 상황성(situationality), 간텍스트성(intertextuality)의 일곱 가지를 들고 있는데 뒤의 다섯 가지는 개별적으로 검토할 수도 있으나 본질적으로는 응집성을 강화하는 특성이라고 할 수 있다. 따라서 이곳에서는 응결성과 응집성을 중심으로 살피되 나머지 특성은 필요한 경우 응집성과 관련하여 검토하기로 한다.

3.1. 응결성

응결성이란 텍스트를 이루는 표층 요소 즉 언어 표현 사이의 관련성을 의미한다. 하나의 텍스트를 이루고 있는 언어 표현들은 서로 관련되어 있으며 그 관련성은 다양한 층위에서 확인될 수 있다. 고영근(1999)은 응결성을 확보하기 위한 다양한 층위의 장치를 소개하고 있는데 자소론적, 음운론적, 형태론적, 통사론적, 의미론적, 화용론적 장치들이 그것이다.

자소론적 응결성 장치란 글자의 형태를 근거로 하여 동일한 의미를 추출함으로써 서로 관련성을 확보하는 것을 말하는데 예를 들어 '旦, 旭, 景' 등은 동일한 부수 '日'을 가지고 있어 서로 의미상 관련됨으로써 서로 같은 하나의 텍스트로 묶일 수 있다는 것이다.

음운론적 응결장치란 동일하거나 비슷한 음운을 사용함으로써 하나의 텍스트를 이루는 것을 말하는데 이는 특히 시와 같은 장르에서 많이 사용한다. 예를 들어 다음과 같은 시를 보자.

(1) 사람들 사이에
섬이 있다.
나도 그 섬에 가고 싶다. —정현종, 〈섬〉

위 시에서 반복되고 있는 음운 'ㅅ'은 그것을 포함하고 있는 시어 '사람-사이-섬-싶다'를 하나의 연쇄로 만들어 외로움과 이상향이라는 이중적 이미지를 가지는 '섬'의 의미를 드러내는 데 기여하고 있다. 전통적으로 시조에서는 4음보를 금과옥조처럼 여겨 이를 지키도록 하고 있는데 이 역시 음운론적 응결성을 말하는 것이라고 할 수 있다.

형태론적 응결장치는 동일한 품사가 되풀이되거나 대용어를 이용하여 연쇄를 이루는 경우를 말한다. 예를 들어 (1)은 두 개의 문장으로 이루어져 있다. 그리고 두 개의 문장에는 각각 '섬'이라는 단어가 반복되고 있다. 그러나 이 두 개의 섬이 서로 별개의 것이 아니라 하나의 텍스트 즉 이 시에서 동일한 것을 가리킬 수 있는 것은 두 번째 '섬' 앞에 오는 지시어 '그' 때문이다. 이 지시어의 사용으로 인해 앞 문장의 '섬'과 뒤 문장의 섬이 서로 관련되는 것이다. 또한 형태론적 응결장치에는 조사나 어미의 사용을 통한 응결을 포함하는데 예를 들어 (1)의 시를 제대로 이해하기 위해서는 뒤 문장의 주어 '나'에 붙은 보조사 '도'의 기능을 이해할 필요가 있다. 비록 문면에 드러나지 않았지만 '그 섬에 가고 싶어 하는' 주체는 '나' 이외에도 이미 있다는 사실을 이 보조사는 말하고 있다. 더욱이 이 시에서 그러한 주체로 설정할 수 있는 것은 앞 문장의 '사람' 밖에 없다. 따라서 드러나지 않은 문장 '사람들이 그 섬에 가고 싶어 한다' 정도의 문장을 상정해야 이 보조사 '도'의 쓰임이 제대로 이해된다. 그리고 그것은 이상향으로서의 '섬'이 가지는 이미지를 더욱 분명하게 한다.

품사론적 연쇄를 이끄는 형태론적 응결장치는 해석을 자연스럽게 이끄는 중요한 장치로 기능하는 경우가 많은데 생략과 응축이 많은 운문에서 특히 그러하다. 다음의 예는 〈월인천강지곡〉의 한 부분이다.

(2) 〈기88〉

[T_1 (S_1 e 녯날애 바리ᄅᆞᆯ 어더)S_1 (S_2 e 毘盧遮那ㅅ말로 오ᄂᆞᆳ일ᄋᆞᆯ 기드리ᅀᆞᆸ더니)S_2]T_1

【현대역】 (사천왕이) 옛날에 바리를 얻어 비로차나의 말로 (잘 간수하여) 오늘의 일을 기다리더니

[T_2 (S_1 e 오ᄂᆞᆳ날 ᄠᅳ들 몯 일워)S_1 (S_2 e 毗沙門王ᄋᆡ 말로 녯날 願을 일

우ᅀᆞᄫᆞ니)S_2]T_2

【현대역】 (사천왕이) 오늘날 (여래께 바리를 바치는) 뜻을 못 이루어 비사문왕의 말로 (옛일을 생각하고) 옛날의 원을 이루니

〈월인천강지곡〉은 악장으로서 각 곡을 이루는 두 문장이 각각 텍스트 자격을 지니지만 이 둘이 합하여 하나의 더 큰 상위텍스트를 형성한다.[3] 위의 예에서도 각 줄은 텍스트 자격을 지닌다. 무엇보다 하나의 문장으로 이루어졌다는 사실이 그것을 강하게 보여 주지만 각 마디의 생략된 주어 명사구가 동일한 대상을 공지시하고 있는 것도 그것을 말해 준다. 공범주 주어 명사구 e는 두 줄에 걸쳐 나오는데 이들은 비록 생략되어 있으나[4] 그것이 가리키는 대상은 모두 '사천왕'을 공지시하고 있어 이들의 명사적 연쇄가 이 두 줄을 더 큰 하나의 상위텍스트로 만드는 데 기여하고 있는 것이다.

통사론적 응결장치는 문장을 연결시켜 더 큰 텍스트를 형성하는 것을 말하는데 문장 유형의 동일성 등 문장의 구조적 동형성이나 논리적 접속이나 시간적 접속 표현 등을 이용한다. 특히 〈월인천강지곡〉은 두 줄의 구조적 동형성에 근거하여 상위텍스트를 형성하는 것이 일반적이다.[5]

(3) 가. 阿僧祇前世劫에 님금 位ㄹ ᄇᆞ리샤 精舍애 안잿더시니//
五伯前世怨讐ㅣ 나랏 쳔 일버ᅀᅡ 精舍ᄅᆞᆯ 디나아 가니 —기3
나. 沸星 도ᄃᆞᆯ 제 白象ᄋᆞᆯ ᄐᆞ시니 ᄒᆡᆺ 光明을 ᄢᅦ시니이다//
天樂ᄋᆞᆯ 奏커늘 諸天이 조ᄍᆞᄫᆞ니 하ᄂᆞᆶ 고지 드르니이다 —기14

(4) 가. 金剛座 비ᇫ이고 師子座ᄅᆞᆯ 셰ᅀᆞᄫᅡ 八萬 부톄 안자 제여곰 뵈시니//
盲龍이 눈 ᄠᅳ고 迦茶龍이 보ᅀᆞᄫᅡ 네 부텨 供養ᄋᆞᆯ 니ᅀᅥ ᄒᆞᅀᆞᄫᆞ니 —기65
나. 入定放光ᄒᆞ샤 三明을 得ᄒᆞ시며 六通이 ᄯᅩ ᄀᆞᄌᆞ시니//
明星 비취어늘 十八法을 得ᄒᆞ시며 十神力을 ᄯᅩ 시르시니 —기79

3) 〈월인천강지곡〉의 이러한 특성을 필자는 "월인천강지곡의 텍스트 형성 규칙1"로 정리한 바 있다. 이에 대한 자세한 설명은 졸고(2002: 679쪽 이하) 참조.

4) 이들이 생략된 것은 이미 그 앞, 즉 '기86'의 뒷줄에 "七寶 바리예 供養ᄋᆞᆯ 담ᄋᆞ샤미 四天王의 請이ᅀᆞᄫᆞ니"라고 하여 이미 나왔었기 때문이다.

5) 졸고(2002)에서는 이러한 특성을 "월인천강지곡의 텍스트 형성 규칙2"로 정리한 바 있다.

(5) 成道後 二七日에 他化自在天에 가샤 十地經을 니ᄅᆞ시니//
成道後 四十九日에 差梨尼迦애 가샤 跏趺坐ᄅᆞᆯ 안ᄌᆞ시니 －기85

(3)－(5)의 예들은 상위텍스트인 '곡'을 형성하는 데 구조적 동형성이 크게 공헌하는 경우에 해당된다. 우선 (3)은 동일한 종결어미가 재수용되어 구조적 동형성을 확보하는 경우를 보여 준다. (3가)는 종결어미가 반말 어미 '-니'로 끝난 경우인데 이러한 문장 종결이 〈월인천강지곡〉에서는 가장 일반적이다. 만약 이와 다른 문장 종결이 나타나더라도 한 곡을 이루는 두 줄의 종결어미는 대부분 같다. (3나)가 이를 보여 준다. (3나)는 두 줄의 문장 종결이 하쇼셔체 어미인 '-니이다'로 끝나고 있는데 이렇듯 〈월인천강지곡〉의 한 곡을 이루는 두 줄은 '-니'로 끝나든 '-니이다'로 끝나든 둘 가운데 한 어미만을 취하여 종결되지 '-니'와 '-니이다'가 한 곡에 함께 사용되는 경우는 없다.[6] 이러한 종결어미의 일치는 두 줄의 응결성을 강화하여 이들이 하나의 더 큰 상위텍스트가 되는 데 기여하고 있는 것이다.[7]

(4)의 경우는 연결어미가 동일하게 재수용되는 예이다. 〈월인천강지곡〉은 각 줄의 마디수가 대부분 같을 뿐만 아니라 각 마디를 연결하는 연결어미들도 일치하는 경우가 많다. 즉 (4가)의 밑줄 친 글자를 보면 두 줄 모두 네 개의 마디가 똑같은 "-고 -아 -아"의 연결어미로 연결되고 있다. 이러한 〈월인천강지곡〉의 대구적 배열은 차이를 보이는 연결 구성의 의미 해석에도 도움을 줄 수 있다. 즉, 동형의 구성에서 연결어미의 형태가 비록 차이가 나더라도 그 기능은 대응하는 연결어미와 같

---

6) 두 줄의 종결어미가 '-니'와 '-리'인 경우나(기15) '-니이다'와 '니잇가'인 경우는 있다.(기206) 그러나 이 경우에도 서로 서법이나 문장의 종류가 다를 뿐 상대높임법의 등급을 어기지 않는다는 것은 작자가 의도적으로 구조적 동형성을 추구하고 있음을 말하는 것이라 하겠다.

7) 물론 종결어미가 일치하지 않는 경우도 있다. "세 가짓 供養이 그르시 업슬씨 前世佛올 아ᅀᆞᆸ게 ᄒᆞ니이다 // 七寶 바리예 供養올 담ᄋᆞ샤미 四天王의 請이ᅀᆞᄫᆞ니(기88)"이나 "아ᄒᆞᆫᄒᆞᆫ 劫을 브터 이 長者ㅣ 發心 너버 어느 劫에 功德이 져긇가 // 닐굽 부텨 爲)ᅀᆞᄫᅡ 이 ᄧᅡ해 精舍 지ᅀᅥ 어느 부텻긔 恭敬이 덜리잇가(기169)" 등이 그렇다. (밑줄 친 부분 참조) 물론 이 경우에도 운율이나 간텍스트성을 고려하면 얼마든지 이러한 구조적 불일치를 설명할 수 있다. 그러나 응결성의 측면에서 보면 이들은 구조적 일치를 보이는 것보다 응결성이 약한 것은 사실이다.

은 경우가 많다는 것이다. (4나)는 밑줄 친 부분의 연결어미를 제외하고 나머지는 구성상 공통적이다. 이 경우 뒷줄의 연결어미 ‘-거늘’은 본래의 의미인 이유나 원인으로 해석하기보다는 앞의 대응 연결어미인 ‘-아’처럼 동시적인 상황의 묘사를 위한 계기적 연결로 해석하면 이 곡 전체의 이해가 훨씬 쉬워진다.

(5)는 두 줄의 통사적 구성이 완전하게 재수용되는 모습을 보여 준다. 두 줄은 종결어미나 연결어미, 문장의 종류나 기술의 방식 그리고 마디 수도 같다. 더욱이 각 마디를 구성하는 구성 요소들의 특성도 같다. 그리하여 “[T[S_1 e 成道後 [$NP_{1(\text{시간명사구})}$에] [$NP_{2(\text{장소명사구})}$에] 가샤]S_1 [S_2 e [NP_3을] [V_{st}]시니]S_2]T”의 구조를 보이는 것이다. 특히 생략된 명사구의 기능이 주어 명사구라든가 첫째 마디의 부사어 명사구가 모두 시간 명사구와 장소 명사구에 부사격조사 ‘-에’가 붙어 형성된다든가 둘째 마디의 구성이 “생략된 주어 명사구-목적어 명사구-동사”라든가 하는 점이 두 줄에서 정확하게 일치하고 있는 것이다.

논리적 접속부사나 시간적 접속부사를 이용하여 그것 앞뒤의 텍스트들을 연결시키는 것은 일상적인 언어에서와 마찬가지로 문학작품 텍스트에서도 쉽게 발견된다. 예를 들어 다음의 구비문학 텍스트 자료를 보자.[8)]

(6) (전략)

[T_3] 그래 그 눔을 주고서 한 고개를 넘어오니께 또 앞에 나와 또 출싹 앉았어.

“할머니!”

“왜 그러냐?”

“할머니, 그 다리 좀 하나 끊어줘, 아냐, 팔 하나 끊어줘.”

“아이구, 야야! 팔을 끊어주면 내가 어떻게 사냐?” 그러니께

“할머니, 그럼 잡아먹지.”

[T_4] 그래 인자 팔을 한짝 끊어주구서루, 한 고개를 훌훌 넘어오니께는 요놈이 또 앞에 와 출싹 앉아서는,

“할머니, 그 팔 마저 끊어줘.”

“아이고, 팔을 마저 끊어주면 나는 어떡하냐?”

---

8) 원문 자료 텍스트는 편의상 부분 텍스트로 구분하여 〈부록〉에 제시하기로 한다.

"그럼, 내가 할머니 막 잡아먹지."
그러니께 인제 마저 끊어줬어.
(후략)

(6)은 〈해와 달이 된 오누이〉라는 옛날이야기의 한 부분인데 밑줄 친 부분 '그래'는 '그래서'로 해석되는 논리적 접속부사로서 이어지는 부분 텍스트를 그에 선행하는 텍스트에 연결시켜 전체적인 상위텍스트를 형성하는 데 기여한다. 더욱이 이와 같은 기능을 하는 논리적 접속부사들은 대부분 부분 텍스트의 처음에 출현하는 것이 일반적이어서 이 표지가 부분 텍스트들의 경계 표지로 활용될 수도 있다.

의미론적 응결장치란 공통된 어휘의미 자질을 이용하여 텍스트의 응결성을 확보하는 것을 말한다. 같은 표현을 반복하여 다시 사용하거나 유의어나 반의어, 상하의어 따위를 이용하여 연쇄를 이루는 것인데 문학작품 텍스트에서 반복적으로 사용되는 의미론적 응결장치를 검토하는 것은 그 작품의 의미를 파악하는 데 중요한 실마리를 제공할 수 있다. 다음의 예를 보자.

(7) 텬디 조판ᄒᆞ미 일월셩신 비최거다
일월은 도수잇고 셩신은 젼ᄎᆞ 잇셔
일년 삼백 뉵십일에 제 도수 돌아오미
동지하지 츈추분은 일힝으로 추측ᄒᆞ고
샹현하현 망회삭은 월륜의 영휴로다 —〈농가월령가〉, 머릿노래 中

(7)은 〈농가월령가〉의 시작부분인데 여기에는 무엇보다 비슷한 어휘 사이의 관련성을 통하여 연쇄가 이어지고 있음을 볼 수 있다. 즉, 1행의 '일월셩신'은 2행에서 '일월'과 '셩신'으로 반복되고 있으며 이 중 '일월'은 4행의 '일힝'과 5행의 '월륜'으로 각각 나뉘어 나타나고 있다. 또한 2행의 '도수'가 3행에서 그대로 반복됨으로써 2행과 3행의 연쇄를 이끌고 있다. 결국 이 부분은 주요 어휘들이 그대로 반복되거나 하위 구분되어 재수용됨으로써 전체적으로 서로 하나의 텍스트를 형성하게 되는 것이다. 산문작품 텍스트에서도 이와 같은 어휘 표현의 재수용은 빈번하게

나타난다.

(8) 어린 아이를 달래듯이 목덜미를 어루만져 주니 <u>나귀</u>는 코를 벌름거리고 입을 투르르거렸다. 콧물이 튀었다. 허생원은 <u>짐승</u> 때문에 속도 무던히는 썩였다. —이효석, 『메밀꽃 필 무렵』 中

(8)은 현대소설의 일부분인데 밑줄 친 '나귀'와 '짐승'은 상하의어 관계를 이루고 있다. 비록 본래의 사전적인 의미는 다르나 이곳에서는 서로 공통의 의미 영역을 지니고 있는 것으로서 두 문장을 관련시키고 있는 것이다.

화용론적 응결 장치란 아무런 관련이 없었던 어휘 표현이 일정한 상황이 전제될 경우 동일한 대상을 공지시함으로써 서로 연쇄를 이루는 것을 말한다. 이러한 연쇄의 응결을 기능적 등가성에 기댄 응결이라고도 한다. 하나의 텍스트가 동일한 맥락을 공유하고 있는 것임을 전제할 때 이러한 화용론적으로 응결되어 있음이 확인된다면 그것은 역으로 그러한 연쇄가 하나의 텍스트를 형성한다고 하는 명확한 증거가 될 수 있을 것이다. 다음을 보자.

(9) 가. 勞度差ᄋᆡ 幻術이 漸漸 외야 갈ᄊᆡ 돗가비ᄅᆞᆯ 제 몸이 ᄃᆞ외니//
舍利弗 神力이 漸漸 有餘ᄒᆞᆯᄊᆡ 毗沙門ᄋᆞᆯ 자내 ᄃᆞ외니 —기163
나. 閻浮提 ᄀᆞ득ᄒᆞᆫ 外道ㅣ ᄒᆞᆫ 터럭 몯 무숩 ᄃᆞᆯ 須達이 듣고 沐浴 ᄀᆞᆷ아 나니
내 지븨 왯ᄂᆞᆫ 莎門이 六師와 겻굶 ᄃᆞᆯ 王ㅅ긔 닐어늘 부플 텨 모ᄒᆞ니 —기156

(9가)는 부처의 신통력을 의심하는 외도(外道)를 대표하는 '勞度差'와 부처의 제자인 '舍利佛'이 서로 신통력을 겨루는 장면에서 각기 '돗가비'와 '毗沙門'으로 변신하는 상황이다. 따라서 이곳의 '勞度差'와 '돗가비' 그리고 '舍利弗'과 '毗沙門'은 서로 동일한 대상을 지시하고 있는 것이다. (9나)는 (9가) 직전의 상황으로서 수달(須達)이 사리불의 이야기를 듣고 왕께 외도의 무리와 대결할 것을 고하고 대결을 준비하는 부분인데 이곳에서 앞줄의 '外道'는 뒷줄의 '六師'와 동일한 대상을 공지시한다. 이와

같은 상황에 따라 기능적 등가성에 기대어 응결됨으로써 결과적으로 각 줄 및 두 줄의 텍스트성을 강화하고 있는 것이다.

3.2. 응집성

응결성이 텍스트의 표면 요소 사이의 관련성을 가리키는 것이라면 응집성은 텍스트의 심층 요소 사이의 관련성을 가리킨다. 즉 응집성은 언어 표현 사이의 연쇄가 아니라 그 표현들이 나타내는 의미 내용 사이의 자연스러운 연쇄를 말한다. 응결성이 텍스트 형성의 중요한 구성 요건이 되는 것은 텍스트의 통보 목적에 부합하기 위한 것이므로 그것은 결국 응집성을 유지하기 위한 구체적이고 언어적인 장치라고 할 것이다. 그리하여 응집성은 무엇보다 텍스트의 이해가 얼마나 자연스러운가 하는 점을 문제 삼는다. 일상 언어 자료와 같이 문학작품 텍스트에서도 응집성은 무엇보다 우선적으로 요구되는 텍스트 형성 조건이다. 대부분의 경우 응결성이 잘 갖추어진 텍스트는 그만큼 응집성도 좋을 것으로 기대된다. 그러나 그 반대의 경우가 언제나 성립하는 것은 아니다. 즉, 응집성이 잘 유지되기만 한다면 응결성은 어느 정도 약화되어도 텍스트로서의 완성도는 그리 떨어지지 않는다. 예를 들어 다음은 응결성이 매우 약하지만 응집성은 유지되고 있다.

(10) 가. 한쇼ᄅᆞᆯ 내니 몸 크고 다리 크고 두 ᄲᅳᆯ이 갈 ᄀᆞᆮ ᄂᆞᆯ캅고//
소리코 짜 허위여 드리ᄃᆞ라 오더니/ 獅子ㅣ 나아 자바 다 머그니
—기162

나. 아라 녀리 그츤 이런 이본 길헤 눌 보리라 우러곰 온다//
大慈悲鴛鴦鳥와 功德 닷ᄂᆞᆫ 내 몸이 正覺 나래 마조 보리어다 —기244

(10가)는 각 줄이 하나의 텍스트 단위가 되며 두 줄이 합하여 더 큰 상위텍스트를 만든다는 일반적인 〈월인천강지곡〉의 텍스트 형성 규칙에 비하여 볼 때 매우 이질적이다. 줄의 경계(//한 부분)와 실제 텍스트의 경계(/한 부분)가 서로 일치하지 않기 때문이다. 내용을 볼 때 /한 부분

을 경계로 앞은 외도 무리의 대표인 노도차가 한 일이고 뒤는 부처의 제자인 사리불이 한 일이다. 또한 〈월인천강지곡〉에서는 두 줄이 하나의 텍스트를 형성하는 데 무엇보다도 대응 구조의 동형성에 기대어 응결성을 확보하는 것이 일반적인 것을 생각하면 (10가)에는 그러한 대응 구조가 드러나지 않는다. (10나)도 응결성이 좋지 않다. 두 줄 사이에 어떤 어휘의 재수용도 보이지 않으며 통사적 구성도 매우 달라 문장 유형도 다르며(앞줄은 의문문이고 뒷줄은 평서문이다) 앞줄은 부사어 명사구로 뒷줄은 주어 명사구로 시작된다. 이러한 구조상 이지러짐은 두 줄의 응결성을 심하게 훼손시키지만 그럼에도 불구하고 기162와 기244가 가능한 것은 이 부분의 내용을 파악하는 데 그리 커다란 어려움이 없기 때문이었을 것이다. 기15가 노도차와 사리불의 대결 장면이고 기244가 아들인 안락국을 만난 아버지 사라수 대왕의 말이라는 점을 고려하면 그 의미를 이해하는 데 큰 어려움이 없다. 의미의 연쇄의 자연스러움, 즉 응집성이 유지되었기 때문에 응결성이 훼손되었음에도 이 부분이 하나의 텍스트로 기능할 수 있었던 것이다.

응집성을 확보하기 위해서는 심리적인 또는 사회적인 다양한 측면의 고려도 필요하다. 그리하여 의도성이나 용인성, 정보성이나 상황성 그리고 간텍스트성 같은 것을 고려할 필요성이 생긴다. 다음의 예를 보자.

(11) 가. 아이의 웃음소리에 허생원은 주춤하면서 기어이 견딜 수 없어 채찍을 들더니 아이를 쫓았다. "쫓으려거든 쫓아 보지. 왼손잡이가 사람을 때려." 줄달음에 달아나는 각다귀에는 당하는 재주가 없었다. 왼손잡이는 아이 하나도 후릴 수 없다. 그만 채찍을 던졌다. 술기도 돌아 몸이 유난스럽게 화끈거렸다. —이효석, 『메밀꽃 필 무렵』

나. 세 ᄯᆞᆯ올 보내야 여러 말 ᄉᆞᆯᄫᆞ며 甘露ᄅᆞᆯ 勸ᄒᆞᅀᆞᄫᆞ니
衆兵을 뫼화 온 樣子ㅣ ᄃᆞ외야 淨甁을 무려ᄒᆞ니

—〈월인천강지곡〉, 기66

(11)은 의도성을 고려해야 의미의 해석이 더욱 분명해지는 경우이다. (11가)는 현대소설에서 화자의 의도를 드러내 보이기 위하여 시제의 차이를 이용한 것이다. 밑줄 친 부분도 나머지 문장과 같은 사건을 다루고

있는 부분이기에 시간성은 같다고 할 것이다. 그러나 다른 문장들이 모두 과거 시제인데 밑줄 친 부분은 현재 시제를 보이고 있다. 이는 이러한 시제의 차이를 통하여 이 부분을 부각시켜 작중 등장인물인 허생원의 마음을 직접적이고 사실적으로 드러내려고 하는 작자의 의도가 반영된 결과라고 할 것이다.[9] (11나)도 의도성의 고려가 필요한 예이다. (11나)는 뒷줄의 밑줄 친 부분이 '무우려ᄒᆞᅀᆞᄫᅡ니'로 되어 있지 않은 것이 주목된다. 이 서술어는 그 앞의 목적어 명사구 '淨瓶'(부처의 청정한 법도)에 걸리는 것이므로 객체높임법의 '-ᅀᆞᆸ-'이 나타날 자리임에도 그것이 보이지 않는다. 앞줄에서 서술어 '勸ᄒᆞᅀᆞᄫᆞ니'에 '-ᅀᆞᆸ-'이 들어 있는 것을 보면 이러한 처리가 자연스러운 것이 아님을 알 수 있다. 그런데 이것은 작자의 실수라기보다는 의도적인 것으로 보인다. 즉, 뒷줄의 주체가 바로 부처에 대항하여 대립하고 있는 마왕인데 부처를 원수로 생각하여 부처를 결코 높임의 대상으로 인정하지 않으려는 마왕의 입장을 드러냄으로써 '마왕의 버릇없음'을 강조하려는 작자의 의도가 반영된 것으로 보인다.

(12) 四海ㅅ물 이여 오나ᄂᆞᆯ <u>마리예 븟ᅀᆞᆸ고</u> 太子ᄅᆞᆯ 셰ᅀᆞᄫᆞ시니
金輪寶ㅣ ᄂᆞ라 니거늘 天下ㅣ 아ᅀᆞᆸ고 나라히 다 오ᅀᆞᄫᆞ니
—〈월인천강지곡〉, 기34

(12)는 상황성을 고려함으로써 의미의 파악이 훨씬 자연스러워지는 경우를 보여 주는 예이다. 앞줄의 밑줄 친 부분은 당시 상황에 대한 이해가 없다면 그 의미가 제대로 파악될 수 없다. 왜 '머리에 물을 붓는지'를 이해하기가 쉽지 않다. 그러나 당시의 인도 풍속에 의하면 왕자가 성장하여 임금의 대를 잇는 태자가 되는 예식을 치를 때는 반드시 머리에 물을 붓는 절차를 거쳐야 한다. 즉 물을 머리에 붓는 행위는 그 자체가 태자를 책봉하는 가장 중요하고 상징적인 의식인 것이다. 이런 예식을 관정식(灌頂式)이라고 불렀다. 우리들이 이방원의 〈하여가〉나 정몽주의

9) 허생원이 왼손잡이라는 사실의 부각은 나중 결말 부분에서 동이가 왼손잡이라는 사실과 맞물려 새로운 희망에 대한 암시로도 작용한다.

〈단심가〉 등을 당시의 시대적 상황, 작자들이 처한 상황과 관련하여 해석하는 것도 상황성을 고려하는 것이라고 하겠다.

(13) 가. 옛날옛날 깊은 산골에 한 나무꾼이 살고 있었습니다.
나. 닐굽 고ᄌᆞᆯ 因ᄒᆞ야 信誓 기프실ᄊᆡ e 世世예 妻眷이 ᄃᆞ외시니
다ᄉᆞᆺ ᄭᅮᆷ을 因ᄒᆞ야 授記 ᄇᆞᆯᄀᆞ실ᄊᆡ e 今日에 世尊이 ᄃᆞ외시니
—〈월인천강지곡〉, 기8

(13)은 정보성에 대한 고려가 필요한 경우이다. 정보성이란 텍스트가 지닌 정보의 가치, 중요도를 의미하는 것이 아니라 텍스트의 전개 과정에서 독자에게 얼마나 새로운 것이냐 하는 특성을 말한다.[10] (13가)는 옛날이야기의 시작 부분에서 흔히 볼 수 있는 양식의 소개인데 이야기의 시작 부분에는 주요 등장인물이 소개된다. 그때 그 등장인물은 언제나 밑줄 친 부분처럼 조사 '이'가 붙는다. 이것은 국어에서 조사 '이/가'가 새로운 정보를 나타내는 데 적당하고 이미 언급되었던 정보, 구정보에 대하여는 조사 '은/는'이 붙는 것이 자연스럽기 때문이다. (13나)는 이것만 보면 공범주 주어 명사구 e가 드러나 있지 않아 의미의 파악에 어려움을 주는 것처럼 생각된다. 그러나 이것이 노래이고 응축이 많은 점을 고려할 때 주어 명사구가 생략된 것은 그것이 이미 독자 또는 청자에게 알려져 있어 정보성이 낮기 때문이다. 실제 앞줄의 공범주 주어 명사구는 '구이'(俱夷)이고 뒷줄의 공범주 주어 명사구는 '선혜'(善慧)인데 이들은 선행하는 기6에서 이미 명시적으로 언급되고 있다. 운문에서는 특히 이와 같은 생략이 많은데 이를 제대로 이해하려면 정보성에 대한 고려가 반드시 필요하다고 하겠다.

(14) 가. 勝熱 婆羅門ᄋᆞᆯ 王宮에 브리샤 錫杖ᄋᆞᆯ 후느더시니//
鴛鴦夫人이 王 말로 나샤 齋米ᄅᆞᆯ 받ᄌᆞᆸ더시니 —기221
가'. 勝熱 婆羅門이 王宮에 ᄯᅩ 오샤 錫杖ᄋᆞᆯ 후느더시니//
鴛鴦夫人이 王 말로 ᄯᅩ 나샤 齋米ᄅᆞᆯ 받ᄌᆞᆸ더시니 —기224

10) 정보성의 개념에 대하여는 드레슬러와 보그란데(1981: 145) 참조.

(14)는 간텍스트성에 대한 고려가 텍스트의 이해를 도와주는 예이다. 텍스트가 제대로 이해되기 위하여 그와 관련된 선텍스트(pretext, source text)를 살필 필요가 있다. 넓은 의미에서 보면 〈월인천강지곡〉은 〈석보상절〉이나 〈석가보〉 또는 〈석가씨보〉, 그 밖의 여러 불경들이 다 관련된다. 따라서 그들에 대한 분석이 〈월인천강지곡〉의 이해에 중요한 토대를 제공할 수 있다.[11] 여기서는 좁은 의미에서 〈월인천강지곡〉의 각 텍스트 간 고려의 필요성에 대하여 언급한 것인데 (14)의 (가)와 (가′)를 비교하여 보면 후자의 'ᄯᅩ'라는 어휘를 올바로 이해하려면 그것과 관련된 전자의 경우를 고려할 수밖에 없다. (가′)는 (가)를 거의 그대로 반복하고 있으며 다시 한번 그것이 이루어졌다는 사실을 부사어 'ᄯᅩ'를 통하여 드러내고 있을 뿐이다.

4. 통합적 연구: 문학작품의 통합 구조 연구

조동일(2000)에서는 문학작품의 구조 분석은 문맥상의 의미 이해에서 나아가 작품의 음성적 구조, 순차적 구조(syntagmatic structure), 병렬적 구조(paradigmatic structure)[12]를 구명해야 하며 이에서 더 나아가 이 세 구조를 포괄하는 상황적 구조를 밝혀야 한다고 지적하고 있다. 특히 '상황적 구조'의 파악에 이르러야 함을 강조하면서 한 작품과 다른 작품의 관계[13], 작품을 창조하거나 전달하는 사람과 수용하는 사람의 관계[14], 작품의 사회적·역사적 의미[15]나 의의가 모두 여기에 포함된다고

---

11) 〈월인천강지곡〉의 간텍스트성에 대하여는 박금자(2001) 참조. 그리고 실제 이와 같은 간텍스트성을 고려하여 〈월인천강지곡〉을 분석한 것은 고영근 외(2003) 참조.

12) 이곳의 순차적 구조와 병렬적 구조는 둘 다 텍스트 단위 차원에서 이루어지는 작업이라기보다는 각 부분 텍스트들이 형성하는 상위텍스트들 사이의 시간적 질서와 공간적 질서를 지칭하는 것이어서 우리의 관점에서 보면 이 둘이 모두 통합적인 연구라고 보인다.

13) 이는 텍스트성의 구성 요건 가운데 간텍스트성에 대한 고찰과 맥락을 같이한다.

한다. 여기서 문맥상의 의미 이해나 음성적 구조 등은 우리의 응결성의 구명과 관련되며 상황적 구조란 결국 작품에 대한 총체적인 이해, 즉 작품의 통보 목적을 정확하게 이해하는 것이므로 우리의 응집성에 해당한다. 응집성이 넓은 의미에서 응결성이나 의도성, 용인성, 정보성, 상황성, 간텍스트성 등의 다른 텍스트성의 구성 요건들을 바탕으로 하고 있음은 이미 지적한 바 있다. 그러나 작품에 대한 완전한 이해는 작품의 계열적인 분석만 가지고는 부족하다. 텍스트를 구성하는 여러 요소들 각각에 대한 충분한 분석이 있었다고 하더라도 그것이 어떻게 하나의 텍스트를 형성하는지를 보여 주어야 한다. 따라서 통합 구조에 대한 분석이 필요하게 된다. 통합 구조에 대한 분석은 위에서 말한 순차적 구조나 병렬적 구조를 보여 주기도 한다. 물론 이와 같은 통합 구조에 대한 분석은 앞에서 살핀 계열적인 연구 작업에 바탕하여 이루어져야 한다. 그리고 그것은 매우 미시적인 작업이 될 수 있다. 작품 전체에 대한 이런 미시적 작업을 하기에 이 지면은 매우 불충분하다. 자세한 작업은 다른 곳으로 미루고 여기서는 간단하게 통합 구조의 모습을 보여 주는 것으로 대신하고자 한다.[16]

4.1. 통합 구조 분석 실례(1): 〈해와 달이 된 오누이〉

〈부록〉에 제시된 〈해와 달이 된 오누이〉는 구연된 설화 자료이다.[17] 문학작품 가운데 이처럼 비교적 긴 길이의 산문을 대상으로 통합 구조를 다룰 때 유용하게 이용할 수 있는 방법론의 하나가 이야기 문법(narrative grammar)의 구조 분석이다. 롱에이커(1983)에서는 이야기의 통합 구조 분석을 위한 기준으로 다음과 같은 것을 제안하고 있다.[18]

---

14) 이는 텍스트성의 구성 요건 가운데 의도성이나 수용의 문제와 맥이 닿아 있다.

15) 이는 텍스트성의 구성 요건 가운데 정보성이나 상황성을 고려하는 것과 비슷하다.

16) 〈해와 달이 된 오누이〉와 〈농가월령가〉에 대한 미시적 분석은 각각 졸고(1998)과 졸고(2004)를 참조할 것.

17) 부록에 제시된 자료는 구연 자료로서 편의상 미시적인 텍스트 분석의 과정을 거쳐 확인된 부분 텍스트 T_1~T_{13}으로 구분하여 제시하였다. 이런 구분의 과정에 대하여는 졸고(1999) 참조.

(15) 이야기 텍스트의 거시구조 통합 기준

1) 시간 변화

2) 공간 변화

3) 행위참여자 변화

4) 화제 변화

이제 이 기준을 적용하여 〈해와 달이 된 오누이〉의 통합 구조를 분석하면 다음과 같다.[19]

(16) 시간적 · 공간적 배경에 따른 통합 구조

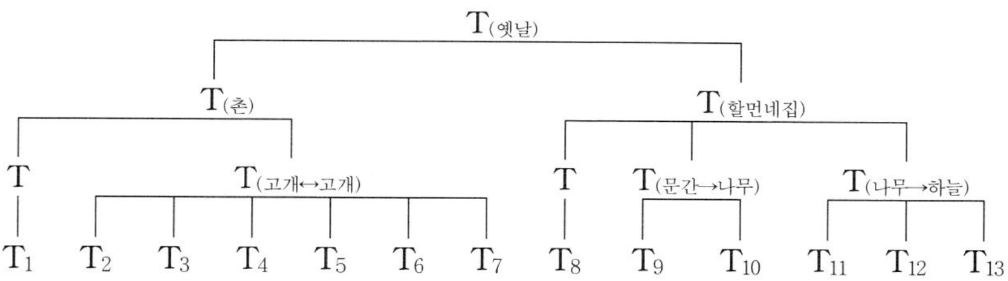

(16)은 배경에 따른 〈해와 달이 된 오누이〉의 통합 구조이다. 이미 언급하였듯이 조동일(2000)에서는 시간적 질서와 공간적 질서를 구분하고 있으나 적어도 여기서는 시간적 배경과 공간적 배경을 크게 구분할 필요가 없어 보인다. 시간적 배경은 막연한 '옛날'로 상정됨으로써 이 이야기가 추상적인 시간과 공간에서 일어나는 허구의 화행임을 알려 준다. 공간적 배경은 크게 이분되는데 이른바 '촌'과 '할먼네집'이 그것이다. 이야기의 전반부는 주로 '고개'라는 동일한 공간을 배경으로 한다. 하지만 그 고개는 서로 다른 고개이다. 수평적으로 이동하고 있는 것이다. 이에 반하여 이 이야기의 후반부에서 상정하고 있는 배경은 '문간'에서 '나무'로, '나무'에서 '하늘'로 이동한다. 비록 수평적으로 볼 때 '할먼네 집'이라

18) 졸고(1989)는 현대소설 텍스트 『메밀꽃 필 무렵』의 통합 구조를 검토하면서 이들 기준을 이용한 바 있다. 또한 주신자(1981)에서도 그러한 기준으로 다양한 한국의 고전소설을 분석하고 있다.

19) 이런 분석은 졸고(1999)에서 자세히 다루어진 바 있다. 여기서는 그 결과를 요약하여 제시하기로 한다.

는 같은 공간이지만 수직적인 이동을 보이고 있는 것이다. 이러한 통합 구조는 이 이야기가 비록 전반부에서 후반부로 넘어가면서 수평적인 공간은 축소되었으나(촌→할먼네 집) 수직적인 공간은 확대됨으로써(지상(문간 또는 나무)→하늘) 독자들로 하여금 관심을 집중시키고 전달하려는 내용은 확대하고 있다.

(17) 행위참여자에 따른 통합 구조

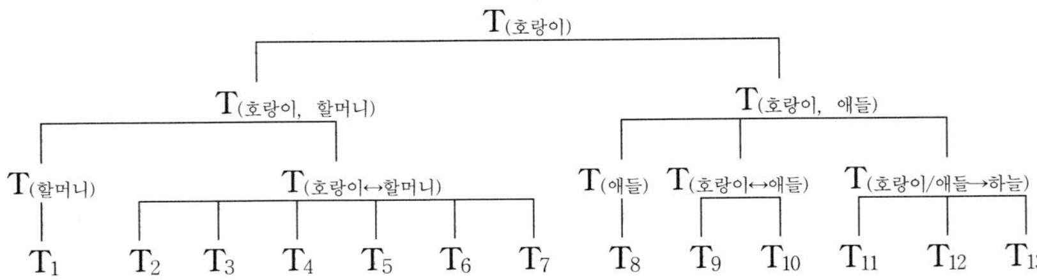

(17)은 〈해와 달이 된 오누이〉의 행위참여자를 바탕으로 한 통합 구조이다. 이를 보면 이 설화 텍스트의 가장 주된 행위참여자는 호랑이이다. 이야기의 전체 전개 과정에서 전반부와 후반부에 변함없이 주요 행위참여자로 참여하고 있는 것은 호랑이뿐이다. 따라서 비록 긍정적인 행위참여자는 아니라 하더라도 텍스트 전체의 통합에 있어서 호랑이의 존재는 매우 중요하다. 이를 근거로 하면 이 설화 텍스트는 '호랑이의 죄와 벌'이 주된 이야기 내용이 될 것임을 예측할 수 있다. 호랑이의 상대역을 기준으로 삼아 이 텍스트는 크게 두 부분으로 나뉜다. 호랑이와 할머니[20]의 이야기인 전반부와 호랑이와 오누이[21]의 이야기인 후반부이다. 엄밀하게 말해 후반부에는 호랑이와 오누이 이외에 중요한 행위참여자가 더 있다. '하느님'이 그것이다. 이를 고려하면 이야기의 후반부는 다시 하위 구분이 될 필요가 있을 수 있다. 그러나 '하느님'은 맥락적인 대상으로 남아 있다. 결정적인 심판(헌 동아줄을 내려 호랑이를 벌줌)

20) 이 텍스트에서 '할머니'는 때로 '어머니'로 나타나기도 한다. 어휘 의미상 이 둘이 동의어가 될 수는 없으나 이 텍스트의 전체 맥락을 고려하면 이 둘은 동일 대상을 공지시하는 표현들이다. 즉, 기능적인 등가성을 가지고 있는 것이다.

21) 이 역시 때로 '아이들'로 나온다. 맥락을 고려하면 '오누이'와 공지시되고 있음을 알 수 있다. 역시 두 표현은 기능적인 등가성을 가지는 것이다.

을 하지만 직접적인 화행도 없고 적극적으로 행동에 개입하지 않아 호랑이의 직접적인 상대역이라고 생각되지 않는다. 그저 초자연적으로 존재하고 있을 뿐이다. 전통적인 이야기에서 초자연적인 존재는 언제나 존재하는 것으로서 인격적 대상이 아니라 산이나 강 등의 자연처럼 너무도 당연한 것이다. 그래서 호랑이가 벌을 받는 것은 하느님의 직접적인 판단과 행동의 결과라기보다는 너무도 당연한 자연스런 결과처럼 인식된다.

(18) 사건에 따른 통합 구조

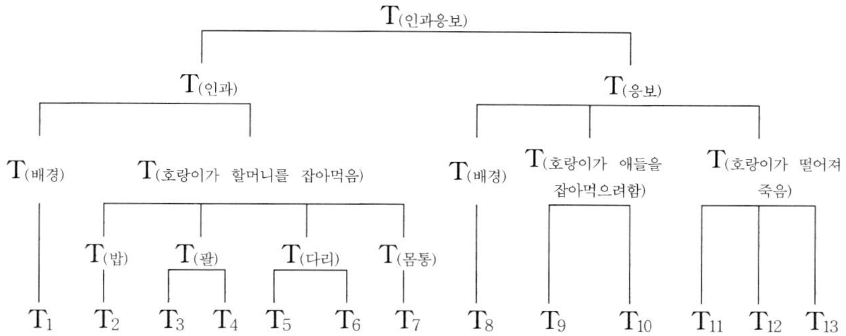

(18)은 사건의 전개에 따른 〈해와 달이 된 오누이〉의 통합 구조이다. 이 이야기의 주된 사건선은 '잘못을 범한 호랑이가 벌을 받음'을 내용으로 하여 설화 텍스트의 전통적인 주제인 인과응보(因果應報)를 다루고 있다. 이러한 주된 사건은 크게 두 부분으로 나뉜다. 호랑이가 어머니를 잡아먹는 악행을 저지름으로써 호랑이의 잘못을 확인하는 전반부와 욕심을 버리지 못하고 아이들마저 잡아먹으려는 악행을 저지르려다가 벌을 받아 죽는 후반부가 그것이다. 그리고 이 두 부분은 다시 각각 여러 개의 비슷한 사건이 반복된다. 즉, T_2~T_7는 모두 할머니로부터 무엇인가를 빼앗아먹는 사건이며 T_9~T_{10}은 각각 호랑이가 아이를 속여 잡아먹으려는 사건이고 T_{11}~T_{12}에서는 하늘에 올라가려는 사건이 반복되고 있다. 이와 같은 사건의 반복은 호랑이의 악행이 심화되고 있음을 명시적으로 보여 주는 것인데 이 이야기의 수용자가 어린아이임을 고려하면

수용자의 이해와 흥미를 조금씩 높여가는 기능을 하고 있는 것으로 생각된다.

앞에서 보인 각각의 기준들은 그에 따른 상위텍스트의 통합 구조 형성에 기여하지만 다른 기준들과 함께 전체 텍스트의 통합 구조를 형성한다. 이들 사이의 상호작용을 고려한 상위텍스트의 통합 구조를 살피면 (19)와 같다. 상호작용이란 서로 다른 통합 구조에 적용되는 기준의 위계와 관련된 것이다. 즉, 세 가지 기준이 모두 명확한 텍스트 경계라면 그것은 한 가지나 두 가지 기준으로 구분되는 텍스트 경계보다 더 상위의 경계라고 볼 수 있다.

(19) 〈해와 달이 된 오누이〉의 통합 구조

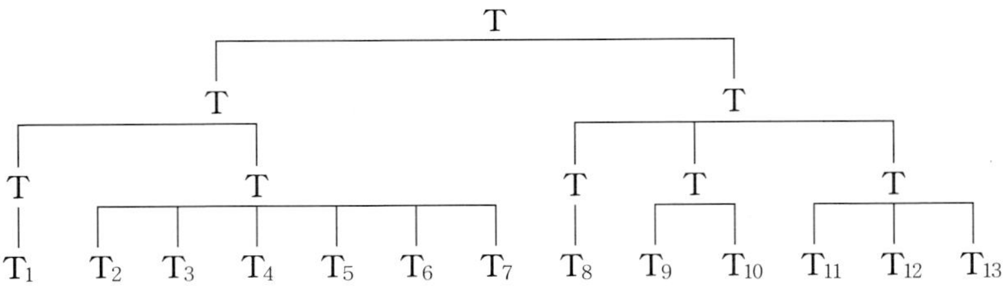

이 통합 구조는 이 이야기가 이분법적 구조를 띠고 있음을 보여 준다. 이 점은 개별 기준의 통합 구조에서도 드러났던 이 텍스트의 가장 중요한 특성이다. 또 하나의 특성은 반복이다. 즉, 상위텍스트와 하위텍스트의 분포가 반복적으로 이루어지고 있다. 이러한 반복성은 설화 텍스트 생산의 일반적인 특성으로서, 이미 언급했듯이 어린이들을 상대로 한 것임을 고려할 때 아이들에게 '인지(認知)의 즐거움'을 주는 기능을 하고 있다. 반복 구조를 통하여 아이들로 하여금 다음의 이야기 전개를 예측하게 하고 그러한 기대의 충족을 통해 쾌감을 주는 것이다.

4.2. 통합 구조 분석 실례(2): 〈농가월령가〉[22]

〈농가월령가〉는 조선 후기 농촌 생활의 모습을 담은 월령체 가사로서 머릿노래와 정월령부터 12월령까지의 노래 그리고 맺음노래 등 14연으로 이루어져 있다.[23] 여기서는 지면 관계상 도입부의 머릿노래만을 대상으로 통합 구조 형성에 대하여 논의하기로 한다. 〈농가월령가〉의 머릿노래는 모두 여섯 개의 텍스트 단위로 설정될 수 있다. 머릿노래를 아래와 같이 텍스트로 구분하여 제시하기로 하자.

(20) 머릿노래의 텍스트 단위

〈T_1〉 L_1: 텬디 조판ᄒᆞ미 일월셩신 비최거다
〈T_2〉 L_2: 일월은 도수잇고 셩신은 젼ᄎᆞ 잇셔
L_3: 일년 삼백 뉵십일에 e 제 도수 돌아오ᄆᆡ
L_4: 동지하지 츈추분은 일힝으로 추측ᄒᆞ고
L_5: 샹현하현 망회삭은 월륜의 영휴로다
〈T_3〉 L_6: 대디샹 동셔남북 곳을 ᄯᅡ라 틀니기로
L_7: 북극을 보ᄅᆞᆷᄒᆞ야 e 원근을 마련ᄒᆞ니
L_8: 이십ᄉᆞ 졀후를 십이삭에 분별ᄒᆞ야
L_9: ᄆᆡ삭에 두 졀후가 일망이 ᄉᆞ이로다
〈T_4〉 L_{10}: 츈하츄동 ᄂᆡ왕ᄒᆞ야 ᄌᆞ연이 셩셰ᄒᆞ니
L_{11}: 요순ᄀᆞᆺ치 착ᄒᆞᆫ님군 녁법을 창ᄀᆡᄒᆞ샤
L_{12}: e 텬시을 ᄇᆞᆰ혀ᄂᆡ야 e 만민을 맛기시니
L_{13}: 하우ᄣᅵ 오ᄇᆡᆨ년은 인월노 셰슈ᄒᆞ고
L_{14}: 쥬나라 팔ᄇᆡᆨ년은 ᄌᆞ월이 신졍이라

---

22) 〈농가월령가〉는 조선시대 후기 농촌 생활의 모습을 담은 월령체 가사이다. 이에 대한 서지사항에 대하여는 이상보(1970)나 민현식(1996)을 참조할 것. 그리고 이 작품의 텍스트 단위 설정 및 텍스트 언어학적 분석에 대하여는 민현식(1996)이나 졸고(2004)를 참조.

23) 맺음노래를 12월령과 구분하지 않아 13연으로 보는 견해도 있으나(유열, 1948) 맺음노래는 내용상 12월령과 구별되는 것으로 전체 월령에서 다룬 농사의 가치 및 상대적 효용성을 말하고 있다는 점에서 독립된 하나의 상위텍스트가 될 수 있다. 이상보(1970: 38) 및 민현식(1996: 344) 참조.

〈T_5〉 L_{15}: 당금의 쁘는 녁법 하우씨와 흔 법이라
〈T_6〉 L_{16}: 한셔온량 긔후추례 수시에 맛가즈니
L_{17}: 공부즈에 춰흐시미 하령을 힝흐도다

—〈농가월령가〉 中 머릿노래

상위텍스트의 통합 구조를 파악하기 위해서는 최소 단위들에 대한 미시적인 분석이 있어야 하는데 이는 각각의 텍스트를 형성하기 위한 분석과 더 높은 층위의 텍스트를 만드는 특성을 살피는 것이다. T_1과 T_2에 대하여는 앞에서 이미 언급하였으므로[24] 나머지를 더 분석해 보면 다음과 같다.

T_3은 4행(L_6~L_9)으로 구성되었는데 L_6과 L_7은 공범주 관형어 명사구 e가 모두 '대지상의 방향과 원근이 북극성을 기준으로 한다'는 의미를 지닌다. L_8과 L_9는 무엇보다 '절후'나 '삭' 등의 어휘가 재수용되거나 '삭'과 '망', '이십사', '십이', '두' 등 유의미적 어휘 사용을 통해 서로 관련되고 있다. 두 행이 '-니'로 이어져 원인-결과의 인과 구조를 형성하면서 '북극성을 기준으로 서로 다른 장소에서도 절기의 흐름이 동일하다'라는 의미의 해석을 가능하게 해 준다. 한편 T_3은 T_2의 절기와 시간 단위를 반복하고 있어 둘의 상호 결속을 말해 준다.

T_4에서는 무엇보다 L_{11}과 L_{12} 사이의 결속이 눈에 띈다. 두 행은 동일한 주어의 세 가지 행동을 기술하고 있다.(역법 창개, 천시 밝힘, 만민에게 맡김)[25] L_{10}은 그러한 행동의 직접적 이유를 설명하고 있다. L_{13}과 L_{14}는 병렬적으로 결속되어 하나의 텍스트를 형성하면서 그 앞부분과 원인-결과의 인과 구조로 연결되어 있다.

T_5는 한 행(L_{15})으로 이루어져 있는데 T_4에서 언급된 역법 가운데 하나를 반복하면서 이어지는 T_6에 대하여 단정적 결론으로 기능한다. T_6의 L_{16}과 L_{17}은 일차적으로 원인-결과의 인과 구조를 형성하는데 이것은 무엇보다 T_5의 '하우씨(夏禹氏)와 흔 법(法)'과 T_6의 '하령(夏令)' 등과 유의 관계를 이루어 모두 하나의 상위텍스트를 형성한다. 의미 간의 응집

24) 앞의 3.1 예문 (7) 및 그 분석 참조.
25) L_{12}의 두 절에 주어가 모두 생략된 것이 이를 증명한다.

에 있어서도 T_5와 T_6은 서로 단정(T_5)에 대한 부연 설명(T_6)의 관계를 이룸으로써 '오늘날은 하우씨의 역법을 쓰는데 사시에 맞기 때문이다' 정도로 의미의 흐름이 자연스럽다.

한편 T_1~T_3은 모두 '절기'에 대한 설명이고 T_4~T_6은 모두 '역법'이라는 공통된 주제에 대하여 논의하고 있다는 점에서 각각 하나로 묶일 수 있다.

지금까지 논의한 것을 도식으로 제시하면 다음과 같다.

(21) 머릿노래의 통합구조[26]

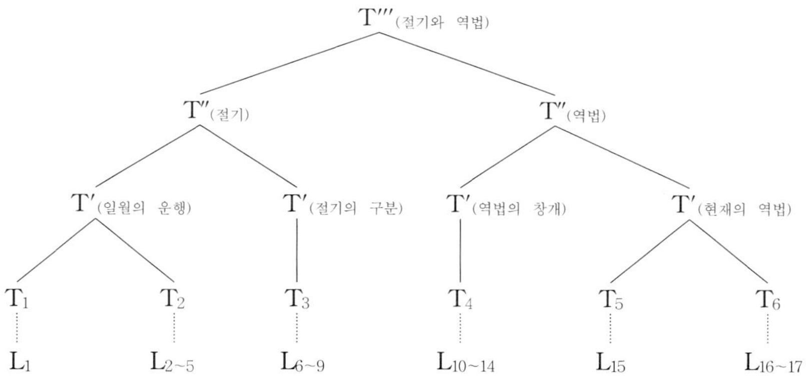

이렇게 보면 〈농가월령가〉의 머릿노래에 설정된 기본 구조는 '절기와 역법'이 두 부분으로 나뉘어 배열된 것이며 '자연의 절기 소개와 역법에 따른 사람의 대응'이라는 의미 내용을 담고 있다. 그런데 통합 구조의 이러한 모습은 머릿노래뿐만 아니라 〈농가월령가〉의 다른 월령에서도 똑같이 드러난다. 먼저 각 절기와 그 절기의 기후가 소개되고 그 다음에 사람 특히 농촌의 사람들이 그 시기에 해야 할 일이나 그 시기의 생활 풍속을 기술하고 있는 것이다.

---

26) 그림의 T나 T′, T′′, T′′′ 등은 텍스트의 층위가 다름을 의미한다. 즉 각각의 T가 모여 더 큰 상위텍스트 T′를 이루며 이것들이 모여 다시 더 큰 상위텍스트 T′′를 이룬다는 뜻이다. T′′′는 이곳에서 최종적인 상위텍스트가 되고 있으나 이것도 전체 〈농가월령가〉의 한 부분임을 고려할 때 더 큰 상위텍스트의 설정이 가능할 것이다.

5. 마무리

지금까지 텍스트 언어학적 연구방법론을 적용하여 문학작품을 분석하여 보았다. 그러나 이러한 시도는 조동일(2000: 12)에서 "텍스트분석이란 작품의 문맥상 의미를 이해하는 작업에 도움을 주지만, 대개는 자명한 것을 드러낼 따름이고, 새로운 사실의 발견에는 기여하지 않는다. 구조분석에서는 드러나 있지 않고 숨어 있는 원리를 찾아내 핵심이 되는 의미를 밝혀야 하므로 거기서 많이 더 나아가야 한다."고 염려한 것과 같은 한계를 느끼게 한다. 그러나 한편으로 텍스트분석이 문맥적 분석에서부터 출발하는 것이 방법론적 오류라기보다 텍스트 언어학적 방법론 나아가 언어학적 방법론이 문학적 방법론과 관점이 다른 까닭에서 비롯된 것일지도 모른다. 문학적 구조 분석이 주로 거시적 관점에 치중하여 그것의 파악에 치중함으로써 어찌 보면 증명되기 어려운 결론이나 고담준론에 그치는 결과에 이르는 경향이 많은 것도 그런 이유일 것이다.

조동일 씨는 같은 글에서 문학작품의 구조 분석이 "천지만물의 기본원리인 질서를 무질서와 함께 발견하고, 상극과 상생이 하나이면서 둘이고 둘이면서 하나인 生剋을 확인하고 구현하는 작업"이라고 하였는데 우리의 이 작업은 그것에 도달하기는 아직 멀었지만 애초에 그것을 목표로 삼은 것도 아니다. 오히려 위의 언급처럼 지극히 자명한 결론에 도달하더라도 그러한 결론이 움직일 수 없는 증거에 바탕하여 논리적으로 증명된 것이기를 바라며 혹여 거시적인 관점에서만 접근함으로써 놓치거나 잘못 파악된 문학작품의 가치를 발견할 수 있다면 그것으로 충분한 연구의 가치가 있다고 생각한다. 그래서 문학작품의 구조 분석에서 끊임없이 언어학적 방법론의 보충을 시도하고 또 요구하는 것이라고 생각된다.

현재 문학작품의 분석과 텍스트언어학적 분석이 가지는 차이를 인정하면서도 "문학작품의 분석과 텍스트분석은 취급 범위나 방법에서 일치하는 작업"이며 장차 양자가 방법론적 차이를 극복하여 상호 보완하는 것이 바람직하다는 그의 견해[27]는 텍스트 언어학적 방법론이 문학작품

27) 조동일(2000)의 4장 참조.

분석에 기여할 수 있는 가능성을 여실히 보여 주는 것이라고 할 것이다. 그런 점에서 이 작업은 그 필요성을 제고하기 위한 작은 시도일 수 있다. 이러한 작업이 계속 이어지기를 기대한다.

[참고문헌]

고성환(2002), 「월인천강지곡의 운율성」, 『텍스트언어학』 8.

______(2002), 「응결장치와 텍스트경계」, 『문법과 텍스트』, 서울대학교출판부.

고영근(1990), 「문장과 이야기의 관련성에 관한 연구」, 『관악어문연구』 15, 1-48쪽.

______(1998), 「동양의 훈고학 및 고전시학과 텍스트이론」, 『텍스트언어학』 5, 1-26쪽.

______(1999), 『텍스트이론-언어문학통합론의 이론과 실제』(대우학술총서 448), 아르케.

고영근 밖에(2002), 『문법과 텍스트』, 서울대출판부.

고영근 · 박금자 · 고성환 · 윤석민(2001), 『월인천강지곡에 대한 텍스트언어학적 연구』, 학술진흥재단 연구보고서.

________(2003), 『월인천강지곡의 텍스트 분석』(텍스트언어학총서 5), 집문당.

김완진 외(1996), 『문학과 언어의 만남』, 신구문화사.

김태옥 · 이현호 공역(1995), 『텍스트언어학 입문』, 한신문화사.

롱에이커(R. E. Loingacre)(1983), *The Grammar of Discourse*, New York: Plenum Press.

마틴(J. R. Martin)(2003), "Cohesion and Texture", in D. Schffrin & D. Tannen & H. Hamilton ed., *The Handbook of Discourse Analysis*, Blackwell Publishing Ltd., pp. 35-53.

민현식(1996), 「농가월령가에 대한 텍스트언어학적 고찰」, 『문학과 언어의 만남』, 신구문화사, 320-364쪽.

박금자(2002), 「간텍스트성 · 변형 · 다시쓰기」, 『문법과 텍스트』, 서울대학교출판부, 509-536쪽.

백설자 역(2001), 『텍스트언어학 입문』, 도서출판 역락.

보그란데(R. Beaugrande)(1997), *New Foundation for a Science of Text and Discourse*, Ablex Publishing Corporation.

보그란데와 드레슬러(R. Beaugrande & Dressler, W)(1981), *Introduction to Text-Linguistics*, 김태옥·이현호 공역(1995), 『텍스트언어학 입문』, 한신문화사.

성기옥(1986), 『한국시가의 율격이론』, 새문사.

쉬프린(D. Schffrin)(2003), "Discourse Markers: Language, Meaning and Context", in D. Schffrin & D. Tannen & H. Hamilton ed., *The Handbook of Discourse Analysis*, Blackwell Publishing Ltd., pp. 54-75.

신익성 역(1995), 「텍스트 언어학」(E. Coseriu, *Textlinguistik: Eine Einführung*, Tübingen, 1980), 사회문화연구소.

윤석민(1989), 「국어의 텍스트언어학적 연구 시론」, 『국어연구 92』, 서울대 대학원.

______(1998), 「구비설화텍스트의 언어학적 분석」, 『대전어문학』 16, 731-774쪽.

______(1999), 「설화텍스트의 대화분석」, 『텍스트언어학』 6, 107-152쪽.

______(2000), 「〈월인천강지곡〉의 텍스트성」, 『텍스트언어학』 8, 57-78쪽.

______(2002), 「〈월인천강지곡〉의 텍스트 형성 규칙」, 『문법과 텍스트』, 서울대학교출판부, 675-704쪽.

______(2003), 「텍스트수정과 텍스트언어학」, 『텍스트언어학』 14, 111-138쪽.

______(2004), 「〈농가월녕가〉의 텍스트언어학적 분석」, 『국어국문학의 통합적 연구: 이론·실제·검토』, 제47회 전국 국어국문학 학술대회 발표집, 127-143쪽.

윤희원(1991), 「조윤제」, 주시경학보 8, 131-139쪽.

이상보(1970), 「농가월령가에 대한 연구」, 『명지어문학』 4, 18-45쪽.

이성만 역(1994), 『텍스트언어학의 이해』, 한국문화사.

______역(1995), 『텍스트언어학 입문』, 한국문화사.

임환재(2003), 『현대 독어학의 이해』, 고려대학교출판부.

정시호 옮김(1995), 『텍스트학』, 민음사.

조동일(2000), 「문학작품의 구조 분석」, 『텍스트언어학』 9, 1-13쪽.

주신자(1981), Aspects of Korean Narration, The University of Texas at Alington, Ph. D. Dissertation.

<부록>

[T_1] 처음에는 참, 어머니가 참, 옛날, 옛날에, 옛날에는 이웃에 있는 것도 왜 맹길었잖아? 인자 베를 메러 저기 촌으로 갔어야.

[T_2] 촌으루 갔는데, 인자 일을 다 하구서루, 집으로 참, 애들, 애들은 둘인데 둘인데, 인자 밥을 얻어 갖구 옹께, 재를 넘으니까, 호랑이가 쑥 나와 앉아서,

"할머니, 할머니!"

"왜 그러냐?"

"그게 뭐여?"

"우리 애기들 줄라구 밥 얻어 온다."

"그 밥 좀 나 좀 줘, 할머니."

"우리 애기들 줄라 그러는디" 그라니께

"할머니, 그럼 안주면 내가 잡아 먹지." 그랴.

[T_3] 그래 그 눔을 주고서 한 고개를 넘어오니께 또 앞에 나와 또 촐싹 앉았어.

"할머니!"

"왜 그러냐?"

"할머니, 그 다리 좀 하나 끊어줘, 아냐, 팔 하나 끊어줘."

"아이구, 야야! 팔을 끊어주면 내가 어떻게 사냐?" 그러니께

"할머니, 그럼 잡아먹지."

[T_4] 그래 인자 팔을 한짝 끊어주구서루, 한 고개를 훌훌 넘어오니께는 요놈이 또 앞에 와 촐싹 앉아서는,

"할머니, 그 팔 마저 끊어줘."

"아이고, 팔을 마저 끊어주면 나는 어떡하냐?"

"그럼, 내가 할머니 막 잡아먹지."

그러니께 인제 마저 끊어줬어.

[T_5] 끊어주구서는 인자 아랫두리만 오는 거야. 아랫두리만.

≪아 다 끊어주고 어떻게 걸어가?≫

≪아유, 걸어갔잖아.≫

앞에 가서 촐싹, 그래서 인자 한 고개를 또,

"할머니!"

"왜 그러냐?"

"그 다리 한 짝 끊어줘." 그렇께,

"아이고, 다리를 끊어주면 내가 어떻게 가냐?"

"그럼 할머니 내가 마저 잡아먹을겨."

[T6] 그래, 다리를 하나 끊어주구서는, 다리 하나로 한 고개를 넘어와. 한 고개를 넘어오니께 또 앞에 와 앉았어.

"할머니!"

"왜 그러냐?"

"할머니, 그 다리 하나 마저 끊어줘."

"아이고, 다리를 마저 끊어주면 난 어떻게 가냐?"

"그럼, 내가 할머니 잡아먹지."

[T7] 하나 끊어주구서는 인제 몸뚱이만 어떻게 또 한 고개를 넘어왔는데 또 앞에 와 앉아서루,

"할머니!"

"왜 그러냐?"

"저, 할머니! 인제 잡아먹어야것네."

"아이고, 잡아먹으면 우리 애기들 어떻게 하냐? 우리 애기들이 저 넘어 동네 사는데, 어떡하냐?"

"그래두, 할머니! 잡아먹어야것어."

그러더니 참, 홀딱 잡아먹었어.

[T8] 잡아먹고서루 인제, 그 집으로, 할먼네 집으로 왔어. 와서루 보니께, 애기들이 둘이 앉아서 어머니 올 때만 바라고 문앞에 앉았으니께,

[T9] 호랭이가 들어와. 그러니까 인제 제 어머니마냥 한 거야.

"아이구, 아무거시야! 문 열어라." 그러니께,

"우리 어머니 아니네."

"왜, 늬 엄니여. 늬 엄니여."

"왜, 우리 엄닌 저렇게 안 생겼는디."

"안 그려. 늬 엄니여."

"왜, 우리 엄닌 저렇게 안생겼는디. 어디 손 좀 내다뵈봐."

손을 이렇게 내, "늬 엄니 손이다."

"아니네. 우리 엄니 손은 털도 안 달렸는데 왜 털이 더덕 달렸어." 그렁께,

'예에, 그 놈의 새끼, 까탈스럽기두 하다.' 저 방앗간에 가 가루를 뭉떡 팔뚝에다 칠해구서는, 이렇게 인자 손을,

"인자 봐라, 늬 엄니 손이다." 하니께,

뽀얀한게 '그럼, 울 엄니 손인가?' 그라고는 문을 열어줬어. 아, 열어줬는데 들어와서는 그 애들을 잡아먹을려고 하잖아.

[T_{10}] 잡아먹을려고 하니께, 잡아먹을려고 하다가, 아, 고렇게 지랄해서 인자 그 호랭이가 잠이 잠깐 들었더라지? 그래서 인자 저 창문으로 막 뛰어나와서는, 그 뒤가 큰 둥구나무가 있는데, 둥구나무에, 인자 그리 올라갔어. 올라갔는데 그 밑에 또 샘이 있드라지? 그래 이눔들을 찾았어. '이눔의 새끼가 어디루 갔나? 어디루 갔나?' 하구 찾다가 보니께 샘에 가 들었잖아, 애들이?

≪비춰서≫

≪그렁께≫

'아이구 느이들, 어떻게 들어갔냐, 어떻게 들어갔냐' 하구서루 이렇게 쳐다 보니까 둥구나무가 있거든.

"아이고, 너희들 어떻게 올라갔냐?"

머스마는,

"아, 저기 웃집에 가서 참지름 얻어다가 발르고 올라왔지." 그래.

참지름 바르니까 더 밉끄럽잖아?

≪하하하.≫

미끄러운데, 인자, 또 다시

"야들아, 너들 어떻게 올라갔어?"

지집아가 그랬어.

"도치고 콕콕 찌스며 올라왔지."

그러니께 참 콕콕 찌스며, 올라갔어.

[T_{11}] 올라가니까, 야들이 그랬어.

"하느님! 하느님! 저들을 살릴라믄 새 동아줄을 내리고 죽일라믄 헌 동아줄을 내려주세요. 내려주세요." 하니께 참 새 동아줄을 내려줘서 하늘로 이렇게 쪼르르 올라가버렸는데,

[T_{12}] 호랭이도 그랬어.

"아이고, 하느님! 하느님! 저를 살릴라믄 새 동아줄을 내리고 죽일라믄 헌 동아줄을 내려 주세요." 그랴드랴. 그래 하느님은 헌 동아줄을 내려갖구 뚝 떨어

갖구 내려져갖구 수수댕에 이렇게 꿰어져서 수숫댕이 이렇게 빨갛다는겨.

≪하하하≫

[T_{13}] ≪새 동아줄을 타고 하늘로 올라간 오누이, 오누이죠? 하나 오빠고 하나 동생이고……≫

응, 그래. 달은 오빠고 해는 여자라는 겨. 지금도 달하고 해하고. 그래 여자는 무서워서라 밤길을 못 걸으니께, 오빠는, 오빠가, 밤길 걷고 나는 낮길 걷자구 하구서는. 그래 해과 달과 그게 달은 남자고 해는 여자라는 거여.

≪하하하≫

그래, 해는 여자고 달은 남자라는 거여.

응결 장치의 계층성과 텍스트 경계

고성환

1. 들어가기

응집성을 갖춘 텍스트는 여러 가지 응결 장치를 통해 응결성을 확보해 나간다. 그런데 텍스트 언어학에서 말하는 '텍스트'는 이것이 가리키는 범위에서 편차가 많은 상당히 유동적인 개념으로 사용된다. 예컨대 한 권의 소설책의 경우 책 전체가 하나의 텍스트이면서 또한 여러 단계에 걸친 하위텍스트를 포함하고 있다. 그래서 '텍스트'의 상한선을 획정하는 것에는 적지 않은 어려움이 있었고, 이에 따라 '텍스트'의 상한선에 대한 명확한 언급은 찾아볼 수 없다. 이것은 '텍스트'가 일반적으로 '의미적인 완결체'로 정의되기 때문에 발생하는 문제라 할 수 있다. 즉, 어절이나 문장처럼 텍스트임을 나타내 주는 형태·통사적인 표지가 없고 순전히 의미적인 기준에 의해 경계가 획정되기 때문인 것이다. 물론 텍스트의 응결 장치에 대한 논의는 상당히 진전되어 있다. 그러나 기존의 논의에서 언급된 텍스트의 응결 장치들이 어떤 단계의 텍스트를 구성하는 데 기여하는 것인지에 대한 명시적인 논의는 찾아볼 수 없다. 상위 단계의 텍스트를 구성하는 데 기여하는 응결 장치와 하위 단계의 텍스트를 구성하는 데 기여하는 응결 장치의 구별이 없었던 것이다. 그러나 이는 기존의 논자들이 이러한 구별의 필요성을 간과했던 것 때문은 아닌 것으로 생각된다. 상위 단계의 텍스트를 구성하는 데 기여하는 응결 장치와 하위 단계의 텍스트를 구성하는 데 기여하는 응결 장치가 명확하게 구별되지 않는 데에 가장 중요한 원인이 있는 것으로 보인다. 그러나 본고에서는 하나의 텍스트 내의 문장들 사이에서 응결 장치로 기능하는 것과 텍스트와 텍스트 사이의 응결 장치로 기능하는 것들을 개략적이나마 분류해 보고자 한다. 이러한 분류를 하는 데 있어서는 의미적인 의존성을 그 기준으로 할 것이다. 왜냐하면 선·후행하는 문장이나 텍스트에 대해 의미적으로 의존성이 크면 클수록 하나의 텍스트 내, 또는 하위 단계의 텍스트 응결 장치로 사용될 것이 자명하기 때문이다.

이러한 논의를 하는 데 있어 본고에서 이용하는 자료는 가급적이면 기존의 텍스트 관련 논저에서 텍스트 분석이 이루어진 것들을 대상으로 할 것이다. 언어 단위로서의 텍스트는 의미적인 단위이기 때문에 논자에 따라 그 경계가 달라질 가능성이 있는데 필자의 자의성이 개입하는 것을 지양하기 위해서이다.

2. 응결 장치의 계층성

머리말에서 언급했듯이 문장 이상의 단위로서의 '텍스트'는 하한선부터 상한선에 이르기까지 매우 다양한 단계에 걸쳐 설정될 수 있다. 물론 어느 단계의 '텍스트'이든 응결 장치를 통해 텍스트를 구성해 나간다는 점에서는 공통적이다. 그런데 이와 같이 '텍스트'가 하한선부터 상한선에 이르기까지 다양한 단계에 걸쳐 설정될 수 있다면, 이러한 각 단계에 있는 '텍스트'를 텍스트답게 해 주는 응결 장치에서도 어느 정도는 차별성을 보일 것이라는 가정을 해 볼 수 있다. 이와 같이 응결 장치가 모든 단계의 '텍스트'를 텍스트답게 하는 데 똑같이 기능하는 동질적인 것이 아니라 상·하위 단계의 텍스트에 따라 달리 작용하는 것을 '계층성'이라 규정하고자 한다. '텍스트'의 응결 장치에 대한 기존의 논의에서는 이러한 응결 장치의 계층성에 대한 명시적인 논의는 보이지 않는다. 본 절에서는 이러한 인식을 바탕으로 각 단계의 '텍스트'에 작용하는 응결 장치를 분류해 보고자 한다. 즉, 하위 단계 '텍스트'의 응결 장치로 기능하는 것과 상위 단계 '텍스트'의 응결 장치로 기능하는 것에 차이가 있을 것이고, 이러한 차이는 어떻게 나타나는지를 구명하고자 하는 것이다.

이러한 논의를 해 나가기 전에 먼저 지적해야 할 것이 있다. 하나는 '텍스트'를 몇 단계로 설정할 수 있고, 몇 단계로 설정해야 하는가 하는 문제이다. 사실 이 문제는 '텍스트'에 하한선은 있지만 상한선이 없고, 더욱이 '텍스트'가 의미적인 단위여서 필요에 따라 단계를 얼마든지 설정할 수 있기 때문에 매우 자명한 문제일 수 있다. 그러나 이론상으로는 이와 같이 필요한 만큼 단계를 설정할 수 있다 하더라도 언어적으로 의미가 있는 단계는 어느 정도 한정할 필요가 있다. 이렇게 언어적으로 의미가 있는 단계를 설정하고자 할 때 무엇을 기준으로 할 수 있느냐 하는 문제가 발생한다.

응결 장치가 계층적이라면 어떤 층위에 작용하는 응결 장치인지를 어떻게 판별해 낼 수 있는가의 문제가 있다. 이것은 응결 장치가 선·후행 문장 또는 텍스트와 어떠한 의미적인 의존 관계를 보이느냐에 따라 결정되는 것으로 생각된다. 왜냐하면 응결 장치는 어떤 문장 또는 텍스트가 이에 선·후행하는 문장 또는 텍스트와 모종의 연관성을 갖도록 만들어 주는 것인데, 이러한 연관성은 의미적인 연관성이 가장 중심적인 부분을 이루게 되기 때문이다. 이것은 '텍스트'가 의미적인 단위이기 때문에 문장들이 모여서 하나의 '텍스트'가 되거나, '텍스트'와 '텍스트'가 모여서 상위의 '텍스트'가 되는 것은 의미적인 완결성이 가장 중요한 요소로 작용하는 것과 관련된다. 따라서 응결 장치는 일차적으로 선·후행 문장 또는 텍스트와 의미적인 의존성을 크게 나타내는 것부터 의미적인 의존성을 작게 나타내는 것으로 나눌 수 있게 되는데, 의미적인 의존성이 클수록 하위 단계의 텍스트 응결 장치로 기능하게 된다. 의미적인 의존성이 큰지 작은지는 다음과 같은 예에서 극명하게 드러난다.

(1) 가. 어디 가니?
    나. 집에.
(2) 가. 나는 집에 갈 거야.
    나. 어떻게 할 거라고?

예문 (1)은 질문과 대답으로 이루어진 문답쌍으로서 하나의 텍스트이다. 이들이 별개의 텍스트가 될 수 없는 것은 서로에 대해 의미적인 의존성이 매우 크기 때문이다. 질문은 대답을 전제로 하지 않고는 성립할 수 없으며, 대답 또한 질문을 전제로 하지 않으면 성립할 수 없다. 이러한 상황은 예문 (2)의 경우에도 비슷하게 나타난다. (2나)에는 대용어 '어떻게'가 쓰이고 있는데, 이의 의미 해석은 전적으로 (2가)에 의존하고 있다. 이러한 의미적인 의존성은 (2가)와 (2나)를 하나의 텍스트로 묶이게 하는 것이다.

의미적인 의존성이 큰 것을 나타내는 응결 장치냐, 아니냐를 기준으로 하여 기존에 응결 장치로 논의되었던 것을 나누어 보고자 한다. 응결 장치에 대한 분류는 논자에 따라 어느 정도 편차를 보일 수 있지만 그 내용에서는 큰 차이가 없다. 본고의 논의는 텍스트의 응결 장치가 어떻게 분류되는가가 관심의 대상이 아니다. 따라서 어떠한 분류 방식을 따르더라도 논지 전개에 지장을 주지는 않는다. 그러나 본고에서는 응결 장치에 대해 가장 심도 있게 논의한 고영근(1999: 141-161)에서의 분류를 그대로 수용하고자 한다. 고영근(1999: 141-161)에 의하면 텍스트를 텍스트답게 하는 언어적인 장치인 응결 장치는 다음과 같이 분류된다.[1)]

(3) 응결성 장치(1)
  가. 자소론적 응결 장치
  나. 음운론적 응결 장치
  다. 형태론적 응결 장치
    (ㄱ) 품사론
    (ㄴ) 형태・통사(화용)론
  라. 통사론적 응결 장치
(4) 응결성 장치(2)
  가. 의미상의 등가성에 기댄 응결 장치
    (ㄱ) 명시적 재수용

1) 각 응결 장치의 기본적인 개념에 대한 설명 또한 고영근(1999: 141-161)에서 가져온 것이다.

같은 표현의 재수용/유의어, 상하의어, 반의어에 의한 재수용/대용어에 의한 재수용

(ㄴ) 함축적 재수용

나. 기능상의 등가성에 기댄 응결 장치

자소론적 응결 장치는 한자에서 공통되는 부수를 가진 글자들이 의미론적으로 연관성을 가지기 때문에 한 부류의 공통된 텍스트로 엉길 수 있는 것, 또는 훈민정음의 '아음, 설음, 순음, 치음, 후음' 등의 각 계열이 기본 자소를 바탕으로 하고 있기 때문에 역시 하나의 텍스트로 엉길 수 있는 예 등에서 볼 수 있다. 그러나 이러한 자소론적 응결 장치는 일반적인 텍스트에서는 발견하기 어려운 응결 장치이기 때문에 이것이 어느 단계에 작용하는 응결 장치인지를 구명하기가 어려울 뿐만 아니라, 그러한 시도가 무의미할 것으로 생각된다.

음운론적 응결 장치는 텍스트가 일정한 음운론적 장치에 의해 독자적인 텍스트 유형을 형성하는 장치이다. 서양시의 두운법, 모음각운, 운(Reime) 등이 이에 해당한다. 이러한 음운론적인 응결 장치는 운문 문학 작품에서 볼 수 있는 것들이다. 일상 언어 텍스트에서는 거의 볼 수 없다는 점에서 자소론적 응결 장치와 같다. 따라서 본 절에서의 논의 대상에서는 제외하고자 한다.[2)]

---

2) 필자는 〈월인천강지곡〉을 대상으로 하여 텍스트분석을 하면서 '대구상의 등가성에 기댄 응결 장치'를 제안한 바 있다.(고성환, 2002: 640) 이 응결 장치는 〈월인천강지곡〉과 같이 대구적인 구성으로 되어 있는 문학작품에서 두드러지게 나타난다. 이것에는 종결어미의 일치 등도 포함되기 때문에 부분적으로는 음운론적인 응결 장치에 포함시킬 수 있을 것이다. 대구상의 등가성에 기댄 응결 장치를 음운론적인 응결 장치의 일종으로 간주한다면 일상 언어 텍스트에서도 두 문장이 대구로 되어 있는 것을 드물게나마 볼 수 있기 때문에 본 논의에 포함시킬 수 있을 것이다. 그리고 일상 언어 텍스트에서 나타나는 대구는 거의 대부분이 연속되는 문장에 국한되기 때문에 대구 구성이 일상 언어 텍스트에 나타나는 경우에 이들은 최하위 단계의 텍스트를 구성하는 응결 장치가 될 것이다. 우리는 3절에서 자료로 제시하는 이양하의 수필 '나무'의 한 부분인 아래의 예에서 이를 확인할 수 있다.

① 나무는 고독하다. ② 나무는 모든 고독을 안다. ③ 안개에 잠긴 아침의 고독을 알고, 구름에 덮인 저녁의 고독을 안다. ④ 부슬비 내리는 가을 저녁의 고독도 알고, 함박눈 펄펄 나리는 겨울 아침의 고독도 안다. ⑤ 나무는 파리 움쭉 않는 한여름 대낮의 고독도 알고, 별 얼고 돌 우는 동짓달 한밤의 고독도 안다.

텍스트를 형성하는 데 기여하는 형태론적 응결 장치는 품사론에 해당하는 것과 형태·통사(화용)론에 해당하는 것으로 나누어지는데, 전자는 같은 품사를 되풀이해서 사용하는 것과 대용어를 사용하는 것의 두 부류로 나뉜다. 같은 품사를 되풀이해서 사용하는 것은 다음과 같은 예에서 확인된다.

(5) 가. **나무**는 덕(德)을 지녔다.

나. ① **나무는** 주어진 분수에 만족할 줄을 안다. ② e **나무**로 태어난 것을 탓하지 아니하고 왜 여기 놓이고 저기 놓이지 않았는가를 말하지 아니한다. ③ e 등성이에 서면 햇살이 따사로울까, 골짜기에 내려서면 물이 좋을까 하여 새로운 자리를 엿보는 일이 없다. ④ e 물과 흙과 태양의 아들로, 물과 흙과 태양이 주는 대로 받고 후박(厚薄)과 불만족(不滿足)을 말하지 아니한다. ⑤ e 이웃 친구의 처지에 눈떠 보는 일도 없다. ⑥ 소나무는 소나무대로 스스로 족하고, 진달래는 진달래대로 스스로 족하다.

(5)의 예는 이양하의 수필 '나무'의 첫 두 단락이다. 명사구 '나무'가 여러 번 반복되고 있음을 알 수 있다. 이러한 명사구의 반복은 응결 장치로 기능을 하여 '나①'과 '나②'가 하나의 '텍스트'로 엉기는 데뿐만 아니라 (5가)와 (5나) 단락이 상위의 '텍스트'로 엉기는 데에도 일정한 역할을 한다. 그러나 의미적인 의존성이라는 관점에서 보면, 반복적으로 재수용된 명사 '나무'는 그 자체가 어휘적 의미를 완전하게 가지는 것이기 때문에 이것만으로는 선·후행 문장 및 단락 사이에 의미적인 의존성이 있음을 보여 주지는 못한다. 그렇기 때문에 '나무'는 최하위텍스트[3] 내에서뿐만 아니라 단락의 경계를 넘어서까지 쓰이게 되고, 이에 따라 최하위텍스트를 위한 응결 장치로서뿐만 아니라 상위텍스트들을 묶어

위의 예에서 ②~⑤는 동일한 통사 구조를 바탕으로 하는 대구 구성으로서 이들은 하나의 텍스트를 구성한다.(물론 ①도 같은 텍스트에 포함된다.) 이들 사이에는 어떤 단계의 텍스트 경계도 둘 수 없기 때문에 최하위텍스트를 이루게 되는 것이다.

3) '최하위텍스트'는 필자가 잠정적으로 설정한 개념이다. '텍스트'가 여러 단계로 상정될 수 있는데, '최하위텍스트'는 가장 아래 단계의 '텍스트'로서 문장 바로 위의 단위를 가리킨다.

주는 데 기여하는 응결 장치로도 사용되는 것이다.

대용어를 사용하는 경우는 매우 다양하다. 대용어가 그만큼 다양하기 때문이다. 하르베크(1968)에서 '텍스트는 끊임없는 대명사적 연쇄체로 구성된 언어적 단위들의 통합체'라 한 것은 대용어가 '텍스트'를 형성하는 데 있어 중심적인 응결 장치로 사용된다는 것을 단적으로 나타내 주는 것이라 할 수 있다. 대용어가 텍스트의 응결 장치로서 확고한 기능을 하는 가장 큰 이유는 대용어가 가지는 의미적인 의존성 때문이라 할 수 있다. 즉, 대용어는 그 자체가 어휘적인 의미를 완전하게 가지고 있지 않기 때문에 대용어가 포함된 구성의 의미 해석을 위해서는 선·후행 문장 등의 도움이 필수적인 것이다.[4] 이와 같이 의미적으로 의존성을 보인다는 것은 대용어를 포함하는 문장 또는 텍스트가 선·후행 문장 또는 텍스트와 함께 하나의 (상위)텍스트를 형성하게 된다는 것을 나타내 주는 것이다. 또한 대용어는 의미적인 의존성을 가지기 때문에 최하위텍스트 내에서 사용되거나 매우 낮은 단계의 텍스트들 사이의 응결 장치로 사용될 수 있다. 왜냐하면 텍스트수용자가 대용어가 포함된 문장의 의미 해석을 하기 위해서는 선·후행 문장 또는 텍스트의 도움이 필수적이어서 상위 단계의 텍스트 응결 장치로는 사용할 수 없기 때문이다. 만약 대용어를 상위 단계의 텍스트 응결 장치로 사용하게 되면 텍스트수용자의 텍스트 해석을 매우 어렵게 하게 된다.

(6) 가. ① 모든 역사가 그렇지만, 특히 언어는 문자로 기록되어 보존되므로, 언어사의 연구는 무엇보다도 먼저 문헌 자료에 의존하게 된다. ② 여기서 가장 중요한 것은 <u>그</u> 문헌의 성격과 거기에 사용된 문자 체계에 대한 정확한 지식이다. ③ **<u>이러한</u>** 지식을 가지고 문헌의 언어를 검토하면 <u>그</u> 문헌의 가치가 결정된다. ④ **<u>이렇게</u>** 결정된 역대 문헌들에 의해서 그 언어의 역사를 엮을 수가 있는 것이다.//

---

4) 고영근(1995: 274)에서 "대명사, 지시형용사, 지시관형사, 지시부사 등의 대용어는 일반적인 의미자질만을 포함하고 있다는 점에서 앞 문장에서 도입된 명사구와 구별된다. 처음 도입된 명사구가 완전한 의미자질의 총화를 나타낸다면 대용어는 부분적인 의미자질만을 나타낸다는 점에서 그러하다"라고 한 것은 대용어가 가지는 의미적인 의존성을 말해 주는 것으로 이해된다.

나. ① 문헌에 의한 연구에 있어서는 첫째, 문자의 환영에 사로잡혀서는 안 된다. ② 가령 오늘날 사용되고 있는 문자들이 용비어천가에도 사용되고 있다고 해서 **그들의** 가치(음가)도 오늘의 것과 동일했으리라고 생각해서는 안 된다. ③ 문자의 가치는 언제나 동일하다는 전제는 성립되지 않기 때문이다.// ④ 둘째, 문자 표기는 일반적으로 보수적인 성향을 가지고 있음을 항상 명심할 필요가 있다. ⑤ 문자 체계나 정서법은 고정화되는 경향이 있어서 그 문헌이 이루어진 때의 언어보다는 앞선 단계의 언어를 반영하는 것이 보통이다. ⑥ 그러므로 각 문헌에 나오는 문자 체계와 정서법의 어느 부분이 의고적인 것인가, 어느 부분이 당시의 실제 언어를 반영하는가를 판단하지 않으면 안 된다.//

다. ① 그러나 문헌 자료에 의해서 엮어지는 언어사는 매우 제한된 것이다. ② 고대로부터 문헌이 있었다 해도 **그것은** **그** 언어의 오랜 역사에서 보면 극히 최근에 속하는 일이며 **그** 문헌들은 **그** 언어의 그때그때의 완전한 모습(비유해 말하면 그 언어의 무수한 순간 사진)을 보여 주지는 않기 때문이다.// ③ 국어의 경우에 문헌의 결핍은 특히 심하다. ④ 훈민정음이 창제된 15세기 중엽 이전에 있어서의 한자에 의한 자료는 말할 것도 없고 훈민정음에 의한 자료도 양으로나 질로 보나 국어사 학자를 만족시키기에는 거리가 먼 것이다. ⑤ **이** 때문에 도리어 현존 자료들이 소중하고 **그**에 대한 면밀한 검토가 요청되기도 한다.//

라. ① **이러한** 문헌의 결함을 보충하기 위하여 국어사 학자들이 의존하는 것으로 비교 방법, 내적 재구 및 방언학 등이 있다.

―이기문, 『국어사개설』, pp. 12-3

//: (최하위)텍스트 경계

(6)의 예문에서 보면 대용어가 적지 않게 쓰인다는 것을 확인할 수 있다. 대용어의 쓰이는 양상을 보면 '라①'의 '이러한'만 텍스트와 텍스트를 묶어 주는 응결 장치로 사용되고, 나머지는 모두 같은 (최하위)텍스트 내에서 사용되고 있음을 알 수 있다. 더욱이 '가③'의 '그', '나②'의 '그들', '다②'의 '그것'과 '그' 등은 같은 문장 내에서 사용되고 있다. 이것은

대용어가 사용되는 층위가 같은 (최하위)텍스트 내이거나 하위 단계의 텍스트들 사이라는 것을 말해 주는 것이라 할 수 있다. 대용어가 선·후행 문장이나 텍스트에 대해 의미적인 의존성을 가지고 있어서 대용어에 대한 의미 해석의 토대가 되는 정보가, 예컨대 여러 개의 텍스트 경계를 넘어서게 되면 그만큼 텍스트수용자의 텍스트 이해에 어려움이 동반되기 때문이다.[5] 대용어의 이러한 사용 경향은 다른 일반적인 텍스트에서도 비슷하게 나타날 것으로 예측된다.

형태·통사론적 응결 장치의 주요 대상은 보조사와 어미이다. 텍스트 응결의 기능을 가지는 대표적인 보조사로는 '은/는'과 '도'를 들 수 있다. '은/는'의 경우 (7)의 예에서 그 기능을 확인할 수 있다.

(7) 태백산 주위에는 많은 <u>**짐승이**</u> 살고 있었다. <u>**짐승들은**</u> 사람들의 평화스럽고 다정하고 협동적인 생활을 부러워하였다. ―〈단군신화〉의 한 구절

(7)의 예문은 두 문장이 하나의 텍스트로 응결되어 있다. 앞 문장의 주어 명사구인 '짐승'이 주격조사를 취한 반면 뒤 문장의 주어 명사구는 주제의 보조사를 취하고 있다. 주지하다시피 새로운 정보냐 아니면 이미 알려진 정보냐에 따라 선택된 것인데, 둘째 문장에 주제의 보조사가 쓰인 것은 그것이 알려진 정보이기 때문이다. 이것을 의미적인 의존성의 관점에서 보면 후행하는 문장이 선행하는 문장의 정보에 기대고 있는 것이므로 두 번째 문장은 첫 번째 문장에 대해 의미적인 의존성을 갖는다고 할 수 있다.[6] 그런데 이러한 의미적인 의존 관계는 연이어 나타나

---

5) 대용어가 여러 개의 텍스트 경계를 뛰어넘어 쓰일 수도 있을 것이다. 그러나 이러한 경우에 대용어만을 사용하게 되면 텍스트수용에 문제가 발생하기 때문에 텍스트 생산자는 텍스트수용을 돕기 위해 추가적인 표현을 보충하게 된다. 예컨대, '<u>지금까지 논의한</u> 국어의 이러한 특질들은……'에서 밑줄 친 부분은 대용어 '이러한'이 가리키는 내용이 바로 인접한 문장 또는 텍스트의 내용에 한정되지 않기 때문에 텍스트의 이해를 돕기 위해 텍스트 생산자가 추가한 부분이라 할 수 있다. 장을 달리하는 경우에는 대용어가 쓰이지 않은 '2장에서 언급한 국어의 특질들은……'은 자연스럽게 쓰일 수 있지만 대용어가 쓰인 '??2장에서 언급한 국어의 이러한 특질들은……'은 매우 어색하게 된다. 텍스트수용자의 텍스트 이해를 위한 추가적인 부분이 보충된다고 하더라도 대용어가 가리킬 수 있는 범위에는 근본적인 한계가 있음을 알 수 있다.

6) 이러한 의미적인 의존성은 두 번째 문장에 대용 표현 '그'가 추가되어서도 자연스럽게 쓰인다는 점에서 뒷받침된다.("그 짐승들은…… 부러워하였다.")

는 문장에 거의 국한되기 때문에 신·구정보에 따라 주격조사와 주제의 보조사가 교체되어 쓰이는 것은 최하위텍스트 내에서 나타나는 현상이라 할 수 있다.

보조사 '도'의 경우에도 의미적인 의존성의 문제에 있어서는 보조사 '은/는'과 비슷한 양상을 보인다.

(8) 재혁이는 이번 대회에서 우승했다. 지난번 **대회에서도** 우승했었다.

(8)의 예문에서 두 번째 문장의 보조사 '도'는 첫 번째 문장의 '이번 대회에서 우승했다'는 내용이 전제되어야 올바르게 해석될 수 있다. 그만큼 두 번째 문장이 첫 번째 문장에 대해 의미적인 의존성을 가진다는 것이다. 의미상의 의존성의 정도가 작지 않기 때문에 '은/는'과 같이 일반적으로 최하위텍스트 내에서 자연스럽게 쓰이지만, 텍스트 경계 사이에서도 쓰일 수 있다.

(9) 가. 한국어에서는 수식하는 말이 반드시 피수식어 앞에 놓인다. 관형어가 명사 앞에 놓이고 부사는 동사 앞에 놓인다. (중략) 한 마디로 영어는 전치사적 언어(prepositional language)요, 또 관계절이 오른쪽으로 가지를 쳐가는 오른쪽 가지치기 언어(right branching language)임에 반해 한국어는 후치사적 언어(postpositional language)요, 또 관계절이 왼쪽으로 가지를 쳐가는 왼쪽 가지치기 언어(left branching language)라고 할 수 있다.

나. 경어법이 발달되어 있다는 **것도** 한국어의 빼놓을 수 없는 특징이다.……
　　—이익섭·이상억·채완 공저, 한국의 언어, p. 22

(9)의 예문들은 국어의 언어적 특징에 대해서 기술하는 부분인데, 보조사 '도'가 (최하위)텍스트의 경계를 넘어 단락 사이에서 사용되고 있음을 알 수 있다. 그러나 일반적으로 이와 같이 단락 사이에서 쓰이는 것이 최대 범위로 파악된다.[7] 이러한 단락의 범위를 뛰어넘어 사용하게

7) 몇 개의 단락을 사이에 두고 보조사 '도'가 쓰일 수도 있을 것이다. 위의 경우에 '한

되면 텍스트수용에 적지 않은 문제가 발생하게 된다. 그만큼 선·후행 문장이나 텍스트에 대한 의미적인 의존성이 크다는 것이다.

통사론적 응결 장치라 할 수 있는 접속부사의 경우에도 비슷한 양상을 확인할 수 있다. 일차적으로는 최하위텍스트 내의 문장들 사이에서 쓰이게 된다.

(10) 가. 파병에 대한 의견은 개인의 생각에 따라 다를 수 있고 그에 따라 찬반(贊反) 의사를 표시할 수 있다. **그러나** 그것은 상대의 다른 견해를 인정하는 합리성을 전제로 해야 하며 사회공동체가 수용할 수 있는 상식의 선을 지킬 때만이 존중될 수 있다. (중략)

나. 반전운동을 할 수는 있다. 평화를 옹호하는 목소리에 공감가는 부분이 있음을 우리는 인정한다. **그러나** 이와 같은 막무가내식 반전운동은 다수 국민으로부터 비난을 받을 뿐이다.

—2003년 3월 30일, 동아일보 사설 「이런 '反戰'은 욕만 먹는다」의 일부

(10)의 단락 '가'와 '나'는 모두 하나의 텍스트로 이루어져 있다. 접속부사 '그러나'는 하나의 텍스트를 구성하는 문장 사이에서 쓰이고 있음을 확인할 수 있다. 그런데 접속부사 '그러나'가 (11)에서처럼 단락 사이에서 쓰이기도 한다.

(11) 가. 19세기 우랄·알타이어족의 가설은 주로 이들 언어 사이에 공통적으로 존재하는 몇 개의 현저한 구조적 특징에 입각한 것이었다. 국어의 우랄·알타이 계통설은 이들 구조적 특징이 국어에서도 확인됨으로써 제기된 것이었다. 그 공통특징으로서 가장 중요한 것은 모음조화와 문법적 교착성이었다.

나. **그러나** 이러한 일반적인 구조적 특징 위에 세워진 우랄·알타이어족의 가설이나……

—이기문, 『국어사개설』, p. 22

국어에서 수식하는 말이 반드시 피수식어 앞에 놓인다'는 특징을 여러 개의 단락에 걸쳐 설명하게 되면 보조사 '도'는 몇 개의 단락을 사이에 두고 쓰이게 된다. 그러나 이러한 경우에 텍스트수용자는 상당한 집중력을 가져야 할 것이다.

대부분의 접속부사들은 이와 같이 하나의 텍스트를 구성하는 문장들 사이에 쓰이기도 하고 단락과 단락, 즉 상위의 텍스트와 텍스트 사이에 쓰이기도 한다. 그러나 접속부사 '한편'은 한 텍스트 내의 문장과 문장 사이에서는 쓰일 수 없고 텍스트와 텍스트 사이에서만 쓰일 수 있어 주목된다. 접속부사 '한편'은 이어지는 두 텍스트 사이의 의미적인 관계를 나타낸다는 점에서는 여느 접속부사와 같지만 이 자체가 장면을 바꾸어 주는 의미기능을 가지고 있기 때문이다. '이때'나 '그때'와 같은 시간적 접속부사가 장면을 바꾸어 주는 기능을 하기도 하지만 이들은 하나의 텍스트를 구성하는 문장들 사이에서도 얼마든지 사용될 수 있는 것과 대비된다. '한편'은 고대소설 등에서 말머리를 돌리는 기능을 하는 화두 전환사 '차설(且說)' 등과 기능이 유사하다고 할 수 있다.

의미상의 등가성에 기댄 응결 장치는 명시적 재수용과 함축적 재수용으로 나뉘는데, 명시적 재수용에는 같은 표현의 재수용, 유의어, 상·하의어, 반의어에 의한 재수용, 대용어에 의한 재수용 등이 있다.[8] 같은 표현의 재수용은 작용하는 텍스트 층위와 관련하여 앞에서 살펴본 응결 장치들과는 다른 양상을 보인다. 즉, 이것은 같은 텍스트 내의 문장들 사이에서부터 최상위 단계의 텍스트에 이르기까지 모든 단계에서 응결 장치로 기능할 수 있는 것이다. 앞에서 언급한 응결 장치들은 선·후행 문장이나 텍스트와 일정한 의미적 의존성을 보이기 때문에 최상위 단계 텍스트의 응결 장치로는 쓰일 수 없을 뿐만 아니라 상위 단계로 올라갈수록 텍스트수용에 문제를 일으키기 때문에 응결 장치로 기능하는 데에는 상당한 제약이 따르게 된다. 그러나 같은 표현의 재수용은 선·후행 문장이나 텍스트와 의미적인 의존 관계에 있지 않기 때문에 이러한 제약이 동반되지 않는다. 이양하의 수필 '나무'에서 첫 번째 단락에 나타나는 '나무'가 두 번째 단락 이하에서 반복적으로 재수용되는 것을 확인할 수 있다.(3장의 원문 참조) 이러한 재수용이 각 문장들 사이에서뿐만 아

8) 상·하의어와 반의어에 의한 재수용의 경우에 구체적인 예들에 대한 충분한 검토를 하지 못했기 때문에 단정짓기는 어려운 상황이다. 그러나 이들 모두 대부분의 응결 장치들과 마찬가지로 같은 텍스트 내의 문장들 사이, 또는 하위 단계의 텍스트 사이에서 응결 장치로 기능할 것으로 예측된다. 상·하의어나 반의어는 상대되는 어휘의 의미를 바탕으로 해야만 의미 해석이 가능해서 의미적으로 상당한 의존성을 보이기 때문이다. 이들에 대해서는 보다 많은 예들을 통한 검토가 필요하다.

니라 하위텍스트에서부터 상위텍스트에 이르기까지 응결 장치로서 기능을 하지만 텍스트수용자는 이들의 의미 해석을 위해 선·후행 문장이나 텍스트의 도움을 필요로 하지 않는다. 이러한 의미상의 독립성은 (12)와 같이 하나의 텍스트를 이루는 두 문장 사이에 여러 개의 '텍스트'가 개재하는 것도 가능하게 한다.

(12) ① 산속의 아침나절은 졸고 있는 짐승같이 막막은 하나 숨결이 은근하다. ② 휘엿한 산등은 누워 있는 황소의 등어리요, 바람결도 없는데 쉴새없이 나부끼는 사시나무 잎새는 산의 숨소리다.// ③ 첫눈에 띄는 하얗게 분장한 자작나무는 산속의 일색. ④ 아무리 단장한대야 사람의 살결이 그렇게 흴 수 있을까.// ⑤ 수북 들어선 나무는 마을의 인총보다도 많고 사람의 성보다도 종자가 흔하다. ⑥ e 고요하게 무럭무럭 걱정없이 잘들 자란다. ⑦ 산오리나무, 물오리나무, 가락나무…… 노가지나무—걱정없이 무럭무럭 잘들 자라는—// ⑧ 산속은 고요하나 웅성한 아름다운 세상이다.
—이효석, 〈산〉

(12)의 작품에 대한 텍스트 분석을 한 고영근(1999: 197-203)에 따르면 ①(-④)과 ⑧은 한 텍스트를 이룬다. 그런데 이들이 이렇게 하나의 텍스트가 될 수 있는 요인 가운데 하나는 ①과 ⑧의 '산속'이 같은 명사의 재수용을 통해 명사적 연쇄를 이루고 있기 때문이다. 의미적인 의존성을 가지지 않는 실질적인 어휘가 반복되었기 때문에 텍스트 해석에 어려움을 야기시키지 않으면서 중간에 개재되어 있는 별개의 텍스트 경계를 넘어 연쇄를 이룰 수 있는 것이다. 이것은 소설 등에서 어떤 한 인물과 관련된 사건을 서술하다가 다른 인물과 관련된 사건을 한참 동안 서술한 후에 다시 처음의 인물과 관련된 사건을 기술하는 경우에 이들이 무리 없이 연쇄를 이룰 수 있는 것과 마찬가지라 할 수 있다.

3. 텍스트 응결 장치로서의 주어 명사구 생략과 텍스트 경계

주어 명사구 생략을 비롯한 문장 성분의 생략 문제는 그동안 심도 있게 다루어지지 않았다. 문장 성분의 생략은 인구어와 구별되는 국어의 특징 정도로 간주해 온 것으로 생각된다. 주지하다시피 문장 성분의 생략 현상은 통사론적인 문제와도 관련되지만 화용론적인 문제와 더욱더 깊은 관련성을 가지고 있다. 현대 문법 연구의 주류를 이루고 있는 통사론이 문장을 최대 단위로 하고 있기 때문에 화용론적인 특성을 많이 가지는 문장 성분의 생략 현상이 통사론의 관심 영역 밖에 머물게 된 것은 어쩌면 당연한 것으로 생각할 수 있다. 그렇다고 하여 화용론적인 연구에서 생략 문제가 깊이 있게 다루어진 예도 볼 수 없는 것 같다. 지금까지의 연구결과에 의하면 주어 명사구를 비롯한 문장 성분의 생략은, 이것을 생략하더라도 의미 전달에 지장이 없을 경우에 이루어진다고 하고 있다. 이러한 인식은 문장 성분 생략의 본질을 파악한 것임에 틀림없는 것으로 생각된다.

그런데 문장 성분의 생략은 텍스트의 경계 문제와 관련하여 또 다른 의미를 가지는 것으로 생각된다. 특히 행위의 주체, 언급 대상 등의 의미 기능을 가지는 주어 명사구의 생략은 텍스트 경계 문제와 밀접한 관련을 맺는 것으로 판단된다.

(13) 가. 나무는 덕(德)을 지녔다.

나. ① **나무는** 주어진 분수에 만족할 줄을 안다. ② e 나무로 태어난 것을 탓하지 아니하고 왜 여기 놓이고 저기 놓이지 않았는가를 말하지 아니한다. ③ e 등성이에 서면 햇살이 따사로울까, 골짜기에 내려서면 물이 좋을까 하여 새로운 자리를 엿보는 일이 없다. ④ e 물과 흙과 태양의 아들로, 물과 흙과 태양이 주는 대로 받고 후박(厚薄)과 불만족(不滿足)을 말하지 아니한다. ⑤ e 이웃 친구의 처지에 눈떠 보는 일도 없다. ⑥ 소나무는 소나무대로 스스로 족하고, 진달래는 진달래대로 스스로 족하다.

다. ① **나무는** 고독(孤獨)하다. ② <u>나무는</u> 모든 고독을 안다. ③ e 안개에 잠긴 아침의 고독을 알고, 구름에 덮인 저녁의 고독을 안다. ④ e 부슬비 내리는 가을 저녁의 고독도 알고, 함박눈 펄펄 나리는 겨울 아침의 고독도 안다. ⑤ 나무는 파리 움쭉 않는 한여름 대낮의 고독도 알고, 별 얼고 돌 우는 동짓달 한밤의 고독도 안다.// ⑥ 그러면서도 나무는 어디까지든지 고독에 견디고, 고독을 이기고, 고독을 즐긴다.

라. ① 나무에 아주 친구가 없는 것은 아니다. ② 달이 있고, 바람이 있고, 새가 있다.// ③ **달은** 때를 어기지 아니하고 찾고, 고독한 여름밤을 같이 지내고 가는, 의리 있고 다정한 친구다. ④ e 웃을 뿐 말이 없으나, 이심전심(以心傳心) 의사(意思)가 잘 소통되고 아주 비위에 맞는 친구다.

마. ① **바람은** 달과 달라 아주 변덕 많고 수다스럽고 믿지 못할 친구다. ② e 그야말로 바람장이 친구다. ③ e 자기 마음 내키는 때 찾아올 뿐 아니라, 어떤 때는 쏘삭쏘삭 알랑거리고, 어떤 때에는 난데없이 휘갈기고, 또 어떤 때에는 공연히 뒤틀려 우악스럽게 남의 팔자리에 생채기를 내놓고 달아난다.// ④ 새 역시 바람같이 믿지 못할 친구다. ⑤ e 자기 마음 내키는 때 찾아오고, 자기 마음 내키는 때 달아난다. ⑥ e 그러나 가다 믿고 와 둥지를 틀고, 지쳤을 때 찾아와 쉬며 푸념하는 것이 귀엽다. ⑦ e 그리고 가다 흥겨워 노래할 때, 노래 들을 수 있는 것이 또한 기쁨이 되지 아니할 수 없다.// ⑧ **나무는** 이 모든 것을 잘 가릴 줄 안다. ⑨ 그러나 e 좋은 친구라 하여 달만을 반기고, 믿지 못할 친구라 하여 새와 바람을 물리치는 일이 없다. ⑩ 그리고 e 달을 유달리 후대(厚待)하고 새와 바람을 박대(薄待)하는 일도 없다. ⑪ e 달은 달대로, 새는 새대로, 바람은 바람대로 다 같이 친구로 대한다. ⑫ 그리고 e 친구가 오면 다행하게 생각하고, 오지 않는다고 하여 불행해하는 법이 없다.

바. ① 같은 나무, 이웃 나무가 가장 좋은 친구가 되는 것은 두말할 것 없다. ② **나무는** 서로 속속들이 이해하고 진심으로 동정하고 공감한다. ③ e 서로 마주 보기만 해도 기쁘고, 일생을 이웃하고 살아도 싫증나지 않는 참다운 친구다.

사. ① 그러나 **나무는** 친구끼리 서로 즐긴다느니보다는, 제각기 하늘이

준 힘을 다하여 널리 가지를 펴고, 아름다운 꽃을 피우고, 열매를 맺는 데 더 힘을 쓴다. ② 그리고 e 하늘을 우러러 항상 감사하고 찬송하고 묵도(默禱)하는 것으로 일삼는다. ③ 그러기에, 나무는 언제나 하늘을 향하며, 손을 쳐들고 있다. ④ 온갖 나뭇잎이 우거진 숲을 찾는 사람이, 거룩한 전당에 들어선 것처럼, 엄숙(嚴肅)하고 경건(敬虔)한 마음으로 절로 옷깃을 여미고, 우렁찬 찬가에 귀를 기울이게 되는 이유도 여기 있다.

아. ① 나무에 하나 더 원하는 것이 있다면, 그것은 천명(天命)을 다한 뒤에 하늘 뜻대로 다시 흙과 물로 돌아가는 것이다. ② 그러나 사람은 가다 장난 삼아 칼로 제 이름을 새겨 보고, 흔히 자기 소용(所用) 닿는 대로 가지를 쳐 가고 송두리째 베어 가곤 한다. ③ 나무는 그래도 원망(怨望)하지 않는다. ④ 새긴 이름은 도로 그들의 원대로 키워지고, 베어 간 재목이 혹 자기를 해칠 도끼 자루가 되고 톱 손잡이가 된다 하더라도, e 이렇다 하는 법이 없다.

자. 나무는 훌륭한 견인주의자(堅忍主義者)요, 고독의 철인(哲人)이요, 안분지족(安分知足)의 현인(賢人)이다.

차. ① 불교의 소위 윤회설(輪廻設)이 참말이라면, 나는 죽어서 나무가 되고 싶다. ② e '무슨 나무가 될까?' 이미 나무를 뜻하였으니, 진달래가 될까 소나무가 될까는 가리지 않으련다. —이양하, '나무'

위의 글을 보면 연이은 문장에서 후행 문장의 주어 명사구가 선행 문장의 주어 명사구와 같을 경우에 후행 문장의 주어 명사구가 생략되는 예가 매우 많다는 것을 알 수 있다(생략된 주어 명사구는 'e'로 표시, '나②-⑤', '다③, ④', '라④', '마②, ③, ⑤, ⑥, ⑦, ⑨~⑫', '바③', '사②', '아④', '차②'). 주어 명사구의 생략이 의미 전달에 지장이 없는 경우에 한정된다고 하는데, 그렇다면 의미 전달에 지장이 없는 경우는 어떠한 경우인가? 연이은 문장에서 주어 명사구가 동일하다는 조건을 갖춘 경우이면 될 것이다. 그런데 이어지는 두 문장이 의미상으로 밀접하게 관계되어 있을수록 주어 명사구의 생략이 훨씬 용이해질 것이다. 왜냐하면 이어지는 두 문장이 의미상으로 밀접하면 밀접할수록 그만큼 주어 명사구의 생략이 텍스트수용자의 텍스트 이해에 지장을 주지 않게 되기 때문이다.

그렇다면 텍스트수용자의 텍스트 이해에 지장을 주지 않는 한계는 어떻게 되는가? 이것은 '(최하위)텍스트'로 생각된다. 위의 글에서 '//'는 기존에 해 왔듯이 필자가 의미적인 기준만을 적용하여 '텍스트' 단위로 경계를 그어본 것이다. 그런데 주어 명사구가 생략된 모든 예에서 텍스트수용에 지장을 받는다거나 문맥상 매끄럽지 않은 것을 발견할 수 없는 것으로 판단된다. 이것은 적어도 같은 '텍스트' 내에서는 동일한 주어 명사구의 생략이 자유롭다는 것을 말해 주는 것이라 할 수 있다.

한편 '텍스트'의 경계가 바뀌면 예외 없이 주어 명사구가 명시되는 것을 확인할 수 있다. 대부분의 경우는 주어 명사구가 달라지기 때문에 주어 명사구의 명시는 지극히 당연한 것이지만, '바③'-'사①', '가'-'나①'은 후행 문장의 주어 명사구가 선행 문장의 주어 명사구와 동일한 '나무'임에도 불구하고 주어 명사구가 명시되어 있다. 이는 단락의 구분을 무시한다면 동일한 주어 명사구를 가진 두 문장이 이어지는 것이다. 이에 따라 텍스트수용자의 텍스트 이해만을 생각하면 후행 문장의 주어 명사구의 생략은 무리가 없을 것으로 생각된다. 그럼에도 불구하고 후행 문장에 동일한 주어 명사구가 명시되는 것은 별개의 '텍스트'를 구성하기 때문으로 해석된다. 앞에서 지적했듯이 '텍스트'는 의미적인 완결체이다. 따라서 후행 '텍스트'는 선행 '텍스트'뿐만 아니라 선행 '문장'에 대해 의미상으로 덜 의존적, 나아가서 독립적이어야 한다. 텍스트수용자의 텍스트 이해에 별다른 지장이 없는데도 불구하고 주어 명사구 '나무'가 명시된 이유가 바로 여기에 있다고 생각된다.

연이은 두 문장의 주어 명사구가 동일하다 할지라도 후행하는 문장의 주어 명사구의 생략이 필수적인 것은 아니다('다②, ⑤, 사③'). 국어에서는 한 텍스트 내의 두 문장의 주어가 동일할 경우에 후행 문장의 주어를 빈번하게 생략하기는 하지만 반드시 생략해야 한다는 문법적인 제약은 없기 때문이다. 동일 주어의 생략은 텍스트 생산자의 선택에 의한 것이다.

응결 장치로서의 주어 명사구 생략은 이제까지 같은 표현의 재수용에 속하는 것으로 다루어 왔다. 그러나 앞에서 살펴본 바에 따르면 이들이 응결 장치로 기능하는 텍스트의 층위는 확연히 구별된다. 주어 명사구 생략은 최하위텍스트 내의 문장들 사이에서만 응결 장치로서 기능하는 반면에 같은 표현의 재수용은 이 경우뿐만 아니라 최상위 단계의 텍스트의 응결 장치로도 기능한다는 점에서 큰 차이점을 보이는 것이다.

주어 명사구 생략과 같은 문장 성분의 생략은 의미적인 의존성의 관점에서 보면 선·후행 문장에 대해 가장 큰 의미적인 의존성을 보이는 경우이다. 따라서 주어 명사구가 생략된 문장의 의미 해석을 위해서는 선·후행하는 문장의 의미 정보가 필수적으로 요구된다. 이렇게 보게 되면 주어 명사구 생략과 같은 문장 성분의 생략이 최하위텍스트 내에서 이루어지는 것은 지극히 당연한 결과로 볼 수 있다. 왜냐하면 생략된 주어 명사구의 의미를 보충하기 위해서 텍스트의 경계를 넘어가야 한다면 의미적인 완결체인 '텍스트'가 될 수 없기 때문이다.

4. 마무리

본고에서는 '텍스트'가 여러 단계에 걸쳐 상정되는 것과 평행하게 텍스트의 응결 장치가 단계에 따라 달리 기능하는 계층성을 가질 것이라는 가정하에 응결 장치의 계층성 문제를 다루고자 했다. 텍스트 응결 장치는 일차적으로 하나의 '텍스트' 내의 문장들 사이에서 기능하는 응결 장치와 텍스트와 텍스트 사이에서 기능하는 응결 장치로 나누어질 수 있고, 다시 후자는 다시 상위텍스트들 사이의 응결 장치로 기능하는 데 제약이 따르는 부류와 그렇지 않은 부류로 나누어질 수 있다.

그런데 대부분의 응결 장치들은 (최하위)텍스트를 구성하는 문장들 사이에서뿐만 아니라 텍스트와 텍스트 사이에서도 쓰이지만, 이들은 상위텍스트의 응결 장치로 쓰이는 데 있어서는 상당한 제약이 따른다. 이것은 이들 응결 장치들이 선·후행 문장이나 텍스트에 대해 의미적으로 의존성을 가지기 때문이다. 만약 모든 응결 장치들이 이러한 양상을 보였다면 다양한 단계의 '텍스트'가 설정되는 것에 비례하여 텍스트의 응결 장치를 구별하려 했던 필자의 시도는 아무런 성과도 얻지 못하게 되었을 것이다. 그러나 응결 장치 가운데 새로운 정보냐 알려진 정보냐에 따라 선택되는 주격조사와 보조사 '은/는'의 교체와 주어 명사구의 생략은 같은 텍스트 내에서만 가능하고, 이와는 달리 접속부사 '한편'은 텍스트와 텍스트 사이에서만 쓰일 수 있음을 확인한 것, 그리고 선·후행 문장이나 텍스트에 대해 의미적인 의존성을 가지지 않는, 같은 표현의 재수용은 하나의 텍스트 내에서뿐만 아니라 텍스트와 텍스트 사이의 응결 장치로 기능할 때에도 별다른 제약이 없음을 구명한 것은 응결 장치도 부분적으로는 '텍스트' 내에 관여하는 것과 텍스트 사이에 관여하는 것, 나아가서 상위텍스트들 사이의 응결 장치로 쓰일 때 제약이 있는 부류와 제약이 없는 부류로 나눌 수 있는 가능성과 그렇게 해야 할 필요성을 어느 정도 증명한 셈이다.

본고에서는 특히 선·후행하는 문장에 대해 의미적인 의존성이 가장 큰 문장 성분의 생략 현상 가운데 주어 명사구 생략 문제를 텍스트 경계와 밀접하게 관련된 것으로 보고 이들의 관계를 구명하고자 했다. 이어지는 문장에서 주어 명사구가 동일할 때 후행 문장의 주어 명사구 생략은 하나의 '텍스트' 내에서 가능하다는 것을 확인하였다. 이는 역으로 생각하면 주어 명사구가 생략되어 있으면 적어도 선행 문장과 같은 '텍스트'에 속한다고 판정할 수 있게 되는 것이다.

국어에서의 생략 현상은 비단 주어 명사구에 한정되지 않는다. 본고의 논의대로 연이은 문장에서 후행 문장의 주어 명사구의 생략이 선행 문장과 하나의 텍스트를 이루는 표지로 인정된다면 다른 성분의 생략에서도 동일한 결론이 도출될 가능성이 많은 것으로 생각된다. 그러나 본고에서는 이들에 대해서 다루지 못했다. 추가적인 논의가 필요한 부분이다.

'텍스트'가 실제적으로 문장 단위를 뛰어넘어 나타나는 언어 현상을 설명하는 데 어느 정도 유용하다 할지라도 '텍스트'임을 나타내 주는 문법적인 표지가 뒷받침되지 않기 때문에 '텍스트'가 언어 단위로서 확고한 자리를 차지하는 데에는 많은 한계가 뒤따르게 된다. 주어 명사구의 생략이 '(최하위)텍스트'의 경계 내에서 일어남을 구명한 본고의 논의가 문장 위의 단위로서의 '텍스트'의 경계를 나타내 주는 결정적인 근거는 되지 못하지만 주어 명사구 생략을 비롯한 문장 성분의 생략이 '텍스트' 단위와 밀접한 관련이 있음을 밝힌 것은 문장과 대등한 자격의 언어 단위로서 '텍스트'를 설정할 수 있는 하나의 토대가 되는 것으로 생각된다. '텍스트'를 순전히 의미적인 단위로만 규정한다면 언어 단위로서의 지위는 그만큼 확고하지 못하게 된다. 문장 성분의 생략이 언어보편적이지 못하다는 점, 특히 인구어에서 나타나지 않는 현상임을 감안한다면 본고의 논의가 언어보편적일 수는 없다는 한계를 가진다. 그러나 그렇다고 하더라도 문장 성분 생략이 '텍스트'와 관련된다는 것은 '텍스트'의 지위를 그만큼 확고하게 하는 데 기여하는 요소임에 틀림없다.

[참고문헌]

고성환(2000), 「월인천강지곡의 운율성」, 『텍스트언어학』 8, 텍스트연구회, 79-102쪽.

______(2002), 「응결장치와 텍스트 경계」, 『문법과 텍스트』, 서울대학교출판부, 633-652쪽.

고영근(1995), 『단어 · 문장 · 텍스트』, 한국문화사.

______(1996), 「윤선도 〈오우가〉의 텍스트분석」, 이기문 교수 정년퇴임기념 논문집, 신구문화사.

______(1999), 『텍스트이론-언어문학통합론의 이론과 실제』, 아르케.

______(2001가), 「말, 글, 텍스트」, 『시학과 언어학』 1, 시학과 언어학회, 17-35쪽.

______(2001나), 「텍스트과학과 문학연구」, 『한국텍스트과학의 제과제』, 역락, 45-66쪽.

고영근 외(2002), 『문법과 텍스트』, 서울대학교출판부.

고영근 · 박금자 · 고성환 · 윤석민 공저(2003), 『월인천강지곡의 텍스트 분석』, 집문당.

김성훈(1993), 「텍스트에서의 생략현상에 대한 연구」, 『텍스트언어학』 1, 텍스트연구회, 387-420쪽.

백설자 역(2001), 『텍스트언어학 입문』, 역락.

이석규 편저(2003), 『텍스트 분석의 실제』, 역락.

전병선(1988), 「문장 이상의 단위인 문장군에 대하여」, 『조선어연구』 2, 연변사회과학원 언어학연구소.

______(1990), “문장군에 대하여,” 『조선학연구』 2.

하르베크(R. Harweg)(1968), *Pronomina und Textkonstitution*, Fink.

II. 시텍스트와 텍스트성

시조감상 일수(一首)

이희승

1. 들어가기

우리 고전문학에 관한 연구가 요사이 매우 활발하여져서 이에 관한 여러 가지 서적이 계속하여 나오고 있다. 이것은 그 저자들의 연구 성과의 보고(報告)로 보아도 매우 반가운 일이어니와 또한 후진의 지침(指針)으로서 그 의의(意義)가 더욱 크다고 할 것이다. 이와 같은 책은 앞으로도 더 많이 나오기를 바라는 바이며 또 나와야만 할 것이라 생각된다.

그러나 지금까지 나타난 책들을 보면 대개는 훈고주석(訓詁註釋)에 중점을 둔 듯하고 그 작품 내용의 가치(특히 美的 가치)나 정서(情緖)를 파악하는 데는 비교적 등한하지 아니하였나 하는 감(感)이 없지 않다. 아니 등한이라기보다 아직 주의가 이에 미치지 못한 것이 아닌가 하는 의아(疑訝)를 금할 수 없다. 대개 문학 내지 예술이란 것은 저 과학과 달라서 정당한 이해 이외에 또한 감상(鑑賞)이 필요한 것이다. 과학은 이해만으로 충분하다(그 이해의 정당성이 보장되는 한). 그러나 예술에 대하여는 이해도 물론 필요하지마는 감상이 절대 필요하다. 감상하기 위하여 우선 이해가 필요한 것이다.

그러면 감상이란 무엇인가. 이것은 누구나 다 잘 아는 말이다. 그러나 그 진정한 의미를 해득(解得)하기는 그다지 용이한 일이 아니라 생각된다. 어떠한 작품에 대하여 공감공명(共感共鳴)하는 것을 감상이라고 한다는 이가 있다. 또는 어떠한 작품의 가치를 음미 판단(吟味 判斷)하는 일이라고 말하는 이도 있다. 옳은 말이다. 좀 더 적절히 말하면 어떠한 작품에서 美를 발견하려는 태도나 활동을 鑑賞이라고 할 수 있다. 우리 고전에 대하여도 이 鑑賞이 필요하다. 그리하여 그 鑑賞할 수 있는 능력을 길러야 하겠다.

나는 지금 우리 고전 중에서 시조(時調) 한 수(首)를 골라서 시험적으로 그것을 鑑賞하여 보려 한다. 그러나 鑑賞이란 본래 그다지 용이한 일이 아니요 또 한도(限度)가 있는 일도 아니다. 즉 과학에 대한 해석은 일정하다. 그리하여 그것을 이해한 결과는 누구나 같은 것이다. 가령 수학에 있어서 '二에 一을 加한다' 하면 그 답은 누가 계산하든지 '三'이 된다. 그러나 예술을 감상한 결과는 사람마다 다르다. 십인십색(十人十色)이요, 백인백색(百人百色)이다. 이것은 예술적 작품에는 그 작자의 개성이 포함되어 있기 때문이요, 따라서 鑑賞하는 능력에도 개성적 차이가 있기 때문이다. 그러므로 내가 여기서 시조를 鑑賞하여 본다는 것이, 스스로 생각하여 보아, 벌써 망령된 계획이요, 나의 감히 감당할 수 없는, 역량(力量)에 넘치는 일인 줄을 잘 알고 있다.

그러나 한 국민으로서 우리 민족문학 중의 가장 '포퓰러'한 시조, 그 시조 중의 몇 수(首)쯤 鑑賞할 능력을 가져야 한다는 것은 당연 이상의 한 의무라고 생각할 뿐 아니라 학교 교과서에 나타나는 시조 같은 것을 그저 자구해석(字句解釋)이나 하고 지나간다는 것은 그야말로 '수박 겉 핥기'와 같아서 단순한 취미조장(趣味助長), 정조함양(情調涵養)의 방면으로부터 보더라도 여간 섭섭한 일이 아니라고 생각된다. 그러므로 나는 너무도 무모한 당돌(唐突)이라고는 생각하나 감히 시조감상을 시험하려는 본의(本意)가 여기에 있음을 말하여 둔다.

2. 감상과 관조

그리고 대단히 치졸(稺拙)한 짓이요, 또 독자를 너무도 멸시한다는 비난을 면하지 못할는지 모르나 앞으로 내가 시조를 鑑賞하려는 기도(企

圖)의 순서상 다시 한번 鑑賞 그것을 극히 평이하게 설명하여 보려 한다.一

二美를 鑑賞하려면 우선 '관조(觀照)의 세계'에 들어가지 않으면 안 된다. 觀照라는 것은 자기의 주관(主觀)을 버리고 자연(自然)이나 인생(人生)의 모든 자태(姿態)와 현상(現象)을 있는 그대로 틀림없이 바라보는 것이다. 이해타산이나 권리 의무의 관념을 떠나서 대상을 순전히 객관적으로 냉정하게 바라보는 것이다. 깎아 보지도 말고 두둔해 보지도 말 것이다. 현실에 얽매인 희로애오(喜怒愛惡)의 감정이라든지 이욕(利慾), 물욕(物慾), 명예욕(名譽慾), 사업욕(事業慾) 같은 것은 우리의 마음을 혼탁하게 만들어서 사물을 정시(正視)할 수 없게 하고 따라서 정확한 판단을 내릴 수 없게 한다. 이러한 우리 마음속의 동요(動搖)를 진정(鎭定)하여 될 수 있는 대로 고요하게 할 것이다. 이것을 잠깐 물에 비유(譬喩)하여 보려 한다. 바람이 조금도 없이 잔풍한 날, 한강 물은 거울같이 맑다. 이런 때에는 그 근처에 있는 나무나 돌이나 꽃 한 송이, 풀 한 포기라도 모두 그 물속에 비쳐서 선명하게 반사된다. 그 물속 경치는 실물보다 아름답게 보이기도 한다. 그러나 일단 바람이 불어서 물결이 일어나면 거울 같은 수면이 조각조각 깨어져서 주위에 있는 물체는 일그러지고 삐뚤어지고 이상야릇한 형체로 나타난다. 또 바람이 세어서 물결이 더욱 거칠게 일어나면 아까 보이던 여러 가지 그림자는 형태조차 찾을 수 없게 된다. 우리의 마음도 이와 같아三 마음속에 파도가 일어나서는 안 된다. 이 파도는 모든 욕심의 물결이다. 그러한 눈에 자기에게 이해관계가 없는 물건이 곱게 보일 리가 없을 것이다. 심한 경우에는 무슨 물건이나 경치가 있는지 없는지도 모를 것이다. 우리는 우리의 마음四을 잔잔한 수면과 같이 거울과 같이 가져야 한다. 그리하여야 모든 현상이 제 자태대로 우리 마음속에 비칠 것이다. 이렇게 하여 우리는 대경(對景)의 진상(眞相)을 틀림없이 볼 수 있고 따라서 거기에 포함된 美가 가림 없이 우리 눈에 나타날 것이다. 모든 물건에서 美를 발견할 수 있게 되면 자연 여러 가지 감흥도 솟아오를 것이다. 이러한 경지를 관조(觀照)라 이른다. 觀照 앞에는 천지만물이 모두 정답게 보이고 아름답게 보인다. 그러나 이와 반대로 현실의 이해에 너무 악착하여 우리 마음속에 흉흉(洶洶)한 파도가 구비五치는 날에는, 이 세상은 별안간 정다운 것도 없고 아름다운 것도 없어져서 무미건조(無味乾燥)한 사막 같은 물질세계로 변하고 말 것이다. 觀照의 세계와 현실과는 이와 같이 판이한 것이다. 예술의 경지와 속생활(俗生活)의 차이는 이마마한 것이다.

이 觀照의 경지를 더욱 철저화시키면 '침잠'(沈潛)이라는 상태에 들어가게 된다. 主觀을 완전히 해탈(解脫)하여서 對景, 즉 自然 속에 몰입하고 만다. 거기에는 물아(物我)의 구별이 없다. 자아(自我)가 즉 自然이요 自然이 즉 自我다. 自然을 방관하는 태도로부터 自然에 동화가 되어 버리고 만다. 이것은 주객일체(主客一體)가 되었다고도 볼 수 있고 망아(忘我)의 경지라고도 이르는 것이다. 이러한 심경 속에 사는 사람은 행복스러운 사람이다. '一簞食 一瓢飮(일단사 일표음)으로 曲肱而寢之(곡굉이침지)라도 樂在其中(낙재기중)'하다고 한 증자(曾子)라든지六 '나물 먹고 물 마시고 팔을 베고 누웠으니 대장부 살림살이 이만하면 족하도다'라고 한 것은 모두 觀照의 세계에 들어간 심경(心境)이라 할 것이다.

3. 이화와 관조의 세계

시조를 鑑賞하려면 우선 觀照의 세계로 들어가야 한다. 자 어서 觀照의 世界로 들어가서 다음의 시조 한 수를 鑑賞하여 보기로 하자.

梨花(이화)에 月白(월백)하고 銀漢(은한)이 三更(삼경)인제
一枝春心(일지춘심)을 子規(자규)야 알랴마는
多情(다정)도 病(병)인 양하여 잠 못 들어 하노라

이 시조는 흔히 고려 공민왕(恭愍王) 때의 정승이요 문인인 이조년(李兆年)의 작(作)으로 널리 알려져 있다. 그러나 〈가곡원류〉(歌曲源流)에는 태종(太宗)조의 문형(文衡) 윤회(尹淮)의 作이라고도 한다는 것을 부기(附記)하였고 어떤 사본(寫本)에는 이차상(李次祥)으로 그 작자를 삼은

예도 있다. 그리고 자하(紫霞) 신위(申緯)의 소악부(小樂府)에 실린 이 시조의 한역(漢譯)은 다음과 같다.

梨花月白三更天 啼血聲聲怨杜鵑
儘覺多情原是病 不關人事不成眠[1)]

우선 이화(梨花) 즉 '배꽃'의 성격부터 음미하여 보기로 하자.

(1) 배꽃은 첫째 빛이 희다. 그리하여 번화롭지 않은 반면에 청초(淸楚)하고 현란(絢爛)하지 않은 반면에 결백(潔白)하다.

(2) 따라서 배꽃은 쌀쌀하기 그지없다. ㄷ그 차가운 눈[雪]에다 비(比)한 일이 많다. 저 당나라의 시인 구위(丘爲)의 '좌액이화'(左掖梨花)란 題로 지은 시구 중에는

冷艶全欺雪 餘香乍入衣[2)]

라 한 것이ㅅ나, 저 有名한 동파(東坡) 소식(蘇軾)의 '和孔密州東欄梨花'란 題下에

梨花淡白柳深青 柳絮飛時花滿城
惆悵東欄一株雪 人生看得幾淸明[3)]

이라든지 또

桃飄火焰焰 梨墮雪漠漠[4)]

과 유관(柳貫)의

1) 배꽃에 달빛 밝은 한밤중인데/ 피흘리듯 울어대는 두견 소리는 마디마디 원망일레 다정이 원래 병됨을 알겠노니/ 인간사 상관없이 잠 이루지 못하네.
2) 차갑고 고운 모습에 온통 눈인가 속았는데/ 남은 향기가 살풋 옷 속에 스며드네.
3) 배꽃은 淡白하고 버들은 짙푸른데/ 버들솜 날릴 적에 배꽃은 城에 가득 애닯다 동쪽 난간 한 그루 눈꽃을/ 평생에 淸明한 그 모습 몇 번이나 볼 수 있을는지.
4) 복사꽃 날리니 불빛이 타오르는 듯/ 배꽃이 떨어지니 눈발이 휘날리는듯.

故園梨雪想繽紛[5]

위장(韋莊)의

隔牆梨雪又玲瓏[6]

등은 다 배꽃의 흰빛을 눈송이에 비하여 차갑고 쌀쌀한 梨花의 표정을 묘사하느라고 애쓴 문구들이다.九 十빙옥(氷玉) 같은 여자의 심정을 상징한 꽃이라고나 할까.

(3) 그리고 배꽃은 퍽 애상적(哀想的)인 기분이 농후한 꽃이다. 그 담자수태(淡姿愁態)는 소복(素服) 입은 청상(靑孀)이라고나 할까. 말할 수 없이 '센티멘털'하고 눈물겨운 천질(天質)을 간직하고 있다. 그러기에 한시 중에 나타나는 梨花는 다른 어느 꽃보다도 대개 '무상'(無常), '애수'(哀愁), '체루'(涕淚)의 주인공으로 등장하는 것을 볼 수 있다. 즉 저 유명한 백낙천(白樂天)의 장한가(長恨歌) 중의

玉容寂寞淚闌干 梨花一枝春帶雨
(옥 같은 흰 얼굴에 눈물이 그렁그렁, 배꽃 한 송이가 봄비에 젖었는 듯)

를 비롯하여, 우리나라의 여류시인으로서의 제1인자인 귀재(鬼才) 허난설헌(許蘭雪軒)의 규원시(閨怨詩) 일수(一首)에도

錦帶羅裙積淚痕 一年芳草恨王孫
瑤箏彈盡江南曲 雨打梨花晝掩門[7]

이란 것이 있고, 장계(長溪) 황오(黃五)의 '子規樓詩'(三首 中 一首)에도

---

5) 옛동산엔 배꽃눈이 흩날리고 있겠지.
6) 담 너머엔 배꽃눈이 더욱 영롱하구나.
7) 비단띠 비단치마 눈물흔적 쌓였음은/ 임 그리며 일년 芳草를 원망함이네
아쟁 뜯어 江南曲을 다 켤 적에/ 배꽃은 비에 지고 낮 사립문은 닫혀 있네.

梨花月落雨蕭蕭 萬古靑春寂寞宵
啼到血流天始曙 淸冷浦求碧山高[8)]

와 같은 것이 있다. 이 밖에도十一 梨花의 감상적(感傷的)인 면을 표현한 시구는 일일이 매거(枚擧)할 겨를이 없을 만큼 많다.

이것 외에도 또 어떠한 성격이 있을는지 모르나 얼핏 생각하여 보아도 이 潔白, 冷淡, 哀傷 세 가지는 梨花의 가장 뚜렷한 속성이라 할 것이다.

梨花의 성격에 대하여 이만한 예비지식을 가지고 이 시조의 감상을 착수하지 않으면 안 될 것이다.

4. 시조감상의 절차

다음으로 '배꽃'과 '달'과의 관계를 좀 생각하여 보자. '배꽃'은 본래 白雪 같은지라, 밤에 보더라도 그 흰 빛깔을 감출 길 없을 것이어늘 이에 휘영청 같은 달이 비쳤다 하자. 시신경(視神經)을 찌를 듯이 눈이 부실 정도도 아니요, 조름十二이 퍼부어 올 듯한 개슴치레十三한 눈매도 아니다. 月色과 梨花는 서로 손에 손을 잡고, 쌓이고 쌓이었던 만단정화(萬端情話)로 밤새는 줄 모르고 속삭이고 있는 모양이라고나 할까. 또는 엷은 사창(紗窓) 속에서 두 손으로 얼굴을 가리고 엎디려서十四 어깨가 추이도록 흑흑 느끼어 우는, 소복 입은 여인이라고나 할까. 어쨌든 달빛은 배꽃이 있어서 더욱 몽롱(朦朧)하고 배꽃은 달빛이 있음으로 하여 더욱 측은(惻隱)하다. 누가 이 광경을 눈물 없이 볼 것인가. 그러므로 옛적부터 많은 시가에서는 月色을 배경으로 하여 배꽃을 영탄(咏嘆)하였고, '배꽃'

---

8) 배꽃에 달 떨어지자 비는 부슬부슬/ 만고에 청춘은 이 밤에 적막하여라
울어 예는 피눈물에 하늘은 밝아 오는데/ 맑고 찬 물가에서 높은 靑山 구하누나.

을 등장시킬 때에 月色의 조명을 빌어 왔던 것이다. 이와 같이 月色과 梨花와는 그 관계가 밀접하여 서로서로 제휴하여 그 효과를 百퍼센트 올리고 있는 것이다.

다시 그 다음으로 '배꽃'과 두견(杜鵑)과의 관계를 생각하여 보기로 하자. 배꽃 저 혼자서도 항상 수심(愁心)에 잠기고 원한(怨恨)이 사무치거늘, 어인 두견이 피눈물 나게 울어 밤을 새는고. 두견에 대한 내력으로는

周失綱紀, 蜀王杜宇稱帝曰望帝, 爲蜀除水患有功, 後禪位, 升西山隱焉, 時適二月子規鳴, 因名子規曰杜宇, 曰望帝[9]

와 같은 전설이 있어서, 촉(蜀)나라 망제(望帝)의 혼(魂)이 화하여서 이 새가 되었다는 것이다. 그러므로 이 두견의 별명(別名)으로는 '망제혼(望帝魂), 촉혼(蜀魂), 촉백(蜀魄), 촉조(蜀鳥), 두백(杜魄), 두우(杜宇), 자규(子規), 곽공(郭公), 시조(時鳥), 불여귀(不如歸)'의 칭호가 있고 우리나라 말로는 '두견새, 소쩍새, 접동새, 귀촉도, 꾸꾸기' 등의 명칭이 있다. 어쨌든 두견새는 그 우는 소리가 대단히 처량하여, 피눈물을 뿌려 가며 밤새도록 우는 까닭에 두견새 울 무렵에 피는 杜鵑花(躑躅花)는 그 눈물 흔적이란 전설도 생기게 되었다. 즉 낙천(樂天) 백거이(白居易)의

九江三月杜鵑來 一聲啼得一花開[10]

라는 것은 정히 이를 두고 이름이다. 이 두견의 울음소리가 처절(悽絶)한 것이나, 배꽃의 수태(愁態)가 애련(哀憐)한 점이, 이 두 가지의 관계를 또한 맺게 되었다. 그 우는 시기, 피는 시기가 동일한 것도 물론 좋은 인연이 되는 것이다. 여기에 만일 몽롱창망(朦朧蒼茫)한 月光을 배치하여 보라. 그 정경이 얼마나 처절처절(慘絶悽絶)할 것인가. 그러기에 옛 사람의

---

9) 周 「失綱紀」에 촉왕(蜀王)인 두우(杜宇)를 망제(望帝)라 칭제(稱帝)하였는데, 촉나라를 위하여 수환(水患)을 없애는 데 공이 있었다. 후에 자리를 선양(禪讓)하고 서산(西山)에 올라 은둔하였다. 이때가 마침 2월이라 자규(子規)가 울었으므로 子規를 일컬어 '杜宇' 혹은 '望帝'라고 불렀다.

10) 九江의 삼월에 두견이 오니/ 한마디 울음소리에 한가지 꽃이 피네.

시가(詩歌)에는 이 세 가지가 함께 등장하는 것을 많이 볼 수 있다.

西山에 日暮하니 天地에 가이없다
梨花 月白하니 임생각이 새로왜라
杜鵑아 너는 누를 그려 밤새도록 우느니
—李明漢

杜鵑아 울지마라 이제야 내왔노라
梨花도 피어있고 새달도 돋아있다
江山에 白鷗있으니 盟誓풀이 하리라
—李鼎輔

이몸이 시어져서 접동새 넋이되어
梨花 피온 가지 속잎에 싸였다가
밤중만 살아서 울어 임의귀에 들리리라
—失名氏

와 같은 시조라든지, 전게(前揭)한 자규루시(子規樓詩)나, 여중부(呂中孚)의 '春日'이란 제(題)로

柳塘漠漠暗啼鴉 一鏡淸飛玉有華
好是夜闌人不寢 半庭疎影在梨花[11]

라 한 한시(漢詩)는十五 모두 梨花와 달 그리고 혹은 두견을 함께 안배한 좋은 표본이 될 것이다. 만일 이러한 경취(景趣) 속에 우리가 서 있다면 어떠한 감촉(感觸)을 받을 것인가.

더구나 우수전전(憂愁輾轉)하여 잠 못 드는 사람으로 하여금 이 月光, 梨花, 杜鵑聲의 무대 위에 서게 한다면 그 어디 몸 둘 곳을 찾을 수 있을 것인가. 이 속에서 서성거리고 바자니고 배회하다가 한숨이 나오고 눈물이 글썽거리어 가슴속 깊은 곳에서 북받쳐 오르는 하소연은 탄식이

11) 아스라한 버들 못에 가마귀 그윽히 우는데/ 거울 수면에 맑은 달빛이 나니 옥에 빛나는 듯 좋구나 밤새도록 사람은 잠 못 이루건만/ 반나마 뜰에는 성긴 그림자가 배꽃에 남아 있네.

되고 노래가 되고 시가 될 것이다. 이 梨花月白의 시조는 정히 그 하소연의 대표적인 토로(吐露)가 아닐까 한다.

5. 美를 어떻게 발견할 것인가

'梨花'와 '月白'과 '子規'는 이 시조의 골자가 된다. 그러나 이것들이 그 무대의 스타는 될지[十六]언정, 극 자체는 아니다. 이 극의 주류는 어디까지든지 "多情도 病인 양 하여 잠 못 들어 하노라"에 있는 것이다. 梨花와 月白과 子規는 오히려 무대장치라 하겠다. 또 은하수가 돌아가서 삼경(三更) 때나 되는 방향을 가리키니 밤은 깊을 대로 깊었다. '三更'이란 것은 본래 하룻밤을 5등분하여, '初更](초저녁)으로부터 二, 三, 四, 五更(밝을녘)'까지 있으니, '三更'은 정밤중을 중심으로 삼고 그 전후를 가리키는 시각이다. 이와 같이 밤중을 표시한 것은 밤이 깊도록 잠을 이루지 못하는 작자의 심정을, 한밤을 피나게 울어 새는 두견의 구슬픈 소리와 함께 넉넉히 엿볼 수 있을 것이다.

그리고 중장의 '春心'이란 한마디 말은 그 종장과 함께 전편의 가장 중심이 되는 중요한 대목이다. 春心! 무엇을 의미한 말인가. 당 시인 의산(義山) 이상은(李商隱)의 시구 중의 「望帝春心託杜鵑」이란 春心도 이 시조의 春心일 것이다. 봄철의 감상적인 정서일 것이다. 원칙적으로 작자의 심경이겠지마는 작자의 심경이라 직접 고백하지 않고 梨花나 子規에게 기탁하여 간접적으로 은연(隱然)히 암시한 데 지나지 않는 것이다. 梨花가 웃는 것도 春心이요, 두견이 우는 것도 春心이다. 그러나 결국은 작자 자신의 지향할 수 없는 봄마음, 봄뜻, 센티멘털한 심경을 한데 뭉뚱그려서 그저 春心이라 한 것이다. 이 심경을 배꽃이 알고 웃는가. 저도 春心이 있으면 알아주겠지. 그러나 별로 기대할 수 없는 무정한 梨花다. 子規나 나의 이 애틋한 심정을 알고 우는 듯한 것을 보면[十七] 역시 봄이란 이렇게 감상적(感傷的)인 것을 알고 우는 듯도 하다. 또 나의 심경도 알아준 듯도 하다. 그러나 이다지 하염없고 이다지 마음을 지향할 수 없는 이 나의 심회(心懷)는 도저히 알지 못할 것이다.

梨花도 다정다감(多情多感)하여 저렇게 흐드러지게 웃고, 子規도 다정다한(多情多恨)하여 피눈물이 나도록 울지마는 그들보다 더욱 심각하고 더욱 애절한 나의 다정다한(多情多恨)이야말로 참으로 병통이로구나. 나의 고질이로구나. 이 병통, 이 고질 때문에 나는 아무리 하여도 저 꽃을 버리고, 저 두견의 울음소리를 못 듣는 체하고 방으로 들어가 잠을 잘 수는 없다. 설사 자리에 누워서 자려고 자려고 애를 쓰더라도 허사가 되고 말 것이다. 나는 결국 달빛의 포로가 되고 배꽃에 사로잡힌 바가 되고 더군다나 저 접동새 소리에 붙잡히어서 진정으로 몸 둘 곳을 알 수 없구나.

이것이 이 시조 전편에 담겨 있는 내용, 정서의 개략이다. 극히 애매모호(曖昧模糊)하다. 명료한 단정이 없다. '一枝'란 말조차 상징적으로 사용하여 반드시 글자 그대로의 의미는 아니다. 梨花와 인연이 있는 말인 까닭으로 '一枝'라 하였으나 한 나무, 한 가지, 한 송이, 春心의 한 뭉치라 하여도 좋을 것이다.

그리고 "子規야 알랴마는"이라 한 "알랴마는"도 매우 모호한 표현이다. '안다'는 말인지 '알지 못한다'는 말인지. '알랴'라 하면 부정적(否定的) 의문문이 되어서 '알지 못한다'는 뜻이 되지만 이에 '마는'이란 한마디를 붙여서 그 의미를 뒤집어 놓았으니 결국 긍정이 되고 만다. 그러나 힘 있는 긍정이 되지 못하고 그저 알 듯하다는 어름어름하는 수작이다.

또 "多情도 病인 양하여"의 주체는 어느 것일까. 자규일까. 작자일까. 자규도 될 수 있고 작자도 될 수 있다. 그 주체를 만일 자규라 하면,

> 一枝 春心을 子規가 알까. 그렇지만 그것쯤은 알테지. 그 春心을 알기만 한다면 子規는 또한 多情多恨한 主人公이 될 것이니, 그 多情多感이 도리어 병통이 되어서 저와 같이 청승스럽게 우는구나. 그리하여 그 우는 소리 때문에 나(作者)도 잠을 못 들겠다.

하는 의미가 될 것이요. 만일 "多情도 病인 양하여"의 주체가 작자라면

> 一枝 春心을 子規가 제 어떻게 알까. 그렇지만 그것을 알기에 저렇게 구슬피 우는 것이 아닌가. 배꽃이 난만(爛漫)하고 달이 밝아서 그렇지 않아도 심회(心懷)를 진정할 수가 없는데 杜鵑조차 저렇듯 우짖으니 아 내[作家]야말로 다정다감한 것이 참으로 병통이로구나. 도저히 잠을 잘 수가 없구나.

하는 해석이 될 것이다. 그리고 一枝 春心은 작자의 심경 그것이라 하여도 좋을 것이다. 어쨌든 전체의 표현은 애매모호하다. 이렇게 해석할 수도 있고 저렇게 해석할 수도 있다. 말하자면 녹피(鹿皮)에 가로왈(曰)자요 이현령 배현령(耳懸鈴 鼻懸鈴)이다. 그러나 예술에 있어서는 이 점이 대단히 훌륭한 점이다. 과학적 이론은 간단명료하고 변통할 수 없는 단안이 되어야 하지마는 예술에서 그러해서는 안 된다. 너무 직접적이요, 명석(明晳)하면 그야말로 건조무미(乾燥無味)하다. 그런가 저런가 하고 이럴 듯 그럴 듯한 점에 감상(鑑賞)할 妙味가 있는 것이다. 그러나 그 내용이 지리멸렬(支離滅裂)하여 뒤죽박죽이 되어서는 안 된다. 모호한 중에도 전체로서의 통일이 서고 조화가 이루어져야 한다. 본래 예술은 '美'가 생명이요, '美'란 것은 통일(統一), 균제(均齊), 조화(調和) 안에서 찾을 수 있는 것이다. 다만 그 '模糊'라는 것은 첫째 직접적 표현을 피하고 간접적으로 완곡(婉曲)하게 표시하는 일이요, 둘째로는 할 말을 다하지 않고 꼭지만 따거나 변죽만 울려서 그 나머지는 독자의 추측, 상상에 맡기는 일, 이 두 가지를 위함이다. 그러므로 표현이나 의미의 '여백'(餘白)을 남기는 것이다. 양화(洋畵)는 반드시 그렇지 않지마는 동양화(東洋畵)에는 이 여백이 있다. 그리하여 그 여백이 참으로 재미있는 점이다. 일호(一毫)의 차착(差錯)이 없고 일점의 여지를 남기지 않는 능변(能辯)보다, 말할 듯 말할 듯한 침묵(沈默)이 때로는 더욱 아름답지 아니한가.

[미주]

一 고등국어본 44쪽과 전집본 472쪽에는 위 문장이 생략되어 있다.

二 고등국어본 44쪽과 전집본 472쪽에는 이 문장 앞에 "시조(時調)는 우리의 고유(固有)한 정형시(定型詩)다. 시(詩)인지라, 그 속에는 반드시 미(美)가 포함(包含)되어 있을 것이요, 시조(時調)를 감상(鑑賞)한다는 것은 곧 그 미(美)를 찾아내려는 활동(活動)이라 하겠다. 그런데,"와 같은 부분이 나와 있다.

三 고등국어본 46쪽과 전집본 472쪽에는 "이와 같다"로 되어 있고 문장이 끝맺음되어 있다.

四 고등국어본 46쪽과 전집본 472쪽에는 "우리는 우리의 마음을"이라고 되어 있다.

五 고등국어본 46쪽과 전집본 472쪽에는 "굽이"로 되어 있다.

六 고등국어본 47쪽과 전집본 473쪽에는 "반소사 음수(飯疏食飮水)하고 곡굉이침지(曲肱而枕之)라도 낙역재기중(樂亦在基中)이라고 한 공자(孔子)라든지,"라는 표현으로 되어 있다.

七 고등국어본 48쪽과 전집본 474쪽에는 이 앞에 "그리하여 한시에서는"이라는 표현이 들어가 있다.

八 고등국어본 48쪽과 전집본 474쪽에는 여기부터 "있고, 이 밖에도 배꽃을 눈송이에 비한 시구는 얼마든지 찾아낼 수 있다"라는 구가 삽입되어 있다.

九 고등국어본 48쪽과 전집본 474쪽에는 "저 유명(有名)한…… 애쓴 문구(文句)들이다"까지 생략되어 있다.

十 고등국어본 48쪽과 전집본 474쪽에는 이 앞부분에 "눈송이에 비할 만큼 차갑고 쌀쌀한 이화의 표정"이라는 표현이 삽입되어 있다.

十一 고등국어본 49쪽과 전집본 474쪽에는 "우리나라의 여류시인(女流詩人)…… 이 밖에도"에 해당하는 부분이 생략되어 있다.

十二 고등국어본 50쪽과 전집본 474쪽에는 "졸음"으로 되어 있다.

十三 고등국어본 50쪽과 전집본 474쪽에는 "거슴츠레"로 되어 있다.

十四 고등국어본 50쪽과 전집본 474쪽에는 "엎드려서"로 되어 있다.

十五 고등국어본 52쪽과 전집본 476쪽에는 "～와 같은 시조(時調)라든지…… 한시(漢詩)는"까지 생략되어 있다.

十六 고등국어본 53쪽과 전집본 476쪽에는 "될지언정"으로 되어 있다.

十七 고등국어본 54쪽과 전집본 477쪽에는 이 부분이 "자규(子規)나 나의 이 애틋한 심정을 알고 우는 것인가, 우는 소리가 저다지 구슬프고 피를 토하는 듯한 것을 보면"이라고 되어 있다.

한국 현대시를 통해 본 상호텍스트성

–김춘수의 '꽃'과 장정일의 '라디오와 같이 사랑을 끄고 켤 수 있다면'의 경우–

장소원

1. 들어가기

이 글은 패러디라고 하는 반복 기법으로 맺어진 두 편의 현대시, 김춘수의 '꽃'과 장정일의 '라디오와 같이 사랑을 끄고 켤 수 있다면'을 대상으로 상호텍스트성의 본질과 구현 양상을 살펴보는 데 그 목적이 있다. 텍스트학에서 텍스트가 인간의 의도적인 언어 표현이나 언어로 옮길 수 있는 기호를 통칭하는 용어로 사용된다는 관점에서 보면 거의 모든 인간 활동의 산물을 텍스트 범주에 넣을 수 있을 만큼 텍스트종류는 다양하다. 이렇게 다양한 텍스트 중에서도 문학텍스트는 다른 텍스트들과 뚜렷하게 구별되는 차별성과 특수성을 지닌다. 문학은 허구적 세계를 미적으로 구축한 텍스트다. 그러므로 거기에는 작품 생산자의 상상력이 가미되기 마련인데, 특히 시의 경우는 형식 면에서도 고도의 정제성이 결부되는 것이 특징적이다. 따라서 시텍스트를 분석하고 이해하는 방법 또한 다른 텍스트를 대상으로 하는 경우와 많은 차이를 보일 수밖에 없다. 이 글에서는 상호텍스트성이라고 하는 텍스트성의 한 특질에 비추어 두 편의 시텍스트를 분석해 보고자 한다.

이 논문에서는 널리 알려진 김춘수의 〈꽃〉과 이 시를 패러디한 여러 편의 시 가운데 하나인 장정일의 〈라디오와 같이 사랑을 끄고 켤 수 있다면〉, 이 두 편의 현대시를 대상으로 패러디를 통한 상호텍스트성을 이야기할 때 필수적으로 점검해 보아야 하는 반복과, 반복으로부터 파생되는 결과인 변형을 각 하위범주별로 검토해 볼 것이다.[1] 먼저 반복에서는 패러디의 특성이 드러날 수 있는 주제, 제목, 의미내용, 문체, 통사구조, 문장과 구, 어휘, 형태소, 음운, 자소적 측면을 살펴보고 변형에서는 대체, 첨가, 확장, 압축, 치환, 복합 현상이 어느 정도로 드러나는지 점검할 것이다.[2] 그 결과 우리는 패러디라는 장치로 연결되는 두 편의 시가 보이는 상호텍스트성을 이해하게 될 것이다.

2. 문학작품과 상호텍스트성 그리고 반복

문학작품에서는 명시적, 혹은 암시적으로 두 편 혹은 세 편의 작품이 서로 강한 관련성을 맺고 있다고 파악되는 경우가 있다. 이러한 경우 우리는 상호텍스트성을 이야기한다. 한 텍스트가 다른 텍스트의 상호텍스트임을 증언하는 징표로는 '반복'이라는 범주가 가장 일반적으로 지적되고 이러한 반복은 모든 상호텍스트들로 하여금 일종의 변형을 거치게 한다는 점에서 공통된다.[3] 이 변형들은 장르의 변형, 또는 언어의 변화로 드러나는데 문학텍스트의 경우, 상호관련성이 조지훈이 박목월을 대상으로 쓴 〈玩花衫〉과 이에 대한 박목월의 〈나그네〉처럼 시인 자신들에 의해 명시적으로 인유라고 밝혀지는 경우도 있지만 대부분의 경우는 암시적으로 드러나는 것이 일반적이다. 다만 패러디의 경우는 예외여서 김춘수의 〈꽃〉을 패러디한 시인들은 한결같이 자신들의 시가 김춘수 시의 패러디임을 제목에서부터 밝히고 있어 주목된다. 다만 오규원은 〈꽃의 패로디〉, 장경린은 〈김춘수의 꽃〉, 최상호는 〈김춘수의 꽃을 가르치며〉

1) 김춘수의 시 '꽃'은 장정일의 시 외에도 많은 패러디 작품을 지닌 것으로 유명하다. 김춘수 시의 부분을 패러디한 황지우 외에도 오규원의 〈꽃의 패로디〉, 장경린의 〈김춘수의 꽃〉, 최상호의 시, 〈김춘수의 꽃을 가르치며〉 등이 그 예들이다.

2) 반복은 인용, 인유, 모방, 합성, 짜깁기 등을 주요 하위범주로 지니며 모든 상호텍스트들로 하여금 변형을 거치게 한다는 특징을 지닌다.

3) 한국텍스트언어학회(2004: 213) 참조.

라고 시의 제목을 결정한 반면, 장정일의 경우 시의 제목은 〈라디오와 같이 사랑을 끄고 켤 수 있다면〉으로 하고 '김춘수의 꽃을 변주하여'라는 부제를 붙임으로써 차별화된다. 물론 부분적인 패러디를 시행한 경우는 시인의 이름이나 패러디한 시의 제목을 밝히지 않는 경우도 많이 있다. 그러나 어떤 경우든 패러디를 통해 재생산된 시들은 원본 시와의 관련성 때문에 일차적으로 반복현상을 점검하는 작업을 통해야만 그 본질을 파악할 수 있다.

2.1. 상호텍스트성의 개념

상호텍스트성이라는 용어는 오늘날 여러 학문에서 가장 빈번하게 쓰이는 용어 가운데 하나로, 그 개념에 대한 정의나 적용 양상이 매우 다양하다. 이 개념은 모든 텍스트들 간의 관계성(relationality), 상호밀접성(interconnectedness), 상호의존성(interdependance) 및 그 연계성의 합을 표현하고 지적하는 데에 매우 유용하게 사용될 수 있다.[4] 특히 '상호텍스트성'이라는 용어와 개념은 문학텍스트에 대한 작가 중심적 태도에서 독자 중심적 태도로의 전환을 가져왔다.

소쉬르의 구조주의적 기호관에서 싹트기 시작했다고 할 수 있는 상호텍스트성'에 대한 인식[5]에 대해 문학텍스트의 작가는 언어체계뿐만 아니라 기존의 문학텍스트와 문학체계로부터 플롯, 텍스트의 종류별 특징, 인물, 이미지, 서술방식, 표현구, 문장 등을 선택한다고 본 것이다. 이 '상호텍스트성' 개념을 언어학에 효과적으로 적용하려면 상호텍스트성을 만드는 요소가 무엇이며 작가와 독자는 어떤 경로로 각각 이 특성을 노출하고 인식하는지 연구하여야 한다. 이와 더불어, 이런 '상호텍스트성'을 지닌 '상호텍스트'에는 어떤 것들이 있는가 하는 점에 대한 구체적 연구도 수행되어야 한다. 이와 같은 작업이 가능해질 때 이 상호텍스트

4) 한국텍스트언어학회(2004: 194) 참조.

5) 소쉬르의 '기호는 체계 안에 존재하며 체계 내 다른 기호와의 동일성과 차이점, 즉 관계를 통하여 의미를 산출한다'는 생각(201쪽)은 문학비평 분야에서 확장되었다. 한국텍스트언어학회(2004: 198-208) 참조.

성의 개념은 문예비평, 장르이론, 번역, 미디어 등의 다양한 영역에서 유용하게 이용될 수 있을 것이다.

언어학에 상호텍스트성 용어를 적극적으로 도입하여 적용한 것은 텍스트언어학자들이다. 보그랑드와 드레슬러(1981)는 상호텍스트성을 하나의 텍스트가 텍스트다움을 구비하기 위해 갖추어야 할 조건 내지 자질 중 하나로 지목하였다.[6] 국어학에 이 용어가 도입되어 활용된 것은 최근으로 박여성(1995)은 현대 독일어 실용텍스트에서의 적용 가능성을 논의하였고, 국어학에서도 활용할 수 있는 개념이고 용어임이 지적된 것은 고영근(1999)에 와서의 일이다.[7]

2.2. 반복을 통한 상호텍스트성의 점검

상호텍스트성의 징표로서의 반복은 인용(citation), 인유(allusion), 풍자적 모방(parody), 익살맞은 모방(travesty), 합성(collage), 짜깁기(montage) 등에 의해 구현된다.[8] 이 가운데 패러디는 주로 문학작품을 비롯한 글을 고치고 다듬어 다시 지어내는 개작에 해당하는데 이 개작의 개념 속에는 넓게는 글의 퇴고나 구술 텍스트를 고쳐 이야기하는 것도 포함될 수 있다. 그러나 개작은 원작의 단순한 재생산이 아니라 원작과 차별화가 이루어지는 재창작일 경우에만 그 가치를 인정받는다. 따라서 원작을 모방하거나 부분적인 변형을 가하고 재해석, 재평가하여 이루어진 모작, 번안, 풍자적 모방인 패러디들도 넓게 보면 개작의 특이한 종류라고 할 수 있다.[9] 다만 일반적으로 개작의 목적이 원작을 좀 더 바람직하고 훌

6) 이들에 따르면 상호텍스트성은 응집성, 응결성과 함께 텍스트의 텍스트다움을 규정하는 중요한 텍스트 자질 중 하나이며 일정한 텍스트 종류의 수립이나 발전 및 수용에 관여한다.(1981: 12-13)

7) 고영근(1999: 185-186)은 용어의 'inter'가 지닌 의미를 중시하여 '간텍스트성'이라는 용어를 사용할 것을 주장하면서 이 상호텍스트성에 입각하면 국어학 관련 서지 비교 연구, 국어학 관련 텍스트 간의 비교연구 등을 더욱 발전시킬 수 있다고 전망하였다.

8) 한국텍스트언어학회.(2004: 212-213)

9) 박여성(1995: 99-100)에 따르면 상호텍스트성의 특징은 첫째, 보편적 언어능력, 둘째, 다른 텍스트에 대한 설명, 셋째, 이차적 성질, 넷째, 흔적을 지닌다는 것 등으로 나타난다.

륭하게 개선하는 것인 데 비해 풍자적 모방 패러디는 원작을 새로운 상황과 의도에 비추어 변형, 특화, 대비함으로써 재해석, 재조명, 재창작으로 나타난다는 점에서 구별된다.[10] 패러디를 내용상의 패러디와 구조적인 패러디로 구분해서 논의한다면 장정일의 시는 구조적인 패러디에 더 근접해 있다. 구조적인 패러디는 시리즈 유머에서 흔히 발견되는데 원작품과 그의 변이형이 전체적으로 동일한 형식과 구조 속에서 어휘와 표현상의 변이를 일으킴으로써 새로운 작품을 창작하는 일이 가능하기 때문이다. 김춘수의 〈꽃〉에 대해 수많은 패러디 작품들이 존재하는 이유도 이와 같은 구조적인 패러디가 대부분을 이루기 때문이다. 상호텍스트성은 크게 반복과 변형의 중간 단계를 거친다고 설명될 수 있는데 이때의 반복은 문구, 문장, 문단의 인용을 말하며 변형은 교체, 추가, 확장, 압축, 치환을 통해 선텍스트로부터 후텍스트가 만들어져 나오는 과정을 말한다.[11] 반복관계와 변형관계는 여러 하위범주가 있고 그 하위범주들은 하나하나가 분석 기준이 될 수 있다. 이러한 범주들에 기댄 수많은 텍스트 비교연구, 분석연구는 상당히 객관적으로 진행될 수 있다.

이 글에서는 김춘수의 〈꽃〉과 〈김춘수의 꽃을 변주하여〉라는 부제를 지닌 장정일의 〈라디오와 같이 사랑을 끄고 켤 수 있다면〉, 두 편의 시를 대상으로 이들의 상호텍스트성을 반복의 차원에서 살펴보기로 한다. 먼저 두 시의 전문을 보이면 다음과 같다.

꽃

-**김춘수**

[1] 내가 그의 이름을 불러주기 전에는
그는 다만
하나의 몸짓에 지나지 않았다.

[2] 내가 그의 이름을 불러 주었을 때

10) 패러디는 특히 흥미와 웃음을 유발하면서 의식과 감각을 활성화하는 데 효과적이어서 해학, 풍자, 광고, 영화, 만화 등에서 활용되는데 원텍스트로 사용되는 텍스트의 소재로는 고전 작품, 이야기·노래, 속담·격언, 유명인사의 언행 등이 선호된다.

11) 이에 대한 자세한 설명은 안정오(2007: 127-128) 참조.

그는 나에게로 와서
꽃이 되었다.

[3] 내가 그의 이름을 불러 준 것처럼
나의 이 빛깔과 향기에 알맞은
누가 나의 이름을 불러다오.

[4] 그에게로 가서 나도
그의 꽃이 되고 싶다.

[5] 우리들은 모두
무엇이 되고 싶다.

[6] 너는 나에게 나는 너에게
잊혀지지 않는 하나의 눈짓이 되고 싶다.[12)]

라디오와 같이 사랑을 끄고 켤 수 있다면
-장정일

[1′] 내가 단추를 눌러 주기 전에는
그는 다만
하나의 라디오에 지나지 않았다.

[2′] 내가 그의 단추를 눌러 주었을 때
그는 나에게로 와서
전파가 되었다.

[3′] 내가 그의 단추를 눌러 준 것처럼
누가 와서 나의
굳어버린 핏줄기와 황량한 가슴 속 버튼을 눌러 다오.

12) 김춘수(1955), 꽃, 『현대문학』 9.

[4′] 그에게로 가서 나도
그의 전파가 되고 싶다.

[5′] 우리들은 모두
사랑이 되고 싶다.

[6′] 끄고 싶을 때 끄고 켜고 싶을 때 켤 수 있는
라디오가 되고 싶다.[13)]

김춘수의 〈꽃〉에 대해서는 이미 많은 해설이 베풀어져 있으므로 별도의 해설이 필요치 않지만 이처럼 널리 알려진 김춘수의 존재론적인 시 '꽃'을 시적으로 패러디한 장정일의 이 작품은 패러디도 하나의 문학적 행위면서 패러디를 통해 탄생한 작품 역시 문학 창작의 영역 속에 온전히 포함될 수 있음을 보여 주는 예로 평가받고 있다.[14)] 김춘수의 시가 사실적인 존재가 아니라 관념적인 존재인 '꽃'을 소재로 삼은 반면, 장정일의 시는 구체적인 사물인 '라디오'를 소재로 등장시킨다. 그런데 라디오는 단추로 작동되고, 단추를 눌러야만 전파를 통해서 방송을 들려주는 사물이다. 시 속의 화자는 자신이 라디오의 단추를 눌러 준 것처럼 누군가가 나타나서 황량한 자기 가슴 속 버튼을 눌러주기를 희망한다. 그렇게 된다면 화자 역시 누군가에게로 가서 그의 전파가 될 수 있기 때문이다. 그러므로 이 시 속에 등장하는 전파는 화자와 그 누군가를 이어주는 일을 담당하는 존재이기도 하고, 사랑의 감정 자체를 의미하기도 한다.

이제 두 시의 반복을 주제, 제목, 의미 내용, 문체, 통사구성, 어휘, 형태소, 음운, 자소적 측면에서 검토해 보기로 한다.[15)] 먼저 두 시의 주제연은 제3연이다. 〈꽃〉과 〈라디오와 같이……〉의 제3연을 다시 보면 다음과 같다.

---

13) 장정일(1988), 라디오와 같이 사랑을 끄고 켤 수 있다면, 『길 안에서의 택시 잡기』, 민음사.

14) 양승준・양승국(2005), 『한국현대시 500선-이해와 감상』, 월인.

15) 이 중에서 최근의 응용상호텍스트성연구가 특히 중시하는 범주는 주제와 제목이다. 주제와 제목은 한 텍스트에서 본문보다 더 중요한 위치를 차지하며, 주제와 제목의 반복은 텍스트 본문의 반복으로 이어지는 경우가 많기 때문이다.

(1) 가. 내가 그의 이름을 불러 준 것처럼/ 나의 이 빛깔과 향기에 알맞은/ 누가 나의 이름을 불러다오.

나. 내가 그의 단추를 눌러준 것처럼/ 누가 와서 나의/ 굳어버린 핏줄기와 황량한 가슴 속 버튼을 눌러 다오.

〈꽃〉의 제3연 속에는 화자가 스스로의 본질을 구현하고자 하는 근원적 갈망이 담겨 있다. 즉 주체인 '나'도 대상인 '너'에게로 가서 의미 있는 존재가 되고 싶다는 것이다. 마찬가지로 장정일의 시에서의 주제연 역시 제3연으로 장정일은 김춘수의 '이름을 불러주기'라고 하는 명명행위의 의미를 뒤집어 현대사회에서 팽배해 있는 인스턴트식 사랑을 '버튼 눌러주기'로 바꾸어 표현하고 있다. 이러한 주제의 제시는 원작을 패러디하면서 시인 자신의 독특한 세계관을 보여 주고 있다는 점에서 독자적인 가치평가를 받고 있는 이유가 된다.

제목의 측면에서는 부제 '김춘수의 꽃을 변주하여'라는 부분을 제외하고는 패러디의 느낌이 전혀 들지 않는다. 김춘수의 〈꽃〉을 패러디한 다른 시인들이 제목에 시인의 이름이나 '꽃'이라는 어휘를 부여한 것과 대조되는 부분이다. 그러나 다른 어떤 시보다도 장정일의 이 시는 강한 패러디의 냄새가 나며 외형적인 반복도 철저하게 지키고 있다.

의미내용상으로 반복적 비교의 대상이 되는 것은 '이름을 부르다'와 '단추를 누르다'라는 표현이다. 각 시의 제2연을 들어보면 다음과 같다.

(2) 가. 내가 그의 이름을 불러 주었을 때/ 그는 나에게로 와서/ 꽃이 되었다.

나. 내가 그의 단추를 눌러 주었을 때/ 그는 나에게로 와서/ 전파가 되었다.

대상을 인식하기 전에는 무(無)와 다름없는 존재였던 '꽃'과 '라디오'가 2연에서 대상을 인식하여 '이름을 부르고' '단추를 누르는' 행위를 통해 단순히 무의미한 '몸짓' 혹은 '라디오'였던 존재로부터 의미 있는 존재인 '꽃'과 '전파'로 변화하는 것이다. 게다가 '부르다'와 '누르다'라는 두 개의 동사는 발음상의 유사성을 지닐 뿐만 아니라 무의미했던 존재에 의미를 부여하는 막중한 역할을 감당한다는 공통점을 지닌다.

문체 면에서 두 시는 마지막 연을 제외하고는 완벽하게 일치된 모습을 보인다.

(3) 가. 우리들은 모두/ 무엇이 되고 싶다.// 너는 나에게 나는 너에게/ 잊혀지지 않는 하나의 눈짓이 되고 싶다.

나. 우리들은 모두/ 사랑이 되고 싶다.// 끄고 싶을 때 끄고 켜고 싶을 때 켤 수 있는/ 라디오가 되고 싶다.

김춘수가 '꽃'에 기대어 의미 있는 무엇(즉, 눈짓)이 되고 싶다고 무게감 있게 인간의 존재론적 의미를 노래했다면, 장정일은 이를 "끄고 싶을 때 끄고 켜고 싶을 때 켤 수 있는 라디오가 되고 싶다"고 뒤집음으로써 영원한 사랑이 아닌, 즉흥적이고 순간적인 현대인들의 인스턴트 사랑을 풍자한다. 즉 장정일은 다분히 가볍고 감각적인 어투를 사용, '꽃'에서 드러나는 형식적 특성과 사물 사이의 관계성에 라디오와 전파라고 하는 기발한 발상의 전환을 부여함으로써 일회적 사랑이라는 현대사회의 한 단면을 예리하게 비판하고 있는 것이다.

통사구조상으로 두 편의 시는 완벽한 반복을 보인다. 단순한 문장구조뿐만 아니라 시제, 경어법, 문장종결법 등 모든 통사구성에 있어서 완벽한 반복을 볼 수 있다. 다만 문장의 길이와 구의 구성에서 [3]은 차이를 보인다. 즉 〈꽃〉이 "내가 그의 이름을 불러준 것처럼/ 나의 이 빛깔과 향기에 알맞은/ 누가 나의 이름을 불러다오."라고 하여 주어인 '누가'가 수식어구로서의 관형절과 피수식어인 '이름'의 사이에 자리 잡은 파격적인 문장구조를 이룬 반면 장정일의 시 [3′]은 "내가 그의 단추를 눌러준 것처럼/ 누가 와서 나의/ 굳어버린 핏줄기와 황량한 가슴 속 버튼을 눌러다오"라고 표현함으로써 자연스러운 문장구조를 유지하고 있다는 점이 대조된다. 또한 [6]에서 김춘수가 "너는 나에게 나는 너에게/ 잊혀지지 않는 하나의 눈짓이 되고 싶다"고 하여 '너'와 '나'의 관계에 절대성을 부여한 반면 장정일은 [6′]에서 "끄고 싶을 때 끄고 켜고 싶을 때 켤 수 있는/ 라디오가 되고 싶다"고 표현함으로써 핵심어인 '눈짓'과 '라디오'가 결코 대등한 입장이 아님을 강조하여 보여 주려고 애쓰고 있다. 결국 김춘수의 '꽃'은 항상 '의미 있는 존재'이고 '빛깔과 향기'는 그 존재의 본질을 의미하는 데 반해 장정일의 '라디오'는 철저하게 상대적인 존재이며 화자의 마음에 따라 얼마든지 그 존재의 본질이 뒤바뀔 수 있는 상대적인 존재임을 수식 구성의 길이를 통해 드러내고 있는 것이다.

어휘와 형태소의 측면은 상당히 유사한 의미자질을 지닌 어휘를 반복시키고 있음을 알 수 있다. '이름을 부르다'와 '단추를 누르다'의 대비를 통해서 우리는 장정일의 시가 음운, 자소적 특성까지도 고려한 패러디 작품임을 알 수 있다. 〈꽃〉 속의 다양한 '이름 부르기' 표현들과 〈라디오와 같이……〉에서의 다양한 '버튼 누르기 표현들'을 대조하면 다음과 같다.

(4) 가. 내가 그의 이름을 불러주기 전에는, 내가 그의 이름을 불러 주었을 때, 내가 그의 이름을 불러 준 것처럼, 누가 나의 이름을 불러다오.
　나. 내가 단추를 눌러 주기 전에는, 내가 그의 단추를 눌러 주었을 때, 내가 그의 단추를 눌러 준 것처럼, 누가 와서 나의 (중략) 버튼을 눌러다오.

장정일 시의 핵심 어휘인 '라디오'는 끄고 싶을 때 언제든지 끄고 켜고 싶을 때 언제든지 켤 수 있는 존재, 즉 사람들의 편의나 실용성에 의해 작동되는 사물이다. 그런데 만일 사람들의 사랑이 라디오와 같이 일회적이고 편의적인 것이라면 그 사랑은 순간순간 싹트는 행위와 움츠러드는 행위를 반복할 수밖에 없을 것이다. 그러므로 김춘수의 시가 진지하고 심각하게 인간의 존재론적 의미를 노래했다면, 장정일의 시는 그와 반대로 가볍고 감각적인 어투로 사랑의 세태를 풍자했다고 할 수 있다. 장정일의 '라디오'이고자 하는 마음은 타인과의 지속적이고 친밀한 관계를 원하지 않는 메마른 태도로 나타나며, 또한 자신이 내킬 때는 애정을 나누다가도 마음이 바뀌면 상대가 곧 사라져 주기를 바라는 이기적인 태도로 그려져 있다.

지금까지 살펴본 두 편의 시에서는 주제의 유사성과 동시에 차별성이 드러나며 의미내용, 문체, 통사구조 등에 의한 반복이 대폭적으로 이루어졌음을 확인할 수 있었다. 아울러 선텍스트의 원문 덩어리를 거의 그대로 적용시켜 모든 연을 구성하는 질료적 반복이 강하게 나타나고 있으며 문체나 통사적 특징이나 통사구조나 어휘를 반복하는 형식적 반복 역시 무시할 수 없을 정도로 나타남을 보았다. 이처럼 두 시의 상호텍스트성을 점검하는 두 가지 필수 성분 가운데 하나인 반복을 점검해 본 결과, 선텍스트와 동일한 문체와 의미 내용, 문장구조를 유지하는 상태에서 유사하면서 동시에 주제의 상반성을 보이는 새로운 시가 창작되었다는 점에서 우리는 패러디 작품의 진수를 보게 되며 두 시의 상호텍스트성을 다시 한번 확인하게 된다.

3. 변형관계로 본 문학작품의 상호텍스트성

변형관계에 기대어 상호텍스트성을 연구하기 위해서 점검해야 할 범위는 광범하다. 문예학을 대상으로 한 이론에서 나왔으나 언어학에서도 적용 가능한 하위범주는 흔히 대체・첨가・확장・압축・치환・복합으로 나뉘는데 이 변형관계 하위범주들은 각각 텍스트 비교연구의 기준이 될 수 있다.[16] 여기에서는 대체와 첨가, 확장, 압축, 치환, 복합 등의 측면에서 김춘수의 〈꽃〉과 장정일의 〈라디오와 같이 사랑을 끄고 켤 수 있다면〉을 점검하여 두 시 사이의 패러디에 의한 상호텍스트성을 살펴보고자 한다.

3.1. 대체와 첨가

대체의 유형은 명사적 대체와 동사적 대체, 절의 대체로 크게 나뉘지만 그 밖에 일반 어휘가 대체의 기능을 하기도 한다는 사실이 Halliday & Hasan(1976: 90-91)에서 지적된 바 있는데 두 텍스트 사이에서의 상호텍스트성을 이야기하기 위해서는 일반 어휘에 의한 대체를 깊이 살펴볼 필요가 있다. 대체가 일어나면 원텍스트와 대체가 일어난 문장은 의

16) '대체'라는 용어는 substitution에 해당하는 것으로 하나의 항목을 다른 것으로 대체(replacement)시킨다는 의미로 생략(ellipsis)과 더불어 상호텍스트성을 논의할 때의 주요 변수가 된다. Halliday & Hasan(1976) 3장 참조.

미적인 차이를 드러내게 되는데 이때의 양상은 원래의 문장과 다른 하위부류를 갖게 되거나 특정화되고 혹은 각각의 시각이 달라지는 것으로 나타난다.[17]

문학적 혹은 시적 텍스트의 대체성은 그 텍스트 유형이 지녔던 관습을 어기거나 변형함으로써 효과를 더할 수 있다.[18] 이 말은 문학작품끼리의 상호텍스트성을 논의할 때 반복 못지않게 변형이 중요함을 지적하는 말로 해석될 수 있다. 일반적인 개작이 원작을 좀 더 바람직하고 훌륭하게 개선하는 것인 데 비해 풍자적 모방 패러디는 원작을 새로운 상황과 의도에 비추어 변형, 특화 대비하여 재해석, 재조명, 재창작하는 것이다.[19] 비단 풍자적 모방 패러디가 아니라고 하더라도 장정일의 〈라디오와 같이……〉는 원작인 김춘수의 〈꽃〉을 대표적으로 드러나는 대체행위인 '이름 불러주기'와 '버튼 눌러주기'를 통하여 이룩한 재창작에 해당한다. 김춘수의 〈꽃〉이 사물의 존재 의미를 부여하고 이해하는 행위를 '이름 불러주기'라는 호명행위로 보고 있다면, 장정일의 시는 그것이 '버튼 눌러주기'로 대체되어 있기 때문이다. 앞의 두 연에서는 무의미한 존재 '라디오'에 지나지 않던 대상이 '단추[버튼]'를 누르는 주체[나]의 행위에 의해 비로소 참된 의미를 띤 존재로 변화해 감을 보이고 있다.

두 편의 시에서 별도로 지적할 수 있는 대체는 각 시의 4연과 5연에서 드러난다.

(5) 가. 우리들은 모두/ 무엇이 되고 싶다.// 너는 나에게 나는 너에게/ 잊혀지지 않는 하나의 눈짓이 되고 싶다

나. 우리들은 모두/ 사랑이 되고 싶다.// 끄고 싶을 때 끄고 켜고 싶을 때 켤 수 있는/ 라디오가 되고 싶다.

이 두 연을 통해 〈꽃〉에서 '무엇'과 '눈짓'으로 표현되는 어휘들이 〈라디오와 같이……〉에서는 '사랑'과 '라디오'로 대체되고 있음을 확인할 수

17) Halliday & Hasan(1976: 93-95) 참조.

18) 김태옥 · 이현호(역)(1991: 180) 참조.

19) 한성일(2004: 322)에 따르면 원작의 모방, 부분변형, 재해석 등으로 이루어진 패러디들이 텍스트 인유를 통해 생산된 텍스트가 유머 텍스트이다.

있다. 그 밖에 4연에서 대체된 어휘인 '꽃'과 '전파'를 통해서도 알 수 있듯이 우리는 장정일의 시가 어휘적인 대체현상을 통해서 막연한 희망의 대상을 구체적이고 실체적인 대상으로 대체시키고 있음을 본다. 또한 김춘수가 반복하여 '이름 부르기'로 표현하고 있는 대상을 장정일은 '단추 누르기'와 '버튼 누르기'로 구분하고 있는데 라디오라는 무생물을 전파로 변화시키는 것은 단추인 반면, 가슴 속 핏줄기를 돌게 만드는 것은 '버튼 누르기'라는 또 다른 표현으로 대체하여 표현하고 있다.

다음으로 두 시 사이에 드러나는 첨가는 3연에서 발견된다. 다시 앞에서 든 (1)을 보자.

(1) 가. 내가 그의 이름을 불러 준 것처럼/ 나의 이 빛깔과 향기에 알맞은/ 누가 나의 이름을 불러다오.
　　나. 내가 그의 단추를 눌러 준 것처럼/ 누가 와서 나의/ 굳어버린 핏줄기와 황량한 가슴 속 버튼을 눌러 다오.

(1가)의 기본구조가 '누가 나의 이름을 불러다오'인 반면, (1나)의 기본구조는 '누가 와서 나의 가슴 속 버튼을 눌러다오'로 표현됨으로써 주어 '누가'에 '와서'라는 서술어가 첨가되어 있다. 이는 '이름 부르기'는 공간의 이동이 필요 없이 화자가 자리한 곳에서 얼마든지 가능한 행위인 반면, '버튼 누르기'는 행위자가 시 속의 화자 가슴 근처까지 공간적인 이동을 해야만 한다는 생각에서 기인한 것으로 보인다.

3.2. 확장 · 압축 · 치환 · 복합

두 시에서 압축과 치환을 논의하기에 적합한 부분은 제3연의 2행과 3행이다. 〈꽃〉에서 '나의 이 빛깔과 향기에 알맞은/ 누가 나의 이름을 불러다오'로 표현된 부분이 〈라디오와 같이……〉에서는 '누가 와서 나의/ 굳어버린 핏줄기와 황량한 가슴 속 버튼을 눌러 다오'로 표현되어 있다. 김춘수가 '나의'를 두 번 반복하면서 제3연 전체 문장의 주어 '누가'를 수식어와 피수식어의 사이에 위치시키며 시적 언어의 맛을 추구했다면 장정일은 자연스러운 어순을 견지하는 대신 '나의'라는 수식어를 '가슴 속 버튼'에 대한 다른 수식어 '굳어버린 핏줄기와 황량한'과 다른 행에 배치시킴으로써 치환에 의한 또 다른 시적인 맛을 살리고 있다. 그런데 〈라디오와 같이……〉의 제3연 중 3행은 독특하게 압축된 구조를 띠고 있다.

(6) 굳어버린 핏줄기와 황량한 가슴 속 버튼을 눌러 다오.

(6)은 자세히 들여다 보면 두 개의 문장이 비문법적으로 압축되었음을 알 수 있다. 즉 굳어버린 핏줄기를 누르는 것은 아닐 것이므로 '굳어버린 핏줄기'가 수식할 대상이 필요한데 이 행에서는 핏줄기가 연결될 성분이 생략되어 있는 것이다. 선텍스트의 형식적인 구조를 깨뜨리지 않으면서 패러디를 이루어내기 위해 이러한 압축이 일어난 것으로 해석되는데 이를 문법적으로 풀어써 보면 다음과 같이 될 것이다.

(6′) 굳어버린 핏줄기가 자리하고 있고 황량한 가슴 속 버튼을 눌러 다오.

그러나 (6′)처럼 변형을 가하고 보면 원텍스트가 제공하는 시적인 압축감이 사라져 버리므로 문법을 깨뜨리면서까지 압축을 이루어내야 했던 시인의 의도를 충분히 미루어 짐작할 수 있다.

텍스트 안에서의 짜임새는 아주 치밀할 수도 있고 반대로 아주 헐거울 수도 있다. 결속성이 높을 경우 전체 구조에서 각 부분들은 서로 간에 의존하는 정도가 아주 강하기 때문에 치밀한 정도가 하나의 단위를 형성하는 데 기여하고, 반대로 짜임새가 헐거울 경우에 각 부분들은 낮은 결속성을 갖지만 텍스트 전체로 보면 이 역시 하나의 단위를 형성한다.[20] 텍스트의 압축과 확장은 바로 이런 이유에서 문학작품의 해석에 기여한다고 할 수 있다.

다음으로 두 시를 통하여 상호텍스트의 확장과 복합을 느낄 수 있는 부분은 제6연이다. 두 시의 6연을 옮겨 보면 다음과 같다.

20) Halliday & Hasan(1976: 296) 참조.

(7) 가. 너는 나에게 나는 너에게/ 잊혀지지 않는 하나의 눈짓이 되고 싶다.
나. 끄고 싶을 때 끄고 켜고 싶을 때 켤 수 있는/ 라디오가 되고 싶다.

(7가)에서는 '너는 나에게 나는 너에게'라는 부사어가 존재하면서 '눈짓'을 수식하는 수식어의 길이가 비교적 짧은 데 비해, (7나)는 부사어가 보이지 않는 대신 '끄고 싶을 때 끄고 켜고 싶을 때 켤 수 있는'으로 수식어의 길이가 길어져 있음을 알 수 있다. 이러한 수식어의 확장은 〈꽃〉의 부사어 '너는 나에게 나는 너에게'의 반복적인 구조를 그대로 〈라디오와 같이……〉 속의 '끄고 싶을 때 끄고 켜고 싶을 때 켤 수 있는'으로 옮겨 재생산해 낸 것으로 파악된다. 이러한 구조적 변형은 수식어의 확장이라는 측면과 부사어와 수식어의 복합이라는 측면을 동시에 보여 준다.

4. 마무리

장정일의 시 〈라디오와 같이 사랑을 끄고 켤 수 있다면〉은 김춘수의 〈꽃〉을 패러디한 작품이다. 패러디란 어떤 작가의 시의 문체나 운율을 모방하여 그것을 풍자적으로 꾸민 작품, 또는 그러한 기법을 말한다. 보통 어떤 인기 작품의 자구(字句)를 변형시키거나 내용을 과장함으로써 익살 또는 풍자의 효과를 노린 경우가 많은 것을 보면 결국 패러디란 어떤 작품에 대해 비판적 거리를 가지고 모방하여 새로운 것을 창조해 내는 기법이라 할 수 있다. 과거부터 문학에서 패러디가 성행한 것을 보면, 패러디라는 행위 자체를 부정적으로 볼 것은 아니다. 작품의 내부에 문학에서 가장 중요한 가치로 인정되는 창조성이 내재되어 있기만 하다면, 패러디 작품 역시 새롭고 독립적인 작품으로서의 가치와 의미를 충분히 얻게 될 것이기 때문이다. 그 점에서 장정일의 〈라디오와 같이……〉는 김춘수의 〈꽃〉을 패러디한 다수의 시텍스트 가운데 가장 높은 문학성을 지닌다고 평가된다. 단순한 자구의 반복이나 구조의 답습에 그치지 않고 패러디의 기법을 총동원하여 새로운 시 텍스트를 창조해 내었다고 평가되기 때문이다. 우리는 이러한 점을 텍스트 언어학의 한 특성인 상호텍스트성에 기대어 검토하였다.

텍스트 언어학적 방법론에 기댄 한국 현대시의 해석 작업이 의의를 지니는 이유는 그것이 시텍스트가 지닌 의미론적 지평을 넓히는 작업이기 때문이다. 특히 상호관련성이 명백히 두드러지는 두 편의 시텍스트를 비교·분석하고 새로운 각도에서 바라보는 작업은 각각의 시텍스트 내부의 고유한 의미들을 새롭게 발견해 냄과 동시에 그것을 관련 있는 대상 시의 다양한 맥락들과 접합시킬 수 있게 해 줌으로써 시텍스트의 의미 영역을 확대하는 작업이라고 할 수 있을 것이다.

비단 현대시가 지닌 텍스트성을 논의하기 위해서뿐만 아니라 언어사실을 밝히고 설명하는 일을 목표로 하는 언어학과 국어학에서도 상호텍스트성과 관련된 이론은 앞으로 많은 활용이 예상된다. 텍스트들 사이에 설정된 다양한 관련성을 구명하는 데 이보다 더 효과적이고 적절한 개념과 이론이 없기 때문이다. 그러나 남는 문제는 있다. 상호텍스트성 개념과 이론이 그간 주로 문학, 문화기호학, 철학에서 발전되어 나왔으므로 추상적이거나 주관적인 학문개념에 경도되지 않는 국어학과 언어학에서는 이 개념과 이론을 더 구체화, 객관화시킬 필요가 있다는 점이다.

문학비평에 어학적 틀을 도입하는 작업은 시의 내부 구조를 지나치게 엄격하게 분석하는 것으로 비칠 수도 있다. 그러나 이러한 텍스트에 대한 치밀한 분석틀이 문학비평에 일종의 과학적 측면을 부여하고 있다는 점은 매우 중요한 점이라고 하겠다. 특히 텍스트 언어학의 발전으로 문학텍스트들을 비평하는 작업에 다양한 텍스트성의 기준들을 고려하고, 그 가운데 더 많은 중요성을 가진 자질들을 활용한다면 문학과 언어학 사이의 학제 간 연구에도 큰 기여를 할 것임에 틀림없다.

[참고문헌]

고영근(1997), 「텍스트 이론과 문학작품의 분석」, 『텍스트언어학』 4, 1-26쪽.

고영근(1999), 『텍스트이론-언어문학통합론의 이론과 실제』, 서울: 아르케.

김욱동 역(1990), 「대화와 대화주의」, 『바흐친과 대화주의』, 서울: 도서출판 나남, 95-107쪽.

김진권(1997). 「상호텍스트성-챠우더의 거시텍스트이론을 중심으로 하여-」. 『텍스트언어학』 4, 207-239쪽.

김태옥 · 이현호 역(1991), 『담화 · 텍스트언어학 입문』(Beaugrande, R-A. & Dressler, W., *Einfuhrung in die Textlinguistik*. Tubingen: Niemeyer, 1982), 서울: 양영각.

나병철(1996), 『국문학의 근대성과 탈근대성』, 서울: 문예출판사.

문호성(2007), 「백석시의 텍스트성」, 『텍스트언어학』 22, 171-201쪽.

박금자(2000), 「〈월인천강지곡〉의 간텍스트성-〈석보상절〉과 〈석가보〉 · '諸經'과의 비교-」. 『텍스트언어학』 8.

박금자(2002), 「간텍스트성, 변형, 다시쓰기-「도미부인 설화」와 『월인천강지곡』을 중심으로-」, 『문법과 텍스트』, 510-536쪽.

박여성(1995), 「간텍스트성의 문제: 현대 독일어의 실용 텍스트를 중심으로」, 『텍스트언어학』 3, 83-122쪽.

박여성(2003), 「텍스트언어학의 입장에서 고찰한 "번역투"(飜譯套)의 규명을 위한 연구」, 『텍스트언어학』 14, 243-293쪽.

박영순(2004), 『한국어 담화 · 텍스트론』, 서울: 한국문화사.

안정오(2007), 「상호텍스트성의 관점에서 본 표절텍스트」, 『텍스트언어학』 22, 121-142쪽.

이성만 역(1995), 『텍스트언어학 입문』(Vater H., *Einfurung in die Textlinguistik*), 서울: 한국문화사.

이성만 역 (2003), 『텍스트언어학의 이해』(Brinker, K., *Linguistische Textanalyse Eine Einfurung in Grundbegriffe und Methode*, 1985), 서울: 도서출판 역락.

정시호 역(1995), 『텍스트학』(Teun A. van Dijk, *Textwissenschaft Eine inter disziplinare Einfuhrung*, 1980), 서울: 민음사.

최현무 역(1990), 『바흐친과 상호텍스트성, 바흐친과 대화주의』, 서울: 도서출판 나남, 195-217쪽.

최형용(2003), 「텍스트 사이의 재수용에 대하여」, 『텍스트언어학』 14, 191-217쪽.

한국텍스트언어학회(2004), 『텍스트언어학의 이해』, 서울: 도서출판 박이정.
한성일(2004), 「유머 텍스트의 상호텍스트성」, 『텍스트언어학』 17, 309-332쪽.
Halliday M. A. K. & Hasan R.(1976), *Cohesion in English*, London and NY: Longman.
Kristéva, J.(1969), *Semiotike: Recherches pour une sémamalyse*, Paris: Seuil.
Plett, H. P.(ed.)(1991). *Intertextuality*, Berlin: de Gruyter.
Saussure, F. de(1916), *Cours de Lnguistique Générale*, Paris; Payot.

김소월의 〈진달내꽃〉, 그 의미에 관하여

최용호

1. 두 마리의 토끼: 이론과 분석

이론은 잘 정의된 용어들의 체계로 구성되어 있다. 잘 정의된 용어란 다름 아닌 바로 개념을 가리킨다. 이론은 한마디로 개념의 체계이다. 텍스트의 분석 도구는 바로 이 개념이라고 할 수 있다. 요리의 능률을 높이기 위해 요리사에게 잘 다듬어진 요리 도구가 필요하듯 분석의 칼날을 예리하게 하기 위해 분석가에겐 잘 정의된 개념이 필요하다.

우리가 이제 소개할 텍스트 의미론은 텍스트의 의미를 요리하는 데 유용한 잘 정의된 개념적 체계를 갖추고 있다. 이 도구 상자 속에 마련된 전문 용어들을 가지고 우리는 주문받은 한 텍스트의 의미를 일정한 방식과 절차에 따라 다듬고 썰고 버무릴 수 있을 것이다. 우리의 이 작업은 한 이론을 그 대상에 적용해 보는 분석 작업이 될 것이다. 한 이론을 소개하는 일과 이처럼 한 이론을 적용하는 일은 별도의 주의와 노력이 요구되는 별개의 작업이다. 우리는 이 짤막한 글에서 이 이중의 작업에 착수하고자 한다. 우리는 요리사가 요리법을 소개하면서 요리하듯 텍스트 의미론의 개념을 설명하면서 분석할 것이다. 이론과 분석이라는 두 마리의 토끼를 쫓는 이 일의 결과에 대한 평가는 일단 요리의 맛을 본 독자에게 맡기도록 하자.

텍스트 의미론(Text Semantics)은 프랑스의 언어학자 프랑수와 라스티에(François Rastier)가 고안한 이론으로 의미 분석의 대상을 종전의 단어나 문장에서 텍스트로 확장한 것이다. 구조의미론에서 출발한 프랑

수와 라스티에는 텍스트의 의미 구조를 분석하는 데 그동안 구조의미론에서 간과된 규범과 맥락의 문제를 제기하고 그 중요성을 역설한다. 우리는 이 이론을 시텍스트 분석에 적용하고자 한다. 우리가 주문받은 시텍스트는 김소월의 〈진달내꼿〉이다.

2. 텍스트의 분석 층위: 네 개의 의미구성부

텍스트 의미론의 기본 가정은 텍스트가 네 개의 의미구성부(semantic components)로 이루어진 복잡성(complexity)의 단위라는 것이다. 이 성질을 고려하지 않은 텍스트이론은 텍스트의 현실을 외면한 환원주의적인 모델로 간주된다.

네 개의 의미구성부란 주제부(thematic), 변증부(dialectic), 변론부(dialogic), 전략부(tactic)를 가리킨다. 텍스트 의미론의 이론적 체계 속에서 이들은 위계적 구조가 아닌 상호보완적 관계를 형성한다. 이 관계를 그림으로 나타내면 다음과 같다.

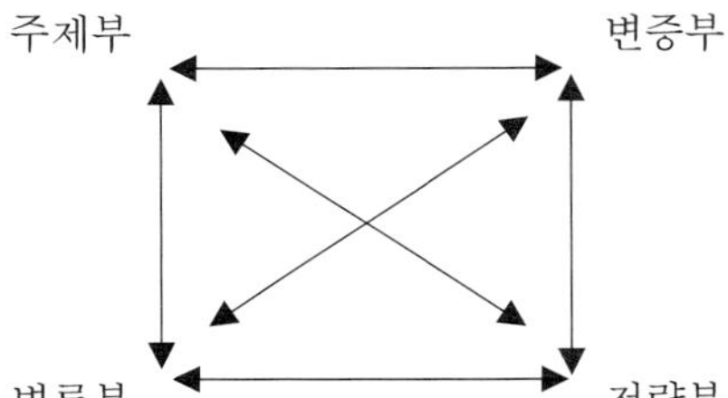

주제부는 텍스트의 주제를 다루는 의미구성부이다. 텍스트 의미론에서 주제는 의소(意素, seme)에 상응한다. 의소는 기호의 내용 면에 해당하는 의미소(意味素, sememe)들 간의 관계—동일성과 차이의—로 정의되는, 텍스트 의미론의 기본적인 단위이다. 이 단위를 텍스트 차원에서 추

출해 내고 분류하여 체계를 세우는 일이 주제부에서 이루어지는 주된 분석 작업이다. 변론부는 텍스트 속에 등장하는 행위자(actor)의 믿음 세계(belief world)를 다룬다. 텍스트 의미론에서 행위자는 세계들의 총합인 우주(universe)로 정의된다. 우주를 구성하는 세계들—가능 세계(possible world), 실재 세계(factual world), 거짓 세계(counter-factual world)—은 해당 명제와 관련하여 각기 다른 진리 값을 가질 수 있다. 텍스트 속에 등장하는 우주들—즉 행위자들—과 이 각각의 우주 속에 상이한 방식으로 표명된 믿음의 세계들을 분석하고 비교하는 것이 변론부에서 이루어지는 작업의 주된 내용이다. 변증부는 텍스트 속에 전개되는 사건들을 다룬다. 사건은 행위자의 행위를 중심으로 기술된다. 행위들이 모여 통합체(syntagm)—즉 특정한 유형의 행위 집합이란 의미의—를 형성하고 이 통합체들이 모여 특정한—예컨대 친화적(irenic) 혹은 대결적(aggressive)—기능(function)을 수행한다는 것이 변증부의 작업가설이다. 전략부는 의미론적 리듬(semantic rhythm)을 다룬다. 의미론적 리듬이란 의미론적 단위들(semantic units)이 텍스트 속에 출현하는 방식과 빈도에 의해 결정된다. 의미론적 단위들이란 방금 소개한 주제부, 변론부, 변증부를 구성하는 각각의 분석 단위들을 가리킨다. 텍스트의 선적인 전개과정 속에서 이들의 출현 방식을 기술하는 것이 전략부에서 이루어지는 분석 작업이다. 의미구성부를 구성하는 상술한 모든 의미론적 단위들은 텍스트 속에 고정 불변한 형태로 존재하는 것이 아니라 텍스트의 상이한 층위—단어(미시적 층위, micro level), 문장(중시적 층위, meso level), 텍스트(거시적 층위, macro level)—와 전개과정 속에서 변형과 조작의 대상이 될 수 있다.

의미구성부

의미구성부	분석 단위	기술 방식
주제부	주제의 변형	의소 분석
변론부	행위자의 믿음의 변형	명제 분석
변증부	행위자의 행위의 변형	기능 분석
전략부	의미론적 단위의 변형	리듬 분석

이상에서 약술한 바와 같이 각각의 의미구성부들은 고유한 분석 단위와 기술 방식을 갖추고 있다. 이들은 또한 앞의 그림이 예시하듯 서로 간에 깊은 관련을 맺고 있다. 예를 들어보자. 전략부는 의미론적 리듬을 다룬다. 그런데 리듬을 분석하기 위해서는 이 리듬의 단위가 먼저 설정되어 있어야 한다. 앞에서 소개한 대로 전략부는 이 단위를 다른 의미구성부에서 가져온다. 이처럼 전략부는 다른 의미구성부들과의 상호 관계 속에 존재한다. 다른 의미구성부들도 마찬가지이다. 한 텍스트의 주제를 정하는 작업은 독서의 가설을 세우는 작업이라고 할 수 있다. 이 가설을 바탕으로 우리는 텍스트분석의 전체적인 방향을 정하게 된다. 바로 이 주제적 방향에 따라 우리는 행위자의 믿음과 이 믿음에 따른 그의 행위가 갖는 다양한 양태를 기술할 수 있는 것이다. 우리가 앞에서 언급한 텍스트의 복잡성이란 요컨대 의미구성부들 간의 이러한 상호작용으로 정의된다. 이제 본론으로 들어가자.

3. 김소월의 〈진달내꼿〉

김소월은 1922년 『개벽』 7월호에 〈진달내꼿〉을 발표한다. 그의 유일한 시집인 『진달내꼿』은 1925년 매문사에서 간행된다.

나보기가 역겨워
가실 때에는
말업시 고히 보내드리우리다.

寧邊에 藥山
진달내꼿
아름따다 가실 길에 뿌리오리다.

가시는 거름 거름
노힌그쏫츨
삽분히즈려밟고 가시옵소서.

나보기가 역겨워
가실때에는
죽어도 아니 눈물흘니우리다.

우리는 『텍스트 의미론 강의』(2004)와 *The Public Journal of Semiotics* (2008)에 실린 두 편의 논문을 통해 김소월의 〈진달내쏫〉을 텍스트 의미론과 인지주의 시학의 관점에서 분석·소개한 바 있다. 이 글은 2004년의 논문을 토대로 텍스트 의미론의 방법론에 입문하고자 하는 독자들을 위해 보다 교육적 관점에서 다듬고 새롭게 각색한 것이다. 이 과정에서 2008년의 연구 성과를 참조했음을 밝힌다.

4. 주제부: 情의 시학

주제부는 주제를 다루는 의미구성부이다. 앞에서 소개한 대로 주제는 의소에 상응하는 텍스트적 단위이다. 구조의미론—예컨대 그레마스(Greimas) 코세리우(Coseriu), 등의—에서 빌려온 이 의소 개념은 텍스트 의미론에서 의미소들 간의 공통점과 차이점을 대표하는 의미론적 단위로 새롭게 정의된다. 의미소는 표현과 내용의 결합으로 이루어진 기호학적 단위의 내용 면만을 가리키는, 텍스트 의미론의 기본적인 분석대상이다. 텍스트 의미론에서는 이 의미소를 홑따옴표를 사용하여 '의미소'로 표기한다. 의미소들 간의 공통점을 대표하는 의소를 종속의소(種屬意素, generic seme)로, 차이점을 대표하는 의소를 종차의소(種差意素, specific seme)로 각기 달리 부른다. 종속의소는 겹슬래시를 사용하여 //종속의소//로,

종차의소는 홑슬래시를 사용하여 /종차의소/로 역시 다르게 표기한다. '진달래'와 '개나리' 두 의미소는 모두 꽃이란 공통분모를 가지고 있다. 이 //꽃//이 바로 이들의 종속의소이다. 색의 관점에서 이 두 꽃을 바라볼 때 전자는 분홍이며 후자는 노랑인 것을 단번에 알아볼 수 있다. /분홍/과 /노랑/은 이 두 의미소들 간의 차이를 대변하는 종차의소들이다. 어떤 관점에서 기술하느냐에 따라 우리는 상이한 종차의소들의 목록을 작성할 수 있을 것이다. 지금까지 소개한 이 의소 개념을 텍스트에 적용한 것이 바로 주제이다.

주제부에서 다루는 주제는 의소와 마찬가지로 종속주제와 종차주제로 세분된다. 바로 이 두 개념을 도구로 삼아 주제부에서의 분석 작업이 이루어진다.

4.1. 종속주제 분석

종속주제를 선정하는 작업은 독서의 가설을 세우는 작업이라고 할 수 있다. 독서 가설은 곧바로 텍스트의 실험대 위에 놓이며 분석을 통해 사후 검증을 받게 된다. 텍스트의 더 많은 부분을 설명해 주는 가설이 더 적은 부분만을 설명해 주는 가설보다 더 강력한 가설이라고 할 수 있다. 설명력이 낮을 경우 분석가는 자신의 가설을 수정하거나 새로운 가설을 세워 분석 작업을 다시 시작해야 할 것이다. 텍스트의 의미를 이해하고 분석하는 작업은 이처럼 텍스트와 독자 사이의 끊임없는 상호작용을 전제로 한다. 텍스트성(textuality)이란 텍스트 속에 주어진 어떤 비밀스런 코드가 아니라 바로 이 상호작용 속에 구성되고 해체되고 재구성되는 인지적 활동이라고 할 수 있다. 〈진달내꼿〉을 분석하기에 앞서 먼저 독서 가설을 세워보자.

우리는 김소월의 〈진달내꼿〉에서 두 개의 의미부류를, //유정//(有情, euphoria)과 //무정//(無情, dysphoria)을 구분해 내고자 한다. 이들은 모두 //감//(感, phoria)의 하위 부류들이라고 할 수 있다. 우리는 보다 정교한 분석을 위해 유정을 //정//(情)으로, 무정을 각각 //한//(恨)과 //증//(憎)으로 세분하고자 한다.

이렇게 종속주제가 정해지고 나면 이들 각각에 속하게 될 의미소들의 목록을 작성해야 한다. 임의의 언어 단위—어휘소나 형태소 등—에 홑따옴표를 붙이자마자 의미소가 만들어진다. ≪진달내꼿≫이란 단어를 한 예로 들어보자. 이 단어는 표현과 내용의 결합으로 이루어진 기호학적 단위이다. 이 단위로부터 텍스트 의미론의 분석대상인 의미소를 추출해 내기 위해 우리는 단지 이 ≪진달내꼿≫에 겹꺽쇠 대신 홑따옴표를 붙이기만 하면 된다. 이렇게 얻어진 '진달내꼿'은 이 기호학적 단위의 내용만을 가리키는 의미소가 된다. 텍스트 표층에 산포된 수많은 의미소들 가운데 공통의 의미 내용, 예컨대 //정//을 담고 있는 것들만을 따로 모아 묶는 작업이 바로 종속주제의 주요 분석 작업이다. 이 과정에서 어떤 것은 이 부류에 속한 것으로 수용되는 반면 어떤 것은 부적합한 것으로 거부된다. 이 작업이 바로 해석 작업이다. 분석가는 자신의 주관적인 한계를 벗어나기 위해 해석 과정에서 끊임없이 텍스트와 콘텍스트를 참조해야 한다. 왜냐하면 텍스트에 의해 정당화될 수 있는 해석만이 타당한 해석으로 인정받을 수 있기 때문이다.

앞에서 제시한 독서 가설에 따라 의미소의 목록을 작성하면 다음과 같다. 의미를 지닌 최소 단위가 형태소이기 때문에 이 형태소로부터 의미소를 추출해 내야 할 것이다. 하지만 분석의 목적—즉, 독서 가설—에 따라 분석의 경제성을 고려해 보다 큰 단위—예컨대 어휘소, 단어나 복합어 등—로부터 의미소를 추출해 낼 수도 있다.

4.1.1. //정//의 의미소 목록

['보기-'(2), '-실'(2), '고이', '-우리다'(3), '영변-', '약산', '진달내꼿', '아름', '따다', '-시는', '꼿을', '삽분히', '즈려밟고', '-시옵소서']

'보기-'는 사랑하는 사람을 그리워한다는 의미에서 //정//에 해당하는 의미소이다. 모든 선어말 어미에 존칭형이 사용되고 있는데 이는 임에 대한 예(禮)를 표한다는 점에서 우리는 이들을 모두 //정//의 부류로 묶었다. '영변', '약산', '진달내꼿', '꼿' 등 역시 임에 대한 정성을 표현하고 있기 때문에 //정//에 속한 의미소들로 분류하였다.

정의 일반적 개념을 대표하는 가능한 모든 의미소들의 목록을 완벽하게 작성한다는 것은 불가능할 뿐만 아니라 무의미한 일이다. 반면 앞에서 소개한 의미소들처럼 특정한 맥락 속에서 결정된 목록은 정에 관해 우리에게 무엇인가를 말해 준다. 예컨대 우리는 〈진달내꽃〉이란 텍스트 속에 구현된 정의 특정한 개념을 규정할 수 있다. 한과 증의 경우도 마찬가지이다.

4.1.2. //한//의 의미소 목록

['말업시', '보내-', '길에', '부리-', '거름 거름', '죽어도', '눈물', '흘니-']

'말업시'는 화자의 내적인 한을 표현한다고 할 수 있다. 사랑하는 임을 떠나 '보내'는 것도 이 한을 표현한다. 임이 떠나는 '길'이나 임의 '거름 거름'도 화자의 한을 대변한다. '죽어도', '눈물', '흘니-' 등은 이 한을 직접 표현하는 의미소들이다.

4.1.3. //증//의 의미소 목록

['역겨워'(2), '가-'(6)]

//정//과 //한//과 달리 //증//의 목록을 보면 증의 감정을 표현하는 주체가 화자 자신이 아니라 화자의 상상 속에 존재하는 임임을 알 수 있다. '역겨워'는 //증//을 강하게 표현한다. '가-'는 '보기가 역겹다'라는 맥락에서 //증//의 결과로 해석할 수 있다.

이렇게 종속주제에 속한 의미소 목록이 만들어지고 나면 이들 간의 차이점들을 기술하는 종차주제 분석이 뒤따른다.

4.2. 종차주제 분석

의미소들은 동일한 의미부류 안에서 서로 간에 다양한 관계를 형성한다. 종차주제 분석은 이러한 다양한 관계를 효과적으로 기술하는 작업이다. 효과적이란 두 가지 의미를 지닌다. 첫째, 독서 가설에 비추어 관여적인 관계만을 기술한다는 것을 뜻한다. 텍스트 해석의 한계는 이 해석의 목적에 의해 결정된다. 효과적인 분석이란 이 목적에 충실한 분석을 가리킨다. 둘째, 의미소들 간의 다양한 관계를 대립적 관점에서 기술한다는 것이다. 의미 관계가 대립적일 때 효과적인 기술이 이루어졌다고 말할 수 있다. 이 견해는 의미는 차이에서 비롯된다는 구조주의의 가설에 토대를 두고 있다.

4.2.1. //정//에 대한 분석

우리는 //정//에 속한 의미소들이 맺고 있는 대립적 관계를 //정//의 표현 방식에 비추어 분석하고자 한다. '보기'는 시각 기관을 통한 사랑의 표현으로 이해될 수 있다는 점에서 /감각적/이다. '진달내쏫'으로 자신의 감정을 표현한다는 것은 매우 /구체적/인 방식으로 자신의 /감성/을 표현하는 것이다. 그런데 단순히 진달래꽃이 아니라 진달래꽃으로 가장 유명한 영변의 약산에서 따온 진달래꽃이라고 한다면 이는 비단 구체적일 뿐만 아니라 매우 /강도/ 높게 자신의 감정을 표현하는 것이라고 간주할 수 있다. '쏫'과 '눈물'은 /여성적/인 /감성/을 담고 있는 매우 /구체적/인 표현 방식이다. 임에 대한 예를 표현하는 선어말 어미는 모두 화자의 /감성적/인 마음의 상태를 대변하고 있다.

/감각적/인 표현 방식이 감각 기관에 토대를 두고 있다면 /감성적/인 표현 방식은 마음의 특정한 상태에 호소한다고 하겠다. 이처럼 /감각적/과 /감성적/은 정을 대립적으로 표현한다. 앞의 목록에 등장하는 /구상적/과 /여성적/은 쌍을 이루지 못한 종차주제들이지만 텍스트 속에서 분명한 이미지로 구현되어 있는 것들이다. 이들과 쌍을 이루는 /추상적/과 /남성적/은 잠재적인 차원에 머물러 있는 것으로 간주할 수 있다. 이 시

//정//의 종차주제

	/감각적/	/감성적/	/구상적/	/여성적/	/강도(强度)/
'보기-'(2)	+		+		
'-실'		+			+
'고이'		+			
'-우리다'(3)		+			+
'영변-'			+		+
'약산'			+		+
'진달내꽃'		+	+	+	+
'아름'			+		+
'따다'	+		+		
'-시는'		+			+
'꽃-'		+	+	+	
'삽분히'	+		+		
'즈려밟-'	+		+		+
'-시옵소서'		+			+
'-실'		+			+

텍스트의 소재인 '진달내꽃'은 /감성적/+/구상적/+/여성적/+/강도/를 나타내는 매우 함축적인 종차주제의 집합을 형성하고 있다. 우리는 이 목록에 /토속적/이란 자질을 추가할 수도 있을 것이다. 그러나 이 자질이 //정//에 속한 것이라고 보기 어렵기 때문에 우리는 이를 배제하였다. 특별히 〈진달내꽃〉의 토속성을 고려하고자 한다면 우리는 정이 아닌 다른 독서 가설을 설정해야 할 것이다. 앞으로 보겠지만 위에서 제시한 종차주제들은 비단 //정//뿐만 아니라 다른 의미부류 속에서도 관찰되는 것들이다. 이런 면에서 위의 분류 목록은 경제적이다.

4.2.2. //한//에 대한 분석

한이란 마음의 깊은 상처를 밖으로 표출하는 대신 안에 담고 있는 정

//한//의 종차주제

	/감각적/	/감성적/	/구상적/	/강도(强度)/
'말업시'				+
'보내-'			+	
'길에'			+	
'뿌리-'	+		+	
'거름 거름'	+			+
'죽어도'				+
'눈물'		+	+	
'흘니-'	+		+	

서적인 상태를 가리킨다. '말업시'와 '죽어도'는 이 한의 감정을 간접적으로 잔잔히, 그리고 /강도/ 높게 표현한다. '눈물'과 '흘니-'는 한의 직접적인 표현이다. 이들은 화자가 겪고 있는 한의 /감정/을 매우 /구체적/으로 나타내고 있다. 임을 '보내'는 것과 그의 가는 '거름 거름'에 진달래꽃을 '뿌리'는 것도 한의 /구체적/인 감정을 담고 있다.

4.2.3. //증//에 대한 분석

'역겨워'는 /감각적/이면서 /구상적/이고 또한 강한 증의 /강도/를 표현한다. 임이 떠난다고 하는 사실이 시의 전반적인 분위기를 무겁게 지배하고 있는 것이 사실이지만 //증//의 표현은 주로 '가-'라고 하는 매우 단순한 형태로만 나타나 있다. 떠나는 행위는 매우 /구체적/인 동작이다.

//증//의 종차주제

	/감각적/	/구상적/	/강도/
'역겨워'(2)	+	+	+
'가-'(6)		+	

4.3. 주제부와 전략부

주제부 분석이 이루어지고 난 다음에는 전략부와의 관계 속에서 이 분석결과에 대한 새로운 평가와 해석이 이루어지게 된다. 시 텍스트가 본질적으로 음악성을 띠고 있기 때문에 전략부의 중요성이 그만큼 높다고 하겠다.

종속주제로 선정된 //정//과 //한//과 //증//을 각각 a, b, c로 표기하고 각 연마다 이들의 선적 전개과정을 나타내면 대략 다음과 같다.

1연: acca baba
2연: aaaaa caba
3연: caba aaca
4연: acca bbba

우리는 1연과 4연의 앞부분과, 2연의 뒷부분과 3연의 앞부분의 의미리듬이 정확하게 일치하고 있는 것을 볼 수 있다. 진달래꽃에 음악성이 존재하는 이유는 이처럼 동일한 리듬으로 각 연이 서로 화답하고 있기 때문이다. 1연과 4연 뒷부분에서는 다소 차이를 보이고 있는데 한스러움이 시의 끝부분에 좀 더 강하게 표현되어 있기 때문이라고 할 수 있다. 2연의 앞부분과 3연의 뒷부분에서도 약간의 차이가 있지만 거의 모두가 다 //정//을 표현하고 있다. 구체적으로 a는 모두 18번 출현하고 b와 c는 각각 7번 출현하는 데 그친다. 다시 말해 시 전체에 //정//이 압도적으로 우세한 동위소(同位素, isotope)를 형성하고 있다. 이러한 분석결과는 이 시가 비록 떠나는 임을 보내드린다고는 하지만 사실 임에 대한 강한 연정을 암시하고 있음을 말해 준다. 이러한 관점에서 //한//은 //정//의 역설적인 표현으로도 해석될 수 있다.

그렇다면 정은 사실 임에 대한 지극한 사랑(愛)을 표현하고 있는 것은 아닐까? 비록 //애//를 대표하는 의소들이 이 시텍스트 속에 현동화(actualization)되어 있는 것은 아니지만 우리는 지금까지의 분석을 토대로 김소월의 〈진달내쏫〉에서 //애//의 감정을 적극적으로 읽어낼 수 있다. 우리의 이러한 해석은 동시영(2000)이 제시한 다음의 결론과도 정확하게 일치한다.

> 이러한 행동은 모두 말없는 사랑의 행동이다. 대상인 임이 사랑을 이별로 만든다면 화자는 임이 만든 이별로 영원한 사랑을 만들고 있다. 그러므로 「진달내꽃」은 이별의 노래이기보다 오히려 사랑의 노래며 이별의 노래면서 사랑의 노래가 된다. 이별 당하는 자가 오히려 능동적이며 이별에 대한 집단적 의미의 행동체계를 거부한 개인적 의미의 행동체계는 모두 사랑의 행동이다. 이같은 기대를 배반하는 낯설게 하기는 수신자로 하여금 미적 감동을 유발하게 한다. 화자가 하는 등가적 관계를 가지는 행동의 계열체들은 이별을 사랑으로 만드는 장치며 사랑의 빠롤이다. 이는 또한 사랑과 이별을 대립적 질서에서 통합적 질서의 체계로 이동하게 만드는 완벽한 무기이다.(15쪽)

이러한 분석결과에 기초해서 〈진달내꼿〉에 나타난 종속주제들 간의 위계적 관계를 도표로 나타내면 다음과 같다.

〈진달내꼿〉의 감성 구조

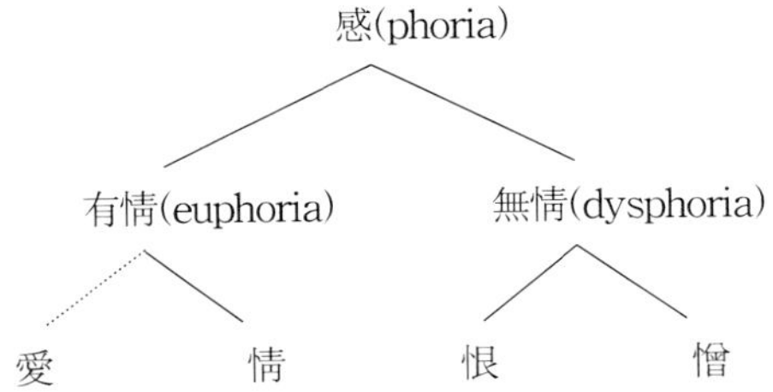

실선으로 표시한 부분은 시텍스트 속에 현동화된 종속주제들—情, 恨, 憎—이고 점선으로 표시한 부분은 비록 명시적으로 드러나 있지는 않지만 잠재적인 차원에 존재하는 것으로 해석될 수 있는 종속주제—愛—이다. 전자의 독서 가설에 기초한 해석이 내적 해석이라면 후자의 독서 가설에 기초한 해석은 외적 해석이라고 할 수 있다. 비록 외적 해석이라도 이 해석이 적어도 내적 해석에 토대를 두고 있는 것이라면 우리는 그 타당성을 얼마든지 인정할 수 있다. 결론적으로 우리는 〈진달내꼿〉에서 모두 네 가지 종속주제들을 분류해 낼 수 있다고 본다. 비록 짤막한 시

텍스트이지만 〈진달내꼿〉은 이처럼 연인들이 느낄 수 있는 미묘한 감정—愛, 情, 恨, 憎—의 흐름을 잘 표현해 주고 있다고 하겠다.

앞서 인용한 문구에서 동시영은 "대상인 임", "화자", "행동체계", "대립적 질서", "통합적 질서" 등을 언급하고 있는데 이들은 텍스트 의미론의 관점에서 주제부가 아닌 변증부에 속하는 용어들이다. 우리는 변증부에 대한 분석을 통해 "대립적 질서에서 통합적 질서로의 이동"이 어떤 방식을 통해 이루어지는가를 구체적으로 살펴보고자 한다. 우리는 "화자"와 "대상"이라는 용어 대신에 "행위자"라는 용어를, "대립적 질서"와 "통합적 질서"라는 용어 대신에 전형적인 상호작용의 유형과 관련된 "친화적 관계"와 "대결적 관계"라는 텍스트 의미론의 용어들을 사용하고자 한다.

5. 변증부: 대결적 관계에서 친화적 관계로

변증부는 행위자의 행위를 다루는 의미구성부이다. 텍스트 의미론에서는 행위의 의미론적 관계를 표상하기 위해 주제화 그래프(thematic graph)를 활용한다. 우리는 먼저 이 그래프를 간략하게 소개하고 〈진달내꼿〉에 나타난 행위자들 간의 행위 유형을 이 그래프를 사용하여 분석하고자 한다.

5.1. 주제화 그래프

주제화 그래프는 주제를 표상하는 형식적인 방식이다. 이 그래프는 자연언어 자동 처리를 위해 소와(Sowa)가 개발한 개념 그래프(conceptual graph)를 텍스트 의미 분석에 적용하기 위해 라스티에가 새롭게 고안한 것이다. 주제화 그래프는 소와의 개념 그래프와 마찬가지로 절점과 관계로 이루어져 있다. 절점들 간의 관계는 일정한 방향에 의해 정의된다. 주제화 그래프에서 절점은 곽 괄호로, 관계는 원 괄호로 각각 표기된다.

관계의 방향은 화살표로 표시한다. 예컨대 이별의 주제화 그래프는 다음과 같은 방식으로 표상될 수 있다.

〈이별의 주제화 그래프〉

[임] ← (능격) ← [떠나다] → (대격) → [화자]

위의 그래프는 임이 화자를 떠난다는 의미론적 정보를 담고 있다. 이 정보를 읽는 방식은 화살표의 방향에 의해 결정된다. 위의 그래프는 '떠나는 행위의 주체는 임이고 떠나는 행위의 대상은 화자이다'라고 읽힌다. 주제화 그래프는 분석의 목적에 따라 다양한 관점에서 작성될 수 있다.

5.2. 도전, 승인, 증여

우리는 〈진달내쏫〉에 나타난 행위자들의 행위 유형을 임과 화자 사이에 이루어지는 상호작용의 관점에서 기술하고자 한다. 텍스트 의미론에서는 상호작용의 전형적인 형태를 인류학적 관점에서 아래와 같이 친화적인 것과 대결적인 것으로 대별한다. 아래의 도표를 살펴보자.

〈인간 상호작용의 전형적인 형태〉

친화적 통합체	친화적 기능	대결적 기능	대결적 통합체
계약	제안	도전	대립
	(가능성 t1)	(가능성 a1)	
	수용	응전	
	(가능성 t2)	(가능성 a2)	
교환	전달	공격	투쟁
	(가능성 t1)	(가능성 a1)	
	전달	반격	
	(가능성 t2)	(가능성 a2)	
결말	재분배	승인	결말

기능은 행위들의 집합인 통합체로 구성되어 있다. 계약, 교환, 결말의 통합체가 친화적 기능을, 대립, 투쟁, 결말의 통합체가 대결적 기능을 구성한다. 흥미롭게도 〈진달내쏫〉에서 이 두 기능은 역설적으로 통합된다.

〈진달내쏫〉에서 임은 화자를 떠남으로써 화자에게 일종의 도전을 하고 있다. 화자는 이러한 도전에 응하지 않고 오히려 그에게 새로운 제안을 한다. 진달래꽃이 바로 이 제안이다.

우리는 임의 도전을 아래와 같이 주제화 그래프로 나타낼 수 있다.

도전(challenge)의 그래프

[임] ← (능격) ← [도전] → (여격) → [화자]

화자는 이러한 임의 도전에 반응하지 않는다. 1연과 4연의 마지막 시행은 이러한 무응답을 잘 표현해 준다. 오히려 화자는 임과의 이별을 적극적으로 수용하고, 또한 서둘러 승인해 버린다. 이로 인해 임과 화자의 대결적인 관계는 싱겁게 끝나고 만다. 떠나는 임에 대한 화자의 승인 그래프는 다음과 같다.

승인(Sanction)의 그래프

[화자] ← (능격) ← [승인] → (대격) → [이별]

그런데 〈진달내쏫〉은 이러한 대결적 관계만으로 이루어져 있지 않다. 2연과 3연에서 화자는 임에게 진달래꽃을 선사한다. 이 관계는 증여의 형태로 전개되는 전형적인 친화적 상호작용이다. 이를 그래프로 나타내면 다음과 같다.

증여(Don)의 그래프

[화자] ← (능격) ← [증여] → (대격) → [진달내쏫]

↓ ↓

(수혜격) → [임] ← (여격)

증여는 임에 대한 화자의 새로운 제안이라고 볼 수 있다. 떠나는 임에게 진달래꽃을 선사함으로써 화자는 임과의 대결적인 관계를 친화적인 관계로 전환시키려 하고 있는 것이다. 바로 이 지점에서 우리는 임에 대한 화자의 초월적인 사랑을 읽어낼 수 있다. 동시영(2000)은 이 관점에서 진달래꽃을 "화자와 임 사이에 생긴 갈등을 해소시켜주는, 말끔히 닦아내는 기능을 하는 구원자 또는 협조자(helper) 코드"(16쪽)로 해석한다.

5.3. 변증부와 전략부

도전, 승인, 증여의 그래프들을 각각 A, B, C로 표현하면 우리는 다음과 같은 변증부의 전략을 발견할 수 있다.

AB C C AB

1연과 4연이 2연과 3연을 감싸 안고 있는 이 구조는 앞서 주제부의 전략에서도 찾아볼 수 있었던 것과 동일한 구조이다. 〈진달내꼿〉을 지배하는 의미리듬은 이처럼 상이한 의미구성부 속에서 동일하게 관찰된다.

6. 변론부: 욕망의 논리

변론부는 행위자의 우주와 세계에 대한 분석이 이루어지는 의미구성부이다. 이 우주와 세계는 명제들의 집합으로 정의된다. 변론부의 구체적인 분석 단위는 바로 이러한 명제들이다. 변론부는 해당 명제들이 각각의 우주와 세계에서 어떤 양태로 유표화(有表化, marked)되는가를 다루는 의미구성부라고 할 수 있다. 변론부에서 다루는 양태의 유형과 그 사례들을 간략하게 예시하면 다음과 같다.

변론부 양태 유형

양 태	사 례
존 재	사실적, 비현실적, 불가능한, 가능한 등
진 리	참된, 거짓된 등
양 상	필연성, 가능성, 불가능성, 우연 등
인 식	확실한, 확증된, 입증된, 배제된, 개연적인, 이론의 여지가 있는, 미확정적인, 알려진, 알려지지 않은 등
의 무	의무적인, 허용된, 금지된, 수의적인 등
욕 구	욕망, 희망, 의지 등
평 가	긍정적, 부정적, 상위의, 하위의 등
기 호	사실적, 언술적 등

6.1. 인식 양태와 욕구 양태

행위자는 자신이 거주하는 세계 속에서 특정한 명제적 태도를 보여주는데 이 태도는 다양한 양태로 표현된다. 〈진달내꼿〉에서 우리는 오직 화자의 우주만을 찾아볼 수 있다. 텍스트 의미론에서 우주는 세 가지 세계, 즉 실재 세계, 거짓 세계 그리고 가능 세계로 구성되어 있다. 「진달내꼿」에서 우리는 화자의 우주 속에 오직 가능 세계만을 확인할 수 있다. 이 세계 속에서 우리는 두 가지 양태를 찾아볼 수 있는데 하나는 인식양태이고 다른 하나는 욕구양태이다.

인식양태는 '확실한', '불확실한', '확증된', '불확정적인', '필연적인', '개연적인', 등의 양태술어들로 구성되어 있다. 〈진달내꼿〉에서 화자는 임이 떠날 수 있다는 개연성을 전제로 삼는다. 이러한 개연성 앞에서 화자는 자신의 다짐과 바람을 표현하고 있는 것이다. 반면 '의지', '희망', '욕망' 등은 욕구양태를 표현하는 술어들이다. 화자는 떠나는 임을 떠나보내겠다고 단호하게 선언한다. 그리고 떠나는 임에게 진달래꽃을 선사할 뜻이 있음을 밝히고 임이 이 꽃을 밟고 떠나기를 소망한다. 화자의 명제적 태도를 형식화하면 다음과 같다.

〈양태 분석〉

우주	세계	양태	명제 내용
화자	가능 세계	인식(개연성)	Prob(P: 떠나다(임, 나))
		욕구(의지)	Will(P: 보내다(나, 임))
		욕구(의지)	Will(P: 선사하다(나, 진달래꽃, 임))
		욕구(희망)	Wish(P: 밟다(임, 진달래꽃) ∪ (P: 떠난다(임)))

(Prob: 개연성; Will: 의지; Wish: 희망; P: 명제)

흥미롭게도 떠나는 임을 진달래꽃과 함께 떠나보내는 위의 모든 명제는 오직 가능 세계 속에 존재하는 것들이다. 다시 말해 화자의 상상 속에 존재하는 설정에 불과하다.

6.2. 변론부와 전략부

변론부의 의미론적 단위는 명제와 이 명제를 표현하는 양태이다. 우리는 「진달내쏫」에서 화자가 표현하는 양태의 유형을 크게 세 가지로 나누어 변론부 단위를 분석 제시하였다. 이들을 각각 기호로 표기하면 다음과 같다. 개연성(Pb), 의지(Wl), 희망(Wh). 전략부는 이 의미 단위들이 텍스트의 선적인 전개과정 속에서 변형되는 과정을 기술한다. 이 과정을 도식으로 나타내면 다음과 같다.

PbWl WlWh PbW

1연과 4연이 2연과 3연을 감싸는 이 구조는 주제부와 변증부의 전략에서 이미 살펴본 것과 동일한 리듬의 구조이다. 우리는 〈진달내쏫〉이 의미론적 관점에서 매우 음악성이 높은 시텍스트임을 확인할 수 있다. 송효섭(1995)은 〈진달내쏫〉이 보여 주는 이와 같은 의미론적 리듬을 독자형태론(automorphism)이란 관점에서 분석한 바 있다. 그는 바로 여기가 일상 언어와 시적 언어가 분기되는 지점이라고 지적한다.

> 일상적인 언어가 단지 계기적이고 선조적인 성격을 지닌다면, 시적 언어는 이와는 달리 반복을 통해 대칭 혹은 등가 관계를 이룬다. 이는 시 속에서 패러다임으로 정리될 수 있는데, 이러한 패러다임이야말로 시의 의미를 결정하는 중요한 요소가 된다(132쪽).

우리가 이상에서 소개한 텍스트 의미론의 분석 방법론은 〈진달내꼿〉에 존재하는 이러한 '대칭'과 '등가'를 보다 설득력 있는 개념적 도구를 사용하여 확증해 준다.

7. 텍스트의 복잡성과 장르

〈진달내꼿〉의 주제부 분석을 통해 우리는 임을 떠나보내는 화자의 복잡한 정서적 구조—愛, 情, 恨, 憎—를 살펴보았다. 변증부는 대결적 관계를 친화적 관계로 전환시키는 서사적 프로그램이 존재함을 보여 준다. 〈진달내꼿〉의 서정성은 이 프로그램에 의해 강화된다. 변론부는 임이 떠나고 떠나는 임을 한스럽게 보내는 화자의 모든 언명이 오직 가능 세계 속에서만 타당한 것임을 보여 준다. 전략부는 이상에서 분석한 의미구성부들의 모든 의미 단위들이 동일한 리듬을 갖고 반복 출현하고 있음을 증명한다. 텍스트 의미론의 새로운 과제를 소개하는 것으로 논의를 마무리해 보자.

우리가 지금까지 분석·소개한 의미구성부들과 이들 간의 복잡한 상호작용의 특정한 형태는 해당 텍스트의 고유한 성격을 규정한다고 할 수 있다. 이 성격을 공유하고 있는 일련의 텍스트들이 존재한다고 하자. 우리는 이 성격을 보다 적극적으로 해석하여 해당 텍스트의 장르적 특징으로 간주할 수 있을 것이다. 텍스트의 복잡성의 정도가 갖는 유형을 세분함으로써 우리는 텍스트의 장르가 제기하는 문제를 새로운 눈으로 바라볼 수 있을 것이다. 의미구성부와 장르의 이와 같은 추정적 혹은 가설적 관계는 앞으로 더 많은 연구가 필요한 주제이며 텍스트 의미론의 새로운 도전과 과제이다.

[참고문헌]

동시영(2000), 『현대 시의 기호학』, 미리내.

송효섭(2004), 「해석학적 욕망, 그 언어학적 통제」, 『시학과 언어학』 제8호, 시학과 언어학회.

최용호(2004), 『텍스트 의미론 강의』, 인간사랑.

최용호(2006), 『의미와 설화성』, 인간사랑.

Rastier F.(1987), *Sémantique interprétative*, Paris, Puf.

Rastier F.(1989), *Sens et Textualité, Paris*, Hachette.

Rastier F.(1993), La sémantique cognitive Eléments d'histoire et d'épistémologie, in *Histoire Epistémologie Langage* 15/1, Paris,

Rastier F.(1997), Herméneutique matérielle et sémantique des textes, in Salanskis J.-M., Salanskis, F. Rastier, R. Scheps, *Herméneutique: textes, sciences*, Cerisy, Paris, Puf.

Rastier F.(2001), *Arts et science du texte*, Paris, Puf.

Rastier F.(2002), Saussure, la pensée indienne et la critique de l'ontologie, *Revue de Sémantique et pragmatique numéro 11*, P.U.O.

Rastier F.(2006), Saussure au Futur Ecrits retrouvés et nouvelles réceptions-Introduction à une relecture de Saussure, texte inédit.

〈용비어천가〉의 서사적 짜임

성기옥

1. 들어가기

〈용비어천가〉의 문학적 해명을 위한 선학들의 연구는 대체로 두 가지 방향에서 전개되어 왔다. 〈용비어천가〉를 樂章으로 파악하려는 경향과 叙事詩로 파악하려는 경향이 그것이다. 악장으로서의 파악은 초기 연구의 주류를 이루어 왔던 경향으로서, 〈용비어천가〉가 조선건국 초기의 특수한 정치·문화적 상황 아래 궁중의례 음악으로 창작된 頌祝歌라는 데에 입안함으로써 작품의 시대적 효용과 기능을 중시한 접근이 주가 되었다.[1] 그러나 이러한 접근이 조선 초기 시가문학의 전반적 성격을 밝히는 데에는 상당한 효과를 거둘 수 있었으나, 작품 자체의 미적인 특질이나 문학사의 내재적 의미를 해명하는 데에는 한계를 지니고 있었다. 이들 접근이 중시했던 작품의 시대적 효용이나 기능은 사실상 작품의 문학적 내재 원리나 미적 실상의 해명에 별다른 도움을 줄 수 없는 문학 외적인 현상에 불과한 것이었기 때문이다. 초기의 연구가 주로 작품

1) 이러한 방향의 연구가 모두 '樂章'이라는 용어를 사용하고 있는 것은 아니나, 다른 용어를 사용하는 경우라도 그 내포적 개념은 이 범주에서 크게 벗어나지 않는다. 참고로 대표적 용어를 예거하면 다음과 같다.
宮庭文學: 安自山, 『朝鮮文學史』, 韓一書店, 1922, 82쪽; 우리어문학회, 『國文學概論』, 一成堂書店, 1949, 177쪽.
樂　　章: 趙潤濟, 『國文學史』, 東國文化社, 1949, 101쪽; 『朝鮮詩歌史綱』, 博文出版社, 1937, 173쪽에서는 '創業頌詠歌'로 사용; 李秉岐, 『國文學全史』, 신구문화사, 1959, 120쪽.
國初樂歌; 金思燁, 『李朝時代歌謠研究』, 대양출판사, 1956, 18쪽.

의 생성 배경이나 형식의 새로움에 집중되었던 반면 문학적 가치 평가에 소홀했던 사실도,[2] 따지고 보면 〈용비어천가〉를 악장으로만 파악했던 방법론 자체의 한계 때문이었다고 할 것이다.

1960년대 이후 〈용비어천가〉를 英雄 敍事詩로 파악하려 하고 있음은 이러한 접근방법의 한계를 벗어나려는 새로운 모색의 결과라 할 수 있다.[3] 이는 주로 문학의 보편적 양식론에 입각한 작품 자체의 내재적 특성을 중시하여, 〈용비어천가〉를 영웅 서사시로 파악해내려는 데 주력하였다. 영웅 서사시로 규정할 수 있는 가능성은 일찍이 장덕순 교수의 다음과 같은 서사시적 성격의 논증에 의해 이미 확보되어 있다.

(1) 역사를 배경으로 하고 설화를 소재로 했다는 점
(2) 많은 영웅이 등장하고 이 영웅들 중에서 李太祖(李成桂)라는 중심 인물의 활약이 浮彫되어 있다는 점
(3) 영웅에 수반하는 조건—예컨대 준마·용맹·무기·무훈 등이 화려하게 장식되어 있다는 점
(4) 어디까지나 사건의 서술이 主情的인 정서의 영탄이 아니라는 점[4]

이러한 성격 때문에 오늘날 학계에서는 〈용비어천가〉를 영웅 서사시의 범주에 넣는 데 별다른 이론을 제기하지 않는다. 이 사실만으로도 그 서사시적 성격은 비교적 분명하게 부각되고 있기 때문이다. 뿐만 아니라 그 일반적 성격은 보다 구체적으로 여러 각도에서 보충할 수도 있다.

(1) 보통의 인간보다 탁월한 능력을 지닌 인물의 뛰어난 행위에 관한 위대성이 강조되어 있다. 太祖·太宗 및 四祖의 비범한 능력과 행

---

2) 한 예로 〈용비어천가〉의 문학적 가치에 대하여 陶南은 "朝鮮詩로서의 가치는 그다지 대단한 것이 되지 못한다"는 비판적 견해까지 보이기도 한다. 조윤제, 『朝鮮詩歌史綱』, 176쪽.

3) 이러한 방법론적 전환은 장덕순 교수에 의해 이루어졌다. 장덕순, "용비어천가의 서사적 고찰," 도남 조윤제박사 화갑기념논문집, 1964 참고(1963. 9. 29. 용비어천가의 종합적 고찰을 주제로 한 서울대 동아문화 연구소의 동양학 심포지엄에서 처음 발표).

4) 장덕순, 위의 글. 인용한 글은 이를 더 간명하게 정리한 『한국고전문학의 이해』, 일지사, 1973, 149쪽 참조.

위는 모두 이 위대성의 표현인 것이다.

(2) 규모에 있어 크기와 폭의 웅대함, 무게의 장중함, 범위의 광활함이 전편에 뚜렷이 나타나 있다. 민족적 영웅상의 창조라는 웅대한 규모, 이에 따른 장중한 주제, 대륙과 일본에까지 확대된 폭넓은 제재, 초공간적 상상력의 폭 등이 이러한 면에서 지적될 수 있는 증거들이다.

(3) 한 개인의 단면 제시가 아닌 인생의 총체적 모습을 조명하며, 개인의 운명·이상보다 그 사회의 운명·이상과 관련된 주제를 가지는 등의 집단적 성향이 뚜렷하다. 태조나 태종의 모든 이야기들은 그들 개인의 단면 또는 운명과 관련된 것이 아니라 이상적인 인간 또는 군주가 지녀야 할 능력·덕성이라는 전형성을 지니고 있는 것이다.

(4) 표출되는 시적 심상은 여러 사실의 다양한 양상을 포괄적으로 넓혀나가는 확산적 상상력에 의하고 있다. 서술적이며 상징적인 심상의 표출을 주로 하고 있는 〈용비어천가〉의 표현적 특색은 서사시가 지닌 이러한 보편성에 근거하고 있는 것으로 풀이할 수 있다

(5) 등장하는 인물들의 품위와 고결성, 나아가서 인간의 품위와 고결성을 강조하려는 경향 때문에 작품에 드러나는 시적 어조(tone)는 일관된 외경으로 지속되고 있다. 외경의 어조는 『용비어천가』가 지닌 지배적 특성으로서 전편을 통해 표면에 직접 노출되어 있다. 따라서 그 언어 또한 외경의 언어가 지배적이어서, 이를 통해 이야기의 장중한 분위기를 조성해 내고 있다.[5]

---

5) 이론적 근거는 주로 아래 논저를 참고함.
G. Lucacs, *Theory of novel*, 1920, trans. by Anna Bostock, Cambridge, The M.I.T. Press, 1971, 56-69쪽; W.P. Ker, *Epic and Romance*, N.Y., Dover Publications, 1957, 16-34쪽; C.H. Whitman, *Homer and The Heroic Tradition*, N.Y., Norton, 1965, 102-127쪽; C.M. Bower, "Some Cheracteristics of Literary Epic", ed. by L. Sargent Hall, *A Granmer of Literary Criticism*, N.Y. Macmillan, 1965, 3-8쪽; E.M.W. Tillyard, "The Epic Sprit", *Ibid.*, 15-21쪽; T. Greens, "The Norms of Epic", eds. by T.L. Coldwood & H.E. Toliver, *Perspectives on Poetry*, London, Oxford Univ., 1965, 194-208쪽; Paul Merchant, *The Epic*, London, Methuen, 1971, 1-4쪽.

그러나 이러한 일반적 성격이 〈용비어천가〉를 영웅 서사시로 규정하기 위한 자명한 '충분조건'일 수 있는가에는 의문을 제기해야 한다. 관점에 따라서는 오히려 영웅 서사시로 규정할 수 없는 비서사시적 성격도 이에 못지않게 지적되고 있기 때문이다. 그 가장 대표적인 하나가, 〈용비어천가〉의 서사적 양상이 영웅 이야기로서 일관된 서사적 맥락을 가지고 있지 않은 단편적인 사건의 나열에 불과하다는 지적이다. 이는 오늘날 학계에서 널리 인정되고 있는 일종의 통념화된 사실이라 할 수 있다. 그러나 여기에는 일관된 이야기로서의 서사적 통일성이 모든 서사시가 갖추어야 할 가장 기본적이며 일차적인 조건이라는 점에서 매우 심각한 문제점이 제기된다. 만일 〈용비어천가〉가 이를 전적으로 결여한 단편적 사건의 나열에 불과하다면, 위에서 검토한 많은 서사시적 성격에도 불구하고 〈용비어천가〉는 영웅 서사시로 보기 어려울 것이기 때문이다. 〈용비어천가〉를 영웅 서사시로 보기에 인색했던 초기 연구의 태도도 그 저변에는 이러한 비서사성이 크게 부각되었기 때문으로 추측된다. 따라서 이에 대한 타당한 해명이 어떤 형태로든 이루어지지 않는 한, 서사시적 접근을 통한 〈용비어천가〉의 연구는 그 전망이 밝지 않을 것이다.

이 연구가 출발하는 立點은 여기에 놓여 있다. 통상 지적되고 있는 서사적 통일성의 결여가 과연 작품에 대한 타당한 서사적 분석을 통해 도출된 것인가, 〈용비어천가〉는 정말로 서사적 통일성을 결여하고 있는 단순한 단편적 사건의 나열에 불과한가를 물어야 할 필요성이 여기에서 제기되기 때문이다. 이 물음에 대한 가설적인 답변은, 어떤 형태로든 〈용비어천가〉가 일관된 서사적 통일성을 가지고 있을 것이라는 쪽이다. 따라서 이에 대한 검토는 곧 〈용비어천가〉의 서사적 짜임과 이를 지배하는 서사원리를 찾아 그 서사적 통일성을 밝혀내는 일이 중심이 된다. 이는 〈용비어천가〉가 영웅 서사시로서의 본질적 조건을 갖추고 있다는 사실을 입증하는, 이 연구의 목적이기도 하다.

2. 전체 짜임과 구성 원리

〈용비어천가〉가 서사적 통일성을 결여하고 있다는 선학들의 견해는 대체로 두 가지 판단에 입각하고 있는 것으로 보인다. 〈용비어천가〉가 어떤 질서도 발견할 수 없는 방만한 전개를 보이고 있다는 판단과, 일관된 서사적 맥락을 찾을 수 없는 단편적인 삽화(episode)의 열거 현상을 보인다는 판단이 그것이다. 그리고 이러한 판단은 모두가 〈용비어천가〉에 대한 다음과 같은 작품 분석의 결과에 근거하고 있다.

제1~2장(또는 1장)	서사
제3~109장	본사
제110~125장(또는 125장)	결사

이러한 분석의 결과에 근거할 때, 〈용비어천가〉가 서사적 통일성을 결여하고 있다는 선학들의 견해는 사실상 상당한 타당성을 지닌다. 전체 짜임에 있어 3단 구성상의 불균형도 문제이지만, 이른바 '영웅의 이야기'에 해당하는 본사 부분은 어떠한 질서도 발견할 수 없는 방만한 전개를 보여주고 있기 때문이다. 시간적으로 가장 앞선 四祖(穆祖・翼祖・度祖・桓祖)의 삽화가 납득할 만한 이유도 없이 태조(이성계)의 삽화보다 뒤에 나타나는가 하면, 동일한 내용의 삽화가 필연성도 없이 여기저기에 중복되는 잡박함을 보이고 있다.

그러나 〈용비어천가〉의 제작 의도나 목적성이 어느 작품보다 강하다는 사실을 고려한다면, 과연 〈용비어천가〉가 아무런 서사적 장치도 없이 무질서하게 구성되었을 것인가는 상당히 의문시된다. 오히려 작품을 구조화하고 있는 내적 질서화의 원리를 발견하지 못한 데서 기인된, 잘못된 작품 분석의 결과일 가능성도 배제할 수 없다. 따라서 〈용비어천가〉의 서사적 통일성을 발견하기 위한 일차적인 작업은 우선 작품의 전체 구성 양상을 전면적으로 재검토하여 그 구성의 내적 원리를 발견하는 일이 선행되어야 할 것이다.

먼저 문제가 된 四祖(4조)가 작품에 어떻게 삽입되어 있는가를 살피는 일은 이 문제 접근에 중요한 실마리를 던져 줄 것이다. 전편을 통하여 4조가 아래와 같이 3회에 걸쳐 3개소에 분포되어 있다.

제1회	제3~8장(6개 장)
제2회	제17~26장(10개 장)
제3회	제110~112장(3개 장)

이들 분포의 양태가 보이는 주목할 만한 사실은 일반적으로 알고 있는 무질서한 배열이 아닌, 어떤 규칙성의 발견 가능성을 엿볼 수 있다는 데에 있다. 4조가 나타나는 순서는 항상 목조→익조→도조→환조의 순이고 태조는 항상 4조의 다음에 나타나며, 태종 역시 언제나 태조 다음에 나타나고 있음이 그 단서다. 즉 4조・태조・태종이 작품에 나타나고 있는 앞뒤 관계는 전편에 걸쳐 다음과 같은 양상을 보이고 있는 것이다.

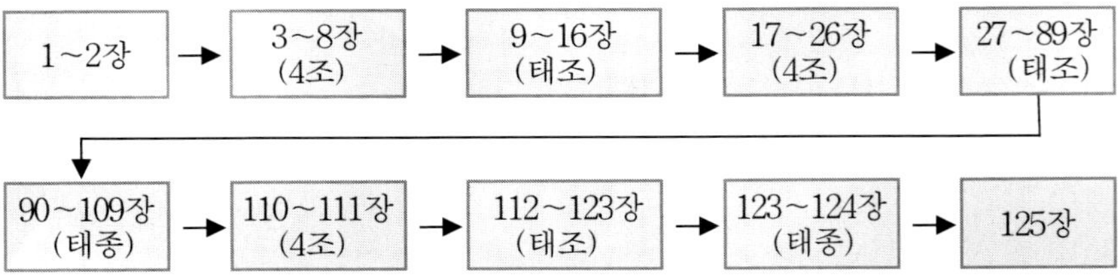

이들 인물의 앞뒤 배열 관계를 통해 쉽게 추론되는 바는 그 배열이 결코 무질서하지 않다는 확신이다. 곧 4조를 A, 태조를 B, 태종을 C로 기호화한다면 그 배열은

$$\overset{(1)}{A \to B} \to \overset{(2)}{A \to B \to C} \to \overset{(3)}{A \to B \to C}$$

로 나타나, A→B→C로 진행되는 부분이 3회에 걸쳐 반복되는 일정한 구조 모형을 보이고 있다. 그리하여 이들은 다음과 같은 정연한 체계를 가진 3개 부분으로 묶음지울 수 있다.

(1) A→B

(2) A→B→C

(3) A→B→C

적어도 인물의 배열에 있어 〈용비어천가〉가 엄정한 질서를 지니고 있음은 이로써 명백해진다. 전체가 3개 부분으로 이루어져 있을 뿐만 아니라, 이들이 구성되고 전개되는 데에는 일정한 질서화의 원리가 작용하고 있는 것이다.

첫째로 각 부분의 전개는 시간적 순서에 따라 A→B→C의 순으로 진행되는 순차적 진행의 원리에 의하고 있다. (1)이 A→B로, (2)와 (3)이 각각 A→B→C로 전개되고 있음이 그러하다.

둘째로 이들 부분이 이루는 전체 구성은 항상 A에서 시작되어 B나 C에서 끝나고 다시 A로 돌아와 반복되는 주기적 순환의 원리에 의하고 있다. (1)이 A에서 시작되어 B에서 끝나고 (2)로 이어지면서 다시 A로 반복 순환되고 있는 현상이 이를 설명해준다.

따라서 이들 두 질서화의 원리에 따라 배열된 〈용비어천가〉의 인물구성 양상은 다음과 같이 도식화할 수 있다

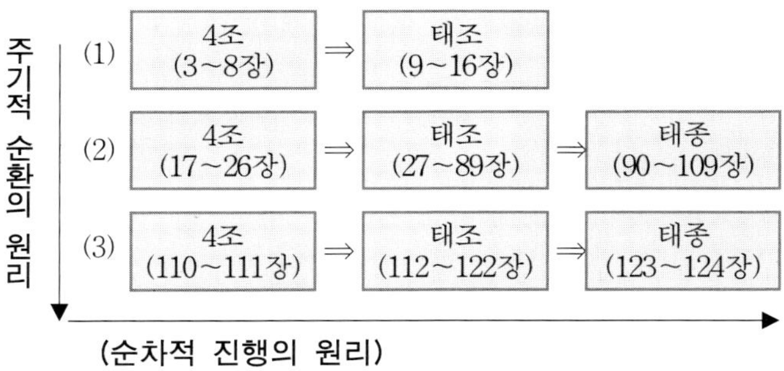

중요한 것은 인물 배열의 구조에 드러난 3개 부분이 실제 작품의 전체 구성과 직접적인 상관성을 지니고 있다는 사실이다. 이들 세 부분은 다름아닌 〈용비어천가〉의 서사·본사·결사이다. (1)은 작품의 서사에 해당하는 부분이며, (2)는 본사, 그리고 (3)은 결사에 해당하는 부분인

것이다. (3)이 결사에 해당함은 제110장 이후의 모든 연(장)들이 후대왕의 規戒를 나타내는 이른바 勿忘章이라고 불리는 특유의 표현 어법을 쓰고 있고, 종래의 전통적 분석에서도 결사로 처리해왔기 때문에 별다른 설명이 더 필요 없을 것이다. 그러나 (1)과 (2)의 경우는 서사와 본사로 볼 수 있는 타당한 근거가 제시되어야 한다. 서사를 제16장까지로 보는 데에는 이를 뒷받침할 만한 몇 가지 근거가 있다.

첫째는 당시 〈용비어천가〉에 곡을 붙인 궁중음악 가운데 致和平이 제1~16장과 125장에만 사용되었다는 사실을 그 근거로 들 수 있다. 『세종실록』, 「악보」에는 전편에 곡을 붙인 상·중·하 세 종류의 치화평 악보가 모두 수록되어 있으나, 실제로는 치화평(하) 가운데 제1~16장, 125장 등 17개장만 사용하는 것임을 명기하고 있다.[6] 〈용비어천가〉의 창작 시기와 치화평의 작곡 시기가 그리 차이나지 않았음에 비추어,[7] 치화평의 사용 범위를 제1장에서 16장까지로 정한 이유는 용비어천가의 전체 구성과 결코 무관하지 않을 것 같다. 따라서 실제 사용된 치화평(하) 제1~16장이 (1)의 범위와 일치하고 있다는 사실은 (1)을 서사로 볼 수 있는 중요한 입증 근거가 될 수 있다.

둘째는 중복 현상을 보이는 삽화들의 표현 중점이 (1)과 (2) 사이에 차이를 드러내고 있다는 사실을 그 근거로 들 수 있다. (1)에 나왔던 삽화가 (2)에서 다시 거듭되고 있는 예는 상당한 양에 이른다. 목조에 관한 제3장의 史蹟(전주에서 덕원으로 옮김)은 제17~18장에 거듭되고, 익조에 관한 제4~6장의 사적(赤島 피난)은 제19~20장에, 도조에 관한 제7장의 사적(두 마리까지를 쏘아 맞힘)은 제23장에, 태조에 관한 제9~10장의 사적(위화도 회군)은 제67~69장에, 11장의 사적(昌王 폐위, 공양왕 추대)은 제71~72장에, 기타 더 예거하기가 번거로울 만큼 많이 중복된다. 그러나 이러한 동일 삽화의 중복에도 불구하고 모티프 선택을 통한 표현의 중점은 (1)과 (2) 사이에 차이점을 보이고 있는 것이다. (1)에서

---

6) '致和平則只用下篇 首章以下至十六章及卒章', 『世宗實錄』, 卷140 樂譜, 國史編纂委 影印本 5권, 480쪽.

7) 작품집 『용비어천가』의 간행 시기가 세종 29년(1447) 2월이고 樂譜(致和平譜·醉豊亨譜·與民樂譜)의 간행 시기가 동년 6월(『세종실록』 영인본 5권, 25쪽 참조)인 점에 미루어 완성된 시기는 거의 동시라 해도 좋을 것이다.

의 표현 중점은 각 인물의 삽화가 담고 있는 서사 내용 자체의 개별적 의미에 있는 것이 아니라, 각 서사 내용으로부터 끌어낼 수 있는 현재적 의미에 놓여 있다. 그러나 (2)에서는 오히려 서사 내용 자체가 지닌 개별적 의미의 표현이 더 중시되고 있다. 한 예로서, 도조가 두 마리 까치를 쏘아 죽였는데 뱀이 이를 먹지 않고 나무 위에 걸쳐 두었다는 삽화를[8] 소재로 한 제7장과 23장의 경우 그 표현은 다음과 같이 다르다.

ᄇᆞ야미 가칠 므러 즘겟가재 연ᄌᆞ니 聖孫將興에 嘉祥이 몬졔시니(제7장)
雙鵲이 ᄒᆞᆫ 사래 디니 曠世奇事ᄅᆞᆯ 北人이 稱頌ᄒᆞᅀᆞᄫᆞ니(제23장)

우선 이들은 동일한 삽화에 담긴 모티프의 선택에서부터 차이를 드러낸다. 제7장은 죽은 까치를 가지에 걸어 두는 모티프를 선택하고 있는 반면에 제23장은 그 앞부분인 두 마리 까치를 쏘아 맞히는 모티프가 선택되고 있다. 7장이 상서로운 조짐의 표현에 중점을 둔 대신, 23장이 도조의 뛰어난 武勇의 표현에 중점을 두고 있는 것이다. 이는 곧 7장이 현재적 시점에서 과거의 상서로운 증거를 들어 창업주 태조의 조선 건국이 필연적임을 강조하는 현재적 의미 표현에 중점을 두는 대신, 23장이 도조의 뛰어난 무용을 강조하는 서사 내용의 개별적 의미 표현에 중점을 두고 있음과 직결된다. 이러한 차이가 중복 현상을 보이는 대부분의 삽화에 두루 발견된다는 점에서 제16장까지를 서사로 보는 타당성의 입증에 중요한 근거가 될 것이다.

셋째로 (1)과 (2)가 주제 표출의 방법에 있어 각기 다른 특징을 보이고 있다는 사실을 들 수 있다. (1)은 (2)보다 주제가 훨씬 포괄적이며, 직접적인 방법으로 제시된다. 다시 말해 (1)에서 표현하려는 주제는 〈용비어천가〉를 통해 표출하고자 하는 작품의 전체 주제이며, 표출의 방법은 직접적이다. 제3~8장은 4조의 사적을 통해 조선왕조의 창업이 깊고도 든든한 기틀 위에서 이루어질 수 있었다는 '肇基의 필연성'을 직접적으로 제시하고 있고, 제9~16장은 조선왕조 창업이 사사로운 권력욕에

8) 度祖嘗在行營 有二鵲集營中大樹 度祖欲射之 去樹幾百步 麾下士咸謂未必中 遂射之 二鵲俱落 有大蛇出御之 寘於他樹上 不自食 時人異之 爲之稱頌焉(『龍飛御天歌』, 亞細亞文化社 영인본, 42-43쪽).

의한 것이 아니라 天命에 의한 것이라는 '肇國의 필연성'을 직접적으로 제시하고 있다.

이들 표현된 주제가 다름아닌 조선왕조 창업의 당위성을 강조하려는 이 작품의 전체 주제라는 점에서, 서사 내용의 개별적 의미 제시를 통해 점진적으로 작품의 전체 주제에 접근해 나가는 (2)의 주제 표출 방법과는 뚜렷이 구별된다. 본사(本詞)에서 작품의 전체 주제, 목적, 방법 등을 먼저 개괄적으로 서술하는 것이 통례인 점에 비추어, 이러한 특징은 (1)을 서사로 규정할 수 있는 타당한 근거가 아닐 수 없다.

따라서 〈용비어천가〉의 전체 짜임은 순차적 진행의 원리와 주기적 순환의 원리에 따라 서사·본사·결사가 구성되는 정연한 논리적 질서를 가진다. 서사를 통해 조선왕조 창업의 당위성을 포괄적으로 제시하고, 본사를 통해 조선왕조 창업의 당위성을 구체적 이야기로써 실증해 내며, 결사를 통해 왕업의 영구한 지속을 기리기 위한 후대왕에의 규계 사항을 열거하고 있는 것이다. 이를 도식화하면 아래와 같다.

서사(제1~16장)	조선왕조 창업의 당위성 제시
본사(제17~109장)	조선왕조 창업의 당위성 증명
결사(제110~125장)	왕업의 영속을 위한 후대왕에의 규계

제1장에서 16장에 이르는 서사는 역성혁명 내지 새 왕조 창업의 당위성을 직접 제시하기 위한 3단 구조의 논리적 짜임을 보인다. 제1·2장은 전체를 總叙하고 있는 프롤로그에 해당하고, 제3~8장은 조기의 필연성을, 제9~16장은 조국의 필연성을 표현하고 있는 부분으로서, 이를 통해 작품의 창작 의도와 목적, 주제를 직접적으로 밝히고 있다.

제110장에서 125장에 이르는 결사 역시 후대왕에의 규계를 통해 왕업의 영원함을 기리기 위한 4단 구조의 논리적 짜임을 보이고 있다. 제110~114장은 4조·태조가 겪은 왕조 창업의 고난을 통해, 제115~119장은 태조·태종이 보인 군왕으로서의 덕성을 통해, 제120~124장은 태조·태종이 힘쓴 經國濟世의 모범을 통해, 그리고 에필로그에 해당하는 마지막 제125장은 왕업의 영속을 염원하는 소망을 통해 각각 후대왕들을 규계하고 있는 것이다. 그리하여 서·결사의 짜임이라는 서사 내용의 전개에

따른 서사적 짜임이 아니라 주제 중심의 논리적 짜임을 특색으로 보여준다.

따라서 서사와 결사는 서사성(narrativity)을 지니고 있는 부분이 아니다. 왕조 창업을 주도한 영웅적 인물들의 이야기를 통해 조선 건국의 위업과 당위성을 서사적으로 표현하기 위한, 유도와 마무리의 기능을 가진 비서사적 부분인 것이다. 그러므로 〈용비어천가〉의 서사적 통일성 문제는 서사와 결사를 제외한 본사(제17~109장)의 서사적 짜임을 중심으로 해명해야 할 문제이다.

3. 서사적 전개의 구조와 방법

지금까지의 분석과는 달리 본사를 제17장에서 109장까지로 설정하고 보면, 〈용비어천가〉가 서사적 통일성을 결여하고 있다는 견해는 이미 상당한 정도의 판단 근거를 상실하게 된다. 앞에서 지적한바, 어떤 원리나 질서도 발견해 낼 수 없는 방만한 구성, 동일 삽화의 잡박한 중복, 인물 배열의 무질서한 시간적 교착 등과 같은 반서사적 성격은 모두가 〈용비어천가〉의 본사를 제3장에서 109장까지로 파악한 잘못된 분석결과를 근거로 도출된 것이기 때문이다.

본사를 제17장에서 109장까지로 설정할 경우, 이러한 지적들은 그 의미를 지닐 수 없다. 우선 〈용비어천가〉가 어떤 질서도 발견할 수 없는 방만한 구성을 하고 있다는 판단이 잘못된 것임을 알게 된다. 전체 짜임의 분석과정에서 명료히 드러난 바와 같이, 〈용비어천가〉의 전체 구성은 순차적 진행의 원리와 주기적 순환의 원리에 따라 짜인 정연한 질서를 가지고 있기 때문이다. 서사・본사・결사는 각각의 기능에 따라 합리적으로 짜인 논리적 구성일 뿐만 아니라 서사와 본사가 모두 16개장으로 배분된 양적 균형까지 고려되어 있다.

그리고 동일한 삽화가 여기저기에 잡박하게 중복된다는 판단 역시 그

릇된 것임이 드러난다. 동일한 삽화의 중복이 문제가 되는 곳은 서사(1～16장)와 본사(17～109장) 사이에서이기 때문에 본사 안에서는 이러한 중복 현상이 일어나지 않는다. 뿐만 아니라 양자의 표현 중점이 뚜렷한 차이를 보인다는 사실 때문에 잡박함을 보이지도 않는다.

마지막으로 인물 배열의 시간적 선후가 무질서하게 교착되고 있다는 판단 또한 타당성을 지니지 못한다. 제17장 이후 109장에 이르는 본사의 인물 배열은 4조(17～26장), 태조(27～89장), 태종(90～110장)의 순으로 시간적 순서에 따라 정연하게 배열되어 있기 때문이다. 문제시되어 온 반서사적 성격을 이 정도로만 제거하더라도 〈용비어천가〉의 서사적 통일성은 종래의 설에 비할 수 없을 만큼 뚜렷이 부각된다.

그러나 이러한 성과는 종래 잘못 파악된 자료 분석결과를 시정함으로써 얻은 예비적 검토의 성과에 불과하다. 〈용비어천가〉가 지닌 서사적 통일성의 확실한 해명은 이를 토대로 본사에서 보이는 서사적 전개 양상으로부터 일관된 서사적 맥락을 발견할 수 있을 때 가능하다. 종래의 견해는 이의 가능성에 대하여 회의적인 반응을 보여 왔지만, 이미 상당 부분의 문제점이 해결된 현 단계로서는 오히려 일관된 서사적 맥락의 발견 가능성이 훨씬 높다. 그러한 가능성은 우선 두 가지 단계의 선결 문제를 해결하는 과정에서 발견할 수 있을 것이다.

먼저 해결해야 할 과제는 〈용비어천가〉에 등장하는 인물들이 차지하고 있는 작품적 위상을 밝히는 일이다. 이는 서사적 맥락 발견의 일차적 단서를 찾는 일이 될 것이다. 태조 이성계가 작품의 서사적 중심인물로서 주인공의 위치에 놓여 있음은 다른 인물에 비해 월등한 서사량을 차지하고 있는 점,[9] 작품의 중심 제재인 조선왕조 창업의 실현자라는 점, 영웅으로서의 성격이 가장 뚜렷하게 부각되어 있는 점 등에 미루어 이론의 여지가 없을 것이다. 그러나 4조와 태종의 경우, 이들의 작품적 위치에 따라 서사적 양상도 달리 파악될 수 있기 때문에 좀 더 신중히 검토할 필요가 있다. 논의의 초점은 4조와 태종이 태조와 마찬가지의 위치를 차지하는가 어떠한가를 살피는 데 수렴된다.

9) 참고로 각 인물이 차지하는 장 수를 살펴보면 본사 총 92개 장 가운데 태조의 사적은 63개 장(제27～89장)이고 4조는 10개 장(제17～26장), 태종은 20개 장(제90～109장)이다.

4조의 경우, 제17장에서 27장에 이르는 인물 표상의 양태는 영웅적 인물로서의 성격이 비교적 선명하게 부각되는 경향을 보인다. 목조가 삼척에서 덕원으로 옮겨갈 때 200여 호가 따른 일(18장), 익조가 여진족의 모함을 피해 적도로 피난할 때 일어난 신이한 도움(19~20장), 도조의 탄생담(21장)과 名弓으로서의 무용(22~23장), 환조의 逆徒平征(24장)과 고려조에의 충성(25~26장) 등 비교적 선명한 영웅적 성격을 드러내고 있다.

그러나 4조의 영웅적 성격은 네 인물 각자의 영웅다움을 서술하는 독자적 개성으로서 부여된 것이 아니다. 그렇다고 네 인물이 모여서 하나의 영웅적 성격을 창조하는 집단적 인물로서의 독자적 성격을 지니는 것도 아니다. 4조의 영웅적 비범함은 4조 자체보다 오히려 주인공 태조의 영웅상을 강화시키기 위한 수단으로 제시된 것이다. 4조의 비범함이 두드러질수록 그러한 인물을 조상으로 둔 태조의 비범함 역시 강화되는 사정을 생각한다면 이는 쉽게 수긍할 수 있을 것이다. 따라서 4조는 작품 속에서 독자성을 지니고 있는 인물이라기보다 주인공 태조의 영웅적 성격을 부각시키기 위해 동원된, 일종의 배경적 인물이라 할 수 있다.

태종의 경우, 적어도 4조처럼 배경적 인물로 위치하고 있지는 않다. 태종의 비범함을 강조한다고 해서 태조의 영웅상이 더 부각되는 것이 아닐뿐더러, 태조의 영웅상이 두드러진다고 해서 태종의 비범함이 강화되는 것도 아니기 때문이다. 이런 의미에서 태종은 작품 속에서 그 자체로서의 독자성을 확보하고 있는 인물이라 할 수 있다. 그러나 그 독자성의 정도는 태조에 비해 훨씬 약하다. 서사량이 보이는 비중도 비중이려니와, 우선 영웅적 성격에 있어 태조보다 훨씬 영웅다움을 상실하고 있다. 영웅의 필수조건이라 할 힘과 무용을 구비하고 있지 않으며, 신화적 속성도 거의 드러나지 않는다, 비범함은 오직 군왕으로서 구비해야 할 이상적 덕성의 강조를 통해 제시되어 있을 뿐인 것이다.

뿐만 아니라 전개에 작용하는 서사적 기능도 본질적이지 못하고 주변적(marginal)이다. 태종에 관련된 삽화들은 〈용비어천가〉의 서사적 골격 형성에 관여하는 본질적 기능을 지니고 있지 않기 때문에, 태종의 이야기가 시작되는 제90장 이전에 이미 작품의 기본적인 서사 구조는 완결되어 버린다.[10] 따라서 태종은 독자성을 가지고 있기는 하지만 작품의 서사적 골격 형성에는 참여하지 못하는 일종의 부연인물이라 할 수 있다. 결과적으로 〈용비어천가〉의 서사적 중심인물은 태조 이성계뿐이며, 이성계라는 영웅적 인물을 중심으로 〈용비어천가〉의 이야기가 전개된다는 결론에 이르게 된다. 이는 〈용비어천가〉의 서사적 전개가 이성계의 이야기를 중심으로 고찰되어야 함을 뜻하는, 서사적 맥락 발견의 중요한 단서라 할 수 있다.

다음으로 해결해야 할 과제는 서사적 중심인물 태조를 중심으로 한 삽화들이 어떠한 시간적 관계로 배열되어 있는가를 점검하는 일이다. 이는 〈용비어천가〉의 서사적 맥락 발견을 위한 직접적 단서를 찾는 일이 되는 것이다. 상세한 주석과 함께 간행된 작품집 『용비어천가』에는 삽화에 관련된 연대를 밝히지 않고 있기 때문에 이 자료만으로는 삽화의 시간적 배열이 어떻게 되어 있는가를 알기는 어렵다. 그러나 다행히 용비어천가에 서술된 대부분의 삽화들이 『태조실록』에 기록되어 있기 때문에 이를 통해 삽화 배열의 시간적 양상을 대체로 추정할 수가 있다. 성격상 역사적 근거가 필요치 않는 연대 미상의 삽화들도 상당량에 이르고 있으나, 연대 추정이 가능한 자료를 중심으로 이들 삽화의 시간적 배열 관계를 살펴보면 대체로 시간적 진행과 일치하는 경향을 보인다. 그리하여 태조에 관한 삽화들(제27~89장)은 시간적 진행에 따라 세 단계로 분류해 낼 수가 있다.

먼저 제27장에서 32장까지는 태조가 관직에 오르기 이전, 성장기의 삽화들이 중심을 이룬다. 주로 태조의 용모·궁술·마술 등 일화 성향이 강한 삽화들이기 때문에 그 정확한 연대가 실록에도 명기되어 있지 않으나, 앞뒤 문맥이나 '太祖 少時…' '太祖 嘗…'과 같은 기록, 또는 『태조실록』에 수록된 위치 등으로 미루어 이러한 추정은 충분히 타당성을 가질 수 있다.

다음으로 제33장에서 66장까지는 관직에 올라 무장으로서 빛나는 무공을 세운 시기가 중심을 이룬다. 주로 1362년 2차 홍건적 침입에서부터 1385년 왜구와의 咸州 싸움에 이르는 외적을 평정하던 시기의 무용담이 주축이 되어 있다. 전반부(제33~46장)는 1362년부터 1370년에 이르는 홍

10) 이에 관해서는 본 장 후반에서 자세히 설명될 것이다.

건적 침입(1362. 1: 제33~34장), 원나라 納合의 침입(1362. 7: 제35~36장), 원나라 崔濡의 침입(1364. 1: 제37장), 三善・三介의 난(1364. 2: 제38장), 동녕부 정벌(1370. 1: 제39~41장), 기철의 아들 침입(1370. 8: 제42장) 등 북방족의 평정에 관한 무용담이 중심이고, 후반부(제47~66장)는 1377년부터 1385년에 이르는 왜구와의 지리산 전투(1377년: 제47~48장), 강화 전투(1378. 4: 제49장), 운봉 전투(1380. 8: 제50~52장), 함주 전투(1385. 9: 제58~61장) 등 왜구의 평정에 관한 무용담이 중심이다.

마지막으로 제67장부터 89장까지는 태조가 직접 중앙집권층의 중심부에 뛰어들어 권력을 장악하고 조선왕조를 건국하기 전후에 이르는 시기의 삽화가 중심을 이룬다. 위화도 회군(1388. 5: 제67~70장)과 창왕 폐위(1389. 11~1390. 5: 제71~74장)가 전반부의 주축이 되어 있고, 조선왕조의 개국을 예언하는 神異한 증거들(제83~85장)이 후반부의 주축이 되어 있다고 할 수 있다.

이상 일정한 시간적 진행에 따라 분류된 태조의 삽화 배열 단계를 4조・태종과 함께 요약하여 제시하면 다음과 같다.

(1) 4조에 관한 이야기 ······································ 제17~26장
(2) 벼슬 이전의 성장기(1362~1385) ·················· 제27~32장
(3) 외침세력 평정기(1362~1385) ························ 제33~66장
(4) 정치권력 획득기(1388~1391) ························ 제67~89장
(5) 태종에 관한 이야기 ······································ 제90~109장

비록 중간중간마다 연대 미상의 삽화들이 삽입되어 있기는 하지만, 〈용비어천가〉의 삽화 배열은 이처럼 시간적 진행과 일치하는 비교적 선명한 단계로 구성되어 있다. 이것이 바로 〈용비어천가〉의 서사적 맥락을 발견할 수 있는 직접적인 단서인 것이다. 이들 삽화 배열이 보이는 시간적 단계는 태조를 주인공으로 하는 영웅 이야기의 서사 단계를 추론해 낼 수 있는 직접적인 정보 자원이기 때문이다.

(1)은 4조의 작품적 위상을 검토하면서 밝힌 바대로 4조 자체보다 후손인 태조의 영웅적 비범함을 나타내기 위해 동원된 배경적 인물의 삽화들이다. 네 인물이 남다른 비범함을 지니고 있음이 강조된 것은 결과

적으로 태조가 그만큼 뛰어나고 유서 깊은 명문의 자손임을 강조하는 의미를 지니게 된다. 따라서 이 부분은 태조 이성계의 '고귀한 혈통'을 서술한 대목이라 할 수 있다.[11]

(2)는 태조가 보통사람에게서 볼 수 없는 영준한 기상과 완력·궁술·승마술 등의 출중한 무예를 지닌 선택받은 인물임을 일화적 사실을 통해 표현하고 있는 삽화들이다. 이들 삽화가 모두 태조가 관직에 오르기 이전인 성장기의 이야기라는 점에서 이 부분은 태조 이성계의 '비범한 성장'을 서술한 대목이라 할 수 있다. 다른 대목에 비해 신화적 속성을 더 강하게 보이고 있는 현상도 이러한 서사적 문맥과 깊은 관련성을 지니고 있는 것으로 보인다.

(3)은 태조가 북방족과 왜구의 빈번한 침입을 평정하는 데 혁혁한 공을 세웠던 구체적인 역사적 사실에 근거하여, 이들 싸움에서 보인 태조의 영웅다운 자질을 강조하고 있는 삽화들이다. 이들 삽화의 표현 중점이 태조의 빛나는 무공의 찬양보다 무공을 세울 수 있었던 태조의 탁월한 영웅적 자질의 찬양에 있다는 점에서, 이 부분은 태조 이성계의 '탁월한 능력'을 서술한 대목이라 할 수 있다.

그러나 이 대목의 삽화들이 모두 태조의 外賊平征이라는 구체적인 역사적 사실에 근거하고 있는 것은 아니다. 상당한 양의 삽화는 오히려 역사적 사실이라기보다 연대 미상의 일화적 내용에 속하는 것들이다. 그리하여 이 대목의 삽화 배열이 일정한 원칙도 없이 무질서하게 늘어놓은 것으로 판단하기 쉽다.[12] 그러나 면밀히 살펴보면 오히려 이들 삽화가 일정한 원칙에 의거한 정연한 배열을 하고 있음을 발견할 수 있다. 즉 외적의 평정에서 세운 무공이 태조의 탁월한 능력에 의한 것임을 역사적 순서에 따라 전개하면서, 중간중간 태조의 출중한 무예와 무덕을 환기하는 일화를 곁들이는 형태의, 독특한 삽화 배열방식을 취하고 있는

11) 이러한 파악은 "태조의 선조 이야기는 영웅탄생설화라면 태어나기 이전에 있었던 여러 가지 신비한 예표의 부분에 해당하는 것"이라는 정병욱 교수의 견해를 바탕으로 이루어진 것이다.
정병욱·이어령, 『고전의 바다』, 현암사, 1977, 173쪽.

12) 예를 들어 태조가 처음 관직에 오른 1356년의 이야기인 제44장의 격구놀이 삽화(『태조실록』, 영인본 1권, 6쪽 참조)가 이야기 전개상 납득할 만한 이유도 없이 훨씬 후대인 1370년대 북방족 평정 삽화 다음에 나오고 있다.

것이다. 다시 말해 '역사적 사실 + 일화적 사실'의 구조가 다음과 같이 3개 단락에 걸쳐 전개되고 있다.

[1 단락] (33-46장)	북방평정(1362~1370) + 일화적 사실 (33~42장) (43~46장)
[2 단락] (47~57장)	왜구평정 I(1377~1380) + 일화적 사실 (47~52장) (53~57장)
[3 단락] (58~66장)	왜구평정 II(1385) + 일화적 사실 (58~62장) (63~66장)

역사적 사실을 통해서는 태조의 빼어난 무예, 용병술, 무덕, 영웅적 기상 등 영웅으로서 갖추어야 할 요소를 각 단락마다 고루 서술하고 있고, 일화적 사실을 통해서는 주로 평소에 태조가 보여 주었던 출중한 무예와 무덕을 중심으로 서술하고 있다. 첫 단락은 무예 중심의 서술이고, 둘째 단락은 무덕 중심의 서술이며, 셋째 단락은 무예와 무덕의 종합적 서술인 것이다. 이러한 전개가 창작을 위해 거국적으로 수집한 자료들을 모두 소화하기 위한 방편적 수법이라는 인상을 전면 배제할 수는 없으나,[13] 이러한 방법이 노리는 표현 의도 또한 명백히 나타나고 있다. 역사적 사실에서만 탁월한 능력을 보이는 것이 아니라 평소에도 그러함을 중간중간마다 환기시킴으로써 결과적으로 태조가 지닌 창업주로서의 영웅적 자질을 더욱 강조하는 효과를 노리는 특이한 장치로 보이기 때문이다.

(4)는 태조가 여말의 정치 현실에 적극 뛰어들어 반대파의 세력을 꺾고 위화도 회군, 창왕 폐위 등 실력 행사를 통해 정치권력을 획득해 나가는 과정의 삽화들이 중심을 이루고 있다. 이런 의미에서 이 부분은 새 왕조 창건을 겨냥한 태조 이성계의 '투쟁에서의 승리'를 서술한 대목이라 할 수 있다.

그러나 작품에 나타난 서술의 양상은 승리에 이르는 투쟁의 과정이 경시되고 승리에 이를 수밖에 없는 필연성만 강조되는 일방적 서술의

13) 태조 삽화의 마지막 부분인 제86장에서 89장까지가 철저히 지켜지던 중국 사적과의 엄격한 병치 서술방식을 버리고 태조에 관한 일화로만 연속되고 있는 현상과 함께 생각할 때 더욱 그러하다.

경향을 보이고 있다. 이 때문에 서사체 문학의 한 속성이라 할 수 있는 반동세력과의 대립에 의한 위기나 위기의 극복과 같은 극적 요소가 거세되어버리는 특색을 보여 준다. 그리하여 위화도 회군, 창왕 폐위와 같은 역사적 사실이나 原歌에 대한 주석 부분을 통해서 그러한 투쟁의 과정을 짐작할 수 있을 뿐이다. 투쟁의 흔적이나마 표현된 예는 제71・74장 정도에 불과하고 나머지는 모두가 정치적인 승리 내지 왕업 창건의 당위성을 강조하는 의도를 배후에 깔고 있는 것이다. 그리고 이의 전개 방법은 위의 (3)만큼 명료하지는 않지만 대체로 '역사적 사실 + 일화적 사실'을 기본 구조로 한, 다음과 같은 두 단락 구성으로 볼 수 있을 것이다.[14)]

[1 단락] (67~82장)	정치적 투쟁(1388~1391) + 일화적 사실 (67~75장) (76~82장)
[2 단락] (83~89장)	조국의 예언적 증거 + 일화적 사실 (83~85장) (86~89장)

첫째 단락은 역사적 사실을 통해 정치적 승리(위화도 회군, 창왕 폐위)가 정치・윤리적 필연성에 근거한 천명의 소치임을 강조하고, 그를 뒷받침하는 근거로서 일화적 사실을 통해 仁政의 덕(제76~79장, 주로 등극 전후의 일화 중심)과 崇文의 덕(제80~83장)이 높음을 서술하고 있다. 둘째 단락은 여러 신이한 개국의 예언적 증거를 통해 조선왕조의 창업이 필연성에 근거한 천명의 소치임을 제시하고, 이런 예언적 증거가 아니더라도 초인적인 무용이 이미 하늘의 선택에 의한 것임을 일화적 사실을 통해 강조하고 있다. 결국 이 대목은 투쟁에서의 승리, 곧 조선왕조의 창업이 하늘의 뜻에 의한 필연적 귀결임을 밝히면서 이성계라는 영웅의 이야기를 끝맺는 결말부라 할 수 있을 것이다.

(5)는 앞에서 밝힌 바대로 부연 인물이라 할 태종의 영웅상을 서술한 부분이다. 태종의 작품적 위상이 서사적 중심인물 태조에 부속되지 않는

14) 엄밀한 의미에서 둘째 단락의 제83~85장은 역사적 사실이 아니나, 이들 삽화가 모두 이적들을 통해 조선왕조 창업이 천명에 의한 것임을 입증하는 실증적 증거로 제시되고 있다는 점에서 역사적 사실과 유사한 성격을 지니고 있는 것으로 볼 수 있을 것이다.

독자성을 지니고 있기 때문에 이야기의 플롯 역시 독자적인 구조를 가진다. 우선 이 부분의 서사 단계를 분석하면, 태종의 이야기는 대체로 다음과 같은 두 단계의 전개를 하고 있는 것으로 볼 수 있다.

① 비범한 능력(제90~97장)
② 투쟁에서의 승리(제98~109장)

①은 주로 남다른 효성(제91~92장), 태조에의 보필(제93~94·96장), 비범한 기상(제90·95·97장) 등을 서술하고 있고, ②는 주로 1·2차 왕자의 난을 비롯한 일련의 왕위 획득 과정(제98~102장), 군주다운 儒德(제103~107장), 태종비의 내조(제108~109장)를 통하여 그것이 하늘의 뜻에 의한 필연적 귀결임을 강조하고 있다. 태종의 작품적 위상을 검토하면서 지적한 바와 같이, 이러한 서술과정에서 보이는 태종의 영웅적 성격은 상당히 약화되어 있다. 서사적 전개, 영웅상에 있어서 태조의 그것과 별반 다름이 없는 유사성을 지니고 있기는 하지만, 그보다는 오히려 인간적 면모가 더 강한 효성이 강조되어 있고 영웅의 필수조건인 힘과 무용을 갖추고 있지도 않기 때문이다. 투쟁 과정에서의 위기를 강조한 극적 서술이 태조의 이야기에 비해 많다고 할 수 있으나(제98, 102~104장), 이 역시 영웅적 투쟁에 의한 위기의 극복과는 다른 섬약함을 보이고 있다. 뿐만 아니라 규모에 있어서 태조의 이야기에 비할 수 없을 만큼 적다.

이러한 사실에 비추어 태종의 이야기가 전체 작품에 놓여 있는 서사적 위치는 매우 묘하다고 할 수 있다. 태조의 이야기가 중심 플롯이라면 태종의 이야기는 부연 플롯이라 할 수 있지만, 그 구조적 독자성 때문에 전체의 서사적 짜임과는 유기적 긴밀성을 지니지 못하는 구조적 괴리 현상을 보인다. 그렇다고 서사적 전개와 영웅상이 그 패턴에 있어 태조의 소규모적인 반복에 불과하기 때문에 독자성이 독자성으로서의 기능을 다하는 것도 아니다. 이런 의미에서 태종의 이야기는 작품의 외재적 상황과 함께 그 존립의 필연성을 이해할 수 있는[15] '부연된 이야기' 이

15) 대체로 태종이 조선왕조 창업의 막후 실력자였다는 사실, 작품 창작을 주도했던 세종의 父王이라는 특수한 여건, 서사적 의미보다 조선 건국의 당위화라는 주제적 의미의 표현에 더 중점을 두었던 창작 의도와 목적 등 조선왕조 초기의 정치·문화적

상의 의미를 지닐 수 없는 것으로 보인다.

그러므로 지금까지의 논의를 통해 도출한 결과를 종합하면 〈용비어천가〉의 서사 단계는 다음과 같은 구조로 짜여 있다고 할 수 있다.

(1) 고귀한 혈통(제17~26장): 4조를 통하여
(2) 비범한 성장(제27~32장): 성장기를 통하여
(3) 탁월한 능력(제33~66장): 외적 평정기를 통하여
(4) 투쟁에서의 승리(제67~89장): 정치권력 회득기를 통하여
(5) 태종의 영웅상(제90~109장)

이러한 서사적 전개는 영웅 이야기가 가지는 서사 단계의 일반 모형에서 크게 벗어나지 않는다.[16] 고귀한 혈통을 지니고 태어나 비범한 영웅적 기개를 보이면서 성장한 주인공 이성계가 탁월한 개인적 능력으로 외적을 평정하는 국가적 공훈을 세우고, 여말 정치현장에 뛰어들어 드디어 조선왕조 창업을 이룩하게 된다는 전개의 구조는 명백히 영웅 서사시로서의 일관된 서사적 맥락을 지니고 있다.

그리고 이러한 서사적 전개는 삽화의 배열을 중심으로 일정한 서사 원리에 입각하고 있다. 플롯 시간(plot time)을 이야기 시간(story time)에 일치시키면서 전개하는, 다시 말해 시간적 순서에 따라 서사 단계를 형성하는 순차적 진행의 원리에 입각하고 있음이 그것이다. 이는 전체 짜임의 분석에서 지적한 바 있는 인물 배열상의 순차적 진행 원리가 삽화 배열에까지 그대로 확대된 것이라고 할 수 있다. 따라서 〈용비어천가〉가 일관된 서사적 맥락을 가지고 있지 못하다거나 서사적 통일성을 결여하고 있다는 판단은 적어도 삽화 배열에 의한 서사적 전개의 구조를 중심으로 고찰하는 한 그 타당성을 지닐 수 없다.

상황이 이에 해당할 것이다.

16) 영웅 이야기가 지닌 서사 단계의 일반 모형에 관해서는 趙東一, 「英雄의 一生, 그 문학사적 전개」, 『동아문화』 10집, 서울대 동화문화연구소, 1971 참고. 본고의 이 서사 단계 설정도 이에서 시사받은 바 많다.

4. 마무리

〈용비어천가〉를 서사시로 파악해야 함이 통념화되어 있으면서도 그 서사적 통일성을 입증해 낼 수 없었던 오늘날 연구 현상은 작품의 전체 짜임에 대한 분석에서부터 문제를 유발하고 있다. 제1~2장을 서사로, 제3~109장을 본사로, 제110~125장을 결사로 파악했던 지금까지의 분석에 근거하는 한, 〈용비어천가〉의 서사적 통일성은 그 입증이 불가능하기 때문이다. 인물의 배열 양상을 단서로 전체 짜임을 재검토하면 〈용비어천가〉는 순차적 진행의 원리와 주기적 반복의 원리에 따라 서사(제1~16장), 본사(제17~109장), 결사(제110~125장)로 구성되는, 기존의 분석과는 다른 체계의 정연한 질서를 가진다. 이 가운데 서사와 결사는 서사성(narrativity)이 문제가 되지 않는 비서사적 부분이고, 제17장에서 109장에 이르는 본사만이 서사적 통일성의 여부에 대한 검토의 중심 대상이다.

본사에서 보이는 이야기의 전개는 명백히 서사적 통일성을 유지하고 있다. 우선 제17장에서 109장까지의 인물 배열이 시간적 순서에 따라 4조·태조·태종의 순으로 정연히 배열되어 있다. 흔히 지적하고 있는 인물, 삽화의 무질서한 중복과 같은 전개상의 잡박함이 사실은 잘못된 짜임 분석의 결과에 근거한 오독이었음이 이로써 밝혀진다.

그리고 작품에 등장하는 여섯 인물은 서사적 위상을 달리하는 일정한 층위를 이루고 있다. 4조가 태조의 영웅적 비범함을 강조하기 위해 끌어들인 일종의 배경화된 인물이라면, 태종은 태조의 이야기에 종속되지 않는 독자성을 지니면서도 태조의 영웅다움에는 비견할 수 없는 준영웅적 성격을 지닌 일종의 부연된 인물에 지나지 않는다. 작품의 전체 이야기는 태조를 중심으로 전개되는 단일성을 뚜렷이 지니고 있는 것이다.

마지막으로 작품의 삽화 배열이 일정한 원칙에 따라 전개되는 정연한 서사적 짜임을 보인다. 주인공 태조의 영웅적 일생이 순차적 진행의 원리와 '역사 + 일화'식 구조화 방법에 따라 (1) 고귀한 혈통(제17~26장), (2) 비범한 성장(제27~32장), (3) 탁월한 능력(제33~66장), (4) 투쟁에서의 승리(제67~89장)로 전개되는 4단 구조를 이루고 있는 것이다. 이러한 서사적 짜임은 영웅 이야기가 가지는 일반적 서사 단계를 거의 벗어나지 않는 전형성을 반영하고 있으며, 동시에 〈용비어천가〉가 서사적 맥락을 가지고 있음을 확신하게 해 주는 실증적 근거다.

이러한 결론을 도출하는 동안, 이 글은 검토 과정에서 발견되는 특수 현상이나 문제점을 의식적으로 배제하면서 논조를 한 방향으로 몰고 왔다. 그 이유는 〈용비어천가〉가 서사시로서 갖추어야 할 최소한의 기본 조건을 갖추고 있다는 사실의 입증에 연구 범위를 한정함으로써 이를 근거로 한 발전적 연구의 길을 터놓기 위해서였다. 따라서 이 연구와 직결되는 미결 문제와 이 연구를 통해 발견되는 특수 현상들은 앞으로 심화시켜야 할 후속적 연구의 근거가 되는 중요한 검토 과제들이다.

미결 문제로서 특히 주목되는 곳은 연(章)과 행이 주가 되는 〈용비어천가〉의 하부 구조에서이다. 삽화 배열의 방법과는 명확히 다른 모티프 배열상의 문제, 주석을 통해서만 서사적 전모를 알 수 있는 서술적 표현상의 문제 등 서사적 통일성을 저해하는 현상들이 하부 구조의 검토를 통해 철저히 구명되어야 한다. 그리고 분석과정에서 발견되는 특수현상들, 예컨대 여느 서사시에 비해 훨씬 큰 서·결사 부분의 비중, 반동 세력이 거세된 주동세력 위주의 일방적 진행 등 서사성의 정도를 약화시키는 특수현상에 대한 작품적 의미도 함께 검토되어야 한다.

후속적 연구가 어떠한 방향으로 수행되어야 할 것인가는 이를 검토해야 할 문제들의 성격이 이미 암시하고 있다. 이들은 모두가 서사시 일반이 지닌 전형성을 벗어난, 〈용비어천가〉의 서사시적 특수성을 드러내는 단면들인 것이다. 따라서 이들 특수성을 중심으로 〈용비어천가〉의 연구는 크게 두 방향으로 전개해야 할 것으로 생각된다.

하나는 작품으로부터 검출되는 서사시적 특수성을 한국 서사시가 지닌 양식적 개성에 비추어 검토하면서 그 구조 원리나 미적 실상을 밝혀내는 방향으로 나가는 것이고, 다른 하나는 이들 서사시적 특수성을 작품이 생성된 역사적 문맥 속에서 검토하면서 그 존재 원리나 자생적 의미를 구명하는 방향으로 나가는 것이다. 전자가 한국문학의 개별성이 강조되는 문맥에서 수행해야 할 작품의 미학적 접근이라면, 후자는 한국문학의 연속성이 강조되는 문맥에서 수행해야 할 작품의 역사적 접근이라 할 수 있을 것이다.

이런 의미에서 볼 때 초기 연구가 〈용비어천가〉를 악장으로 파악하려 했던 경향 역시 전적으로 잘못된 관점이라고는 할 수 없다. 다만 작품의 서사시적 특수성에 대한 검토가 선행되지 않은 상태에서 그 역사적 성격을 밝히려 한 데서 접근상의 한계를 보였던 것이다. 이렇게 보면 〈용비어천가〉의 연구는 지금까지 역방향으로 진행되어 왔었다고 할 수도 있을 것이다.

Ⅲ. 소설, 희곡 텍스트와 텍스트성

『혼불』의 기호체계와 텍스트성

김동근

1. 들어가기

지리산의 북서쪽을 중심 무대로 하는 최명희의 대하소설 『혼불』(전10권)은 일제에 의해 민족혼의 말살이 자행되던 1930년대 후반을 서사의 중심적인 시간대로 설정하고 있다. 개화기부터 한국전쟁까지의 기간은 한국사에 있어서 굴절의 격동기였을 뿐만 아니라 민족의 정체성이 가장 위협받았던 시간대이기도 하다. 그 와중에서 우리 민족의 선택이 어떤 실상을 하고 있었는가를 쇠락한 반가의 가족사를 통해 밝히고 있는 이 소설은 그때의 행위 선택에 대한 진지한 반성을 수행하고 있다는 점에서 오늘날에도 여전히 문제의식을 던져 주고 있다고 할 수 있다.

그러나 이러한 내용상의 문제보다도 『혼불』이 우리 문학계에 제기한 더 중요한 충격파는 섬세하고 미려한 서정적 문체와 소설 미학적 측면[1]에 있다 하겠다. 또 미완성 작품임에도 불구하고 『혼불』이 문학계의 관심을 집중시킬 수 있었던 요인은 방대한 민속자료에 대한 해박함과 민

1) 소설미학적 측면의 연구 성과는 다음과 같다.
김윤식, 「헤겔의 시선에서 본 『혼불』」, 『현대문학이론연구』 12집(현대문학이론학회, 1999. 12).
서정섭, 「『혼불』의 언어 특성」, 『현대문학이론연구』 12집(현대문학이론학회, 1999. 12).
이명재, 「『혼불』의 소설미학적 특질」, 『현대문학이론연구』 12집(현대문학이론학회, 1999. 12).
이문재, 「차가운 관능과 뜨거운 주술의 예술소설」, 『리브로』(한길사, 1996. 1).
장일구, 「예술혼이 담긴 교감의 언어」, 『리브로』(한길사, 1996. 1).
전정구, 「고향의 불빛, 『혼불』의 예술혼」, 『전북대신문』(1998. 10. 13).

족 전통에 대한 소설적 재구성[2]에 있다. 나아가 작가 최명희의 개성 또는 지식과 관련된 이러한 요인이 텍스트에서 강하게 부각되면서 텍스트에 대한 논의의 초점 또한 자연스럽게 서술방식이나 서사구성의 문제로 전개되어 왔다.[3] 『혼불』 텍스트가 가지고 있는 이러한 복합적인 양상은 우리에게 기존의 소설 연구에서와는 다른 다양한 텍스트 읽기를 요구하고 있다. 이는 크게 세 가지의 읽기 방식으로 요약될 수 있을 것이다. 첫째는 서사의 축에 의거하는 구조적 읽기이며, 둘째는 다양한 민속지 자료를 통한 문화적 읽기이고, 마지막으로 서정적 문체의 내포적 의미를 해석하는 시적 읽기이다. 따라서 의미망을 체계화하고 있는 이 세 가지 코드의 담론적 기능을 살피는 일이야말로 『혼불』의 총체적인 텍스트성을 구명하는 중요한 지표가 아닐 수 없다.

이에 본 연구는 『혼불』의 담론체계를 텍스트기호학[4]적 방법으로 분석하고 그 체계화의 양상을 고찰하고자 한다. 텍스트에 대한 기호학적 분석은 텍스트를 지배하는 기호 코드의 추론을 통해 주제적 의미를 밝혀 나가는 방식을 취할 것이며, 여기에서 도출된 주제적 의미와 역사·사회

---

2) 민속지 또는 민족 전통의 측면에서 논한 연구 성과는 다음과 같다.
강은해, 「한국민속의 전통과 현대소설-최명희의 『혼불』을 주목하여」, 『한국학논집』 18집(계명대 한국학연구원, 1991).
김교선, 「전통사회에 대한 향수와 비판-최명희의 『혼불』」, 『관념과 생리』(신아출판사, 1996).
김열규, 「민속지적 서사문학의 전형을 위하여」, 『한길문학』(1991년 봄호).
이동하, 「민족적 정체성의 수호와 소설 영역의 확대」, 『신의 침묵에 대한 질문』(세계사, 1992).
임명진, 「『혼불』 이을 잉태의 몫, 우리 혼 속에서 찾아야」, 『전북일요시사』(1998. 12. 27).

3) 서사 구성 및 서술방식에 관한 연구 성과에는 다음의 것이 있다.
방민호, 「극채색의 서사로 완성시킨 소설미학의 새로운 지평」, 『리브로』(한길사, 1997).
장일구, 『혼불읽기 문화읽기』(한길사, 2002).
황국명, 「『혼불』의 서술방식 시론」, 『현대문학이론연구』 12집(현대문학이론학회, 1999. 12).

4) 이는 고영근 교수가 사용한 용어를 차용하였다. 고영근 교수는 언어문학 통합 연구를 목표로 언어기호론과 문학기호론을 텍스트기호론으로 통합하였다. 그는 언어기호와 문학기호의 특수성과 공통성을 바탕으로 양자를 통합할 수 있는 텍스트기호론을 제안하였으며, 그 근거를 주로 함의적 기능을 중심으로 한 통보(커뮤니케이션)·실용론적인 요인들에서 찾았다. 이에 대한 자세한 내용은 고영근의 『텍스트이론-언어문학통합론의 이론과 실제』(아르케, 1999), 77-136쪽을 참조할 것.

적 콘텍스트와의 상관성 또한 탐색하게 될 것이다. 분석 텍스트는 2001년에 한길사에서 출판된 『혼불』 전10권을 대상으로 하되, 특히 서사적 결속구조(응결성)를 압축하고 있는 제1부 〈흔들리는 바람〉을 중심으로 담론체계를 분석하고 이들이 텍스트성의 기준[5]에 어떻게 기능하고 있는지 살피고자 한다.

2. 소설담론과 텍스트기호학

기호학적 시각에서 소설담론의 체계는 수평 결합소가 계열적으로 생성·확장된 것이라고(다성적이고, 다중의미동위체적인 언술이라고) 규정된다.[6] 이는 대구조들뿐만 아니라 최소 단위의 문학적 요소들에 대해서도 유효하다. 그러나 이러한 전제는 다성성, 즉 계열적 확장성이 문학 내적 원인에 의한 것인가, 아니면 다른 외적 원인에 의한 것인가의 문제에 마주치게 되고, 따라서 문학기호학의 담론 이론적 확장이 필요해진다.

미셸 푸코는 담론을 역사적으로 분화·제도화된 실천 방식 내에서 이루어진 말의 형식들과 장르, 그리고 의식들의 규제된 앙상블로 이해한다.[7] 이에 비추어 볼 때 담론은 역사적으로 세분화되어갈 뿐만 아니라, 역으로 담론 통합의 움직임이 작용하게 된다. 이러한 상호담론의 방식은 항상 다중적 의미소와 상징들, 즉 계열적으로 확장된 기호들을 생성시킨다. 개별적인 특수담론들은 부가의미를 제한하면서 기저의미를 지배적인

5) 텍스트 언어학자인 보그란데(Beaugrande)와 드레슬러(Dressler)는 그들의 공저 *Introduction to text linguistics*(London: Longman)에서 텍스트성의 기준을 결속구조(cohesion), 결속성(coherence), 의도성(intentionality), 용인성(acceptability), 정보성(informativity), 상황성(situationality), 상호텍스트성(intertextuality)의 일곱 가지로 구분한 바 있다.

6) 이에 대한 자세한 내용은 다음의 책을 참조할 것.
K. M. 보그달 편, 문학이론연구회 역, 『새로운 문학 이론의 흐름』(문학과지성사, 1994), 160-164쪽.

7) U. Eco, *Einfubrung in die Semiotik*(Munchen, 1972), 92쪽. 위의 책 160쪽 재인용.

것으로 만드는 경향을 갖게 되며, 상호담론들은 기저의미들을 풍부한 부가의미로 확장하는 경향을 갖게 된다. 이때의 계열적으로 확장된 상호담론의 요소들을 '기초-문학적' 단위라고 규정할 수 있다.

어떤 특수한 역사적 문화 유형의 기호학적 구조는 그 문화 내에서 세분화된 담론들의 양과 질에, 그리고 그들의 상호담론적 재통합과 관계의 유형, 상호 지시준거 유형, 중복 유형, 선택의 유형, 그리고 발생학적 우성의 유형에 의해 결정된다. 또 시대마다 특수한 문학의 기호학적 구조는 문화적으로 보존된 기초 문학적 기호 더미를 짜임새 있게 가공하는 것으로 나타난다.[8] 이런 점에서, 담론 위치 안에는 직접적 계급 구분의 에너지뿐만 아니라 담론 통합의 사회·역사적 에너지들이 집중되어 있다고 할 수 있다. 결국 문학성은 순수하게 기호 내재적으로 규정되지 않으며, 그에 대한 규정은 외부적인 담론 제도화와 기호 내재적 구조들의 조합을 통해 가능해진다. 특정한 현대의 문화 유형 내에서는 고유하고 특수한 문학적 상호담론이 제도화되는 것이다.

위르겐 링크와 롤프 파르는 최근 들어 '심미적 매력 내지 응축성' 또는 '주체의 무의식적 텍스트 욕구'에 대한 질문이 제기되면서 문학기호학의 결함이 드러나게 되었다고 말한다.[9] 즉, 구조주의나 기호학은 텍스트로부터 주체를 배제시켜 왔다는 점에서 그 한계를 보여 준다는 것이다. 그럼에도 불구하고 기호학의 기여는 학문 연계적이며 포괄적인 문화이론적 시각을 제시하는 것과, 가능한 한 엄격한 구조적·구조 실용적 모델의 형성을 돕는 데 있다. 기호학적 시각에서 보면 문학의 생산과 수용은 하나의 문화에서 서로 맞물려 있는 기호체계들이 이루어내는 보다 더 포괄적인 '생산-재생산' 순환의 일부일 뿐이다. 그러므로 앞으로 기호학이 해야 할 일은 문화와 문학의 관계를 담론체계와 상호담론이라는 측면에서 구성해 보는 일이라 할 수 있다. 이를 위해 현대의 문학기호학은 '상호텍스트성'(intertextuality)에 바탕을 둔 문화기호학이나 텍스트기호학으로 그 영역을 확장해 가고 있다.

문화기호학과 텍스트기호학 이론은 『혼불』의 담론적 의미와 그 체계

8) 위의 책, 162쪽.
9) 위의 책, 163쪽.

를 밝히는 데 가장 유용하게 적용될 수 있다. 이런 점을 전제할 때, 『혼불』 텍스트는 언어학적 코드뿐만 아니라 문화기호학적 콘텍스트에 의해 그 의미를 형성하는 담론체계를 이루고 있다고 할 수 있다. 문학 텍스트의 언어는 외적 실체가 아니라 관계들의 결(texture)을 형성하면서 역동적으로 의미를 생성하는 구조적 실체이기도 하지만, 그 관계들 사이의 의미에는 사회적이고 문화적인 이데올로기, 즉 담론주체의 주체성이 작용하기 때문이다. 따라서 『혼불』은 언어적 텍스트이면서 동시에 문화적 텍스트라는 상호텍스트적 관계에 놓일 때 그 본질적 가치가 규명되는 것이다.

『혼불』에는 다양한 문화 현상들이 중층적으로 구조화되어 있다. 즉, 남원의 매안리를 중심으로 한 지리산권의 지역성과 더불어 일제시대부터 6·25를 전후한 시기까지의 역사성, 다양한 민속지와 전통성, 봉건적 가부장제에서의 여성성, 그리고 작가 최명희의 창작정신 등이 복합적으로 어우러져 텍스트의 의미망을 형성하고 있는 것이다. 따라서 『혼불』의 문예학적 가치를 구명하기 위해서는 이러한 문화기호들이 텍스트에서 언어를 통해 어떻게 응결되고 응집되어 있는가를 살펴볼 필요가 있다. 이는 미시담론으로서의 문학텍스트가 거시담론으로서의 문화텍스트와 어떻게 상호텍스트성을 유지하며 체계화되는가에 대한 탐구라 할 수 있다.

3. 『혼불』의 기호체계와 텍스트성

『혼불』의 서사구조는 미완의 상태로 남아 있다. 이는 작가 최명희의 사망으로 인한 부득이한 일이기도 하지만, 작가 자신이 서사구조의 긴밀성 또는 완결성에 그다지 큰 비중을 두지 않은 까닭이기도 하다. 이 때문에 『혼불』의 서사방식에 대한 논의들은 다분히 상반된 평가들을 보이고 있다. 즉 전개방식 혹은 구성방식에 있어 이야기의 지체와 일탈이 두

드러진 점을 들어 구성상의 결함을 지적[10]하기도 하고, 구성상 서사가능성을 희석해 나가는 방식을 택함으로써 서사적 긴장이 약화되어 있다고 평가[11]되기도 하며, 반면에 우리 소설의 편협성을 벗어나 소설의 새로운 지평을 열고 새로운 서사 문법을 개척했다는 긍정적인 의의를 부여[12]하기도 한다.

이처럼 상반된 평가가 이루어지는 근본 원인은 『혼불』의 미학이 서사구조에만 국한되어 있지 않기 때문일 것이다. 『혼불』은 방대한 민속자료의 저장고이며, 식민지 현실의 모순과 근대 전환기 가치관의 갈등에 대한 보고서이고, 동시에 빛나는 언어들의 결정체이다. 따라서 『혼불』의 기호체계에는 다양하고 이질적인 코드들이 복합적으로 얽혀 있으며, 각 코드들은 텍스트 내에서 때로는 독립적으로, 또 때로는 상관적으로 기능하면서 텍스트 의미를 직조해 내고 있는 것이다. 여기에서는 『혼불』을 체계화하고 있는 코드를 '인물'과 '민속지'와 '서정성'으로 나누고, 각 코드의 기능이 텍스트의 응결성, 응집성 및 상황성과 의도성에 어떻게 작용하고 있는가를 살피기로 한다.

3.1. 인물 코드와 서사구조의 응결성

일반적으로 서사텍스트를 읽을 때 텍스트는 산출자와 텍스트 수용자 사이에 놓인다. 이때 텍스트의 의미 생산은 텍스트 산출자의 코드와 텍스트 수용자의 코드가 일치하지 않음으로써 가능하다. 이들 코드 사이에 존재하는 해석 장애(untranslatabillity)는 오히려 텍스트의 의미 생산의 바탕이 된다. 이러한 해석 장애는 이질적인 코드 사이의 대화를 요구한다. 텍스트 산출자의 의도나 목적에 의해 일방적인 방향으로 이루어지는 것이 아닌, 텍스트를 통한 텍스트 산출자와 텍스트 수용자 사이의 대화

---

10) 김경원, 「근원에 대한 그리움으로 타는 작업」, 『실천문학』(1997년 여름호).
이정숙, 「해원의 신탁 행위 '혼불'론」, 『현대소설연구』 6호(현대소설학회, 1997).
11) 황국명, 「『혼불』의 서술방식 시론」, 『현대문학이론연구』 12집(현대문학이론학회, 1999).
12) 김열규, 「민속지적 서사문학의 전형을 위하여」, 『한길문학』(1991년 봄호).
강은해, 「한국 민속의 전통과 현대소설」, 『한국학논집』 18집(계명대 한국학연구원, 1991).

에 의해 이루어지는 것이다.

코드의 탐색은 텍스트의 분절을 통해 이루어진다. 텍스트에 있어서 기호의 산출자와 해석자들은 각각 어떤 코드를 만들거나 이를 풀어내는 역할을 한다. 이는 예술텍스트에서 많은 메시지들이 애매하게 조직되고, 또 애매한 기법이 사용됨을 통해 알 수 있다. 여기서 '애매함'이란, 코드의 규칙들을 파괴하는 하나의 양식으로 정의될 수 있다. 그러나 예술적 코드의 특징은 이러한 의사소통의 장애를 전제로 한 새로운 차원의 의미 산출을 지향하는 데 있다. 예술적 텍스트는 이러한 해석 장애가 극대화된 경우라 할 수 있다. 문화기호학은 이와 같이 해석 장애가 극대화된 텍스트 속에서 코드 찾기를 통해 새로운 맥락에서의 텍스트 해석을 목표로 한다.

소설은 서사양식을 대표하는 장르인 까닭에 가장 우선적으로 행해져야 할 코드 찾기 역시 서사를 이끌어가는 인물 구도에 대한 분석에서 비롯된다. 『혼불』의 인물 구도를 대표하는 코드는 '청암부인'과 '강모'이다. 이기채, 이기표, 이기웅, 율촌댁, 효원, 강실이 등은 서사적 추동력을 갖는 인물이라기보다는 이 두 코드의 기능적 범주에 포괄되는 인물군이라 할 수 있다. 이들이 비록 서사의 일정 부분을 담당하고 있다 하더라도, 그 행위의 의미가 자립적이지 못하고 이 두 코드의 기능성에 의해 규정되기 때문이다. 평순네, 옹구네, 춘복이 등의 거멍굴 사람들 또한 봉건적 신분질서에 대한 반감을 표출하고 있다 하더라도, 그것이 거대 서사를 이끌어 가는 독립된 코드로 기능하지는 못한다. 이런 점에서 『혼불』은 매우 단조로운 서사구조를 갖고 있다고 말할 수 있다. 이 단조로운 구조 속에서 등장인물에 따르는 초점화의 교체가 빈번하게 이뤄지고 있는 까닭에, 앞에서 제기된 부정적 평가의 여지를 다분히 안고 있는 것이다. 이런 점은 텍스트의 응결성[13] 단위를 필요 이상 확장시킬 수밖에 없게 하는 것이고, 따라서 서사구조의 응결성은 매우 느슨한 양태를 보이게 된다.

청암부인 코드와 강모 코드는 하나의 거대 서사로 응결되지만, 동시에

13) 응결성(cohesion)은 응집성(coherence)과 상대되는 개념이다. 이는 결속구조와 결속성으로 번역되기도 한다. 텍스트의 응결성과 응집성은 텍스트의 형식과 내용에 각각 상응하는 텍스트성 기준이다. 이에 대해서는 고영근의 앞의 책 137-188쪽을 참조할 것.

서로 다른 독립 서사를 이끌어가도록 설정되어 있다. 즉 『혼불』의 서사는 청암부인의 서사와 강모의 서사가 병립하여 진행되고 있으며, 이 두 서사가 교섭하는 지점에서 각 코드의 기능성은 세계관의 충돌이라는 의미로 드러나게 된다. 이 두 코드의 서사를 시퀀스화해 보자.

〈청암부인의 서사〉

① 열아홉의 나이에 가세가 몰락한 남원 매안의 이씨 대종가 종손과 혼인하다.
② 혼인 직후 남편과 시아버지를 잃고 청상과부가 되어 홀로 가세를 꾸리다.
③ 스물다섯 살에 기채를 양자로 맞이하여 종가의 대를 잇다.
④ 서른여덟 살에 청호를 파는 대공사를 시행하고 오천 석 지기로 가세를 일으키다.
⑤ 손자 강모를 대실 허씨 문중의 효원과 혼인시키고 증손 생산을 독려하다.
⑥ 가뭄으로 청호가 메마르면서 청암부인도 병을 얻게 되어 자리에 눕다.
⑦ 강모의 증손 생산 소식에 잠시 기력을 회복하다.
⑧ 강모가 돌아오길 기다리며 병세 악화되어 사망하다.

〈강모의 서사〉

① 대실에 신행하여 혼례를 치루나 신부 효원에게 막연한 두려움을 느끼고 홀로 잠들다.
② 매안으로 돌아와 사촌 여동생 강실이에 대한 사랑과 연민에 고민하다.
③ 청암부인의 독촉에도 불구하고 재행 가기를 미루다 전주로 학업을 위해 떠나버리다.
④ 결국 재행하여 신부 효원을 데려오지만 계속하여 신부를 멀리하다.
⑤ 음악공부를 핑계로 일본 유학을 가고자 하지만 아버지 이기채로부터 강한 질책을 받다.
⑥ 동녘골댁 강수의 영혼 결혼식날 강실이를 범하고, 그 죄의식을 잊기 위해 신부 효원과 강제로 동침하다.
⑦ 전주에서 고보를 졸업한 후 부청에 취직하고 오유끼와 동거를 시작하다.
⑧ 횡령죄로 벌금 300원을 물고 감옥살이는 면했으나 파직당하다.
⑨ 효원이 아들을 낳았으나 실감하지 못하고, 현실로부터 벗어나려고만 하다.
⑩ 만주로 떠나다.

위의 시퀀스에서 보듯이 두 개의 인물 코드에 작용하는 서사적 시간이 서로 일치되는 부분보다 오히려 이격되어 있는 부분이 더 많다는 것은 두 서사를 각각 독립적이게 하는 주요한 요인이 되고 있다. 즉 청암부인의 서사는 강모의 서사적 행위가 개시되기 이전에 이미 상당 부분 진행되고 있는 것이다. 이처럼 서사시간이 다르다는 점은 텍스트에서 두 코드의 세계관 차이를 드러내게 한다. 청암부인은 봉건적 가부장제의 세계관과 여성관을 대표하는 코드이며, 강모는 그러한 봉건적 세계관에 맞서는 근대적 대항 코드이다. 그러나 그럼에도 불구하고 두 코드의 충돌과 갈등이 강력한 주제로 부각되지 못하고 있음을 볼 수 있는데, 이는 강모를 매우 소극적이고 주체적이지 못한 인물로 그려내고 있기 때문이다. 이는 이 소설의 작가의식이 근대적 삶의 가치를 표방하고 있다기보다는 민족적이고 전통적인 가치에 대한 재조명을 지향하고 있기 때문일 것이다.

허구적 텍스트는 콘텍스트 측면을 이미 안고 있는 의소들, 단어들, 혹은 단어조합들을 텍스트 속에 단순히 수용하는 것이 아니라, 그들 안에서 구현된 의미론적 원자가들을 개별적 대립들로 포괄하고 그렇게 만들어진 대립들을 인물 집단에 귀속시키는 것을 특징으로 삼는다. 문학적 인물들은 의미론적 자질들의 다발을 통해 정의된다. 그것들은 다시금 콘텍스트의 의미 정향과 가치 정향이 허구적 인물의 형상화 내지 인물구도 안에 반영될 수 있도록 대립들에 종속 내지 배속된다. 서술텍스트에서 인물들의 구도는 둘 혹은 다수의 부분으로 된 대립을 통해 둘 혹은 다수의 인물그룹들이 대치됨으로써 하나의 정돈된 세계모델을 만들어낼 수가 있다. 양립하거나 서로 부합하는 의미론적 자질들을 인물 구도의 구성적 집단에 조직적으로 배치시킴으로써, 줄거리의 전개 없이 서술텍스트의 인물 구도만으로도 그들을 가치평가하고 또 그것을 통해 가치에 부합하게 정돈된 인간상과 세계상을 만들어낼 수 있다는 것이다.[14)]

『혼불』에서 텍스트 전체를 이끌고 가는 '전통/반전통'의 모순은 '청암부인'과 '강모'라는 핵심 코드에 의해 기호화되며, 이 기호체계의 분석을

14) 허창운, 『현대문예학의 이해』(창작과 비평사, 1989), 243쪽 참조.

통합으로써 우리는 텍스트의 의미구조를 명확하게 밝혀낼 수 있게 된다. 이때 청암부인과 강모는 단순히 전통과 반전통만을 의미하는 코드가 아니다. '청암부인'은 가문에 대한 집착을 통해 보여 주는 민족적 자존의 환유이며, '강모'는 근대 전환기의 식민지 현실 속에서 우리가 부딪쳐야 했던 가치관의 혼란과 상실된 전망을 환유하는 일종의 의미적 코드이다. 청암부인과 강모라는 핵심적 인물 코드가 이처럼 의미 코드화함으로써 그 외 텍스트의 주요 인물들 역시 이 두 코드의 의미자질 범주로 분류될 수 있는 의미론적 동위소[15]로 응집되고 있는 것이다.

3.2. 민속지 코드와 응집성의 심화

『혼불』에는 수많은 민속지 또는 전통문화들이 생생하게 재현되어 있다. 그리고 텍스트에 재현된 방대한 전통문화는 우리에게 현대사회에서 잊혀져 가고 있는 전통 체험의 시간과 공간을 제공하고 있다. 모든 소설 텍스트가 다 그러하겠지만, 특히 『혼불』은 서사텍스트의 한계를 뛰어 넘는 문화텍스트로서의 가치가 매우 크다. 『혼불』이 다른 소설들과 변별될 수 있는 가장 큰 특장점 중의 하나가 바로 이 점일 것이다. 작가 최명희는 이 한 편의 작품을 쓰기 위해 무수히 많은 문헌을 섭렵하고 그 현장을 찾았으며 또 전문가와 옛 어른을 만나야만 했다고 고백하고 있다.[16] 그렇다면 이러한 민속지 또는 전통문화들은 소설 텍스트에서 어떻게 기능하는 것인가. 『혼불』에서 민속지들은 그 빈도수나 양적인 측면에서 다

---

15) 동위소(Isotopie)는 그레마스가 물리학과 화학에서 차용하여 특수한 의미를 부여하면서 의미론적 분석과정에 적용한 술어이다. 이는 하나의 조작적 개념으로서 담화의 동질성을 확보시켜 주는 일정한 범주들의 반복성을 지시한다. 그레마스는 이를 다시 '기호론적 동위소'와 '의미론적 동위소'로 구분하고 있다. '기호론적 동위소'가 비유적인 동위소의 층위에 근거를 둔다면, '의미론적 동위소'는 대상적인 동위태의 층위에 근거를 둔다. 다시 말해, 전자는 한 어휘소 속에서의 불변의 자질인 '핵심의소'에 의한 반복으로 나타나며, 후자는 문맥에 따라 변화하는 요소라 할 수 있는 '분류소'(문맥의소)의 반복에 의한 것이다.(A. J. Greimas, *Structual Semantics: An Attempt at a Method*, trans. Daniele McDowell, Ronald Schleifer, and Alan Velie(Nebraska Univ. press, 1983), 78-98쪽 참조)

16) 최명희, 「『혼불』은 나의 온 존재를 요구했습니다」, 『리브로』(한길사, 1996).

른 소설과는 비견될 수 없을 만큼 많은 부분을 차지하고 있다. 민속지를 제거하고 나면 너무나 단순하고 소박한 서사의 틀만 남겨질 정도여서 가히 '민속지소설'이라는 새로운 장르 명칭으로도 부를 만하다. 따라서 『혼불』의 민속지는 서사를 추동하지는 못한다 할지라도 서사적 세계를 구체화하고 텍스트의 의미를 강화시켜 내는 코드로서의 기능을 담당하고 있는 것으로 보아야 할 것이다. 이를 텍스트의 응집성이라 한다.

시작에서 종말로 진행되는 하나의 이야기를 가진 서술텍스트에는 필연적으로 시·공간의 범주들이 주어지게 된다. 이 범주들은 한편으로는 담론 자체에, 다른 한편으로는 그 담론 속의 모델화된 사건에 관여한다. 인물들은 공간과 시간 속에서 행동하며, 대상의 연관 관계들은 오직 공간적·시간적 차원에서만 묘사될 수 있다. 따라서 서술텍스트에서의 '공간'은 단순히 지형적으로 파악할 수 있는 지역만을 말하는 것이 아니라, 현상이나 상태, 기능, 인물, 가변적 가치 등 동질적인 대상물의 총합을 의미하면서 하나의 세계모델을 만들어내는 기초수단들 중 하나가 된다.[17] 이런 점에서 『혼불』은 근대전환기 식민지 현실이라는 기호학적 시간과 공간으로 설정되어 있으며, 이 기호학적 세계모델의 시공에 대한 재조명이라는 의미 정향을 위해 민속지와 전통문화 코드를 서사구조로 응집해 가는 텍스트인 셈이다.

> 하님과 대반은 술상 위에 놓여 있는 표주박 잔을 챙긴다.
>
> 세 번째 술잔은 표주박인 것이다. 원래 한 통이었던 것을 둘로 나눈, 작고 앙징스러운 표주박의 손잡이에는 명주실 타래가 묶여 길게 드리워져 있다. 신랑 쪽에는 푸른 실, 신부 쪽에는 붉은 실이다. 그것은 가다가, 서로 그 끝을 정교하게 풀로 이어 붙여서 마치 안 타래 같았다.
>
> 이제 이렇게 각기 다른 꼬타리의 실끝이 서로 만나 이어져 하나로 되었듯이, 두 사람도 한 몸을 이루었으니, 부디부디 한평생 변치 말고 살라는 뜻이리라.
>
> 그러나 어려운 것은, 그 표주박에 가득 술을 부어 술잔을 서로 바꾸어 마셔야 하는 일이었다. 그런데 술잔을 바꾸면서 술을 한 방울이라도 흘려서는 안 된다. 또 실이 얽히거나 꼬여서는 더욱 안 된다. 술 방울을 흘리면 흘린

17) J. Lotman, 유재천 역, 『예술텍스트의 구조』(고려원, 1991), 330쪽.

> 쪽의 마음이 새어 버리고, 실이 얽히면 앞날에 맺힌 일이 많아, 그만큼 고초가 심하다고 하였다. —1권 23-24쪽

위의 인용부분은 혼례 민속지의 한 과정에 해당한다. 여기에서 보듯이 작가 최명희는 민속의례뿐만 아니라 복식, 음식, 속신에 이르기까지 모든 혼례문화를 아우르는 질적 수준을 확보하고 있다고 할 수 있다. 그러나 이러한 민속지가 단순한 민속 현상에 대한 보고에 그치지 않고 소설 텍스트에 기여하기 위해서는 그것이 코드화되어야 함이 필수적이다. 여기에서는 술을 한 방울도 흘려서는 안 된다는 점이나, 실이 얽혀서는 안 된다는 점의 금기사항이 앞으로 진행될 서사에 영향을 미치도록 복선적 의미로 코드화되어 있다. 그러므로 이는 혼례 과정에 대한 묘사로 그치는 것이 아니라 서사 전개에 개입함으로써 텍스트의 의미를 강화하고 응집해 가는 기능성을 심화시키는 장치라 할 수 있다.

『혼불』에서 민속지 서술방식의 특이점은 하나의 민속지를 완결하지 않은 상태로 서사를 진행한다는 점이다. 즉 어떤 하나의 민속지는 서사 과정에서 수시로 반복되거나 부연되는 양상으로 드러난다. 이는 다분히 민속지에 서사적 기능을 부여하고자 하는 작가의 선택이라 말할 수 있다. 이처럼 『혼불』과 같은 대하민속지소설은 허구적 형상화라는 서사양식의 특질에 기초하기 때문에 학술적인 민속지 서술체계에서 벗어나게 되며 일정한 시공간의 제약으로부터도 자유로울 수 있게 된다.[18] 소설은 구체적 사실을 실증적으로 제시하지는 못하지만, 보편적 사실의 생생한 재구성을 통해 역사적이고 문화적인 진실을 한층 실감나게 포착해 간다. 이런 점에서 민속지 코드의 서사구조적 기능성을 상정해 볼 수 있다. 『혼불』의 서사적 전통과 민속지로서의 성격을 고찰한 임재해에 따르면, 민속지소설도 이와 같은 맥락에서 민속학자의 민속지보다 더 소중한 민속학적 가치를 지닐 수 있다고 한다. 이는 다분히 민속학적 자료로서의 『혼불』에 대한 평가이지만, 역으로 민속지가 소설 텍스트의 훌륭한 질료일 수 있음을 보여 주는 언급이기도 하다.

---

18) 임재해, 「『혼불』의 서사적 전통과 민속지로서의 성격」, 『혼불과 전통문화』(전북대 전라문화연구소, 2003), 63쪽 참조.

『혼불』에는 앞의 혼례 민속지뿐만 아니라 장례, 동제, 의식주, 신분제도 등에 관련한 수많은 민속지들이 등장하며, 이들이 소설 텍스트의 의미를 심화하는 의미론적 코드로 작용하고 있다.

① 종가는 단순히 큰집이라는, 대대로 맏이의 집안이라는 의미만 가지고 있는 것이 아니기 때문에 문중의 기쁨은 그만큼 컸던 것이다.
제사 때에 첫 번으로 신위(神位)에게 술을 드리는 초헌(初獻)은 말할 것도 없이 언제나 종손이 먼저 드린다.
제사에서의 위치도, 문중의 원로 어른인 문장(門長)은 좌중에 끼어 서 있지만 종손은 맨 앞자리 한가운데 혼자 앉는다. —1권 95쪽

② 그 두레를 시작하는 날의 농악만은 양반과 상놈의 구별이 무너지고, 주종이 한 자리에 어울려들 수 있었던 것이다.
종가나 문중의 부농들은, 두레에 들어도 직접 모내기에 나서지는 않았다. 대신 머슴과 품꾼들이 맡아서 했다. 그렇지만, 문중에서도 중농 이하가 되는 집은 농사일을 손수 하지 않을 수 없었다. '않을 수 없었다'고 말하는 것은 어폐가 있을까. —1권 114쪽

③ 근자에는 같은 자식일지라도 남녀를 엄히 구분하여 출가하는 여식을 남된다, 치부해 버리는 것이 시속으로 퍼져 있으나, 거슬러 선대로 올라가 선조 임금 때까지만 하여도, 부모의 재산을 상속하여 문서로 남길 때, 출가한 딸이라 하여 조금도 차별하지 않았으니, 시속이 변했다뿐이지 근본 없는 일은 아니었던 것이다. —2권 74쪽

①은 제사의 절차와 종손의 역할에 관한 민속지 설명이다. 그러나 ①이 단순한 민속지 설명으로 끝나지 않고 텍스트의 의미를 응집하는 코드로 작용하는 이유는 대를 잇기 위해 3취까지 해야만 했던 종가의 가문사가 청암부인의 내력으로 이어짐으로써 서사화하고 있기 때문이다. ②는 농촌의 두레 풍습에 대한 설명이지만 이러한 민속지가 오류골양반 이기웅의 욕심 없고 대차지 못한 성품을 묘사하기 위해 등장함으로써 코드화한다. ③ 역시 딸이 혼인할 때 미리 재산을 상속해줬던 당시의 사회 풍속만을 말하는 것이 아니라, 이를 통해 강모의 매안 이씨와 효원의 대실 허씨 사이의 갈등을 야기하는 코드로 기능한다. 이처럼 민속지의

활용은 텍스트의 서사적 응결성을 느슨하게 하는 단점에도 불구하고 한 시대의 문화적 총체성과 그 의미를 응집해 낸다는 점에서 의의를 갖는 것이다.

3.3. 서정적 코드의 텍스트 내적 기능

『혼불』을 읽다 보면 그 섬세한 묘사와 응축된 문체로 인해 마치 한 편의 잘 써진 서정시를 읽고 있는 듯한 착각을 일으킬 때가 많다. 이런 점에서 『혼불』의 문체 특성은 여러 연구자들에 의해 빈번하게 언급되어 왔다. 가령 "『혼불』에는 서정적 미문과 묘사가 곳곳에 산재해 있다. 이루 헤아릴 수 없을 정도로 정곡을 찌르고 우리의 가슴을 서늘하게 하는 빛나는 서정적 문체가 『혼불』의 전편에 森列하고 있다"[19]라는 평가는 『혼불』 텍스트의 문체적인 중요성을 짐작하게 한다. 문체는 작가가 언어기호를 선택하고 결합하는 방식에 의해서 결정된다. 또한 언어기호의 선택과 결합 방식은 담론 주체로서의 작가의 체험적 상황성과 그 체험을 전달하고자 하는 의도성에 의해 결정된다. 결국 문체로 드러나는 담론 주체의 서정적 지향성과 서사적 지향성은 소설 텍스트에서 상황성과 의도성의 코드로 기능한다고 볼 수 있다.

『혼불』은 사실성과 상징성을 동시에 가진 텍스트이다. 기호학적으로 보자면, 『혼불』은 서사적 코드와 서정적 코드가 서로 충돌하고 통합하면서 기호활동을 하는 기호계라 할 수 있다. 이 기호계는 『혼불』이라는 텍스트의 테두리에 갇혀 있는 것이 아니다. 기호계에서 기호활동에 관여하는 것은 텍스트가 놓인 여러 문화적 콘텍스트들이며, 또한 그 콘텍스트를 통해 소통하는 작가와 독자들이다. 다시 말해 『혼불』의 서정적 코드들은 독자를 담론 주체로 끌어들여 작가의 상황성과 의도성을 추체험하게 하는 의미 있는 기제들이라 할 수 있다. 『혼불』에서는 거의 대부분 주요 사건들을 제시하기 전에 섬세하고 감각적인 언어로 배경을 묘사해 낸다. 이 배경 묘사를 통해 독자의 정서를 환기하고 난 다음에야 서사적

19) 김헌선, 「'혼불', 우주적 상상력의 총화」, 『문학사상』(문학사상사, 1997. 12), 81쪽.

진술을 시작함으로써 독자를 텍스트에 흡인해 들이는 것이다. 이런 점 때문에 『혼불』은 근대 이후의 소설문학에서 필수적인 덕목으로 치부해 왔던 서구적 리얼리즘 태도를 극복, 외면하고 있는 것이라고 평가[20]되기도 한다.

> 그다지 쾌청한 날씨는 아니었다.
>
> 거기다가 대숲에서는 제법 바람 소리까지 일었다.
>
> 하기야 대숲에서 바람 소리가 일고 있는 것이 굳이 날씨 때문이랄 수는 없었다. 청명하고 볕발이 고른 날에도 대숲에서는 늘 그렇게 소소한 바람이 술렁이었다.
>
> 그것은 사르락 사르락 댓잎을 갈며 들릴 듯 말 듯 사운거리다가도, 쏴아 한쪽으로 몰리면서 물소리를 내기도 하고, 잔잔해졌는가 하면 푸른 잎의 날을 세워 우우우 누구를 부르는 것 같기도 하였다.
>
> 그래서 울타리 삼아 뒤안에 우거져 있는 대밭이나, 고샅에 저절로 커오르는 시누대, 그리고 마을을 에워싸고 있는 왕댓잎의 대바람 소리는 그저 언제나 물결처럼 이 대실을 적시고 있었다. —1권 11쪽

이는 『혼불』의 막을 여는 서두의 배경 묘사이다. 선명한 청각 이미지와 시각 이미지로 구성된 이와 같은 상황 체험은 독자에게 정서적 동시성으로 작용한다. 즉 독자의 의식 속에 존재하는 텍스트와 콘텍스트의 경계를 해체시킴으로써 허구적 서사 세계로의 진입을 촉진시키는 것이다. 소설 텍스트를 허구적 서사 세계로 뚜렷하게 인식할 때 독자에게 그것은 타자의 영역에 불과하지만, 서정적 몰입을 통해 텍스트를 체험하는 독자에게는 그것이 주체의 영역이며 현재화된 삶의 공간인 것이다. 이처럼 배경 묘사 등에서 돋보이는 언어의 조탁이 시의 수준을 이미 능가하고 있는 『혼불』은 그 조탁한 언어를 소설 서사에 이질감 없이 운용하는 강점을 갖고 있다 하겠다.[21] 텍스트에서 적절하게 구사된 상징어, 비유

---

20) 이명재, 「『혼불』의 소설미학적 특질」, 『혼불의 문학세계』(전라문화연구소 편, 소명출판사, 2001), 215쪽.

21) 장일구, 「『혼불』의 서사적 전통과 민속지로서의 성격」, 『혼불과 전통문화』(전라문화연구소 편, 신아출판사, 2003), 90쪽 참조.

어, 색채어, 의성어, 의태어 등은 독자로 하여금 소설 읽기의 체험을 그만큼 폭넓게 해 주는 서정적 코드의 기호체계인 것이다.

『혼불』에서 서정적 코드로 기능하는 장치에는 이상의 배경 묘사 외에도 설화나 한시, 민요와 같은 '이입된 텍스트'[22]들이 자주 등장한다. 이러한 수법은 배경 묘사의 상황성 기능과는 달리, 서사가 진행되는 과정 속에서 서정적 긴장을 부가하기 위한 목적으로 차용된다.

> "자기가 지어 놓은 일이 무엇인지를 모르고 있으니, 받은 응보에 대해서도 깨달음이 전혀 없구나. 보아라. 우리들은 네가 연전에 밭에서 팔매로 쏘아 맞힌 까마귀들이다. 멋모르고 노니는 우리를 돌멩이 한 개로 한날 한시에 죽였으니, 우리 원혼이 분을 참지 못하고 네 자식으로 태어난 것이다. 남다르게 인물도 출중하고 남다르게 효행이 빼어났던 것도, 모두 다 훗날에 너를 절통하게 하려고 그리한 것이다."
>
> 말을 마친 삼형제는 그 자리에서 홀딱 몸을 뒤집어, 그만 까마귀로 변해 버리는 것이었다.
>
> "우리가 전생을 몰라서 생사의 인연을 놓고 설워하는 것이지, 알고 보면 모두 다 제 받을 몫을 받는 것이야."
>
> 청암부인은 까마귀 형제들의 이야기 끝에 한숨을 쉬었다.
>
> −2권 118-119쪽

이 '까마귀 형제들 이야기'는 청암부인이 이기채에게 전하는 형식을 빌린 '이입된 텍스트'로서의 설화 중 마지막 부분이다. 주 텍스트의 서사는 동녘골댁 아들 강수가 상사병을 앓다 열아홉의 나이로 죽어 가는 정황에 대해 청암부인과 이기채가 대화하는 과정이며, 청암부인이 사람 인연의 소중함을 이기채에게 말하고 있는 장면이다. 여기에 이입된 '까마귀 형제들 이야기'는 한 사냥꾼이 한번 팔매로 까마귀 세 마리를 잡은 후 연년생으로 아들 삼형제를 낳았는데, 그 아들들이 어느 날 하루 동안

---

22) '주텍스트'(primary narrative)란 다른 텍스트에 의해 소개되지 않은 일차적 이야기라 할 수 있으며, '이입된 텍스트'(mebedded narrative)란 다른 텍스트에 의해 끌어들여진 종속적인 텍스트, 즉 이야기 속의 이야기라 할 수 있다.(G. Prince, 이기우・김용재 역, 『서사학사전』, 민지사, 1992, 75쪽, 209쪽 참조.)

에 모두 숨져 버린 일이 까마귀의 복수였다는 설화 모티프이다. 이러한 이입된 텍스트는 주 텍스트의 서사에서 사람의 목숨과 인연의 소중함이라는 화제를 논리적이기보다는 서정적 긴장을 통해 강화해 간다. 서술자에 의해 또 다른 층위에서 이입되는 텍스트의 서사시간은 주 텍스트의 서사시간과는 독자적으로 움직이며, 인물들의 현재적 위치를 은유적으로 설명하고 심리적으로 보여 주는 의미항으로 기능한다.

설화 형태로 이입된 텍스트보다도 『혼불』에서 서정적 코드로서의 기능을 더욱 강화하고 있는 이입 텍스트가 한시나 민요, 무가 등이다. 이들은 그 자체의 성격이 서정적인데다, 주 텍스트에 이입되는 동기 또한 상징적 의미를 내포시키기 위해서이거나, 서사적 긴장을 유발하기 위한 복선을 의도하고 있기 때문이다. 따라서 이와 같은 서정적 코드들은 텍스트 내에서 상황성과 의도성 기준으로 분류될 수 있는 기호체계라 말할 수 있다. 이런 점에서, 『혼불』의 진정한 텍스트성은 텍스트 내재적인 의미구축을 통해서뿐만 아니라 전통문화 자료와 장르 혼합이라는 콘텍스트적 원자가들을 함께 고려해야만 보다 완전해진다고 볼 수 있겠다.

4. 마무리

지금까지 필자는 『혼불』을 세 가지의 측면에서 읽어 왔다. 첫째는 서사의 축에 의거하는 구조적 읽기이며, 둘째는 다양한 민속지 자료를 통한 문화적 읽기이고, 마지막으로 서정적 문체의 내포적 의미를 해석하는 시적 읽기이다. 나아가 이 세 가지 코드의 담론적 기능을 살핌으로써 『혼불』의 총체적인 텍스트성을 구명하고자 하였다.

『혼불』에는 다양한 문화 현상들이 중층적으로 구조화되어 있다. 즉 지리산권의 지역성과 더불어 다양한 민속지와 전통성, 봉건적 가부장제하의 여성성, 작가 최명희의 창작 정신 등이 복합적으로 어우러져 텍스트의 의미망을 형성하고 있는 것이다. 따라서 『혼불』의 문예학적 가치를 구명하기 위해서 이러한 문화기호들이 텍스트에서 언어를 통해 어떻게 응결되고 응집되어 있는가를 살펴보았다. 이는 미시담론으로서의 문학 텍스트가 거시담론으로서의 문화텍스트와 어떻게 상호텍스트성(intertextuality)을 유지하며 체계화되는가에 대한 탐구라 할 수 있다.

우리가 익히 알고 있듯이 『혼불』은 방대한 민속자료의 저장고이며, 식민지 현실의 모순과 근대 전환기 가치관의 갈등에 대한 보고서이고, 동시에 빛나는 언어들의 결정체이다. 따라서 『혼불』의 기호체계에는 다양하고 이질적인 코드들이 복합적으로 얽혀 있으며, 각 코드들은 텍스트 내에서 때로는 독립적으로, 또 때로는 상관적으로 기능하면서 텍스트 의미를 직조해 내고 있음을 볼 수 있었다. 구체적으로, 『혼불』을 체계화하고 있는 '인물'과 '민속지'와 '서정성'의 코드는 텍스트의 응결성, 응집성 및 상황성과 의도성에 작용하고 있음을 제시하였다. 이를 요약하면 다음과 같다.

첫째, 『혼불』에서 텍스트 전체를 이끌고 가는 '전통/반전통'의 모순은 '청암부인'과 '강모'라는 핵심 코드에 의해 기호화되며, 이 핵심적 인물 코드가 의미 코드화함으로써 텍스트의 다른 인물들 역시 이 두 코드의 의미자질 범주로 분류될 수 있는 의미론적 동위소로 응집되고 있는 것이다.

둘째, 『혼불』에는 혼례, 장례, 동제, 의식주, 신분제도 등에 관련한 수많은 민속지들이 등장하며, 이들이 소설 텍스트의 의미를 심화하는 의미론적 코드로 작용하고 있다. 이러한 민속지의 활용은 텍스트의 서사적 응결성을 느슨하게 하는 단점에도 불구하고 한 시대의 문화적 총체성과 그 의미를 응집해 낸다는 점에서 의의를 갖는다.

셋째, 『혼불』의 서정적 코드에는 배경 묘사의 감각적 언어와 설화, 한시, 민요 등의 '이입된 텍스트'들이 해당한다. 이들은 독자를 담론 주체로 끌어들여 작가의 상황성과 의도성을 추체험하게 하는 의미 있는 기제들이라 할 수 있다.

[참고문헌]

〈1차 자료〉
최명희(2001), 『혼불』 1~10, 한길사.

〈논문 및 단행복〉
고영근(1999), 『텍스트이론-언어문학통합론의 이론과 실제』, 아르케.
고영근 외(2001), 『한국 텍스트과학의 제과제』, 역락.
장일구(2002), 『혼불읽기 문화읽기』, 한길사.
______(2003), 『혼불의 언어』, 한길사.
전북대 전라문화연구소 편(2001), 『혼불의 문학세계』, 소명출판.
________(2003), 『혼불과 전통문화』, 신아출판사.
허창운(1989), 『현대문예학의 이해』, 창작과비평사.
『현대문학이론연구』 12집. 현대문학이론학회, 1999. 12.
Greimas, A. J., *Structual Semantics: An Attempt at a Method*, trans. Daniele McDowell, Ronald Schleifer, and Alan Velie, Nebraska Univ. press, 1983.
Lotman, J., 유재천 역(1991), 『예술텍스트의 구조』, 고려원.
Prince, G., 이기우·김용재 역(1992), 『서사학사전』, 민지사.

※ 출전: 『현대문학이론연구』 20호, 현대문학이론학회, 2003.

『태백산맥』의 주제 전개를 위한 응결성 실현 양상에 대한 고찰

양영희

1. 들어가기

본고는 대하소설 『태백산맥』이 완성된 이야기의 체계와 전개를 갖추기 위한 요건을 살피는 데 목적이 있다. 특별히 여기에서는 이야기 형성의 중핵을 담당하는 것으로 여겨지는 응결성(cohesion)[1]의 실현 양상이 『태백산맥』의 주제 전개에 어떤 방식으로 기여하는지에 관심을 둔다. 이를 위해 필자는 『태백산맥』을 하나의 텍스트[2]로 간주하여 이를 명제적 입장에서 분석하고자 한다. 여기에는 다음의 의미가 내포되어 있다. 본

---

1) 텍스트성을 판정하는 기준은 학자마다 견해를 달리한다. 김태옥 · 이현호(1995: 6-22)에서는 응결성, 응집성 외에 상호텍스트성, 용인성, 정보성, 상황성 등을, 고영근(1999: 141-185)에서는 응결성과 응집성을 텍스트성의 기준으로 제시하고 있다. 이에 대한 자세한 설명은 두 저서로 미룬다.

2) '텍스트'(text)는 '담화'(discourse)라는 용어와 밀접한 관련이 있다. 이는 이들이 '언어 형식을 바탕으로 이야기 성격을 지닌 표현 양상'이라는 점에 연유한다. 때문에 연구자들은, ① 두 형식을 구분하지 않고 자유롭게 사용하기도 하고(van Dijk 등), ② 'discourse'의 용어에 'text'를 포함시키기도 하며(Widdowson 등), ③ 반대로 'text'라는 용어를 취하여 'discourse'까지를 포함시켜 사용하는 경우(Wunderlich 등)도 있다. 여기에 드러나는 대체적인 특징은 담화는 구어적 특성이 강한 형식을, '텍스트'는 문어적 성향이 강한 형식을 일컫는다는 점이다.
본고는 이 점을 감안하여, '텍스트'와 '담화'를 구별하기로 한다. 그리고 논의의 대상인 『태백산맥』이 문헌으로 존재하므로 구어적인 특성보다는 문어적 특성이 강할 것으로 판단하여, 이를 '텍스트'라는 용어로 지칭하기로 한다. 그리고 그것을 '짜임새 있게 쓰여진 문어 담화(서혁, 1994)'로 정의하기로 한다.

논의는 텍스트이론의 관점을 취한다는 점과 그 가운데에서도 동태적 관점이 아닌 명제적 관점을 취한다는 점이 그것이다.

먼저 본 논의의 출발이 텍스트이론에 입각한 이유는 다음과 같다. 어차피 이야기는 작가가 의도한 주제를 효과적으로 제시하기 위하여, 문장을 첫 단위로 하여 단락과 장을 구성하여 생산한 결과물로 생각된다. 이렇게 탄생한 하나의 이야기는 낱낱의 문장이나 단락의 산만한 집합체가 아니라 유기적인 구성체이다. 따라서 이런 구성방식을 제대로 분석하기 위해서는 이야기 전체를 단일한 단위로 파악하고서 각 단위들이 구성에 기여하는 역할들을 객관적으로 분석하는 작업이 수반되어야 할 터이다. 필자는 이를 수행할 수 있는 이론적 틀로 텍스트이론을 상정한 것이다.

다음은 텍스트이론 가운데에서도 명제적 관점을 취한 이유이다. 텍스트이론은 문장의 상위 단위로 텍스트를 설정하여 그 구조를 분석하려는 입장과, 일단 의사소통에만 사용되면 이를 텍스트로 인정하여 실용성과 통보성을 밝히려는 입장으로 나뉜다. 전자가 바로 명제적 관점이며 후자가 동태적 관점이다. 동태적 관점을 취하면 『태백산맥』 그 자체를 하나의 완성된 텍스트로 간주하여 그 기능을 살필 수 있다는 이점이 있다. 그러나 이는 『태백산맥』이라는 구성체의 구조를 치밀히 탐색하여, 『태백산맥』이 어떤 장치에 힘입어 완결된 텍스트를 이루게 되었는가를 밝힌 연후에 수행되어야 할 과제로 생각된다. 그러기 위해서는 명제적 관점에 입각해야 한다. 일단 우리는, 『태백산맥』을 하나의 완결된 텍스트로 간주하고서, 그 다음 작가가 자신이 의도한 단일한 주제를 부각시키기 위해 장, 절, 문단, 단락, 문장 등을 논리적이고도 치밀한 방법으로 연결시켰음을 밝혀야 하는데, 이 점을 세밀히 고찰하려면 동태적인 견해보다는 명제적인 견해를 취해야 하기 때문이다.

그런데 어떤 대상이 하나의 텍스트로 인정받기 위해서는 몇 가지의 조건을 갖추어야 하는데, 그 가운데에서도 가장 중시되는 요소는 '응결성'이다.[3] 따라서 본 논의는 『태백산맥』이 하나의 텍스트로 인지되기 위

3) 왜 그렇게 생각하는지, 텍스트로 인정받기 위한 조건은 무엇인지에 대해서는 차후에 자세히 설명할 기회가 있을 것이다. 사실 그 조건에 대해서도 연구자마다 견해를 달리하기도 한다. 이에 대한 설명 역시 같은 장으로 미루고, 여기서는 그럼에도 불구하고 모든 연구자들이 '응결성'을 텍스트를 이루기 위한 가장 중요한 조건으로 간주

해서 어떤 응결성을 갖추고 있는지, 또 이 응결성을 실현하기 위한 구체적인 수단은 어떤 것이며, 어떤 장치로써 주제 전개에 기여하고 있는지를 확인하고자 한다.

2. 『태백산맥』의 주제 전개와 응결성 장치

본 장은 먼저 『태백산맥』의 주제 전개방식을 살피고, 이를 효과적으로 표현하기 위해 작가는 어떤 응결 장치를 사용하는가를 탐색한다.

2.1. 전제

본격적인 논의를 위해서는 다음과 같은 몇 가지 선행 검토가 필요하다. 먼저 '주제'와 '주제 전개'에 대한 여러 의견의 검토이다. 연구자마다 '주제'에 대한 정의가 다를 뿐만 아니라 그 호칭조차도 다양하게 사용하는 경우가 많아, 논의를 심화하기 전에 이에 대한 우리의 입장을 정리할 필요가 있기 때문이다. 주제 전개를 전제조건으로 다루려는 이유도 이와 같은 맥락에 말미암는다.

'주제'와 '주제 전개유형'에 대해 살핀 후라면 당연히 '응결성'에 관심을 가져야 한다. 결국 주제 구현은 텍스트를 이루는 구성 요소들 간의 응결성에 말미암기 때문이다. 그런데 응결성을 실현하는 장치가 단일하지 않은데,[4] 본 텍스트의 주제를 효과적으로 구현하기 위해 작가가 사용한 응결 장치는 몇 가지로 요약된다. 따라서 우리의 입장을 이해하기 위해서는 본격적인 논의 전에 개략적으로나마 응결성이란 무엇이냐부터

하고 있음을 밝히기로 한다.

4) 이에 대한 자세한 설명은 다음으로 미룬다.

그 유형을 검토하는 자리가 필요할 것이기 때문이다.

2.1.1. 주제의 정의 및 전개 모형

어떤 언어 형식이 완결된 '텍스트'로 인정받기 위해서는 단일한 주제[5]를 갖추어야 한다. 논의 대상인 『태백산맥』 역시 예외일 수 없다. 특히 이 경우처럼 '소설'이라는 형식을 부여받기 위해서는, 사건의 전개와 등장인물, 배경 등의 구성 요소가 별개의 기능 가치로 선택된 것이 아니라 이들 상호 간에 밀접한 연관성이 있으며, 이들은 궁극적으로 하나의 주제를 부각시키는 데로 집약되어야 한다.

'주제'는 일반적으로 '대하여성'(aboutness)으로 정의된다. 곧 '무엇에 대해 이야기하는가'가 주제라는 말이다.[6] 이때, '무엇'을 정보라 할 수 있는바, 결국 소설의 '주제'는 작가(화자)와 독자(청자)가 주고받는 의사 전달의 '어떤 핵심 정보'로 규정된다. 이 정보가 문장이나 단락의 통합적 관계에 의해 이루어진 것이어야 함은 물론이다.

이 같은 정보(information)는 그 구조와 전달 방식에 따라 몇 가지 분류가 가능하다. 가장 일반적인 분류법은 테마(theme)와 레마(rheme)로 나누는 것이다.[7] 테마란 '정해진 것'이란 뜻으로 주제부(topic)에 해당하고 레마는 이 주제부에 대한 진술 또는 설명부(comment)에 해당한다. 따라서 의사 전달의 과정은 이러한 테마와 레마의 연결을 통해서 화자와 청자 사이에 정보 전달이 이루어지는 것을 말한다.

---

5) '주제'와 관련하여 '화제'라는 용어를 살필 필요가 있다. 이들은 'topic', 'theme'의 번역으로 대부분의 연구자들은 '~에 대하여'로 정의한다. '문어적 특성'이 중시되는 단위에서는 '주제'를, '구어적 특성'이 강한 단위에는 '화제'를 사용함이 예사이다. 그런데 우리는 앞에서 『태백산맥』이 문어적 성격이 강함을 앞세워 이를 '담화'가 아닌 '텍스트'로 규정하기로 하였다. 따라서 논리적 일관성을 획득하기 위해 '주제'라는 용어를 선택했을 따름이지, '화제'와 구별하거나 다른 의미로 사용하려는 것은 아니다.

6) 주제의 정의 및 유형에 대한 논의는 서혁(1994), 박용익(1999), 이삼형(1999), 윤석민(1999) 등에서 심도 있게 다루진 바 있다. 더 자세한 설명은 이들로 미룬다.

7) 테마와 레마의 개념이 언어학에 소개된 것은 프라그학파로부터 비롯한다. 이 개념에 따라 텍스트학에서는 문장을 진술의 출발점인 주제부와 진술의 핵심인 설명부로 구분하고 있다.(Brinker, 1985: 52)

고영근(1999: 206-210)에서는 Daneš(1970)에 의해 유형화된 테마-레마 전개방식을 다섯 가지로 소개하고 있는데, 다음과 같다.

(1) 가. 단순선형식 전개유형: 문장의 설명부(Rema: R)가 둘째 문장의 주제부(Tema: T)가 되는 주제 전개형

예문) 철수는(T_1) 자전거를 한 대 샀다(R_1). 그 자전거는(T_1=R_1) 지하실에 있다(R_2). 지하실에는(T_3=R_2)……

도표)

$T_1 \rightarrow R_1$

↓

$T_2(=R_1) \rightarrow R_2$

↓

$T_3(=R_2) \rightarrow R_3$

나. 주제일관식 전개유형: 문장이 이어질 때 주제부는 변동이 없고 개별 문장에 설명부만 추가되는 전개형

예문) 내 자전거는(T_1) 새로 산 것이다(R_1). 그것은(T_2) 우리 아버지가 주신 선물이다(R_2). 그것은(T_2) 지하실에 있다(R_3). 그것은 내일 타기로 하였다.

도표)

$(T_1 \rightarrow R_1)$

↓

$T_2(=R_1) \rightarrow R_2$

↓

$T_2(=R_1) \rightarrow R_3$

↓

$T_3(=R_1) \rightarrow R_4$

다. 상위주제 파생식 전개유형: 개별 문장의 주제가 상위주제로부터 파생되어 나오는 전개형

예문) 코끼리의 긴 코는(T_1) 매우 작은 물건까지 감아 올린다(R_1). 코끼리

의 귀는(T_2) 움직일 수 있다(R_2). 코끼리의 성질은(T_3) 온순하다(R_3).

도표)

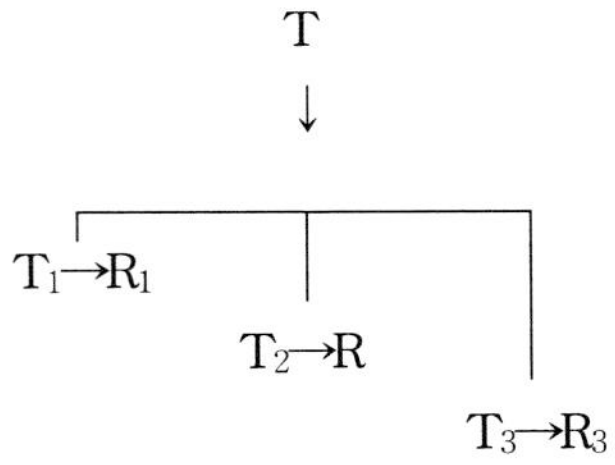

라. 설명부 분열식 전개유형: 한 문장의 설명부가 여러 주제들로 갈라지는 전개형

예문) 원탁에는(T_1) 두 사람이 앉아 있었다($R_1=R_1'+R_1''$). 한 사람은($T_2'=R_1'$) 담배를 피우고 있었다(R_2'). 다른 한 사람은($T_2''=R_1''$) 물을 마시고 있었다(R_2'').

도표)

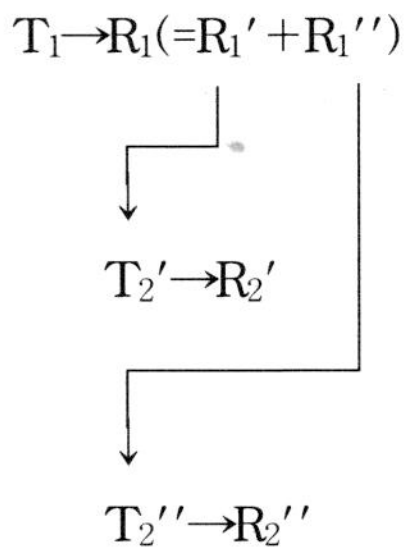

마. 주제비약식 전개유형: 맥락을 통해 어렵지 않게 보충될 수 있는 주제핵의 성분은 생략된 형

예문) 철수는(T_1) 어두운 방으로 안내 받았다(R_1). 그 방은($T_2=R_1$) 값비싼 가구들로(R_2) 장식되어 있었다. …… 양탄자는(T_4) 색상이 현란하였다.

도표)

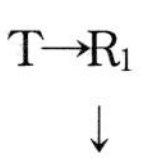

$T_2 \rightarrow R_2$
·
↓ ···→
⋮
↓
$T_4 \rightarrow R_4$

2.1.2. 응결성의 개념 및 유형

전항에서 살핀 바 있듯이, 텍스트의 성립 요건은 단일한 주제이다. 그런데 이 주제는 한 텍스트를 이루는 구성 요소, 즉 문장이나 단락, 그리고 이들이 모여 구성한 여러 가지 사건 전개들이 상호 밀접한 관련 아래 의도적으로 결속되어 있을 때 구현된다. 이처럼 작품 내적 구성성분들 간의 결속을 응결성[8]이라 한다. 때문에 한 텍스트가 얼마나 텍스트다울 수 있느냐의 관건은 응결성의 실현 여부에 달려 있다고 해도 과언이 아니다. 이성만(1994: 3)은 임의의 문장들이 공간적, 시간적으로만 긴밀하게 연결되어 있고 순전히 공간적인 자질들을 통해서만 응집적[응결적] 특성을 보일 때, 이 문장들을 서로 독립된 문장으로 이해하는 것이 아니라 하나의 텍스트로 이해하려는 경향이 있음을 언급하고 있는데, 이는 응결성 여부가 텍스트 판별의 필요 조건임을 증언하는 것이라 할 만하다.

고영근(1999: 141-153)에 의하면, 텍스트 응결 기제는 다음과 같다.[9]

---

8) 본고에서 사용하는 '응결성'은 'cohesion'의 번역이다. 그런데 연구자마다 이에 대한 번역이 같지 않다. 이성만(1994)은 '응집성'으로, 김태옥 · 이현호(1995)는 '결속구조'로, 고영근(1999)은 '응결성'으로 일컫는다. 그러나 그 정의에 대해서는 의견 일치를 보인다. 따라서 어느 용어를 사용하느냐는 그리 큰 문제는 아니라 생각한다. 다만 필자는 고영근(1999)의 견해를 좇아 '응결성'이란 용어를 선택했을 따름이다.

9) 사실 고영근(1999: 141-153)은 응결성 장치를 다음과 같이 이분한다.

응결성(cohesion) ┌ 응결성 장치(1): 자소 · 음운 · 형태 · 통사론적 특징에 의하여 텍스트를 형성하는 기제
　　　　　　　　 └ 응결성 장치(2): 의미 · 기능상의 절차에 따라 한 텍스트로 묶는 기제

(2) 가. 같은 표현의 재수용(회기법): 언어 요소들을 직접 반복해서 사용하는 방법

예문) 연실이의 고향은 평양이었다. 연실이의 아버지는 옛날 감영의 이속(吏屬)이었다. 양반 없는 평양서는 영리(營吏)들이 가장 행세하였다. 연실이의 집안도 평양서는 한때 뽐내던 집안이었다.

－김동인, 『김연실전』

나. 대용어에 의한 재수용(대용형): 앞이나 뒤에 언급된 의미 내용을 다른 표현으로 대치하여 사용하는 방법

예문) 낙엽 속에 파묻혀 앉아 깨금을 알뜰히 부수는 중실은 이제 새삼스럽게 그 향기를 생각하고 나무를 살피고 하늘을 바라보는 것이 아니었다. 그런 것은 한데 합쳐서 몸에 함빡 젖어들어 전신을 가지고 모르는 결에 그것을 느낄 뿐이었다.

－이효석, 『산』

다. 기능상의 등가성에 기댄 명사적 연쇄(환언): 같은 내용을 반복하면서 다른 표현을 사용하는 방법[10)]

예문) 영철이는 동생의 손을 잡고 개울가로 나갔다. 형은 동생을 등에 업고 개울을 건넜다.

이상에서 살핀 응결성 장치들은 주제 전개 방향 설정에 지대한 역할을 한다. 작가가 어떤 장치를 주로 사용하고 있느냐에 따라 전항에서 살핀 주제 전개 양상도 달라지는 까닭이다.

그러나 여기서는 이러한 분류 체계를 따르지 않고, 우리에게 필요한 부분만을 발췌하여 소개하기로 한다. 일일이 설명할 만한 여유도 없을뿐더러, 우리의 텍스트에서 보이는 응결성은 그가 분류한 '응결성 장치(2)'를 사용함이 대부분인 까닭이다.
덧붙여 (2)의 '가'와 '나'는 위 분류의 '응결성 장치(2)' 가운데 '의미상의 등가성에 기댄 장치'의 '명시적 재수용'에 해당하고, '다'는 '응결성 장치(2)' 가운데 '기능상의 등가성에 기댄 장치'임을 밝혀 둔다.

10) (　) 안은 Beaugrande · Dressler 공저, 김태옥 · 이현호 공역(1995)의 용어이다.

2.2. 효과적인 주제 표현 방식으로서의 응결성 실현 양상

전항에서는 『태백산맥』이 완결된 텍스트로서 인정받기 위한 요건들을 살폈다. 그것은 단일한 주제가 있어야 한다는 것이었고, 또 다른 하나는 주제를 구현하기 위한 적절한 장치가 있어야 한다는 점이었다.

본 장에서는 지금까지 살핀 이론적 틀을 적용하여, 『태백산맥』이 주제를 효과적으로 표현하기 위하여 어떤 응결 기제를 사용하고 있는가를 점검하도록 한다. 이를 위해서는 먼저 『태백산맥』의 주제 전개유형을 점검할 필요가 있다.

2.2.1. 『태백산맥』의 주제 전개 모형

본 장의 분석대상인 『태백산맥』은 "해방 직후 당대 역사적인 과제와 이를 해결하려는 민중들의 혁명적 욕구를 중심으로 여순사건과 6·25를 거치는 역사적 기간을 다룬" 대하소설이다.[11] 조정래는 '『태백산맥』에서 무엇을 쓰고자 했는가?'라는 자문에 "그 핵심적인 문제는 '분단과 극복' 이었음"을 밝히고, 창작 동기로 "분단의 역사를 진실하게 밝혀내고 기록함으로써 역사의 잘잘못을 따지고, 그 객관적 판단과 인식을 바탕으로 하여 분단의 요소를 제거해 나가 통일의 새로운 길을 여는 것"이었음을 고백한 바 있다.[12]

이상의 견해를 참작할 때, 『태백산맥』의 주제는 '우리가 겪은 분단의 역사를 재조명함으로써 통일의 기반을 구축'하려는 것임을 알 수 있다. 이러한 주제를 실현하기 위해, 그는 다시 '한의 모닥불', '민중의 불꽃', '분단과 전쟁', '전쟁과 분단'으로 세분한다.

이처럼 다소 긴 호흡과 무거운 주제에도 불구하고 독자들은 그 무게에 압도되지도 않고, 자연스레 빨려 들어가는 한편, 자칫하면 대하소설이 주는 지루함을 피할 수도 있다.[13] 그 이유는 무엇인가? 이 점이 바로

11) 서경석, 「『태백산맥론』: 비극적 역사의 전환을 위하여」, 『창작과 비평』 1990 여름호, 232쪽.
12) 조정래, 「『태백산맥』 창작보고서」, 『작가세계』 26, 1995 가을호, 100-101쪽.

본 장이 해결해야 할 과제이다.

우선 결론부터 말하면, 『태백산맥』은 앞서 살핀 다섯 가지 전개 모형 가운데, '상위주제 파생식 전개'와 '단순선형식 전개' 모형이 결합되어 있는 것으로 분석된다. 곧 전체적으로는 '상위주제 파생식 구성'을, 내부적으로는 '단순선형식 구성'을 따르는 것으로 분석됨을 의미한다. 위에서 언급했다시피, '분단의 역사와 극복'이라는 대주제를 다시, '한의 모닥불', '민중의 불꽃', '분단과 전쟁', '전쟁과 분단'으로 나눈 점을 볼 때 전자의 방식을 취한 것으로 이해되고, 그 세부적인 이야기의 구성방식으로 볼 때에는 후자의 방식을 취한 것으로 이해된다.

그러면 세부적인 구성방식인 '단순선형식 전개' 양상에 대해서는 차후에 살피기로 하고, 우선 전체적인 구성방식으로 내세운 '상위주제 파생식 전개'방식부터 확인해 보도록 하자.

(3) '누가 묵어도 묵을 떡인디'

HT: 상반되는 이데올로기 사이에서 무고하게 희생되는 민중

→ [이야기 1] : <T1> → <R1>
남인태와 그의 아내 남인태의 아내 → 남편일로 조바심이 난다.
↓→ <R2>
경찰인 남편이 청년들에게 몰매를 맞아 병원에 입원해 있다.
↓→ <R3>
남편의 추레한 모습을 보고 자신의 앞날을 예감한다.

→ [이야기 2] : <T1> → <R1>
어린 길남이의 길남이 → 동철이에게 훔쳐온 맛있는 음식이

13) 이는 순전히 필자만의 생각임을 밝혀 둔다. 『태백산맥』에 대한 평가는 그동안 많이 이루어져 왔다. 몇 예만 들면 다음과 같다. 서경석, 「『태백산맥론』」, 『창작과 비평』, 1990 여름호; 권영민(1996), 「역사적 상상력의 집중구조와 확산구조-『태백산맥』과 『아리랑』을 중심으로-」, 『조정래 대하소설 아리랑 연구』, 해냄출판사; 정현기, 「태백산맥론」, 『동서문학』, 1989 11월호.
그럼에도 불구하고 이들의 평을 객관적으로 분석・비판하는 장을 마련하지 않은 이유는, 본 장의 목적은 '주제 전개의 내적 응결 구조'를 밝히는 것이어서 이를 문제삼을 필요가 없다는 생각에서이다.

약빠른 계산 속 　　　　　　많다는 것을 안다.

↓→ <R2>

동철이에게 썰매를 만들어 주기로 한다.

↓→ <R3>

동철이에게 고구마 열 개를 썰매의 대가로 요구한다.

↓→ <R4>

반항하는 동철이에게 그 이유를 조목조목 따진다.

－제2부 4권 120-138쪽

(3)은 '상반된 이데올로기 사이에서 무고하게 희생되는 민중들의 애환'을 주제로 하고 있으며, 여기에는 위에서 열거한 이야기 외에 2개의 다른 이야기가 독립되어 있다. 그러나 이들은 한결같이 순진한 민중들이 급변하는 사회 때문에 서로 반목·질시하고, 어린아이들마저 가난을 이기지 못하여 도적질을 일삼으며, 서로 홍정하는 양이 어른 이상 가는 약빠른 모습을 그려내고 있다. 이와 같은 전개 양상은 『태백산맥』 전반에 걸쳐 실현되는 것으로 보이는데, 다음 텍스트를 보아도 알 수 있다.

(4) '나라가 공산당 맹글고 지주가 빨갱이 맹근당께요'

HT: 이념의 변화를 예측하기 어려움

→ [이야기 1] : 〈T1〉 → 〈R1〉

김범우 집안 　김범우 → 좌익이 자취를 감추자 은신처에서 집으로 돌아온다.

↓→ 〈R2〉

처남이 좌익으로 순천 경찰서에 수감 중임을 아내로부터 듣는다.

↓→ 〈R3〉

전혀 예상치 못했던 처남의 사상 변화에 놀란다.

→ [이야기 2] : 〈T1〉 → 〈R1〉

손승호 　손승호 → 남국민학교 선생이다.

↓→ 〈R2〉
작년 유월까지만 해도 좌익이었다.
↓→ 〈R3〉
우익에 맞선 좌익 테러에 회의를 느끼기 시작한다.
↓→ 〈R4〉
'사상의 공백' 상태에 놓인다.

－제1부 1권 148-180쪽

(4)는 '시대를 지배하는 이념이 하루아침에 바뀌는 혼돈을 겪고 있는 민중'이라는 주제를 전개한 모형이다. 이외에도 '좌익의 선봉인 염상진과 우익의 청년단원장인 염상구의 형제'의 이야기, '염상구와 손승호의 이념적 대치' 등의 독립된 이야기가 전개되고 있다. 그러나 역시 앞서 살핀 (3)처럼 이들은 모두 '순진한 민중들이 급변하는 사상적 이념 때문에 서로 간에 겪는 고충'이라는 중심 주제를 담고 있다.

이처럼 몇 개의 이야기가 상위주제를 정점으로 결속된 구조는 사건 전개에 속도감을 주어 독자에게 '읽기의 긴장감'을 유발시키는 것으로 생각된다. 같은 분량이라면, 하나의 이야기로 주제를 이끌어내는 편보다 몇 개의 이야기로 나누어 구현하는 편이 읽기의 지루함을 방지할 것이기 때문이다.

이와 같은 구조적 장치 때문에 『태백산맥』은 대하소설이 자칫 범하기 쉬운 '플롯 전개의 이완'을 피할 수 있었던 것이다. 그런데 다음을 보면, 작가는 애초부터 이 점을 유념하였음이 확인된다.

(5) 물론 사건의 장면들을 빨리 이동시키고 바꾸었던 이유 중의 하나도 앞서 말한 목적을 용이하게 달성시키기 위해서였다. 사건들이 서로 유기적인 관계를 가지고 얽히게 하는 동시에 그 배치를 대칭적으로, 대비적으로 해 나가는 것으로 어느 한 부분을 가지고는 문제를 삼을 수 없게 한 것이다. <u>그 다음의 이유는, 격랑의 역사상황 속에서 동시다발적으로 일어나는 많은 사건들을 처리하는 데 효과적이었고,</u> …… 네 번째 이유는 <u>길고 긴 소설을 엮어가는 데 그 긴장과 탄력이 지속적으로 유지되게 하기 위해서였고,</u> …… －조정래, 「『태백산맥』 창작보고서」, 『작가세계』 26, 1995년 가을호, 116쪽(밑줄 필자)

여기서 우리는 다음과 같은 추론을 해 볼 수 있다. 작가는 '상위주제 파생식' 전개방식을 선택함으로써 대하소설이 범할 수 있는 오류를 피하려 했다는 점이다. 결국 대하소설인 『태백산맥』이 플롯 전개의 긴장을 상실하지 않을 수 있었던 것은, 작가의 적절한 주제 전개방식의 선택이었음을 알 수 있다.

이런 장점에도 불구하고, '상위주제 파생식' 전개는 다음과 같은 단점을 내포한다. 하나의 주제를 위해 몇 개의 이야기를 나열함으로써 플롯 전개의 일관성을 상실하기가 쉬울 뿐만 아니라, 한 사건을 치밀하고 자상하게 설명해 내기가 어렵다는 점이다. 작가는 이 점을 '단순선형식' 진술 방법으로 극복한다. 전항에 살핀 바 있듯이, '단순선형식' 전개방법은 '문장의 설명부가 다음 문장의 주제부가 되는 형'으로서, 이를 취하면 작가가 진술하고자 하는 대상, 즉 주제를 차분하고도 상세하게 서술할 수 있다는 이점이 있다. 다음이 바로 이 방식을 취한 것이다.

(6) 가. 어느 한 순간인들 포착할 수 없으면서도 엄연히 진행되고 있는 자연의 그 은밀하고도 신비로운 변화를 안창민은 날마다 주의 깊게 지켜보아 왔다. …… 안창민이 볏잎들의 색깔 변화를 일삼아 지켜보고 있었던 것은 추석이라는 명절의 의미를 새삼스럽게 확인하기 위해서는 물론 아니었다. 가능한 한 빠른 추수를 해야 할 필요 때문에 그는 날마다 벼가 익어 가는 것을 조급한 마음으로 살필 수밖에 없었던 것이다.

—제3부 6권 9쪽

나. 〈T1〉 → 〈R1〉

안창민 → 자연의 변화를 주의 깊게 지켜보아 왔다.

↓

→ 〈R2〉

색깔의 변화를 지켜 보았던 것은 추석을 새삼스럽게 확인하기 위함이 아니다.

↓

→ 〈R3〉

가능한 빠른 추수를 해야 할 필요 때문이다.

↓
→ 〈R4〉
조급하다.

(6)은 '제3부 분단과 전쟁'에서 '안창민'이 농민들을 얼마나 염려하는지를 보여 주기 위해 설정한 장면이다. 이를 위해 작가는 '안창민'을 '테마'로 설정해 놓고 다수의 '레마'를 통해 찬찬히 풀어 가는 서술 구조를 보이고 있다. 이와 같은 작가의 세심한 배려는 독자로 하여금 '안창민의 마음'을 자세하고도 생생하게 읽어낼 수 있도록 도와준다. 그럼으로써 작가는 자신이 드러내고자 하는 궁극적인 주제를 무리없이 구현해 내는 것이 아닌가 한다. 이 점은 다음에서도 드러난다.

(7) 가. 그녀의 얼굴에는 아무런 표정이 없다. 자신을 처음 대했을 때의 공포감이나 경계심 같은 흔적도 없었다. 흐린 그믐달빛을 받고 있는 그녀의 얼굴은 신령님의 뜻을 그대로 받아들이고자 하는 준비라도 다 마친 듯 평온해 보였다. 그러나 꼭 평온함만이 아니었다. 백치의 희고 허전한 얼굴이 아닌, 무엇인가 분명 의미를 담고 있는데도 딱히 해득해낼 수 없는 얼굴이었다.

－제1부 1권 87쪽

나. 〈T1〉 → 〈R1〉
그녀의 얼굴 → 아무런 표정이 없다.
↓
→ 〈R2〉
공포심이나 경계심 같은 흔적도 없다.
↓
→ 〈R3〉
평온해 보였다.
↓
→ 〈R4〉
무엇인가 분명 의미를 담고 있는데도 딱히 해득해 낼 수 없는 얼굴이다.

(7)은 '정하섭'의 눈을 통해 하얀 꽃과 같은 '소화'의 자태를 그려낸 장면이다. 여기서 작가는 단 한 문장으로 묘사할 수 있을 한 여자의 자태를 다섯 문장에 걸쳐 서술하고 있다. 그러면서도 작가는 이 여자에 대한 직접적인 표현은 삼가고 있다. 그럼에도 독자는 소화가 얼마나 깨끗하고 아름다운 여자인지를 실감할 수 있고, 또 이 여자에 대한 작가의 애정이 남다르다는 사실까지를 유추할 수 있다. 이 같은 효과는 주제의 대상을 선정하고 그에 대해 계속 나열해 가는 '단순선형식' 전개방식에서 말미암은 것으로 파악된다.

이상, 『태백산맥』은 '상위주제 파생식' 전개 양상을 취함으로써 대하소설의 단점으로 부각될 만한 '느슨함'을 극복할 수 있었고, '단순선형식' 전개방식을 선택함으로써 '상위주제 파생'의 전개방식의 단점이 될 수 있는 '사건의 비약'이나 '논리적인 비약'을 피할 수 있었던 것으로 정리된다.

2.2.2. 『태백산맥』의 주제 전개를 위한 응결성 실현 양상

지금까지 우리는 『태백산맥』의 주제 전개 양상을 살폈다. 그러나 한 편의 소설이 구성상의 완결을 이루기 위해서는 주제의 성공적인 구현 이외에도 중요한 다른 요인이 있는데, 이는 다름 아닌 '응결성'이다. 각 단락이나 장의 주제는 이를 구성하는 요소들의 응결성을 전제로 할 때만이 실현 가능한 까닭이다. 그러므로 이성만은 응결성의 실현 현상을 "어떤 통일적인 대상에의 통보적인 집중현상"으로 보았던 것이다.14)

응결성의 중요성과 유형에 대해서는 이미 '2.1. 전제 항'에서 살핀 바 있으므로, 여기서는 이를 근간으로, 『태백산맥』이 주제를 실현하기 위해 사용한 응결성의 실현 양상을 탐색하고자 한다.

응결성 실현을 위한 가장 대표적인 방법은 어떤 대상을 명명하고 이야기의 전개 과정에서 그 명칭을 반복 표현하거나 대명사와 의존명사를 사용하여 대용 표현을 구성하는 것이다. 이처럼 어떤 대상이 이름의 반

---

14) 이성만(1994), 『텍스트언어학의 이해』, 한국문화사.

복이나 대명사를 이용한 대용 표현을 통해 계속 진술될 때 그 문장들은 응결성을 획득하고 나아가서는 주제 구현에 공헌하게 되는 것이다.

먼저 명칭을 반복하는 '재수용' 장치부터 살피기로 하자. 다음이 바로 그 예이다.

> (8) **머릿수건**을 두르는 맵시는 쪽진 뒷머리 위에 매듭을 짓는 솜씨에 따라 좌우되었다. 수건의 두 귀가 한데 모아져 느슨한 듯 낙낙한 듯 매듭을 지어야 수건이 바람결에 날아와 머리에 가볍게 얹힌 듯 살포시 내려 앉은 듯 자연스러운 태가 나는 것이다. 수건이 그처럼 얹힌 듯 내려 앉은 듯해야만 머리 사이에 공간이 생기고, 그 공간이 더위나 추위를 막아내는 효용성을 발휘하게 된다. 그러므로 수건의 네 귀는 무작정 묶는 것이 아니라……
>
> —제1부 3권 140-141쪽

(8)의 예는 초기 언급에 의해 도입된 '머릿수건'을 '수건'으로 대치하여 단순하게 반복하면서 각 문장들을 한 텍스트 단위로 통합하고 있는 의미적 응결성을 실현한 예이다.

이처럼 어휘의 단순 반복이 사용되는 이유는 어휘의 반복이 나열과 열거의 기능을 통해 강조의 효과를 얻을 수 있기 때문이다. 예문 (8) 역시 '머릿수건의 아름다움과 효용성'을 드러내는 장치로 이와 같은 반복이 훌륭한 효과를 발휘하고 있는 것으로 생각된다. 그런데 이 방법은 독자에게 단조롭고 지루한 느낌을 갖게 할 소지가 다분하다. 따라서 작가는 초기 언급을 제외한 나머지 어휘를 대명사로 대용하거나, 의미가 같은 다른 어휘를 사용하는 환언의 기법을 구사하는 경우도 허다하다. 즉 궁극적인 의미는 변함없이 유지하되 표현의 변화를 꾀하려는 것이다.

> (9) 처음의 몸가짐이 전혀 흐트러짐 없이 곧게 앉아서 변호사의 물음에 답하고 있는 소화를 낙안댁은 여전히 두려운 마음으로 바라보고 있었다. 오늘을 대한 그녀의 모습은, 낙태를 하고 몸져누워 가슴아픈 소리에도 아무 대꾸없이 눈물만 줄줄이 흘리던 색시도 아니었다. 오늘의 모습은 그 누구의 힘으로도 이겨낼 수 없는 괴기를 품은 무당 소화 바로 그것이었다.

－제1부 5권 80-81쪽

예문 (9)는 낙안댁에 비친 소화의 모습을 묘사한 것이다. 그런데 초기 언급으로 '소화'가 사용되었지만, 이후에는 '그녀', '무당 소화' 등으로 언급되어 있다. 이는 결국 '소화'를 지칭하는 것으로, 이들 사이를 응결시켜 주는 수단은 바로 대용 표현과 환언이다. 곧 작가는 '소화'를 '그녀'라는 대용어로 부르기도 하고, '무당'이라는 소화의 신분으로써 환언하여 지칭하기도 한다. 그럼으로써 작가는 (9)의 세 번째 문장을 하나의 텍스트로 응결시킴과 동시에 독자에게는 반복의 지루함을 피할 수 있도록 해 준 것이다. 다음의 예문도 같은 장치를 사용하고 있다.

(10) 이틀…… 그녀는 긴장했다. 자신이 느낀 것이 이틀일 뿐 미행은 더 오래 전부터 시작되었는지도 모를 일이었다. 그럴 가능성은 얼마든지 있었다. 그러면 언제부터였을까. 그녀의 머리는 혼란해졌다. 그녀는 감정의 동요를 막기 위해서 숨을 길게 들이마셨다가 천천히 내쉬었다. 침착하자, 그리고 냉정하게 생각하자, 그녀는 스스로에게 이르고 있었다.

－제1부 권3 7쪽

예문 (10)은 7개의 문장이 사용되어 하나의 단락을 형성하고 있다. 이 7개의 문장이 하나의 텍스트로 용인될 수 있는 근거는 이미 앞서 누차 강조한 대용을 통한 재수용과 환언의 장치에 근거한다.

(11) 가. 이틀…… 이틀일 뿐…… 더 오래 전부터
나. 그녀…… 자신…… 그녀…… 그녀…… 스스로
다. 혼란…… 감정의 동요…… 침착…… 냉정

예문 (11)은 앞서 살핀 9의 내용 가운데 논의에 필요한 부분만을 예시한 것이다. (10)의 7개의 문장으로써 하나의 이야기를 형성할 수 있게 하는 응결성은 동일한 인물을 지칭하는 3인칭 대명사 '그녀'의 반복을 통해서 실현된다. 곧 '이지숙'이라는 인물을 '그녀'라는 대명사로써 대용하고 있는 것이다. 뿐만 아니라 (10가)처럼 '이틀, 더 오래 전'과 같은 명사구 연쇄를 이루어 각 문장이 결속되어 있음을 명시적으로 보여 주고 있다. 그리고 '혼란, 침착, 냉정' 등은 '감정의 동요'라는 상위 범주에 소속되는 관계를 이룸으로써 서로의 문장이 응결되도록 되어 있다. 이는 앞서 살핀 기능상에 기댄 환언 표현이라 할 수 있다.

응결성은 지금까지 살핀 대로 『태백산맥』의 각 단락을 하나의 텍스트로 엮어주며, 또 단락들을 결속시켜 단일한 주제를 드러내도록 하는 중요한 기제라 할 수 있다.

3. 마무리

본고는 '텍스트이론'에 입각하여, 『태백산맥』이 완성된 이야기의 체계와 전개를 갖추기 위해 어떤 장치를 마련하고 있는가를 살피고자 하였다. 그리하여 『태백산맥』은 '상위주제 파생식' 전개로써 '대주제'를, '단순선형식' 전개로써 '소주제'를 구현하고, 이들은 '재수용'과 '의미상의 등가성에 기댄 명사적 연쇄'의 응결 장치에 비롯된다는 결론에 도달하였다.

이를 입증하기 위해서 '텍스트이론'의 '주제 전개 모형'과 '응결성'에 대해서 살펴야 했다. 어떤 언어 형식이 완결된 '텍스트'로 인정받기 위해서는 단일한 주제를 갖추어야 하고, 이는 구성 요소들 간의 결속성(응결성)에 말미암기 때문이다.

주제 전개유형은 Daneš(1970)의 견해를 수용하여 '단순선형식 전개유형', '주제일관식 전개유형', '상위주제 파생식 전개유형', '주제비약식 전개유형' 등으로 분류하였다. 응결성은 고영근(1999)의 견해를 따라, 『태백산맥』에 주요한 장치로 수용된 것으로 보이는 '재수용'과 '연쇄'의 장치를 소개하였다.

이상의 이론적 지식을 배경으로, 『태백산맥』의 상위주제는 '상위주제 파생식 구성'에 의한 것임을 밝혔다. '분단의 역사와 극복'이라는 대주제를 '한의 모닥불', '민중의 불꽃', '분단과 전쟁', '전쟁과 분단'으로 나누고,

이들을 다시 몇 개의 에피소드로 구성하는 점을 논거로 제시하였다. 그럼으로써 대하소설이 자칫 범하기 쉬운 '플롯 전개의 이완'을 피할 수 있었던 것으로 결론하였다. 그러나 '상위주제 파생식 구성'은 하나의 주제를 실현하기 위하여 몇 개의 이야기를 나열시킴으로써 플롯 전개의 일관성을 상실하기가 쉬울 뿐 아니라, 한 사건을 치밀하고 자상하게 설명해 내기가 쉽지 않다는 단점을 내포하는데, 『태백산맥』은 '단순선형식 전개' 방법으로써 이 점을 극복하는 것으로 결론하였다. '단순선형식 전개' 방법은 '문장의 설명부가 다음 문장의 주제부가 되는 형'으로서, 이를 취하면 작가가 진술하고자 하는 대상, 즉 주제를 차분하고도 상세하게 서술할 수 있기 때문이다.

주제 실현은 결국 작품을 이루는 구성요소들 간의 응결성에 의한 것임을 이미 밝힌 터여서, 그렇다면 『태백산맥』은 어떤 응결성에 기반하고 있는가를 입증해야 했던바, 우리는 '재수용'과 '연쇄'의 장치로 결론하였다. 특히 전자에서 주로 사용되는 장치는 '명칭의 반복'으로, 이와 같은 반복은 강조하고자 하는 대상을 독자에게 각인시키는 훌륭한 효과를 발휘하는 것으로 평가하였다. 그러나 이 방법은 독자에게 단조롭고 지루한 느낌을 갖게 할 소지가 다분한데, 『태백산맥』은 초기 언급을 제외한 나머지 어휘를 대명사로 대용하거나, 의미가 같은 다른 어휘를 사용하는 환언의 기법을 구사함으로써 이를 극복하고 있음을 확인하였다.

[참고문헌]

〈자료〉

조정래(2000), 『태백산맥』 권 1~10, 해냄출판사.

〈논문 및 단행본〉

고영근(1999), 『텍스트 이론』, 아르케.

권영민(1996), 「역사적 상상력의 집중구조와 확산구조-『태백산맥』과 『아리랑』을 중심으로-」, 『조정래 대하소설 아리랑 연구』, 해냄출판사.

김태옥 · 이현호 공역(1995), 『텍스트 언어학 입문』, 한신문화사.

박용익(1998), 『대화분석론』, 한국문화사.

서 혁(1994), 「담화의 분석과 화제・초점에 대하여」, 『이용주교수 정년퇴임기념논문집』.

______(1995), 「담화의 기능과 유형」, 『국어교육연구』 제5집, 국어교육학회.

서경석, 「『태백산맥론』: 비극적 역사의 전환을 위하여」, 『창작과 비평』 1990 여름호.

신지연(1999), 「구어의 텍스트 형성에 대한 연구」, 『텍스트언어학』 7, 텍스트언어학회.

이삼형(1999), 「텍스트 이해와 추론」, 『텍스트언어학』 7, 텍스트언어학회.

이성만 옮김(1994), 『텍스트언어학의 이해』, 한국문화사.

이희자(1994), 「국어의 '주제부/설명부' 구조 연구」, 『국어학』 24, 국어학회.

정현기, 「태백산맥론」, 『동서문학』, 1989. 11.

조정래, 「『태백산맥』 창작보고서」, 『작가세계』 26, 1995 가을호.

허금회(1994), 「테마-레마 분절과 번역」, 『텍스트언어학』 1, 텍스트언어학회.

F. Daneš(1970), *Zur Iinguistischen Analyse der Textstruktur*, Folia Linguistica 4.

Van Dijk T.(1971), *Taal, tekst, teken: Bijdragen tot de literatuurtheorie.* Amsterdam: Athenaeum, Polak, and van Gennep.

Widdowson(1975), *Literature as Discourse, Stylistics and the Teaching of Literature.*

오태석 희곡의 상호텍스트성 연구

조보라미

1. 들어가기

1960년대 말 이래 꾸준히 극작과 연출 활동을 하고 있는 오태석은 독특한 작품 세계로 많은 연구자들의 관심을 받아왔다. 그러나 그는 전형적인 연출가 중심의 연극을 지향하는 만큼, 그의 희곡은 연극 상연을 위한 전(前)텍스트적 텍스트 이상의 의미를 부여받고 있지 않다.[1] 즉, 그의 희곡에는 연극을 위한 최소한의 단서만이 나타나고, 그마저 공연에 따라 바뀌기 일쑤이다. 이것은 오태석 희곡을 읽는 것이나 연구하는 데 있어 큰 어려움이 아닐 수 없다.[2] 그러나 오태석 희곡이 연출의 자유로운 상상력을 적당히 압도할 때 보다 성공적이라는 견해[3]를 굳이 거론하지 않더라도, 희곡이 연극의 토대가 된다는 원칙론에 의거할 때 오태석 희곡 자체에 대한 연구는 무시될 수 없다.

이러한 관점 아래 본고는 오태석 희곡의 상호텍스트성에 대해 고찰하고자 한다. 그의 초기작 〈쇠뚝이 놀이〉가 몰리에르의 희곡 〈스카팽의 간

1) 여기서 '연출가 중심의 연극'이란 연극을 희곡에 종속된 것으로 보는 전통적 시각을 지양함으로써 '연극적 연극'을 회복시키려는 현대적 연극 개념을 일컫는다(이인성(1988), 「연극학 서설」, 이인성 편, 『연극의 이론』, 청하(14-15쪽 및 41-42쪽 참조).

2) 연극에 있어 희곡의 위상에 대한 오태석의 생각 및 오태석 희곡 연구의 어려움에 대해서는 오태석·이상일·김미도의 대담(1994), 「실험적 언어와 오브제의 연극적 코너웍」, 오태석(1994), 『심청이는 왜 두 번 인당수에 몸을 던졌는가』, 평민사, 301-302쪽 참조.

3) "오태석의 경우 작가 오태석이 연출가 오태석을 적당히 압도할 때 오히려 절제와 여유가 넘치는 좋은 작품이 태어나지 않나 싶다."(양혜숙(1994), 「오태석론」, 한국연극평론가협회 편, 『한국 현역 극작가론 2』(재판), 예니, 86-87쪽).

계〉를 번안한 것임은 잘 알려진 사실이다. 그리고 〈백마강 달밤에〉와 〈부자유친〉이 각각 『삼국유사』에 실린 설화와 『한중록』을 원텍스트로 하고 있음이 밝혀진 바 있다.[4] 이에 덧붙여 그가 창작한 다수의 역사극 역시 역사적 사건을 원텍스트로 하고 있다고 본다면, 상호텍스트성은 오태석 희곡의 중요한 창작 원리에 해당한다고 할 수 있다. 이렇게 볼 때, 본고에서 고찰 대상으로 삼고 있는 〈심청이는 왜 두 번 인당수에 몸을 던졌는가〉(1990)는 다양한 상호텍스트성 기법이 활용되고 있어 주목된다.[5] 그런데 상호텍스트성은 널리 알려진 문학비평 용어임에도 불구하고, 문학 분석에 활용되기 위한 구체적인 틀이 합의되지 못한 상태이다. 따라서 본고에서는 우선 상호텍스트성의 개념과 논의의 틀을 제시하고(2장), 이에 따라 오태석 희곡의 상호텍스트성을 구체적으로 분석하도록 한다(3, 4장). 이로써 본고는 오태석 희곡의 상호텍스트성에 대한 논문으로서뿐 아니라 상호텍스트성 문학 연구 자체에 대한 시론(試論)적 성격을 가진다.

2. 상호텍스트성의 개념과 논의의 틀

상호텍스트성의 기원은 멀게는 인류 역사의 시작, 혹은 문학의 발상기로 볼 수 있으나,[6] 이것이 오늘날 쓰이는 명시적인 개념으로 확립된 것

---

4) 오태석 · 서연호 대담(2002), 『오태석 연극: 실험과 도전의 40년』, 연극과인간, 54-55쪽 및 129-131쪽; 김남석(2003), 「오태석 희곡의 차용 양상 연구」, 『오태석 연극의 미학적 지평』, 연극과인간.

5) 본고는 상호텍스트성을 통한 오태석 희곡의 창작 원리를 밝히는 것인 만큼, 선별된 공연 대본이 아니라 희곡전집에 실린 텍스트(〈심청이는 왜 두 번 인당수에 몸을 던졌는가〉, 오태석, 앞의 책)를 대상으로 삼았다. 이후 본론에서 작품명은 〈심청이는 왜-〉로 축약될 것이다. 인용 쪽수는 본문 중에 작품명 없이 괄호 속에 넣어 표시하며 슬러시(/)는 줄 바꿈을, (……)는 생략된 부분이 있음을 뜻한다.

6) 김욱동(2004(개정판)), 『포스트모더니즘』, 민음사, 180-181쪽. 이런 이유로 해서 상호텍스트성에 대해 새롭게 개념화하는 것을 반대하는 학자들도 있다(H. F. Plett(1991),

은 크리스테바에 이르러서이다. 크리스테바는 역동적인 문학 언어는 작가와 독자가 소통(수평적 차원)하는 동시에 과거의 텍스트와 소통(수직적 차원)하고 있다고 본다. 이에 따라 모든 텍스트는 인용의 모자이크요, 다른 텍스트의 흡수이자 변형이라 보는 관점이 성립한다.[7] 그런데 이것은 현재 폭넓게 사용되고 있는 만큼이나 보는 시각에 따라 다양한 개념의 편차를 내포하고 있다. 그중에서 상호텍스트성을 가장 활발하게, 그리고 극단적인 의미로 사용하는 것은 포스트모더니즘이다.

이것은 바르트의 상호텍스트성 개념을 통해 잘 드러나는데, 그에 따르면 '저자'는 더 이상 작품에 대해 지배권을 가진 신적 존재가 아니며, '텍스트' 역시 저자의 근원적 생각, 혹은 독창적으로 의도된 의미를 찾을 수 있는 결과물이 아니다. 오히려 텍스트는 "무한한 문화의 중심들로부터 나온 인용들의 조직"이며, '독자'는 '저자'에 대신한 존재, 곧 이미 쓰이거나 말해진 것을 재정리하여 다차원적 공간에서 독해하는 존재로 격상된다.[8] 이에 따라 상호텍스트성은 한 텍스트에 대한 특정한 상호-텍스트를 지적하는 것이 아니라, 담화와 클리쉐, 말하는 방식 등으로 이루어진 문화 코드 전체와 관련된 폭넓은 개념이 된다.[9]

이러한 견해에 따르면 상호텍스트성은 한계지울 수 없는 무한한 것이며,[10] 원텍스트 역시 문화 전반에 걸친 광범위한 것으로 확장된다. 이에 따라 문학작품에서 상호텍스트성을 논한다는 것 자체가 불가능하며 무의미한 일이 되리라는 우려가 나타난다.[11] 이런 상황에서 상호텍스트성

"Intertextualities", H. F. Plett(ed.), *Intertextuality*, Walter de Gruyter, 4-5쪽).

7) J. Kristeva(1997), 「말 · 대화, 그리고 소설」, 여홍상 편, 『바흐친과 문학 이론』, 문학과지성사, 236-237쪽.

8) R. Barthes, Stephen Heath(trans.)(1977), *Image-Music-Text*, Fontana 146-148쪽 참조.

9) G. Allen(2000), *Intertextuality*, Routledge, 73-74쪽.

10) 이것은 바르트에 의해 종종 언급된 것인데, 알렌이 바르트의 상호텍스트성 개념을 설명하면서 'text unbound'란 부제를 붙인 것도 이 때문일 것이다(위의 책, 61쪽).

11) 김욱동, 앞의 책, 191쪽 및 김태우(2006), 「상호텍스트성과 스토파드의 연극세계」, 『현대영미드라마』, 한국영미드라마학회, 115-116쪽 참조. 특히 알렌은 상호텍스트성에 대한 다음과 같은 상반된 견해를 통해 상호텍스트성 연구의 난해성을 요약적으로 잘 지적해 놓고 있다: ①상호텍스트성은 역사적인 맥락을 갖는가, 아니면 본질적으로 몰역사적인가? ②그것은 텍스트를 역사에 개방하는가, 아니면 텍스트성에 보다 근접하는가? ③상호텍스트성은 통제 가능한 개념인가, 아니면 통제 불가능한 개념인

을 문학 연구에 활용하기 위해서는 어느 정도 구조주의적인 틀을 갖춰야 할 필요가 있다고 본다.

주지하듯 언어와 문학의 공동 연구를 지향하는 텍스트 언어학에서는 이러한 문제의식 속에 상호텍스트성에 대한 연구를 진행한 바 있다. 박여성과 박금자에 이르는 일련의 연구[12]는 상호텍스트성의 요체가 전텍스트와 후텍스트 간의 '반복'과 '변형'의 방식에 있음을 분명히 하면서, 이를 언어학적 틀에 따라 구체적으로 밝히고 있다. 특히 박여성은 상호텍스트성을 의미론과 화용론, 통사론의 측면에서 접근하는데, 이에 따르면 상호텍스트성이 적용되는 차원(범주)은 양과 질, 분포, 빈도, 간섭 등을 망라하며, 반복의 방식으로는 질료적 반복, 형식적 반복, 통합적 반복이, 변형의 방식으로는 교체, 추가, 확장, 치환, 복합 등이 지적된다.[13]

그러나 이것의 유용성에도 불구하고, 문학 연구에 있어 이러한 언어학적 접근만으로는 부족하다. 그것은 무엇보다 이것만으로는 상호텍스트적 관계를 맺고 있는 두 텍스트 간의 관계, 다시 말해 상호텍스트성을 활용한 목적 내지 의미를 도출하는 데 한계가 있기 때문이다. 이런 점에서 주네트를 참조할 필요가 있다. 주네트의 연구에서 상호텍스트성은 '하이퍼텍스트성'(hypertextuality)에 해당되는데,[14] 이것은 일차적으로 하나의 텍스트(이는 '하이퍼텍스트, hypertext'라 불린다)가 그것이 접목된 전텍

가? 즉, 제한된 의미 차원을 가지고 있는가, 아니면 무한한 의미 차원을 가지고 있는가? ④상호텍스트성은 우리에게 지식의 형태를 제공하는가, 아니면 이전에 지식이라고 간주했던 것을 파괴시키는가? ⑤상호텍스트성의 중심은 저자인가, 독자인가, 아니면 텍스트인가? ⑥상호텍스트성은 해석을 도와주는가, 아니면 해석이란 개념에 저항하는가?(Allen, 앞의 책, 59쪽; 번호는 인용자)

12) 박여성(1995), 「간텍스트성의 문제: 현대 독일어의 실용 텍스트를 중심으로」, 『텍스트언어학』 3, 90쪽; 박금자(2000), 「월인천강지곡의 간텍스트성」, 『텍스트언어학』 8; 박금자(2002), 「간텍스트성, 변형, 다시쓰기」, 고영근 외, 『문법과 텍스트』, 서울대학교출판부. 텍스트 언어학에서는 '상호텍스트성'을 '간텍스트성'이라고 번역하나, 본고에서는 '상호텍스트성'으로 통일하여 사용하도록 한다.

13) 각각의 구체적인 개념에 대해서는 박여성, 앞의 논문, 99-104쪽 참조.

14) 주네트의 트랜스텍스트성(transtextuality)은 다섯 가지 하위 갈래를 갖는데, 이 중에서 하이퍼텍스트성은 중심적인 위치를 차지한다. 이에 대해서는 G. Gennette, C. Newman and C. Doubinsy(trans.)(1997), *Palimpsests: literature in the second degree*, University of Nebraska Press, 1-7쪽 및 Allen, 앞의 책, 107쪽 참조.

스트('하이포텍스트, hypotext')와 맺는 관계로 정의된다.[15] 이것은 상호텍스트적 관계를 맺는 전텍스트와 후텍스트를 명확히 하면서 전텍스트가 후텍스트에 남긴 '흔적'[16]을 중시하는 것으로, 상호텍스트성이 문화 혹은 기호 전반으로 확대되는 포스트모더니즘의 시각을 지양하는 것이다.

그런데 하이퍼텍스트성에 대한 주네트의 설명에서 무엇보다 주목할 것은, 패스티시와 패러디, 트라베스티와 캐리커처 등이 본질적으로, 그리고 의도적으로 하이퍼텍스트성을 띤다는 지적이다.[17] 실제로 주네트는 『팰림세스트』에서 하이퍼텍스트와 하이포텍스트의 관계를 '변형'과 '모방'의 두 가지로 보고, 이것을 각각 유희적인 것과 풍자적인 것, 진지한 것으로 나누어 보면서 이러한 틀에 따라 패러디, 패스티시, 트라베스티, 캐리커처 등 '(다소 작은) 규범적 장르'를 자세히 설명하고 있다.[18]

주네트가 이렇게 상호텍스트성을 위와 같은 '규범적 장르'로 나누어 설명한 것은 하이퍼텍스트에서 하이포텍스트를 사용한 의미와 의도를 밝히려는바, 상호텍스트성의 의미화를 위한 시도로 볼 수 있다. 그리고 이것은 상호텍스트성의 '반복'과 '변형'의 규칙을 언어학적으로 밝히려는 텍스트 언어학의 시도와 상호보완적 관계를 가진다고 할 수 있다.[19] 이

---

15) G. Genette, 앞의 책, 5쪽. 한편 본고에서는 '하이포텍스트'를 '원텍스트', '선텍스트'와, '하이퍼텍스트'를 '후텍스트'와 혼용하도록 한다.

16) '흔적'은 텍스트 언어학에서 상호텍스트성의 판정 기준 가운데 하나이다. 이에 대해서는 박여성, 앞의 논문, 95쪽 참조.

17) Genette, 앞의 책, 8쪽 및 G. Allen, 앞의 책, 109쪽.

18) 여기서 '(다소 작은) 규범적 장르'란 'canonical (though minor) genres'를 번역한 것이다(Genette, 앞의 책, 8쪽). *Palimpsests*에는 하이퍼텍스트성에 대한 몇 개의 도표가 나오는데, 궁극적으로 이것은 다음과 같은 도표로 요약된다(위의 책, 29쪽):

mood / relation	유희적(playful)	풍자적(satirical)	진지한(serious)
변형(transformation)	패러디	트라베스티	트랜스포지션(transposition)
모방(imitation)	패스티시	캐리커처	포저리(forgery)

19) 주네트는 그의 저서에서 자기삭제(self-expurgation)와 절단(excision), 압축(reduction), 확충(amplification) 등 하이퍼텍스트성을 이루는 구체적인 변형의 방식 역시 설명하고 있다. 그러나 이것들이 적용되는 기준들 사이의 서열이나 기능적 관계에 대한 구체적인 답변을 언어학에 미루고 있다는 비판이 가능하다(박여성, 앞의 논문, 92쪽). 이것은 구조주의 시학에 관한 쥬네트의 세 저서(『아키텍스트』, 『팰림세스트』, 『파라텍스트』) 가운데 『파라텍스트』에 대한 비판이지만, 『팰림세스트』에도 적용될 수 있다고 보인다.

에 본고에서는 이 두 가지 시/*각을 상호텍스트성 연구의 구체적인 틀로 보고자 한다. 그리고 이와 더불어 실제적인 작품 분석에 있어 다음과 같은 입장을 취한다.

첫째, 본고에서는 주네트 이론에서 6가지로 한정된 '규범적 장르'를 보다 유연하게 보도록 한다. 기존 연구에서 상호텍스트성은 인용과 인유, 콜라주 등 다양한 개념과 관련지어 논의되면서 이에 대한 개념 역시 주네트의 연구에 한정되지 않은 것을 볼 수 있는데,[20] 본고에서도 이것을 따르는 것이다. 주네트에 의하면 패러디와 패스티시는 모두 후텍스트가 원텍스트에 대해 유희적 관계를 맺고 있는 경우를 가리킨다. 그리고 이 때 전자가 원텍스트를 변형시킨다면 후자는 원텍스트를 모방한다.[21] 이것은 패러디를 원전과의 차이를 통해 비평적 거리를 확보하는 것으로, 패스티시를 원전과의 유사성을 강조하되 종종 한 작품이 아닌 여러 작품을 뒤섞어 모방하는 것으로 본 허천의 개념과 크게 다르지 않다.[22] 또한 인용은 인물이나 장소, 사건 또는 구절의, 명백하거나 간접적인 언급을 의미하고,[23] 콜라주는 서로 다른 재료(문학텍스트의 경우 만화, 음악가사, 신문기사 등)가 텍스트에 수용된 것을 일컫되, 뚜렷한 기준과 목적에 따라 통합적으로 배열되기보다 산만하게 배열된 것을 가리킨다.[24]

둘째, 상호텍스트성을 희곡 분석에 활용할 때 표현, 구조, 주제의 세 층위로 나누어 분석한다. 이때 표현의 층위란 구체적으로 작품의 제목이나 장소명, 대사 등 작품의 질료적 측면을, 구조의 층위란 인물, 사건의

---

20) 대표적인 예로 김주현(1999), 『이상 소설 연구』, 소명출판, 앞의 책, 125-182쪽 참조. 기존 연구에서 주네트의 이론에 대한 언급 없이도 패러디와 패스티시, 트라베스티, 인용 등 다양한 개념과의 관련 아래 상호텍스트성이 논의된 것은, 이러한 개념이 상호텍스트성의 의미화에 유용한 개념이라는 사실을 간접적으로 증명한다.

21) G. Genette, 앞의 책, 22쪽. '변형'과 '모방'의 개념에 대해서는 5-7쪽 참조.

22) L. Hutcheon(1992), *Theory of Parody*, 『패로디 이론』, 김상구・윤여복 옮김, 문예출판사, 64-65쪽.

23) '인용'은 헤벨의 정의를 따른 것이다. 헤벨에 따르면 '인유'(allusion)는 작가의 의도가 개입하여 원전과 다른 새로운 의미로 읽히는 것으로, '인용'(quotation)은 단순 인용하는 것으로 서로 구분된다(U. Hebel, "Towards a Descriptive Poetics of Allusion", *Intertextuality*, edit. by H. F. Plett, 앞의 책(1991); 김주현, 앞의 책, 167쪽 재인용).

24) 한국문학평론가협회 편(2006), 「콜라주」, 『문학비평용어사전(下)』, 국학자료원 및 한용환(1992), 『소설학사전』, 고려원 참조.

구조 등 형식적 측면을, 주제의 층위란 작품의 주제를 고찰 대상으로 한다.[25] 이것은 다시 말해, 상호텍스트성에 대한 언어학적 접근 및 의미화에 대한 고찰이, 표현·구조·주제의 세 층위로 나뉘어 논의될 것임을 뜻한다. 이것은 구체적인 작품 분석에 있어 실용적이라는 판단 때문에 도입되었으며, 기존의 상호텍스트성 연구[26]에서도 이러한 예를 찾아볼 수 있다.

셋째, 본고에서는 보다 거시적인 차원에서 상호텍스트성의 의미화를 논하기 위해 바흐친의 원심성과 구심성 개념을 원용할 필요가 있다는 견해[27]에 동의한다. 이러한 견해에 따르면 상호텍스트성은 작품의 원심력에, 저자가 의도하는 특정한 효과와 메시지는 구심력에 해당된다. 결국 하나의 텍스트는 두 힘의 긴장관계 속에서 해석된다는 것인데, 이로써 텍스트는 구심력이 주도적 의미를 추구하는 가운데, 원심력에서 비롯되는 다양성과 깊이가 모두 고려되는 장점이 있다.

그러면 이상의 논의를 바탕으로 오태석 희곡 〈심청이는 왜 두 번 인당수에 몸을 던졌는가〉의 상호텍스트성을 분석해 보도록 한다.

3. 당대 사회 현실에 대한 콜라주

기존 연구에서 〈심청이는 왜－〉는 판소리 〈심청가〉와의 상호텍스트성

25) 표현의 층위와 구조의 층위를 이렇게 볼 때, 각각은 상호텍스트성의 언어학적 접근에서 반복의 방식 중 '질료적 반복'과 '형식적 반복'의 고찰 대상과 유사하다고 할 수 있다. 박여성에 따르면 '질료적 반복'은 어떤 작품의 일정한 부분을 그대로 소재로 하는 것이고, '형식적 반복'은 특정 작가의 문체나 어구의 통사적 특징, 통사구조, 특정한 어휘소의 영역을 반영하는 것이다(박여성, 앞의 논문, 101쪽). 그런데 실제 분석에 있어 표현이나 구조의 층위가 의미를 배제하는 것은 아니며, 세 층위의 논의 역시 서로 겹치는 부분이 있을 수 있다.

26) 손진은(2005), 「상호텍스트성을 활용한 시 교육 방법 연구」, 『한국문학이론과 비평』, 2005. 12, 399-405쪽.

27) 김태우, 앞의 논문, 127-128쪽.

이 주로 논의되어 왔다.[28] 이것을 2장에서 논한 상호텍스트성의 틀에 따라 간략하게 언급하자면 다음과 같다. 우선 작품의 제목이나 심청, 용왕 등의 인물, 용궁이라는 장소 등을 통해 후텍스트가 전텍스트를 반복하고 있음이 확인된다. 또한 심청이 용궁(이것은 극중에서 잠수함으로 구현된다: 12)에 도착하는 첫 장면에서, 승지가 용왕에게 "심청이 무사히 입궐"을 "완료"했다고 보고하는 것이나, 잇달아 나오는 용왕의 대사("청아, 잘 왔다. 뒤에 느이 애비 눈 뜨는 절차가 남았느니라. 그런만큼 조신하게 굴고 느긋하게 기다려라-", "너는 (이곳에서 머물다가 때가 되면: 인용자) 황후가 돼": 12)를 통해 〈심청가〉의 내용이 '요약'[29]적으로 '인용'되고 있음을 볼 수 있다.[30] 그러나 이후 〈심청이는 왜－〉는 용왕과 심청이가 세상 구경을 나가는 사건으로 진행되는 만큼, 작품의 내용은 〈심청가〉와는 판이하게 달라지며, 이것은 주제에 있어서도 마찬가지다. 따라서 후텍스트는 전텍스트를 스타일상으로 모방하기보다 전텍스트와의 차이를 통해 새로운 주제를 부각시키는 '패러디'로 볼 수 있다.

한편 본 장에서 본격적으로 다루고자 하는 당대 사회 현실과의 상호

---

28) 김현철(2000), 「판소리 〈심청가〉의 패로디 연구」, 『한국극예술연구』 11, 2000. 4; 신은경(2002), 「오태석 작 〈심청이는 왜 두 번 인당수에 몸을 던졌는가〉의 패러디 연구」, 『동남어문논집』 14, 2002. 6. 그런데 〈심청이는 왜－〉는 특별히 판소리와의 상관성이 발견되지 않는 만큼, 원텍스트를 고전소설 『심청전』으로 보아도 무방하다고 생각된다. 이것은 최인훈의 〈달아 달아 밝은 달아〉가 언어 율격과 언어유희, 장면형상화 방식 등에 있어 판소리 〈심청가〉와의 관련성이 뚜렷하여, 원텍스트를 『심청전』보다는 〈심청가〉로 보는 것이 적절한 것과 상반된 것이다(졸고(2002), 「최인훈의 〈달아 달아 밝은 달아〉와 판소리 〈심청가〉의 간텍스트성 고찰」, 고영근 외(2001), 『한국 텍스트과학의 제과제』, 역락 참조).

29) 박여성은 상호텍스트성의 '변형'의 방식 중 하나로 '압축'을 지적하는 반면(박여성, 앞의 논문, 104쪽), 박금자는 이것을 보다 자세히 생략과 감축, 축약, 요약으로 나누어 본다. '생략'은 수식어 삭제이며 '감축'은 주변주제와 그에 관련된 이야기의 삭제, '요약'은 선텍스트의 명제와 내용을 그 중요도에 따라 재구성하여 축소한 것이다. 그리고 '축약'은 요약과 달리 저자가 때로 인지적 태도, 지식틀, 세계지식에 따라 일부 미시명제나 주변주제와 관련된 이야기들도 이어받으면서 선텍스트의 명제와 내용을 축소한 것이다(박금자(2002), 앞의 논문, 2002 참조).

30) 이 부분은 승지와 용왕이 심청이 용궁으로 올 것을 미리 알고 있었으며, 이후 심청이 황후가 되고 심봉사가 눈을 뜨게 되는 사실 또한 예정되어 있음을 말해 준다. 즉, 용왕과 승지는 허구 속 인물이면서도 원텍스트에 대해 이미 알고 있는바, 메타극의 특성을 드러낸다(메타극에 대해서는 L. Abel(1963), *Metatheatre: A New Vision of Dramatic Form, Hill and Wang* 참조).

텍스트성은 오태석 희곡에 왕왕 나타나는 것이다. 그 대표적인 예로 〈비닐하우스〉나 〈아프리카〉를 들 수 있는데, 이것이 창작 당시 사회적으로 이슈가 되었던 사건을 직접적인 창작의 동기로 삼고 있음은 작가에 의해 자세히 설명된 바 있다.[31] 그러나 〈심청이는 왜－〉의 경우 작가나 기존 연구자에 의해 사회 현실과의 관련성이 짧게 언급만 되었을 뿐 구체적으로 분석되지는 않았다.[32]

앞의 설명에서 드러나듯이 〈심청이는 왜－〉는 〈심청가〉에서 심청이가 용궁에 머무르게 되는 기간 동안, 심청이 용왕을 따라 세상 구경을 나간 사건으로 이루어진다. 극에서 용왕이 애써 강조하듯 그들은 제3자적 입장에서 세상을 '구경'하러 나간 것이다(그러나 이러한 의도와 달리 그들은 세상사에 연루되어 '산 체험'을 하게 된다). 그런데 이때 용왕과 심청의 눈에 나타난 세상은 한마디로 요지경이며, 이러한 요지경 세상은 창작 당시의 사회 현실이 소재가 되고 있다. 보다 정확히 말하자면, 이것은 당대 신문잡지의 사회면을 장식한 기사들의 '콜라주'라 하겠다.

용궁에서 용왕이 세상 구경을 나가야겠다고 결심한 계기가 신문기사에서 비롯된 것임은 그 단적인 예이다. 이것을 포함하여 작품에 나타난 사건과 신문기사와의 상관성을 보여 주는 몇 가지 예를 들면 다음과 같다.

① **용왕** 이놈의 세상 봤나. 공중전화 잡고 너무 길게 건다, 고만 끊으라고 했다가 젊은놈이 애 어멈한테 칼질을 했어. (……)(12)

①′ 20대 청년이 공중전화를 빨리 걸라고 재촉하는 20대 주부를 흉기로 찔러 숨지게 한 뒤 달아나다 경찰에 붙잡혔다. －『중앙일보』, 1990. 8. 22

② **인수** 그런데 근자에 와서 처벌이 강화됐고 거기다 이걸 사용하는 자보다 제조하거나 운반하는 자를 더 엄하게 다스린다 그렇게 됐지. 거기다 불시에 검문검색이 잦아지고, 이거 제조하는 사람들 애로사항이 한 두 가지가 아니드만 본게.(17)

세명 허-허. 최루탄 만들어서 돈 번 여자 있다는 소리는 들어봤구만 화염

31) 오태석 · 서연호 대담, 앞의 책, 123-126쪽 및 139-140쪽.

32) 위의 책, 154-155쪽; 임혜정(1995), 「오태석 희곡 읽기」, 명인서 · 최준호 편(1995), 『오태석의 연극세계』, 현대미학사, 28쪽; 김현철, 앞의 논문, 316-317쪽.

병 만들어 돈 벌었다는 얘기는 내-(18)

②′ 화염병 만들면 최고 3년형 특별조치법 추진. 운반도 형사 처벌

—『조선일보』, 1988. 6. 28

최루탄 제조업체인 삼양화학의 여사장 한영자 씨, 1988년도 소득세 납부 실적 1위 기록 —『중앙일보』, 1989. 10. 5

그러나 무엇보다 이 작품에서 주목할 수 있는 것은 세명이 꽃배를 탄 여성들을 상대로 인질극을 벌이는 부분이다. 꽃배(소위 몸 파는 여자들을 싣고 돌아다니는 매음선(賣淫船))에는 세명 외에도 용왕과 심청, 그리고 47명의 몸 파는 여자들이 타고 있었다. 원래 그 배는 세명의 경제적 재기를 돕기 위해 용왕이 주선한 것이었다. 배에 탄 여자들의 평균 나이는 17세 8개월. 세명은 이들이 몸을 팔 수밖에 없게 된 딱한 사정을 듣고, 누군가 이들의 빚을 갚아준다고 나서지 않으면 이들을 차례로 바다 속에 빠뜨려 버리겠다는, 기상천외의 인질극을 벌이게 된다. 세명은 이를 위해 군산 지소로 무전을 친다: "꽃다운 처녀 47명을 납치한 희대의 유괴범 기자회견 요청"(44). TV 생중계를 자청한 세명은 카메라 앞에서 47명 여자들 하나하나가 자신의 사연을 밝힘으로써 시청자들의 동정심을 유발하고자 한다. "테레비 화면에 느이 얼굴하고 같이 오늘 현재 느이가 느이들 주인한테 진 빚이 얼매다 그러고 나간다. 그러면 시청자 중에 누구 느이를 가엾게 여기는 사람이 나타나서 느이 빚 다 갚아 준다"(44)는 것이 그의 의도다. 그리고 세명은 실제로 TV화면 앞에서 다음과 같은 쇼를 벌인다.

세명 접근 금지. 현재 고도에서 선회하라. 여기 휴발유통 세 통이 있다. 접근하면 이 배는 화염에 쌓인다. 카메라는 나를 좇으라. 좇아와-.(47)

세명 새우잡이 배를 타는 어부들 모양 이 애들도 한 번 섬으로 들어가면 살아 나오지 못합니다. 거기 가느니 지금 여기서 물로 뛰어드는 편이 낫지 않겠느냐. 마흔여섯 명이 한 아이도 빠뜨리지 않고 이러고 죽기로 맹세한 것입니다. 예전에는 이런 것을 옥쇄라고 했지요.(서약서 뭉치를 공중에 뿌린다.)/지금부터 여러분의 전화를 받겠습니다. 30초 여유를 드립니다. 전화가 없으면 꽃다운 청춘 저 바다 가운데 묻어버립니다. 준비

하시고!(49-50)

이것은 가장된 인질극이라는 점에서 가짜 인질극이지만, 꽃배를 탄 여자들이 TV화면 앞에 나섰을 때 전화가 울려오지 않으면 그들을 받치고 있던 깔판을 여지없이 잡아당겨 수장시킨다는 점에서 진짜 인질극이기도 하다. 그런데 이 작품이 창작되기 몇 해 전 실제로 이와 유사한 일이 벌어진 적이 있다. 그것은 바로, 최근에 영화 〈홀리데이〉(2006)의 소재가 되기도 했던 지강헌 사건이다. 잘 알려져 있듯 이것은 1988년 10월, 죄수 11명과 함께 교도소 이송버스에서 탈주한 지강헌이 서울 남가좌동의 한 가정에 침입하여 일가족을 볼모로 인질극을 벌였던 사건이다. 그런데 이 과정에서 그는 가족의 생명을 볼모로 TV 생중계를 요구했고, 이를 통해 '유전무죄, 무전유죄'의 현실을 고발했다. 그리고 이것은, 당시 대통령의 동생을 비롯하여 힘 있고 권력 있는 사람들이 감옥에 줄줄이 잡혀가면서도 쉽게 풀려나는 현실을 배경으로, 적지 않은 사회적 반향을 일으켰다.[33)]

이 사건과 〈심청이는 왜-〉를 비교해 볼 때, 여기에 나타난 두 사건 모두 인질극이라는 점과, 그것을 주도한 인물이 TV 생중계를 요구했다는 점, 그리고 TV 앞에서 범죄자의 행위로는 보기 어려울 정도로 당당하게 세상을 고발했으며, 사회 부조리에 대한 고발을 목적으로 인질극이 의도되었다는 점 등에서 유사하다. 또한 지강헌이란 인물이 자살 직전에 비지스의 '홀리데이'를 틀어달라고 요구했다는 사실(오랫동안 수감생활을 해 온 그에게는 탈옥기간이 '홀리데이'에 해당했으리라 짐작할 수 있다)에서 모종의 낭만성을 읽을 수 있다면, 인질극을 통해 매춘 여성들을 구하고자 한 세명과의 유사성을 지적할 수 있다.

그 외에 새우잡이 배를 통해 인신매매가 벌어진 것이나 28살에 젖소사육 성공으로 '새농민잡지'에 실렸던 인물(세명)이 자연재해로 쫄딱 망했다는 설정 등도 역시 신문기사와의 상관성을 추측해 볼 수 있다. 이렇게 본다면 실제로 작품에서 당대 사회 현실을 원텍스트로 하고 있는 부

---

33) "공포의 일요일…… 비명 · 총질 · 자살 참극", 『조선일보』, 1988. 10. 18 및 "사회보호법 개정 여론 높다", 『조선일보』, 1988. 10. 19 참조.

분은 적지 않은 분량임을 알 수 있다(①). 그리고 그것은 작품의 앞과 중간, 끝을 망라하여 다수 나타나며(②), 이야기를 전달하는 인물의 말투라든지 방언 등에 따라 간섭 현상을 겪고 있다(③). 또한 극에 나타난 대부분의 사건이 원텍스트로부터 크게 변형되지 않은 데 반해, 꽃배에서의 세명의 인질극은 원형이 된 실제 사건으로부터 인물과 이야기 등이 많이 변형되고 있으며, 인용된 다른 사회기사들에 비해 질적으로도 중요도가 높다(④).[34]

결과적으로, 당대 사회를 반영하는 다양한 사건들이 후텍스트 내에서 어느 정도의 변형을 거쳐 '인용'되거나 구조적으로 반복됨으로써 전체적으로는 '콜라주'를 이루고 있다고 하겠다. 이러한 기법을 통해 작가는 극을 보다 현실에 밀착된 것으로 만듦으로써 극의 재미에 기여하는 한편, 현실 비판적 의도를 효과적으로 드러내고 있다.

4. 기존 희곡에 대한 패스티시

4.1. 〈칠수와 만수〉: 구조적 층위의 유사성

〈심청이는 왜－〉는 또한 다른 희곡 텍스트와의 상호텍스트성을 갖는다. 먼저 들 수 있는 것은 오종우의 희곡 〈칠수와 만수〉와의 상호텍스트성이다. 이 작품은 두 명의 대형 포스터 도장공이 우연히 빌딩 꼭대기에 올라갔다가 이들을 투신자살자로 오인한 사람들의 소동에 진짜로 빌딩에서 뛰어내리게 된 웃지 못할 사건을 다루고 있다. 이것은 1980년대 분단 모순과 계급 문제를 제시한 것으로, 1986년 초연된 이후 큰 인기를 끌었으며, 영화(〈칠수와 만수〉, 감독 박광수, 1988)로 제작되기도 했다.[35]

---

34) ①~④는 상호텍스트성에 대한 언어학적 접근 중에서 상호텍스트성이 적용되는 차원(범주)에 대한 지적이다. 여기서 ①은 양적 부분, ②는 분포 및 빈도, ③간섭, ④질에 해당한다(본고 246쪽 및 박여성, 앞의 논문, 99-101쪽 참고).

〈심청이는 왜-〉에서 세명은 구인수의 꼬임에 빠져 비닐하우스에서 화염병을 제조하다 전신에 화상을 입는다. 그리고 병원에서 우연히 아이들이 하는 놀이를 보고 아이디어를 얻어, 유원지에서 손님이 던진 공을 몸으로 맞는 일을 통해 돈을 번다. 소위 "움직이는 목표물 인간 타게트"(23)가 되는 것이다. 그런데 이것은 사람들의 인기를 끌어 급기야 TV 방송을 타게 된다. 그리고 TV에 나온 다음날, 백가면은 날개 돋친 듯 팔려나가며, 세명은 손님이 타게트 삼고자 하는 사람의 이름을 쓴 개패까지 목에 달게 된다. 이것은 "텔레비전은 같은 화면이 삼 초 이상 나가면 지루해서 안 되니 변화"를 줄 필요가 있기 때문으로(27), 이러한 생각이 TV 제작진으로부터 나왔다는 사실은 TV가 얼마나 비판적 지성을 도외시한, 시청률에 고착된 매체인지를 보여 준다. 그런데 이것은 〈칠수와 만수〉에서 빌딩 꼭대기에 올라간 칠수와 만수를 취재하는 기자의 태도와 유사하다. 기자는 이들의 안전이나 사생활 보호의 문제에 대해서는 무관심한 채, 오직 시청자의 궁금증만을 채우고자 이들을 인터뷰한다. 그리고 이들의 요구가 시국문제와는 관련 없는 사건이라는 결론이 나자 내심 섭섭한 마음을 감추지 않는다.[36]

〈심청이는 왜-〉에서 대중매체의 속성에 대한 비판적 인식은 극의 후반부, 꽃배에서 벌어지는 인질극에도 나타난다. 세명의 의도와 달리 꽃다운 나이의 소녀들이 TV 앞에서 통사정을 해도 전화 한 통 걸려오지 않자, 구원에 대한 희망은 절망으로 바뀐다. 그리고 급기야 이들은 무차별한 사생활 폭로에 수치심을 느끼는 것(아래 인용 ① 참조)은 물론, 그들을 비추는 카메라에 대한 분노(아래 인용 ② 참조)를 나타낸다.

① **옥자** <u>내가 울 엄마 뵐 면목이 없이유.</u>
구자 벗어. 얼굴이 뵈야 전화를 걸 거 아니냐.
허구자가 헬멧을 벗긴다. 이마가 가로질러 깊이 찢어졌고 거기서 피가 흘러

---

35) 〈칠수와 만수〉에 대한 설명은 박명진(2001), 「희곡의 영화화에 나타난 의미 구조 변화」, 『한국극예술연구』 13, 112-114쪽 참조.

36) 오종우, 〈칠수와 만수〉, 26-29쪽. 〈칠수와 만수〉 텍스트는 아르코 예술정보관에서 제공하는 연극 대본이며, 인용 쪽수 역시 이에 따른다(http://artsonline.arko.or.kr/navigator?act=playread).

안면을 덮었다. 마치 눈 코 입 구녕마다 피를 내뿜는 듯하다. 허구자와 동료들이 놀래는 사이 옥자는 받침대를 잡아 뽑고 스스로 물로 뛰어든다.(53)

② **길자** 만세. 이봐요. 우리 기자회견 고만헐라구. 다 치우시오 잉. 우리 군산 돌아갈라우. 다 걷어치워. 치워 이 잡것들아. 사람 고만 잡아 죽여라 이 백정놈들아. 사진기 절루 비껴. 야 임마 죽을래 너.(53)

위 인용문 ①에서 보면 옥자는 어머니를 뵐 면목이 없다는 이유로 카메라 앞에서 헬멧을 벗는 것을 거절한다. 동료들이 헬멧을 벗기자 얼굴 전체에 피가 흐른다는 사실은 이러한 그의 수치감이 환상적으로 발현된 것이라 할 수 있으며, 한마디 말 없이 스스로 받침대를 잡아 뽑고 물로 뛰어드는 것 역시 같은 이유로 볼 수 있다. 또한 인용문 ②에는 이들을 생중계하는 TV 카메라에 대한 분노가 표현된다. 사실 그들은 불행한 운명에 체념한 채 자진해서 꽃배를 탔을 뿐, 인질극을 꾸며 이들의 사생활을 TV로 생중계하도록 계획한 것은 세명이다. 따라서 인질극이 소기의 성과를 낳지 못했을 때 이들의 분노는 세명에게로 향해야 당연할 것이다. 그러나 위 인용에서 보듯 길자의 분노는 TV로 향하고 있다.[37)]

그렇다면 〈칠수와 만수〉는 어떤가. 다음은 칠수와 만수의 신분이 그들이 속한 회사 과장에 의해 밝혀지면서, TV 기자가 만수의 과거사를 들추어내는 장면이다.

기자 박만수씨, 박만수씨, 나 좀 봅시다. 박만수씨 고향이 수부리 맞죠?
만수 아니 그것을 어떻게 알았지?
기자 박만수씨, 이것 당신 편지 맞죠? "만수야. 궁금하다. 에미가 불쌍허지도 안냐? 니가 나를 이렇게 하면 안된다. 은순이년이 보름전에 집에 내려왔다."
만수 그만 둬요. 제발 그만 둬요.
……
기자 아무래도 50만원은 있어야겠다. 그년도 잘 살아보겠다고 그런 것이니까. 손바닥보다도 작은 구멍. 아 이년이 죽일 년이지. 50만원은 보내줘야 목

37) 사실 이 시점에서 세명은 이미 심청을 따라 물에 빠졌다. 따라서 길자의 분노는 세명을 향하려고 해도 향할 수 없기도 하다.

숨은 살리겠다. 이상 박만수 모친의 편지였습니다. 박만수씨, 박만수씨, 우리가 수부리 이장님댁에 전화를 연결했습니다. 어머님과 통화하시겠습니까?

전문가 이봐요, 당신 정말 저 사람들 죽는 거 보려고 환장했소?

칠수 그만 둬. 이 새끼야.

전문가 나가란 말예요. 나가.

칠수 그만둬. 이 나쁜 놈들아.[38]

만수의 동생은 도시로 벌이를 나갔다가 아비도 모르는 아이를 임신하여 돌아오고, 그마저도 잘못되어 급하게 수술을 해야만 목숨을 건질 수 있는 상황이다. 이에 만수는 수술비 50만 원을 부쳐달라는 어머니의 편지를 받고도 돈을 부쳐줄 수 없는 자신의 형편을 비관하며 홀로 냉가슴을 앓아왔다. 그런데 이러한 만수의 가정사가 TV를 통해 폭로된다. 물론 〈심청이는 왜－〉에서 사생활이 폭로된 것은 TV에 출연한 당사자에 의해서이고, 〈칠수와 만수〉는 기자에 의한 일방적인 폭로라는 점에서 폭로의 방식에는 차이가 있다. 그러나 이들의 어려운 처지가 드러남에도 불구하고 도움의 손길은 전무하고, 이들의 이야기가 오직 대중의 흥밋거리가 되고 있다는 점에서는 공통적이다. 그리고 이러한 사생활이 폭로되면서 이들이 수치심과 함께 분노를 표출하고 있다는 점 역시 같다(위 인용문 밑줄 참조).[39]

이로써 〈심청이는 왜－〉에는 오종우의 〈칠수와 만수〉와 마찬가지로 대중매체에 대한 비판적 인식(이것은 현대 사회에 대한 비판과 맞물려 있다)이 나타나되, 구체적으로 대중매체의 사생활 폭로 및 그로 인한 인물의 수치심과 분노라는 구조를 반복하고 있음을 알 수 있다. 이런 점에

38) 오종우, 앞의 글, 33-34쪽. 밑줄은 인용자.

39) 그러나 TV를 향한 이러한 분노는 칠수와 만수에게 있어서 오히려 소극적으로 나타나며, 이에 대한 반발은 오히려 전문가를 통해 보다 분명히 표현된다. 그러나 만수는 이 극에서 워낙 말수가 적고 소극적인 인물이라 수치심을 느끼되 표현하지 못하고 있다고 보아야 한다. 즉, 이때 만수의 '침묵'은 말 이상의 효과를 가지고 있다는 것이다(연극에서 침묵의 가치와 위상에 대해서는 P. Pavis, 신현숙·윤학로 역(1999), 『연극학 사전』, 현대미학사, '침묵' 및 '말해진 것과 말해지지 않은 것' 참조). 또한 여기서 칠수의 분노가 단지 몇 마디 욕설에 그치고 있는 것은 그의 짧은 교육의 정도를 반영하고 있다고 볼 수 있다.

서 두 텍스트는 패스티시의 관계를 맺고 있다고 하겠다.

4.2. 〈달아 달아 밝은 달아〉: 표현 · 구조 · 주제적 층위의 유사성

〈심청이는 왜－〉와 상호텍스트적 관계를 맺는 또 다른 희곡으로 최인훈의 〈달아 달아 밝은 달아〉(1978년 발표)가 있다. 〈달아 달아 밝은 달아〉는 〈심청가는 왜-〉처럼 〈심청가〉의 패러디 작품이다. 여기서 심청이는 〈심청가〉에서처럼 아버지의 눈을 뜨게 하기 위해 공양미 삼백 석에 몸을 판다. 그러나 이후 전개되는 이야기는 〈심청가〉와는 판이하게 다르다. 그는 매음굴에 팔려가 온갖 고통을 당하며 조선땅에 다시 돌아와서도 아버지를 찾기는커녕 결국 눈 멀고 미친 노파로 전락하고 만다.

두 작품 간에 먼저 찾아볼 수 있는 것은 인물상의 상관성이다. 〈심청이는 왜－〉에서 심청의 아버지 심봉사는 등장하지 않는다. 그러나 그렇다고 심청의 아버지가 이 극에서 완전히 삭제되어 있다고 보기는 어렵다.[40] 이는 후텍스트에서 명시적으로 심청의 아버지는 존재하지 않지만, 실질적으로 아버지에 해당하는 인물, 곧 용왕이 존재하기 때문이다. 용왕은 심청이 용궁에 머무르는 동안 심청에게 아버지 역할을 한다. 즉, 그는 용궁의 수장인 만큼 심청을 용궁에 잘 보호했다가 다시 세상으로 돌려보내야 하는 임무를 띠고 있다. 그리고 이것은 그가 심청을 데리고 세상 구경을 나가서도 마찬가지라고 할 수 있다. 그러나 문제는, 그가 이러한 자신의 책임을 방기함으로써 미리 예정된 일이었다 하더라도 심청의 아버지 역할을 제대로 하지 못한다는 사실이다. 용왕의 이 같은 면모는 〈달아 달아－〉에서 심봉사의 모습과 유사하다. 심봉사 역시 제 눈을 뜨기 위해 딸을 사지에 몰아넣는 것에 동의하며, 심청이 부모에게 효도한 공으로 대대손손 이름이 남을 것이라는 뺑덕어미의 말에 맞장구를 치고 있는 것이다.[41]

---

40) 이것은 〈심청이는 왜-〉에서 심봉사가 완전히 삭제되어 있다고 보는 김현철의 견해와 다른 것이다(김현철, 앞의 논문, 331쪽 참조).

41) 최인훈(1992), 〈달아 달아 밝은 달아〉, 『옛날 옛적에 훠어이 훠이』(재판), 문학과지성사, 270-272쪽 참조. 본문 중에서 작품명은 〈달아 달아-〉로 축약된다.

이를 통해 〈달아 달아—〉와 〈심청이는 왜—〉에서 아비는 존재하되, 그는 아비다움을 상실한 아비임을 알 수 있다. 그런데 가부장제로 대표되는 전통 사회에서 아비라는 가치의 부재는 곧 전통적 가치의 심각한 훼손을 말해 준다. 이에 따라 이들 후텍스트는 원텍스트 〈심청가〉처럼 심청이 황후로 환생하여 다시 심봉사를 만나고 아비의 눈이 뜨이게 되는 해피엔딩을 약속하지 못한다. 그것은 아비가 아비다울 때 가능한 일이다. 아비다움이 부재할 때 심청은 뭇 남성의 성적 노리개가 되어 세상 밑바닥까지 갔다가 결국 미치고 눈멀어 도화동에 홀로 남겨진다(〈달아 달아—〉). 또는 순수한 영혼으로 세상의 악을 견디지 못해 결국 다시 죽음의 길을 택하게 된다(〈심청이는 왜—〉). 이처럼 〈달아 달아—〉와 〈심청이는 왜—〉라는 두 텍스트에서 아비다움의 부재는 세상의 타락상을 보여 주고자 하는 작가의 의도와 긴밀하게 연결되어 있다.[42]

세명 역시 〈심청가〉만 두고 본다면 오태석에 의해 창조된 인물로 볼 수 있다. 또한 그의 순수성이나 희생양적 면모로 볼 때 심청의 창조적인 변형으로 볼 가능성도 있다.[43] 그러나 〈달아 달아—〉와 〈심청이는 왜—〉의 상호텍스트적 관계를 놓고 볼 때, 세명은 보다 직접적으로 〈달아 달아—〉에서 심청과 사랑에 빠지는 김서방의 변형으로 볼 수 있다. 〈심청이는 왜—〉에서 심청과 세명의 관계가 〈달아 달아—〉의 심청과 김서방의 관계보다 분명치 않은 것은 사실이다. 그러나 꽃배에 탄 세명이 용왕에게 심청과의 관계에 대해 물으며 감사와 호의를 나타내는 대목이나, 심청이 길자를 대신하여 TV 카메라 앞에 서려고 할 때 세명이 결사적으로 막는 행위 등은 심청에 대한 세명의 사랑을 나타내기에 부족함이 없다. 한편 심청은 세명에 대해 동정심과 죄책감이 혼합된 감정을 느낀다는 것이 보다 정확한 표현일 것이다. 그러나 심청이 끝까지 세명과 함께하며 그를 돕는다는 사실은 이러한 감정이 사랑과 연계되어 있음을 보여 준다.

더 나아가 세명이 온몸에 화상을 입고도 재기한 것에 심청이 직간접적으로 영향을 미쳤으리라는 해석도 가능하다. 세명이 화상을 입은 것은

---

42) 이것은 곧 두 작품에 있어 주제상의 상호텍스트성을 드러낸다. 이에 대해서는 이 절의 마지막에 다시 서술될 것이다.

43) 김현철, 앞의 논문, 333쪽.

용왕과 심청 때문이었고, 그럼에도 세명이 얼굴의 붕대를 푸는 장면에서 두 사람은 이미 많이 가까워져 있다(21-23). 이 사실로부터 세명이 입원해 있을 때 심청이 그를 보살폈으며, 그런 심청을 보고 세명의 마음이 움직였으리라 볼 수 있다. 이렇게 볼 때, 세명과 김서방과의 유사성은 더욱 강화된다. 〈달아 달아-〉에서 김서방이 인삼 장사에 실패하고 자포자기했을 때 심청을 만나 재기하게 되기 때문이다.[44]

한편 심청은 이야기 진행에 적극적인 영향을 미치거나 대사의 양도 많지 않아서 전형적인 프로타고니스트와는 차이가 난다. 이러한 심청의 소극성은 〈심청가〉에서부터 〈달아 달아-〉를 거쳐 오태석의 희곡에 있어서까지 이어지고 있다고 할 수 있다. 그러나 〈심청가〉에서 심청의 소극성이 우리나라의 전통적 여성상에서 비롯된 것이라면, 〈달아 달아-〉나 〈심청이는 왜-〉에서 이러한 심청의 모습은 의도적으로 반복된 것으로 볼 수 있다. 즉, 뒤의 두 작품에서 심청의 수동성은 순수한 영혼의 희생을 통해 현실의 포악함이라는 주제를 효과적으로 드러내기 위한 것이다. 이렇게 오태석 희곡에 나타난 주요 인물들 모두 〈달아 달아-〉와 깊은 상관성을 갖는다는 사실은 두 작품의 상호텍스트성을 드러내는 표지가 된다.

그렇다면 이제 사건 구조의 측면에서 상호텍스트성을 살펴보도록 한다. 먼저, 심청과 세명, 용왕이 배를 타게 된 사건을 들어보자. 유원지에서 벌인 세명의 일거리가 벽에 부딪치자 심청이 용왕에게 도움을 호소하고, 용왕은 군산에서 새우잡이 배를 타자고 권한다. 그러나 용왕이 마련해 놓았다던 배는 실상 새우를 잡는 배가 아니라 매춘선이었다.[45] 여기서 〈달아 달아-〉와의 상호텍스트성이 지적된다. 〈심청이는 왜-〉에서 그들이 탄 배를 심청의 편에서 보면, 아비의 눈을 뜨게 하기 위해 탄 배에 이은 두 번째 배이다. 그리고 그 배는 세명에게 소 서른세 마리를 되찾아 줄 수 있는 희망의 배가 아니라 매춘선이었음은 물론, 궁극에 가서 배에 탄 모든 사람이 바다에 빠지게 되는 죽음의 배였다. 〈달아 달아-〉

44) 최인훈, 앞의 글, 289쪽.

45) 여기서 배의 존재 및 그 배의 상징적 의미는 표현의 층위로 볼 수 있다. 그러나 여기서는 배를 비롯하여 포주로서의 용왕의 모습, 심청이 처한 처지 등을 망라하여 이것을 하나의 사건으로 보기에 구조의 층위에서 논하고 있다.

도 마찬가지다. 여기서 심청 역시 두 번 배를 타며, 이 중 두 번째 배는 사창가에 팔린 그를 조선 땅으로 데려다 줄 구원의 배로 인식되었으나, 실상 중간에 해적에 의해 강탈당함으로써 그에게 더한 성적 유린을 가져다 주었다. 또한 〈달아 달아-〉에서 심청이 팔린 유곽이 산호빛 기둥, 푸른 기와, 구슬 발이 걸린 화려한 '용궁'으로, 성을 사러온 손님들이 '용'으로 표현되고 있는 점[46]은, 〈심청이는 왜-〉에서 매춘선이 '꽃배' 혹은 '적십자배'로, 배에 탄 처녀들이 '밤의 꽃', '夜花'로 미화되는 것(32, 40, 41)과 유사하다.

그렇다면 용왕은 어떤가. 그는 여기서 소위 꽃배를 탄 여자들에게 매춘을 중개하는 포주의 역할에 충실하다. 그는 처녀 개개인을 상징하는 수십 개의 깃발을 배에 달고, 그들이 인기를 끄는 정도에 따라 돛대 꼭대기부터 배 꽁무니까지 깃발이 꽂히는 자리에 차등을 둔다. 이로써 자연스럽게 여자들 간에 경쟁을 유도한다는 것이 그 취지다(42). 이는 용왕이 세상 '구경'을 나간다는 본래 의도에 충실하게 불의에도 침묵하며 철저히 '방관자'에 머물고자 했던 결과, 결국 세상에 물들어 악의 앞잡이가 되는 현실을 잘 보여준다(12, 16, 24 참조). 그리고 이것은 〈달아 달아-〉에서, 심봉사가 심청을 유곽에 팔 것을 앞장서 주선한 것은 아니라 하더라도, 암묵적으로 심청에게 몸을 팔도록 압력을 가했음은 물론, 그것을 방조한 것과 유사하다.

또 한 가지, 구조적 층위에서 나타나는 상호텍스트성으로 전통적 가치를 명시적으로 표현한 문장, 노래 등이 아이러니적 의미를 갖는 것을 들 수 있다. 주지하듯 최인훈의 희곡은 이태백의 시조 '달아 달아 밝은 달아'를 삽입노래로 사용했다. 더욱이 시조의 맨 첫머리를 작품 제목으로 삼았다는 사실은 이 시조가 작품에서 차지하는 중요성을 암시한다. 이 작품에서 심청은 심봉사-뺑덕어미-매음굴의 매파-매음굴의 손님-해적으로 이어지는 악의 축에 희생된다. 그러나 심청은 이들에게 원한이나 불만을 품지 않으며, 오히려 원한과 불만이 나타나야 할 곳에 '달아 달아 밝은 달아'라는 노래가 불린다. 태평성대 속에 부모를 모시고 천년만년 살고 싶다는 내용의 이 삽입노래는, 따라서 심청이 처한 현실과 대조되

46) 최인훈, 앞의 글, 272-277쪽.

면서 아이러니적 효과를 낸다.47)

그렇다면 이 같은 효과는 〈심청이는 왜―〉의 어느 부분에서 나타날까. 먼저 세명이 고향을 떠난 계기를 설명하는 부분을 살펴보자. 세명은 홍수로 인해 전 재산은 물론, 농촌의 성공사례라는 명예도 날리게 된 위기에 처해, 느닷없이 윤봉길 선생의 말을 떠올린다: "丈夫出家生不還―장부가 집을 나서매 살아 돌아오지 않겠노라."(22) 이 말 한마디에 그는 어머니에게 작별 인사도 하지 않은 채 무작정 상경했다. 민족과 국가적 대의를 위해 개인을 희생하겠다는 윤봉길 의사의 말을 세명에게 그대로 적용하는 것은 어불성설이다. 그러나 타당성 문제를 떠나 윤봉길 의사의 말을 가슴에 품고 상경한 세명은 이후 갖은 고생을 겪는바, 득보다 실을 얻었다. 더욱이 윤봉길 의사의 말이 희화화되는 다음과 같은 부분을 볼 때, 이에 대한 아이러니적 의도는 보다 분명히 드러난다.

심청 이봐요. 여기 말고 갈 데 없지요. 여기 있을라고 걸었어요. 여기서 이겨 보겠다고 걸었어요. (개패 주워 목에 걸어준다) 인간 타게트 움직이는 목표물 준비하시고 쏘세요. <u>생각나지요. 윤봉길 의사. 소 서른 세 마리. 젖소. 왜 때려 아퍼 아퍼 또 때려주세요. 소. 윤봉길의사. 아퍼 아퍼 또 때려주세요. 왜 때려. 소 소 소 소 소. 윤봉길의사 아퍼 소 때려주세요 소 소 소 윤봉길의사 소 소 소……</u>.(강조 인용자: 30)

이것은 꽃배에서 일어난 인질극 장면에서도 발견된다. 꽃배에 탄 여자들은 인질극이 TV로 생중계되면 자신들을 구원해 줄 손길이 나타날 것이라고 기대했으나 그것은 현실과 달랐다. 이미 카메라 앞에 섰던 춘자, 은실이 물에 빠지고 말았고, 뒤이어 차례가 된 정순은 불안하기만 한 상황이다. 이러한 상황에서 정순은 시청자에 대한 호소 대신 난데없이 애국가를 부른다.

박정순 동해물과 백두산이 마르고 닳도록 하느님이 보우하사/ 우리 나라 만세 무궁화 삼천리 화려강산 대한사람/ 대한으로 길이 보전하세/ 남산

47) 졸고(2007), 「최인훈 희곡의 연극적 기법과 미학 연구」, 서울대학교 박사학위논문, 142쪽.

위에 저 소나무 **전화주세요. 네-**/ 바람소리 불변함은 우리 기상일세/ 가을하늘 공활한데 높고 구름없이 밝은 달은 우리 가슴/ 일편단심일세/ 이 기상과 이 맘으로 충성을 다하여 괴로우나/ 즐거우나 나라 사랑하세 (정순, 죽는다)(강조 인용자: 50-51)

여기서 정순의 대사 대부분은 애국가로 채워져 있다. 그리고 이 중 가장 중요한 메시지일 '전화주세요'라는 말은 애국가 중간에 단 한 번 삽입된다. 그러나 그러면서도 정순의 말은 꼭 전화를 달라는 직접적인 말보다 강한 호소력을 지닐 수 있다. 주지하듯 국가(國歌)는 한 나라의 지향점은 물론 나라에 대한 국민의 충성심을 강조한다. 그런데 '충의(忠義)'는 우리나라의 대표적인 전통적 도덕규범이다.[48] 따라서 이에 대한 상기는 우회적으로 시청자들의 윤리의식을 일깨워 사회적 약자(정순)를 살리는 일에 동참하게끔 하려는 의도로 볼 수 있다. 그러나 역시 전화가 한 통도 걸려오지 않는 것은 대의가 전복된 현 시대상을 드러낸다. 이런 상황에서 정순이 부른 애국가의 마지막 대목, '괴로우나 즐거우나 나라를 사랑해야 한다'는 특히나 강한 아이러니적 함의를 띠게 된다.

한편 꽃배에 탄 여자들 중 길자의 다음과 같은 대사는 구조의 층위는 물론 표현의 층위에서도 두 텍스트 간의 상호텍스트성을 드러낸다는 점에서 주목을 요한다. 길자는 가짜 인질극을 전국에 방송하여 여자들의 생명을 구하겠다는 세명의 다소 엉뚱한 발상에 가장 먼저 찬동하며 TV에 나갈 자신의 사연을 연습해 보인다.

① **길자** (…) 세상에 버림받고 뱃전에 선 왕길자. 방년 이십세 삼개월. 고무신 벗어 한 켠에 놓고 구름 저쪽에 숨은 달을 본다. **달아 달아** 내가 밤눈이 어두우니 니가 길을 내어다고. 땀에 젖어 이마에 붙어 있던 머리카락이 한자락 해풍에 날려 일어선다. 갈기를 세운다. 낙화 사초

48) 충/충의(忠/忠義)와 효(孝)는 우리나라의 전통적 도덕규범의 두 축이다. 이때 충과 효는 '충신이 효자의 문에서 나온다'는 말에서 보듯 두 개념이 한 뿌리에서 나왔음이 강조되고 있으며, 특히 조선사회에서는 충효를 근본으로 하는 도덕체계인 삼강오륜이 널리 보급되었다(금장태(1995), 『유학사상과 유교문화』, 전통문화연구회, 1995, 136-150쪽; 이남영(1977), 「충효의 이념과 그 사상적 굴절」, 『퇴계학보』 15, 1977, 89-91쪽 참조).

> 전 삼초 전 이초 전…… 마침내 가리었던 구름 걷히고 밤 바다 갈라진다. 어린 것이 밟고 갈 달빛 외길 삼만리./ 이런 분위기 조성해 놓고 하나씩 하나씩 물로 뛰어들게 맹기는 거라. 즈이가 수화기 안 들고 배겨. (……)(강조 인용자: 46)

위의 길자의 사연에서 '달'은 시청자의 동정심을 이끌어내기 위한 분위기 조성에 중요한 기능을 담당한다. 그런데 여기서 구름 저쪽에 숨은 달을 호명하기 위해 '달아 달아'라는 표현이 사용된다. 그리고 이것은 길자를 대신하여 카메라 앞에 설 것을 자청한 심청의 대사에서 다시 한번 반복된다.

> ② **심청** 온다구요 와. 세상에 버림받고 뱃전에 선 왕길자. 방년 이십세 삼 개월. 고무신 벗어 한켠에 놓고 구름 저쪽에 숨은 달을 본다. **달아 달아** 내가 밤눈이 어두우니…….
>
> **세명** (뱃머리. 심청이 바로 뒤에 오른다. 끌어내릴 셈으로 심청이 허리를 잡는다.) 내려가. 이건 새치기다. 반칙이라구.
>
> **심청** 전화 걸려온다구요. 저 애가 고향 가요. 그게 뭐가 잘못이에요. 이거 놔요.(강조 인용자: 51-52)

위의 인용에서 심청은 앞에서 길자가 읊었던 대사를 끝까지 반복할 셈이다. 그러나 심청이 바다에 빠지게 될 것을 염려한 세명이 뛰어들어 심청을 카메라 앞에서 끌어내린다. 그런데 이로써 심청의 대사가 중간에 허리가 잘림에도 불구하고, 길자가 되뇌인 '달아 달아'라는 구절은 살아남아 있다(인용 ②의 밑줄). 사실 길자의 원대사에서 길자가 달을 호명하지 않더라도 구름 저쪽에 숨어 희미하게 비치는 달은 굴곡 많은 스무살 처녀의 비참한 최후를 장식하는 데 부족함이 없다. 그러나 길자는 굳이 여기에서 '달아 달아' 하고 달을 중첩하여 부르고 있으며(인용 ①의 밑줄), 이것은 뒤이어 심청에 의해 되풀이되고 있다. 심청이 대사를 읊는 중간에 세명이 튀어나오고 있음을 앞에서 보았다. 그런데 왜 하필 세명은 심청이 '달아 달아'라고 말한 직후에 그의 말을 끊는 것일까. 그것은 심청의 대사 중에서도 '달아 달아'라는 말의 중요성 때문으로 볼 수 있지 않을까. ‘달아 달아’는 당연히 ‘달아 달아 밝은 달아, 이태백이 놀던 달아’라는 이태백의 시구를 연상시킨다. 그리고 그것은 또한 최인훈 희곡 〈달아 달아 밝은 달아〉와 연계되면서 전통적 가치의 전복이라는, 전텍스트의 모티프가 후텍스트에 나타난다. 그리하여 두 텍스트는 밀접한 상호텍스트적 관계를 띠고 있음을 암시하고 있는 것이다.

마지막으로, 〈달아 달아−〉 역시 〈심청가〉와 패러디의 관계에 놓임을 상기할 필요가 있다. 즉, 〈달아 달아−〉와 〈심청이는 왜−〉 모두 〈심청가〉와의 차이를 통해 현실에 대한 비판적 인식을 드러내고 있다. 이렇게 본다면, 〈달아 달아−〉와 〈심청이는 왜−〉는 구조와 표현, 주제의 층위 모두에서 〈달아 달아−〉와 유사성을 지적할 수 있는바, 패스티시의 관계에 놓임이 뚜렷해진다. 앞 절에서 〈심청이는 왜−〉가 〈칠수와 만수〉의 핵심적인 사건을 형식적으로 반복함으로써 패스티시의 관계를 맺고 있음을 지적했다. 그러나 이것이 어디까지나 후텍스트의 한 부분에 국한되어 있다면, 〈달아 달아−〉는 후텍스트의 보다 넓은 범위에 걸쳐 표현과 구조, 주제의 층위에서 모두 관련되어 있음으로써, 보다 긴밀한 패스티시의 관계를 띠고 있다. 물론 〈심청이는 왜−〉는 하나가 아닌 여러 개의 희곡 텍스트를 뒤섞어 모방하고 있다는 점에서도 패스티시의 특징을 가진다.

5. 마무리

본고는 상호텍스트성을 문학 연구에 활용하기 위한 논구를 바탕으로, 오태석 희곡의 상호텍스트성을 논하였다. 〈심청이는 왜 두 번 인당수에 몸을 던졌는가〉는 기존에 지적되어 온 판소리 〈심청가〉(혹은 고전소설 『심청전』)와의 상호텍스트성에서 더 나아가, 다양한 상호텍스트성을 담지하고 있다. 먼저, 공중전화 살인 사건이나 화염병 제작에 대한 통제 강화, 지강헌 사건 등이 인물의 대사 중에 인용되거나 구조적으로 반복되는바, 당대 사회 현실에 대한 콜라주로 볼 수 있다. 또한 영화로 각색되기도 한 오종우의 희곡 〈칠수와 만수〉는 구조적 층위에서 반복이 이루어지며, 최인훈 희곡 〈달아 달아 밝은 달아〉는 표현과 구조, 주제의 층위 모두에서 유사성이 지적되는바, 이들 희곡 작품과 패스티시 관계에 놓여 있다.

이로써 〈심청이는 왜 두 번 인당수에 몸을 던졌는가〉는 현대사회의 구조적 모순을 드러내고자 하는 작가의 주제의식을, 고전 작품은 물론, 현대의 희곡 작품 및 당대 사회 현실과의 상호텍스트성 속에서 표현하고 있음을 알 수 있다. 그리고 이때 하이포텍스트는 양과 질, 분포 등의 측면에서 하이퍼텍스트에 적지 않은 영향력을 행사하면서도, 하이퍼텍스트 내에 자연스럽게 녹아들며 융합된다. 즉, 오태석은 기존의 다양한 텍스트를 창작의 원천으로 삼으면서도, 이것을 바탕으로 창조적인 작품을 생산하고 있는 것이다.

그런데 상호텍스트성은 작품 해석에 있어 원심력으로 작용하면서, 하이포텍스트의 관련성을 통해 하이퍼텍스트가 더욱 풍부하며 다층적 의미를 갖게 되는 데 의의가 있다. 이렇게 볼 때 〈심청가〉는 내용과 의미상의 차이를 통해 하이퍼텍스트의 주제를 더욱 부각시킴으로써 극 해석에 있어 핵심적인 위치를 차지한다. 또한 당대 사회 현실과의 상호텍스트성은 극을 보다 현실에 밀착된 것으로 만듦으로써 현실 비판적 의도를 효과적으로 전달한다고 할 수 있다. 반면 기존 희곡과의 상호텍스트성은 하이퍼텍스트의 새로운 해석으로까지 이끌어지지는 못한 채 이것을 발견하는 독자 혹은 관객들에게 극의 재미를 제공한다고 할 수 있다. 이러한 놀이성의 측면은 〈심청이는 왜 두 번 인당수에 몸을 던졌는가〉에 나타난 다양한 상호텍스트성이 전반적으로 공유하는 것임은 물론, 오태석 희곡의 상호텍스트성이 지닌 중요한 일면이라고 하겠다.

[참고문헌]

〈일차자료〉

오태석(1994), 「심청이는 왜 두 번 인당수에 몸을 던졌는가」, 『심청이는 왜 두 번 인당수에 몸을 던졌는가』, 평민사.

최인훈(1992), 〈달아 달아 밝은 달아〉, 『옛날 옛적에 훠어이 훠이』(재판), 문학과지성사.

오종우, 〈칠수와 만수〉(연극 대본), http://artsonline.arko.or.kr/navigator?act=playread.

〈단행본〉

금장태(1995), 『유학사상과 유교문화』, 전통문화연구회.

김욱동(2004), 『포스트모더니즘』(개정판), 민음사.

김인환(2003), 『줄리아 크리스테바의 문학 탐색』, 이화여자대학교출판부.

김주현(1999), 『이상 소설 연구』, 소명출판.

서연호 · 장원재 공편(2005), 『오태석 공연대본 전집 10』, 연극과인간.

이승훈(1993), 『포스트모더니즘 시론』, 세계사.

임혜정(1995), 「오태석 희곡 읽기」, 명인서 · 최준호 편, 『오태석의 연극세계』, 현대미학사.

한국문학평론가협회 편(2006), 『문학비평용어사전(下)』, 국학자료원.

한용환(1992), 『소설학 사전』, 고려원.

Abel, L.(1963), *Metatheatre: A New Vision of Dramatic Form*, Hill and Wang, 1963.

Allen, G.(2000), *Intertextuality*, Routledge, 2000.

Barthes, R.(1977), *Image-Music-Text*, trans. by Stephen Heath, Fontana.

Gennette, G., C. Newman and C. Doubinsy(trans.)(1997), *Palimpsests: literature in the second degree*, University of Nebraska Press.

Hutcheon, L., *Theory of Parody*, 김상구 · 윤여복 옮김(1992), 『패로디 이론』, 문예출판사.

Pavis, P., *Dictionnaire du théâtre*, 신현숙 · 윤학로 옮김(1999), 『연극학 사전』, 현대미학사.

〈논문 및 기타자료〉

김남석(2003), 「오태석 희곡의 차용 양상 연구」, 『오태석 연극의 미학적 지평』, 연극과인간.

김태우(2006), 「상호텍스트성과 스토파드의 연극세계」, 『현대영미드라마』, 한국영미드라마학회.

김현철(2000), 「판소리 〈심청가〉의 패로디 연구」, 『한국극예술연구』 11.

박금자(2000), 「월인천강지곡의 간텍스트성」, 『텍스트언어학』 8.

______(2002), 「간텍스트성, 변형, 다시쓰기」, 『문법과 텍스트』, 서울대학교출판부.

박명진(2001), 「희곡의 영화화에 나타난 의미 구조 변화」, 『한국극예술연구』 13.

박여성(1995), 「간텍스트성의 문제」, 『텍스트언어학』 3.

박주택(2007), 「상호텍스트성과 패스티쉬 비판」, 『비평문학』 25.

손진은(2002), 「시 「왕십리」의 상호텍스트성 연구」, 『어문학』 76.

______(2005), 「상호텍스트성을 활용한 시 교육 방법 연구」, 『한국문학이론과 비평』.

신은경(2002), 「오태석 작 〈심청이는 왜 두 번 인당수에 몸을 던졌는가〉의 패러디 연구」, 『동남어문논집』 14.

양혜숙(1994), 「오태석론」, 한국연극평론가협회 편, 『한국 현역 극작가론』2, 예니.

오태석·이상일·김미도 대담(1994), 「실험적 언어와 오브제의 연극적 코너윅」, 오태석, 『심청이는 왜 두 번 인당수에 몸을 던졌는가』, 평민사.

이남영(1977), 「충효의 이념과 그 사상적 굴절」, 『퇴계학보』 15.

이인성(1988), 「연극학 서설」, 이인성 편, 『연극의 이론』, 청하.

조보라미(2001), 「최인훈의 〈달아 달아 밝은 달아〉와 판소리 〈심청가〉의 간텍스트성 고찰」, 고영근 외, 『한국 텍스트 과학의 제과제』, 역락.

______(2007), 「최인훈 희곡의 연극적 기법과 미학 연구」, 서울대 박사학위논문.

Kristeva, J.(1997), 「말, 대화, 그리고 소설」, 여홍상 편, 『바흐친과 문학 이론』, 문학과지성사.

Plett, H. P.(1991), "Intertextuality", H. F. Plett(ed.), *Intertextuality*, Walter de Gruyter.

"공포의 일요일……비명·총질·자살 참극", 『조선일보』, 1988. 10. 18.

"사회보호법 개정 여론 높다", 『조선일보』, 1988. 10. 19.

"공중전화 빨리걸라 재촉/20대 홧김에 주부살해", 『중앙일보』, 1990. 8. 22.
"화염병 만들면 최고 3년형……특별조치법 추진 운반도 형사처벌", 『조선일보』, 1988. 6. 28.
"작년 개인사업자 누가 얼마 벌었나", 『중앙일보』, 1989. 10. 5.
목화 레퍼토리 컴퍼니, 〈심청이는 왜 두 번 인당수에 몸을 던졌는가〉, 오태석 연출, 아룽구지 소극장, 2004. 1. 16 - 2. 1, 아르코 예술극장 예술자료관 소장 DVD.

텍스트 생산자를 중심으로 한 「안락국태자전」의 텍스트 언어학적 분석

황선엽

1. 분석 관점 및 자료

1.1. 텍스트 생산자 중심의 텍스트분석

텍스트를 바라보는 관점은 크게 세 가지가 있을 수 있다. 텍스트 생산자를 중심으로 하는 것, 텍스트 수용자를 중심으로 하는 것, 텍스트 자체를 중심으로 하는 것이 바로 그것이다. 그러나 종래의 연구는 주로 텍스트 수용자의 입장, 즉 텍스트 연구자의(혹은 독자로서의) 입장에서 파악하는 것과 텍스트 자체를 중심으로 하는 것이 그 주류를 이루어 왔다. 텍스트 생산자의 입장을 중시하는 연구가 적었던 것은, 생산자 중심의 연구에는 상당히 많은 변수가 작용하고 심리적인 요소가 개입되므로 객관적인 연구를 하기 어려웠기 때문이었다.

그러나 텍스트에 대한 충실한 이해와 인간의 언어사용을 보다 정확히 분석·파악하고자 하는 목적을 충족시키기 위해서는 텍스트의 생산자가 그 텍스트 형성에 어떻게 영향을 주고 있는가 하는 요소가 고려되어야만 한다. 이 글은 텍스트 생산자의 태도와 의지가 어떻게 텍스트 속에 반영되어 있는지를 『월인석보』 권8 끝 부분에 들어 있는 「안락국태자전(安樂國太子傳)」의 분석을 통해 알아보고자 한다. 이러한 생산자 중심의 연구는 정진원(1993)에서 특히 강조되었는데,[1] 이 글도 정진원(1993)과 그 궤를 같이한다.

---

1) 정진원(1993)에 정리된 바에 따르면 종래의 연구에서 텍스트 생산자에 대한 명칭은

1.2. 분석 자료에 대하여

「안락국태자전」이 실려 있는 『월인석보』는 너무나 잘 알려진 문헌이기에 문헌의 성격, 간행 경위 및 자세한 서지사항들은 생략하고 권8의 이본들만을 간단히 소개하기로 한다. 권8은 대개 권7과 합책되어 있다. 먼저 초간본으로는 동국대 소장의 것이 있다(홍문각에서 영인본이 나왔음). 이것의 복각본이 선조 5년(1572)에 豊基 毘盧寺에서 나왔는데 이도 역시 동국대 소장이다.[2] 이 복각본의 후쇄본인 安東 中臺寺본(1607)을 저본으로 한 청사진본이 이전에 많이 사용되었다고 하는데 대제각에서 영인한 국립도서관본이라는 것도 아마 이의 일종이 아닌가 한다. 한편 이상의 책들이 모두 권7·8의 합책인 데 비해 초간본이거나 초간본에 가깝다고 생각되는 홍윤표 소장본은 권8만이 따로 떨어져 있다.

이 글에서 참고한 것은 초간본인 홍문각 영인본과 홍윤표 소장본이나 부분적으로는 복각후쇄본인 대제각영인본도 참고하였다.

「안락국태자전」은 『월인석보』 권8의 77ㄱ면에서 103ㄴ면까지에 실려 있다. 그중 77ㄱ면에서 89ㄴ면까지는 「월인천강지곡」(이하 「월곡」으로 약칭)에 해당하는 부분이고(曲次: 220-250), 89ㄴ면에서 103ㄴ면까지는 「석보상절」 부분이다. 이 글에서 이 두 부분에 나타나는 차이점도 간략히 다루기는 하겠지만 분석의 주 대상으로 삼으려 하는 것은 「석보상절」 부분이다. 따라서 이하 「안락국태자전」이라는 것은 주로 「석보상절」 부분을 말한다.

크게 두 계열로 나눌 수 있다. 화자계열(말할이, 설화자, 화자, 소설의 서술자)과 작가계열(집필자, 편찬자, 글쓴 사람, 텍스트 생산자, 작가)이 바로 그것이다. 대부분의 고전문학 작품에서는 이 둘의 차이가 별로 나타나지 않기 때문에 어떤 용어를 써도 별 문제가 되지 않을 수 있으나(실제로 화자로서의 작가, 화자·글쓴 사람과 같은 용어가 쓰이고 있음을 볼 수 있다), 이 둘이 비교적 명확히 구분되어야 하는 현대문학 작품들을 고려한다면 용어의 정리가 필요함을 느낀다. 우선 현대문학과 고전문학을 아우를 수 있는 하나의 용어를 써야 하는지, 아니면 이 둘이 성격이 다르므로 서로의 특징을 드러낼 수 있는 다른 용어를 써야 하는지가 문제가 된다. 그러나 필자는 아직 이런 문제들에 답할 수 있을 만큼 충분한 실례들을 검토하지 못하였기 때문에 여기서는 비교적 객관적이라 생각되는 텍스트 생산자(이하 '생산자'로 약칭)라는 용어를 쓰기로 했음을 밝혀 둔다.

2) 초간본에는 권말에 총장수가 기록되어 있지 않은 데 비해 복각본에는 권7에는 '摠八十張', 권8에는 '摠百四張'과 같이 총장수가 기록되어 있다. 이에 대해 안병희(1992)에서는 이 초간본이 세조시의 인출본이 아닌 연산군 때의 후쇄본일 가능성이 있다고 보았다.

그런데 이 「안락국태자전」 부분이 『월인석보』의 다른 부분과는 그 형식이 다르게 되어 있음이 주목된다. 즉, 『월인석보』의 다른 부분에서는 「월곡」이 나오고 그에 대한 주석의 성격으로 「석보상절」이 한 칸씩 낮추어 大字로 씌어져 있는 데 비해 이 부분은 「월곡」 뒤에 「석보상절」이 나와야 할 자리에 「석보상절」이 없이 협주만으로 구성되어 있다. 그러나 이것은 그 형식만을 볼 때 그렇다는 것이고 실제 내용상으로는 그 협주 부분이 「석보상절」에 해당한다. 그리고 협주처럼 보이는 「석보상절」 내용에 대한 협주는 그보다 한 칸 낮추어서(즉 「월곡」보다 두 칸이 낮게) 역시 쌍행으로 적혀 있다. 일반 형식과 어긋나는 특이한 구성은 권2의 49ㄴ면에서부터 그 권의 끝까지에도 나타나며,[3] 다른 부분에서도 가끔 보이는 것이어서 큰 문제가 되지는 않지만 왜 그런 구성이 나타나게 된 것인지는 정확히 알 수 없다. 다만 이 부분에 대해서는 아마 책이 너무 두꺼워지는 것을 방지하기 위해 그런 책략을 쓴 것(이도 생산자의 의도라면 의도라 할 수 있겠다)이 아닐까 추측해 볼 뿐이다.[4]

2. 분석 방법

2.1. 화제와 화제 단락

텍스트분석의 단위를 설정하는 방법에는 상당히 융통성이 있어, 연구

---

3) 이 부분은 석보상절부보다 한 간이 더 낮게 되어 있다는 점을 제외하고는 석보상절부와 같은 형식을 보이고 있다. 협주의 양이 많기는 하지만 이는 석보상절부에서도 가끔 눈에 띄는 현상이다.

4) 실제로 권8은 104장이어서 다른 권들에 비해 장수가 많은 편이다. 물론 권21의 경우처럼 200장을 넘는 예가 있기는 하나 대부분 한 권이 100장을 넘지 않는다는 점에서 이는 가능성 있는 추측이라 하겠다. 참고로 다른 권들의 장수를 살펴보면 권21 이후를 제외하고 현전하는 12권 중 100장을 넘는 것은 권8, 권10(122장), 권11(130장)의 세 권뿐이다.

자나 자료의 성격에 따라 단위의 설정이 달라질 수 있다. 기존에 주로 쓰이던 단위 설정 방법은 주로 문장 종결법에 의지하는 것이었는데 이는 현대 국어에서는 비교적 유용하나 중세국어와 같이 긴 문장이 많은 텍스트를 분석하기에는 적절하지 않다. 정진원(1993)에서는 이러한 문제를 극복하고자 화제와 화제 단락이라는 개념을 사용하였다. 어떤 설화를 분석하는 데 있어 화제와 화제 단락이라는 요소를 설정하는 것은 상당히 바람직스러운 일로 생각된다. 그러나 화제라는 것의 개념이 그다지 명확한 것이 아니어서 실제 분석에 적용하기가 쉽지 않기 때문에 좀 더 정밀화될 필요가 있다.

이 글에서는 화제를 나누는 일차적 기준으로 동작주와 행위라는 요소를 고려하기로 한다. 대개의 행위에는 그 동작주가 나타나므로 그 동작주의 변화를 기준으로 텍스트를 분석할 수 있어 어느 정도 객관적인 기준을 제시할 수 있고 이것이 문장의 연결 및 종결과도 상당한 관련을 가지고 있기에 유용한 방법이 될 수 있기 때문이다. 또 이 글의 서술 관점인 생산자 중심의 접근이라는 측면에서도 이는 보다 나은 방법이라 할 수 있다. 생산자가 어떤 설화를 하나의 텍스트로 표현할 때 그는 대개 어떤 사람이 무슨 일을 했고 그 결과 어떤 일이 발생했는지 개별적인 행위을 중심으로 서술하게 된다. 따라서 그 개별적 행위가 각각 하나의 단위로 짜여 텍스트가 이루어지므로 이를 바탕으로 텍스트를 분석할 수 있다.[5)]

그러나 실제로 「안락국태자전」을 화제와 화제 단락으로 나눌 때 동작주의 바뀜이라는 원리적인 하나의 기준만으로는 해결하기 곤란한 문제들이 있기 때문에 다음과 같은 부차적인 기준들을 추가로 설정할 필요가 있다.

첫째, 대화가 나타나는 부분에서 한 사람의 말은 그것이 아무리 길지라도 하나의 화제로 처리한다. 긴 대화를, 그 속의 동작주가 바뀜에 따라 다시 하위 단위로 나눌 수도 있겠으나, 일단은 그 말을 하는 사람이 행한 하나의 행위로 보아 한 화제로 인정한다. 이런 기준에 의해 50, 79, 91번이 각기 한 화제가 된다. 따라서 각 화제는 그 길이에 있어 많은 차

---

5) 정진원(1993)에서도 지적된 바 있다.

이를 보이게 된다.

둘째, 동작주의 바뀜이 명시되지 않았으나 의미상 분명히 동작주가 바뀐 경우도 하나의 화제로 처리한다. 아래의 (1)이 바로 그러한 예로 '40→41: 長者→사롬(종)', '69→70: 安樂國→종'의 동작주 바뀜이 있으나 문면에 명시되어 있지 않다.

(1) 가. 40. 長者ㅣ 듣고 사롬 브려 '보라' 훈니
41. 닐오딕 "門 알퓌 훈 즁과 훈 쇼쾌 고본 겨지블 드려 왜셔 프느이다"
나. 69. 安樂國이 바미 逃亡하야 돋다가 그 짓 쑬 붊 죠올 맛나니
70. 자바 구지조딕 "네 엇데 항것 背叛호야 가눈다" 후고 스츠로 두 소놀 믹야 와 長者ㅣ손딕 닐어늘

셋째, 동작주의 바뀜이 한 인물의 행위 변화와 일치하지 않는 경우, 즉 동작주는 같으나 그 동작주의 행위가 연속성이나 인과성이 거의 없이 바뀌는 경우(그 역은 성립하지 않음)에 그러한 행위의 변화만을 기준으로 하나의 화제를 나눌 수 있다. 이 기준을 적용하여 화제를 나눈 예는 다음과 같다.

(2) 가. 55. 王이 夫人ㅅ 쁘들 어엿비 너기샤 니ᄅ샤딕 "아드리 나거든 安樂國이라 후고 쑬옷 나거든 孝養이라 후쇼셔" 말 다후시고 술하디여 우러 여희시니
56. 王이 比丘와 후샤 林淨寺애 가신대
나. 93. 안락국이 듣고 菩提樹 미틔 가 보니 삼동 내 버혀 더뎻거늘 주서다가 次第로 니서 노코 짜해 업데여 그울며 술하디여 우니 하놀히 드러치더니
94. 오라거늘 니러 西ㅅ녁 向후야 合掌후야 눈ㅅ믈 쓰리고 하놀 브르며 偈롤 지서 블로딕 "願我…… 安樂刹"

(2가)는 동작주가 모두 '王'이지만 행위, 장소, 시간의 변화가 개재해 있어 두 개의 화제로 나눈 것이다. 56에서 앞 화제와 주어가 같음에도 불구하고 '王'이 다시 제시되어 있는 것도(생산자의 의도가 들어 있다고

할 수 있음) 이것을 하나의 독립된 화제로 볼 수 있는 방증이 된다. 한편 (2나)의 94에는 다시 동작주가 명시되지 않았으나 93과 그 동작주가 같음을 쉽게 알 수 있다. 이것도 (2가)와 마찬가지로 두 화제 사이에 시간과 행위의 차이가 있고, 그 사이에 연속적 인과관계가 적기 때문에 둘로 나누었다.[6] 또한 72-76도 안락국의 행위가 이어지며 동작주가 모두 안락국이지만 그 행위가 바뀐다고 생각되는 부분을 경계로 화제를 나누었다.

이상의 화제를 나누는 원리적 기준과 그에 따르는 부차적인 기준 세 가지를[7] 고려해서 「안락국태자전」을 12개 화제 단락에[8] 98개의 화제로 나누어 보았다(이에 대하여는 뒤의 부록 참고). 그러나 이런 기준은 아직 정밀하지 못한 것이어서 앞으로 더 깊은 연구를 기다려야 할 것이다.

---

6) 이 두 화제는 연결어미 '-니'에 의해 연결되어 있다. 중세국어의 '-니'는 현대국어보다 더 넓은 의미를 지녔고 따라서 더 넓은 분포를 보인다고 생각된다. 고영근(1987)에서는 '-니'를 설명, 이유, 원인의 어미로 분류하고 설명과 이유로 쓰인 예를 각기 하나씩 들고 있는데(321쪽), 중세국어에서는 현대국어와 달리 이유보다는 설명을 나타내는 데 더 많이 사용이 된 것으로 보인다. 「안락국태자전」에서 대화 부분을 제외하면 모두 24개의 '-니'가 사용되었는데 하나의 화제 안에 들어 있는 것이 8개, 화제 경계에 쓰인 것이 16개이다. 물론 전자의 경우에도 이유・원인의 의미를 지니지 않는다고 생각되는 것이 많아서(후자의 경우에서는 12의 '-니'를 이유・원인으로 볼 수도 있겠으나 이도 확신할 수 없고 나머지는 거의 설명의 의미로 쓰였다) 88, 92에 나타나는 것 정도를 그 예로 들 수 있을 뿐이고 대개는 설명의 용법으로 보인다. 중세국어에서 '-니'의 선후문장 연결관계가 현대국어만큼 긴밀하지 않았음을 단적으로 보여 주고 있다 하겠다. 연결어미 '-니'에 대한 좀 더 자세한 고찰은 이현희(1992)를 참조할 수 있다. 이은경(1990)에서는 '-으니(까)'의 의미를 이유・원인과 설명으로 나누고 그 두 용법에 있어 통사적 차이를 지적하였다. 그리고 결론적으로 [이유・원인→설명]으로 확대된 것으로 보았는데 아마 위에서 보인 '-니'의 용법을 고려한다면 통시적으로는 그 반대의 현상이 있었다고 해야 할 것이다.

7) 실제로 정진원(1993)에 제시된 텍스트를 필자의 이러한 기준으로 나눌 때 정진원(1993)에서 행한 화제 구분과 두어 개 정도(11, 25)의 화제에서만 차이를 볼 수 있으므로 정진원(1993)의 기준도 명시되어 있는 정도만 다를 뿐 이 글의 기준과 거의 같음을 알 수 있다.

8) 필자는 아직 화제 단락을 나누는 기준을 확정하지 못하였기 때문에 여기서는 설화의 내용 전개에 따라 임의적으로 나누어 보는 데 그쳤다. 앞으로 더 확고하고 엄격한 기준을 찾아야 할 것이다.

2.2. 내적 관계와 외적 관계

이 글에서는 텍스트에 나타나는 경어법을 생산자를 중심으로 해서 둘로 나누어 보려 한다. 하나는 텍스트 속의 인물 간의 관계(이하 내적 관계)이고 다른 하나는 텍스트 속의 인물과 생산자와의 관계(이하 외적 관계)이다.

(3) 가. 15. 그저긔 光有聖人이 勝熱婆羅門 比丘ᄃᆞ려 무르샤ᄃᆡ "沙羅樹王이 八婇女 보낼 나래 앗가ᄫᆫ ᄠᅳ디 업더녀"

16. 對答ᄒᆞᅀᆞᄫᅩᄃᆡ "大王이 앗가ᄫᆫ ᄠᅳ디 곧 업더시이다"

나. 1. 녜 梵摩羅國 林淨寺애 光有聖人이 五百弟子 ᄃᆞ려 겨샤 大乘小乘 法을 니ᄅᆞ샤 衆生ᄋᆞᆯ 敎化ᄒᆞ더시니 그 數 몯내 혜리러라

(3가)에서 15의 '업더녀'와 16의 '업더시이다'는 각기 제자와 스승이라는 내적 관계에 의해서 쓰인 것이고, (3나)의 '겨샤, 니ᄅᆞ샤, 교화ᄒᆞ더시니'는 생산자와 텍스트 속의 인물[光有聖人] 간의 관계를 나타낸다.

15를 화자와 청자, 주체라는 기존의 개념을 바탕으로 도식화하면 다음과 같이 된다.

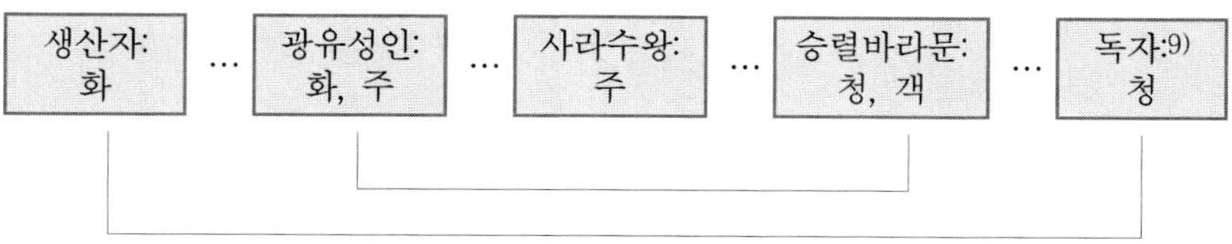

생산자와 광유성인, 사라수왕, 승렬바라문 간의 관계는 외적 관계이고 광유성인, 사라수왕, 승렬바라문 간의 관계는 내적인 것이 된다. 이때 광유성인은 내적 관계에서는 화자이지만 외적 관계에서는 주체이고 승렬바라문은 내적 관계에서는 청자, 외적 관계에서는 객체가 된다. 물론 내

9) 생산자가 어떠한 독자를 염두에 두고 텍스트를 만들었는가 하는 점이 텍스트 연구에 있어 중요한 고려의 대상이 될 수 있으나 여기서는 다루지 않았다.

적 관계라는 것도 생산자의 판단에 의해 결정되는 것이라는 점에서는 외적 관계와 같지만 경어법을 다루는 데 있어 이 두 관계의 구분은 필요하다고 생각한다.[10] 이에 대해서는 3장에서 더 자세히 살펴보기로 한다.

3. 내적 관계, 외적 관계와 경어법

생산자가 텍스트의 구성에 미치는 가장 큰 영향을 우리는 경어법의 사용에서 찾아볼 수 있다. 물론 경어법은 이야기 속 인물들의 관계에 의해서 결정된다고 할 수 있겠지만 경어법의 사용을 결정하는 것은 결국 생산자이기 때문이다.[11] 이 글에서는 앞서 밝힌 바와 같이 경어법에 대해 내적 관계와 외적 관계를 구분하여 논의를 전개시킬 것이다.

우선 내적 관계와 외적 관계라는 개념을 적용할 때 주체높임법을 지문에 나타나는 것과 대화에 나타나는 것으로 나누어 볼 수 있다. 지문에 나타나는 것은 생산자가 텍스트 내부 인물의 행위를 높이기 위해서 사용한 것이고 대화 속에서 보이는 것은 내부 인물 간의 관계에 의해 나타난 것이기 때문이다. 따라서 지문에 쓰이는 주체높임은 외적 관계, 대화에 쓰이는 것은 내적 관계를 반영한다.

「안락국태자전」에 나타나는 외적 관계의 주체높임법 중 생산자의 의식을 잘 드러내 주는 한 예가 있다. 「석보상절」의 다른 부분에서는 일반적으로 왕에 대해서도 주체높임법을 쓰지 않는 데 비해[12] 「안락국태자

10) 만약에 광유성인의 말 속에 다른 사람이 말하는 내용이 포함되어 있다면 여기에 다시 외적 관계와 내적 관계가 설정될 것이다. 가령 80을 예로 들어 보면 다음과 같이 된다.
(생산자: 화(채녀: 화, 주(부인: 화, 주 → 대왕: 청, 객) 안락국: 청, 객) 독자: 청)

11) 정진원(1993)에 언급되었듯이 원경전의 생산자와 「석보상절」의 생산자가 구분될 필요가 있겠으나 이 글에서는 그런 작업은 수행하지 못하였다. 여기서는 「석보상절」의 생산자가 그 이전 경전 생산자들의 의도를 주체적으로 수용한 것으로 보아, 「안락국태자전」에 나타나는 모든 표현을 최종 생산자(세조든 김수온이든)의 의도가 반영된 것으로 보고자 한다.

전」에서는 사라수왕(沙羅樹王)에 대해서 생산자가 항상 주체높임법을 쓰고 있는 것이 그것이다. 이는 왕의 신분이 설화의 뒤에 나오듯이 아미타불의 화신이기 때문이다. 「안락국태자전」의 제일 마지막에 나오는 각 인물의 신분은 텍스트 전체에 걸쳐 생산자의 진술에 많은 영향을 주고 있는데, 생산자가 일관되게 존대를 하고 있는 인물은 광유성인과 사라수왕으로 이들은 각기 석가모니, 아미타불의 화신이다. 이는 보살인 원앙부인(관세음보살), 안락국(대세지보살), 승렬바라문(문수보살)에게는 '-시-'를 쓰지 않는 점과 대비된다. 부처와 보살을 엄격히 구분하여 대우를 하겠다는 「석보상절」 텍스트 생산자의 의식에 의해 외적 관계가 다르게 나타난 것이라 할 것이다.[13)]

한편 내적 관계와 외적 관계가 다르기 때문에 빚어지는, 겉으로 보기에는 경어법상 모순으로 보이는 현상이 있다.

(4) 44. 長者ㅣ 鴛鴦夫人올 다시 보니 샹녯 사ᄅᆞ미 양지 아닐씨 夫人ᄭᅴ 무로ᄃᆡ "이 두 사ᄅᆞ미 眞實로 네 햣것<u>가</u>"

45. 對答호ᄃᆡ "眞實로 올ᄒᆞ니<u>이다</u>"

(4)에서 텍스트 내적인 관계로 볼 때 長者가 過客의 종에 지나지 않는 원앙부인보다 높으므로 44의 질문에서와 같이 장자는 부인에 대해 전혀 존대를 하고 있지 않다. 또 45에서는 상대높임의 선어말어미를 써서 부인이 장자에게 답하는 것으로 되어 있다. 그러나 생산자의 입장에서는 부인은 높임의 대상이 되지만(관세음보살의 화신이므로) 오히려 장자는 높임의 대상이 되지 않는다. 따라서 44의 대화가 아닌 지문 부분에서는 '長子ㅣ …… 夫人ᄭᅴ 무로ᄃᆡ'와 같이 표현이 되는 것이다.[14)] 이것은 잘못

12) 「석보상절」 권6의 26ㄴ면에서 舍衛國 波斯匿王에 대해 '王이 須達이 불러 닐오ᄃᆡ'와 같이 주체높임법을 사용하지 않고 있다.

13) 「월곡」부에서는 「석보상절」부와 달리 원앙부인, 안락국, 승렬바라문 심지어는 팔채녀(팔대보살)에게까지 주체높임법을 사용하고 있는데 이는 아마 생산자들의 인식의 차이에 기인한 것으로 생각된다. 운문과 산문의 차이로 설명할 수 있을지도 모르나 오히려 주체높임의 생략이 일어난다면 산문보다는 길이가 짧은 운문 쪽이어야 할 것이므로 이 문제는 단지 생산자의 개성에 따른 것이라 볼 수밖에 없을 듯하다.

14) 이와 같은 경우가 정진원(1993)에서도 이미 지적되었다.

보면 장자가 부인을 높이는 것처럼 오해될 수 있는데 이는 어디까지나 생산자가 볼 때 부인이 장자보다 높기 때문이다. 즉 지문 부분에서는 내적 관계보다는 외적 관계의 영향력이 더 크게 드러난다고 하겠다. 장자와 사라수왕의 사이에도 역시 똑같은 관계가 설정된다(예: 42, 43). 이런 예들에 대해서 내적 관계와 외적 관계를 나누어 보지 않고서는 높임법 사용의 문제들을 쉽게 설명할 수 없을 것이다.

그러나 이 내적 관계와 외적 관계 중 어느 것이 나타난 것인지 일반적으로 말하기 어려운 예도 있다. 'ᄉᆞᆯᄫᆞᄃᆡ'와 같이 지문 부분에 나타나는 설화동사[15]가 그러한 예이다.

(5) 가. 須達이 깃거 太子ᄭᅴ 가 ᄉᆞᆯᄫᆞᄃᆡ "이 東山ᄋᆞᆯ 사아 如來 위ᄒᆞᅀᆞᄫᅡ 精舍ᄅᆞᆯ 이르ᅀᆞᄫᅡ지이다" —석보상절 권6, 24ㄱ

나. 오직 魔王이 世尊ᄭᅴ ᄉᆞᆯᄫᆞᄃᆡ "瞿曇아 나ᄂᆞᆫ 一切 衆生이 다 부톄 ᄃᆞ외야 衆生이 업거ᅀᅡ 菩提心ᄋᆞᆯ 發호리라" ᄒᆞ더라 —석보상절 권6, 46ㄴ

위의 (5가)에서 태자는 수달에게는 높임의 대상이 되지만 생산자에게는 높임의 대상이 아니므로[16] 지문에 쓰인 'ᄉᆞᆯᄫᆞᄃᆡ'는 내적 관계에 의해 쓰인 것이다. 그러나 (5나)에서는 魔王이 世尊에게 '瞿曇아, 發호리라'와 같이 'ᄒᆞ라'체를 쓰고 있음을 보아 'ᄉᆞᆯᄫᆞᄃᆡ'는 생산자가 世尊에 대해 사용한 것, 즉 외적 관계에 의해 쓰인 것으로 각기 달리 파악된다.

여기서 우리는 왜 지문에 쓰인 'ᄉᆞᆲ-(ᄉᆞᆯᄫᆞᄃᆡ)'이 경우에 따라 내적 기능과 외적 기능을 수행하게 되는 것일까 하는 의문을 가지게 된다. 이것은 객체높임의 '-습-'이 주체와 객체 사이만의 높임 관계를 나타내는가, 화자와 객체의 높임 관계도 포함하는 것인가 하는 문제와도 관련이 된다고 하겠다. 이 문제에 대해서는 많은 학자들의 연구가 있었고 다양한 결론이 제시되었다. 그러나 그 논의들을 여기서 다 다룰 수는 없으므로[17]

15) 이도 정진원(1993)에서 사용된 용어로 '니ᄅᆞ다, ᄉᆞᆲ다' 등의 동사를 말한다. 같은 논문에서 행위참여자의 화제 정보를 설화하는 'ᄒᆞ다'는 인용동사라 하였다. 여기서는 이들 용어를 그대로 쓰기로 한다.

16) 실제로 이 須達의 말 뒤에 나오는 太子가 말하는 곳에 생산자는 '太子ㅣ 닐오ᄃᆡ'와 같이 주체높임법을 사용하지 않고 있다.

17) 이 문제에 관한 자세한 내용은 김충회(1990)을 참조할 수 있다.

필자가 생각하는 간단한 결론만을 제시하고 「안락국태자전」의 예를 검토하는 정도로 만족하려 한다.

'ᄉᆞᆲ-'과 '-ᄉᆞᆸ-'은 기본적으로 주체와 객체 간의 관계가 고려되어야 하는 것이지만 그것의 사용을 결정하는 것은 화자로 보아야 한다는 것이 필자의 생각이다. 즉 주체와 객체의 관계는 비교적 고정적이고 수동적 요소라면 화자와 객체의 관계는 가변적이고 능동적인 것이라 하겠다. 화자가 '-ᄉᆞᆸ-'의 사용을 결정하기 때문에 능동적이고, 김동식(1984)에서도 제시된 바와 같이 '-ᄉᆞᆸ-'의 사용이 통사적이 아닌 화자의 의도나 상황에 의해 달라지는 화용적인 것이기 때문에[18] 가변적이다. 따라서 'ᄉᆞᆲ-'이나 '-ᄉᆞᆸ-'이 그 사용에 있어 다양한 현상을 보이게 되는 것이다.

이 글의 내적 관계와 외적 관계라는 개념으로 살펴보면 'ᄉᆞᆲ-'이나 'ᄉᆞᆸ'은 내적 관계를 기본 조건으로 하고 여기에 외적 관계가 개입하여 이루어지는데 이때 외적 관계의 영향력이 더 크게 작용한다고 할 수 있겠다. 이것은 외적 관계의 영향을 더 받을 수 있는 지문부에만 나타나는 'ᄉᆞᆯᄫᅩᄃᆡ'가[19] 지문이나 대화 어느 곳에나 나타날 수 있는 'ᄉᆞᆸ'보다 사용의 양상이 일정하지 않은 경우가 더 많은 것에서 그 근거를 찾을 수도 있다.[20] 또한 화자가 높이려는 의도를 앞세우는 경우에 주체가 객체보다 낮아야 한다는 비교적 고정적인 기본 기준조차도 무시될 수 있다는 점에서도 외적 관계의 영향력이 더 큼을 알 수 있다.

(6) 가. 57. 光有聖人이 보시고 ᄀᆞ장 깃그샤 즉자히 金鑵子 둘흘 받ᄌᆞᄫᅡ ᄎᆞᆺ믈 길이ᅀᆞᆸ더시니

나. 24. 比丘ㅣ 對答ᄒᆞᅀᆞᄫᅩᄃᆡ "大王하 엇더 나ᄅᆞᆯ 모ᄅᆞ시ᄂᆞ니잇고 아래 八婇女 맏ᄌᆞᄫᅡ 梵摩羅國 林淨寺로 가ᅀᆞᄫᆞᆫ 내로니 八婇女의 기론 찻

18) 필자는 모든 경어법이 통사적이기보다는 화용적인 현상이라 생각한다. 따라서 경어법 연구는 문장론 중심의 통사론적 접근보다는 화용적인 측면 내지는 텍스트 전반에 대한 고려와 함께 수행되어야 할 것이다.

19) 'ᄉᆞᆯᄫᅩᄃᆡ'가 80과 같이 대화 속에 나타날 수도 있으나 이도 'ᄉᆞᆯᄫᅩᄃᆡ' 뒤에 나타나는 대화 부분에 대한 지문이 되기 때문에 항상 지문부에 나타난다고 하였다.

20) 정진원(1993)에서는 한문 원전에 '白'과 '曰'을 각기 'ᄉᆞᆯᄫᅩᄃᆡ'와 '닐오ᄃᆡ'로 번역하는 경향이 있음을 지적했는데 그렇다 하더라도 이 둘이 거의 비슷한 위치에 모두 나타날 수 있음은 이들이 화용적이며 또 이 화용적인 특성을 결정하는 외적 관계와 관련될 수 있는 위치에 있다는 점이 작용하기 때문이라 할 수 있다.

므리 모ᄌᆞ랄ᄊᆡ 聖人이 ᄯᅩ 나ᄅᆞᆯ ᄇᆞ리샤 大王 모ᄆᆞᆯ 請ᄒᆞᅀᆞᄫᅡ 오나ᄃᆞᆫ 찻믈 기ᄅᆞᆯ 維那ᄅᆞᆯ 삼ᅀᆞᄫᆞ리라 ᄒᆞ실ᄊᆡ 다시 오ᅀᆞᄫᅵ이다"

(6)의 예들은 명백히 주체가 객체보다 높은데도 불구하고 '-숩-'이 쓰이고 있는 예들이다. 그러나 그 성격은 매우 다르므로 구분해서 볼 필요가 있다. (6가)는 기본 조건인 주어와 객체의 관계보다 높이려는 생산자의 의지가 더 강하게 작용하여 다소 비정상적으로 나타난 것이라 할 수 있지만[21] (6나)는 간접인용 구문으로 파악한다면 비구의 입장에서 왕에 대해 충분히 '-숩-'을 쓸 수 있기 때문이다. 여기서 우리의 논의를 뒷받침하는 자료로 (6가)를 취할 수 있는 것이다.[22]

'ᄉᆞᆲᄫᅩᄃᆡ'나 '-숩-'처럼 내적 관계에 외적 관계가 영향을 미치는 것은 생산자가 그 텍스트에서 전권을 가지고 있기 때문에 발생하는 것으로 한편으로는 매우 일반적인 현상이라 할 수 있다. 「안락국태자전」에서의 예를 더 들어 보도록 하겠다.

(7) 가. 7. 比丘ㅣ ᄉᆞᆲᄫᅩᄃᆡ "나ᄂᆞᆫ 齋米ᄅᆞᆯ 求ᄒᆞ야 온 디 아니라 大王ᄋᆞᆯ 보ᅀᆞᄫᆞ라 오이다"

21. 比丘ㅣ ᄉᆞᆲᄫᅩᄃᆡ "나ᄂᆞᆫ 齋米ᄅᆞᆯ 어드라 온 디 아니라 大王ᄋᆞᆯ 보ᅀᆞᄫᆞ라 오이다"

나. 28. 鴛鴦夫人이 듣줍고 比丘ᄭᅴ 닐오ᄃᆡ "내 몸도 졷ᄌᆞᄫᅡ 값 ᄡᅡ힌가 몯 값 ᄡᅡ힌가"

다. 29. 比丘ㅣ 닐오ᄃᆡ "아래 가신 八婇女도 니거시니 ᄆᆞᅀᆞ기 ᄡᅥᆯᄫᅩ리잇고"

30. 夫人이 닐오ᄃᆡ "그러커든 나도 王 뫼ᅀᆞᄫᅡ 比丘 졷ᄌᆞᄫᅡ 가리이다"

라. 33. 鴛鴦夫人이 울며 比丘ᄭᅴ 닐오ᄃᆡ "王과 즁님과ᄂᆞᆫ…… 길흘 몯 녀리로소이다 이 ᄯᅡ히 어드메잇고"

34. 比丘ㅣ 닐오ᄃᆡ "이 ᄯᅡ히 竹林國이라 혼 나라히이다"

35. 夫人이 ᄯᅩ 무로ᄃᆡ "이어긔 갓가ᄫᅵ 사ᄅᆞᄆᆡ 지비 잇ᄂᆞ니잇가"

36. 比丘ㅣ 닐오ᄃᆡ "오직 이 ᄇᆞ래 子賢長者ㅣ 지비 잇다 듣노이다"

---

21) 지문부이므로 외적 관계의 영향이 커질 수 있다.

22) 앞의 (5나)도 마왕이 세존보다 높다고는 할 수 없지만 생산자의 높이려는 의도가 강조되었다는 점에서는 이와 같다 하겠다.

(7)은 원앙부인과 승렬바라문 사이의 대화이다. (7가)는 비구가 부인에게 왕궁에 두 차례 찾아왔을 때 하는 말인데 지문에서는 '술ᄫᅩᄃᆡ'가, 대화에서는 상대존대가 쓰이고 있다. 그러나 부인은 비구에 대해서 (7나)와 같이 'ᄒᆞ라'체를 쓰고 있고 지문에서도 '닐오ᄃᆡ'로 되어 있는 점이 주목된다. 부인보다 높게 설정된 왕조차 비구에게 상대존대를 쓰는 것에 비추어 보면 이는 이상한 일이라 아니할 수 없다. 그러나 왕은 항상 좋은 根源을 닦아 無上道를 구하는 인물로 설정이 되어 있기 때문에 출가한 승려를 높이 대우하지만 원앙부인이 일국의 왕비로서 일개 승려에 불과한 승렬바라문에게 하대를 하는 것은 어찌 보면 너무나 당연한 일이라 하겠다. 또 비구에 대한 두 사람의 각기 다른 태도를 통해 그만큼 왕의 정성을 잘 표현하려는 생산자의 배려일 것이다.

그런데 (7다)를 보면 비구가 부인에게 말하는 장면에는 이전까지 쓰이던 '술ᄫᅩᄃᆡ'가 '닐오ᄃᆡ'로 대체되고, 부인은 비구에게 상대존대를 쓰는 것으로 바뀌어 있음을 볼 수 있다. 물론 30은 부인이 비구에게가 아니라 왕에게 말하는 것으로 볼 수도 있다. 그러나 (7라)에서 보이듯이 이후로는 계속 이와 같이 부인이 비구에게 상대존대법을 써서 말하고, 서로에게 '닐오ᄃᆡ'가 쓰이는 것을 볼 때 여기서 어떤 내적 관계의 변화가 일어났다고 해야 할 것이다. 이것은 아마 부인이 이미 출가할 결심을 했기 때문에 더 이상 왕비의 신분으로서가 아니라 비구와 대등한 관계로 행동해야 한다고 생산자가 생각하여(외적 관계의 개입으로) 내적 관계를 재설정하였기 때문에 나타난 현상으로 이해된다.

또 하나의 예는 안락국과 팔채녀 사이의 대화에서 나타난다.

(8) 81. 安樂國이 무로ᄃᆡ "沙羅樹大王이 어듸 겨시뇨"
 82. 對答호ᄃᆡ "길헤 믈 기러 오시ᄂᆞ니라"

종의 신분이고 일곱 살 먹은 어린아이에 불과한 안락국이 자신이 비록 태자임을 알고 있다 하더라도 처음 만나는 어머니뻘 되는 여자에게 'ᄒᆞ라'체를 쓴다는 것은 텍스트 내적 관계에서는 이상한 일이라 할 수 있다. 이도 생산자가 이들이 대등한 관계에 있는 보살이라거나, 안락국의 태자라는 신분에 대한 고려 때문에, 즉 외적 관계의 고려 때문에 이와 같은 관계를 설정한 것으로 보인다.

한편 외적 관계가 중요하게 작용하기는 해도 내적 관계와 외적 관계가 모두 고려되는 '-숩-'과 달리 흔히 존칭의 속격 표지라고 하는 '-ㅅ'은 외적 관계에만 관련이 되는 것 같다.

(9) 5. 王이 드르시고 四百八夫人ㅅ 中에 第一鴛鴦夫人올 브리샤 '齋米 받ᄌᆞᄫᆞ라' ᄒᆞ야시ᄂᆞᆯ

17. 聖人이 니ᄅᆞ샤ᄃᆡ "그러커든 다시 가 大王ㅅ 모ᄆᆞᆯ 請ᄒᆞ야 오라 찻믈 기를 維那ᄅᆞᆯ 사모리라" ᄒᆞ야시ᄂᆞᆯ

(9)의 5는 지문에서 동작주가 더 높음에도 '-ㅅ'이 쓰인 예이고 17은 화자가 더 높음에도 대화 속에서 자기보다 낮은 사람에 대해 '-ㅅ'이 쓰인 예이다.

4. 생산자와 어휘 등가성

텍스트 형성에 있어 중요한 요소인 어휘의 등가성은[23] 이전의 많은 논문들에서 논의되어 왔다. 여기서는 생산자의 관점에서 등가적 어휘들이 어떻게 쓰이고 있는지를 살펴보려 한다.

먼저 사라수대왕에 관한 것을 보면 2에서 '沙羅樹大王'이라 소개된 후 지문에서는 王으로 대화에서는 大王으로 주로 제시되어 있다. 가끔은 沙羅樹王으로도 나타나나 그 예가 적다. 대화에서 대왕으로 쓰이는 것은 그를 지칭하는 사람이 대개 아랫사람들인 까닭에 왕을 높이고자 하는 뜻에서이고 지문에서 그냥 왕이라 한 것은 반복에서 불필요한 요소를 가능한 한 제거하려는 생산자의 의도 때문으로 보인다.[24]

23) 여기서는 의미상의 등가와 기능상의 등가를 구분하지 않았다.

이와 비교해 볼 수 있는 것이 勝熱婆羅門의 경우인데 3에서 제시된 이후는 지문이나 대화에서 대개 比丘로 지칭되고 있다. 대화에서 높여 쓸 만한 적당한 말이 없고 그 필요도 없기 때문에 간단히 비구로 그 반복성을 줄이고 있는 것이다. 다만 왕의 대화 속에 '즁님'이란 표현이 나타나는 점을 지적해 둘 만하다.

이와는 달리 원앙부인의 경우 부인과 비구의 경어법이 바뀌는 30까지는 鴛鴦夫人이 주로 쓰이다가 그 이후는 주로 夫人으로 쓰이게 된다. 이는 아마 궁 안에 있을 때에는, 다른 부인의 이름이 비록 거론되지 않을지라도, 다른 부인과 혼동의 염려가 있어(실제로 사라수왕에게는 408명의 부인이 있다) 원앙부인이라 쓰고 출가한 후에는 혼동의 염려가 없어졌기 때문에 부인으로 쓴 듯하다. 이와 같은 근거로는 출가 전일지라도 문맥상으로 혼동될 가능성이 거의 없는 22와 같은 곳에 부인이 사용되었고, 59에서와 같이 출가 후라도 앞에 다른 이야기를 하다가 부인의 이야기를 할 때는 원앙부인이라 칭하고 있는 것을 들 수 있다.

마지막으로 안락국에 대한 등가적 어휘를 보겠다. 안락국에 대해서는 安樂國, 太子, 아기 등이 쓰이고 있다. 이 중 안락국이 가장 무표적인 것으로 널리 쓰이는 것이며, 아기는 그 어휘가 의미하는 바와 같이 어리다는 것이 강조되거나 상대방이 안락국에 대해 잘 모를 때 그 외양적 특징을 통해 파악된 명칭으로 쓰인다고 할 수 있다. 61, 63에서는 안락국이 자신의 출생과 아버지에 관해 모르는 상태라 아기라 칭해졌으나 어머니가 아버지에 관해 말해 준 다음부터는 安樂國으로 제시되어 있다. 이 이름이 아버지와 관련이 있는 것이기 때문에(왕이 부인과 이별할 때 지어준 이름) 아버지가 누구인지 알고 난 다음부터 생산자는 이 이름을 쓰기 시작한 것으로 보인다. 한편 아기란 말이 84에 다시 나오는데 이는 왕이 아직 안락국이 자신의 아들인지 모르는 상태에서 '이 아기 엇더니완ᄃᆡ 늘그늬 허튈 안고 이리ᄃᆞ록 우ᄂᆞᆫ다'라고 물을 때 사용된 것으로 왕이 단순한 외형적 모습만으로 지칭한 것이기 때문이다. 태자라는 명칭은 왕과 상면한 이후에 나온다. 이는 왕과의 만남을 통해 이전의 종이던 신

24) 정진원(1993)에서는 같은 인물을 지칭하는 말이 짧게도 길게도 나타나는 것에 대해 원경전에서 글자수를 맞추기 위해 행해진 것으로 보았는데 이 글에서는 한문 경전에 대한 연구를 수행하지 않아 이에 대해 언급할 수 없음이 유감이다.

분이 태자로 바뀌게 됨을 생산자가 강조한 때문으로 보인다. 안락국이 왕과 이별하고 죽림국(竹林國)에 돌아가 소치는 아이와 대화할 때는 다시 종의 신분으로 말하는 것이므로 안락국이라 칭해지는 것에서 그 타당성을 검증할 수 있다.

5. 마무리

이상에서 우리는 텍스트 생산자를 중심으로 한 텍스트의 분석이라는 기본 입장에서 「안락국태자전」을 살펴보았다.

1장에서는 생산자 중심의 관점과 그 필요성, 그리고 『월인석보』 권8의 이본 및 「안락국태자전」의 형식적 특징을 간단히 언급하였으며, 2장에서는 이 글을 끌어가기 위해 상정한 기본 개념들을 살폈다. 행위를 중심으로 텍스트를 나누는 화제라는 단위의 도입과 그 설정 기준, 텍스트 내적인 관계와 외적인 관계의 구분이 그것이다. 3장에서는 2장에서 설정한 내적 관계와 외적 관계를 통해 살펴볼 수 있는 경어법의 사용을 살펴보았고 4장에서는 어휘의 등가성에 생산자의 의도가 어떻게 개입되어 있는지를 살펴보았다.

지금까지 생산자 중심의 연구가 활발히 진행되지 않았었기 때문에 그 방법론이나 실제 예를 선택함에 많은 미숙함이 있을 것으로 생각된다. 앞으로도 더 다듬어야 될 부분이 많음을 스스로도 느끼며 다만 앞으로 텍스트 연구에 있어 생산자적 입장을 고려한 연구가 문헌자료인 중세나 근대 국어를 다루는 여러 측면에서 효용성을 지닐 수 있다는 가능성을 제기했다는 것으로 위안을 삼고자 한다.

[참고문헌]

고니시 도시오(1992가), 「목련전의 텍스트 언어학적 분석」, 『국어연구』 107.

______(1992나), 「언어표현에 있어서의 월인천강지곡과 석보상절의 관계」, 『국어학논집』 1, 태동문화사.

고영근(1987), 『표준중세국어문법론』, 탑출판사.

______(1990), 「문장과 이야기의 관련성에 대한 연구」, 『관악어문연구』 15.

______(1993), 「석보상절 · 월인천강지곡 · 월인석보」, 『국어사자료와 국어학의 연구』, 문학과지성사.

김동식(1984), 「객체높임법의 '숩'에 대한 검토」, 『관악어문연구』 9.

김충회(1990), 「겸양법」, 『국어연구 어디까지 왔나』, 동아출판사.

안병희(1992), 「월인석보의 편간과 이본」(발표요지), 월인석보의 종합적 검토(제20회 한국고전연구 심포지움), 진단학회.

윤석민(1989), 「국어의 텍스트 언어학적 연구시론」, 『국어연구』 92.

이은경(1990), 「국어의 접속어미 연구」, 『국어연구』 97.

이현희(1992), 「15세기 국어구문의 연구」, 서울대 박사학위논문.

정진원(1993), 「석보상절6의 설화자 화법」, 텍스트연구회 발표문.

천혜봉(1984), 「月印釋譜 卷第七 · 八 解題」, 『월인석보 권7 · 8』, 홍문각.

〈부록〉

＊「安樂國太子傳」, 『월인석보』 권8 89ㄴ면-103ㄴ면 ＊

(가) 서두: 光有聖人의 소개.

1. 녜 梵摩羅國 林淨寺애 光有聖人이 五百弟子 ᄃᆞ려 겨샤 大乘小乘法을 니ᄅᆞ샤 衆生ᄋᆞᆯ 敎化ᄒᆞ더시니 그 數 몯내 혜리러라

(나) 光有聖人이 沙羅樹大王에게 채녀를 청함.

2. 그 ᄢᅴ 西天國 沙羅樹大王이 四百小國 거느려 겨샤 정ᄒᆞᆫ 法으로 다ᄉᆞ리더시니 王位ᄅᆞᆯ 맛드디 아니ᄒᆞ샤 妻眷이며 子息이며 보ᄇᆡᄅᆞᆯ 貪티 아니ᄒᆞ시고 샹녜 됴ᄒᆞᆫ 根源을 닷ᄀᆞ샤 無上道ᄅᆞᆯ 求ᄒᆞ더시니
3. 光有聖人이 沙羅樹大王ᄋᆡ 善心ᄋᆞᆯ 드르시고 弟子 勝熱婆羅門比丘를 보내샤 '찻믈 기릃 婇女를 비러 오라' ᄒᆞ야시ᄂᆞᆯ
4. 比丘ㅣ 王宮의 와 뜰헤 드러 錫杖ᄋᆞᆯ 후느대
5. 王이 드르시고 四百八夫人ㅅ 中에 第一鴛鴦夫人ᄋᆞᆯ 브리샤 '齋米 받ᄌᆞᄫᆞ라' ᄒᆞ야시ᄂᆞᆯ
6. 鴛鴦夫人이 말듫 金바리예 ᄒᆡᆫ ᄡᆞᆯ ᄀᆞᄃᆞ기 다마 比丘ㅅ 알ᄑᆡ 나ᅀᅡ니거ᄂᆞᆯ
7. 比丘ㅣ 술ᄫᅩᄃᆡ "나ᄂᆞᆫ 齋米ᄅᆞᆯ 求ᄒᆞ야 온 디 아니라 大王ᄋᆞᆯ 보ᅀᆞᄫᆞ라 오이다"
8. 그저긔 鴛鴦夫人이 도라 드러 王ᄭᅴ 술ᄫᆞᆫ대
9. 王이 드르시고 즉자히 禮服 니브시고 ᄃᆞ라 나샤 比丘ㅅ 알ᄑᆡ 나ᅀᅡ가샤 세 번 절ᄒᆞ시고 請ᄒᆞ야 宮中에 드르샤 比丘란 노ᄑᆡ 안치시고 王ᄋᆞᆫ ᄂᆞᆽ가ᄫᅵ 안ᄌᆞ샤 무르샤ᄃᆡ "어드러셔 오시니잇고"
10. 比丘ㅣ 對答호ᄃᆡ "梵摩羅國 林淨寺애 겨신 光有聖人ㅅ 弟子ㅣ로니 光有聖人이 五百弟子 거느려 겨샤 衆生 敎化ᄒᆞ시ᄂᆞ니 大王ㅅ 善心ᄋᆞᆯ 드르시고 찻믈 기릃 婇女를 비ᅀᆞᄫᅡ 오라 ᄒᆞ실ᄊᆡ 오ᅀᆞᄫᅩ이다"
11. 王이 깃그샤 四百八夫人ᄋᆞᆯ 다 브르샤 졈고 고ᄫᆞ니로 여듧 각시ᄅᆞᆯ ᄀᆞᆯᄒᆡ샤 比丘ᄅᆞᆯ 주어시ᄂᆞᆯ
12. 比丘ㅣ 바다 도라가니
13. 光有聖人이 깃그샤 各各 金鑵子ᄅᆞᆯ 맛디샤 摩訶栴檀 우믌므를 ᄒᆞᄅᆞ 五百디위

옴 길이더시니

14. 八婇女ㅣ 됴ᄒᆞᆫ 根源을 닷가 無上道理ᄅᆞᆯ 일우미 머디 아니ᄒᆞ더라

(다) 光有聖人이 王을 請함.

15. 그저긔 光有聖人이 勝熱婆羅門比丘ᄃᆞ려 무르샤ᄃᆡ "沙羅樹王이 八婇女 보낼 나래 앗가ᄫᆞᆫ ᄠᅳ디 업더녀"
16. 對答ᄒᆞᅀᆞᄫᅩᄃᆡ "大王이 앗가ᄫᆞᆫ ᄠᅳ디 곧 업더시이다"
17. 聖人이 니ᄅᆞ샤ᄃᆡ "그러커든 다시 가 大王ㅅ 모ᄆᆞᆯ 請ᄒᆞ야 오라 찻믈 기를 維那ᄅᆞᆯ 사모리라" ᄒᆞ야시ᄂᆞᆯ
18. 比丘ㅣ 누비 닙고 錫杖 디퍼 竹林國 디나아 沙羅樹王宮의 가 錫杖ᄋᆞᆯ 후는대
19. 王이 드르시고 즉자히 鴛鴦夫人ᄋᆞᆯ 브르샤 '齋米 받ᄌᆞᄫᆞ라' ᄒᆞ야시ᄂᆞᆯ
20. 鴛鴦夫人이 말듨 金바리예 ᄒᆡᆫ ᄡᆞᆯ ᄀᆞᄃᆞ기 다마 比丘ᄭᅴ 나ᅀᅡ가니
21. 比丘ㅣ ᄉᆞᆯᄫᅩᄃᆡ "나ᄂᆞᆫ 齋米ᄅᆞᆯ 어드라 온 디 아니라 大王ᄋᆞᆯ 보ᅀᆞᄫᆞ라 오이다"
22. 夫人이 도라 드러 ᄉᆞᆯᄫᆞᆫ대
23. 王이 드르시고 깃그샤 ᄠᅳᆯ헤 나샤 比丘ㅅ 알ᄑᆡ 세 번 절ᄒᆞ시고 請ᄒᆞ야 宮中에 드르샤 比丘란 노ᄑᆡ 안치시고 王ᄋᆞᆫ ᄂᆞᆺ가ᄫᅵ 안ᄌᆞ샤 무르샤ᄃᆡ "어드러셔 므슷 일로 오시니잇고"
24. 比丘ㅣ 對答ᄒᆞᅀᆞᄫᅩᄃᆡ "大王하 엇더 나ᄅᆞᆯ 모ᄅᆞ시ᄂᆞ니잇고 아래 八婇女 맏ᄌᆞᄫᅡ 梵摩羅國 林淨寺로 가ᅀᆞᄫᆞᆫ 내로니 八婇女의 기론 찻므리 모ᄌᆞ랄ᄊᆡ 聖人이 ᄯᅩ 나ᄅᆞᆯ 브리샤 大王 모ᄆᆞᆯ 請ᄒᆞᅀᆞᄫᅡ 오나ᄃᆞᆫ 찻믈 기를 維那ᄅᆞᆯ 삼ᅀᆞᄫᅩ리라 ᄒᆞ실ᄊᆡ 다시 오ᅀᆞᄫᅩ이다"
25. 王이 드르시고 깃거ᄒᆞ시며 忽然히 눉므를 비 디ᄃᆺ 흘리거시ᄂᆞᆯ
26. 鴛鴦夫人이 王ᄭᅴ ᄉᆞᆯᄫᅩᄃᆡ "엇던 젼ᄎᆞ로 우르시ᄂᆞ니잇고"
27. 王이 니ᄅᆞ샤ᄃᆡ "이 比丘ㅣ 아래 오샤 찻믈 기릃 婇女 ᄃᆞ려 林淨寺애 가신 즁니미시니 이제 ᄯᅩ 내 모ᄆᆞᆯ ᄃᆞ려다가 維那ᄅᆞᆯ 사모려 ᄒᆞ실ᄊᆡ 듣ᄌᆞᆸ고 깃거ᄒᆞ가니와 그러나ᄒᆞᆫ디 ᄒᆞ녀고로 혜여 ᄒᆞᆫ뎐 내 四百夫人이 前世옛 因緣으로 나ᄅᆞᆯ 조차 살어든 오ᄂᆞ론 ᄇᆞ리고 가릴ᄊᆡ ᄆᆞᅀᆞᄆᆞᆯ 슬허 우노이다"
28. 鴛鴦夫人이 듣ᄌᆞᆸ고 比丘ᄭᅴ 닐오ᄃᆡ "내 몸도 좃ᄌᆞᄫᅡ 갌 ᄡᅡ힌가 몯 갌 ᄡᅡ힌가"
29. 比丘ㅣ 닐오ᄃᆡ "아래 가신 八婇女도 니거시니 므스기 ᄡᅥᆯᄫᅳ리잇고"
30. 夫人이 닐오ᄃᆡ "그러커든 나도 王 뫼ᅀᆞᄫᅡ 比丘 좃ᄌᆞᄫᅡ 가리이다"

(라) 왕과 부인이 비구와 함께 길을 떠나, 부인은 종이 됨.

31. 王이 夫人ㅅ 말 드르시고 깃거 ᄂᆞ소사 나라ᄒᆞᆯ 아ᅀᆞ 맛디시고 夫人과 ᄒᆞ샤 比丘 조ᄎᆞ샤 西天國을 여희여 竹林國애 가샤 ᄒᆞᆫ 너븐 드르헤 드르시니
32. 나리 져므러 ᄒᆡ 디거늘 세 분이 프ᅀᅥ리예셔 자시고 이틄날 아ᄎᆞᄆᆡ 길 나아 가싫 時節에
33. 鴛鴦夫人이 울며 比丘ᄭᅴ 닐오ᄃᆡ "王과 즁님과ᄂᆞᆫ 남ᄌᆞᆫ 氣韻이실ᄊᆡ 길흘 ᄀᆞᆺ디 아니커시니와 나ᄂᆞᆫ 宮中에 이싫 제 두어 거르메셔 너무 아니 걷다니 오ᄂᆞᆳ날 두 나랏 ᄉᆞᅀᅵ예 허튀 ᄃᆞᆼ긴ᄀᆞ티 븟고 바리 알ᄑᆞᆯᄊᆡ 길흘 몯 녀리로소이다 이 ᄯᅡ히 어드메잇고"
34. 比丘ㅣ 닐오ᄃᆡ "이 ᄯᅡ히 竹林國이라 ᄒᆞᆫ 나라히이다"
35. 夫人이 ᄯᅩ 무로ᄃᆡ "이어긔 갓가ᄫᆡ 사ᄅᆞᄆᆡ 지비 잇ᄂᆞ니잇가"
36. 比丘ㅣ 닐오ᄃᆡ "오직 이 ᄇᆞ래 子賢長者ㅣ 지비 잇다 듣노이다"
37. 夫人이 王ᄭᅴ ᄉᆞᆯᄫᅩᄃᆡ "내 모ᄆᆞᆯ 죵 사ᄆᆞ샤 長者ㅣ 지븨 ᄃᆞ려가샤 내 모ᄆᆞᆯ ᄑᆞᄅᆞ샤 내 값과 내 일훔과 가져다가 聖人ᄭᅴ 받ᄌᆞᄫᆞ쇼셔" ᄒᆞ야ᄂᆞᆯ
38. 王과 比丘왜 夫人ㅅ 말 드르시고 ᄆᆞᅀᆞᄆᆞᆯ 더욱 셜ᄫᅵ 너기샤 눉므를 비오ᄃᆞᆺ 흘리시고
39. 比丘와 王괘 夫人ᄋᆞᆯ 뫼샤 長者ㅣ 지븨 가샤 "겨집죵 사쇼셔" ᄒᆞ야 브르신대
40. 長者ㅣ 듣고 사ᄅᆞᆷ 브려 '보라' ᄒᆞ니
41. 닐오ᄃᆡ "門 알ᄑᆡ ᄒᆞᆫ 즁과 ᄒᆞᆫ 쇼쾌 고ᄫᆞᆫ 겨지블 ᄃᆞ려 왜셔 ᄑᆞᄂᆞ이다"
42. 長者ㅣ 듣고 세흘 ᄃᆞ려 '드러오라' ᄒᆞ야 ᄠᅳ헤 안치ᅀᆞᆸ고 묻ᄌᆞᄫᅩᄃᆡ "이 ᄯᆞ리 너희 죵가"
43. 王과 比丘왜 對答ᄒᆞ샤ᄃᆡ "眞實로 우리 죵이니이다"
44. 長者ㅣ 鴛鴦夫人ᄋᆞᆯ 다시 보니 샹녯 사ᄅᆞᄆᆡ 양ᄌᆡ 아닐ᄊᆡ 夫人ᄭᅴ 무로ᄃᆡ "이 두 사ᄅᆞ미 眞實로 네 항것가"
45. 對答호ᄃᆡ "眞實로 올ᄒᆞ니이다"
46. 長者ㅣ 무로ᄃᆡ "그러면 비디 언매나 ᄒᆞᆫ뇨 "
47. 夫人이 對答호ᄃᆡ "우리 항것 둘히 내 비들 모ᄅᆞ시리니 내 모맷 비든 金 二千斤이오 내 ᄇᆡ욘 아기 빋도 ᄒᆞᆫ가지니이다"
48. 長者ㅣ 그 마ᄅᆞᆯ 從ᄒᆞ야 金 四千斤을 내야 王ᄭᅴ와 比丘ᄭᅴ와 받ᄌᆞᄫᆞ니라

(마) 왕과 부인이 이별하며 아기의 이름을 정함.

49. 王과 比丘왜 그 지븨 자시고 이틄날 아ᄎᆞᄆᆡ 세 분이 門 밧긔 나샤 여희실 쩌긔 몯내 슬허 우러 오래 머므더시니

50. 夫人이 王ᄭᅴ ᄉᆞᆯᄫᅩᄃᆡ "오ᄂᆞᆯ 여희ᅀᆞᄫᆞᆫ 後에 ᄭᅮᆷ봇 아니면 서르 보ᅀᆞᄫᅩᇙ 길히 업건마ᄅᆞᆫ 그러나 사ᄅᆞᄆᆡ 善을 닷고ᄆᆞᆫ 녀나ᄆᆞᆫ ᄠᅳ디 아니라 利益ᄃᆞᄫᆡᆫ 이ᄅᆞᆯ 各各 受홇 ᄡᅳᄅᆞ미니 大王이 宮中에 겨싫 저근 ᄇᆡ 골폰 ᄃᆞᆯ 모ᄅᆞ시며 옷 허ᄂᆞᆫ ᄃᆞᆯ 모ᄅᆞ더시니 大王하 往生偈ᄅᆞᆯ 닛디 마라 외와 ᄃᆞᆫ니쇼셔 이 偈ᄅᆞᆯ 외오시면 골폰 ᄇᆡ도 브르며 헌 옷도 암ᄀᆞᆯ리이다" ᄒᆞ고 往生偈ᄅᆞᆯ ᄉᆞᆯᄫᅩᄃᆡ "願往生 願往生 願在彌陀會中坐 手執香花 常供養 願往生 願往生 願生極樂 見彌陀 獲蒙摩頂 受記莂 願往生 願往生 往生極樂 蓮花生 自它 一時 成佛道"

51. 王이 드르시고 깃그샤 가려 ᄒᆞ싫 저긔

52. 夫人이 王ᄭᅴ 다시 ᄉᆞᆯᄫᅩᄃᆡ "내 ᄇᆡ욘 아기 아ᄃᆞᆯ옷 나거든 일후믈 므스기라 ᄒᆞ고 ᄯᆞᆯ옷 나거든 일후믈 므스기라 ᄒᆞ리잇고 어버ᅀᅵ ᄀᆞ자 이신 저긔 일후믈 一定ᄒᆞ사이다"

53. 王이 드르시고 눉므를 흘리며 니ᄅᆞ샤ᄃᆡ "나ᄂᆞᆫ 드로니 어버ᅀᅵ 몯 ᄀᆞ존 子息은 어딘 이ᄅᆞᆯ ᄇᆡ호디 몯ᄒᆞᆯᄊᆡ 어버ᅀᅴ 일후믈 더러ᄫᅵᄂᆞ다 ᄒᆞᄂᆞ니 나거든 ᄡᅡ해 무더 ᄇᆞ료ᄃᆡ ᄒᆞ리이다"

54. 夫人이 ᄉᆞᆯᄫᅩᄃᆡ "大王ㅅ 말ᄊᆞ미ᅀᅡ 올커신마ᄅᆞᆫ 내 ᄠᅳ데 몯 마재이다 아ᄃᆞ리어든 일후믈 孝子ㅣ라 ᄒᆞ고 ᄯᆞ리어든 일후믈 孝養이라 호ᄃᆡ 엇더ᄒᆞ니잇고"

55. 王이 夫人ㅅ ᄠᅳ들 어엿비 너기샤 니ᄅᆞ샤ᄃᆡ "아ᄃᆞ리 나거든 安樂國이라 ᄒᆞ고 ᄯᆞᆯ옷 나거든 孝養이라 ᄒᆞ쇼셔" 말 다ᄒᆞ시고 ᄉᆞᆯ하디여 우러 여희시니

56. 王이 比丘와 ᄒᆞ샤 林淨寺애 가신대

57. 光有聖人이 보시고 ᄀᆞ장 깃그샤 즉자히 金鑵子 둘흘 받ᄌᆞᄫᅡ 찻믈 길이ᅀᆞᆸ더시니

58. 王이 金鑵子ᄅᆞᆯ 나못 두 그테 ᄃᆞ라 메시고 믈 기르며 ᄃᆞᆫ니실 쩌긔 왼소내 往生偈ᄅᆞᆯ 자바샤 노티 아니ᄒᆞ야 외오더시다

(바) 부인이 아기를 낳아 일곱 살이 됨.

59. 鴛鴦夫人이 長者ㅣ 지븨 이셔 아ᄃᆞᄅᆞᆯ 나ᄒᆞ니 양ᄌᆡ 端正ᄒᆞ더니

60. 長者ㅣ 보고 닐오ᄃᆡ "네 아ᄃᆞ리 나히 열아홉만 ᄒᆞ면 내 지븨 아니 이싫 相이로다" ᄒᆞ더라

61. 닐굽히어늘 그 아기 어마닚긔 ᄉᆞᆯᄫᅩᄃᆡ “내 어마닚 ᄇᆡ예 이실 쩌긔 아바니미 어듸 가시니잇고”

62. 夫人이 닐오ᄃᆡ “長者ㅣ 네 아비라”

63. 그 아기 닐오ᄃᆡ “長者ㅣ 내 아비 아니니 아바니미 어듸 가시니잇고”

64. 夫人이 므디ᄃᆞᆺ 울며 모ᄀᆞᆯ 몌여 닐오ᄃᆡ “네 아바니미 婆羅門ᄍᆞᆼ님과 ᄒᆞ샤 梵摩羅國 林淨寺애 光有聖人 겨신 ᄃᆡ 가샤 됴ᄒᆞᆫ 일 닷ᄀᆞ시ᄂᆞ니라”

(사) 안락국이 아버지를 찾아 처음 길을 떠나나 실패함.

65. 그저긔 安樂國이 어마닚긔 ᄉᆞᆯᄫᅩᄃᆡ “나ᄅᆞᆯ 이제 노ᄒᆞ쇼셔 아바니믈 가 보ᅀᆞᄫᅡ 지이다”

66. 夫人이 닐오ᄃᆡ “네 처ᅀᅥᆷ 나거늘 長者ㅣ 닐오ᄃᆡ 나히 닐굽여ᄃᆞᆲ만 ᄒᆞ면 내 지븨 아니 이실 아히라 ᄒᆞ더니 이제 너를 노하 보내면 내 모미 長者ㅣ 怒ᄅᆞᆯ 맛나리라”

67. 安樂國이 닐오ᄃᆡ “ᄀᆞᄆᆞ니 도망ᄒᆞ야 ᄲᆞᆯ리 녀러 오리이다”

68. 그저긔 夫人이 어엿븐 ᄠᅳ들 몯 이긔여 門 밧긔 내야 보내야ᄂᆞᆯ

69. 安樂國이 바ᄆᆡ 逃亡ᄒᆞ야 ᄃᆞᆮ다가 그 짓 ᄡᅩᆯ ᄫᅳᆶ 죠ᄋᆞᆯ 맛나니

70. 자바 구지조ᄃᆡ “네 엇뎨 항것 背叛ᄒᆞ야 가ᄂᆞᆫ다” ᄒᆞ고 ᄉᆞᄎᆞ로 두 소ᄂᆞᆯ ᄆᆡ야 와 長者ㅣ손ᄃᆡ 닐어늘

71. 長者ㅣ 怒ᄒᆞ야 손ᅀᅩ 安樂國의 ᄂᆞᄎᆞᆯ 피좃고 ᄡᅡᆺ돐 므를 ᄇᆞᄅᆞ니라

(아) 안락국이 두번째 길을 떠남.

72. 後에 安樂國이 어마닚긔 다시 ᄉᆞᆲ고 사긴 ᄂᆞᄎᆞ란 ᄣᅳ리고 逃亡ᄒᆞ야 梵摩羅國으로 가더니

73. 竹林國과 梵摩羅國과 두 나랏 ᄉᆞᅀᅵ예 큰 ᄀᆞᄅᆞ미 이쇼ᄃᆡ ᄇᆡ 업거늘 ᄀᆞ술 조차 바니다가 忽然히 ᄉᆡᆼ각ᄒᆞ야 딥동 세 무슬 어더 ᄡᅵ로 어울워 ᄆᆡ야 ᄆᆞ레 ᄢᅴ오고 그 우희 올아 안자 하ᄂᆞᆳ긔 비ᅀᆞᄫᅩᄃᆡ “내 眞實ㅅ ᄆᆞᅀᆞᄆᆞ로 아바님 보ᅀᆞᆸ고져 ᄒᆞ거든 ᄇᆞᄅᆞ미 부러 뎌 ᄀᆞᅀᆡ 건내쇼셔” ᄒᆞ고 合掌ᄒᆞ야 往生偈ᄅᆞᆯ 외온대

74. 自然히 ᄇᆞᄅᆞ미 부러 믌 ᄀᆞᅀᆡ 건내 부치니 긔 梵摩羅國 ᄯᅡ히러라

75. 그 딥도ᄋᆞ란 ᄀᆞᅀᅦ 지혀 ᄆᆡ오 林淨寺로 가ᄂᆞᆫ 마ᄃᆡ예

76. 대수히 이쇼ᄃᆡ 東風이 불면 그 소리 ‘南無阿彌陀佛’ ᄒᆞ고 南風이 불면 ‘攝化衆生阿彌陀佛’ ᄒᆞ고 西風이 불면 ‘渡盡稱念衆生阿彌陀佛’ ᄒᆞ고 北風이 불면 ‘隨意往生阿彌陀佛’ ᄒᆞ더니 安樂國이 듣고 ᄀᆞ장 깃거 ᄒᆞ더라

(자) 안락국이 아버지를 만남.

77. 그 대숩 ᄉᆞᅀᅵ예 林淨寺ㅣ 잇더니 安樂國이 뎌를 向ᄒᆞ야 가는 저긔 길헤 八婇女를 맛나니

78. 往生偈ᄅᆞᆯ 브르며 摩訶栴檀 우믌므를 기러 가거늘

79. 安樂國이 무로ᄃᆡ "너희 브르논 偈는 어드러셔 나뇨"

80. 婇女ㅣ 對答호ᄃᆡ "西天國 沙羅樹大王 鴛鴦夫人ㅅ 偈니 우리도 沙羅樹大王ㅅ 夫人ᄃᆞᆯ히라니 네 勝熱婆羅門比丘ㅣ 우리 王宮의 가샤 우리를 ᄃᆞ려 오시고 후에 다시 가샤 沙羅樹大王과 鴛鴦夫人ᄋᆞᆯ 뫼셔 오시다가 夫人이 허튀 알하 거르믈 몯 거르실쎠 王과 比丘왜 竹林國 子賢長者ㅣ 지븨 뫼셔다가 죵 사마 ᄑᆞ라시ᄂᆞᆯ 夫人이 여희ᅀᆞᆲ 저긔 大王ᄭᅴ ᄉᆞᆯᄫᅡ샤ᄃᆡ '往生偈ᄅᆞᆯ 외오시면 골폰 ᄇᆡ도 브르며 헌 옷도 새 ᄀᆞᆮᄒᆞ리니 淨土애 ᄒᆞᆫᄃᆡ 가 나사이다' ᄒᆞ야시ᄂᆞᆯ 王이 ᄇᆡ호샤 ᄉᆞᆫ지 그치디 아니ᄒᆞ야 외오시ᄂᆞ니 우리도 이 偈ᄅᆞᆯ 좃ᄌᆞᄫᅡ 외오노소라"

81. 安樂國이 무로ᄃᆡ "沙羅樹大王이 어듸 겨시뇨"

82. 對答호ᄃᆡ "길헤 믈 기러 오시ᄂᆞ니라"

83. 安樂國이 그 말 듣고 길ᄒᆞ로 向ᄒᆞ야 가다가 아바니믈 맛나ᅀᆞᄫᅡ 두 허튀ᄅᆞᆯ 안고 우더니

84. 王이 무르샤ᄃᆡ "이 아기 엇더니완ᄃᆡ ᄂᆞᆯ그늬 허튈 안고 이리ᄃᆞ록 우ᄂᆞᆫ다"

85. 安樂國이 온 ᄠᅳᆮ ᄉᆞᆲ고 往生偈ᄅᆞᆯ 외온대

86. 王이 그제ᅀᅡ 太子ㅣㄴ 고ᄃᆞᆯ 아ᄅᆞ시고 ᄀᆞᆳ ᄀᆞᅀᅢ 아나 안ᄌᆞ샤 오시 ᄌᆞᄆᆞ기 우르시고 니ᄅᆞ샤ᄃᆡ "네 어마니미 날 여희오 시르ᄆᆞ로 사니다가 이제 ᄯᅩ 너를 여희오 더욱 우니ᄂᆞ니 어셔 도라 니거라"

87. 王과 太子왜 슬픈 ᄠᅳ들 몯 이긔샤 오래 겨시다가 여희ᅀᆞᆲ 저긔

88. 王이 놀애ᄅᆞᆯ 브르샤ᄃᆡ "아라 녀리 그츤 이런 이본 길헤 '눌 보리라' ᄒᆞ야 우러곰 온다 아가 大慈悲 우니는 鴛鴦鳥와 功德修行ᄒᆞᄂᆞᆫ 이 내 몸과 成等正覺 나래ᅀᅡ 반ᄃᆞ기 마조 보리여다[25]"

(차) 안락국이 아버지와 이별하고 돌아오다 어머니가 죽었다는 말을 들음.

89. 그저긔 太子ㅣ 울며 저ᅀᆞᄫᅡ 여희ᅀᆞᆸ고 도로 ᄀᆞᆳ ᄀᆞᅀᅢ 와 딥ᄫᅵ ᄐᆞ고 往生偈

25) 복각본에는 '보리어다'로 되어 있으나 동국대 소장 원간본과 홍윤표본에는 '보리여다'로 되어 있다.

ᄅᆞᆯ 브르니 ᄇᆞᄅᆞ미 부러 竹林國으로 지불여늘 무틔 올아 오ᄂᆞᆫ ᄆᆞᄃᆡ예

90. 쇼칠 아ᄒᆡ 놀애ᄅᆞᆯ 블로ᄃᆡ "安樂國이ᄂᆞᆫ 아비를 보라 가니 어미도 몯 보아 시르미 더욱 깁거다" ᄒᆞ야ᄂᆞᆯ

91. 安樂國이 듣고 무로ᄃᆡ "므슴 놀애 브르ᄂᆞᆫ다"

92. 對答호ᄃᆡ "子賢長者ㅣ 지븨 鴛鴦이라 홇 죠이 ᄒᆞᆫ 아ᄃᆞᄅᆞᆯ 나하ᄂᆞᆯ 그 아기 닐굽 설 머거 '아비 보라 니거지라' ᄒᆞᆫ대 그 어미 어엿비 너겨 노하 보내여늘 그 長者ㅣ 鴛鴦이ᄅᆞᆯ 자바 '네 아ᄃᆞᆯ 어듸 가뇨' ᄒᆞ고 環刀ᄅᆞᆯ 메여 ᄐᆞᇙ 時節에 鴛鴦이 놀애ᄅᆞᆯ 블로ᄃᆡ '고ᄫᆞ니 몯 보아 ᄉᆞᆯ웃 우니다니 님하 오ᄂᆞᆳ나래 넉시라 마로리어다' ᄒᆞ야ᄂᆞᆯ 長者ㅣ 菩提樹 미틔 ᄃᆞ려다가 삼동 내 버혀 더뎻ᄂᆞ니라"

(카) 어머니를 염하고 극락에 가 부모를 만남.

93. 安樂國이 듣고 菩提樹 미틔 가 보니 삼동 내 버혀 더뎻거늘 주ᅀᅥ다가 次第로 니ᅀᅥ 노코 ᄡᅡ해 업데여 그울며 ᄉᆞᆯ하디여 우니 하ᄂᆞᆯ히 드러치더니

94. 오라거늘 니러 西ㅅ녁 向ᄒᆞ야 合掌ᄒᆞ야 ᄂᆞᇇ믈 ᄡᅳ리고 하ᄂᆞᆯ 브르며 偈ᄅᆞᆯ 지ᅀᅥ 블로ᄃᆡ "願我臨欲命終時 盡除一切諸障碍 面見彼佛阿彌陀 卽得往生安樂刹"

95. 즉자히 極樂世界로셔 四十八 龍船이 眞如大海예 ᄠᅥ 太子 알ᄑᆡ 오니

96. 그 龍船 가온ᄃᆡᆺ 굴근 菩薩ᄃᆞᆯ히 太子ᄃᆞ려 닐오ᄃᆡ "네 父母ᄂᆞᆫ ᄇᆞᆯ쎠 西方애 가샤 부톄 ᄃᆞ외얫거시늘 네 일 몰라 이실ᄊᆡ 길 자ᄇᆞ라 오라" ᄒᆞ야시ᄂᆞᆯ

97. 太子ㅣ 그 말 듣고 깃거 獅子座애 올아 虛空ᄋᆞᆯ 타 極樂世界로 가니라

(타) 결미: 각 등장인물의 실제 신분.

98. 光有聖人은 이젯 釋迦牟尼佛이시고 沙羅樹大王ᄋᆞᆫ 이젯 阿彌陀佛이시고 鴛鴦夫人은 이젯 觀世音菩薩이시고 安樂國은 이젯 大勢至菩薩이시고 勝熱婆羅門ᄋᆞᆫ 이젯 文殊ㅣ시고 八婇女ᄂᆞᆫ 이젯 八大菩薩이시고 五百弟子ᄂᆞᆫ 이젯 五百羅漢이시니라 子賢長者ᄂᆞᆫ 無間地獄애 드러 잇ᄂᆞ니라

IV. 실용문과 텍스트성

보도자료 텍스트의 특성 연구

장소원 · 양정호

1. 들어가기

실용문은 많은 사람들이 일상적으로 쓰거나 읽게 되는 글이지만, 실용문의 구체적인 특성에 대한 연구는 지금까지 거의 이루어지지 않았다고 할 수 있다. 실용문은 언어학적 연구대상이 될 수 있는 좋은 텍스트임에도 불구하고 내용과 형식 면에서의 다양한 특성들이 제대로 주목받지 못했던 것이다. 다양한 형식과 내용의 글들에 대한 텍스트 언어학적 접근이 시도되고 있는 현대의 흐름에 비추어 볼 때, 실용문에 대한 연구가 본격적으로 진행되지 않은 점은 다소 의아하다고 할 만하다.

실용문에 대한 전반적이고 체계적인 기술의 필요성을 인식하면서, 본고는 그러한 기술을 위한 선행 단계로서 실용문의 한 유형인 보도자료의 형식적, 내용적 특성에 대해 실증적으로 분석하고 기술하고자 한다. 나아가 이러한 분석과 기술을 바탕으로 바람직한 보도자료의 전형도 제시해 보고자 한다. 보도자료 텍스트에 대한 객관적이고 실증적인 분석과 기술은 그 자체로 국어학, 특히 텍스트 언어학 분야에서 가치 있는 작업이 될 것이다. 또한 실용적인 면에 있어서도 글쓰기 교육의 한 영역으로서의 실용문 쓰기 교육을 위한 기초 자료가 될 수 있을 것이다.

보도자료란 언론매체에 보도될 것을 목적으로 언론기관에 제공된 자료를 말한다. 본 연구의 특성상 이 자료들은 문서 형식으로 작성된 것만으로 한정한다. 단순히 전화로만 간단히 제보된 사건이나 사태,[1] 그리고

1) 전화 제보의 내용이 보도되기 위해서는 구체적인 취재 활동이 반드시 뒤따라야 한

집회 등에서 문서로 된 자료 없이 발표된 각종 의견[2] 등은 그러한 사건, 사태, 의견 등이 결과적으로 언론매체를 통해 보도되더라도 본 연구에서 대상으로 하는 보도자료에서는 제외한다.

문서 형식으로 된 자료라면, 그것이 종이에 인쇄된 것이든 아니든 상관없이 보도자료에 포함한다. 우편이나 팩스를 통해 제공된 자료들은 모두 인쇄물이기 때문에 별 문제가 없지만 이메일로 제공되거나 인터넷 홈페이지에 게재된 보도자료는 전통적인 의미에서의 문서와는 구별되는 점이 없지 않다. 하지만 그러한 자료들이 기존의 문서들과 달리 종이에 인쇄되지 않았다고는 하지만 아직 인쇄되지 않았을 뿐 인쇄될 수 있는 형식과 내용을 충분히 갖추고 있기 때문에 언제든 인쇄될 수 있다는 점에서 전자 문서라고 부르고 보도자료에 포함하는 데에 별 문제가 없는 것으로 판단된다.

본 연구에서 사용된 자료는 총 379편의 보도자료이다. 이 자료를 크게 두 부류로 나누어 보면 인터넷 홈페이지의 보도자료란에 게재된 자료가 147편이고 팩스 등을 통해 언론기관에 직접 제공된 자료가 232편이다. 본 연구에 이용된 보도자료들을 정리하면 다음과 같다.[3]

<인터넷 홈페이지에서 수집된 자료: 총 147편>

대분류	기관명	자료수
행정부	건설교통부 등 17개 기관	17×3=51
입법부	국회, 5개 정당[4]	6×3=18
사법부	대법원, 지방법원(7), 고등법원(부산, 광주, 대구, 대전)	12×3=36
지방자치단체	특별시(1), 광역시(6), 구(區)[5]	14×3=42

다. 부분적으로 그러한 제보가 보도를 위한 원천 자료가 되는 것은 사실이지만 내용면에서 보도자료로서의 가치가 매우 떨어질 뿐 아니라 형식 면에서도 일정한 틀을 가지고 남겨진 자료가 없기 때문에 실제적으로 연구의 대상으로 삼기가 매우 어려운 면이 있다.

2) 집회 등에서 문서로 된 자료 없이 발표된 각종 의견 가운데는 보도를 위한 자료로서의 가치는 충분한 경우도 많다. 다만 그러한 내용이 문서로 된 자료가 없는 경우에는 그러한 자료의 원형에 접근하는 것이 쉽지 않다는 실제적인 문제가 있다.

3) 보도자료의 내용별, 형식별 분류에 대해서는 각각 3.1과 3.2에서 자세히 다루었다.

4) 정당은 편의상 입법부로 처리하였다.

<언론 기관에 제공된 자료: 총 232편>

<table>
<tr><th colspan="2">내용별 분류</th><th colspan="2">형식별 분류 I</th><th colspan="2">형식별 분류 II</th></tr>
<tr><td rowspan="4">정보 공개형 자료</td><td rowspan="4">123</td><td rowspan="2">단독형 자료</td><td rowspan="2">59</td><td>격식형 자료</td><td>43</td></tr>
<tr><td>비격식형 자료</td><td>16</td></tr>
<tr><td rowspan="2">첨부형 자료</td><td rowspan="2">64</td><td>격식형 자료</td><td>47</td></tr>
<tr><td>비격식형 자료</td><td>17</td></tr>
<tr><td rowspan="4">홍보형 자료</td><td rowspan="4">68</td><td rowspan="2">단독형 자료</td><td rowspan="2">38</td><td>격식형 자료</td><td>22</td></tr>
<tr><td>비격식형 자료</td><td>16</td></tr>
<tr><td rowspan="2">첨부형 자료</td><td rowspan="2">30</td><td>격식형 자료</td><td>17</td></tr>
<tr><td>비격식형 자료</td><td>13</td></tr>
<tr><td rowspan="4">입장 표명형 자료</td><td rowspan="4">41</td><td rowspan="2">단독형 자료</td><td rowspan="2">28</td><td>격식형 자료</td><td>7</td></tr>
<tr><td>비격식형 자료</td><td>21</td></tr>
<tr><td rowspan="2">첨부형 자료</td><td rowspan="2">13</td><td>격식형 자료</td><td>9</td></tr>
<tr><td>비격식형 자료</td><td>4</td></tr>
</table>

2. 보도자료의 특징

2.1. 내용상 특징

매우 다양한 내용들이 보도자료로서 언론기관에 제공되지만 보도자료를 생산하고 제공하는 의도나 목적은 크게 세 가지 정도로 정리할 수 있다. 각종 조사나 연구결과의 공개나 발표, 공연, 행사, 모임 등에 대한 홍보, 특정 사안에 대한 입장 표명 등이 그것이다. 차례로 정보 공개형 자료, 홍보형 자료, 입장 표명형 자료로 부를 수 있을 것이다.[6]

5) 구는 특별시 및 광역시마다 하나씩 임의로 선정하였다.

6) 어떤 자료들은 명시적으로 부류 표시를 달고 나타나기도 한다. 가령 어떤 자료는 '홍보형 자료'라고 명시되어 있기도 하고, '해명 자료'라고 표시된 자료도 있다. 이런

내용 면에서의 분류는 형식과도 상당한 관계를 보인다. 가령 각종 조사나 연구의 결과를 공개하는 정보 공개형 자료의 경우에 첨부 자료를 포함하는 경우가 많다. 무엇보다 조사나 연구의 결과물은 보도자료 작성 이외의 목적으로 이미 작성된 문서가 존재하기 때문에 그 자료를 이용할 수 있다는 편의성이 있고, 또한 대부분의 경우에 그 분량이 적지 않아서 간단히 내용을 소개하는 작업 역시 쉽지 않기 때문인 듯하다. 해명자료나 입장 표명형 자료의 경우에는 첨부 자료가 없는 단독형 자료가 많고, 공연이나 행사 등의 홍보형 자료는 관련된 다양한 자료가 첨부되는 경우도 있고 행사 내용과 일정을 간단히 소개하는 경우도 있다.7)

이상에서 간략히 살펴본 바와 같이 내용 면에서의 특징과 그에 기초한 분류는 보도자료의 형식 등 다른 측면에서의 특징들과 밀접하게 연관되어 있다. 결국 보도자료의 내용적 특징에 대한 조사와 검토가 단독으로 이루어질 수는 없으며, 형식은 물론이고 자료 제공자나 자료의 제공 방법 등의 다양한 상황을 같이 고려하여 수행되어야 한다고 말할 수 있다.

2.2. 형식상 특징

언론기관에 제공된 여러 보도자료들을 검토해 보면 보도자료는 다음과 같은 세 부분으로 구성되어 있는 것으로 일반화할 수 있다.

보도자료의 구성 = 1머리말+2본문+3첨부

경우에 그 자료를 내용에 따라 분류할 것인지, 아니면 표시된 대로 분류하여 처리할 것인지 하는 것도 문제가 될 수 있다. 본 연구에서는 일단 자료의 성격이 명시된 경우에는 자료 작성자의 의도 혹은 목적을 중시하여 그 명시된 바대로 분류하되, 문제가 되는 경우에는 언급하기로 한다.

7) 내용은 보도자료를 제공하는 주체와 관련되어 있기도 한데, 예를 들어 정보 공개형 자료는 국가 기관이나 각종 연구 기관에서 제공하는 자료에 많이 나타나고, 홍보형 자료는 국가 기관과 기업, 단체 등에서 두루 나타나는 경향이 있다. 입장 표명형 자료의 경우에는 특히 정당과 같은 정치 단체나 다양한 이익 집단들의 자료에서 많이 발견된다.

1 머리말

머리말은 보도자료의 형식적 특성이 드러나는 부분으로, 발신 정보, 수신 정보, 자료 정보, 사용 정보 등으로 구성되어 있다. 발신 정보는 보도자료 제공자와 관련되는 정보, 수신 정보는 보도자료를 수신해서 이용할 언론기관에 대한 정보, 자료 정보는 언론기관에 제공하고자 하는 구체적인 내용과 관련되는 정보, 사용 정보는 제공된 자료를 사용하는 데 관련되는 정보이다.[8]

2 본문

본문은 언론기관에 제공함으로써 언론매체에 보도되기를 원하는 내용을 담고 있는 부분으로, 대체로 제목과 내용으로 구성되어 있다.[9] 제목은 한두 단어로 된 명사 혹은 명사구보다는 명사문의 성격을 띠는 경우가 많은데, 예를 들어 '문화재 '소장유물현황표' 보급을 통한 문화재관리 및 도난 대비 방안 마련 실시'와 같이 설명성을 가지는 장형의 명사문으로 제시되는 경우가 비교적 일반적이다.

제목 다음에 나오는 내용은 다른 종류의 실용문에서보다 비교적 짧은 길이의 많은 단락으로 이루어지는 특징이 발견된다. 즉 단락의 숫자는 많으면서 한 단락의 길이는 짧은 경우인데, 다른 실용문에서는 한 단락으로 처리할 내용을 여러 단락으로 나누었다고 볼 수 있다.

3 첨부

첨부는 크게 두 가지 종류가 있다. 하나는 상대적으로 덜 중요하거나 직접적으로 필요한 내용이 아니기 때문에 본문에서 설명하지 않고 별도로 첨부한 자료인 경우이고, 다른 하나는 중요하거나 필수적인 자료이지만 분량이 많아서 첨부 자료로 처리된 경우이다. 전자의 경우에는 첨부 자료를 참고하지 않아도 무방한 경우이기 때문에 본문에 보도 내용이 온전하게 포함되지만, 후자의 경우에는 그렇지 않은 경우도 있다. 즉 본문에 내용이 간략

---

8) 구체적인 내용은 3.2.2에서 다루고, 실제 자료에 대한 분석은 4장에서 이루어진다.

9) 보도문(기사문)의 경우에는 머리말이 없다. 기존의 보도문 작성법 등을 참고하면, 보도문은 제목, 리드, 본문의 세 부분으로 구성되어 있다고 한다. 본고에서는 이 모두를 합쳐서 본문이라고 하고, 이를 다시 제목과 내용으로 나눈다.

하게 정리되어 있는 경우도 있지만 아예 본문 내용을 생략하거나 제목 정도로만 제시하고 자세한 내용은 모두 첨부 자료를 이용하도록 하는 것이다.[10)]

3. 보도자료의 분류

본 연구에서는 보도자료의 내용상 특징과 형식상 특징에 따라 분류하는 방법이 보도자료의 특성을 밝히는 데에 유용하다고 판단하고 이에 따라 자료를 분류한다. 내용에 따른 분류는 정보 공개형 자료, 홍보형 자료, 입장 표명형 자료로 하위 분류할 수 있고, 형식에 따른 분류는 첨부 자료의 유무에 따라 단독형 자료와 첨부형 자료, 보도자료의 격식을 얼마나 갖추고 있는가에 따라 격식형 자료와 비격식형 자료로 하위 분류할 수 있다.[11)]

3.1. 내용상 분류

3.1.1. 정보 공개형 자료

각종 조사나 연구의 결과를 공개하는 보도자료가 가장 전형적인 예이다. 국가 기관이나 기업, 각종 연구소, 시민단체 등 다양한 제공자들이

10) 본문과 첨부 문서는 머리말에 비해 상대적으로 매우 밀접한 관련을 가지고 있다. 첨부 자료가 없는 경우에는 당연히 본문에서 내용을 다 제시하게 되지만 그렇지 않은 경우에는 두 부류가 확인된다. 본문에서는 제목 정도만 간단히 제시하고 내용은 첨부 자료를 참고하도록 하는 경우가 하나이고, 대략의 내용을 요약해서 제시하고 자세한 사항을 원하는 경우에는 첨부 자료를 참고하도록 하는 경우가 다른 하나이다. 첨부 문서의 활용도와 관련하여 본문을 제목 제시형과 요약 제시형 정도로 나누어 볼 수도 있을 것이다.

11) 격식형 자료와 비격식형 자료는 정도성의 차이가 다양하기 때문에 일률적으로 격식형과 비격식형으로 규정하기 어려운 면이 있지만 기술의 편의상 몇 가지 기준을 근거로 대체적인 분류를 시도하였다. 이에 대해서는 3.2.2를 참조할 것.

실험, 연구, 설문조사 등의 결과물을 언론에 공개하는 자료이다. 정부 정책의 경우에는 한편으로 순수한 정보 공개형 자료로서의 성격을 띠고 있기는 하지만 다른 한편으로는 홍보형 자료로서의 성격을 띠는 경우도 많아서 그 경계가 불분명한 경우가 많았다.

3.1.2. 홍보형 자료

홍보형 자료는 공연이나 행사 등을 알리는 자료가 가장 전형적인 예이다. 홍보형 자료는 그 성격상 각종 공연을 주관하는 단체나 기관에서 제공하는 경우가 많고, 이미지 제고나 판매 촉진 등을 목적으로 하는 기업에서 제공하는 경우도 상당히 많다. 이러한 경우에 그 홍보의 성격은 상업적 목적의 광고와 명확하게 구별되지 않는 측면이 있다. 특히 광고의 목적으로 제작된 홍보물을 언론에 제공하는 경우에는 보도자료로서의 홍보형 자료와 상업적 목적의 광고 사이의 경계가 매우 불분명해진다.[12]

3.1.3. 입장 표명형 자료

입장 표명형 자료는 특정 사안에 대해 정당이나 기관, 단체 등의 입장을 밝히는 자료이다.[13] 정당의 성명서 등이 대표적인 입장 표명형 자료가 될 것이고, 공연이나 행사, 예술작품 등에 대한 평론 등도 입장 표명형 자료가 된다. 또 정부의 정책 등에 관해 입장을 밝히는 연구소나 시민단체의 자료들이 포함되고, 정당 혹은 정치인이 정치적 입장을 밝히는

12) 공연이나 행사의 일시, 장소, 일정 등에 대한 간단한 소개만을 포함하는 홍보형 자료는 정보 공개형 자료와 매우 비슷한 측면이 있다. 실제로 내용 면에서 홍보형 자료는 정보 공개형 자료의 한 종류라고 할 수도 있다. 다만 의도나 목적의 측면에서 볼 때, 정보 공개형 자료는 단순히 정보를 공개하는 것에 그치지만 홍보형 자료는 그 내용을 널리 알림으로써 일반 대중의 참여를 유도하고자 한다는 점에서 중대한 차이가 있다고 할 수 있다.

13) 개인들도 자신의 입장을 밝히는 자료를 발표할 수 있지만 보도자료로서 가치가 있는 경우는 그 개인이 특정 분야나 사안과 관련된 전문가 또는 권위자인 경우에 한정된다.

글들도 여기에 포함된다.[14)]

3.2. 형식상 분류

형식상 분류는 두 가지 기준으로 이루어진다. 하나는 첨부 자료의 유무에 따라 단독형 자료와 첨부형 자료로 나누는 것이고, 다른 하나는 격식성 정도에 따라 격식형 자료와 비격식형 자료로 나누는 것이다.

3.2.1. 첨부 자료 유무에 따른 분류

팩스를 이용해서 자료를 제공하는 경우에는 첨부 자료가 없거나 그 양이 매우 적은 편이지만 이메일이나 홈페이지를 이용하여 자료를 제공하는 경우에는 첨부 자료의 양이 많아지는 경향이 있다.

1) 단독형 자료

단독형 자료는 일반적으로 그 자체로서 완결성을 가진다는 특성이 있다. 부족한 내용을 보충해 줄 별도의 첨부 자료가 없기 때문에 자체적으로 완결된 내용을 전달하지 못하면 성공적인 보도자료가 될 수 없는 것이다.[15)]

2) 첨부형 자료

보도자료에 첨부 자료가 붙어 있는 경우에는 그렇지 않은 경우에 비해 상대적으로 본문의 중요성이 떨어질 수밖에 없다. 본문이 다소 불충

14) 입장 표명형 자료들은 인터넷 홈페이지를 통해서 제공되는 경우보다는 팩스나 이메일과 같은 신속하고 직접적인 방법이 선호된다. 대체로 이런 자료들은 특정한 시기에 효력을 발생하는 성격이 강하기 때문에 즉각적으로 자료적 가치가 실현될 수 있는 방법이 선호되는 것으로 판단된다.

15) 최근에는 단독형 자료인 경우에도 완결성 있는 정보를 싣지 않고 인터넷 홈페이지를 참고하도록 하는 경우가 있다. 이러한 보도자료는 이용자의 불편을 전제할 때에만 가능한 방법이다. 완결성 있는 정보를 포함하고 있으면서 자세한 정보를 얻을 수 있는 홈페이지를 소개한다면 나무랄 데 없지만 그렇지 않은 경우에는 부족한 보도자료일 수밖에 없을 것이다.

분하더라도 그런 부족함을 첨부 자료가 보충해 줄 가능성이 열려 있기 때문이다. 극단적으로는 본문에서 거의 아무런 내용도 제시해 주지 않기도 한다. 서술형의 제목 정도만을 간단히 제시하고 내용은 첨부 자료를 참고하도록 하는 것이다. 이런 유형을 제목 제시형이라고 한다면, 대략의 내용을 본문에서 요약하여 제시하고 자세한 내용은 첨부 자료를 이용하도록 하는 유형은 요약형이라고 할 수 있을 것이다.[16]

3.2.2. 격식성 정도에 따른 분류

보도자료로서의 격식을 갖추었느냐 아니냐에 따라 격식형 자료와 비격식형 자료로 분류할 수 있다. 잠정적으로 보도자료의 격식성을 판정하는 형식적 기준을 다음과 같이 제시해 본다.

(1) '보도자료' 명시 여부[17]
(2) 발신 정보: 담당 부서, 담당자 성명, 전화번호, 홈페이지 주소, 이메일 주소
(3) 자료 정보: 자료 분량, 내용 명세(문서, 사진의 첨부 여부 등), 배포 일시, 사용 기간
(4) 수신 정보: 담당 부서, 담당자 성명
(5) 기타: 참고 자료, 관련 홈페이지 소개 및 링크 등

이상과 같은 항목에 따라 점검함으로써 격식성에 대한 판단이 어느 정도는 가능할 것으로 생각된다. 현재의 기준이 매우 미흡하기는 하지만 적어도 격

16) 일반적으로는 요약형 자료가 많지만 제목 제시형 자료도 늘어나는 추세이다. 특히 국가 기관의 인터넷 홈페이지에 있는 보도자료에서 제목 제시형 자료가 많이 발견되는데, 본문에는 아무런 내용도 없이 제목 정도만 있고, 각종 조사나 연구의 결과물로서 별도 제작된 문서를 첨부해 두는 것이다. 조사나 연구의 개요, 결과의 요약 등을 본문에 포함한다면 더욱 활용도가 높은 보도자료가 될 것이다.

17) 인터넷 홈페이지에 올려진 자료의 경우에는 보도자료란이 따로 마련된 경우가 대부분이기 때문에 자료 자체에는 '보도자료'로 따로 명시되지 않는다. 하지만 그 자료가 포함된 틀이 보도자료를 위한 곳이기 때문에 이러한 자료가 '보도자료' 명시 조건을 어긴다고 하기는 어렵다.

식성에 대한 판단이 인상적으로 이루어지는 것을 방지할 수는 있을 것이다.

격식형 자료로 분류할 수 있는 자료인 경우에도 모든 기준을 다 충족시키는 자료는 거의 없다. 부분적으로 몇 가지 정보는 빠져 있더라도 비교적 많은 기준을 충족시키는 경우에는 격식형 자료로 처리한다. 비격식형 자료들은 격식형 자료들이 갖추고 있는 정보를 상대적으로 덜 갖추고 있는 자료라고 할 수 있다.[18]

4. 보도자료 텍스트의 분석 및 수정

내용에 따라 분류된 세 유형과 형식에 따라 분류된 네 유형을 조합하면, 총 열두 가지 유형이 가능하다. 분석에 사용될 수 있는 열두 가지 유형은 다음과 같다.

(1) 정보 공개형 자료-단독형 자료-격식형 자료
(2) 정보 공개형 자료-단독형 자료-비격식형 자료
(3) 정보 공개형 자료-첨부형 자료-격식형 자료
(4) 정보 공개형 자료-첨부형 자료-비격식형 자료
(5) 홍보형 자료-단독형 자료-격식형 자료
(6) 홍보형 자료-단독형 자료-비격식형 자료
(7) 홍보형 자료-첨부형 자료-격식형 자료
(8) 홍보형 자료-첨부형 자료-비격식형 자료
(9) 입장 표명형 자료-단독형 자료-격식형 자료

18) 격식형 자료와 비격식형 자료의 구분은 단순히 형식적인 면에서만 결정된다고 하기는 어렵다. 예를 들어 비격식형 자료라는 것이 동일한 정보를 형식적인 틀을 갖추지 않고 제공하는 것을 의미하지는 않는다는 점을 주목할 필요가 있다. 여러 가지 정보를 포함하고 있지 않기 때문에 형식적인 면도 갖추지 못하는 경우가 거의 대부분인 것이다. 즉 일정한 정보를 포함하기 위해서는 어느 정도의 형식도 갖추어야 하지만, 비격식형 자료들은 포함하는 정보가 적기 때문에 형식도 덜 갖추게 되는 것이다.

(10) 입장 표명형 자료-단독형 자료-비격식형 자료
(11) 입장 표명형 자료-첨부형 자료-격식형 자료
(12) 입장 표명형 자료-첨부형 자료-비격식형 자료

이상의 열두 유형에 따라 보도자료 텍스트를 분석하고 바람직한 텍스트로 수정하는 것이 가능하지만 지면의 제한에 따라 정보 공개형 자료에 대해서만 분석 및 수정의 예를 보이기로 한다.

4.1. 정보 공개형 자료-단독형 자료-격식형 자료

지정수신인 : 연합뉴스 출판담당 김은주기자님

FAX 송부

2003년 4월 18일

책읽는사회만들기국민운동 사무처

(110-240) 서울특별시 종로구 안국동 164 선진빌딩 3층

http://www.bookreader.or.kr 전자우편 : read3@chollian.net

1. 보내는 사람	◎ 소 속 : 책읽는사회만들기국민운동 사무처 ◎ 사무처장 : 서 혜 성 ◎ 담 당 : 간사 신 은 미 ◎ 전 화 : 02) 725-8784 ◎ 팩 스 : 02) 725-8739
2. 받는 사람	◎ 소 속 : 언론사 ◎ 참 조 : 문화부, 도서·출판담당 ◎ 팩 스 :
3. 제 목	◎ '세계 책과 저작권의 날' 공식 포스터 배부
4. 매 수	◎ 표지 포함 : 2 매
5. 참고사항	※ 문의사항이 있으시면 전화 바랍니다.

책읽는사회만들기국민운동

책읽는사회만들기국민운동

(110-240)서울 종로구 안국동 164 선진빌딩 3층 책읽는사회 전화02) 725-8784 / 02) 725-8739(전송) / 사무처장 서혜성

'세계 책과 저작권의 날'(4월23일) 기념 공식포스터 제작·배포

'세계 책과 저작권의 날' 기념 공식포스터 제작·배포

오는 4 월23일은 1995년 유네스코가 제정한 이래 여덟 번째 맞는 **'세계 책과 저작권의 날'**(.World Book & (opyright Day). 전국 주요 서점 및 출판계 등 각 문화단체를 중심으로 '세계 책과 저작권의 날'을 기념하기 위한 다양한 행사와 이벤트 준비를 진행하고 있는 가운데, '책읽는사회만들기국민운동'(상임 대표 도정일)과 유네스코 한국위원회 등으로 구성된 **세계책과저작권의날 조직위원회**는 '세계 책과 저작권의 날' 공식포스터를 제작, 배포를 시작한다.

지난해 '세계 책의 날' 조직위원회가 구성되어 책과 관련된 다양한 행사를 치렀으나, 올해는 유네스코가 '세계 책과 저작권의 날'을 제정한 취지를 되살려 '책' 뿐만 아니라 '저작권'에 관한 의미도 환기시켜 지 ㅓ소유권을 보장하는 노력도 기울일 예정이며 공식 캐치프레이즈는 **'책을 통해 만나는 또 하나의 세상'**으로 제정했다.

북 디자이너 정병규씨가 디자인한 이번 포스터는 유네스코 한국위원회와 도서출판 종이나라의 후원으로 제작되었다. '세계 책과 저작권의 날' 기념 포스터는 도서관, 학교, 서점에 우선적으로 배포될 예정이며 포스터를 원하는 개인은 책읽는사회 사무처(02-725-8784)에 신청하면 택배로 우송한다. 택배비는 수령자 부담.

'세계 책과 저작권의 날' 지정 배경

국제출판인협회(International Publishers Association: IPA)가 스페인정부를 통해 유네스코에 제안한 '책의 날'에 러시아공화국이 제안한 저작권의 개념이 포함, 28차 유네스코 총회(1995년)에서 매년 4월2 일을 '세계 책과 저작권의 날'로 제정하였다. 4월23일은 스페인 까딸루니아 지방에서 전통적으로 책을 사는 사람에게 꽃을 선물했던 '세인트 죠르디'의 날과 1616년 세계적 작가인 세르반테스, 세익스피어가 사망한 날에서 유래한다.

'세계 책과 저작권의 날' 제정을 계기로 유네스코는 전 세계적으로 독서, 출판을 장려하고 저작권제도를 통해 지적소유권을 보장하는 노력을 기울이고 있다.

포스터 문의 : 책읽는사회만들기국민운동(www.bookreader.or.kr) 02-725-8784 / read3@chol.com

책읽는사회만들기국민운동 상임대표 도정일

문화연대·민족문학작가회의·전국교직원노동조합·민주화를 위한 전국교
한교도서관살리기국민연대·한국도서관협회·대한출판문화협회·한국출판인회의

〈자료 1〉

4.1.1. 텍스트 분석

1) 내용 분석

내용적인 측면에서 〈자료 1〉은 '세계 책과 저작권의 날'에 대한 홍보형 자료처럼 보이기도 한다. 표지의 제목을 보더라도 '세계 책과 저작권의 날' 공식 포스터 배부'와 같이 되어 있고, 본문의 제목 또한 "'세계 책과 저작권의 날'(4월 23일) 기념 공식포스터 제작 · 배포"와 같이 되어 있어서 기념일 홍보를 위해 포스터를 제작하고 배포하는 것처럼 생각된다. 그런데 실제 내용은 포스터를 배포하는 내용이 아니라 단지 그런 사실을 알리는 내용일 뿐이다. 즉 기념일 홍보 혹은 포스터 홍보가 아니라 포스터를 배포한다는 정보를 제공하는 자료인 것이다.

2) 형식 분석

〈자료 1〉은 표지와 본문의 두 부분으로 구성되어 있다. 표지는 주로 이 자료의 격식성 정도를 판단할 수 있는 다양한 정보들이 포함되어 있고, 본문에는 이 자료의 내용이 포함되어 있다. 본문 부분을 첨부 자료처럼 처리할 가능성도 전혀 없지는 않지만, 이 자료의 분석에는 적절한 것 같지 않다. 우선 표지에는 내용과 관련된 정보가 제목 외에는 없다. 따라서 본문이 별도로 있어야 하는데, 다음 장의 자료를 첨부 자료로 처리한다면 이 자료는 본문이 없는 이상한 구성의 자료가 되고 만다. 결국 〈자료 1〉은 표지(머리말)와 본문의 두 부분으로 구성된 자료로 처리하는 것이 적절할 것이다.

(1) '보도자료' 명시: 이 자료에는 보도자료라는 명시가 되어 있지 않다. 가장 격식적인 보도자료이면서도 이 기준은 충족하지 못하고 있다.

(2) 발신 정보

소 속	책읽는사회만들기국민운동 사무처	주 소	서울특별시 종로구 안국동 164 선진빌딩 3층
담당자	사무처장 서해성, 간사 신은미	홈페이지	http://www.bookreader.or.kr
전자우편	read3@chollian.net	전 화	02) 725-8784
팩 스	02) 725-8739		

(3) 자료 정보

제목	‘세계 책과 저작권의 날’ 공식 포스터 배부
자료 분량	2매
배포 일시	2003년 4월 18일
사용 기간	×

(4) 수신 정보

담당 부서	참조: 문화부, 도서・출판담당
담당자	지정수신자: 연합뉴스 출판담당 김은주 기자님

4.1.2. 텍스트 수정

〈자료 1〉은 격식형 자료가 갖추어야 할 많은 조건들을 두루 충족시키는 자료이다. 하지만 몇 가지 지적할 만한 점이 없는 것은 아니다.

(1) ‘보도자료’라는 자료의 성격이 명시되어야 하고, 그 자리에 ‘FAX 송부’라고 된 것은 불필요한 정보이므로 없는 것이 좋겠다.
(2) 제목은 조금 두드러져 보이도록 하는 것이 바람직하다. 제목은 매우 짧은 시간에 내용을 파악하는 단서를 제공하기 때문에 인상적인 측면에서 매우 중요한 구실을 한다.
(3) 담당자로 사무처장과 간사 두 사람이 별개 항목으로 제시되어 있는데, 하나로 통합하고 직책은 이름 앞에 덧붙인다.
(4) 자료 정보에 사용 기간에 대한 정보도 제공하는 것이 바람직하다.
(5) 글상자 속에 다양한 정보들이 포함되는 구조임에도 글상자 위쪽에 중복해서 발신 정보가 포함되어 있는 점도 개선되어야 한다.

이러한 문제점들을 수정해서 새로 표지를 작성하면 다음과 같다.

보도자료

1. 제목	**"세계 책과 저작권의 날" 공식 포스터 배부**
2. 보내는 사람	◎ 소속: 책읽는사회만들기국민운동 사무처 ◎ 담당: 사무처장 서해성, 간사 신은미 ◎ 전화: 02)725-8784 ◎ 팩스: 02)725-8739 ◎ 홈페이지: http://www.bookreader.or.kr ◎ 이메일: read3@chollian.net ◎ 주소: 서울시 종로구 안국동 164 선진빌딩 3층
3. 받는 사람	◎ 소속: 언론사 ◎ 담당: 문화부, 도서 · 출판 담당자
4. 매수	◎ 표지 포함 2매
5. 참고사항	◎ 배포 일시: 2003년 4월 18일 ◎ 사용 기간: 2003년 4월 20일

4.2. 정보 공개형 자료-첨부형 자료-격식형 자료

보 도 자 료

2003. 3. 10(월)

수신 : 프로축구 담당자
제목 : 대전시티즌 AFC 챔피언스리그 첫 승

" 대전, 상해신화에 2:1 승리 "

대전시티즌 프로축구단은 3월 10일(월) 태국 방콕 Supachlasai Stadium에서 열린 상해 신화와의 경기에서 상해 신화를 2:1로 제압하고 기분 좋은 첫 승 소식을 알려왔다.

대전은 전반 09분 김은중이 PA중앙 오른쪽에서 파고들면 한정국에게 스루패스한 공을 한정국이 중국 오른쪽 코너에서 오른발 슈팅으로 가볍게 공을 밀러넣어 선취득점을 올린 후, 전반 45분 중국 오른쪽 측변을 돌파하던 한정국이 장철우에게 패스 연결한 공을 장철우가 패널티 에리어 중앙의 '샤프' 김은중에게 패스. 김은중이 넘어지며 슬라이딩 슈팅으로 한 골을 더 추가해 2:0으로 앞선 채 전반전을 마쳤다. 경기 후반들어 공오균 등이 일방적 공격을 펼치며 기세를 올렸으나 후반 종료직전 결정적인 파울로 상대팀에 프리킥을 허용해 리오쟈오에게 1점을 내줬으나 끝까지 경기를 잘 마무리해 2:1로 결국 승리했다.

최윤겸 감독은 이날 공식 데뷔전을 승리로 장식하며 자신의 지도 스타일을 잘 따라준 선수들에 대하여 경기 후 고마움을 전하는 것을 잊지 않았다. 이날 경기에서 대전시티즌은 그간 터키 전지훈련을 통해 갈고 닦아온 4-3-3 시스템을 성공적으로 소화하며 짧은 패스와 미드필더에서의 조직력이 눈에 띄게 좋아졌다는 평가를 들었다.

<자료 2>

4.2.1. 텍스트 분석

1) 내용 분석

〈자료 2〉는 "대전시티즌 AFC 챔피언스리그 첫 승"이라는 제목이나 "대전, 상해신화에 2:1 승리"라는 표제에서 볼 수 있듯이 챔피언스리그 축구 경기에서 대전시티즌 팀이 승리했다는 정보를 전달하는 자료이다.

구체적으로 내용을 검토해 보면 이 자료가 정보 공개형 자료인지 홍보형 자료인지가 모호해지는 부분이 없지 않다. 경기 결과 자체를 알리는 것은 분명 정보 공개형 자료의 측면이라고 하겠지만, '기분 좋은 첫 승 소식', '경기를 잘 마무리해 2:1로 결국 승리했다', '조직력이 눈에 띄게 좋아졌다' 등의 구절에서는 상당히 주관적인 평가가 있음을 알 수 있다. 이 자료의 제공처가 대전시티즌 프로축구단이라는 점을 고려한다면 다분히 이 자료가 홍보형 자료로서의 측면이 있음을 짐작할 수 있다. 그럼에도 불구하고 이 자료는 실제 보도 과정에서 거의 객관적인 보도가 될 것으로 예상할 수 있고, 해당 축구단의 주관적 평가가 반영되는 부분이 다소 있다고 하더라도 이미 그것은 특정 축구단이 아니라 한국의 축구팀 혹은 축구선수에 대한 주관적 평가로 변환된 것이라고 보아야 할 것이다. 결국 〈자료 2〉는 분류상 정보 공개형 자료이면서 홍보형 자료의 성격을 부분적으로 드러내는 자료라고 할 수 있다.

2) 형식 분석

(1) '보도자료'로 명시되어 있다.

(2) 발신 정보

담당 부서	×
담당자	×
홈페이지 주소	×
이메일 주소	×
전화 및 팩스	×

발신 정보가 전혀 없다. 어떤 면에서 본다면 프로축구 경기의 결과를 전달하는 데 발신 정보가 없어도 큰 문제가 없다고 생각할 수도 있을 것이다. 하지만 자료의 신빙성 혹은 신뢰도 등을 고려할 때 발신 정보가

없다는 것은 중대한 잘못이다.

〈자료 2〉의 경우에는 내용으로 미루어 해당 축구단에서 제공한 자료일 것을 짐작할 수 있고, 팩스 용지에 있는 기록(10 01:59 MON FROM:CITIZEN)을 통해서 그것을 확인할 수 있다. 그렇다고 하더라도 발신 정보를 표시하는 것이 훨씬 격식적인 자료임에 분명하다. 다만 이런 자료의 경우에는 한두 번 제공되고 그치는 성격의 자료가 아니라 지속적으로 특정 축구단에서 제공되는 자료이기 때문에 발신 정보가 생략되었을 가능성이 있다.

(3) 자료 정보

제목	제목: 대전시티즌 AFC 챔피언스리그 첫 승
자료 분량	×
배포 일시	2003년 3월 10일(월)
사용 기간	×

자료 자체에 대한 정보도 제목과 배포 일자만 있고, 자료의 분량이나 사용 기간은 없다. 자료 분량이 표시되지 않은 것은 단순히 격식적인 면을 덜 갖춘 것이라고 평가해야 할 것이고, 사용 기간이 표시되지 않은 것은 즉각적으로 보도될 때에만 가치가 있는 자료의 성격과 관련이 있는 것으로 보인다. 즉 축구 경기의 결과는 적어도 다음날 정도까지는 보도 가치가 있지만 그 이후에는 자동적으로 보도 가치가 소멸되기 때문에 별도로 사용 기간을 표시할 필요가 없다고 할 수 있는 것이다. 하지만 배포 일시의 경우에도 명시적으로 '배포 일시'라는 기록이 있는 것이 아니고 〈자료 2〉에서 보는 바와 같이 날짜만 표시되어 있을 뿐이어서 비격식성을 더해 준다.

제목이 "제목: 대전시티즌 AFC 챔피언스리그 첫 승"이라고 명시되어 있지만 〈자료 2〉에서 보듯이 큰 글씨로 "대전, 상해신화에 2:1 승리"라고 되어 있어서 실제 제목이 어느 것인지 모호하다. 명확하지는 않지만 보도자료의 제목과 보도될 기사의 제목을 구별하고 있는 듯한 인상이다. 하지만 이러한 태도는 바람직하지 않은 것으로 보인다. 보도자료의 제목은 자료 제공자가 제시할 수 있지만, 기사의 제목은 어디까지나 보도 담당자의 권한이기 때문이다.

(라) 수신 정보

담당 부서	×
담당자	수신: 프로축구 담당자

4.2.2. 텍스트 수정

〈자료 2〉는 전형적인 비격식형 보도자료이다. 발신 정보, 자료 정보, 수신 정보의 모든 형식적인 면에서 격식성이 부족하다. 하지만 이런 자료를 격식형으로 수정한다는 것은 무의미한 일이다. 격식형의 자료만이 좋은 자료인 것은 아니기 때문이다. 상황이나 자료의 성격에 따라 비격식형을 쓰는 것이 적절할 수도 있는 것이다. 이는 어디까지나 자료 제공자의 선택의 문제인 것이다. 다만 비격식형인 경우에도 어떤 정도의 정보가 포함되어야 하는가 하는 문제는 여전히 남는다.

(1) 발신 정보 가운데 담당자 정도는 포함되는 것이 필요하다. 또한 담당자에게 연락할 수 있는 방안도 아울러 제시되어야 한다. 이는 격식성과는 별도로 보도자료를 수신한 언론 기관에서 반드시 필요로 하는 정보이기 때문이다.
(2) 제목란의 제목과 본문 첫머리의 제목이 다르다. 제목란의 제목은 글자가 작고, 본문의 제목은 글자가 크기 때문에 실제 제목은 본문의 것으로 판단된다. 하지만 보도자료의 제목으로는 제목란의 것이 적절하고, 기사의 제목으로는 본문의 것이 적절하다고 할 수 있다. 따라서 〈자료 2〉의 제목은 제목란의 것이 바람직하다. 글자의 크기 등을 조절해서 형식적으로 이러한 점을 드러내는 것이 좋겠다.
(3) 배포 일자도 다른 정보들과 통합해서 제시하는 것이 좋다.

이상의 문제점을 반영하여 다음과 같이 수정한다.

보도자료

제목	대전시티즌 AFC 챔피언스리그 첫 승
발신	담당: 대전시티즌 축구단 ○○○ 전화: ○○○-△△△△
수신	프로축구 담당자
배포	2003. 3. 10(월)

4.3. 정보 공개형 자료-첨부형 자료-격식형 자료

보 도 자 료 한국소비자보호원 홍보실
전 화 : 3460-3221~2 FAX : 3461-0273~4
인터넷 : www.cpb.or.kr

2003년 4월 18일 | 행동하는 소비자, 소비자시대 | 총 6 매

보도일자	이 자료는 보도일자 제한이 없습니다.
보충취재	소비자안전국 생활안전팀 팀장 김 종 훈 3460-3481
	이 금 노 3460-3485

하체 소음 발생하는 아반떼XD 품질 개선 이행 촉구

금년도 2월 21일부터 4월 15일 사이 한국소비자보호원(원장 崔圭鶴) 홈페이지의 「자동차 알림방」에 현대자동차(주)의 아반떼XD 차량에서 과속 방지턱이나 요철 부위를 지날 때 '하체(下體)소음'이 발생한다는 결함정보가 21건 접수되었다. 한국소비자보호원은 즉시 관련 내용을 조사하였고, 하체소음 발생 원인은 로우 암 BUSH(고무) 문제로 상·하형 금형이 만나는 부위의 마찰이 소음을 유발하는 것임을 밝혀냈다.

이에 한국소비자보호원은 현대자동차(주)에 "자발적으로 기 출고된 차량에 대한 무상점검(부품 교환 포함) 실시와 향후 생산 차량에 대한 품질 개선 및 개선된 제품의 장착을 권고"하였다.

현대자동차(주)는 이를 적극 수용하여 2000년 5월 ~ 2002년 7월 5일까지 생산한 차량 154,210대에 대해서 하자 시정시까지 직영 서비스센터·지정 정비공장·부분 정비업체를 통해 개선된 로우 암으로 교체해 주기로 했었다.

그러나 일부 정비업체에서 무상수리를 제대로 해주지 않는 것으로 나타나 한국소비자보호원은 현대자동차(주)에 신속한 무상수리(부품 교환 등) 이행을 촉구하였다.

> * 로우 암(Lower Arm)이란?
> 주행중 노면에서 받는 충격을 완화시켜 주는 일종의 현가장치로 볼 수 있으며, Body에 고무 부쉬를 통하여 장치된 크로스 멤버(일종의 Frame) 아래쪽에 장착되고, 너클 암(Knuckle Arm), 크로스 멤버(Cross Member), 바디(Body)에 연결되어 있다.

【첨부】 「아반떼XD 차량의 로우 암 소음 발생현상에 대한 조사 결과」

【별첨】 아반떼XD 차량의 로우 암 소음 발생 현상에 대한 조사 결과

Ⅰ. 조사개요

1. 조사배경

○ 현대자동차(주)가 제작·판매하는 승용차인 아반떼XD 차량에 下體 소음이 발생한다는 소비자불만과 결함신고가 우리 원 '자동차 알림방' 등에 다수(21건) 접수되어 차량 운전자의 안전도모 차원에서 아반떼XD 차량에 대한 자동차 제작 결함 여부 조사의 필요성이 대두되어 조사에 착수함.

2. 조사내용 및 조사방법

가. 조사내용

○ 아반떼XD 차량의 로우 암 소음 발생 현상에 대한 원인 및 제작 결함 여부 조사

나. 조사방법

○ 결함정보 사례 분석
○ 관련차량 정비이력 자료 수집 및 검토 등

3. 조사기간 : 2003. 3. 3. ~ 2003. 4. 15.

〈자료 3〉

4.3.1. 텍스트분석

1) 내용 분석

〈자료 3〉은 현대자동차(주)의 아반떼XD 차량에서 과속 방지턱이나 요철 부위를 지날 때 하체 소음이 발생한다는 정보를 바탕으로 한국소비자보호원에서 사실과 원인을 확인하고 현대자동차(주)에 무상점검과 품

질 개선을 촉구하였다는 정보를 담고 있다. 따라서 이 자료는 전형적인 정보 공개형 자료이다.

개략적인 내용은 본문에 정리되어 있고, 구체적인 사항은 「아반떼XD 차량의 로우 암 소음 발생 현상에 대한 조사 결과」라는 제목의 첨부 자료에 있다. 아울러 첨부 자료 말미에 〈아반떼XD Lower Arm 소음 발생 차량 조치방안〉이 포함되어 있다. 일종의 첨부에 대한 첨부라고 볼 수 있다. 하지만 이 내용은 실제로는 본문에 포함되어야 할 내용이고, 첨부 자료의 제목과는 직접 연관되지 않는다.

2) 형식 분석

(1) '보도자료'로 명시되어 있다.

(2) 발신 정보

담당 부서	한국소비자보호원 홍보실
담당자	×
홈페이지 주소	www.cpb.or.kr
이메일 주소	×
전화 및 팩스	전화: 3460-3221~2, FAX: 3461-0273~4

〈자료 3〉을 얼핏 보아도 매우 격식을 갖춘 자료임을 알 수 있고, 발신 정보도 잘 표시되어 있는 듯이 보인다. 하지만 실제로 담당자가 확인되지 않고, 이메일 주소도 없다. 이는 보도자료를 제공하는 담당 부서가 홍보실이지만 실제로 내용과 관련되는 업무를 담당하는 곳은 별도로 있기 때문에 나타나는 현상이다. 즉 '보충 취재'라고 해서 "소비자안전국 생활안전팀 팀장 김종훈 3460-3481, 이금노 3460-3485"라는 내용을 확인할 수 있는데, 이 두 사람이 실제 내용 관련 담당자인 것이다. 따라서 엄밀하게 말하자면 담당자가 기록되어 있지 않은 것은 아니라고 해야 한다.

(3) 자료 정보

제목	하체 소음 발생하는 아반떼XD 품질 개선 이행 촉구
자료 분량	총 6매
배포 일시	2003년 4월 18일
사용 기간	보도일자: 이 자료는 보도일자 제한이 없습니다.

자료 정보는 매우 충실하다. 제목은 '하체 소음 발생'이라는 문제점과 '품질 개선 이행 촉구'라는 조치 사항을 모두 포괄할 수 있도록 작성되었다. 또한 자료 분량과 배포 일시도 명확하게 나타나 있다. 사용 기간의 경우에는 특정 일자가 명시되는 대신 '이 자료는 보도일자 제한이 없습니다'라고 기록하고 있는데, 이는 특정 일자가 명시되는 것과 마찬가지 또는 그 이상의 격식적인 특성을 나타내는 부분이라고 할 수 있다.

(4) 수신 정보

담당 부서	×
담당자	×

수신 정보는 전혀 없다. 매우 격식을 잘 갖춘 자료이면서도 수신 정보와 관련해서는 아무런 정보가 없는 것이 아쉬운 부분이다.

(5) 기타

첨부 자료가 있다. 〈자료 3〉의 1면 아랫부분에 '첨부'라는 표시가 있고 2면부터 첨부 자료가 나온다. 다만 실제 첨부 자료에는 '첨부'가 아니라 '별첨'이라고 표시되어 있는 점은 치밀하지 못한 면을 드러내는 단점이다.

4.3.2. 텍스트 수정

〈자료 3〉은 발신 정보와 자료 정보 면에서 매우 격식을 잘 갖춘 자료이지만 다음과 같은 문제점은 수정되어야 한다. 다만 '보도자료'라는 명시와 배포 담당인 홍보실 관련 정보는 현재와 같이 유지하도록 한다.

(1) 보충 취재란에 제시된 담당자와 연락처가 실제 보도자료의 내용과 관련된 담당자와 연락처이다. 따라서 보충 취재란보다는 담당자란에 표시하는 것이 바람직하다.
(2) 수신 정보가 전혀 없는 점도 바람직하지 않다.
(3) 보도 일자란이 별도로 마련되어 있는 점은 매우 바람직하다. 그런

면에서 배포 일자란이 없는 점은 아쉽다.

(4) 자료 정보로 '총 6매'라는 기록이 첫 면의 오른쪽 위에 있지만 쉽게 눈에 뜨이지 않는다. 적절한 위치로 이동시켜서 정보 가치를 살리는 것이 필요하다.

(5) 본문에는 '첨부'라고 되어 있지만 실제 첨부된 자료에는 '별첨'으로 되어 있다.

이상의 문제점을 수정하면 다음과 같은 자료가 된다.

발신	소비자안전국 생활안전팀 팀장 김종훈 3460-3481 이금노 3460-3485
수신	○○신문 △△부
분량	총 6매
배포 일자	2003년 4월 18일
보도 일자	이 자료는 보도 일자에 제한이 없습니다.

4.4. 정보 공개형 자료-첨부형 자료-비격식형 자료

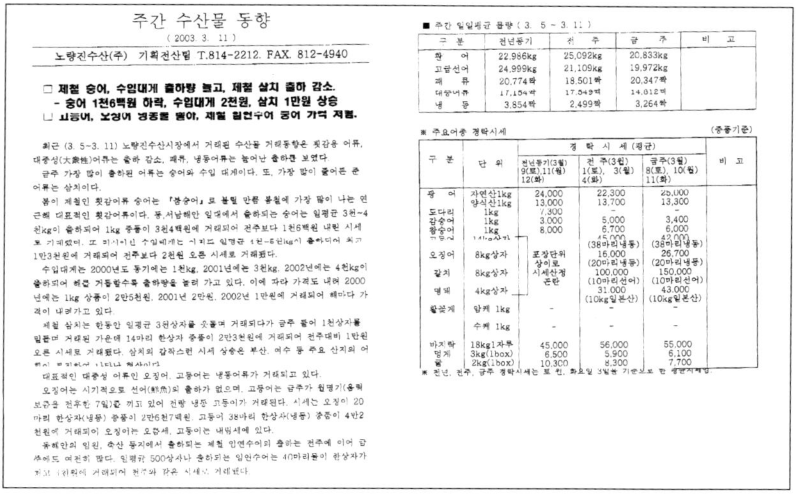

주간 수산물 동향

(2003. 3. 11)

노량진수산(주) 기획전산팀 T.814-2212. FAX. 812-4940

□ 제철 숭어, 수입대게 출하량 늘고, 제철 삼치 출하 감소.
- 숭어 1천6백원 하락, 수입대게 2천원, 삼치 1만원 상승

□ 고등어, 오징어 냉동물 많아, 제철 임연수어 숭어 가격 저렴.

최근 (3. 5~3. 11) 노량진수산시장에서 거래된 수산물 거래동향은 횟감용 어류, 대중성(大衆性)어류는 출하 감소, 패류, 냉동어류는 늘어난 출하를 보였다.

금주 가장 많이 출하된 어류는 숭어와 수입 대게이다. 또, 가장 많이 줄어든 어류는 삼치이다.

봄이 제철인 횟감어류 숭어는 『봄숭어』로 불릴 만큼 봄철에 가장 많이 나는 연근해 대표적인 횟감어류이다. 동,서남해안 일대에서 출하되는 숭어는 일평균 3천~4천kg이 출하되어 1kg 중품이 3천4백원에 거래되어 전주보다 1천6백원 내린 시세로 거래됐다. [illegible] 1만3천원에 거래되어 전주보다 2천원 오른 시세로 거래됐다.

수입대게는 2000년도 동기에는 1천kg, 2001년에는 3천kg, 2002년에는 4천kg이 출하되어 해를 거듭할수록 출하량을 늘려 가고 있다. 이에 따라 가격도 내려 2000년에는 1kg 상품이 2만5천원, 2001년 2만원, 2002년 1만원에 거래되어 해마다 가격이 내려가고 있다.

제철 삼치는 한동안 일평균 3천상자를 웃돌며 거래되다가 금주 들어 1천상자를 밑돌며 거래된 가운데 14마리 한상자 중품이 2만3천원에 거래되어 전주대비 1만원 오른 시세로 거래됐다. 삼치의 갑작스런 시세 상승은 부산, 여수 등 주요 산지의 어[illegible]

대표적인 대중성 어류인 오징어, 고등어는 냉동어류가 거래되고 있다.

오징어는 시기적으로 선어(鮮魚)의 출하가 없으며, 고등어는 금주가 월명기(음력 보름을 전후한 7일)를 끼고 있어 전량 냉동 고등어가 거래된다. 시세는 오징어 20마리 한상자(냉동) 중품이 2만6천7백원, 고등어 38마리 한상자(냉동) 중품이 4만2천원에 거래되어 오징어는 오름세, 고등어는 내림세에 있다.

동해안의 임원, 속산 등지에서 출하되는 제철 임연수어의 출하는 전주에 이어 금주에도 여전히 많다. 일평균 500상자나 출하되는 임연수어는 40마리들이 한상자가 [illegible] 거래되어 전주와 같은 시세로 거래됐다.

■ 주간 일일평균 물량 (3. 5 - 3. 11)

구 분	전년동기	전 주	금 주	비 고
활 어	22,986kg	25,092kg	20,833kg	
고급선어	24,999kg	21,109kg	19,972kg	
패 류	20,774짝	18,501짝	20,347짝	
대중어류	17,154짝	17,549짝	14,612짝	
냉 동	3,854짝	2,499짝	3,264짝	

※ 주요어종 경락시세 (중품기준)

구 분	단 위	경 락 시 세 (평균)			비 고
		전년동기(3월) 9(토),11(월) 12(화)	전 주(3월) 1(토), 3(월) 4(화)	금주(3월) 8(토), 10(월) 11(화)	
광 어	자연산1kg	24,000	22,300	25,000	
	양식산1kg	13,000	13,700	13,300	
도다리	1kg	7,300	-	-	
감숭어	1kg	3,000	5,000	3,400	
참숭어	1kg	8,000	6,700	6,000	
[illegible]	[illegible]	포장단위 상이로 시세산정 곤란	45,000 (38마리냉동)	42,000 (38마리냉동)	
오징어	8kg상자		16,000 (20마리냉동)	26,700 (20마리냉동)	
갈치	8kg상자		100,000 (10마리선어)	150,000 (10마리선어)	
명태	4kg상자		31,000 (10kg일본산)	43,000 (10kg일본산)	
활꽃게	암케 1kg	-	-	-	
	수케 1kg	-	-	-	
바지락	18kg1자루	45,000	56,000	55,000	
멍게	3kg(1box)	6,500	5,900	6,100	
굴	2kg(1box)	10,300	8,300	7,700	

※ 전년, 전주, 금주 경락시세는 토 월, 화요일 3일분 기준으로 한 평균시세임.

〈자료 4〉

4.4.1. 텍스트분석

1) 내용 분석

노량진 수산시장의 주간 수산물 가격 동향에 대한 정보 공개형 자료이다. 가격 동향 이외에 주로 거래되는 어류에 대한 정보나 가격 변동의 이유 등에 대한 간단한 정보 등도 포함되어 있다.

2) 형식 분석

형식적인 면에서 격식성이 매우 낮은 자료이다. 발신 정보가 간략하게 표시된 정도이고, 첨부 자료로 볼 수 있는 자료에 대해서도 첨부 자료라는 표시 없이 덧붙여 두었다.

(1) '보도자료'라는 명시가 없다.

(2) 발신 정보

담당 부서	노량진수산(주) 기획전산팀
담당자	×
홈페이지 주소	×
이메일 주소	×
전화 및 팩스	T. 814-2212 FAX. 812-4940

'기획전산팀'을 담당 부서로 처리해야 할지 담당자로 처리해야 할지 모호한 면이 없지 않으나 업무 혹은 자료 제공을 담당하는 인물에 대한 정보가 아니기 때문에 담당 부서로 처리하는 것이 적절하다.

(3) 자료 정보

제목	주간 수산물 동향
자료 분량	×
배포 일시	2003년 3월 11일
사용 기간	×

'주간 수산물 동향'이라고 제일 윗부분에 표시된 것을 제목으로 처리한다. 바로 아래에 있는 '제철 숭어, 수입대게 ……(하략)' 부분은 제목을

좀 상세화한 것으로, 보도자료의 내용을 아주 간략하게 요약한 것이라고 할 수 있다.

(4) 수신 정보

담당 부서	×
담당자	×

(5) 기타

〈자료 4〉의 둘째 그림은 '주간 일일평균 물량'과 '주요어종 경락시세'를 보여 주는 첨부 자료이나 첨부 자료라는 표시가 전혀 없다. 하지만 내용이나 형식으로 보아 첨부 자료로 처리해야 한다고 판단되기 때문에 〈자료 4〉 전체를 형식적인 면에서 단독형 자료가 아니라 첨부형 자료로 처리한다.

보도자료라는 명시가 없고, 허술하게 제시된 발신 정보 일부 이외에 자료 정보나 수신 정보 등이 거의 없고, 첨부된 자료에 대해 첨부 자료라는 표시도 없는 매우 비격식적인 자료이다. 형식적인 면에서 비격식형 자료로 처리하는 것이 적절하다.

4.4.2. 텍스트 수정

〈자료 4〉는 형식적인 면에서 격식성이 매우 낮은 자료이다. 비격식형 자료로 처리한다고 하더라도 몇 가지 정보는 더 포함되어야 하고, 일부는 수정되어야 한다.

(1) 비격식형 자료라고 하더라도 보도자료로 명시하는 것이 바람직하다.
(2) 제목, 발신 정보, 배포 일자 정보를 일정한 틀 속에 표시하도록 한다. 비격식형 자료의 경우에도 최소한의 정보를 효율적으로 전달하는 체계는 필요하기 때문이다.

(3) 첨부 자료가 있지만 이에 대한 표시가 없다. 자료 분량과 통합해서 표시하는 방법이 적절하다.

〈자료 4〉의 수정된 머리말은 다음과 같다.

보도자료

제목	**주간 수산물 동향**
담당	노량진수산(주) 기획전산팀
연락처	T. 814-2212 FAX. 812-4940
배포 일자	2003. 3. 11
분량	총 2매(첨부 1매 포함)

5. 마무리

우리 주변에서 만나게 되는 많은 실용문 가운데 간혹 많은 관심을 받아온 글들도 있지만, 본 연구에서 대상으로 삼은 보도자료의 경우에는 거의 아무런 관심도 받지 못한 대표적인 글이라고 할 수 있다. 특히 보도자료가 문자로 정착된 신문의 보도기사는 비교적 많은 관심을 받아온 반면 원천 자료라 할 수 있는 보도자료는 그런 관심의 사각지대에 놓여 있었다고 해도 지나친 말은 아니다. 보도자료의 기본 성격상 독자가 언론기관 관계자로 한정된다는 특성은 이런 상황을 설명하는 좋은 이유가 될 것이다. 하지만 인터넷 문화가 일반화되면서 많은 보도자료가 보도문으로 작성되지 않은 상태에서도 일반 독자에게 공개되는 경우가 많아졌다. 국가 기관이나 각종 기업의 홈페이지에 보도자료란이 별도로 마련되는 것이 결코 드문 현상이 아닌 것이다. 그만큼 보도자료 텍스트 자체가 독자적으로 연구대상이 될 수 있는 정도의 위상을 갖게 된 셈이라고 하겠다.

본 연구에서는 보도자료 텍스트의 특성을 분석하고 나아가 바람직한 보도자료의 전형을 탐색해 보고자 하였다. 미흡한 대로 보도자료 텍스트가 가진 내용적 특성과 형식적 특성들을 실제 텍스트에 대한 분석을 통해 기술하고, 몇 가지 문제에 대해서는 수정을 시도하였다. 보도자료 텍스트의 몇몇 특성이 확인되고 기술된 점에서 소득이 없지는 않지만 아직 연구되어야 할 과제가 적지 않다. 예를 들어 보도자료 텍스트가 보여주는 어휘적, 문법적 특성에 대한 본격적인 연구가 있어야 할 것이고, 보도자료 텍스트와 이를 바탕으로 작성된 보도문 텍스트 사이의 상관관계에 대한 연구는 매우 흥미로운 과제라 할 수 있지만 본 연구에서는 전혀 다루지 못했다. 본 연구에서의 결과를 밑거름으로 다양하고 깊이 있는 연구가 이어지기를 바란다.

[참고문헌]

고영근(1997), 「텍스트이론과 문학작품의 분석」, 『텍스트언어학』 4, 텍스트학회, 1-20쪽.

고영근(2002), 「텍스트과학, 그 정체성을 찾아서」, 『텍스트언어학』 12, 텍스트학회, 1-19쪽.

김광해(2000), 「우리나라 판결문의 텍스트성 연구」, 『텍스트언어학』 8, 텍스트학회, 271-291쪽.

김봉순(2001), 「구성주의적 읽기 교육의 텍스트언어학적 기반」, 『텍스트언어학』 11, 텍스트학회, 43-71쪽.

김세중(2003), 「신문 문장 분석-사설, 칼럼을 중심으로」, 국립국어연구원.

박금자(1999), 「일간신문 제목에 나타나는 응집성, 패러디, 생략 현상」, 『텍스트언어학』 7, 텍스트학회, 29-56쪽.

박영목(2001), 「쓰기 교육과 읽기 교육에 대한 텍스트언어학적 연구의 동향」, 『텍스트언어학』 10, 텍스트학회, 1-21쪽.

박용익(2000), 「신문텍스트의 대화성과 행위 유형」, 『텍스트언어학』 8, 텍스트학회, 221-249쪽.

박종화(2003), 『미디어문장과 취재방법론』, 한울아카데미.

백설자 옮김(2001), 『텍스트언어학 입문』, 역락.
봉일원, 「일간지의 텍스트언어학적 분석」, 『독일 문학』 67, 435-456쪽.
신지연(2003), 「거시 구조 접속의 양상-일간지 사설 텍스트를 중심으로」, 『텍스트언어학』 14, 텍스트학회, 89-110쪽.
양명희 외(2003), 「실용문 실태 연구」, 국립국어연구원.
이성만 옮김(1995), 『텍스트언어학 입문』, 한국문화사.
이성만 옮김(2004), 『텍스트언어학의 이해』, 역락.
이성영(2001), 「작문 교육을 위한 텍스트 분석 방법」, 『텍스트언어학』 11, 텍스트학회, 17-41쪽.
이은경(1998), 「텔레비전 토크쇼 텍스트의 연결어미 분석」, 『텍스트언어학』 5, 텍스트학회, 181-204쪽.
이은경(2003), 「공지문 텍스트의 구조와 기능」, 『텍스트언어학』 15, 텍스트학회, 225-254쪽.
이재경(1998), 『기사 작성의 기초』, 나무와 숲.
장소원(2003), 「TV 뉴스 보도문의 텍스트 언어학적 분석」, 『텍스트언어학』 15, 텍스트학회, 341-362쪽.
정시호(1998), 「반 데이크의 텍스트학 이론에 대해」, 『텍스트언어학』 5, 텍스트학회, 27-57쪽.
정시호 옮김(2000), 『텍스트학』, 아르케.
정진원(1999), 『중세국어의 텍스트언어학적 접근』, 한국문화사.
한국텍스트언어학회(2004), 『텍스트언어학의 이해』, 박이정.

공지문 텍스트의 구조와 기능

이은경

1. 들어가기

본고는 일상생활에서 의사소통의 수단으로 많이 이용되는 공지문 텍스트를 대상으로 하여 공지문 텍스트의 구조와 기능 및 그에 따르는 언어적 표지 등을 분석하는 것을 목적으로 한다.

공지문 텍스트는 발신자가 널리 알리고자 하는 내용을 담아 수신자가 잘 볼 수 있는 위치에 붙여 놓은 글을 가리킨다. 공지문 텍스트와 관련되는 용어로는 '공지(公知)', '공고(公告)', '공시(公示)' 등이 있다. 모두 '세상에 널리 알림'의 의미로 사용되지만, '공고'나 '공시'는 '국가 기관이나 공공 단체에서 일정한 사항을 일반 대중에게 공개적 방법으로 널리 알림'이라는 특정한 의미로도 사용된다. 따라서 본고에서는 일반적으로 '널리 알림'의 의미로 사용되는 '공지'를 채택하여 '널리 알리는 내용을 담은 글'을 '공지문'이라 부르기로 한다.[1]

본고에서 분석하고자 하는 공지문은 총 100여 편의 텍스트이다.[2] 자료 수집은 2003년 4월 7일부터 9월 8일까지 5개월 동안 이루어졌으며

1) 공지문 텍스트는 공지된 장소, 공지문의 발신자, 수신자, 매체, 격식성의 정도 등 다양한 관점에서 분석할 수 있으나 본고에서는 일반인에게 널리 알리는 내용을 담은 공적인 공지문을 논의의 대상으로 하여 공지문의 일반적인 특성을 검토하고자 한다. 장소, 발신자, 수신자, 매체, 격식성의 정도에 따른 공지문 텍스트의 특성들은 별도로 검토할 필요가 있는데 이와 관련한 최근의 논의로 대학생들의 공지문에 나타난 통신 언어를 분석한 이정복(2003)을 참조할 수 있다.

2) 본고에서 분석 대상으로 삼은 자료는 국립국어연구원의 '실용문 실태 조사 사업'을 위해 수집한 공지문 가운데 필자가 실태 분석을 담당한 100여 편의 텍스트이다.

디지털 카메라로 공지문을 촬영하여 자료를 구축하였다. 일반인들이 일상생활을 하면서 쉽게 접할 수 있는 공지문을 분석 대상으로 하였으므로 자료 수집은 다음과 같은 장소를 중심으로 이루어졌다.[3]

(1) 가. 공공 기관: 시청, 구청, 동사무소, 경찰서, 법원 등
나. 교육 기관: 초등학교, 중학교, 고등학교, 대학교 등
다. 공공시설: 청소년회관, 국립국악원, 시립도서관, 공원 등
라. 대중교통 시설: 지하철역, 기차역, 버스 터미널, 공항, 주차장 등
마. 대중 이용 시설: 은행, 병원, 교회, 백화점, 극장 등
바. 공동 주거 시설: 아파트, 생활관, 오피스텔 등

이와 같이 수집한 공지문 텍스트 자료를 대상으로 하여 공지문 텍스트의 구조, 기능, 언어적 표지 등을 분석해 보기로 한다.

2. 공지문의 구조

2.1. 공지문의 전체 구조

공지문 텍스트에서 발신자가 수신자에게 널리 알리는 내용을 담고 있는 가장 중요한 부분은 본문이다. 본문의 위에는 제목이 표현되는 경우가 많고 본문 아래에는 발신자가 표현되는 경우가 많다. 이에 따르면 공지문 텍스트의 기본 구조는 '제목, 본문, 발신자'의 세 가지 요소로 구성된다고 할 수 있다. 그러나 제목이나 발신자는 표현되지 않는 경우가 있으므로 공지문 텍스트는 다음과 같이 네 가지 유형의 구조를 보인다고 할 수 있다.

3) 공지문 텍스트는 이러한 기관이나 시설의 '게시판, 벽, 담, 기둥, 출입구, 문' 등 사람들의 눈에 잘 띄는 곳에 게시되는 특성을 보인다.

(2) 공지문 텍스트의 구조
　가. 유형 1: [제목－본문－발신자]
　나. 유형 2: [제목－본문]
　다. 유형 3: 　　　[본문－발신자]
　라. 유형 4: 　　　[본문]

각각의 유형에 해당하는 공지문의 예를 보이면 다음과 같다. (3가)는 '제목, 본문, 발신자'의 세 가지 요소를 다 갖춘 유형 1의 예, (3나)는 '제목'과 '본문'만으로 구성된 유형 2의 예, (3다)는 '본문'과 '발신자'만으로 구성된 유형 3의 예, (3라)는 '본문'만으로 구성된 유형 4의 예이다.

(3) 가.

나.

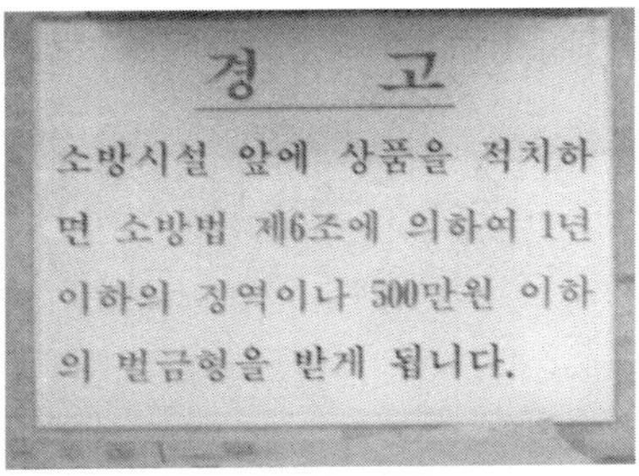

다.

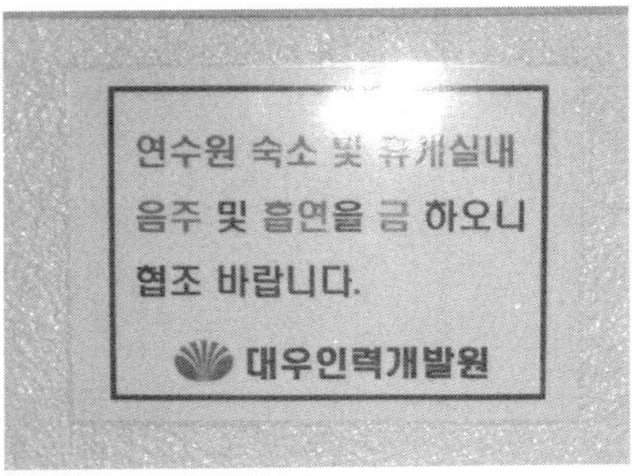

라.

이 가운데 (3가)의 유형이 가장 격식을 갖춘 전형적인 공지문 텍스트의 구조라고 할 수 있는데 실제로 분석 대상 공지문 텍스트에서도 (3가)의 구조가 가장 많이 나타났다. 제목이나 발신자가 생략되는 경우는 있었으

나 둘 다 생략된 (3라)의 구조는 실제로는 매우 드물게 나타났다.[4]

2.2. 공지문의 제목

공지문 텍스트에는 제목이 없는 경우도 있지만 제목이 있는 경우가 대부분이었다. 이는 제목을 붙이는 것이 공지문임을 알리거나 공지문의 내용을 알리는 데 더 효과적이기 때문일 것이다.[5] 공지문 텍스트의 제목은 형식과 내용에 따라 여러 가지 유형으로 나눌 수 있다.

우선 공지문 텍스트의 제목은 형식에 따라 명사형, 명사구형, 문장형의 세 가지 유형으로 나타난다.[6]

(4) 가. 명사형: 알림, 안내, 안내문, 안내판, 경고, 경고문
　나. 명사구형: 금연 시설, 장애인 전용, 협조 안내, 안내 말씀, 교통불편 신고안내, 국문과 학술답사 공고, 역사내 무질서행위 단속 안내, 학교환경위생 정화구역 안내문, 거주자 우선 주차제 실시지역
　다. 문장형: 안내말씀드립니다, ○○청소년회관은 금연지역임을 알려드립니다

분석 대상 공지문 텍스트를 검토한 결과 공지문의 제목으로는 (4가)의 명사형과 (4나)의 명사구형이 많이 사용되었고 (4다)의 문장형은 드물게 나타났다. 명사형보다는 명사구형이 좀 더 많이 사용되었는데 공지문의 제목으로 명사구형이 선호되는 것은 명사형에 비해 공지문 텍스트의 중요한 내용을 표현할 수 있고 문장형보다는 간결한 느낌을 주기 때문인 것으로 파악된다.

다음으로 공지문 텍스트의 제목이 담고 있는 내용과 관련하여 유형을 나누어 보면 다음과 같다.

---

4) (3라)의 구조는 아파트 주차장과 같이 비교적 덜 격식적인 장소에 게시된 공지문에서 사용되었다.

5) 수신자의 관심을 유도하기 위해 본문보다 큰 활자를 사용하거나 색을 달리하여 제목을 강조하는 경향이 있었다.

6) 실제로 사용된 공지문 텍스트의 제목을 분석하기 위한 것이므로 공지문 원문의 띄어쓰기는 그대로 두었다.

(5) 가. 알림, 공고, 알리는 말씀, 알립니다
나. 안내, 안내문, 안내판, 안내 말씀, 안내말씀드립니다
다. 금지, 신고, 경고, 경고문
라. 금연시설, 장애인 전용
마. 사회복지학과 학생들 보세요, 환자 보호자 및 직원 여러분께

(5가)와 (5나)는 공지문이라는 텍스트 종류와 관련되는 제목이다. (5가)는 '알림, 공고' 등을 사용하여 수신자가 보고 있는 텍스트가 공지문임을 명시적으로 표현한 제목이다. (5나)는 공지문 텍스트에서 두 가지 기능으로 사용되는 경향이 있다. 첫 번째 기능은 텍스트 종류가 공지문임을 간접적으로 표현하는 것이고, 두 번째 기능은 '안내'가 지니는 원래의 의미대로 '어떤 내용을 소개함'을 표현하는 것이다. 공지문 텍스트의 본문 내용에 따라 첫 번째 기능으로 해석되기도 하고 두 번째 기능으로 해석되기도 하나, 공지문 텍스트에서 (5나)는 (5가)와 비슷한 기능으로 사용되는 경향이 있다. 수신자의 입장에서는 (5가)와 (5나)의 경우 공지문이라는 텍스트 종류에 대한 정보만을 표현하므로 구체적인 내용은 본문을 읽어 보아야 알 수 있다.

(5다)는 공지문의 하위 종류와 관련되는 제목이다. '금지, 신고, 경고' 등의 제목만으로는 구체적인 내용을 알 수 없지만 '금지'나 '신고'와 관련되는 내용이 공지문 본문에 등장할 것임을 예측할 수 있다. 이러한 종류의 제목은 정형화되어 있어 공지문에서 자주 사용되는 경향이 있다. (5라)는 공지문의 내용을 구체적으로 명시한 제목이다. 예를 들어 '금연시설'의 경우 제목만 보고도 이곳이 담배를 피울 수 없는 곳이라는 공지문의 내용을 수신자가 파악할 수 있다. (5마)는 공지문의 수신자를 명시한 제목이다. 이러한 제목은 누구에게 해당되는 것인지를 알려 주는 역할을 하므로 수신자는 제목만 읽고 공지문의 본문을 읽어야 할 필요성이 있는지 없는지를 판단할 수 있다.

한편 공지문의 제목은 (5)의 다섯 가지 유형으로만 표현되는 것이 아니라 복합적인 유형으로 나타나기도 한다.

(6) 가. (5라)+(5가): 학술답사 공고, 국문학개론을 위한 공고, ○○청소년회

관은 금연지역임을 알려드립니다

나. (5라)+(5나): 도시가스 검침안내, 7,8월 전기요금에 관한 안내문, 역사 내 무질서 행위 단속 안내, 교내 차량통제 및 주민 출입안내

다. (5라)+(5다)+(5나): 통로 주차 금지 안내

(6가)는 공지문의 구체적인 내용이 앞에 오고 텍스트 종류가 공지문임을 알리는 '공고' 등의 표현이 뒤에 사용된 제목이다. (6나)는 공지문의 구체적인 내용이 앞에 오고 공지문임을 간접적으로 알리는 '안내'라는 표현이 뒤에 사용된 제목이다. (6다)는 공지문의 구체적인 내용이 '통로 주차'와 관련되고 '금지'에 해당되는 내용임을 알리면서 공지문임을 암시하는 '안내'라는 표현을 사용하였다. 복합적인 유형의 제목에는 (5라)가 공통적으로 포함되어 있는데, 이를 통해 구체적인 내용에 정보를 덧붙이게 되면 (6)과 같은 복합적인 제목으로 표현되는 경향이 있음을 알 수 있다.

한편 공지문 텍스트의 제목은 하나인 경우가 대부분이지만 제목에 해당하는 항목이 둘인 경우도 있었다.

(7) 가.

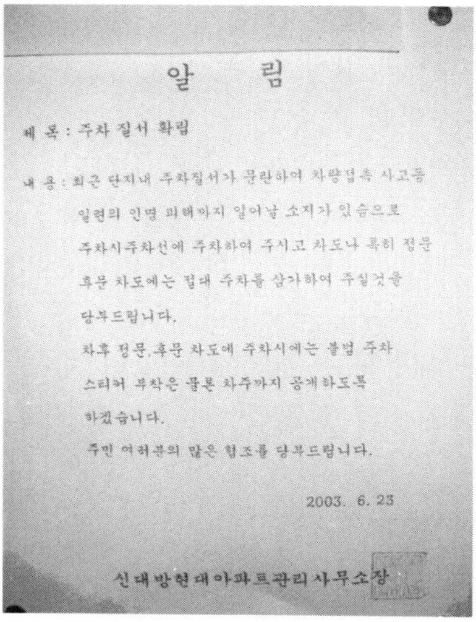

나.

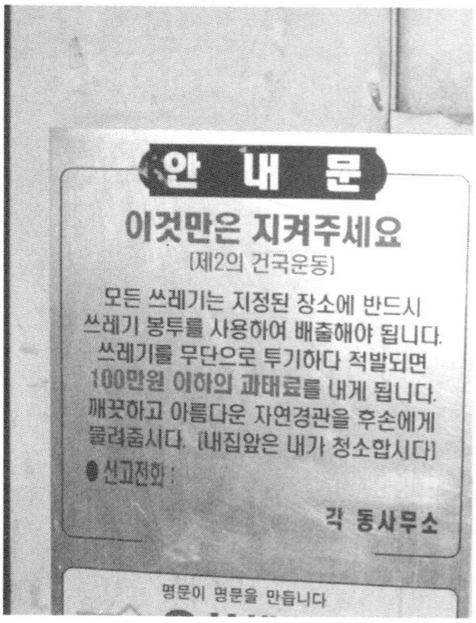

(7가)에서는 텍스트 종류가 공지문이라는 점을 명시하기 위해 '알림'이라는 표현을 사용하였고, 그 아래에 내용과 관련된 '제목: 주차 질서 확립'을 명시하였다. (7나)에서도 텍스트 종류가 공지문이라는 점을 명시하기 위해 '안내문'이라는 표현을 사용하였고, '이것만은 지켜주세요'라는 제목을 다시 붙여 내용에 관한 정보를 수신자에게 주고 있다. 이러한 제목은 텍스트 종류에 대한 정보와 내용에 대한 정보를 두 가지 항목으로 나누어 표현한 것이다.

2.3. 공지문의 본문

공지문의 본문은 수신자가 지나가다가 잠깐 동안 서서 읽어야 하는 텍스트이므로 비교적 짧은 길이로 이루어져 있으며 글자의 크기도 비교적 큰 편이라고 할 수 있다. 공지문 텍스트의 본문은 형식에 따라 다음과 같이 나눌 수 있다.7)

(8) 가. 서술식
　　나. 항목식
　　　　나-1. 명사구 항목식
　　　　나-2. 문장 항목식
　　다. 혼합식
　　　　다-1. 서술식+명사구 항목식
　　　　다-2. 서술식+문장 항목식

(8가)는 일반적인 문어 텍스트처럼 문장을 이어서 서술한 방식으로 본문이 구성된 경우를 말한다. (8나)는 본문이 항목을 나열하는 형식으로 이루어져 있는 경우를 말하는데 각 항목이 명사구로 이루어진 (8나-1)의

7) 관공서나 아파트의 게시판에는 상대적으로 많은 정보를 담고 있는 공지문이 붙어 있는 경향이 있다. 이러한 공지문은 수신자와 직접적으로 관련되는 내용을 담고 있으며 게시판 앞은 비교적 오랫동안 서서 읽을 수 있는 공간이므로 상대적으로 정보량이 많아질 수 있다.

형식도 가능하고 각 항목이 문장으로 이루어진 (8나-2)의 형식도 가능하나 분석 대상 자료에는 (8나-2)의 문장 항목식만 사용되었다. (8다)는 서술식과 항목식이 혼합된 형식을 말한다. 본문의 일부는 서술식이고 본문의 일부는 항목식으로 구성된 것을 말한다. 이 경우도 (8다-1)과 (8다-2)의 형식이 가능하다. 각각의 예는 다음과 같다.

(9) 가.

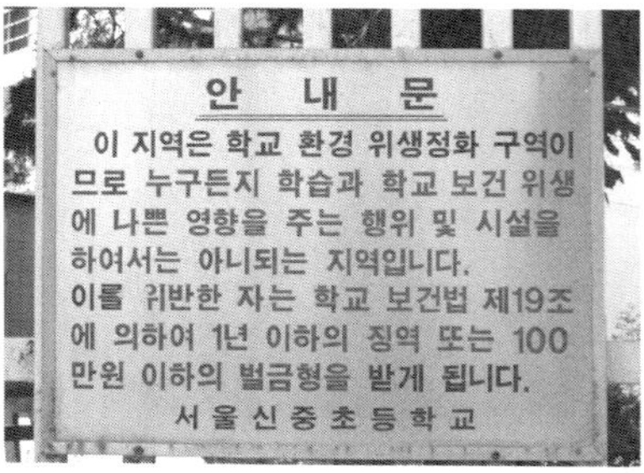

나.

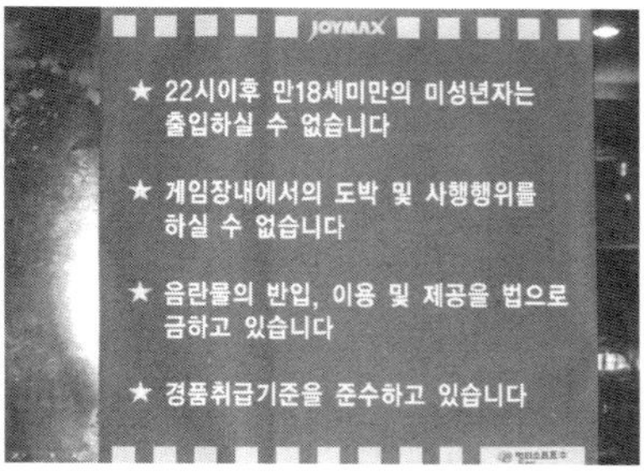

다.

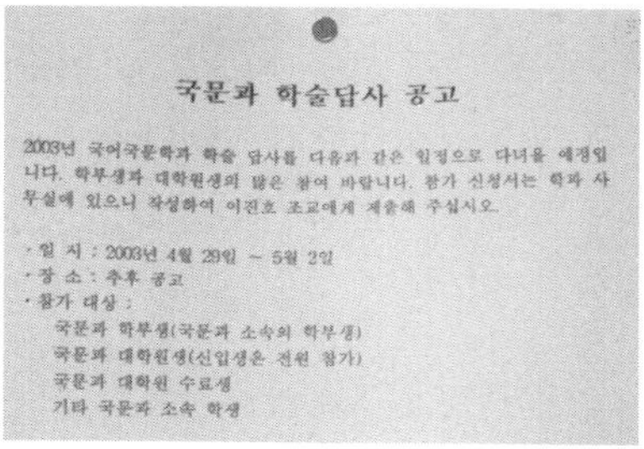

라.

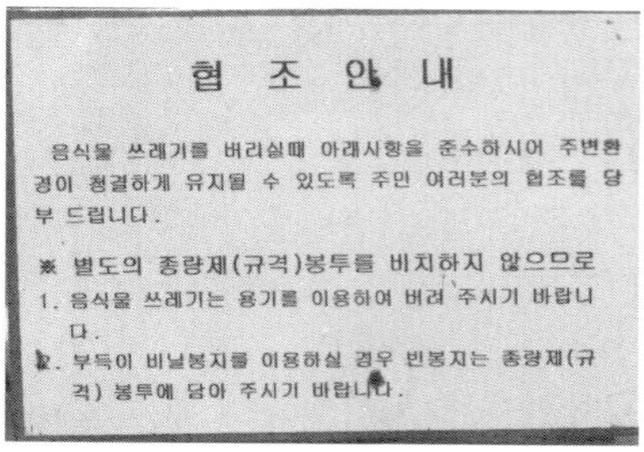

(9가)는 서술식의 예이고 (9나)는 문장 항목식의 예이다. (9다)와 (9라)는 혼합식의 예인데 항목의 내용이 (9다)처럼 명사구로 표현된 경우와 (9라)처럼 문장으로 표현된 경우가 있다. 혼합식의 경우는 비교적 정보량이 많을 때 선택되는 경향이 있는데, 서술식으로 표현된 본문의 앞부분에서 '다음과 같은'이나 '아래 사항' 등 본문 아래의 항목식 부분을 가리키는 표현이 사용된다. 위의 네 가지 유형 중에서는 (9가)의 서술식이 일반적으로 많이 사용되었다.

2.4. 공지문의 발신자

공지문의 구조에서는 본문 끝에 발신자가 명시되는 경우가 많다.[8] 공지문 텍스트의 발신자를 표시하는 것은 해당 공지문을 공지한 주체를 표현하는 역할을 하는 동시에 공지문 텍스트가 공적인 내용을 담고 있음을 알리는 역할을 한다. 따라서 공지문 텍스트의 발신자는 공적인 내용을 널리 알릴 만한 위치에 있는 사람이나 기관으로 표현되는 것이 일반적이다.

명시된 경우를 대상으로 하여 발신자의 유형을 정리해 보면 다음과 같다.

(10) 가. 발신자가 직명으로 표현된 경우:
○○시장, ○○구청장, ○○경찰서장, 지하철 역장, 고속터미널 역장, ○○학교장, ○○청소년회관장, ○○아파트 관리사무소장, ○○ 대표이사, ○○위원장, 총학생회장 □□□

나. 발신자가 기관명 또는 단체명으로 표현된 경우:
○○구, ○○동사무소, ○○학교, ○○인력개발원, 국민연금관리공단, ○○구 선거관리위원회, ○○위원회, ○○청소년수련관, 국립국악원

(10가)는 기관이나 단체를 대표하는 사람의 직명이 발신자로 명시된 경우이고 (10나)는 기관명이나 단체명이 발신자로 명시된 경우이다. 다음의 (11가)는 발신자가 기관장으로 명시된 예이고, (11나)는 기관명으로 명시된 예이다.

8) 간혹 발신자 항목의 위나 아래에 공지문의 발신 날짜가 명시되는 경우도 있다.

(11) 가. 나.

3. 공지문의 기능과 언어적 표지

3.1. 공지문의 기능

의사소통의 관점에서 볼 때 텍스트는 특정한 목적을 가지고 생산된다. 공지문 텍스트의 경우도 발신자는 공지문을 통해 자신의 목적이나 의도를 실현하고자 하며 수신자에게 이러한 목적이나 의도를 잘 전달하고자 한다. 텍스트는 일반적으로 하나 이상의 기능을 표시할 수 있는데 공지문의 중요한 기능은 제보 기능과 호소 기능이라고 할 수 있다.[9] 발신자가 공지문 텍스트를 생산하는 목적은 수신자에게 특정한 정보를 알리는 데 있을 수도 있고 수신자가 일정한 행위를 수행하도록 하는 데 있을

9) 본고에서 채택한 제보 기능과 호소 기능은 설(Searle)의 견해를 다소 변형하여 텍스트의 기본 기능을 설정한 브링커(Brinker)의 분류안(제보 기능, 호소 기능, 책무 기능, 접촉 기능, 선언 기능)에서 가져온 것이다(고영근, 1999: 254).

수도 있다.

본고에서는 공지문의 기능을 화행론(speech act theory)에 입각하여 파악하는 입장을 취하는데, 이와 관련하여 발화 행위(locutionary act), 발화 수반 행위(illocutionary act), 발화 효과 행위(perlocutionary act)의 개념을 살펴볼 필요가 있다.

(12) 가. 나는 너에게 창문을 닫으라고 명령한다.
나. 창문이 열려 있네.

화행론에 따르면 (12가)와 같은 진술의 발화 행위는 명령의 행위를 수반하게 되는데, 이처럼 발화에 수반하여 어떤 행위가 일어나는 것을 발화 수반 행위라 부른다. (12나)와 같은 진술의 발화 행위는 상황에 따라 청자에게 명령의 효력을 행사할 수 있는데, 이처럼 화자의 발화가 청자의 행위에 어떤 효력을 행사하는 것을 발화 효과 행위라 부른다(고영근, 1999: 253). 그런데 발화 행위는 상황에 따라 청자에게 다양한 효력을 행사할 수 있으므로 발화 효과 행위는 발화 수반 행위와는 달리 비규약적이라고 할 수 있다(이성만 역, 1994: 103). 이와 같은 견해에 따라 본고에서도 텍스트의 기능과 직접적인 관련을 맺고 있는 것은 발화 효과 행위라기보다는 발화 수반 행위라고 보는 입장을 취한다.

이와 같은 입장에 따라 공지문 텍스트를 분석해 보면 제보의 대상이 되는 내용과 호소의 대상이 되는 내용은 매우 다양함을 알 수 있다. 검토 대상 자료에 한정하여 공지문의 제보 기능과 호소 기능의 대상이 되는 내용을 보이면 다음과 같다.

(13) 제보 기능 공지문
가. 실시 및 시행과 관련된 정보
나. 행사 및 모임과 관련된 정보
다. 공간의 특성과 관련된 정보
라. 금지 사항과 관련된 정보
마. 금지 사항을 위반했을 경우의 조치와 관련된 정보
바. 불법 행위를 했을 경우의 처벌과 관련된 정보

사. 기타

(14) 호소 기능 공지문

가. 금지 호소

나. 신고 호소

다. 협조 호소

라. 참여 호소

마. 기타

공지문 텍스트에는 (13)의 제보 기능이나 (14)의 호소 기능 가운데 하나만 실현되기도 하지만 여러 가지 기능이 복합적으로 실현되기도 한다.

3.2. 기능별 언어적 표지

공지문 텍스트에서 제보 기능이나 호소 기능은 특정한 언어적 표지를 통해 실현되는 경우가 많다.[10] 본 절에서는 어떠한 언어적 표지를 통해 제보 기능과 호소 기능의 구체적인 내용들이 표현되는지를 살펴보기로 한다.

3.2.1. 제보 기능과 언어적 표지

1) 실시 및 시행과 관련된 정보

실시 및 시행과 관련된 정보를 제공하는 공지문의 경우 본문에 그러한 기능을 알리는 언어적 표지가 나타난다.[11]

(15) 가. 지방자치단체 사무 전반에 대한 2003년도 <u>행정사무감사를</u> <u>실시합니다</u>

10) 본고에서는 '언어적 표지'를 엄격하게 정의하지 않고 제보 기능이나 호소 기능을 나타내는 특징적인 단어나 구문 등을 가리키는 포괄적인 의미로 사용하기로 한다.

11) 실시 및 시행과 관련되는 정보를 제공하는 공지문의 경우 제목에는 '공고'가 사용되는 경향이 있다.

나. 2003년 상반기 주민등록 일제정리를 다음과 같이 실시합니다
다. 계약직 후생종사원 채용시험을 아래와 같이 시행합니다

(15)의 공지문에서 발신자는 'X를 실시합니다' 또는 'X를 시행합니다'라는 구문을 사용하여 수신자에게 'X에 대한 실시나 시행'을 제보하고 있음을 표현하고 있다. (15)에서 실시나 시행의 대상이 되는 것은 '행정사무감사, 주민등록 정리, 채용시험'이다.[12] 이 유형의 공지문을 비롯하여 제보 기능 공지문에는 합쇼체의 평서문이 사용되는 것이 공통적인 특징이다.

2) 행사 및 모임과 관련된 정보

행사 및 모임과 관련되는 정보를 제공하는 공지문의 경우는 다음과 같은 정보가 수신자에게 알리는 핵심적인 내용이 된다.

(16) 가. 2003년 국어국문학과 학술 답사를 다음과 같은 일정으로 다녀올 예정입니다.
나. 매주 ○○교회에서 기도모임이 있습니다.
다. 총학생회규칙 제15조 1항에 의거하여 2003년 상반기 전체 학생 대표자회의를 소집합니다.
라. 금일 행사 예정이던 『상반기 지역주민노래자랑 대회』가 비로 취소되었습니다.

(16)의 공지문에서는 발신자가 수신자에게 '행사나 모임 X가 있다' 또는 '행사나 모임 X가 취소되었다' 등의 정보를 제공하고 있다. 이러한 공지문에서는 X에 해당하는 '답사, 모임, 회의, 대회' 등의 단어가 행사 및 모임 관련 정보를 제공하는 공지문임을 나타내는 언어적 표지가 된다. 또한 'X를 다녀오다, X가 있다, X를 소집하다, X가 열리다, X가 취소되다' 등은 행사 및 모임과 관련된 정보를 제공하는 공지문에서는 자주 사

12) 실시 및 시행의 경우 제공되는 정보 내용이 많기 때문에 '다음과 같이', '아래와 같이'라는 표현을 사용하여 세부 정보를 제시하는 경향이 있다.

용되는 특징적인 구문이다.

3) 공간의 특성과 관련된 정보

제보 기능을 하는 공지문 중에는 '지역, 장소, 시설' 등의 특성과 관련된 정보를 제공하는 경우가 있다.

(17) 지역의 특성

가. 학교 안(운동장 포함)은 금연구역입니다.

나. 여기는 학교보건법에 의한 학교환경위생정화구역입니다.

다. 이 구역은 맑은공기보전을 위한 자동차배출가스 정화구역입니다.

(18) 장소의 특성

가. 지하철 역구내는 시민이 이용하는 공공장소입니다.

나. 이 공사장은 (주)동양고속건설에서 공사하고 있는 방배동 동양파라곤 아파트 신축공사로서 흙먼지 저감 공사장입니다.

다. 이곳은 장애인 전용 주차장입니다.

라. 이곳은 △△은행 고객을 위해 잠시 주차하는 곳입니다.

(19) 시설의 특성

가. 병원시설전체가 금연시설로 지정되었습니다.

나. 이 방음벽은 학교주변 환경 보호를 위하여 국민의 세금으로 설치한 공공시설입니다.

다. 본 건물은 금연 빌딩입니다.

이와 같은 공지문의 경우는 발신자가 수신자에게 '이곳은 ○○ 구역/장소/시설입니다'라는 구문을 통해 해당 공간의 특성과 관련된 정보를 제공하고 있음을 명시하고 있다. 그런데 경우에 따라서는 공간의 특성과 관련한 정보에 금지 사항과 관련된 정보가 포함되기도 한다. 예를 들어 (17가)와 같은 경우는 '이곳은 금연구역입니다'라는 구문을 통해 공간의 특성과 관련된 정보를 제공하는 동시에 흡연을 금지한다는 금지사항 관련 정보를 제공하고 있다.

4) 금지 사항과 관련된 정보

제보 기능 공지문 중에서는 금지 사항과 관련된 정보를 제공하는 경우가 있는데 다음과 같이 '흡연, 출입, 주차'를 금지하는 내용의 공지문이 비교적 많이 나타났다.

(20) 흡연 금지
가. 쾌적한 환경을 위하여 전면 금연을 실시하고 있습니다.
나. 병원직원과 환자 보호자 및 내원객께서는 병원건물 내부에서 절대로 흡연을 하실 수 없습니다.

(21) 출입 금지
가. 저녁10시 이후에는 외부인의 출입을 금지합니다
나. 22시이후 만18세미만의 미성년자는 출입하실 수 없습니다
다. 매표소내 터미널 사업부 직원외 출입을 절대 금합니다.

(22) 주차 금지
가. 외부차량은 교내에 주차할 수 없습니다
나. 이 진입로는 본교의 행정재산으로 주차할 수 없는 지역 입니다
다. 타 용무로 인한 주차와 장기주차는 절대 금지합니다.

(23) 기타 행위 금지
가. 저녁7시 이후 정문 차량통행을 금지합니다
나. 게임장내에서의 도박 및 사행행위를 하실 수 없습니다
다. 도서관의 환경미화와 쾌적한 학습환경을 위하여 벽보, 대자보 등 각종 게시물의 부착을 금합니다.

금지 사항과 관련된 정보를 제공하는 공지문의 경우 발신자는 수신자에게 '행위 X를 금지한다'는 정보를 제공한다.[13] 이러한 금지 공지문의 경우 금지와 관련된 서술어로는 '금하다, 금지하다'가 사용되었다. 이 서술어는 해당 공지문이 금지 사항과 관련된 정보를 제공하고 있음을 명시하는 언어적 표지가 된다. 한편 'X를 하실 수 없습니다' 구문도 금

13) 금지 사항과 관련된 정보를 제공하는 공지문은 그러한 행위를 하지 말아 달라는 '요청'의 효력을 지닐 수 있으나 그러한 효력은 언어적으로는 명시되지 않고 다만 상황에 의하여 해석될 수 있을 뿐이다.

지 사항과 관련되는 내용을 표현하는 언어적 표지에 해당한다.

5) 금지 사항을 위반했을 경우의 조치와 관련된 정보

공지문 가운데는 3.2.1의 4)와 같이 금지 사항과 관련된 정보만을 표현하는 공지문도 있지만 때로는 금지 사항과 함께 금지 사항을 위반하였을 경우의 조치와 관련된 정보를 제공하는 공지문도 있다.

(24) 가. 무단주차시 스티커를 발부하고 견인조치합니다
나. 2회 이상 통행로 불법 주차 적발시 차량 출입을 통제합니다
다. 건물내에서 큰 소리로 떠들거나 타인의 학습을 방해하는 이용자는 즉시 퇴실조치하겠습니다.
라. 적발시 분실물 등 변상 조치함

(24)의 경우 발신자는 수신자에게 '금지 사항 X를 위반하면 조치 Y를 취하겠다'는 정보를 제공하고 있다. 금지 사항을 위반하였을 경우의 조치 사항과 관련된 정보는 '견인, 경고장 부착, 출입 통제, 퇴실, 퇴원, 철거, 변상' 등으로 표현된다. 이러한 단어는 조치의 내용을 표현하는 것인데 때로는 (24가)나 (24라)와 같이 조치의 내용에 해당하는 '견인, 변상'이라는 단어가 '조치'라는 명시적 단어와 결합하여 공지문 텍스트에 실현되기도 한다.

6) 불법 행위를 했을 경우의 처벌과 관련된 정보

공지문이 제보하는 내용 중에는 불법 행위를 했을 경우의 처벌과 관련된 정보가 공지의 대상이 되는 경우가 많다.

(25) 가. 쓰레기를 무단으로 투기하다 적발되면 100만원 이하의 과태료를 내게 됩니다.
나. 무단 주차를 할 경우 고발조치하여 지방재정법 제 86조에 의거 1년 이하의 징역 또는 200만원 이하의 벌금에 처할수 있음을 알려 드립니다.

(25)와 같은 공지문에서는 발신자가 수신자에게 '불법 행위 X를 하면 법적인 처벌 Y를 하겠다'는 내용을 공지문에 명시하게 된다. 그런데 불법 행위와 관련되는 정보를 제공하는 공지문의 경우는 내용상 불법 행위를 명시한 부분과 불법 행위를 했을 경우의 처벌 내용을 명시한 부분의 두 부분으로 구성된다.14)

불법 행위 부분만을 자세히 보면 다음과 같은 유형이 나타난다.

(26) 가. 교내에서 흡연할 시
　　나. 소방시설 앞에 상품을 적치하면
　　다. 이곳에 쓰레기를 무단투기한자는
　　라. 공공시설을 파손할 경우
　　마. 허가를 받지 아니하고 물품을 판매하는 잡상행위, 금품을 요구하는 구걸 등 불법행위를 할 때에는

(26)의 경우는 처벌의 대상이 되는 불법 행위를 구체적으로 명시한 것이다. 이 경우 '흡연, 소방시설 앞 상품 적치, 쓰레기 무단투기, 공공시설 파손' 등의 불법 행위가 구체적으로 표현되었다.15) 불법 행위를 표현할 때는 '－할 시, -하면, -할 경우, -할 때, -한 자는' 등의 정형화된 구문이 사용된다. 또한 어휘적으로도 '불법, 위반, 무단, 적발' 등 처벌의 대상이 되는 행위와 관련된 단어들이 사용된다.

불법 행위가 기술된 후에는 불법 행위를 했을 경우 어떠한 처벌을 받게 되는지에 관한 구체적인 내용을 명시하게 된다.

(27) 가. 소방법 30조 2항 및 철도법 89조에 의거 처벌됨을 알려드립니다.

14) 금지 사항과 관련된 공지문은 반드시 금지 사항을 위반하였을 경우의 조치 내용이 함께 제시되지는 않는다. 경우에 따라서는 금지 사항만 제시되기도 하고, 경우에 따라서는 금지 사항을 위반하였을 경우의 조치 사항이 함께 제시되기도 한다. 그러나 불법 행위와 관련된 공지문의 경우는 반드시 처벌 내용이 함께 제시된다는 특징을 보인다.

15) 본문이 혼합식으로 구성된 경우는 본문 중간에 처벌의 대상이 되는 불법 행위를 항목식으로 나열한 후 '이를 위반할 경우, 위 사항을 위반하면, 이를 위반한 자는'과 같은 표현을 사용하기도 한다. '이'나 '위 사항'이 구체적인 내용을 가리킨다.

나. 경범죄처벌법 제1조의 규정에 따라 범칙금이 부과됩니다.
다. 소방법 제6조에 의하여 1년 이하의 징역이나 500만원 이하의 벌금형을 받게 됩니다.

(27가)는 단순히 처벌을 받는다는 정보만을 제시하였고, (27나)는 범칙금을 내게 된다는 정보를 제시하였으며, (27다)는 징역이나 벌금형을 받게 된다는 정보를 제시하였다. 처벌과 관련된 정보는 '처벌을 받다, 과태료를 내다, 과태료가 부과되다, 범칙금이 부과되다, 징역 또는 벌금형에 처하다, 벌금형을 받다' 등의 정형화된 구문으로 표현되었다. 한편 처벌 내용을 제시한 부분에서는 관련 법규가 제시되는 경향이 있다. 이 부분은 '관계법에 의거, 관련규정에 의하여, 경범죄처벌법 제1조의 규정에 따라' 등으로 표현된다.

이상의 정보 외에도 제보 기능 공지문에서는 여러 가지 정보를 제공하게 되는데 제공할 정보가 많을 경우에는 세부 정보를 항목식으로 제시하게 된다. 이 경우 세부 정보는 일반적으로 서술식 본문 아래에 기술되는 경향이 있는데 다음과 같은 정보들이 세부 정보로 제시된다.

(28) 가. 행사 관련 정보: 일시, 장소, 참가 대상
나. 모집 관련 정보: 대상, 일정, 장소, 향후 활동, 혜택, 문의, 신청
다. 채용 시험 관련 정보: 직책 및 인원, 응시자격, 시험방법, 시험일시 및 장소, 응시원서 교부 및 접수, 합격자발표 등

3.2.2. 호소 기능과 언어적 표지

1) 금지 호소

호소 기능을 보이는 공지문에서는 특정한 행위를 하지 말아 달라고 요청하는 내용이 많이 나타났다. 이러한 금지 호소 공지문의 경우 '금지'와 관련되는 단어가 명시적으로 사용되었다.

(29) 가. 맑은공기보전을 위하여 자동차 공회전을 금지하기 바라며,

나. 상기 행위를 금하여 주시기 바랍니다.

다. 차도나 특히 정문후문 차도에는 절대 주차를 삼가하여 주실것을 당부드립니다.

(29가)에서는 '금지하다', (29나)에서는 '금하다', (29다)에서는 '삼가다'가 사용되어 해당 공지문이 특정 행위를 금지하는 것과 관련되는 내용임을 명시하고 있다. 한편 금지 호소 공지문의 경우 '호소' 기능과 관련되는 표현으로 (29가)에서는 '-기 바라며', (29나)에서는 '-어 주시기 바랍니다', (29다)에서는 '-어 주실 것을 당부드립니다'와 같은 표현이 사용되었다. 금지 호소를 정중하게 표현한 정도는 (29가)에서 (29다)로 갈수록 높아지고 있다. 이와 같은 표현은 호소적 기능을 보이는 공지문에서 일반적으로 사용되는 언어적 표지이다. 금지 호소 기능을 드러내는 공지문에서 발신자는 수신자에게 '행위 X를 금하여 주시기 바랍니다'의 내용을 호소하고 있다고 볼 수 있다.

(29)와 같은 전형적 구문 외에 다음과 같은 구문도 금지 호소의 기능을 드러내는 데 사용되었다.

(30) 가. 주차장 바닥에 담배꽁초 절대 버리지 맙시다.

나. 청소년 가혹행위(구걸, 학대)를 하지 맙시다

(30가)의 경우는 '-지 맙시다', (30나)의 경우는 '○○ 행위를 하지 맙시다'라는 표현을 사용하였다. (29)의 '-기 바랍니다' 유형과는 달리 하오체의 청유문을 사용하여 금지 호소 기능을 드러내고 있다. 이 경우 내용상으로는 발신자가 수신자에게 일방적으로 금지 호소를 하고 있으나 형식상으로는 발신자와 수신자가 함께 특정 행위를 하지 말자고 호소하는 효과를 보인다.

2) 신고 호소

신고를 호소하는 기능을 보이는 공지문의 경우 호소의 대상인 '신고'가 본문에 명시되는 경우가 많다.[16]

(31) 가. 공사로 인하여 먼지가 발생되는 경우에는 즉시 아래 번호로 신고 바랍니다.
나. 방음벽을 파손하는 자가 있을 경우 ○○구청 토목과로 신고하여 주시기 바랍니다
다. 이러한 행위를 목격하신 분은 가까운 역무실에 신고하여 주시기 바랍니다.

(31)의 경우는 '신고 바랍니다' 또는 '신고하여 주시기 바랍니다'라는 표현을 사용하여 신고 호소 기능을 명시하였다.17)

그러나 다음의 경우는 '신고'라는 단어를 사용하지 않고 신고 호소 기능을 보이고 있다.

(32) 가. 또한 주위에서 학습에 방해가 되면 안내실이나 지혜동 특화사업팀 사무실로 바로 연락주세요.
나. 학교폭력이나 집단따돌림에 관한 피해(금품 피해 포함)가 있으면 자세하게 써서 넣어주세요
다. 여러분 가까이에 있는 교통불편신고 엽서함의 엽서에 불편 사례를 기재하여 우편함에 넣어주시기 바랍니다.

(32)의 예들은 모두 내용상으로는 신고를 호소하고 있으나 '신고'라는 단어가 강한 느낌을 주기 때문에 의도적으로 다른 표현을 사용한 것으로 생각된다. (32가)의 경우는 '… 방해가 되면 … 연락주세요', (32나)는 '피해가 있으면 자세하게 써서 넣어주세요', (32다)는 '불편 사례를 기재하여 우편함에 넣어 주시기 바랍니다' 등의 구문으로 신고를 요청하고 있음을 간접적으로 표현하고 있다.

---

16) 신고를 호소하는 기능을 보이는 공지문의 경우 '행정불편 신고안내, 교통불편 신고안내'와 같이 제목에 호소의 대상인 '신고'가 명시되는 경향이 있다. 그러나 호소 기능 자체가 제목에 표현되지는 않으며 '신고'와 '안내'를 결합시켜 신고와 관련된 공지문임을 나타낼 뿐이다.

17) 신고 호소 기능을 보이는 경우 일반적으로 어디에 신고를 해야 하는지도 함께 명시된다.

3) 협조 호소

협조를 호소하는 공지문은 특정 사항에 대한 공지문 수신자의 협조를 요청하는 기능을 보인다.[18] 협조 호소 기능을 보이는 공지문의 본문에서는 다음과 같이 '협조'를 명시적으로 드러내는 표현들이 사용되었다.

(33) 가. 협조 바랍니다.
　　나. 적극 협조하여 주시기 바랍니다.
　　다. 시민 여러분의 많은 협조를 당부드립니다.

(33가)는 '협조 바랍니다', (33나)는 '협조하여 주시기 바랍니다', (33다)는 '협조를 당부드립니다'의 구문을 사용하여 협조 호소 기능을 명시하고 있다. (33나)와 (33다)는 (32가)보다 더 정중하게 협조를 호소하고 있으며 '적극'이나 '많은' 등의 수식어로 강조를 하고 있다.

4) 참여 호소

참여를 호소하는 공지문의 경우 호소 대상인 '참여'와 관련되는 다양한 표현이 사용되었다.

(34) 가. 학부생과 대학원생의 많은 참여 바랍니다.
　　나. 안전하고 편안한 주차장이 될 수 있도록 질서 확립에 적극 동참하여 주시기 바랍니다.
　　다. 대의원여러분께서는 빠짐없이 참석하기를 바랍니다.

(34가)에서는 '참여', (34나)에서는 '동참', (34다)에서는 '참석' 등의 단어를 사용하여 참여를 호소하고 있음을 명시하였다. 호소와 관련된 표현으로는 '바랍니다, -시기 바랍니다, -어 주시기 바랍니다' 등이 사용되었으며 협조 호소 공지문과 비슷하게 '적극', '많은' 등의 강조 표현이 사용되는 경향이 있다.

---

18) 협조 호소 공지문의 경우 '협조 안내'와 같이 제목에 협조 호소 기능이 명시되는 경우는 드물었고 '주차 질서 확립'과 같이 협조의 대상이 되는 내용이 제목에 사용되는 경우가 더 많았다.

3.3. 기능별 텍스트 분석

3.3.1. 제보 기능 공지문

제보 기능 공지문은 '제보 기능'을 표현하는 언어적 표지들로 구성된 텍스트를 말한다.

(35)

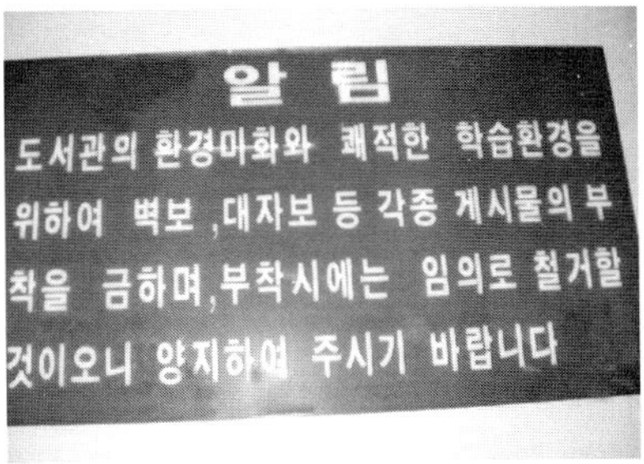

①알 림

②도서관의 환경미화와 쾌적한 학습환경을 위하여 벽보, 대자보 등 각종 게시물의 부착을 금하며, 부착시에는 임의로 철거할 것이오니 양지하여 주시기 바랍니다

(35)의 공지문은 제목이 '알림'이므로 제보 기능 공지문임을 명시하고 있다. 또한 본문은 한 문장으로 구성되어 있는데 제보의 중심 내용은 '각종 게시물의 부착 금지'이며 '부착시 임의 철거'에 대한 정보도 동시에 전달하고 있다. 또한 제보 기능 텍스트라는 것을 '양지하여'라는 표현으로 명시하고 있다.[19)]

19) (35)는 언어적 표지로는 제보 기능 텍스트로 분석되나 발화 효과 행위의 측면에서는 경고의 효력을 보이는 텍스트라고 할 수 있다. 한편 (35)의 '-오니 양지하여 주시기 바랍니다'에서 '-오니'와 '양지하다'는 일상 언어 텍스트에서는 흔히 사용되지 않으며 비교적 격식을 갖춘 의례적인 텍스트에서 사용되는 경향이 있다. 공지문은 이와 같이 대체로 격식적인 문어체의 특성을 보인다.

(36)

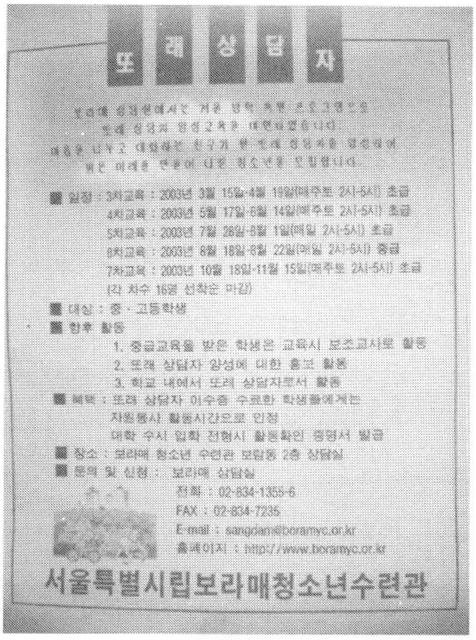

①또래 상담자

②보라매 상담실에서는 겨울 방학 특별 프로그램으로 또래 상담자 양성 교육을 마련하였습니다.
③마음을 나누고 대화하는 친구가 될 또래 상담자를 양성하여 밝은 미래를 만들어 나갈 청소년을 모집합니다.
④■일정
⑤■대상
⑥■향후 활동
⑦■혜택
⑧■장소
⑨■문의 및 신청
⑩서울특별시립보라매청소년수련관

(36)의 공지문에서는 ①의 제목을 통해서는 제보 기능이나 호소 기능이 명시되지 않는다. 다만 제목을 통하여 공지문의 중심 내용이 '또래 상담자'와 관련된 것임을 알 수 있다. 본문은 ②~③의 서술식과 ④~⑨의 명사구형 항목식의 두 부분으로 구성되어 있다. ②는 도입에 해당하는 문장이며 ③은 공지문의 핵심 내용이 명시된 문장이다. ③의 문장을 통해 이 공지문의 기능이 모집과 관련된 정보를 제공하는 것임을 알 수 있다. ④~⑨의 항목식 서술 부분은 모집과 관련된 세부 정보를 제보하고 있다.[20]

3.3.2. 호소 기능 공지문

호소 기능 공지문은 텍스트 전체가 '호소 기능'을 표현하는 언어적 표지로 구성된 텍스트를 말한다.

20) 이 공지문의 경우 언어적 표지만으로는 제보 기능을 하는 것으로 파악되지만 텍스트 발신자의 의도를 생각한다면 모집을 하니 신청해 달라는 호소 기능이 숨어 있는 것으로 파악할 수 있다.

(37)

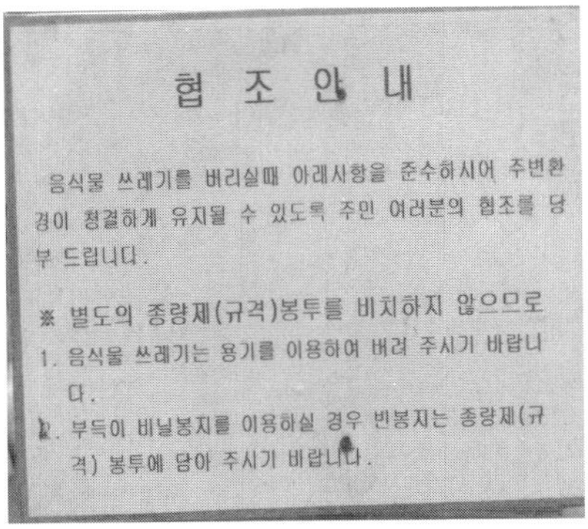

①협조 안내

②음식물 쓰레기를 버리실 때 아래 사항을 준수하시어 주변환경이 청결하게 유지될 수 있도록 주민 여러분의 협조를 당부 드립니다.

※③별도의 종량제(규격) 봉투를 비치하지 않으므로
1. 음식물 쓰레기는 용기를 이용하여 버려 주시기 바랍니다.
④2. 부득이 비닐봉지를 이용하실 경우 빈봉지는 종량제(규격) 봉투에 담아 주시기 바랍니다.

(37)의 공지문에서 ① '협조 안내'는 공지문의 본문이 협조와 관련된 내용임을 표현한 제목이다. 본문의 활자 크기에 비하여 상대적으로 크고 진한 글씨로 되어 있어 시각적으로 강조 효과를 보인다. ②는 이 공지문의 핵심 기능인 '호소'가 명시적으로 드러나 있는 부분이다. '협조를 당부 드립니다'라는 표현을 사용하여 수신자가 협조해 줄 것을 호소하고 있음을 명시하였다. 한편 본문은 ②의 서술식 부분과 ③과 ④의 문장형 항목식의 두 부분으로 크게 나뉘어 있는데 '아래 사항을 준수하시어'라는 표현을 사용하여 두 부분을 유기적으로 연결하고 있다. 항목식으로 구성된 아래 부분은 두 문장으로 이루어져 있으나 구성이 특이하다. ③의 문장에서 앞부분은 '1'에만 해당되는 부분으로 해석되는데 마치 '1'과 '2'의 두 문장 모두에 해당되는 것처럼 '1'과 '2'의 앞에 제시되어 있다. 이는 '별도의 종량제 봉투를 비치하지 않으므로'를 강조하기 위한 것으로 생각된다. ③과 ④의 호소 기능은 '-어 주시기 바랍니다'로 표현되어 있다.

3.3.3. 제보 기능 중심 공지문

제보 기능 중심 공지문은 텍스트 전반적으로는 '제보 기능'을 하고 있으나 부분적으로 '호소 기능'을 보이는 텍스트를 말한다.

(38)

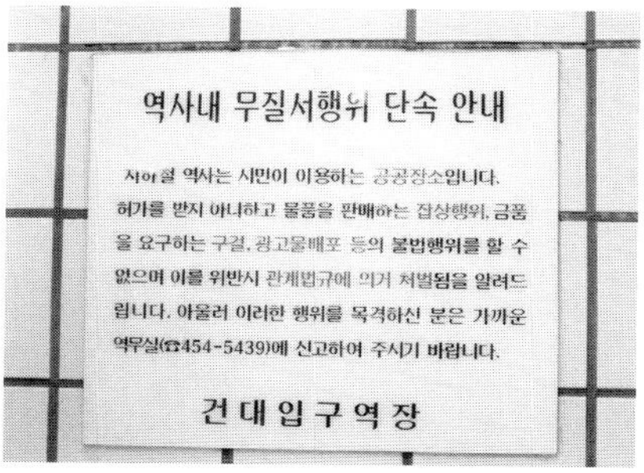

①역사내 무질서행위 단속 안내
②지하철 역사는 시민이 이용하는 공공장소입니다.
③허가를 받지 아니하고 물품을 판매하는 잡상행위, 금품을 요구하는 구걸, 광고물 배포 등의 불법행위를 할 수 없으며 ④이를 위반시 관계법규에 의거 처벌됨을 알려드립니다. ⑤아울러 이러한 행위를 목격하신 분은 가까운 역무실(☎454-5439)에 신고하여 주시기 바랍니다.
⑥건대입구역장

(38)의 공지문에서 ①의 제목 '역사내 무질서행위 단속 안내'에서는 공지문의 기능이 명시되지는 않았다. 다만 제목을 통해 공지문 본문의 내용을 예측할 수 있다. 본문을 보면 ②는 해당 장소의 특성에 대한 정보를 제공하고 있다. '공공장소'를 붉은 글씨로 표시하여 해당 장소의 속성을 강조하고 있다. 이 부분은 앞으로 전개될 본문 내용에 대한 도입이 된다. ③에서는 ②에서 밝힌 것과 같이 해당 장소의 특성이 공공장소이기 때문에 여러 가지 불법 행위를 할 수 없다는 금지 사항에 대한 정보를 제공하고 있다. 주된 금지사항은 붉은 글씨로 표시한 '잡상행위'와 '구걸, 광고물 배포 등'의 행위로 파악된다. 또한 ④에서는 금지 사항을 위반하였을 경우의 처벌 내용에 대한 정보도 제공하고 있다. 위반하면 '관계법규에 의거 처벌'된다는 정보를 붉은 글씨로 강조하여 제공하고 있다.[21] ⑤는 신고 행위를 요청하고 있는 부분으로 호소 기능을 보이는 부분이다. ⑥은 발신자를 명시한 것이다.

따라서 (38)의 공지문의 본문은 '② 제보 기능-③ 제보 기능-④ 제보 기능-⑤ 호소 기능'의 구성을 보이며 이에 따르면 이 공지문 텍스트는 제보 기능이 중심적인 기능이고 호소 기능이 부수적 기능임을 알 수 있다. 한편 제보 기능은 언어적으로 '-됨을 알려 드립니다', 호소 기능은 '-어 주

21) ④의 '알려드립니다'라는 서술어에 의해 파악되는 발화수반행위는 '알림'이지만, 상황 속에서 파악되는 이 문장의 발화효과행위는 '경고'라고 할 수 있다.

시기 바랍니다'로 명시적으로 표현되었다.

3.3.4. 호소 기능 중심 공지문

호소 기능 중심 공지문은 텍스트 전반적으로는 호소 기능을 보이나 부분적으로는 다른 기능을 보이는 텍스트를 말한다.

(39)

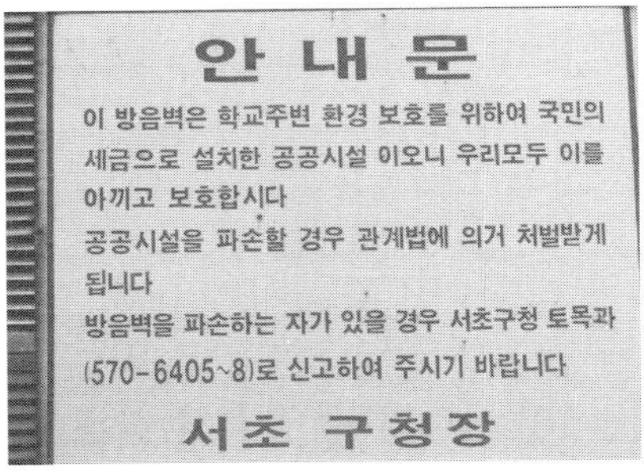

①안 내 문
②이 방음벽은 학교주변 환경 보호를 위하여 국민의 세금으로 설치한 공공시설 이오니 ③우리 모두 이를 아끼고 보호합시다
④공공시설을 파손할 경우 관계법에 의거 처벌을 받게 됩니다
⑤방음벽을 파손하는 자가 있을 경우 서초구청 토목과(570-6405~8)로 신고하여 주시기 바랍니다
⑥서초 구청장

(39)의 공지문에서 ①의 제목 '안내문'은 공지문임을 표현하는 전형적 제목이다. 이러한 제목은 공지문의 기능이나 본문의 내용에 대한 정보는 제공하지 않는다. 본문의 내용을 보면 ②는 '방음벽이 공공시설'이라는 시설의 특성에 대한 정보를 제공하는 제보 기능을, ③은 '아끼고 보호합시다'라는 호소 기능을 보인다. 주된 기능은 ③의 호소 기능으로 파악된다. ④는 파손할 경우 처벌을 받게 된다는 정보를 전달하고 있다. ⑤는 파손하는 사람을 신고해 달라는 호소 기능을 보인다. 따라서 이 공지문은 전체적으로 호소 기능이 우세하며 부분적으로 제보 기능을 보이는 텍스트라고 할 수 있다. 호소 기능을 보이고 있는 문장 ③의 경우는 '아끼고 보호합시다'라는 구문을 사용하여 텍스트 발신자가 수신자에게 호소를 하고 있음을 명시하고 있으며 문장 ⑤의 경우는 '신고하여 주시기 바랍니다'라는 구문을 사용하여 수신자에게 신고를 호소하고 있음을 명시하고 있다.

4. 마무리

이상에서 본고는 일상생활에서 많이 접하게 되는 공지문 텍스트를 대상으로 하여 구조와 기능 및 그에 따르는 언어적 표지 등을 분석하였다. 본론의 논의를 요약하면 다음과 같다.

공지문 텍스트의 구조는 '제목－본문－발신자' 유형이 일반적이었으나 발신자가 없는 '제목－본문' 유형, 제목이 없는 '본문－발신자' 유형, 제목과 발신자가 없는 '본문' 유형도 사용되었다. 공지문 텍스트의 제목은 형식에 따라서 '명사형, 명사구형, 문장형'으로 나눌 수 있는데 명사형과 명사구형이 선호되는 경향이 있었다. 공지문의 제목을 내용과 관련하여 살펴보면 '텍스트 종류가 공지문임을 표현한 제목, 공지문 본문의 내용을 표현한 제목, 공지문의 수신자를 표현한 제목' 등으로 나눌 수 있었는데, 이 세 가지 유형이 결합한 복합적인 유형의 제목이 사용되기도 하였다. 공지문 텍스트의 본문은 형식에 따라 '서술식, 항목식, 혼합식'으로 나눌 수 있고, '항목식'은 다시 '명사구 항목식'과 '문장 항목식'으로 나눌 수 있다. 이 가운데서는 '서술식'이 가장 많이 사용되는 경향을 보였다. 공지문 텍스트의 발신자는 공적인 내용을 널리 알릴 만한 위치에 있는 '직명'이나 '기관명'으로 표현되었다.

공지문 텍스트의 대표적인 기능으로는 제보 기능과 호소 기능을 들 수 있다. 제보 기능을 보이는 공지문 텍스트의 경우는 '행사 및 모임, 공간의 특성, 금지 사항, 금지 사항을 위반했을 경우의 조치, 불법 행위를 했을 경우의 처벌' 등과 관련된 정보를 수신자에게 제공하는 기능을 하였다. 호소 기능을 보이는 공지문 텍스트의 경우는 '금지, 신고, 협조, 참여' 등을 수신자에게 호소하는 기능을 하였다. 공지문 텍스트의 제보 기능과 호소 기능은 특정한 언어적 표지를 사용하여 명시되는 경향이 있었다.

이상의 분석을 통하여 공지문 텍스트의 구조와 기능을 살펴보았으며, 공지문 텍스트에서 제보 기능과 호소 기능이 어떠한 언어적 표지를 통해 표현되는지를 파악할 수 있었다. 본고의 논의는 지금까지 본격적인 분석의 대상이 되지 못했던 실용문 텍스트를 텍스트 언어학적 관점에서 조망해 보았다는 데 의의가 있다. 앞으로 자료의 확대를 통해 다양한 한국어 실용문 텍스트의 구조와 기능에 대한 연구가 체계화될 수 있기를 기대한다.

[참고문헌]

고영근(1999), 『텍스트이론: 언어문학통합론의 이론과 실제』, 아르케.

______(2002), 「텍스트과학, 그 정체성을 찾아서」, 『텍스트언어학』 12.

고영근 외(2001), 『한국텍스트과학의 제과제』, 역락.

________(2002), 『문법과 텍스트』, 서울대학교출판부.

박여성(1994), 「화행론적 텍스트유형학을 위하여」, 『텍스트언어학』 2.

백설자 역(2001), 『텍스트언어학 입문』, 역락.

이석규 편(2003), 『텍스트 분석의 실제』, 역락.

이성만(1993), 「텍스트 구조의 이해」, 『텍스트언어학』 1.

이성만 역(1994), 『텍스트언어학의 이해』, 한국문화사.

이정복(2002), 「전자편지 텍스트의 구조와 기능」, 『텍스트언어학』 12.

______(2003), 「대구 지역 대학생들의 게시글에 나타난 통신 언어 분석」, 『한국어학』 21, 한국어학회.

조국현(2001), 「텍스트 종류 연구의 과제 및 절차」, 『독일문학』 제79집 42권 3호, 한국독어독문학회.

『훈민정음』 두 서문의 텍스트성

신지연

1. 들어가기

텍스트 언어학은 하나의 텍스트를 분석하는 데 있어 그 내적인 구조나 논리 외에 그것이 여러 가지 상황과 맺는 유기적 관련성 또한 중요한 요소로 보고 연구하는 언어학의 한 방법론이다. 그 여러 가지 상황적 요소로는 텍스트 생산자 자신과 텍스트가 목표로 삼는 텍스트 수용자뿐만 아니라 그들과 관계되는 심리적·사회적 요인들, 그 밖에 정보로서의 텍스트가 가지는 통화적 요인들이 모두 포함된다. Beaugrande and Dressler(1972)는 이것들을 의도성(intentinality)과 용인성(acceptability), 상황성(situationality)과 상호텍스트성(intertexuality), 정보성(informativity) 등의 텍스트성으로 구분하고, 언어 내적인 요소들, 특히 의미의 구조 또는 연쇄와 관련되는 결속 구조(cohesion)와 결속성(coherence)과 더불어 텍스트의 본질을 규명하는 데 기여할 수 있는 요소들로 보았다. 곧 인간이 통보를 위해 주고받는 텍스트는 그것이 언어를 재료로 하고 있기는 하지만 언어 내적인 요소들만의 분석으로는 그 특징과 기능을 충분히 밝힐 수 없고 위와 같은 여러 가지 상황적 요소에 대한 고려가 필수적이라는 것이다.

본고는 이러한 텍스트 언어학적 방법론을 이용하여 『훈민정음(1446)』 어제 서문(御製 序文)의 텍스트성(textuality)을 살펴보고, 상호텍스트성의 관점에서 정인지 서(序)와 비교해 보기로 한다.[1] 공식적으로 새로운

1) 자료로는 어제 서문의 경우는 언해본의 것을 이용하고, 정인지 서문의 경우에는 한

문자 체계의 출범을 알리는 역사적인 문헌이자 한글로 된 최초의 산문 텍스트인 『훈민정음』의 서문의 텍스트성을 살펴보는 일은 그만큼 의미 있는 일이 될 것이다.

2. 어제 서문의 텍스트성

2.1. 거시 구조(巨視構造)

『훈민정음』의 어제 서문 전문을 종결어미를 기준으로 나누면 두 개의 하위 텍스트 T1과 T2로 나눌 수 있고, 이들은 다시 연결어미에 의해 연결되는 단문들인 t1부터 t5까지의 다섯 개의 하위텍스트로 나뉜다.[2)]

T1

[나랏말ᄊᆞ미 中國에 달아 文字와로 서르 ᄉᆞᄆᆞᆺ디 아니ᄒᆞᆯᄊᆡ] t1
國之語音. 異乎中國. 與文字 不相流通.

[이런 젼ᄎᆞ로 어린 百姓이 서르 니르고져 ᄒᆞᇙ배 이셔도] t2
故 愚民. 有所欲言

문 원문과 함께 강신항(1990)에서 번역된 것을 이용하기로 한다. 언해본 어제 서문의 경우 한문 원문을 번역한 것이므로 한문을 직역하고자 하는 데서 비롯된 부자연스러운 국어 표현이 어렵지 않게 발견된다. 그러나 언해 자체도 같은 텍스트 생산자에 의한 것이므로 모든 표현은 동일한 텍스트 생산자의 의도를 담는다고 볼 수 있다. 정인지 서의 번역물을 이용하는 경우에는 보다 많은 주의가 필요하다. 정인지 서의 텍스트 생산자는 한문텍스트만을 남기고 있기 때문이다. 따라서 정인지 서의 번역물을 분석하는 데에는 의미 내용만이 중심이 될 수밖에 없으며 사용된 어휘와 관련된 '표현'의 층위는 고려하지 않는다.

2) 이때 각각의 연결어미와 통합되는 서술어는 각기 다른 주어를 지배한다. '나랏마ᄊᆞ미……아니ᄒᆞᆯᄊᆡ(t1), 어린 百姓이……이셔도(t2), 노미……하니라(t3), 내……ᄆᆡᆼᄀᆞ노니(t4) ϕ ……ᄡᅮ킈ᄆᆡ니라(t5).' t5의 경우는 전형적인 무주어문으로 볼 수 있다.

[ᄆᆞᄎᆞᆷ내 제 ᄠᅳ들 시러 펴디 몯ᄒᆞᇙ 노미 하니라] t3
而終 不得伸其情者. 多矣.

T2
[내 이ᄅᆞᆯ 爲ᄒᆞ야 어엿비 너겨 새로 스믈 여듧 字ᄅᆞᆯ ᄆᆡᇰᄀᆞ노니] t4
予. 爲此 憫然. 新製二十八字.

[사ᄅᆞᆷ마다 ᄒᆡᅇᅧ 수ᄫᅵ 니겨 날로 ᄡᅮ메 便安킈 ᄒᆞ고져 ᄒᆞᇙ ᄯᆞᄅᆞ미니라] t5
欲使人人易習. 便於日用耳.

T1과 T2를 상황성의 측면에서 보면 T1은 상황 점검부의 기능을 하고 T2는 상황 관리부의 기능을 함으로써 각기 다른 하위텍스트들로 구분될 근거를 가지고 있음을 알 수 있다.[3] 상황 점검부에서는 '나랏말씀'이 중국과 달라 백성들이 겪는 불편한 상황을 설명하고, 그것으로 관리의 근거를 삼는다.[4] 상황 관리부에서는 T1에서 점검된 상황의 문제점을 해소하기 위해 모종의 조치가 취해지는 관리가 행해지며 그 구체적인 내용은 새 문자 28자를 만드는 것으로 나타난다. 따라서 T1의 핵심어는 점검의 내용인 '하니라'가 될 것이고, T2의 핵심어는 관리의 내용인 'ᄆᆡᇰᄀᆞ노니'가 될 것이다. 정보성과 관련시킨다면 상황 점검부는 주로 구정보를 다루고 상황 관리부는 신정보를 다루는 것으로 볼 수 있다. 훈민정음은 공시문(公示文)의 성격을 가지는 것으로서 공시의 대상이 신정보가 되므로 이 텍스트의 공시 대상은 '정음 28자'로 볼 수 있다. 따라서 이 텍스트에서 가장 정보성이 높은 어휘는 바로 관리의 대상이 되는 '정음 28자'가 되는 것이다. 따라서 T1과 T2는 상황성의 측면에서는 각각 상

3) Beaugrande and Dressler(1972)의 8장에서는 어떤 텍스트의 지배적 역할이 중간 조정 없이 그 상황 모델을 설명하는 것이라면 상황 점검(situation monitoring)이 수행되고 있는 것이지만 반면에 텍스트의 지배적 역할이 텍스트 생산자의 목적에 부합되는 방식으로 그 상황을 인도하는 것이라면 여기에는 상황 관리(situation management)가 수행되고 있는 것으로 볼 수 있다고 한다.

4) 실제로 상황 점검과 관리의 경계는 모호하기 마련인데 많은 경우 관리가 단순한 점검으로 위장되고 있기도 하고 단순한 점검이 보는 이의 관점에 따라 관리로 해석되는 수도 있기 때문이다. T1의 경우에도 T2에서 이루어지는 관리에 정당성을 부여하는 기능을 하는 또 하나의 관리 텍스트라고 해석할 수 있는 것이다.

황 점검부와 상황 관리부, 정보성의 측면에서는 각각 구정보와 신정보를 담고 있는 부분으로 볼 수 있다.[5] T1과 T2는 의미 구조와 관련되는 결속성의 측면에서도 서로 다른 양상을 보여 주는데 T1은 상황을 드러내기 위한 원인과 이유를 제시하는 내용으로 이루어져 있으며 T2는 그것을 개선하고자 하는 의도의 중심 의미를 가지고 있는 것으로 볼 수 있다. 이를 표로 나타내면 (1)과 같다.

(1) T1, T2의 결속성, 상황성, 정보성

	결속성	상황성	정보성
T1	원인, 이유	상황 점검	구정보
T2	목적, 의도	상황 관리	신정보

점검부인 T1의 주어들은 '나랏말쌈'(t1)과 '어린 백셩'(t2, t3)이며 이들은 모두 피동객체(PATIENT)일 뿐이다. T2의 주어는 점검부의 상황을 타개하기 위해 새로이 도입된 동작주(AGENT) '나(君主)'(t4)이다. t5에서는 이 주어가 생략되어 있지만 'ᄒᆞ고져 하-'는 주체는 역시 군주인 '나'로 볼 수 있다. 여기에서 주어 '나'는 동작주로 나타남으로써 적극적인 관리자의 역할을 수행하고 있음을 보여 준다. 점검부의 주어들인 '나랏말쌈'과 '어린 백셩'은 이 관리부에서는 '스믈 여듧 字'[6]나 '사람마다 히ᅇᅧ'에서 보듯이 목적어나 부사어로 나타나 관리 대상의 역할을 하고 있다. 특히 점검부의 경험주 '백셩'은 관리부에서 피동객체로 도입되어 수혜자로서의 전혀 새로운 국면을 경험하게 된다.

---

5) 물론 과거 사태에 대한 서술이라고 해서 모두 구정보인 것은 아니다. 수용자에게 제공된 내용이 새롭고 비예측적이고 보편적인 것이 아닐 때 정보성을 가진다고 한다면 어떤 현상에 대한 기존의 인식은 구정보이지만 과거 사태에 대한 새로운 인식을 담고 있다면 신정보로 보아야 한다. 이 텍스트에서 T1이 어떤 상황에 대한 새로운 해석인 것으로 보이지는 않는다. 다음 사실 곧 T2를 말하기 위한 전제(premise)로 기능하는 것으로서 그 정보는 이미 수용자와 공유하는 것으로 해석된다.

6) T1의 '나랏말쌈'은 T2의 '스믈 여듧자'로 어휘적으로 반복되어 결속 구조를 이루고 있는 것으로 볼 수 있다. 이처럼 그 의미적 외연이 완전히 일치하지는 않아도 어휘 자질을 부분적으로 공유하는 것들의 반복을 Beaugrande & Dressler(1972)에서는 부분적 回起(partial recurrence)라고 설명하고 있으며, 고영근(1990)에서는 이들이 의미상의 등가성(等價性, equivalence)을 가지는 것으로 본다.

그러나 관리부에서 동작주 '나'가 처음 등장한다고 해서 점검부에서의 '나'의 역할이 전혀 배제되는 것은 아니다. 점검부에서도 점검하고 관찰하는 주체는 '나'이며 이러한 사실은 점검부의 마지막 서술어 '하니라'에 나타나는 원칙법 선어말 어미 '니'로 드러난다. 점검한 사태를 객관적인 사실로 인정하여 공시하는 주체로서의 텍스트 생산자의 존재가 드러나는 것이다. 이때 관리부의 동작주 '나'와 결속되는 '뮝ᄀ노니'의 '-오/우-', 의도를 나타내는 연결어미 '-고져' 등은 일인칭 화자의 '의도'와 밀접한 관계를 맺는 것으로서 텍스트 생산자의 '의도성'을 충분히 드러내는 표현들이다. 상황 관리적 측면이 의도성과 밀접한 관련이 있음을 보이는 또 하나의 예가 될 것이다.

상황 점검부 T1과 상황 관리부 T2는 '(펴디) 몯홇' 문제 상황을 '편안킈' 해결하는 '문제 제기—문제 해결' 구도를 형성한다. 곧 "달아…… (ᄉᆞᄆᆞᆺ디) 아니홀씨…… (시러펴디) 몯ᄒᆞᆯ"는 부정적 상황을 "수ᄫᅵ (니겨)…… 날로 (ᄡᅮ메)…… 편안킈" 되는 긍정적 상황으로 전환시키는 것이다. 이때 그와 같은 부정적 상황에서 긍정적 상황으로 국면 전환이 이루어질 때의 경험주는 '어린 백성'이며, 그러한 국면 전환의 동작주는 '나'(君主)이고, 국면 전환의 도구가 되는 것은 '스믈 여듧 자'가 된다.

(2) 어제 서문의 거시 구조

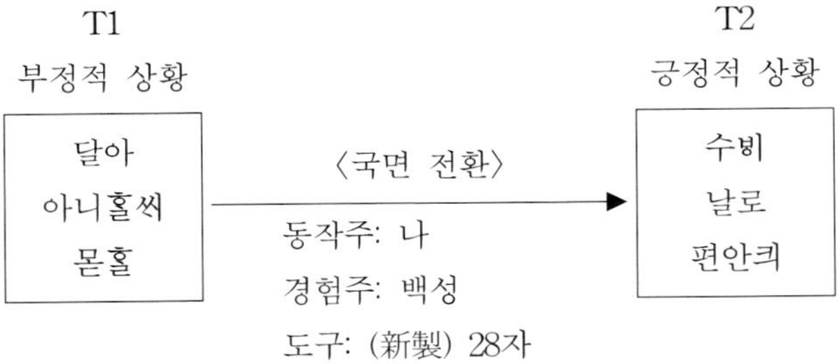

한편 t1~t5까지는 시간적으로도 하나의 선적 구성을 가지고 있다.

(3) 어제 서문의 시간 구조

t1 대과거 (원인의 연결어미 '-ㄹ씨')

t2 ┐
　　 과거에서 현재에 이르는 상황
t3 ┘

t4 현재적 조치 ('밍ᄀᆞ노니'의 현재 시제 'ᄂᆞ')

t5 미래의 지향 국면 (의도의 연결어미 '-고져')

형태적으로 t1에서 원인을 나타내는 연결어미 '-ㄹ씨'가 보이고 t5에서는 의도를 나타내는 연결어미 '-고져'가 등장하는데, '원인'은 과거적이고 '의도'는 미래적이라고 볼 수 있다.

2.2. 미시 구조(微視構造)

이제 이러한 거시 구조 안의 각각의 하위텍스트에서 보이는 미시적인 결속구조를 살펴보기로 한다.

2.2.1. 상황 점검부

[나랏 말ᄊᆞ미 中國에 달아 文字와로 서르 ᄉᆞᄆᆞᆺ디 아니ᄒᆞᆯᄊᆡ] t1

t1에서는 '나라'와 '중국', '말씀'과 '문자'가 서로 대립쌍을 이룬다. 이들은 '서르 ᄉᆞᄆᆞᆺ'아야 할 구성 요소들이 된다. '서르'가 직접적으로 가리키고 있는 내용이 되기도 한다. 따라서 이들의 대립은 '서르 ᄉᆞᄆᆞᆺ디'의 배경이 된다. 한편 이들이 'ᄉᆞᄆᆞᆺ디 아니ᄒᆞ'는 이유는 '달아'로 제시된다. 곧 '달아'와 '아니ᄒᆞᆯᄊᆡ'는 서로 의미적으로 호응하는 것으로 볼 수 있다.

[이런 젼ᄎᆞ로 어린 百姓이 서르 니르고져 홇배 이셔도] t2

[마ᄎᆞᆷ내 제 ᄠᅳ들 시러 펴디 몯홇 노미 하니라] t3

t2의 '이런 젼ᄎᆞ로'가 t1과 연결하는 것은 실제로 t2와 t3 전체이다. t1의 내용 전체는 지시 용언 '이러-'로 반복되며 개념적으로는 '젼ᄎᆞ'로 포괄

된다. t2와 t3은 t1보다는 더 긴밀한 결속관계를 가진다. t2의 '백성'과 t3의 '제', '놈'이 어휘적으로 반복되어 결속구조를 이루고 있으며, t2의 '니르고져'와 t3의 '펴디', t2의 '바'가 가리키는 내용과 t3의 'ᄠᅳᆮ' 또한 어휘적으로 반복된 예로 볼 수 있으므로 결속구조를 이루고 있다고 볼 수 있기 때문이다. 결국 상황 점검부인 T1은 크게 t1과 [t2+t3]의 두 부분으로 나뉜다고 볼 수 있으므로 (3)과 같이 나타낼 수 있다.

(3) T1=t1+[t2+t3]

한편 t3에 나타나는 부사어 '마촘내'와 '시러'는 의미적으로 부정어 '몯ᄒᆞ-'를 강조하며 t2의 양보의 연결어미 '-어도' 또한 '몯ᄒᆞ-'를 강조하는 것으로 볼 수 있다. 한편 t3의 '하니라'는 "어린 백성이 서르 니르고져 ᄒᆞᇙ배 이셔도 마촘내 제 ᄠᅳ들 시러 펴디 몯ᄒᆞ-"는 상황을 양적으로 확대하는 효과를 갖는다. 곧, '달아'서 '(ᄉᆞᄆᆞᆺ디) 아니하'기 때문에 발생한 부정적 상황은 '-어도', '마촘내', '시러'로 강조되어 부정성이 질적으로 심화되고 그것은 '하-'에 의해 양적으로 팽창되는 것이다. 따라서 이들 어휘들은 백성들이 겪는 불편, 즉 부정적 상황을 강조하여 표현하려는 텍스트 생산자의 의도에 따라 배치된 것으로서 일련의 결속구조를 형성하는 것으로 파악된다. 백성들의 불편을 이와 같이 강조하는 것은 훈민정음의 창제의 의의를 더욱 두드러지게 하려는 생산자의 또 하나의 상황 관리적 측면이 반영된 것이라 할 수 있다. 이러한 상황 관리는 겉으로 드러난 상황 점검 속에 숨어 있는 부차적 상황 관리이다. 여기에 이용된 부정적 상황을 드러내는 어휘의 결속구조를 그림으로 보이면 다음 (4)와 같다.

(4) T1의 결속구조

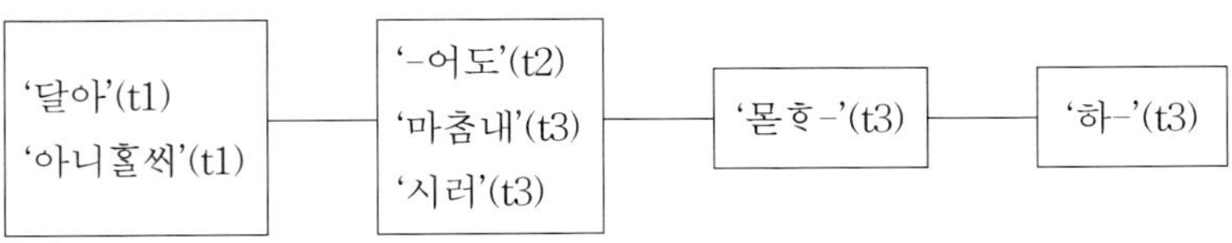

2.2.2. 상황 관리부

[내 이롤 爲ᄒᆞ야 어엿비 너겨 새로 스믈 여듧 字ᄅᆞᆯ ᄆᆡᇰᄀᆞ노니] t4

T1을 이루는 t1~t3에서 점검된 내용은 t4에서 지시대명사 '이'로 반복되어 포괄된다. 점검부인 T1과 관리부인 T2는 이 지시어에 의해 결속된다고 할 수 있다.

t4에서 새로 도입된 주어 '나'는 'ᄆᆡᇰᄀᆞ노니'의 '-오-', '편안킈 ᄒᆞ고져'의 '-고져' 등 1인칭 주어와 관련되는 통사 의미 장치들과 결속된다. 이는 신문자를 창제하는 텍스트 생산자인 군주의 시혜적 입장을 강조하기 위함일 것이다. 이와 같은 시혜적 입장을 직설적으로 나타내는 표현은 '어엿비 너겨'이다. t1~t3의 상황 점검부에서 보여 주는 내용이 백성들의 불편함을 설명하는 것임을 참고하면 더욱 자명하다.

시혜의 대상은 점검부의 주어인 '어린 백성'이다. 점검부의 주어 '어린 백성'은 새로운 동작주가 도입된 관리부에서는 객어로 나타나 결속구조를 이룬다.

(5) 어린 백성(t2)——제(t3)——놈(t3)——사람마다(t5)

어제 서문의 가장 중요한 주제어는 '스믈 여듧 자'이고 가장 중요한 서술어는 'ᄆᆡᇰᄀᆞ노니'이다. 곧, 이것이 가장 큰 정보성을 가지는 부분이 되는 것이다. 이때 '새로'는 이 정보성을 극대화한다. 이 '새로'는 T1에서 T2로의 국면 전환을 강조한다. 국면 전환의 동작주 '나'가 도구로 내세운 '스믈 여듧 자'는 어디서 빌려오거나 옛것을 고쳐 만든 궁여지책에 속하는 것이 아니라 창조적인 '새로' 만든 도구이므로 더 큰 가치를 가진다.

t4의 '위ᄒᆞ야'와 '어엿비 너겨'는 흔히 『훈민정음』의 창제 목적의 하나로 얘기되는 爲民의 내용이 되는 것으로서 결속구조를 이룬다고 볼 수 있다. 이는 또한 t2에서 백성들에게 내려졌던 평가 '어리-'다와 다시 한 번 결속되는 것으로도 볼 수 있다. 어리석다는 평가는 '불쌍하게' 생각하는 것의 구체적인 근거가 된다.

[사람마다 ᄒᆡᅇᅧ 수ᄫᅵ 니겨 날로 ᄡᅮ메 便安킈 ᄒᆞ고져 ᄒᆞᇙ ᄯᆞᄅᆞ미니라] t5

t5는 숨은 주어(e)인 '나'의 소망을 이야기하는 부분이다. 그 소망은 점검부에서 이야기된 백성들의 불편이 완전히 해소된 상태이다. 그 해소된 상태는 '수ᄫᅵ', '편안킈' 등으로 나타나고 시공간적으로는 '날로'로 확대된다.

3. 어제 서문과 정인지 서의 상호텍스트성

『훈민정음』의 어제 서문은 훈민정음 창제의 동기와 목적을 잘 보여준다. 『훈민정음』의 후서라 할 수 있는 정인지 서의 내용 또한 어제 서문과 크게 다르지 않다. 정인지 서는 어제 서문의 내용을 더욱 구체적으로 예를 들어 설명하고 배경과 경위를 자세히 서술하여 어제 서문을 뒷받침하고 있다. 게다가 정인지 서는 신하된 위치에서 글의 창제자인 왕의 위업을 바라보는 입장을 가지고 신문자 창제라는 사건을 보고 있어서, 텍스트 생산자적 관점을 드러내는 의도성을 엿보게 한다. 정인지 서를 특별히 어제 서문과의 상호텍스트성의 관점에서 살펴보기로 한다.

3.1. 정인지 서의 텍스트구조

이 텍스트는 내용상 모두 일곱 개의 하위텍스트(T1~T7)로 이루어진 것으로 볼 수 있으며 그 하위텍스트의 내용은 다음과 같다.

(6) 정인지 서의 하위텍스트의 주제

[T1] 신문자 창제의 일반론적 배경

[T2] 신문자 창제의 구체적 배경-실제적, 구체적 불편

[T3] 신문자의 창제, 문자의 이름과 특성

[T4] 신문자의 효용

[T5] 책의 편찬자－신하들

[T6] 문자의 창제자인 왕에 대한 칭송

[T7] 날짜, 쓴 사람

곧, 정인지 서의 내용은 어제 서문에서 이미 이야기한 내용들인 신문자 창제의 배경 설명(T1, T2), 신문자의 발표와 그의 특성 소개(T3), 기대되는 효과 설명(T4) 등의 내용들을 다시 한번 구체적으로 설명하고, 어제 서문에는 나오지 않는 책의 편찬 경위와 편찬자에 대한 소개(T5), 문자 창제의 위업을 달성한 왕에 대한 칭송(T6) 등의 내용을 더 담고 있으며, 마지막으로 글을 쓴 날짜와 쓴 사람을 밝힘(T7)으로써 글의 형식을 완결짓고 있는 것이다. 이제 정인지 서의 하위텍스트 구분에 따라 전체 텍스트를 보이면 다음과 같다. 해석은 강신항(1990)의 것을 전재하며, 진하게 표시된 부분은 어제 서문과 내용상 대체로 일치한다고 볼 수 있는 부분이다(3.2. (9)의 표 참조).

[T1] 有天地自然之聲. 則必有天地自然之文. (천지 자연의 소리(聲)가 있으면 반드시 천지 자연의 글(文)이 있다.)

所以古人因聲制字. 以通萬物之情. 以載三才之道. 而後世不能易也. (그래서 옛 사람이 그 소리를 바탕으로 하여 글자를 만들어 가지고 만물의 情을 통하게 하고 三才의 도리를 책에 싣게 하니 후세 사람이 선인이 만든 글자를 함부로 바꿀 수 없었다.)

然四方風土區別. 聲氣亦隨而異焉. (그러나 四方의 風土가 다르고 사람의 聲氣도 이에 따라 다르다.)

盖外國之語. 有其聲而無其字. 假中國之字以通其用. 是猶枘鑿之鉏鋙也. 豈能達而無礙乎. (대개 외국어는 중국어와 다른 그 말의 음이 있으나 그 음을 기록할 글자가 없어서 중국의 글자를 빌어가지고 그 쓰임에 통용하고 있으나 이것은 마치 둥근 구멍에 모난 자루를 낀 것과 같이 서로 어긋나는 일이어서 어찌 능히 통달해서 막힘이 없겠는가.)

要皆各隨所處而安. 不可强之使同也. (그러므로 要는 각각 그 처해 있는 바

를 따라 편의케 할 것이요 억지로 똑같게 할 것이 아니다.)

[T2] 吾東方禮樂文章. 侔擬華夏. 但**方言俚語. 不與之同.** (우리 東方은 禮樂文章 등 문물 제도가 중국과 견줄 만하나 **方言 俚語가 중국과 같지 않다.**)

學書者患其有旨趣之難曉. 治獄者病其有曲折之難通. (그래서 글의 뜻을 일반 백성은 깨우치기 어려움을 걱정으로 여기고 옥사를 다스리는 이는 그 곡절의 통하기 어려움을 괴롭게 여기고 있다.)

昔新羅薛聰. 始作吏讀. 官府民間. 至今行之. (옛날에 新羅의 薛聰이 吏讀를 처음 만들어서 오늘에 이르기까지 관청이나 민간에서 이를 사용하고 있으나,)

然皆假字而用. 或澁或窒. 非但鄙陋無稽而已. 至於言語之間. 則不能達其萬一焉. (이것이 모두 한자를 빌어쓰는 것이어서 혹은 껵껵하고 혹은 막히어서 몹시 속되고 근거가 일정하지 않을 뿐만 아니라 언어를 적는 데에 이르러서는 그 만분의 일도 통달치 못하는 것이다.)

[T3] 癸亥冬. **我殿下創制正音二十八字.** 略揭例義以示之. 名曰訓民正音. (癸亥년 겨울에 **우리 殿下께서 正音 28자를 創製하시고** 간략하게 例義를 들어 보이시고 이름을 訓民正音이라고 지으셨다.)

象形而字倣古篆. 因聲而音叶七調. 三極之義. 二氣之妙. 莫不該括. (이 글자는 象形해서 만들되 글자 모양은 중국의 古篆을 본떴고 소리의 원리를 바탕으로 하였으므로 음은 七調에 맞고 삼재의 뜻과 二氣의 妙가 다 포함되지 않은 것이 없다.)

[T4] 以二十八字而轉換無窮. 簡而要. 精而通. (이 28글자를 가지고도 轉換이 無窮하여 간단하고도 요긴하고 精하고도 通하는 까닭에)

故智者不終朝而會. 愚者可浹旬而學. (슬기로운 사람은 하루아침을 마치기도 전에 깨우치고 어리석은 이라도 열흘이면 배울 수 있다.)

以是解書. 可以知其義. 以是聽訟. 可以得其情. (**이 글자로써 글을 풀면 그 뜻을 알 수 있고** 이 글자로써 송사를 심리하더라도 그 실정을 알 수 있게 되었다.)

字韻則淸濁之能辨. 樂歌則律呂之克諧. 無所用而不備. 無所往而不達.

雖風聲鶴唳. 鷄鳴狗吠. 皆可得而書矣. (한자음은 淸濁을 능히 구별할 수 있고 樂歌는 律呂가 고르게 되며 쓰는 데 갖추어지지 않은 바가 없고 가서 통달되지 않는 바가 없으며 바람소리, 학의 울음, 닭의 홰치며 우는 소리, 개 짖는 소리일지라도 모두 이 글자를 가지고 적을 수가 있다.)

[T5] 遂命祥可解釋. 以喩諸人. 於是. (드디어 저희들에게 자세히 이 글자에 대한 解釋을 해서 여러 사람들을 가르치라고 명령하시매)

臣與集賢殿應敎臣崔恒. 副校理臣朴彭年. 臣申叔舟. 脩撰臣成三文. 敎寧府注簿臣姜希顔. 行集賢殿副脩撰臣李塏. 臣李善老等. 謹作諸解及例. 以敍其梗概. 庶使觀者不師而自悟. (이에 臣이 集賢殿 應敎 崔 恒, 副校理 朴彭年, 申叔舟, 脩撰 成三問, 敎寧府 注簿 姜希顔, 行 集賢殿 附脩撰 李 塏, 李善老 등과 더불어 삼가 여러 解와 例를 지어서 이 글자에 대한 梗概를 서술하고 보는 사람으로 하여금 스승이 없어도 스스로 깨우치도록 바랐사오나)

若其淵源精義之妙. 則非臣等之所能發揮也. (그 깊은 淵源이나 자세하고 묘한 깊은 이치에 대해서는 臣 等이 능히 펴 나타낼 수 있는 바가 아니다.)

[T6] 恭惟我殿下. 天縱之聖制度施爲超越百王. 正音之作. 無所祖述. 而成於自然. 豈以其至理之無所不在. 而非人爲之私也. (공손히 생각하옵건대 우리 殿下께서는 하늘이 내신 성인으로서 지으신 법도와 베푸신 시정 업적이 百王을 초월하여 正音을 지으심도 어떤 선인의 설을 이어받으심이 없이 自然으로 이룩하신 것이라 참으로 그 지극한 원리가 있지 아니한 바가 없으며 人爲의 사사로움, 즉 어떤 개인의 사적인 조작으로 이루어진 것이 아니다.)

夫東方有國. 不爲不久. 而開物成務之大智. 盖有待於今日也歟. (대저 東方에 나라가 있음이 오래 되지 않음이 아니나, 開物成務의 큰 지혜는 대개 오늘을 기다리고 있었음인저!)

[T7] 正統十一年九月上澣.

資憲大夫禮曹判書集賢殿大提學知春秋館事世子右賓客臣鄭麟趾拜手稽首謹書. (正統 11년 9월 上澣 資憲大夫 禮曹判書 集賢殿 大提學 知春秋館事 世子 우賓客 鄭麟趾는 두 손 모아 머리 숙이고 삼가 씀.)

글의 형식 요건을 이루는 부분인 T7을 제외한 정인지 서의 여섯 개의 하위텍스트들은 크게 T′1에서 T′3까지의 세 부분으로 나뉜다고 볼 수 있다. 신문자 창제의 배경과 관련되는 부분인 T1과 T2는 T′1로, 신문자의 창제와 관련된 부분인 T3과 T4는 T′2로, 그 신문자를 소개하는 책의 편찬과 관련된 부분인 T5와 T6은 T′3으로 묶이는 것이다.

(7) 정인지 서의 구조

(문자창제배경)	T′1	T1
		T2
(신문자 창제)	T′2	T3
		T4
(편찬자의 관점에서)	T′3	T5
		T6

이 중에서 T′1과 T′2는 어제 서문의 내용과 거의 일치한다. 곧, T′1에서는 신문자 창제의 배경을 설명하고, T′2에서는 신문자의 창제를 선포하고 이 문자의 사용으로 기대되는 효과에 대해 설명한다. 여기까지는 보다 구체적이라는 점 외에 어제 서문의 내용과 별로 다를 것이 없다. 그러나 정인지 서에서는 한걸음 더 나아가 T′3에서 그 신문자를 소개하는 책의 편찬 경위를 설명하고 창제자에 대한 칭송을 덧붙인다.[7] 따라서 정인지 서는 양적인 측면에서나 질적인 측면에서 모두 어제 서문의 확대 텍스트의 성격을 갖는다. 그 하나는 앞에서도 얘기했듯이 질적인 측면에서 T′1과 T′2의 내용이 어제 서문의 내용보다는 질적으로 훨씬 심화된 것이라는 점이고 다른 하나는 어제 서문에도 있는 내용인 T′1과 T′2 외에 책의 편찬 과정과 관련된 T′3를 가짐으로써 양적으로 확대되었다는 것이다. 각각의 내용에 대해 살펴보면 다음과 같다.

7) T′3에 속하는 T5와 T6은 일견 별개의 내용을 가지는 것으로 생각되기 쉽다. T5는 편찬과 관련된 내용인 데 반해 T6은 창제자인 왕에 대한 칭송을 그 내용으로 하기 때문이다. 그러나 T6의 왕에 대한 칭송은 T5의 편찬자인 자신들을 낮추기 위한 것이므로 전체적으로는 동일한 맥락에서 이해되어야 한다. T5에서 책의 편찬자가 드러나기는 하지만 이는 결국 T6을 강조하기 위한 배경의 역할만을 하는 것이라고도 볼 수 있는 것이다.

3.2. 어제 서문의 질적인 확대

이 전체 텍스트 중에서 T1부터 T4의 내용은 어제 서문 전체와 내용상 일치한다. 다만 정인지 서는 어제 서문에서 얘기된 내용을 보다 더 구체적으로 보완하여 논리성을 갖추고 실제 예를 들어 설명하고 있다는 점이 다르다. 곧, 정인지 서의 전반부는 어제 서문의 내용을 보강하는 내용으로 이루어져 있는 것이다. 정인지 서의 T1은 T2의 논리적 배경 부분을 이루기 때문에 T1은 T2에 종속된 것으로 볼 수 있고, 따라서 정인지 서의 T1과 T2는 어제 서문의 상황 점검부인 T1로 포괄될 수 있는 내용이다. 또한 정인지 서의 T3과 T4는 어제 서문의 상황 관리부인 T2와 내용상 같다고 볼 수 있다. 정인지 서의 T3은 어제 서문의 t4와, 정인지 서의 T4는 어제 서문의 t5와 내용상 각각 일치한다. 어제 서문이 정인지 서와 내용상 일치하는 부분을 뽑아 표로 보이면 다음과 같다.

(8) 어제 서문과 정인지 서의 일치 부분

<table>
<tr><th colspan="2">어제 서문</th><th colspan="2">정인지 서</th></tr>
<tr><td rowspan="2">T1</td><td>나랏 말ᄊᆞ미 中國에 달아 文字와로 서르 ᄉᆞᄆᆞᆺ디 아니ᄒᆞᆯᄊᆡ(t1)</td><td>方言俚語. 不與之同. (方言俚語가 중국과 같지 않다.) [T1]</td><td rowspan="2">T′1</td></tr>
<tr><td>이런 젼ᄎᆞ로 어린 百姓이 서르 니르고져 ᄒᆞᇙ배 이셔도(t2)
마ᄎᆞᆷ내 제 ᄠᅳ들 시러 펴디 몯ᄒᆞᇙ 노미 하니라(t3)</td><td>學書者患其有旨趣之難曉. (그래서 글의 뜻을 일반 백성은 깨우치기 어려움을 걱정으로 여기고) [T2]</td></tr>
<tr><td rowspan="2">T2</td><td>내 이ᄅᆞᆯ 爲ᄒᆞ야 어엿비 너겨 새로 스믈 여듧 字ᄅᆞᆯ ᄆᆡᇰᄀᆞ노니(t4)</td><td>我殿下創制正音二十八字. (우리 殿下께서 正音 28자를 創製하시고) [T3]</td><td rowspan="2">T′2</td></tr>
<tr><td>사ᄅᆞᆷ마다 ᄒᆡᅇᅧ 수ᄫᅵ 니겨 날로 ᄡᅮ메 便安킈 ᄒᆞ고져 ᄒᆞᇙ ᄯᆞᄅᆞ미니라(t5)</td><td>以是解書. 可以知其義……(이 글자로써 글을 풀면 그 뜻을 알 수 있고……) [T4]</td></tr>
</table>

위의 비교에서 알 수 있는 대로 정인지 서의 T′1과 T′2는 어제 서문의 전문과 내용상 같다. 다만 3.1의 정인지 서 전문을 살펴보면 다음과

같은 점에서 어제 서문의 내용을 질적으로 확대하고 있다고 할 만하다. 먼저 T1에서는 신문자 창제의 당위성을 설명한다. 곧, 신문자 창제 작업은 언어에는 음성 언어와 문자 언어가 있고 각 개별 언어들은 상이한 특성을 보여 준다는 언어학적 인식에 기반하고 있음을 보여 준다. T2에서는 문자가 없어서 겪는 어려움을 구체적으로 들고 이두로는 이 어려움들을 충분히 해소할 수 없다는 점까지 설명한다. T3에서는 신문자의 특징들을 설명한다. T4에서는 신문자 사용으로 거둘 수 있는 효과들을 구체적으로 열거한다.

3.3. 어제 서문의 양적인 확대와 그 안에 드러나는 상황성

정인지 서는 신문자 창제와 관련된 부분 외에 책의 편찬과 관련된 부분을 덧붙임으로써 양적으로도 어제 서문을 확대하고 있다. 곧, 정인지 서에는 어제 서문에서는 언급되지 않은 『훈민정음』의 편찬과 관련된 부분인 T′3이 있다. T′3의 전반부인 T5에서 책의 편찬자들을 그 직위와 더불어 일일이 거명하고 있는 것이다. 그러나 여기에서 텍스트 생산자가 잊지 않는 것은 이러한 편찬 작업이 신하들에 의해 자발적으로 이루어진 것이 아니라 왕의 업적에 속하는 것이라는 점을 밝히는 일이다. T5에서는 이 책의 편찬자가 자신을 포함한 여러 신하들이라는 것을 이름을 들어 분명히 밝히고 있으나 그것은 다름 아닌 왕의 명령에 의한 것이라는 점을 명백히 한다. 문자의 창제자로 전면에 내세워진 왕에 대한 칭송부인 T6은 바로 이러한 텍스트 생산자의 태도가 응집되어 나타난 부분이다. 이 부분에 어제 서문과 차별화되는 정인지 서의 텍스트적 특징이 있다. 그 특징은 텍스트 생산자적 특징에 의한 것으로 텍스트 자체가 왕을 보필하는 신하된 입장에서 왕의 서문을 보완설명하고 더 나아가 그 공을 왕의 것으로 돌리는 일을 하고 있는 것이다.

이와 같은 사실을 인정할 때 상황성의 관점에서 정인지 서가 하고 있는 두 가지 종류의 상황 관리에 대해 관찰할 수 있다. 정인지 서의 상황성은 다음과 같이 나타난다.

(9) 정인지 서의 상황성

T′1: 상황 점검
T′2: 상황 관리
T′3: 상황 관리

전체 텍스트를 세 부분으로 나누었을 때 맨 앞부분은 상황 점검 텍스트이고 나머지 두 부분은 상황 관리 텍스트들이 되지만, T′2와 T′3에서 각각 행해지는 이 두 가지의 상황 관리는 그 성격과 층위가 서로 다르다. T′2의 상황 관리는 T′1에서 점검된 내용에 대한 관리이지만, T′3의 상황 관리는 T′1과 T′2의 내용 전체에 대해 다시 관리하는 것으로서 T′2의 내용은 다시 T′3의 점검 대상에 포함된다. 곧, T′2는 T′1에 대해서는 상황 관리부가 되지만 T′3에 대해서는 점검부의 역할을 하고 있는 것이다. T′2의 상황 관리는 어제 서문의 상황 관리와 동일한 것으로서 T′1에서 설명한 여러 가지 이유에 말미암은 '신문자 창제'라는 사건으로 나타난다. 정인지 서는 신하된 입장이라는 텍스트 생산자로서의 위치에서 말미암은 또 하나의 관리를 하게 되는데 그것은 T′3에서 나타난다. T′3에서 이루어지는 상황 관리는 텍스트 생산자로서의 입장이 특별히 고려된 또 하나의 상황 관리로서 문자 창제자로서의 상황 관리와는 성격이 다르다. 문자 창제자로서의 상황 관리는 T′2에서 문면에 드러나 있는 반면 텍스트 생산자로서의 상황 관리는 문면에 직접적으로 드러나지는 않은 채 보다 교묘하게 이루어진다. T′3의 상황 관리는 T′1과 T′2에서 충분히 설명된 신문자 창제 작업이 자신(들)의 공이 아니라 바로 왕의 위업이라는 점, 곧 T′2의 상황 관리의 주체가 명백히 왕임을 분명히 하기 위함이다. 이는 어제 서문에서는 있을 수 없는 내용으로서 정인지 서의 확대 부분에서 나타날 수밖에 없는 부분이다. T3에서는 훈민정음의 창제자를 '我殿下'라고 명백히 밝히고 있을 뿐만 아니라 책의 편찬에 대해 설명하는 T5에서도 '명을 따른(遂命)' 것이라고 분명히 밝히고 있으며 T6은 온통 왕을 칭송하는 내용으로 이루어진 하위텍스트로서 전체 텍스트를 마무리하는 기능까지 하는 마지막 부분을 이루고 있어 가장 강조적인 위치를 갖는다.[8] 이와 같이 정

8) 391쪽 주 7) 참조.

인지 서는 신문자 창제의 주체로서의 상황 관리와 왕의 업적을 칭송해야 하는 신하된 입장에서의 상황 관리라는 두 가지 상황 관리를 하고 있어 텍스트가 양적으로 확대될 수밖에 없는 것이다.[9)]

4. 마무리

이상에서의 논의를 통해 다음과 같은 사실을 알 수 있었다.

첫째, 『훈민정음』의 어제 서문은 상황성의 측면에서 상황 점검부와 상황 관리부로 나뉜다. 이러한 상황성은 '문제 제기→문제 해결'의 거시 구조와 밀접한 관계가 있으며 이와 같은 거시 구조는 여러 가지의 미시적인 결속구조에 의해 뒷받침되고 있다.

둘째, 『훈민정음』의 또 다른 서(序)인 정인지 서를 특별히 어제 서문과의 상호텍스트성의 관점에서 분석한 결과 정인지 서는 어제 서문의 확대 텍스트의 성격을 가진다는 점을 알 수 있었다. 확대는 질적인 측면과 양적인 측면 모두에서 일어난 것으로, 질적인 측면에서 정인지 서는 어제 서문의 내용을 구체적으로 보완, 보충해 주고 있고, 양적으로는 신하라는 텍스트 생산자적 입장이 덧붙음으로써 하나의 텍스트로서의 정인지 서 또한 어제 서문을 보필하는 신하텍스트로서의 기능을 가진다고 볼 수 있다.

---

9) 혹시 또 하나 정인지 서의 T'1에서는 신문자 창제에 관련된 주체로서의 또 하나의 상황 관리를 하고 있는 것이 아닌가 생각해 볼 수 있다. 당시 상황에 비추어 볼 때 최만리 상소문을 통하여서도 알 수 있듯이 신문자 창제는 중국의 노여움을 살 수도 있는 일이었다. 이러한 입장을 설명하기 위해 신문자 창제의 당위성을 이론적으로 설명하려 한 것이 T'1일 수도 있는 것이라고 보는 것이다.

[참고문헌]

강신항(1990). 『훈민정음연구』, 서울: 성균관대학교출판부.

고영근(1990). 「문장과 이야기의 관련성에 관한 연구」, 『관악어문연구』 15.

______(1997). 『표준중세국어문법론』(개정판), 서울: 집문당.

______(1998). 「동양의 훈고학 및 고전시학과 텍스트이론」, 『텍스트언어학』 5.

김태옥 · 이현호 공역(1991), 『담화 · 텍스트언어학 입문』(*Introduction to Text Linguistics*, Beaugrande and Dressler, 1972), 서울: 양영각.

신익성 역(1995). 『텍스트 언어학』(*Textlinguistik*, Coseriu, E. 1980), 서울: 사회문화연구소 출판부.

신지연(1996). 「〈속미인곡〉의 텍스트 언어학적 분석」, 『문학과 언어의 만남』, 서울: 신구문화사.

이성만 역(1994). 『텍스트언어학의 이해』(*Iinguistische Textanalyse*, Brinker, 1992), 서울: 한국문화사.

______(1995). 『텍스트언어학 입문』(*Einfuhrung in die Textlinguistik*, Vater, 1994), 서울: 한국문화사.

정시호 역(1995). 『텍스트학』(*Textwissenschaft Eine inter disziplinare Einfuhrung*, van Dijk, 1980, Tubingen: Niemeyer), 서울: 민음사.

______(1998). 「반 데이크의 텍스트학 이론에 대해」, 『텍스트언어학』 5.

Somers, H. L.(1987). *Valency and Case in Computational Linguistics*, Edinburgh: Edinburgh University Press,

조선 전기 공론 영역 논변의 사례 분석

엄훈

1. 연구의 목적

조선시대는 공론 정치의 시대였다. 조선시대의 사대부는 다양한 방식으로 공론을 형성하였으며 이러한 공론은 국왕과 언관을 주축으로 하여 공개적으로 소통되었다.[1] 조선시대 사대부들의 공론을 통한 정치는 조선 전기에 조정(朝廷)과 산림(山林)의 사대부들이 공론 형성층으로 대두하고 그들에 의해 형성된 공론이 언론 삼사를 통해 소통됨으로써 실현되었다.

조선시대에 공론 정치가 실현되었다는 것은 당대에 공론이 소통되는 정치적 공론 영역(Öffentlichkeit)이 존재하였다는 것을 의미한다.[2] 당대에 공론이 형성되고 소통되는 장은 공론소재(公論所在)라 불리었으며 이러한 공론 소통의 장에서 언론 삼사와 임금 그리고 재신(宰臣)들 사이에 다양한 정치·사회적 문제에 대한 논증적 대화가 이루어졌다.

본고는 공론 영역에서의 논증적 대화가 한자문화권의 오랜 장르 관습

---

1) 여기서 공개적이란 말은 공론의 소통이 공식적인 자리에서 이루어졌으며 그 내용이 사관에 의해 철저하게 기록되었다는 뜻이다.

2) 조선시대에 공론 영역이 형성되고 발전하는 과정에 대해서는 다음을 참조할 것. 최정호(1986), “조선조 공론권의 구조변동에 관한 시론”, 『사회과학논집』 제17집, 연세대학교 사회과학연구소. 최이돈(1986), “성종대 홍문관의 언관화 과정”, 『진단학보』 제61집. 최이돈(1989), “16세기 사림파의 천거제 강화 운동”, 『한국학보』 54. 최이돈(1992), “16세기 공론정치의 형성 과정”, 『국사관논총』 제34집, 국사편찬위원회. 김돈(1997), 『조선전기 군신 권력 관계 연구』, 서울대학교출판부. 김항(1998), “구한말 근대적 공론 영역의 형성과 상징적 기능에 관한 연구”, 서울대학교 석사학위논문.

에 뿌리를 두고 공고하게 발전해 온 논변 장르였음을 전제로 하여[3] 공론 영역 논변의 장르적 특성을 사례 분석을 통하여 시론적으로 확인하는 것을 목적으로 한다.

2. 논증 분석의 대상과 방법

분석의 대상이 되는 텍스트는 성종 19년 11월과 12월에 걸쳐 공론 영역에서 전개된 임사홍 탄핵 논변 관련 기사이다. 임사홍 탄핵 관련 기사는 성종실록에 실려 전한다. 성종 19년은 홍문관의 언관화를 통하여 언론 삼사 체제가 완성되는 시기인데 임사홍 탄핵 논변은 언론 삼사의 상호보완적인 논변 관행이 처음으로 확립되는 계기가 되었다.[4] 임사홍 탄핵 논변은 성종이 인수대비의 쾌유를 경축하기 위하여 '공이 큰 신하의 정실 맏아들을 서용하라[功大嫡長敍用]'는 전교를 내리는 데서 발단된다.(성종 19년 11월 15일 甲戌) 이 전교로 임원준의 아들 임사홍은 절충장군 부호군으로 서용된다. 그러나 임사홍은 오래전부터 공론에 반하는 인물로 낙인찍혀 있었으며 같은 해 9월에는 대간을 욕하였다 하여 탄핵을 당하기까지 한 인물이었다. 이 탄핵 논변은 총 51차에 걸쳐 끈질기게 전개되어 언론 삼사가 중심이 된 공론 영역 논변의 다양한 양상을 보여주고 있다. 이 논문에서는 이들 기사들 중 여섯 번째 소통 행위에 해당

---

3) 공론 영역에서 소통된 논증적 대화의 장르적 전통에 대해서는 다음을 참조할 것. 엄훈(2002), "조선시대 공론 영역 논변에 대한 장르론적 접근", 국어교육학회 제19회 학술발표대회 자료집.

4) 언론 삼사의 상호보완적인 논변 관행이란 대간과 홍문관 간의 보완적인 역할 관계를 말한다. 대간은 간쟁, 탄핵, 시정, 인사 등에 관한 논증적 대화를 주도하였으며 홍문관은 학술적인 입장에서 이를 측면 지원하였다. 한편 시사 쟁점에 대한 논증적 대화는 대간이 주도하였으나 대간의 옳고 그름에 대한 판정권은 홍문관이 지니게 되었다. 홍문관은 공론 형성층을 대변하는 기관으로 인식되어 성종 20년 이후에는 '공론소재'라 일컬어졌다. 그 후로 홍문관은 대간의 언론활동을 지원하고 뒷받침하며 경우에 따라서는 탄핵하는 역할을 담당하게 되었다.

하는 대사헌 이칙 등의 상소(성종 19년 11월 19일 戊寅)를 분석의 주요 대상으로 하며 필요에 따라 다른 소통 행위들을 참조한다. 이칙 등의 상소는 임사홍 탄핵 논변의 발단에 해당하는 소통 행위들 중의 하나로 이 단계에서 삼사의 언관들은 때로는 개별적으로, 때로는 합사(合司)하여 임사홍 서용이 불가함을 논청하였다.

이 연구에서는 논증 분석 방법을 이용하여 논거의 유형과 논증 도식의 유형을 분석한다. 그런데 논증 분석이 체계적으로 이루어지기 위해서는 분석의 기본 단위를 확정하여야 한다. 여기서는 논증 분석을 위한 기본 단위로 대화 분석의 단위인 진행(move)을 설정한다. 대화는 기능적으로 변별되는 위계적인 층위들에서 동시에 이루어진다. 대화의 기능적 층위들에는 화행, 진행, 진행 연속체, 말차례, 단위 논변, 소통 행위가 있다. 여기서는 진행의 단위를 분석하고 그 유형을 표시하였다.

진행(move)은 서로 의존적인 하나 이상의 화행이 결합되어 상위 단위인 단위 논변 안에서 독립적인 기능을 수행한다. 진행을 표시하는 기호는 [ ]이며 새로운 진행이 시작될 때마다 행바꾸기를 해 준다.

논증적 대화에서 진행은 대화를 진행시키는 일반적인 기능 외에 논증을 진행시키는 기능을 한다. 따라서 대화 기능 및 논증 기능을 중심으로 진행의 명칭을 부여할 수 있다. 진행의 논증 기능은 크게 자신의 견해를 논증하는 변론과 상대방의 주장에 반론을 펼치는 논박으로 나뉜다. 진행의 단위로 분석된 자료는 부록에 실려 있다.

논증은 일련의 논거들로부터 주장을 이끌어내는 과정이다. 어떤 논증적 대화에 사용되는 논증의 유형을 살피기 위해서는 그 논증에 사용되는 논거의 유형과 논거로 진술된 것과 주장으로 진술된 것 간의 관계의 유형인 논증 도식의 유형을 따져 보아야 한다.

이러한 작업을 위해서는 논증 구조의 분석이 선행되어야 한다. 여기서는 논증 구조 분석의 틀이 되는 툴민(1958)과 반 에머렌 외(1992)의 논증 구조 도식을 절충적으로 활용한다.

툴민(1958: 104)은 논증의 구성 요소를 도해하여 비형식 논리학적 논증 절차 모델을 제시하였다.

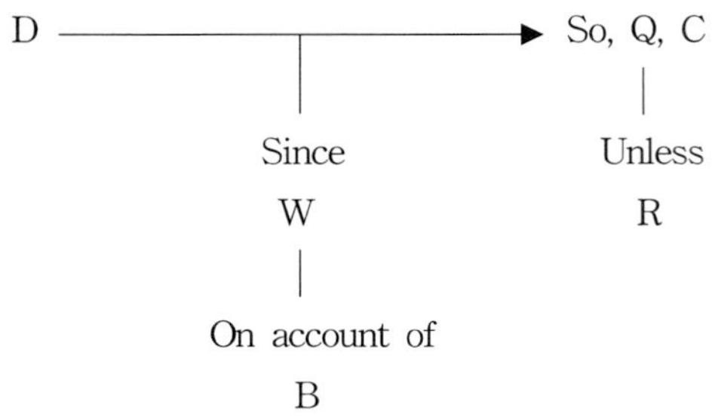

(D: data, Q: modal qualifier, C: claim, W: warrant, R: rebuttal, B: backing)

〈그림 1〉 툴민의 논증 구조 도식

툴민은 근거로부터 주장에 이르는 과정이 논증의 과정이라고 보고 이러한 논증의 과정을 보장해 주고 도와주는 요소(W: 보증, B: 지원)와 제한하는 요소(R: 반증)가 있으며 이에 따라 추론의 결과를 한정하게 된다(Q: 양상 한정)고 설명하였다. 툴민의 모델의 장점은 보증(추론규칙)의 유연성에 있다. 즉 특정한 논증의 장에서 사람들이 널리 받아들이는 추론의 규칙으로 보증의 성격을 규정함으로써 논리학적 모델로는 통합할 수 없었던 다양한 논증의 유형을 통합할 수 있게 되었다.[5] 툴민의 모델의 문제점은 그것이 지나치게 형식적이어서 역동적으로 진행되는 비교적 긴 논증의 분석에는 적합하지 못하다는 것이다.

툴민의 모델을 비판하면서 반 에머렌과 그루텐도르스트(1992)는 새로운 논증 구조 분석 모델을 제안하였다. 이들의 논증 구조 도식은 논거와 주장이 구조적으로 결합되는 방식에 대한 명쾌한 통찰에 기반하고 있어서 이 논증 구조 도식을 이용하여 거미줄처럼 얽혀 있는 논거들과 주장들의 물고 물리는 관계를 명료하게 도해하는 것이 가능하다. 또한 이들의 논증 구조 도식은 논거들과 주장들 간의 위계적인 관계를 명료하게 드러내어 최상위의 주장과 하위 주장들 간의 관계, 각 주장들을 뒷받침

5) '보증'은 툴민의 논증 구조 도식의 단점으로 지적되기도 한다. 반 에머렌과 그루텐도르스트는 근거와 보증의 성격이 명확하지 않아 실제의 논증 자료를 분석하기에 부적합하다고 논평하였다(van Eemeren, and Grootendorst, 1992: 4). 반 에머렌과 그루텐도르스트(1992)는 근거와 보증을 구분하는 대신에 근거와 암묵적 전제를 구분하는 새로운 논증 구조 도식을 제안한다.

하는 논거들 간의 위계적인 관계를 명료하게 드러낸다.

반 에머렌과 그루텐도르스트(1992)는 다음과 같은 간명한 논증 구조 도식을 제안하였다.

주장
↑
근거 (— & — 암묵적 전제)

〈그림 2〉 단순 논증 구조

이 논증 구조는 단일한 근거와 단일한 주장으로 이루어지는 단순 논증을 표상한다. 반 에머렌과 그루텐도르스트(1992)는 이 단순 논증을 기본 구조로 삼아 이것의 결합 방식에 따라 복합 논증의 제 유형을 도해하였다.6)

이들의 논증 구조에 대한 논의는 툴민(1958)에서 모호하게 제시된 논증의 내부 구조를 명쾌하게 해부했다는 의의가 있다. 이들의 논증 구조 도식은 반 에머렌 외(1993)에서 훨씬 간명하게 정리된다.

반 에머렌과 그루텐도르스트의 논증 구조 도식에서 반드시 해명되어야 하는 것이 암묵적 전제의 성격이다. 반 에머렌은 툴민에서 보는 바와 같이 논거의 유형을 분류하지 않았지만 '&'로 연결되는 암묵적 전제의 성격은 바로 생략된 보증이라 할 수 있다. 반 에머렌의 논증 구조에서 암묵적 전제의 성격은 일상 논증에서 일반적으로 생략되는 추론 규칙에 해당한다.

그러나 일상 논증에서 추론 규칙(보증)이 언제나 생략되기만 하는 것은 아니다. 추론 규칙은 명시적으로 드러나기도 한다. 이 점에 착안하여 여기서는 실제로 진술된 추론 규칙(보증)도 암묵적 전제의 위치에다 기

6) 복합 논증은 복수 논증과 합성 논증으로 나누어지며 합성 논증은 다시 등위 논증과 종속 논증으로 나누어진다.

논증 〈 단순 논증(single) / 복합 논증(complex) 〈 다중 논증(multiple) / 합성 논증(compound) 〈 대등적(co-ordinative) / 종속적(subordinative)

주장
↑
근거 — & — 보증
↑
지원

〈그림 3〉 변형된 화용-대화론적 논증 구조 도식

술하는 방법을 취하기로 한다. 암묵적 전제의 위치에 추론 규칙의 성격을 지닌 논거(보증)를 기술하게 되면 보증을 뒷받침하는 논거는 지원(backing)의 성격을 지니게 된다. 다만 명시적으로 진술된 보증인지 암묵적으로 공유된 보증인지를 구별하기 위해 암묵적 보증인 경우 ( ) 안에 넣어 기술한다. 이렇게 되면 반 에머렌과 그루텐도르스트(1992)의 간명한 논증 구조 도식을 그대로 유지하면서도 그 도식 안에서 성격이 다른 논거들(근거, 보증, 지원)을 고려할 수 있게 된다. 이렇게 논증 구조 안의 위치에 따라 논거의 성격을 새롭게 규정한 논증 구조 도식을 변형된 화용-대화론적 논증 구조 도식이라 부르기로 한다.

변형된 논증 구조 도식은 기본적으로 화용-대화론자들의 논증 구조 도식과 동일하다. 다만 논거의 유형을 명확히 분류하고 그 위치를 정하였다는 차이가 있을 뿐이다. 이하에서는 논증 분석을 위해 이와 같이 변형된 화용-대화론적 논증 구조 도식을 활용한다.

3. 사례 분석

이제 임사홍 탄핵 논변의 여섯 번째 소통 행위인 대사헌 이칙 등의 상소(성종 19년 11월 19일 戊寅)를 중심으로 공론 영역에서의 논증적 대화의 특성을 (1) 논거의 유형 및 (2) 논증 도식의 유형으로 나누어 살펴보자.

3.1. 논거의 유형

논거는 논증이 지닌 설득력의 기초가 된다. 따라서 어떤 논증적 대화에서 어떤 논거가 주로 이용되고 어떤 논거가 강력한 것으로 인정되는가를 살피는 것은 그 논증적 대화의 장을 지배하는 설득 문화를 해석해 내는 토대가 된다.

논거에서 주장에 이르는 추론의 과정에서 주장과 논거가 맺는 관계를 중심으로 볼 때 논거는 크게 세 부류로 나누어질 수 있다.

> [(1a)書經에 이르기를 '爵은 惡德에게 미치지 말고 오직 어진 이에게만 주소서'[7]라고 하였으니, (1b)爵命은 어진 이를 대우하는 바라 악덕에게 미칠 수 없습니다. (2a)또 이르기를, '공 세우기를 힘쓰는 자는 상을 내려 힘쓰게 하셨다'[8]고 하였으니, (2b)賞典은 공이 있는 이를 기리는 것이므로 공이 없는 이에게 주는 것은 옳지 못합니다. (3a)임사홍은 크게 악한 것만 있고 조그마한 공도 없으니 (3b)爵賞의 명을 함부로 더하는 것은 옳지 아니합니다.]

위의 논증에서 주장에 해당하는 것은 "(3b)(임사홍에게) 작상의 명을 함부로 더하는 것은 옳지 않다"이다. 이에 대해 (1a, b), (2a, b), (3a)는 모두 (3b)의 논거가 된다. 그런데 이들 논거들은 주장을 뒷받침하는 기능이 동일하지 않다. 논증 구조 도식에 따라 이들의 기능을 설명하면,

---

7) 書經 商書 說命 中에 나오는 구절. 說命 篇은 高宗이 재상 傅說과 주고받은 말을 기록한 것이다. 고종이 어진 재상을 얻는 꿈을 꾸고 백관을 시켜 사방에 두루 찾았는데, 傅巖의 골짜기에서 열(說)을 얻었다 하여 부열(傅說)이라고 하였다. 武丁(高宗의 이름)이 은나라를 중흥시키고 高宗이라고 높임받은 것도 결국 부열이 어질게 나라를 다스렸기 때문이라고 한다. 인용된 구절은 부열이 고종에게 한 말이다.

8) 書經 商書 仲虺之誥 篇에 있는 말. 德懋懋官 功懋懋賞. '(湯 임금께서) 덕에 힘쓰는 사람에게는 벼슬을 주어 힘쓰게 하시고, 공을 세우기에 힘쓰는 사람에게는 상을 내려 힘쓰게 하셨다'는 뜻. 중훼지고 편은 탕이 군사를 일으켜 폭군 걸을 내쫓은 뒤에, 그의 신하 중훼가 군사를 일으킨 탕왕의 취지를 변명하는 글이다. 인용된 부분은 하나라의 폭군 걸의 폭정에 탕 임금의 선정을 대비시킨 구절로, 탕 임금의 덕을 찬양하는 내용이다.

(3b)
↑
(3a) — & — (1b), (2b)
↑
(1a), (2a)

와 같이 재구성된다. 즉 "(3a)임사홍은 크게 악한 것만 있고 조그마한 공도 없으니"는 이 논증의 근거(data)이고 "(1b)작명은 어진 이를 대우하는 바라 악덕에게 미칠 수 없다"와 "(2b)상전은 공이 있는 자를 기리는 것이므로 공이 없는 이에게 주는 것은 옳지 못하다"는 이 논증의 보증(warrant)이 된다. 또 "(1a)서경에 이르기를 '작은 악덕에게 미치지 말고 오직 어진 이에게만 주소서'라고 하였다"와 "(2a)또 이르기를 '공 세우기를 힘쓰는 자는 상을 내려 힘쓰게 하셨다'고 하였다"는 각각 이 논증의 보증인 (1b)와 (2b)를 뒷받침해 주는 지원(backing)이 된다.

여기서 논거의 세 가지 범주인 근거, 보증, 지원의 성격을 고찰해 볼 필요가 있다. 근거는 주장을 도출하는 구체적인 판단의 자료이다. 근거로는 보통 구체적인 사례가 제시된다. 이에 비해 보증은 사람들이 일반적으로 인정하는 판단의 규칙이다. 지원은 보증을 뒷받침하는 믿을 만한 전거이다.[9)]

논거의 세 가지 범주 중 특정한 논증적 대화의 장을 지배하는 관습적 사고를 반영하는 것은 보증이다. 따라서 특정한 담화 공동체의 논증 문화를 확인하기 위해서는 그 담화 공동체의 논증적 대화에서 어떤 논거들이 사용되는가, 그중에서도 어떤 보증들이 사용되는가를 고찰하는 것이 도움이 된다.

그런데 보증은 대화 참여자들이 공유하는 관습적 사고를 반영한 것임으로 해서 일상논증에서 대개 생략이 된다. 위에 든 사례에서와 같이 보증이 명시적으로 드러나는 경우는 매우 드물다. 반면 보증을 뒷받침하는 지원은 보통 해당 담화 공동체에서 권위 있는 것으로 받아들여지는 논

---

9) 근거와 보증은 각각 삼단논법의 소전제와 대전제에 해당한다. 보증은 추론규칙으로 설명되기도 한다. Brinker, K.(1992)의 논증 구조 모형을 참조할 것.

거들로 구성되어 명시적으로 제시되며 강력한 설득력의 원천이 된다.

(1) [신등이 聖聰을 여러 차례 더럽혔으나 윤허를 얻지 못하였으니, 이는 반드시 어리석은 말이 성총에 거슬린 것입니다.]
(2) [伊尹이 太甲에게 고하기를, '말이 그대의 마음에 거슬리면 반드시 道에서 구하도록 하오'라고 하였습니다.]
(3) [엎드려 원하건대 전하께서는 신등의 말이 거슬린다고 하지 마시고 허심탄회한 마음으로 자세히 생각하시어 빨리 成命을 거두시어 소인이 나라를 그르치는 조짐을 막으소서.]

위의 진행 (2)는 하나의 논거로 이루어진 논증이다. 이 논증은 주장과 전제의 일부가 생략되어 있다. 이 논증의 주장은 진행 (3)에 표현되어 있는 내용을 참조할 때 "전하께서는 신등의 말이 거슬리더라도 허심탄회한 마음으로 생각하소서"이다. 이 논증의 근거는 진행 (1)에 나타나 있는 내용을 참조할 때 "신등이 여러 차례 전하의 귀에 거슬리는 말을 하였다"가 될 것이다. 이 논증을 변형된 화용-대화론적 논증 구조 도식에 따라 구성하면 다음과 같다.

전하께서는 신등의 말이 거슬리더라도
허심탄회한 마음으로 생각하셔야 한다.
↑
신등이 여러 차례 — & — (말이 마음에 거슬리면 반드시 도에서
전하의 귀에 거슬 그 말의 옳고 그름을 구해야 한다.)
리는 말을 하였다. ↑
伊尹이 太甲에게 고하기를 '말이 그대의
마음에 거슬리면 반드시 道에서 구하도록
하오'라고 하였다.

이 논증에서 보증에 해당하는 내용은 생략되어 있다. 반면 보증을 뒷받침하는 지원으로는 당대인이 권위 있는 것으로 받아들이는 전거가 제시되고 있음을 알 수 있다. 이와 같은 까닭으로 아래에서는 논증의 보증

을 뒷받침하는 지원들과 논증의 추론 규칙인 보증을 중심으로 공론 영역 논변의 논거의 유형을 고찰하고자 한다. 지원의 유형을 고찰함으로써 공론 영역 논변에서 강력한 설득력의 원천으로 인정되는 권위 있는 전거가 무엇인지를 확인할 수 있을 것이며 보증의 유형을 고찰함으로써 공론 영역을 지배하던 당대인의 관념 세계를 이해할 수 있을 것이다.

다음은 임사홍 탄핵 논변에서 나타나는 지원의 사례들이다.

- 『서경』에 이르기를 '爵은 악덕에게 미치지 말고 오직 어진 이에게만 주소서'라고 하였다.
- 또 (『서경』에) 이르기를 '공 세우기를 힘쓰는 자는 상을 내려 힘쓰게 하셨다'고 하였다.
- 예로부터 제왕이 그 사람이 소인임을 알지 못하고서 신임하다가 나라가 어지러워지고 망하게 되는 경우가 많았다.
- 伊尹이 太甲에게 고하기를 '말이 그대의 마음에 거슬리면 반드시 道에서 구하도록 하오'라고 하였다.
- 옛 제왕은 위로는 하늘을 두려워하고 아래로는 인심을 두려워하며 또 무릇 백세의 공의를 두려워하기 때문에 좌우에서 말하고 기록하며 앞뒤에서 경계하고 깨우쳐서 조심하고 공경하여 감히 게을리하고 소홀히 하지 아니하였다.
- 『서경』에 이르기를 '두려워하지 아니하지 말라. 두려워하지 아니하면 두려운 데 들어가게 된다'고 하였다.
- 이는 '서리가 내리면 얼음이 굳게 얼 조짐'이라는 말이 그 경계가 된다.
- 예로부터 임금이 나라에 일이 없을 때를 당해서 더욱 기미의 즈음을 엄하게 하여 항상 측량할 수 없는 근심이 아침저녁에 있는 것처럼 하였다.
- 『주역』에 이르기를 '어려운 일은 쉬울 때에 도모하라'고 하였다.
- 옛사람은 소인을 醇酎에 비하였다.
- 예로부터 한 사람의 소인이 조정에 진출하면 뭇 소인이 무리로 진출하여 크게 해가 된다.
- 『주역』에 이르기를 '망하지 아니할까 망하지 아니할까 두려워하여야 나라가 튼튼하다'고 하였다.
- 옛날에 아무리 밝고 지혜로운 임금이라 하더라도 소인을 기용하여 나라를

그르치는 것이 많았다.
- 『좌전』에 이르기를 '그 임금에게 무례함을 나타내면 매가 새를 좇는 것처럼 한다'고 하였다.
- 일찍이 전대를 보건대 간흉이 조정에 있으면 충신·의사가 차라리 벼슬을 버리고 숨을지언정 참고 조정에 같이 있지 아니하며 차라리 바다에 뛰어들어가 죽을지언정 참고 조정에 함께 서지 아니하였다.
- 개벽 이래로 聖主는 요순과 같은 이가 없다. 그러나 益이 순임금께 경계하여 아뢰기를 '간사한 자를 버리기를 의심하지 마소서'라고 하였다.
- 『서경』에 龜從筮從이라는 말이 있다.
- 예로부터 제왕은 악을 숨기고 선을 선양하며 사람의 허물을 감히 말하지 아니하였다.
- 옛말에 '신하를 아는 것은 임금만한 이가 없다'고 하였다.
- 益이 순임금에게 경계하기를 '丹朱처럼 오만하지 마소서'라고 하였다.
- 주창은 한나라 고조를 걸·주라고 하였고 유의는 진나라 무제를 환령이라고 하였다.

지원의 유형에서 가장 두드러지는 것은 고전의 전거이다. 분석대상 텍스트에 사용된 총 21개의 지원 중 고전의 전거는 11개나 된다. 이 중 『서경』에 나오는 말이 7개, 『주역』에 나오는 말이 3개, 『좌전』에 나오는 말이 1개이다.

다음으로 두드러지게 등장하는 지원은 '예로부터' 그러하다고 인정되어 온 관념들이다. "예로부터 제왕이……", "예로부터 임금이……", "예로부터 한 사람의 소인이……", "예로부터 제왕은……"과 같은 진술이 그것이다. 이는 당대인들이 일반적으로 옳게 여겨 논증적 대화의 논거로 자주 이용되던 관념들로 전형적인 말터(topoi)였다고 할 수 있다. 이 유형은 4개가 나온다.

옛일에 관한 일반적인 진술도 자주 등장한다. "옛 제왕은……", "옛사람은……", "옛날에……", "일찍이 전대를 보건대……"와 같은 진술이 그것이다. 이는 당대인들이 역사적인 사례들로부터 귀납적으로 도출해 낸 판단이었다.

이 밖에 전거 미상의 역사적 사례(주창과 유의의 고사)와 '옛말'이 각각 1번씩 나온다. 전거 미상의 역사적 사례는 사서에서 찾아낸 역사적 사실이며 옛말은 속담이나 격언과 성격이 유사한 것이다.

이상의 논거들은 그 성격에 따라 크게 세 가지 부류로 나눌 수 있다. 첫째, 고전의 전거이다. 고전의 전거는 지원 중에서 가장 큰 비중을 차지한다.(11/21) 흥미로운 것은 고전 중에서 『서경』이 가장 많이 인용되고 그 다음으로 『주역』과 『좌전』의 순으로 인용되고 있다는 점이다. 『서경』은 하은주 삼대의 성인군주와 재상들의 언행을 기록한 것으로 당대인에게 삼대는 이상적인 사회의 모델로, 하은주 삼대의 성인군주들은 유교적 세계관의 최고의 인간상으로 간주되었다. 『주역』은 그 연원이 하도낙서에까지 거슬러 올라가나 주 문왕이 기록하고 공자가 보완한 경전으로 알려져 있다. 『좌전』은 춘추시대의 역사이다. 이들이 인용된 횟수는 각각 7회, 3회, 1회로 당대인의 상고지향적 취향을 읽을 수 있다. 특히 『서경』의 인용 문구들은 하은주 삼대의 이상적인 군주들과 신하들의 말이어서 그 권위가 널리 인정되었다.

둘째, 예로부터 그러하다고 인정되어 온 생각이나 판단이다. 이 부류에는 '예로부터……(自古)'로 시작되는 화행들과 '옛날에……', '옛사람은……' 등으로 시작되는 화행들이 속한다. 이것들은 모두 예로부터 지금까지 그러하다고 널리 인정되는 생각이나 판단 또는 옛일에 관한 일반적인 진술이다. 격언의 성격을 지닌 '옛말에……'도 이 유형에 속한다. 이것들도 상당한 비중을 차지한다.(9/21)

세 번째 부류는 역사적 사례이다. 이것은 역사상의 인물이 실제로 한 언행이나 실제로 있었던 역사적 사례이다. 이 부류에 속하는 논거는 1회 나타난다.

위의 사례 분석을 통하여 우리는 논거들의 유형에 따라 당대 공론 영역 참여자들이 부여하였던 선호도와 권위에 차이가 있었음을 추정할 수 있다. 당대에 공론 영역에서 가장 선호되었을 뿐 아니라 권위 있는 것으로 인정되었던 전거는 고전에서 인용되는 하은주 삼대의 성인들의 언행이었다. 특히 『서경』은 천명 사상과 혁명 사상의 뿌리가 되는 고전으로 조선전기 사대부에 의해 선호되었다. 그 다음으로 선호된 전거는 옛날로부터 마땅히 그러한 것으로 인정되어 온 관념이나 판단이었다. 상고(上古) 지향적인 당대인들에게 옛날 사람들의 판단이나 옛날로부터 그러한 것으로 인정되어 온 관념은 상당한 설득력을 지니는 것이었다. 이에 비해 실제 역사적 인물의 언행이나 사건은 보증을 뒷받침하는 논거로 그리 선호되지 않았다. 실제 역사적 사건은 마땅히 그리되어야 할 당위적인 판단이나 행동의 논거로서보다는 어떤 판단이나 행동의 가능성을 주장하는 논거로 이용되는 경향이 있었다.

임사홍 탄핵 논변에서 나타나는 보증에는 다음과 같은 것들이 있다.

- 爵命은 어진 이를 대우하는 바라 악덕에게 미칠 수 없다.
- 賞典은 공이 있는 이를 기리는 것이므로 공이 없는 이에게 주는 것은 옳지 못하다.
- 대저 재주에는 군자의 재주와 소인의 재주가 있다.
- 오직 하늘과 조종께서 전하께 맡기신 것은 대개 백성을 보호하고 종사를 튼튼히 하여 크나큰 터전을 떨어뜨림이 없고 위대한 업을 억만년 무궁토록 이어가게 하는 것이다.
- 소인을 기용하면 어진 이가 물러간다.
- 임금의 말 한마디 행동 하나가 백성들이 본을 받는 것이다.
- 대저 소인을 진출하게 하고 물러나게 하는 즈음에 마땅히 처음을 삼가야 한다.
- 진실로 작은 데에 삼가지 아니하면 널리 퍼져서 도모하기가 어렵게 된다.
- 약석이 비록 입에는 쓴 것 같으나 마침내 병에는 이로우며 순주가 비록 입에는 좋은 듯하나 반드시 그 몸에 해롭다.
- 소인이 나아가면 군자가 물러간다.
- 대저 소인이 나아가고 물러가는 것은 바로 종사가 평안해지고 위태로워지는 기미이다.
- 비록 큰 성인이라 하더라도 성명하다고 자신할 수 없다.
- 그 어버이에게 순종하다가 만약 집이 망하는 데 이르면 필부라도 마땅히 의리로써 다투어서 그 집을 보존해야 한다.
- 대저 신하는 비록 하늘을 떠받들고 해를 그러쥐는 공이 있다고 하더라도 직분 안의 일이다.
- 숭록대부의 높은 작위는 조종께서 어질고 능력 있는 이를 대우하는 것이다.
- 관작은 간사한 자를 상 주는 도구가 아니다.

· 임금은 하늘과 같다.
· 임금은 마땅히 조심하고 두려워하여 깊은 못에 다다른 것처럼 하여야 한다.
· 대신이 일을 의론할 때에는 마땅히 한마음을 가져야 한다.
· 아무리 나라 일이라고 하더라도 인륜은 폐할 수 없다.
· 군자와 소인의 사이는 저울로 달 수도 없고 거울로 비추어 볼 수도 없으며 단지 공변됨과 사사로움의 사이에 있을 뿐이다.
· 대저 말이 격절하지 아니하면 족히 임금의 듣는 바를 움직일 수 없다.
· 시종하는 신하는 나아가고 물러감을 구차히 할 수 없다.
· 무릇 사람이 친구 사이에도 이 같은 말이 있는데 임금이 신하에게도 이와 같다.

임사홍 탄핵 논변에서 보증은 총 24개가 나타나고 있다. 추론의 규칙이라 할 수 있는 보증은 당대인들이 그 개연성을 공히 인정하는 관념으로 논증 과정에서 생략되는 것이 보통이다. 위에 제시된 것은 임사홍 탄핵 논변에서 생략되지 아니하고 명시적으로 드러난 논거들이다.

보증에서 두드러지게 보이는 표현상의 특징은 '대저(夫)', '무릇(凡)'과 같은 범칭이 사용되는 것이다.(6개) 또한 보증에 속하는 화행은 대체로 당위성 진술이나 가치 판단을 진술하는 형식을 취하고 있다.(……미칠 수 없다, ……옳지 못하다, ……삼가야 한다 등; 9개) 또 인과 관계 표현이 많다는 점도 두드러진 특징이다.(6개)

임사홍 탄핵 논변에 사용된 보증의 내용적 특징은 그 대부분이 인간성에 관한 진술이라는 점이다. 특히 군자와 소인의 특성 및 상호관계, 임금과 신하의 특성 및 상호관계에 대한 진술이 많다. 이러한 내용적 특성은 조선전기 공론 영역에서 이루어진 탄핵 논변의 특성을 반영한 것이라고 할 수 있다. 공론 영역에서의 탄핵은 대체로 탄핵 대상이 되는 인물의 인간성에 대한 판단에 기초하여 이루어졌으며 당대에 인간성 판단의 핵심적인 준거는 '군자와 소인'이었던 것이다. 그런 점에서 군자와 소인은 당대인의 합리성을 이해하는 핵심어라고 할 수 있다.

3.2. 논증 도식의 유형

논증 도식이란 논거로 진술된 것과 주장으로 진술된 것 간의 관계를 표상하는 관습적인 방식이다. 논증 도식(argumentation scheme)의 유형 분류는 여러 학자들에 의해 시도된 바 있다. 페렐만과 올브레히츠-티테카(1958/1969)는 논증을 크게 연합에 의한 논증과 분리에 의한 논증으로 대별한다. 연합은 분리되어 있다고 생각되는 요소들 간에 가교를 놓음으로써 요소들을 하나의 전체로 통일시키는 것이다. 분리는 전체로 존재하는 것을 해체하여 하나의 전체로 간주되었던 요소들을 분리하는 것이다.

한편 반 에머렌과 그루텐도르스트(1992: 94-102)에서는 논증 도식을 징후 논증, 유추 논증, 인과 논증의 세 가지 범주로 구별하였다. 징후 논증은 무언가를 다른 무언가의 징후라고 보는 논증이다. 유추 논증은 무언가가 다른 무언가와 유사하다고 보는 논증이다. 인과 논증은 무언가가 다른 무언가의 도구가 된다고 보는 논증이다.

반 에머렌과 그루텐도르스트(1992)의 분류는 간명하고 포괄적이며 규준적이다. 반면 페렐만과 올브레히츠-티테카(1958/1969)의 유형 분류는 세밀하고 중층적이며 기술적이다. 전자의 분류 방식은 지나치게 간명하여 특정한 논증적 대화의 문화적 특성을 밝혀내는 데는 부적절하며 후자는 체계적이지 못하여 타당도가 결여되어 있다는 단점이 있다. 결국 논증 도식 분류의 준거를 무엇으로 할 것인가는 논증 도식 분류의 목적이 무엇인가에 따라 선택되어야 한다. 이 연구는 공론 영역 논변의 장르 관습으로서 논증 도식의 유형을 기술하는 데 목적이 있으므로 논증적 대화의 합리성을 평가하기 위한 준거를 마련하는 데 일차적인 관심을 가지는 화용-대화론의 규준적 분류 방식보다는 일상 논증의 양상을 기술하는 데 관심을 가지는 페렐만과 올브레히츠-티테카의 수사학적 분류 방식이 더 적합하다.

페렐만과 올브레히츠-티테카(1958/1969)는 논증을 크게 '연합에 의한 논증'과 '분리에 의한 논증'으로 대별한다. 연합은 분리되어 있다고 생각되는 요소들 간에 가교를 놓음으로써 요소들을 하나의 전체로 통일시키는 것이다. 분리는 전체로 존재하는 것을 해체하여 하나의 전체로 간주되었던 요소들을 분리하는 것이다. 신수사학의 분류를 정리해 보면 다음과 같다.

1. 연합에 의한 논증
   1.1. 유사-논리적 논증
   1.2. 실제의 구조에 기반을 둔 논증
      1.1.1. 계기적 관계에 기반을 둔 논증: 수단과 목적, 원인과 결과
      1.2.2. 공존적 관계에 기반을 둔 논증: 본질과 현상, 사물과 속성, 권위로부터의 논증, 집단과 그 구성원
   1.3. 실제의 구조를 확립하는 논증
      1.3.1. 사례에 의한 논증
      1.3.2. 유추에 의한 논증
2. 분리에 의한 논증

페렐만과 올브레히츠-티테카의 분류 체계에 기초하여 실제 논증적 진행의 논증 도식을 기술하여 보자. 우선 앞에서 고찰한 바 있는 [소통 행위 6]의 [변론]을 논증 구조 도식에 따라 구조화하면 다음과 같다.

(임사홍에게) 爵賞의 명을 함부로 더하는 것은 옳지 않다.

↑

임사홍은 크게 악한 것만 — & — · 爵命은 어진 이를 대우하는 바라
있고 조그마한 공도 없다. 악덕에게 미칠 수 없다.
· 賞典은 공이 있는 이를 기리는 것이므로 공이 없는 이에게 주는 것은 옳지 못하다.

↑

· 書經에 이르기를 '爵은 惡德에게 미치지 말고 오직 어진 이에게만 주소서'라고 하였다.
· (書經에) 또 이르기를, '공 세우기를 힘쓰는 자는 상을 내려 힘쓰게 하셨다'고 하였다.

이 논증에서 논거로 진술된 것과 주장으로 진술된 것 간에는 연합이

이루어지고 있다. 즉 '작명은 악덕에게 미칠 수 없으며 상전을 공이 없는 이에게 주는 것은 옳지 못하다'는 관념과 '임사홍은 악하고 공이 없으므로 작상의 명을 더함은 옳지 않다'는 주장 사이에 연합이 이루어지고 있다. 그런데 보증의 역할을 하는 관념은 당대인에게 그 권위가 보편적으로 인정되는 전거의 지원을 받고 있다. 결국 권위 있는 고전의 구절(고전 속의 성인의 주장)과 논증자의 견해를 관련지음으로써 논증자들은 권위 있는 고전 문구나 성인의 말에 결부되어 있는 가치를 자신의 것으로 전이시키고 있다. 따라서 이 논증은 '연합에 의한 논증' 중의 '실제의 구조에 기반을 둔 논증'에 속하며 그중에서도 '**권위로부터의 논증**'이라고 할 수 있다.

[①임사홍의 재주는 소인의 재주입니다. ②전일에 朋黨을 사귀어 맺고 朝政을 濁亂하게 하였는데 이는 재주가 아니면 할 수 없는 것입니다. ③근일에 두 번이나 上書하여 조정을 욕한 것도 재주가 아니면 할 수 없는 것입니다.]

이 변론은 '①임사홍의 재주는 소인의 재주이다'를 주장으로 하는 논증이다. 이 논증의 논거가 되는 ②와 ③은 임사홍이 재주가 있음을 논증하기 위해 재주의 징후를 제시한다. '전일에 붕당을 사귀어 맺고 조정을 탁란하게 한 것'과 '근일에 두 번이나 상서하여 조정을 욕한 것'이 재주의 징후이다. 이 논증은 사물과 그 사물의 속성(즉 징후)을 연결시키는 논증을 하고 있으므로 '연합의 논증-실제의 구조에 기반을 둔 논증-공존적 관계에 기반을 둔 논증-**사물과 속성**'의 유형에 속한다.

[오직 하늘과 祖宗께서 전하께 맡기신 것은 대개 백성을 보호하고 宗社를 튼튼히 하여 크나큰 터전을 떨어뜨림이 없고, 위대한 業을 억만년 무궁토록 이어가게 하는 것입니다.]
[소인을 기용하면 어진 이가 물러갑니다. 소인을 기용하여 어진 이가 물러가면 백성이 병들고 宗社가 불안할 것입니다.]
[그렇다면 하늘에 계시는 조종의 靈이 옳게 여겨 '능히 하늘의 뜻을 잘 받드는도다' 하시겠습니까? '나의 후손이 터전을 버리지 아니하는도다' 하시겠습니까?]

이 논증은 '그렇다면 조종의 靈이 옳지 않게 여길 것이다'를 상위의 주장으로 하는 종속적 합성 논증이다. 이를 변형된 논증 구조 도식에 따라 정리하면 다음과 같다.

그렇다면 조종의 영이 옳지 않게 여길 것이다.
↑
백성이 병들고 종사가 불안할 것이다. — & — 오직 하늘과 祖宗이 전하에게 맡기신 것은 대개 백성을 보호하고 宗社를 튼튼히 하여 큰 터전을 떨어뜨림이 없고, 위대한 業을 무궁히 이어가는 것이다.
↑
(⋯⋯⋯⋯⋯⋯⋯)
↑
(어진 이가 물러갈 것이다.)
↑
(소인을 기용했다.) ——— & — 소인을 기용하면 어진 이가 물러간다.

이 합성 논증은 원인과 결과가 계기적으로 이어지는 특성을 지니고 있다: 소인을 기용했다. → 어진 이가 물러갈 것이다. → 백성이 병들고 종사가 불안할 것이다. → 조종의 영이 옳지 않게 여길 것이다. 따라서 이 합성 논증은 '연합에 의한 논증 – 실제의 구조에 기반을 둔 논증 – 계기적 관계에 기반을 둔 논증 – **원인과 결과**'의 유형에 해당한다.

[신등이 聖聰을 여러 차례 더럽혔으나 윤허를 얻지 못하였으니, 이는 반드시 어리석은 말이 성총에 거슬린 것입니다.]
[伊尹이 太甲10)에게 고하기를, '말이 그대의 마음에 거슬리면 반드시 道에서 구하도록 하오'11)라고 하였습니다.]
[엎드려 원하건대 전하께서는 신등의 말이 거슬린다고 하지 마시고 허심탄회

10) 伊尹은 湯을 도와 商나라를 일으킨 재상. 太甲은 湯의 손자.
11) 書經 商書 太甲 下에 나오는 구절. 有言逆于汝心 必求諸道 有言遜于汝志 必求諸非道. 太甲이 임금의 자리에 오른 뒤에 바른 정치를 펴지 않자 伊尹은 잠시 그를 임금 자리에서 내어쫓아 桐宮에 머물게 하면서 반성하게 하였다. 太甲은 그곳에서 자기의 잘못을 깨닫고 행동을 고쳐 훌륭한 임금이 되었다. 書經 商書 太甲篇은 伊尹이 太甲에게 훈계한 말이다.

한 마음으로 자세히 생각하시어 빨리 成命을 거두시어 소인이 나라를 그르치는 조짐을 막으소서.]

이 논증은 '전하께서는 신등의 말이 거슬리더라도 허심탄회한 마음으로 생각하셔야 한다'를 주장으로 하는 논증이다. 그 논증 구조는 다음과 같다.

전하께서는 신등의 말이 거슬리더라도
허심탄회한 마음으로 생각하셔야 한다.
↓
신등이 여러 차례 전하의 귀에 — & — (군주는 마땅히 말이 마음에
거슬리는 말을 하였다. 거슬리면 도에서 그 말의 옳고
그름을 구해야 한다.)
↓
伊尹이 太甲에게 고하기를 '말이
그대의 마음에 거슬리면 반드시
道에서 구하도록 하오'라고 하였다.

이 논증은 『서경』에서 이윤(伊尹)이라는 재상의 말을 인용함으로써 권위 있는 사람의 말이 지닌 설득력을 논증자의 주장의 설득력으로 전이시키고 있다. 이 점에서 이 논증은 **'권위로부터의 논증'**이라고 할 수 있다. 그러나 한편으로는 삼대의 군주들은 '말이 마음에 거슬리면 반드시 도에서 그 말의 옳고 그름을 구해야' 한다는 관념을 지니고 있었다는 사실과 지금 '전하께서는 신등의 말이 거슬리더라도 허심탄회한 마음으로 생각하셔야 한다'는 주장이 병치되고 있다. 이러한 병치에 의한 비교는 '실제의 구조를 확립하는 논증' 중 **'유추에 의한 논증'**에 해당한다. 여기서 하나의 논증이 동시에 둘 이상의 논증 도식에 분류될 수 있음을 확인할 수 있다.

임사홍 탄핵 논변에서 확인되는 논증 도식에는 유추에 의한 논증과 권위로부터의 논증이 압도적인 다수를 차지한다. '사물과 속성'의 유형, '원인과 결과'의 유형, 사례에 의한 논증은 간간이 나타난다. 페렐만과 올브레히츠-티테카의 분류 체계에 따르면 임사홍 탄핵 논변의 논증 도

식은 대체로 연합에 의한 논증이며 그중에서도 '실제의 구조에 기반-공존적 관계-권위로부터의 논증'과 '실제의 구조 확립-유추에 의한 논증'이 주를 이룬다.

한 담화 공동체의 논증적 대화에서 권위로부터의 논증이 큰 비중을 차지하고 반대자에 의해 설득력이 있는 것으로 받아들여질 때 그 담화 공동체의 구성원들은 어떤 확고한 권위의 체계를 공유하고 있으며 대체로 안정적이고 통합적인 특성을 지니고 있다고 해석될 수 있다. 또한 유추에 의한 논증이 큰 비중을 차지하는 것은 그 담화 공동체에 마땅히 따라야 할 윤리적 준거나 모범이 확립되어 있어서 어떤 사물이나 사건을 평가할 때 그 준거나 모범에 비추어 보는 것이 관례화되어 있었음을 반영한다고 볼 수 있다. 이러한 추론이 옳다면 조선전기 공론 영역의 논증적 대화는 안정적이고 윤리적인 당대의 시대상을 반영하여 권위로부터의 논증과 유추에 의한 논증이 압도적인 비중을 차지하고 있었다고 결론지을 수 있다.

[참고문헌]

『原本集註 書傳』(1981), 명문당.

國史編纂委員會(1986), 『朝鮮王朝實錄』 11(成宗實錄 177-250卷), 서울: 探究堂.

민병곤(2001), 「TV 토론 담화의 논증 분석-화용·대화론적 접근법을 중심으로-」, 『텍스트언어학』 제11집, 한국텍스트언어학회.

박용익(1998), 『대화분석론』, 한국문화사.

Brinker, K., *Linguistische Textanalyse*, 이성만 옮김(1994), 『텍스트언어학의 이해』, 한국문화사.

van Eemeren, F. H., and R. Grootendorst(1992), *Argumentation, Communication, and Fallacies*, Hillsdale, N.J.: Lawrence Erlbaum Associates, Inc., Publishers.

van Eemeren, F. H., R. Grootendorst, S. Jackson, and S. Jacobs(1993), *Reconstructing Argumentative Discourse*, The University of Alabama Press.

Perelman, Ch., and L. Olbrechts-Tyteca(1958), trans. by J. Wilkinson, and P. Weaver(1969), *The New Rhetoric: A Treatise on Argumentation*, Notre Dame: University of Notre Dame Press.
Toulmin, S. E.(1958), *The Uses of Argument*, Cambridge: C.U.P.

<자료: 대사헌 이칙 등의 상소>

사헌부 대사헌 李則 등이 疏를 올려 말하였다.

1 이칙 등: {[臣等이 요즈음 임사홍의 일을 가지고 天聽을 여러 차례 더럽혔으나(累瀆) 윤허를 얻지 못하였습니다.]

[그런데 御書에 이르시기를 "諭示하기를 자세히 하였다. 어찌하여 말을 번거롭게 하느냐?"고 하셨습니다. 신등은 '유시하기를 자세히 하였다'는 것이 무엇을 이르는 것인지 아직 깨닫지 못하였습니다.]

[만약 임원준의 공이 중하다 하여 그 아들에게 상을 미루어 준다고 하면, 임원준의 공을 갚는 것이 지나치다는 것은 臣等이 이미 말하였습니다.]

[만약 임사홍의 일이 실정에 지나치다고 말한다면, 임사홍의 마음과 행실의 악함은 신등이 말하였을 뿐만 아니라 전하께서도 이미 알고 계시는 것입니다.]

[人事는 10년이면 반드시 변하므로 임사홍도 반드시 허물을 고쳤을 것이라고 하면, 임사홍이 옛 악함을 고치지 아니하고 방자하여 꺼림이 없는 것은 신등이 또한 자세히 말한 바 있습니다.]

[전하께서 '유시하기를 자세히 하였다'고 말씀하신 바가 臣은 진실로 의혹스럽습니다.]

[書經에 이르기를 '爵은 惡德에게 미치지 말고 오직 어진 이에게만 주소서'라고 하였으니, 爵命은 어진 이를 대우하는 바라 악덕에게 미칠 수 없습니다. 또 이르기를, '공 세우기를 힘쓰는 자는 상을 내려 힘쓰게 하셨다'고 하였으니, 賞典은 공이 있는 이를 기리는 것이므로 공이 없는 이에게 주는 것은 옳지 못합니다. 임사홍은 크게 악한 것만 있고 조그마한 공도 없으니 爵賞의 명을 함부로 더하는 것은 옳지 아니합니다.]

[전하께서는 임사홍이 文墨의 작은 재주가 조금 있는 것을 끝내 버릴 수 없어 그렇게 하시는 것이 아닙니까?]

[대저 재주에는 군자의 재주와 소인의 재주가 있습니다. 소인이면서 재주가 있으면 이는 호랑이가 날개를 가진 것과 같아서 반드시 나라를 그르치는 데에 이를 것입니다.]

[임사홍의 재주는 소인의 재주입니다. 전일에 朋黨을 사귀어 맺고 朝政을 濁亂하게 하였는데 이는 재주가 아니면 할 수 없는 것입니다. 근일에 두 번이

나 上書하여 조정을 욕한 것도 재주가 아니면 할 수 없는 것입니다.]

[이같이 음흉하고 간교한 재주로써 전하의 은총을 도둑질하여 위로는 임금을 속이고 아래로는 사람에게 방자히 군다면 후일의 禍를 어찌 이루 말할 수 있겠습니까?]

[유식한 인사는 한심스러워하지 않는 이가 없습니다. 전하께서는 아직 깨닫지 못하시고 산처럼 마음을 옮기지 아니하시니, 어찌하여 소인을 사랑함이 이처럼 지극하십니까?]

[예로부터 제왕이 그 사람이 소인임을 알지 못하고서 신임하다가 나라가 어지러워지고 망하게 되는 경우는 많았습니다. 소인인 것을 알면서도 도리어 사랑하고 신임하여 어지럽고 망하는 계단을 열게 한 일은 없었습니다. 전하께서는 이미 임사홍의 간사함을 헤아려 아시면서 반드시 버리지 않으려 하시니, 신등은 국사가 이로부터 날로 그릇될 것이 두렵습니다.]

[오직 하늘과 祖宗께서 전하에게 맡기신 것은 대개 백성을 보호하고 宗社를 튼튼히 하여 크나큰 터전을 떨어뜨림이 없고, 위대한 業을 억만년 무궁토록 이어가게 하는 것입니다.]

[소인을 기용하면 어진 이가 물러갑니다. 소인을 기용하여 어진 이가 물러가면 백성이 병들고 宗社가 불안할 것입니다.]

[그렇다면 하늘에 계시는 조종의 靈이 옳게 여겨 '능히 하늘의 뜻을 잘 받드는도다' 하시겠습니까? '나의 후손이 터전을 버리지 아니하는도다' 하시겠습니까?]

[신등이 聖聰을 여러 차례 더럽혔으나 윤허를 얻지 못하였으니, 이는 반드시 어리석은 말이 성총에 거슬린 것입니다.]

[伊尹이 太甲에게 고하기를, '말이 그대의 마음에 거슬리면 반드시 道에서 구하도록 하오'라고 하였습니다.]

[엎드려 원하건대 전하께서는 신등의 말이 거슬린다고 하지 마시고 허심탄회한 마음으로 자세히 생각하시어 빨리 成命을 거두시어 소인이 나라를 그르치는 조짐을 막으소서.]

들어주지 아니하셨다.

(2 상: [들어줄 수 없노라.])}[12)]

---

12) 〈原文: 영인본『조선왕조실록』11집 401쪽〉
○ 司憲府大司憲李則等上疏曰 臣等近將士洪之事 累瀆 天聽 未蒙兪允 御書乃曰 諭之詳矣 何以煩言 臣等未審諭之詳者 何謂也 若以任元濬爲功重 推賞其子 則元濬之功 酬

報之過 臣等旣言之矣 若以言士洪事爲過情 則士洪心行之惡 非徒臣等言之 殿下亦已知之矣 以人事十年必變 而士洪亦必改過 則士洪之不改舊惡 放恣無忌 臣等亦言之詳矣 殿下所謂諭之詳者 臣實惑焉 書曰 爵罔及惡德 惟其賢 爵命所以待賢人也 不宜及於惡德 又曰 功懋懋賞 賞典所以褒有功也 不宜加於無功 士洪有大惡而無細功 爵賞之命 不宜濫加 殿下無奈以士洪 稍有文墨小技 終不棄而然乎 夫才有君子之才 有小人之才 小人而有才 則是虎而翼者也 必至於誤國 士洪之才 乃小人之才也 前日交結朋黨 濁亂朝政 非才則不能也 近日至再上書 折辱朝廷 非才則不能也 以如此兇狡之才 盜竊 殿下之恩寵 上以欺於君 下以肆於人 後日之禍 可勝言哉 有識之士 莫不寒心 殿下曾不改悟 不移如山 是何寵小人 乃至此極 自古帝王 不知人之爲小人而信任之 以至亂亡者多矣 未有知其爲小人 而反寵任之 以開亂亡之階者也 殿下旣洞照士洪之奸 而必欲不去 臣等恐國事從此日非矣 惟天惟 祖宗 所以畀付 殿下 盖欲子保元元鞏固宗社 以無墜丕丕之基 綿鴻業於億萬年之無窮也 小人用則賢者退 小人用而賢者退 則元元病而宗社不安矣 然則 祖宗在天之靈 其肯曰能用答天意乎 其肯曰子有後不棄基乎 臣等累瀆 聖聰 未蒙允可 是必戇愚之言 咈於 聖聰也 伊尹告太甲曰 有言逆于汝心 必求諸道 伏願 殿下 勿以臣等之言爲逆 虛懷繹之 亟收成命 以杜小人誤國之漸 不聽

V. 광고와 텍스트성

TV광고의 텍스트 언어학적 특징

광고 전략과 언어적 중의성

광고언어의 호소적 기능에 대한 텍스트 언어학적인 연구

TV광고의 텍스트 언어학적 분석

TV광고의 텍스트 언어학적 특징[1)]

-발화 단위와 형식을 중심으로-

신선경

1. TV광고 텍스트의 특징

TV광고는 기능적으로 설득을 목적으로 하는 텍스트이다. 설득적 기능을 하는 텍스트는 TV광고 외에도 여러 가지가 있으나 TV광고 텍스트의 경우 이러한 설득적 기능이 나름대로의 통보 방식상의 특징과 청, 화자의 접촉 방식의 차이들에 의해 다양한 방법으로 시도된다는 점에서 다른 텍스트들과는 구별되는 특징을 갖게 된다.

TV광고의 유형적 특징은 여러 가지 기준에 의해 살펴볼 수 있다. Brinker(1992. 5장 이하)가 제시한 텍스트 유형 분류의 여러 가지 기준, 즉 텍스트의 기능과 통보 상황의 여러 요인 등을 기준으로 TV광고의 유형적 특징을 다음과 같이 정리해 볼 수 있다.

〈TV광고 텍스트의 유형적 특징〉

통보 방식	텍스트의 기능	통보 방향	접촉 방식	통보 방법	행위 영역
TV광고	설득적 기능	일방적 (독화적)	청각 기호/시각 기호 공간: 분리적	음성/문자	공공적

---

1) 이 글은 한국텍스트언어학회 99추계학술대회에서 발표한 "TV광고의 텍스트 언어학적 특징"의 원고를 수정한 것이다. 본고에 대하여 좋은 조언을 주신 익명의 두 심사위원께 감사를 표한다. 심사자들이 지적해 주신 TV광고의 유형적 특징과 텍스트성에 대한 깊이 있는 논의의 필요성은 필자도 깊이 느끼는 바이므로 앞으로 이에 대한 계속적인 연구와 정리를 해 나가려고 한다.

첫 번째로, TV광고의 설득적 기능은 대부분의 텍스트들이 공통적으로 갖는 특징으로 광고를 통해 이루어지는 설득은 텍스트수용자로부터 언어적 반응이 아닌 상품의 구매라는 행동적 반응을 유도하는 것을 궁극적인 목적으로 한다. 즉 시청자로 하여금 광고텍스트를 통해 얻은 정보를 자의적 추론을 통해 처리하고 처리된 결과를 바탕으로 구체적 행위 즉 구매행위를 하도록 유도하는 것이다. 이때 누구를 설득할 것인가, 어떻게 설득할 것인가 하는 문제는 매우 중요한 의미를 지니며 자의적 추론 과정이 구매라는 결론에 이르게 하기 위해 필요한 여러 가지 조건에 대한 고려 또한 중요한 의미를 갖는다. 따라서 광고텍스트는 구매의 대상이 되는 상품과 그것의 구매자 즉 텍스트수용자의 연령이나 성별, 교육 정도 혹은 주거지나 직업 따위의 여러 가지 사회적 요인에 따라 매우 다양한 기호 형식을 혼합하여 사용함으로써 만들어지는 복잡한 텍스트 형태이다. 특히 TV광고의 경우 시각적 기호에 의존하는 지상 광고나 청각적 기호에 의존하는 라디오 광고와는 달리 시청각 기호가 모두 동원되는 광고 형태라는 점에서 그것의 복잡성은 더해진다.

두 번째, TV광고는 맥락적 기준에 따라 그 통보 방향에 있어서 화자 즉 텍스트 생성자가 일방적으로 주도하는 독화적 혹은 일방적 성격을 갖는 텍스트이다.[2] 이 같은 일방성은 대중매체 텍스트들이 공통적으로 갖는 특징으로 화자가 자신의 발화 목적, 즉 설득의 목적의 달성 여부를 텍스트수용자의 반응을 통해 즉각적으로 확인할 수 없다는 이유 때문에 다른 텍스트들에 비해 언어기호를 비롯한 여러 기호들의 사용에 있어서 좀 더 다양하고 강력한 방법을 동원하여 텍스트의 목적을 달성하려 한다는 특징을 갖는다. TV광고 텍스트의 경우 이와 같은 시도는 언어기호의 다양한 사용과 함께 다양한 청각 기호 및 시각 기호들의 조합을 통해 시도된다. 통보 방향이 일방적이라는 특성은 TV광고 텍스트의 경우 다른 대중매체 텍스트에 비해 동일 텍스트가 상대적으로 장기간, 반복적

2) 여기에서 말하는 일방성이란 통보가 이루어지는 현장에서 화자가 청자로부터 즉각적인 반응을 기대할 수 없다는 것과 통보 행위의 방향이 일방적이라는 것을 의미하는 것으로 통보 효과와 관련된 개념은 아니다. 통보 행위가 화자에게서 청자에게로 일방성을 띠며 이루어진다는 것과 화자가 청자의 반응을 전혀 기대하지 않는다는 것은 별개의 문제인 것이다.

으로 제공된다는 점에서 더욱 강화된다.[3] 따라서 일방적인 발화가 반복적으로 장기간 지속될 경우 수용자는 이에 익숙해지고 추론 과정에서 이를 진실로 믿게 되어 설득의 기능이 성공적으로 이루어질 가능성이 높아지는 것이다.

세 번째, 텔레비전 광고는 기호학적 측면에서 보면 언어적 기호를 주축으로 시각적 기호와 청각적 기호가 함께 사용되는 텍스트이다. 따라서 언어기호의 경우도 자연히 음성 기호와 문장 기호가 함께 사용된다, 그러나 소위 '카피'라고 하는 광고 문안이나 'CM'에 쓰이는 노랫말 등의 언어적 기호는 광고에서 가장 중심을 이루는 도구가 되며 이들 언어적 기호는 주로 음성 기호로 발화되어 TV광고의 경우 구어적 텍스트의 특성이 비교적 강하게 드러나는 텍스트로 분류될 수 있다.

한편, TV광고 텍스트에서는 언어적 기호 외에도 청각적 기호와 시각적 기호가 많이 사용된다. TV광고에 사용되는 시각 기호는 다른 인쇄매체의 광고에 비해 움직임이 중시되며 장면의 변화가 매우 빠르게 진행된다는 특징 때문에 시각 기호의 모양이나 색은 물론 속도와 거리 등이 매우 중요한 기호적 의미를 가지며 때에 따라서는 언어기호로 생성되는 텍스트의 각 발화단위들 간의 응집성을 다지는 유력한 도구로 사용된다.

(1) 〈웰라 샴푸〉

장면: 윤기 있는 머리를 가진 외국 여자 모델이 윤기가 흐르는 사과를 따는 장면

해설: 윤기의 비밀은 과일왁스.
웰라 샴푸는 과일 왁스 성분이 있어 모발 한 올 한 올을 매끄럽게 감싸줍니다.
싱그럽게 빛나는 머릿결.
웰라 발삼샴푸

예를 들어, 위의 예 (1)의 '웰라 샴푸' 광고의 경우 강조하고자 하는

3) TV광고의 경우 일반적으로 일 년을 4분기로 나누어 각 분기별로 제작되는 경우가 많으므로 하나의 광고텍스트는 짧게는 2개월에서 길게는 3~4개월에 걸쳐 계속적으로 반복 제시된다.

주제는 윤기이며 이를 강조하기 위한 개념으로 '과일 왁스 성분'이 강조된다. 이러한 개념의 강조를 위해 사과의 윤기와 그것을 따는 미모의 여성 그리고 이 둘을 연결하는 시각적 고리로서 과일과 머리카락의 윤기가 시각 기호로서 강조된다. 이때 윤기라는 시각적 기호는 해설부에서 언어적 기호로 실현된 '과일 왁스' '웰라 샴푸' '매끄럽다' '빛나는 머릿결' 등의 단어들이 윤기라는 개념을 중심으로 응집성을 갖는 하나의 집합으로 묶일 수 있도록 하는 역할을 담당한다.

청각 기호들의 경우 음성 기호의 악센트, 높낮이, 장단, 소리의 크기 등은 물론 효과음의 처리도 매우 큰 비중을 차지한다. TV광고에서 음향 혹은 음악적 효과와 같은 청각 기호는 아주 다양하고 강력한 기호로 사용된다. 예를 들어, 광고 상품의 이름을 일정한 리듬과 가락에 맞추어 발화함으로써 언어적 음성 효과 이외에 음악적 음향 효과를 통해 텍스트 수용자의 제품에 대한 기억을 강화시키는 경우들도 많이 볼 수 있다.

(2) 가. ♩. ♪ ♪ ♩.
파 파 미 미
화이-브 미 니

나. ♩ ♩ ♩ ♪ ♩. ♩ ♩
솔솔솔 솔 레- 시도
칠공공 오 사- 이오(700-5425)

다. ♪ ♩. ♪ ♪
솔미- 레도
OK- SK

(2)의 예들은 일정한 가락을 통해 자신들의 제품의 이름에 대한 기억의 강화 효과를 강조하는 예들이다. 이와 같은 로고송은 광고텍스트 안에서 텍스트의 시작과 끝을 알리는 표지로서 여러 개의 발화단위를 하나의 텍스트로 묶는 응결성의 중요한 도구로 사용되기도 하고 각 발화단위와 발화단위의 경계를 제시하는 역할도 담당하여 광고 수용자의 추론활동을 강화하는 기능뿐 아니라 텍스트의 내적 구조를 공고히 하는 결속 성분으로서의 기능도 담당하게 된다.

한편 텔레비전 광고의 경우 대부분의 경우 청각 기호가 시각 기호와 함께 결합하여 사용되는 공감각적 기호를 통한 통보 행위가 매우 큰 비중을 차지한다. 이러한 면에서 TV광고는 라디오 광고와 큰 차이를 보인다. 공감각적 효과는 젊은이나 어린이를 대상으로 하는 광고의 경우 매우 두드러지게 나타나는데 예를 들어 아래의 (3)에 예시된 과자 신제품인 '뿌셔뿌셔' 광고에서는 광고가 유명 댄스가수의 CM으로 처리되면서 과자 이름 부분에서 CM 부분은 짧은 박자로 동일 가락이 반복되며 강조되고 이와 동시에 자막에 과자의 이름이자 CM의 중요 가사부인 '뿌셔뿌셔'가 문자 처리되면서 청각 기호와 시각 기호의 공감각적 기호 효과를 낸다.

(3) 〈뿌셔뿌셔〉

배경 화면: 그룹 클론이 춤을 추며 과자를 봉지째 부시는 행동을 한다.

CM: '…………재밌게, 신나게 온몸으로 뿌셔! 뿌셔!'

CM의 '뿌셔! 뿌셔!'에 맞추어서 상단 왼쪽과 같은 모양의 문자 기호가 자막으로 처리.

마지막으로 TV광고 텍스트는 통보 행위 영역이라는 측면에서 공공적 성격을 갖는 텍스트인 동시에 불특정 다수를 대상으로 하는 대중적 텍스트의 성격을 갖는다. 텍스트의 대중성은 언어적 측면에서 다양한 형태로 나타나는데 예를 들어 어휘 사용의 전형화, 난이도가 낮은 일상 어휘가 많이 사용된다는 점, 발화의 길이가 짧다는 점, 문어체보다는 구어체의 언어기호가 자주 사용된다는 점 등이 대중적 텍스트의 언어적 특징의 예라고 할 수 있다.

우리는 이상에서 광고텍스트의 유형적 특징에 대하여 간략히 살펴보았다. 본 논의는 이상과 같은 TV광고의 유형적 특징을 중심으로 광고텍스트에 나타난 언어적 현상에 주목하여 TV광고 텍스트의 유형적 특징이 어떻게 구체적인 언어 형태로 실현되는가 하는 것과 이들 텍스트를 이루는 기본 단위는 무엇이며 각 단위 간의 경계는 무엇을 통해 나뉘어질 수 있는가 하는 문제, 마지막으로 각 단위들의 집합으로 하여금 응집성과 응결성을 갖는 텍스트가 되게 하는 조건 등에 대해서도 살펴보고자 한다.

2. 자료의 수집과 정리

본고에서 자료로 사용하는 광고 문안들은 1999년 6월 2일에서 7월 4일까지 약 한 달간 각 시간대별로 아침 시간(오전 9~10시), 오후(4~5시), 저녁(6~7시, 7~8시), 밤(9시 이후)에 각각 1시간씩 TV프로그램을 녹화하여 각 프로그램 앞뒤에 방영되는 광고를 수집하여 전사한 것이다. 이는 각 시간대별로 프로그램 시청 대상자가 다르고 또 광고의 내용 또한 달라지므로 이를 감안하여 다양한 제품 광고를 수집하기 위해 계획된 것이다.

수집된 광고텍스트의 목록과 수를 주제별로 정리하여 제시하면 다음과 같다.

(4) 광고 목록

① 공익광고: 교통안전 캠페인 등 총 14개
② 금융 상품: 현대 증권, 바이 코리아 등 총 14개
③ 가전제품: 정수기, TV, 냉장고 등 총 12개
④ 컴퓨터: 컴퓨터 기기, 프린터 등 총 4개
⑤ 약품: 두통약, 건강 보조제, 연고류 등 총 15개
⑥ 통신: 국제 전화, PCS폰, 기타 통신 등 총 22개
⑦ 화장품 및 미용재: 화장품, 염색약, 모발재, 샴푸류 등 총 21개
⑧ 세제 및 살충제: 각종 세제 및 비누, 치약, 살충제 등 총 15개
⑨ 식품: 라면, 유제품, 장류 등 총 12개
⑩ 제과: 음료, 과자류, 빙과류 등 총 16개
⑪ 자동차: 자동차, 타이어 등 총 11개
⑫ 기업 광고: 삼성, 대우, SK 등 총 4개
⑬ 의류: 총 3개
⑭ 학습지: 총 3개
⑮ 기타: 신문, 가구, 운동 기구, 보안 장치, 안경, 이삿짐, 아파트, 건축 자재, 백화점 등 총 13개

총 합계: 178개

3. 광고텍스트의 단위와 분절 기준

고영근(1990)은 텍스트에 대하여 구어(口語)와 문어(文語)의 텍스트 자료를 포괄하는 개념으로 '이야기'라는 용어를 사용한 바 있으며 텍스트의 단위적 성격을 규명하는 자리에서 '음운 → 형태소 → 단어 → 문장 → 텍스트'의 도식을 제시한 바 있다. 이러한 논의에 따르면 텍스트의 하위 단위는 문장이 된다.[4] 그러나 텍스트의 하위 단위를 문장이라고 정의할 때, 문장이란 무엇인가라는 오래된 문제를 다시 제기하지 않을 수 없다. 문어적 텍스트의 경우 '주술 구조를 갖춘 문법단위'로서의 문장은 어느 정도 설득력을 갖는 개념이 되지만 구어적 텍스트를 다루게 될 때 '주술 관계를 갖춘 구조'라는 개념은 설득력 있는 기준이 되지 못한다. TV 광고 텍스트는 텍스트의 성격상 구어와 문어의 두 측면을 포괄하는 텍스트의 성격을 갖는다. 통보 행위가 일방성을 띤다는 면에서는 문어적 성격을 갖지만 언어기호 중 음성 기호를 주된 수단으로 한다는 면에서, 그리고 하나의 텍스트가 두 명 이상의 화자에 의해서 발화되는 경우가 많다는 면에서 '서로 주고받고 하는 말', 즉 대화적 성격을 강하게 띠는 구어적 텍스트이다. 따라서 TV광고 텍스트를 구성하는 기본적인 단위는 추상적·문법적 단위인 문장이라기보다는 그것의 구체적 실현 형식 즉 구체적 발화 상황에서 실현되는 통보적 단위인 발화(utterance)[5]가

---

4) 텍스트의 하위 단위가 문장임은 Van Dijk(1972), Lang(1973), Heins vater(1994) 등 여러 학자들에 의해 주장되어 왔다.

5) 본고에서 받아들이는 발화(utterrance)에 대한 정의는 Fries(1952)에 의해 정의된 '화자가 말을 시작해서 마칠 때까지의 연속'이라는 것으로, 회화에 있어서는 발화단위는 화자의 교대(turn taking)에 의해 이루어진다. 한편, Harris(1951)는 발화를 어떤 화자의 일련의 이야기에서 전후가 침묵으로 구분되는 것이라고 정의하기도 하였다. 발화단위는 길이나 형식 면에서 매우 다양한 형태로 실현될 수 있는데 회화에서 대부분의 발화는 단어, 구로 이루어지는 경우가 많아 문장으로서는 불완전한 성격을 갖는 경우가 많다. 그러나 경우에 따라서는 하나 이상의 문장으로 이루어지는 발화도 있다. 발화의 단위가 단어에서부터 문장의 연쇄까지 다양한 문법단위로 실현된다는 것은 다음의 예를 통해 확인할 수 있다.

예1) 가: 오늘 어떤 여자분을 만난다고 하셨잖아요. (문장)
나: 여자요? (단어)
가: 예, 묘령의 여자? (구)

되어야 할 것이다.[6] TV광고 텍스트의 경우 제한된 시간에 설득의 목적을 달성하여야 한다는 텍스트의 특성상 발화단위가 문장 이하의 문법단위 즉 구나 단어로 실현되는 경우가 매우 많다. 이때 어디서부터 어디까지를 하나의 발화로 볼 것인가 하는 것이 문제로 제기된다. 광고텍스트의 경우 한 명 혹은 여러 명의 해설자에 의해 이야기 된다. 만약 광고 문안이 둘 이상의 해설자에 의해 이야기될 경우 화자교대(turn taking)는 담화 단위를 나누는 데 중요한 경계가 될 수 있다.

(5) A: "희애야, 욕실청소 뭘로 했어?"
B: "락스와 세제를 한번에."
A: "응? 글쎄 이름이 뭐냐니까?"
B: "락스와 세제를 한번에."
해설: 살균, 세정, 곰팡이 제거까지 한번에.
A, B: "욕실청소 한번에."

위의 예는 가장 전형적인 대화형 광고텍스트로 A와 B 두 사람의 대화가 문장의 형태로 이루어지고 있으며 하나의 문장이 한 명의 화자에 의해 완결되고 있다. 이때 A, B 두 화자는 말차례를 잘 지켜 가장 표준적인 대화를 주고받는 것을 볼 수 있다. 따라서 이와 같은 텍스트의 경우 각 사람의 말차례가 바뀌는 지점을 중심으로 발화단위가 쉽게 나뉠 수 있는데 이와 같은 기준에 따라 예문 (5)는 6개의 발화단위로 이루어진 텍스트임을 쉽게 알 수 있다. 그러나 대부분의 광고텍스트의 경우 하나의 문장이 한 명의 화자에 의해 완성되지 않고 여러 화자들에 의해 분할 발화되거나 문장 이하의 단위로 발화된다.

나: '미안합니다. 저 너무 바빠서…… 이만…… 가 봐야 할 것 같은데요' (문장의 연쇄)

6) Brinker(1992)는 텍스트의 기본 단위인 문장을 설명하기 위하여 문법적 단위로서의 문장, 그리고 의미적 단위로서의 명제와 구별되는 텍스트 단위를 텍스트 분절문(textsegment), 또는 '분절문'(segment)으로 구별하여 부르기도 하였다. 텍스트 분절문은 여러 개의 문장 혹은 명제로 구성되어 있는 경우도 있지만 생략문이나 호칭, 인사말 등과 같은 유사 문장의 형태로 실현되는 경우도 있다.

(6) ① A: "이젠 쇼핑하세요."
② B: 전세금, 중도금, 생활 자금까지……
③ A: "한번에 해결해 드립니다."
④ B: 주택금융 백화점.
⑤ 주택은행(♪♩. ♪♪)

(6)은 주술 관계를 중심으로 하는 문장이라는 단위로 나누게 되면 '이젠 쇼핑하세요/ 전세금, 중도금, 생활 자금까지 한번에 해결해 드립니다/ 주택금융 백화점 주택은행' 3개의 단위로 나눌 수 있다. 그러나 이를 화자 교대(turn taking)의 기준에서 보면 (6)은 위에서와 같이 5개의 발화단위로 나뉜다. 즉 ②와 ③의 경우 하나의 문장을 이루지만 이 두 부분이 다른 화자에 의해 교대로 발화되고 있으면 ④와 ⑤의 경우, ④는 B에 의해 ⑤는 코러스 형태의 음성 로고로 처리되고 있다. 따라서 서로 다른 화자에 의해 실현되는 각 단락은 독립된 발화단위가 되며 (6)은 5개의 발화단위로 이루어진다고 말할 수 있다. 이때, ⑤를 독립된 발화단위로 간주할 것인가 하는 문제가 제기될 수 있다. 그러나 본고는 ⑤를 하나의 독립된 발화단위로 처리하고자 하는데 이는 ⑤가 (6)의 전체 텍스트 안에서 수행하는 기능, 즉 텍스트를 완결하여 다른 텍스트와 구별되는 하나의 독립된 발화로서의 기능을 충분히 이행한다고 보기 때문이다.

한편, 대화의 형태가 아닌 해설(나레이션)의 형태로 실현되는 광고의 경우, 발화단위는 화자 교대라는 기준에 의해 나뉘어질 수 없다. 따라서 이들 텍스트의 경우 발화단위 측정에 있어서 또 다른 기준을 필요로 한다.

(7) 해설자 A: ① 대우.
② 이제 선택이 분명해졌습니다.
③ 자기 자본 업계 1위.
④ 대우증권에 맡기세요.
⑤ 세계를 보는 눈.
⑥ 미래를 보는 눈.
⑦ 대우 증권

해설자 B: ⑧ 뮤추얼 펀드, 주식형 펀드도 대우증권.

(7)의 예는 해설의 형식으로만 이루어지는 광고텍스트로 ⑧의 부분을 제외한 나머지는 한 명의 해설자에 의해 발화된다. 이런 경우 우리는 다시 문장이라는 문법적 단위를 중심으로 발화의 단위를 나누어 볼 수 있을 것이다. 그러나 문장을 기본 단위로 하여 텍스트의 발화단위를 측정하려고 할 때, ①과 ②가 한 문장으로, ③과 ④가 한 문장으로 묶일 수 있으며 ⑤, ⑥, ⑦도 하나의 단위로 묶일 수 있을 것이다. 이때, ⑧은 화자 교체로 인해 독립된 단위로 분리되어 위의 텍스트는 총 4개의 발화단위로 이루어진 것으로 해석될 가능성이 있다. 그러나 (7)의 텍스트는 문자 기호로 이루어진 텍스트가 아닌 음성 기호에 의해 생성되는 구어적 텍스트라는 점을 감안할 때, 발화단위는 또 다른 기준, 즉 억양과 휴지, 그리고 각 음절과 단어, 구의 발화 길이 등, 초분절적인(Supra-segmental) 음운 기준에 의해 분석되어야 한다. 먼저 각 단락의 발화 길이와 각 어절 사이의 휴지[7]는 다음과 같이 표시할 수 있다.[8]

7) 휴지(pause)의 표시는 시간적 길이의 차이에 따라 /와 //로 구별하여 표시한다. 발화시 휴지의 표현은 문장의 문법적 단위들 간의 수식 관계나 서술 구조에 따라 이루어지는 것이 일반적이지만 반드시 그런 것은 아니다. 예를 들어 위 (7)의 예에서 ②와 같이 '부사어/ 주어// 술어'의 형식으로 휴지가 실현되는 경우도 있지만 ③이나 ④, ⑤의 경우처럼 문법적 분석과 휴지의 실현이 일치하지 않는 경우도 있다. 즉 ③의 경우 문장은 '자기 자본이 업계에서 1위이다'라는 서술 구조를 갖는 문장으로 해석되는데 성분 간의 문법 관계만을 기준으로 한다면 '자기 자본// 업계/ 1위'와 같은 식으로 휴지가 주어져야 하겠지만 실제적인 발화에서는 '자기 자본/ 업계// 1위'라는 형태로 휴지가 주어지고 있다. 이러한 현상은 ⑤나 ⑥에서도 마찬가지이다. 문법관계에 따르면 수식구와 피수식구 사이에 휴지가 들어간 '세계를/ 보는// 눈' '미래를/ 보는// 눈'의 형태로 실현되어야 하나 실제 발화에서는 각각 '세계를// 보는/ 눈', '미래를// 보는/ 눈'으로 실현되고 있는데 이는 화자가 이 광고텍스트를 통해 어떠한 주제를 더욱 강조하여 전달하고자 하느냐 하는 것과 밀접한 관계를 갖는 것으로, ③에서는 '1위'라는 주제를 ④와 ⑤에서는 각각 '세계' '미래'라는 주제를 강조하여 전달하고자 하는 의도가 있으므로 이들의 앞뒤에 휴지를 두어 발화하는 것으로 해석할 수 있다.

8) (7′)에서 휴지 표시 //로 구별되는 각 단위는 리듬 단위(rhythm unit) 혹은 말토막이라고 하는 것으로 (7′)의 각 발화단위들은 두 개의 말토막으로 구성되어 있다고 할 수 있다.

(7′) ① 대 - R // 우- F
② 이제 / 선택이R // 분명해졌습니다.F
③ 자기 자본 / 업계R // 1위 F
④ 대우 / 증권에R // 맡기세요.F
⑤ 세계를- R // 보는 / 눈.F
⑥ 미래를- R // 보는 / 눈.F
⑦ 대우- R // 증권- F
⑧ 뮤추얼 펀드R / 주식형 펀드도R // 대우증권F

(7′)에서 볼 수 있는 것과 같이 ①에서 ⑧까지의 각 단락들은 단어에서부터 문장에 이르기까지 서로 다른 다양한 문법단위로 표현되고 있지만 이들은 운율의 형식에 있어서는 많은 유사성을 갖는다. 첫째로, 각 단위의 발화 시간이 각 단위의 음절의 수나 문법단위의 수와는 상관없이 거의 비슷하다. 예를 들면 ①의 ‘대우’의 경우 2음절의 단어이지만 그것의 실제적인 발화에서는 각 음절이 길게 발화됨으로써 ②나 ④의 문장이 발화되는 시간과 맞먹는 시간에 모두 발화된다. 따라서 (7′)의 ①에서 ⑧의 각 단락들은 발화 시간으로 볼 때 서로 비슷한 값을 갖는 발화단위가 된다. 두 번째로 이들 각 단락은 발화될 때, 휴지에 의해 모두 전반부와 후반부의 두 부분으로 분할되며 전반부와 후반부는 각각 상향 억양과 하향 억양으로 실현되어 이들이 서로에 대하여 하나의 짝을 이루며 각 발화에서 반복 적용된다. 이때 하향 억양으로 발화되는 지점에 휴지가 놓이게 되면 이는 발화단위의 종료 지점으로 인식된다. 따라서 하향 억양과 휴지의 결합은 대화에서의 화자 교대와 같이 하나의 발화단위와 다른 발화단위를 구별해 주는 기준이 된다. 그러므로 (7)의 예는 각 단위의 발화 시간, 억양의 실현 양상, 그리고 휴지라는 운율적 기준과 ⑦과 ⑧ 사이에서 이루어진 화자 교대 등의 분석 기준에 따라 앞과 같이 8개의 독립된 발화단위로 분석될 수 있다.

TV광고 텍스트의 발화단위의 경계는 대화에서의 화자 교대나, 해설에서의 휴지나 억양 따위의 운율적 기준 등에 의해서 뿐만 아니라 음악이나 음향 따위의 언어 외적인 기호들에 의해서도 나누어질 수 있다.

(8) ① 맛있게 비우자.
② **화이-브 미니.**(♩. ♪ ♪ ♩.)
③ 기분까지 시원하게
음향: **뽀글(물방울 터지는 소리)**
④ "나 가벼워졌다"
⑤ 맛있는 섬유 음료
화이브 미니.(♩. ♪ ♪ ♩.)

(8)의 광고 문안에서 ①과 ③은 '기분까지 시원하게 맛있게 비우자'라는 문장에서 부사절이 도치된 문장으로 해석하면 하나의 문장 즉 하나의 발화단위로 분석될 수 있다. 그러나 (8)에서 볼 수 있는 것과 같이 ①과 ③은 제품의 이름에 가락과 리듬을 가미한 로고송 '**화이-브 미니.**(♩. ♪ ♪ ♩.)'에 의해 두 부분으로 나뉘어 두 개의 독립된 발화단위로 인식된다. 이것은 텍스트 생성자 즉 화자에 의해 의도된 분할로 해석되는데 이는 발화 ③이 발화 ①의 부분으로서도 해석될 가능성과 함께 ③ 뒤에 이어지는 음향 효과에 의해 암시되는 배설 행위와 함께 결합하여 ①의 부분 발화가 아닌 하나의 독립된 발화를 이루는 것으로 해석될 가능성도 함께 제공하는데 이는 중의적 효과를 거두고자 하는 텍스트 생성자의 의도된 삽입이라고 할 수 있다.[9] 한편 ③과 ④ 사이에 삽입되는 음향 효과[10]에 의해 ③은 의미적 서술 구조를 갖춘 하나의 독립된 발화로서 완성되며 ③과 ④의 발화 경계는 매우 뚜렷해진다. 이상과 같은 절차를 통해 (8)의 텍스트는 6개의 독립된 발화단위로 구성된 텍스트로 분석된다.

이상에서 우리는 TV광고 텍스트의 분석에 있어서 이들 텍스트를 구성하는 기본 단위를 발화단위(utterance unit)로 규정하고 각 발화단위의

9) 이때, 음향 효과는 공공적 발화에서 금기시되고 있는 배설에 대한 서술어 '배설한다' '배설된다'를 대신하여 나타내는 기호로 사용되어 의미적으로는 발화 2의 서술어의 역할을 하는 중요한 기제로 사용되고 있다. 공공적 발화에서의 이와 같은 음향이나 몸짓 따위의 시각적 기호는 언어적 형태로 발화되기 어려운 금기어들을 대신하는 장치로 자주 사용된다.

10) 이는 화면에 나타나는 시각적 기호와 함께 제시되어 무엇에 관한 소리인지, 그리고 그러한 음향이 의미하는 내용을 강화하여 나타낸다.

경계를 나누는 데 있어서 기준이 될 수 있는 언어적 혹은 언어 외적 기준들은 무엇인가에 대하여 생각해 보았다. TV광고 텍스트는 일반적으로 음성 기호와 문자 기호가 동시에 쓰이는 텍스트이기는 하지만 음성 기호가 주요 기호가 되고 문자 기호는 보조적 기호로 사용되는 경우가 많아 일반적으로 구어적 텍스트의 성격을 갖는다. 따라서 대화와 해설(나레이션) 등을 주축으로 하는 텍스트라는 특징을 감안하여 발화단위를 나누어 보았다. 이때 대화의 경우는 화자 교대(turn taking)와 발화와 발화 사이의 휴지가 가장 중요한 분석 기준이 되었고 해설의 경우는 각 단위의 발화 시간의 길이와 각 단위와 단위 사이의 휴지 그리고 억양 등이 가장 중요한 분석 기준으로 나타났다. 이외에도 음향 효과나 리듬과 가락 등 음악적 요소를 갖춘 로고송이나 CM 등이 발화와 발화를 나누는 중요한 경계로서 작용하는 것을 알 수 있었다.

4. TV광고의 발화 형식

TV광고 텍스트에서 언어기호로 구성되는 부분은 크게 해설부와 대화부, 독백부, CM부 그리고 자막으로 처리되는 문자부 등 5가지 영역으로 나누어 볼 수 있다. 대화부는 다시 쌍방적 대화부와 일방적 대화부로 나눌 수 있다. 쌍방적 대화의 경우 광고에 출현하는 인물들 간에 나누는 대화로 일반적으로 정의되는 대화의 유형과 같다. 한편, 일방적 대화는 광고 안의 인물이 텍스트수용자인 시청자를 대상으로 말하는 대화의 유형으로 이는 화자가 청자의 존재를 강하게 의식하며 이루어지는 발화라는 점에서 독백이나 해설(나레이션)과는 구별되는 발화 형식이다. 이상과 같은 다양한 발화 형태들은 광고텍스트 생산자의 주제 전달의 의도에 따라 하나의 텍스트 안에서 다양한 조합을 이루면서 사용된다. 텍스트 생산자의 주제 전달 의도는 텍스트를 구성하는 언어적 성분들이 얼마만큼의 응집성을 갖느냐에 따라 성공적으로 전달될 수 있는데 텍스트를 구성하는 발화 형식에 따라 텍스트의 응집성과 응결성은 다양한 형태로 실현되며 하나의 텍스트 내에 여러 가지 발화 형식이 실현될 경우 이들은 텍스트의 응집성과 응결성을 강화하는 유력한 장치로 이용된다. 본 장에서는 해설부와 대화부, 그리고 독백 등 음성 기호에 의해 실현되는 발화 형식들을 중심으로 TV광고 텍스트의 발화 형식과 이를 통해 표현되는 응집성과 응결성의 양상을 살펴보고자 한다.

(9)의 예는 해설부로만 이루어진 광고로 이와 같은 경우 문장은 '하라'체나 '합쇼'체의 형식적 어투나 명사문으로 실현되며 주제도 주로 제품의 용도, 효용 혹은 사용법 등과 같이 실제적인 내용을 강조하는 경우가 많다. (9)에서도 a 부분에서는 살충이라는 제품의 용도를, b 부분에서는 제품의 사용법(뿌리는 살충제)과 효과를, c에서는 제품의 인지도 등을 이야기함으로써 본 제품이 뿌리는 살충제로 널리 사용되고 있는 인기 있는 제품이라는 정보를 전달하고 있다. b 부분에서는 '씩'이나 '싹' 등 의태어를 사용하여 사용은 편하게 '씩' 뿌리기만 하면 되는 반면 효과는 '싹' 제거되는 강력한 것임을 강조함으로써 본 광고텍스트가 강조하는 제품의 '실용성'의 의미에 대한 응집성을 강화하고 있다. 한편 제품의 이름인 '**바이곤**'은 각 발화단위의 경계에 반복 배치됨으로써 각 발화단위가 하나의 텍스트 단위로서 응결성을 갖게 하는 기능을 한다.

(9) 해설부: a. 파리, 모기 잡으러 왔다. ***바이곤***.
b. 뿌리면 파리 모기가 싹. 파리 모기의 천적 ***바이곤***.
씩 뿌리면 싹. ***바이곤***.
c. 세계 백여 개국에서 사용합니다.

한편, 해설부가 주를 이루는 텍스트 중에는 (10), (11)과 같이 해설부에 시청자를 향한 일방적 대화부가 함께 삽입되는 경우도 있는데 이때 일방적 대화는 10b)나 11e)와 같이 의문의 형태로 실현되는 경우가 대부분이며 질문에 대한 대답은 텍스트 내에 제시하지 않는 것이 일반적이다. 따라서 (11b)의 질문에 대한 답변 없이 해설부의 내용은 c로 바로 이어지며 따라서 b 부분은 삭제된다고 해도 전체적 주제 전달에는 아무런 영향을 주지 않는다. 일방적 대화부에서 b와 같이 텍스트 내에서 대답이 주어지지 않는 의문문은 화자가 텍스트 내에서 주어진 정보들에 대한 청자의 적극적인 추론활동을 기대하고 있음을 암시하면서 해설부에서 이야기되고 있는 내용을 청자에게 환기시켜 텍스트의 주제 파악의 효과를 강조하는 한편, 청자가 화자의 이야기를 잘 따라오고 있는지 확인하고 청자가 통보 행위가 끝날 때까지 참여하여 설득의 목적이 성공적으로 성취될 수 있게 하는 장치로 이용된다. 이때, (10)의 텍스트의 응결성은 단어의 반복을 통해 강화되는데 텍스트의 처음(a)과 마지막(d)에서 '오랄비'라는 동일 어구가 반복됨으로써 a에서 d까지가 모두 하나의 텍스트 경계 안에 포함됨을 표시하고 있으며 이외에도 b와 d의 발화에서는 '칫솔'이라는 단어가, c와 d의 발화에서는 '미세 섬유'라는 단어가 반복됨으로써 각 발화 사이의 응결성이 강화된다.

(10) 해설부: a. 오랄비 어드밴티지
일방적 대화: b. 어떤 칫솔일까요?
해설부: c. 칫솔모 표면의 미세 섬유가 치아 사이사이의 플라그까지 닦아줍니다.
d. 미세 섬유로 닦아주는 어드밴티지 칫솔 오랄비.

해설부와 일방적 대화부로 이루어진 텍스트들 중에는 (11)에서처럼 대화부 e가 텍스트의 마지막 부분에 삽입되는 예들도 TV광고 텍스트에서 흔히 볼 수 있는 형태로 이는 해설부에서 제공한 정보의 내용이 청자에게 잘 전달되었는지 다시 한번 확인하는 장치로 사용되고 있다. 이때 e에서 언급되는 '통화료'라는 단어는 a~d에서 사용된 '무료', '자유 시간 요금제' 등이 '통화료'에 관한 내용임을 다시 한번 확인시키면서 각 발화 단위로 하여금 서로에 대하여 응집성을 갖도록 하는 장치로 사용되고 있다.

(11) 해설부: a. 문자메시지 무료. / b. 한달 100분 무료.
c. 심야통화 무료. / d. 016자유시간 요금제.
일방적 대화: e. 통화료가 뭐예요?

한편, 각 발화단위들 간의 응결성은 각 발화단위의 마지막 단어 '무료'의 반복에 의해서 강화된다.

(12)는 한 명의 화자에 의해 발화되는 일방적 대화와 독백으로 이루어진 텍스트이다. 이와 같은 독화적 텍스트는 대부분의 경우 화자 자신의 개인적 관심사, 즉 필요, 소망, 선호, 취향 등에 관한 내용들을 담게 되는데 이와 같이 화자의 개인적 관심사를 주제로 하는 텍스트의 경우 청자로 하여금 화자와 자신을 동일시하여 자신도 화자와 같은 취향이나 행동 방식을 갖고 싶다는 결론에 이르도록 하는 것을 목적으로 한다. 따라서 화자의 발화 속에는 화자 자신이나 자신이 사용하는 제품이 다른 사람들이 사용하는 일반적 제품과는 다른 특별한 것임을 강조하는 언어적 장치들이 사용된다. 예를 들어 어휘의 사용에 있어서도 (12)에서 볼 수 있는 것과 같이 '잘', '다', '더' 등과 같은 부사가 사용되어 일반적인 다른 상품과는 구별되는 더 효과적이고 질 높은 그리고 모든 것을 고루 갖춘 제품이라는 이미지를 강조한다. 술어의 선택에 있어서도 '신경 쓰다', '중요하다', '챙기다', '빼어나다' 등과 같은 어휘들이 사용되는데 높은 질의 뛰어난 제품이라는 텍스트의 주제는 이와 같은 어휘군의 사용으로 더욱 강조되며 텍스트의 응집성도 이들 어휘들을 통해 확보된다.[11] 한편, 각 문장에서 사용되는 상대 존대의 조사 '-요'의 반복은 각각의 발화단위들을 하나의 텍스트로 묶어주어 응결성을 갖게 하는 도구로 기능하며 '-해요'체로 실현되지 않은 발화 c의 경우 지시어 '요걸'과 그 전 발화 b에 실현되어 있는 지시 내용 '머리, 키, 뼈대, 소화 흡수'와 지시 관계를 통해 응결성이 강화된다.

(12) 일방적 대화: a. "아기를 잘 키우려면 신경 쓸 게 한두 가지가 아니더라구***요***"
b. "음! 머리, 키, 뼈대, 소화흡수i. 아, 하나라도 안 중요한 게 있나요?"
독백: c. 요걸i 어떻게 다 챙기지?

---

11) 이와 같은 독화적 광고텍스트의 경우 화자의 개인적 이미지나 사회적 지명도 등 언어 외적 요인들이 통보 활동에 큰 영향을 끼친다.

d. 총명하고 딴딴하게 빼어날 수. 아기사랑 수.
일방적 대화: e. "아기사랑 수로 한 단계 더 올리세요."

다음의 (13)과 (14)는 쌍방적 대화부와 해설부가 혼합된 텍스트의 예이다. 그러나 (13)과 (14)의 경우 해설부는 발화의 길이에 있어서는 대화부에 비해 짧고 간략한 형태로 실현되며 선행하는 대화의 설명부의 역할을 하여 자칫 보조적 발화로 인식될 가능성이 크지만 내용을 살펴보면 대화를 통해 주제에 대한 관심을 유발하여 텍스트의 형식상 주된 발화 형식으로 인식되는 반면, 텍스트의 주제와 관련된 구체적인 내용 면에서는 주제에 대한 청자의 관심을 집중시키는 도구적 발화로서 기능한다.

먼저 (13)의 경우, 해설부는 매우 간략한 형태를 갖는다. 그러나 텍스트의 머리 부분 a와 꼬리 부분 f에서 제품명을 반복 제시함으로써 텍스트의 결속성을 강화하는 한편, 해설부 d는 b와 c의 대화부에서 확인되지 않는 텍스트의 주제를 명시하는 역할을 한다. (13)의 텍스트는 b와 c의 대화부를 통해서 청자의 주의를 환기하고 d의 해설부에서 텍스트의 주제를 제시하면서 텍스트 내의 대화 참여자 중의 하나인 화자 B의 행동을 유도하는 장치로 작용한다. 이에 대해 화자 B는 해설부의 지시에 따라 행동을 하고 그 행동을 대화 e를 통해 말함으로써 주제를 재확인하는 효과를 거두게 된다. 여기서 주목할 것은 대화 참여자와 해설자의 관계이다. (13)의 텍스트에서 해설자는 텍스트 내부의 발화 참여자로서의 자격을 갖는다. 즉 해설부와 대화부의 발화 형식이 달리 실현되고 있으나 발화의 차례에 있어서 해설자와 대화 참여자가 동등한 자격을 가지고 참여하여 이들의 발화가 하나의 일관된 연쇄를 이루며 실현된다는 점이 주목할 만하다. 한편, 각 발화단위에서 개별적으로 사용된 '오이 비누', '씻는다', '깨끗하게' 등의 어휘들은 '오이비누로 깨끗하게 씻는다'는 주제 아래 응집성을 갖는다.

(13) 해설부: a. 오이비누
쌍방적 대화: b. A: "뭐하는 거야? 넌 붙이니? 난 씻는다."
c. B: "어?"
해설부: c . 오이비누로 깨끗하게.

쌍방적 대화: e. "나도 오이비누로 씻을래. 깨끗해."
해설부: f. 오이비누.

한편, (14)는 쌍방적 대화부와 일방적 대화부가 혼합된 텍스트 형식으로 쌍방적 대화부와 일방적 대화부는 외형상 병렬 구조로 번갈아 실현되고 있으나 내용을 살펴보면 이들은 분리될 수 없는 두 개의 독립된 텍스트로 구성된 텍스트이다. 따라서 (13)에서 대화부와 해설부가 서로서로 발화 차례를 주고받는 개방적인 단일 텍스트의 성격을 갖는 데 반하여 (14)에서 쌍방적 대화부와 일방적 대화부는 서로에 대하여 닫힌 구조를 갖는다. 따라서 이렇게 서로에 대하여 고립적인 두 발화 형식은 하나의 텍스트로서의 응집성을 확보하기 위하여 좀 더 복잡한 의미 구조를 갖게 된다. 먼저 (13)의 경우에서는 이름이 텍스트의 머리 부분에 제시됨으로써 청자로 하여금 광고의 대상이나 주제를 처음부터 알도록 유도하는 데 반하여 쌍방적 대화로 시작되는 (14)의 경우, 제품의 이름은 쌍방적 대화부의 일부로 제시되어 청자는 첫 번째 발화 a를 들은 후에도 텍스트의 주제를 확실하게 파악할 수 없게 된다. 텍스트 생성자에 의해 의도된 이와 같은 텍스트의 모호성은 b의 일방적 대화부에서 제시될 정보를 좀 더 효과적으로 전달하기 위한 장치로 사용된다. 즉 불확실한 발화 내용을 통해 청자의 호기심을 유발하고 이를 바탕으로 텍스트의 주제를 좀 더 강력하게 전달하려는 것이다. b의 해설부에서는 쌍방적 대화부에서는 불명확하게 제시되었던 정보 즉 석유 냄새가 나는 종전의 제품보다는 사용이 편한 반면, 효과는 강력한 새로운 제품의 특징을 명확하게 전달하고 있다. 앞서 언급한 쌍방적 대화부와 일방적 대화부의 개별성은 각 발화 형식에서 사용된 어휘 간의 의미 관계를 통해서 하나로 응집되는데 예를 들어 쌍방적 대화부에서 언급된 '냄새'라는 통칭적 어휘는 일방적 대화부에서 '석유 냄새'라는 한정적 단어로 구체화되고 다시 일방적 대화부 b에서 제시된 '밟기만 하다'는 쌍방적 대화부 d에서 '발끝'이라는 단어로 반복됨으로 해서 두 개의 발화 형식은 하나의 텍스트로서 응집성을 갖게 된다.

(14) 쌍방적 대화: a. A: "야, 레이드 있는지 미리 냄새i 맡고 와."

해설부: b. 석유 냄새i 없는 레이드. 밟기만 해도i 신경이 마비되어 죽습니다.

쌍방적 대화: c. B: "레이드 아니야."

b. A: "근데, 발끝이i 이상하지 않냐?"

e. A, B: "어! 레이드!"

해설부: f. 바퀴 한 방에 보냅니다.

이상에서 우리는 TV광고 텍스트에 실현되는 발화 형식들의 구체적인 예들을 살펴보았다. TV광고 텍스트는 해설부와 일방적 대화부로 이루어지는 경우를 제외한 나머지 경우 대부분 둘 이상의 발화 형식이 조합을 이루는 복합적 형식으로 실현된다. TV광고 텍스트의 발화 형식을 정리해 보면, 해설부나 일방적 대화부로만 이루어지는 경우, 해설부와 일방적 대화부가 결합하여 이루어진 경우, 그리고 일방적 대화부와 독백부가 결합한 경우, 마지막으로 해설부와 쌍방적 대화가 결합한 경우 등 대략 다섯 가지 유형으로 정리될 수 있다. TV광고 텍스트의 경우 쌍방적 대화부로만 이루어지는 경우나 일방적 대화와 쌍방적 대화가 결합한 경우 등은 찾아보기 힘든데 이는 광고텍스트의 유형적 특성에서 기인하는 것으로 보인다. TV광고는 설득적 기능을 갖는 텍스트이므로 텍스트 생산자는 텍스트수용자의 참여를 항상 염두에 두고 텍스트수용자의 반응을 유도해야 한다. 따라서 텍스트수용자를 거의 고려하지 않고 텍스트 내부의 대화자들끼리의 발화로만 이루어지는 쌍방적 대화 형식은 TV광고 텍스트의 형식으로는 부적절한 면을 갖는다고 할 수 있다. 한편, TV광고 텍스트에서 사용되는 발화 형식 중 해설부가 가장 많이 쓰이는 이유는 TV광고가 설득적 기능을 갖는 텍스트라는 것과 통보 행위가 공공적이라는 특성에서 기인하는 것으로 보인다. 텍스트수용자의 자의적 추론과정에서 텍스트 생산자 자신이 의도하는 결론에 도달하게 하기 위해 필요한 정보를 제공하는 데 있어서 가장 단순하고 안전하게 생산자 자신의 의도를 전달할 수 있는 발화 형식은 해설 형식이다. 또한 TV광고는 공공적 텍스트이므로 발화 내용이나 발화 형식에 있어서도 비교적 일반적이고 대중적인 성격을 띠는데 이러한 특징도 해설 형식의 성격과 잘 부합된다. 따라서 해설부는 그 자체로뿐만 아니라 다른 발화 형식과 함께 사용되어서 생산자의 의도를 수용자에게 명시화하는 장치로 선호된다고 할 수 있다.

본 장에서는 TV광고 텍스트의 다양한 각 발화 형식들이 어떻게 하나의 텍스트로서 응집성과 응결성을 갖게 되는가 하는 것에 대해 살펴보았다. 각 텍스트들은 여러 개의 발화 형식과 발화단위로 이루어지고 있으나 각 발화단위들 간에 동일한 어휘의 반복이나 상대 존대 체계의 일관성 등을 통해 각 텍스트는 나름대로의 응결성을 갖는다. 한편, 텍스트의 의미적 응집성은 각 텍스트의 주제를 중심으로 동일 부류의 부사나 용언의 사용 등 하나 이상의 의미 자질을 공유하는 단어군의사용, 또는 발화 형식에서의 유사 어휘의 반복 사용을 통해 강화되고 있음을 확인하였다.

5. 마무리

이제까지 우리는 TV광고가 텍스트 언어학적 측면에서 어떠한 특징들을 갖는가 하는 기본적인 질문에서 출발하여 TV광고 텍스트의 기본적인 특징들을 정리하였다.

1장에서는 TV광고 텍스트의 유형적 특징을 텍스트의 기능과 통보 행위라는 측면에서 정리하여 보았는데 무엇보다도 설득을 목적으로 하는 텍스트라는 점과 통보 행위의 방향이 일방적이라는 점, 그리고 통보 방법과 기호적 특징에 있어 시각과 청각 기호가 모두 사용되는 텍스트라는 점과 불특정 다수를 청자로 하는 공공적 텍스트라는 점도 특징으로 지적되었다. 그러나 무엇보다도 언어학적 측면에서 TV광고 텍스트는 음성기호를 가장 주된 기호로 사용하는 구어적 텍스트의 성격이 강하다는 것이 큰 특징으로 지적될 수 있을 것이다.

2장에서는 자료의 수집 기준과 수집된 자료의 목록을 제시하였다.

3장에서는 TV광고 텍스트를 이루는 기본 단위의 성질에 대하여 논의하였는데 TV광고 텍스트가 구어적 성격이 강한 텍스트임에 주목하여 텍스트의 기본 단위를 추상적인 문법단위인 문장이 아닌 구체적 통보 행위의 단위인 발화단위로 정하고 각 발화단위의 경계를 나누는 분리 기준들에 대하여 논의하였다. 결론적으로 발화단위를 나누는 기준으로 화자 교대(turn taking)가 가장 확실한 기준이 됨을 확인하였고 이외에도 휴지나 억양, 운율과 같은 초분절적 자질과 로고송과 같은 음향 성분들도 발화의 경계를 나누는 기준으로 사용될 수 있음을 확인하였다.

마지막으로 4장에서는 TV광고 텍스트를 구성하는 여러 가지 발화 형식들과 이들 형식이 서로 조합하여 하나의 텍스트를 이루는 방식에 대하여 살펴보고 각 발화 형식들이 결합하여 하나의 텍스트로 실현될 때 하나의 텍스트로서의 응결성과 응집성은 어떠한 것에 의해 확보되는지에 대하여도 구체적인 예를 통해 살펴보았다.

이상에서 논의된 내용은 TV광고 텍스트의 특징을 살피는 데 있어서 가장 초보적인 단계의 작업에 지나지 않는 것으로 앞으로 이에 대한 구체적 논의가 계속되어야 할 것은 말할 것도 없는 사실이다.

[참고문헌]

고영근(1990가), 「문장과 이야기의 상관 관계」, 『관악어문연구』 15.

______(1990나), 「텍스트 이론과 국어통사론 연구의 방향」, 『배달말』 15.

______(1995), 『단어, 문장, 텍스트』, 한국문화사.

김옥순(1992), 「광고에 관한 기호학적 접근」, 『새국어생활』 2권 2호.

김완석(1992), 「광고 언어의 심리학」, 『새국어생활』 2권 2호.

박성현(1996), 「한국어 말차례 체계와 화제」, 서울대학교 박사학위 논문.

박영철(1995), 「기능적 텍스트 유형 분류」, 『독일어문학』 3.

이현복(1974), 「서울말의 리듬과 억양」, 『어학연구』 10권 2호.

이호영(1997), 『국어 운율론』, 한국연구총서 65, 한국연구원.

장경희(1992), 「광고 언어의 유형과 특성」, 『새국어생활』 2권 2호.

이성만 역(1994), 『텍스트 언어학의 이해』(브링커, 1992), 한국문화사.

______(1995), 『텍스트 언어학 입문』(하인츠 피터, 1994), 한국문화사.

Brinker(1992), *Linggustische Textanalyse*, Berlin: Erich Schmidt.

De Beaugrande, W. Dressler(1981), *Introduction to Textlingustics*, Tübingen: Niemeyer, 김태옥 · 이현호 역(1995), 『텍스트 언어학 입문』.

Ihwe, J.(1973), *Literaturwissenschaft und Lingustik*, Bd2. FrankFurt.

Lang, E.(1973), Über einige Schwierigkeiten beim Potulieren einer Text-grammatik, In, Ihwe, J.(1973).

Fries, C. C.(1952), *The Structure of Englixh: A Construction of English Sentences*, New York: Harcourt, Brace &Co. Rpt. London: Longman.

Harris(1951), *Method of Structural Linguistics*, Chicago: University of Chicago Press.

van Dijk, T. A.(1997), The Study of Discourse, in van Dijk(ed). *Discourse Studies: A Multidisciplinary Introduction* 1.

Vater Heinz(1994), *EinFührung in die Twxtlingustik*, Köln.

광고 전략과 언어적 중의성

최형용

1. 들어가기

빠르게 변화하는 현대 사회에서는 기업들이 상품에 대한 소비자의 인지도를 높이는 데 총력을 기울이기 마련이다. 이러한 수단으로 가장 흔히 그러면서도 가장 큰 효과를 담보해 주는 것이 광고라고 할 수 있다. 광고는 소비자에게 매우 짧은 시간 안에 광고하려는 상품에 대한 정보를 제공할 뿐만이 아니라 구매력을 제고하는 데 있어 그 어떤 수단보다도 탁월한 효과를 발휘하고 있다. 따라서 특히 상품 광고에 사용되는 수단들은 오로지 구매력의 촉진을 위해 모든 것이 협력의 관계에 있어야 하는 것이 대원칙이라고 할 수 있다. 그런데 광고 가운데는 언어적 중의성(ambiguity)을 사용하는 경우가 적지 않다. 언어학에 있어서의 중의성은 말 그대로 '애매한' 상황을 만들기 때문에 이 애매성의 해소(disambiguation)에 오히려 관심이 집중되기 마련이다. 겉으로 보아서는 광고에서 이러한 중의적 표현들을 사용한다고 하면 오히려 모순이 아닐 수 없다. 그러나 이러한 광고들을 자세히 들여다 보면 반대로 중의적 표현들이 정보의 전달에 결정적으로 기여하게 되고 나아가 구매력의 촉진이라는 궁극적 목표에 도달하는 데 도움이 되는 경우가 많다. 중의적 표현들은 기본적으로 동음성에 기반한다. 먼저 다음의 예를 살펴보자.

(1) 걸면 걸리는 현대 걸리버

위의 광고는 한 휴대폰 선전 문구이다. 여기에서는 '걸리버(Gulliver)'라는 단어가 국어의 '걸리다'와 교묘하게 어우러져 광고의 효과를 높이고 있음을 볼 수 있다. 이처럼 동음성을 텍스트의 전략으로 사용하는 경우는 도처에서 발견할 수 있다.

다음의 경우를 예로 살펴보자.

(2) **오! 株여… 코스닥 지수 9.3% 떨어져**
"증시 안정책 별 볼일 없어"
주가 · 거래량 연중 최저

−조선일보 2000년 5월 23일

위의 예는 한 일간신문의 표제어이다. 이것은 종교적 표현과 '株式'의 '株'가 가지는 동음성을 접목시킨 예이다. 그런데 이 짧은 텍스트는 그 어떤 텍스트보다도 더 주식이 폭락한 상황을 효과적으로 전달하고 있다. 신을 찾게 되는 상황이 역시 대부분 극복하기 어려운 극도의 문제 상황임을 염두에 두고 또한 주식이 예측할 수 없이 떨어져 가는 상황을 교묘히 결합시켜 주식 시장의 부정적인 상황을 한 마디로 집약시켜 표현한 것이기 때문이다. 이것만 보더라도 "서울 증시가 또다시 블랙 먼데이 악몽에 휩싸였다. 월요일인 22일 코스닥 지수는 무려 9.3% 떨어져 11.4% 폭락했던 4월 17일(당시도 월요일이었음)에 이어 지수 하락률 사상 2위 기록을 세웠다. ……(이하 생략)"는 구체적 기사 내용을 읽은 것보다 더 확실한 인식을 심어주고 있다고 판단할 수 있는 것이다.

본고는 이와 같이 기본적으로 동음성에 기본을 두되 또한 중의적으로 파악될 수 있는 표현을 사용하여 광고의 효과를 극대화시키는 경우들에 관심을 두어 그것이 어떻게 작용하고 있는지를 살펴보는 데 목적이 있다.[1] 이를 위해 먼저 텍스트로서의 광고에 대해 살펴보고 언어적 측면에서 중의성이 광고에서처럼 긍정적으로 작용하는 경우들을 언급해 보고자 한다.

---

1) 소박한 의미에서 동음성을 보이는 것은 중의성을 가지고 있는 것이라고 볼 수 있다.

2. 텍스트로서의 광고

2.1. 광고와 텍스트성

광고는 순수 언어학의 대상으로서는 별로 관심거리가 되지 못해 온 것이 사실이다. 문장의 수준을 넘지 않으려고 했던 언어학의 관점에서 보면 기본적으로 여러 문장 혹은 기호들이 모여 전체로서의 하나의 의미를 창출해내는 광고는 어쩌면 자연스럽게 관심 밖의 대상이 되었을 것이다. 이러한 광고는 기껏해야 화용론의 일부에서나 다루어졌을 법하다.[2] 그러나 텍스트 언어학에 있어서 광고의 위상은 오히려 정반대에 가깝다고 할 수 있다. 먼저 텍스트를 텍스트이게 하는 텍스트성(textuality)[3]과 광고의 관계에 대해 간단히 살펴보기로 한다. Beaugrande & Dressler (1981(김태옥・이현호 공역(1995: 6-22))에서는 텍스트성으로 다음 일곱 가지를 제시하고 있다.

(3) 가. 결속구조(cohesion)[4]
　　나. 결속성(coherence)[5]
　　다. 의도성(intentionality)
　　라. 용인성(acceptability)
　　마. 정보성(informativity)
　　바. 상황성(situationality)

---

2) 사실 화용론 자체도 전통적인 순수 언어학 내부에서 그리 높은 지위를 차지하고 있지 못했다.

3) 고영근(1999: 138)에서는 이 텍스트성을 '텍스트다움'이라고 부르고 이 '다움'은 다시 '매우 텍스트다움, 비교적 텍스트다움, 텍스트답지 못함, 결코 텍스트답지 못함'의 네 가지로 구분될 수 있다고 언급하고 있다.

4) 고영근(1999: 141)에서는 'cohesion'을 '응결성'으로 번역하고 있으며 이를 텍스트다움의 언어적 조건이라고 정의하고 있다. 고영근(1999: 141-160)에서는 또 언어적 조건에 따라 응결성을 자소・음운・형태・통사론적 기제를 특징으로 텍스트다움이 확보되는 응결성 장치(1)과 의미・기능상의 절차에 따라 한 텍스트로 묶는 기제를 응결성 장치(2)로 구분하고 있다.

5) 고영근(1999: 162)에서는 coherence를 '응집성'으로 번역하고 있다.

사. 상호텍스트성(intertextuality)

(3가)의 결속구조는 텍스트 표층의 구성요소들, 즉 우리가 보고 듣는 실제 낱말들이 그 연쇄 속에서 서로 연관되는 방식에 관여한다. 표층 구성소들은 문법 형식과 규칙에 따라 서로 의존하므로 결속구조는 문법적 의존 관계(grammatical dependencies)를 바탕으로 하는 개념이다.

다음으로 (3나)의 결속성은 텍스트 세계의 구성 성분들, 즉 표층 텍스트의 기저에 깔려 있는 각 개념과 그들 관계의 구성체가 서로 수용 가능하고 적합해지는 방식에 관여한다. 개념은 마음 속에서 다소간의 통일성과 일관성을 띠고 복원 또는 활성화될 수 있는 지식(인지적 내용)의 구성체라고 정의될 수 있다.

한편 결속구조와 결속성이 텍스트 자료에 부과되는 인지적 조작들을 지칭하는 텍스트-중심 개념인 데 비해 (3다)의 의도성과 (3라)의 용인성은 통보 행위 전반에 관여하는 사용자-중심 개념이다. 먼저 의도성은 텍스트생산자의 태도에 관여하는 것으로 결속구조와 결속성이 구비된 일련의 발화체는 가령 지식을 나눈다든가 한 플랜의 특정 목적을 달성하는 등 텍스트생산자의 의도를 달성하기 위한 도구로써 구성되어야 한다는 것이다. 그리고 용인성은 텍스트수용자의 태도에 관한 것으로 일련의 발화체는 텍스트수용자에게 유용하고 적합하면서 결속구조와 결속성을 구비한 텍스트라야 된다는 것이다.

(3마)의 정보성은 제시된 텍스트 자료가 수용자에 의해서 예측되었거나 수용자에게 알려진(또는 불확실한) 정도에 관여하는 것이다. 즉 모든 텍스트에는 최소한 어느 정도의 정보성이 있어야 하며 정보성이 높은 자료를 처리하는 과정은 정보성이 낮은 자료의 경우보다 더 힘들지만 그만큼 더 흥미롭다고 할 수 있다.

다음으로 (3바)의 상황성은 한 텍스트를 그 발화의 상황에 적합한 것으로 만드는 요인들에 관여한다. 가령 텍스트로서의 도로 표지는 특정 부류의 텍스트수용자, 즉 자동차 운전자들이 어떤 특별한 행위를 해야 할 만한 지점에 설치되어야 하고 또한 시간과 주의력이 제한되어 있는 상황이 일반적인 만큼 내용이 분명하고도 자세하게 표현된 표지보다는 최소의 표현만을 담은 것이 더 적절한(즉 더 상황에 적합한) 것으로 판명되는 것이다.

마지막으로 (3사)의 상호텍스트성은 어떤 텍스트를 사용함에 있어서, 사전에 경험한 하나 또는 그 이상의 텍스트 지식에 의존하도록 만드는 요인에 관여한다. 가령 '속도를 다시 높이시오'라는 표지판은 이전에 '속도를 줄이시오'라는 텍스트와 상호 연관되어 이해될 수 있는 것이다.

다음의 광고를 통하여 이상의 텍스트성이 어떻게 발현되고 있는지 검토해 보기로 하자.

(4) 그이가 출장을 갔다.
비가 많이 온다.
난 걱정하지 않는다.
아시아나를 탔기 때문이다.

—아시아나 항공

결속구조의 측면에서 (4)는 인과 관계의 언어적 수단이 우선 주목된다. '걱정하지 않는' 이유가 '(왜냐하면) 아시아나를 탔기 때문이다'에 의해 뒷받침되고 있음을 볼 수 있다.

또한 '아시아나'를 탄 주체는 '그이'이다. 외형상으로는 '비'나 '나'도 '타다'의 후보가 될 수 있지만 우선 '타다'는 [+animate] 자질을 가진 행동주를 요구한다는 점에서 '비'가 일차적으로 제외된다. 다음 '나'가 배제되는 것은 인과 관계의 결속성 측면에서 살펴볼 수 있다. '나'는 [+animate]라는 자질은 만족시키지만 만약 '나'가 아시아나를 탔다면 '그이가 출장을 갔다'라는 문장은 아무런 의미를 가지지 못하게 되고 (4)는 하나의 텍스트로 기능할 수 없게 되기 때문이다. 따라서 '아시아나를 탔기 때문이다'는 '왜냐하면 그이는 아시아나를 탔기 때문이다'이다.[6)]

한편 광고는 기본적으로 상품이나 서비스의 인지도를 높이고 해당 상품의 구매나 서비스의 이용에까지 소비자를 '인도'해야 하므로 의도성과 정보성 측면에서는 다른 어떤 텍스트보다도 집약적이라고 할 수 있다.

---

6) 여기에서 '그이'가 결속구조의 측면에서 언어적으로 재수용되고 있음을 아울러 살펴볼 수 있다.

(4)의 예문도 마찬가지여서 '아시아나 항공'을 이용하게 하려는 광고주의 의도가 이 짧은 텍스트에 충분히 반영되도록 구성되어 있으며 여기서는 특히 '안전성'이라는 정보에 초점이 맞추어져 있음을 볼 수 있다.

또한 (4)는 소비자의 용인성을 증대시키기 위해서 여러 가지 전략을 사용하고 있다. (4)의 화자는 '그이', 즉 남편을 출장 보낸 '아내'이다. 이 광고가 나오는 배경 화면에서 '아내'는 장대비가 내리는 창 밖 풍경을 바라보며 마치 그럴싸한 영화의 한 장면처럼 음악을 들으며 커피 한 잔을 마신다. 그 표정에서는 평화로움이 넘쳐 '걱정'이라고는 찾아볼 수 없다. 이를 보는 수용자 즉 소비자들은 '아내'에게 가장 소중한 '남편'을 이 '장대비'에 출장을 보내고서도 안심할 수 있게 만들어 주는 '아시아나 항공'에 대해 귀가 솔깃해지지 않을 수 없을 것이다.

그리고 (4)는 비행기를 이용할 수 있는 여러 가지 상황 가운데 '출장'을 제시함으로써 텍스트성의 상황성도 만족시키고 있다. '시간이 돈'인 현대 사회에서는 아무리 가까운 지방이라도 일처리의 신속성을 위해 비행기를 이용하는 경우가 많다는 시대적 상황도 아울러 고려되고 있는 것이다.

(4)의 광고가 하필이면 '안전성'에 초점을 맞추어 자기 회사의 비행기를 이용해 달라고 한 이유는 무엇일까? 언뜻 생각해 보면 저렴한 항공료나 향상된 서비스 혹은 운항 시간 선택 폭의 확대 등을 들어 광고할 수도 있을 것이다. 그런데 이들 요소들을 배제하고 '안전성'에 승부수를 던진 것은 이 회사가 경쟁 상대로 삼은 다른 회사의 항공기가 잦은 사고를 일으키고 있다는 상황과 무관하지 않다. 즉 이 광고는 지금의 상황에서는 무엇보다도 '안전성'이 소비자들의 주의를 집중시킬 수 있는 요인이라는 사실을 놓치지 않고 있는 것이다. 이 점에서 (4)의 광고는 그 이전의 일련의 항공기 사건 보도와 상호텍스트성을 확보하고 있다고 말할 수 있다.

2.2. 광고와 초구조

Van DIJK(1980(정시호 역, 1995: 208))는 텍스트의 유형을 표시해 주는 총괄적 구조를 '초구조(Superstruktur)'라고 명명하고 있다.[7] 이러한 초구조에는 서사구조(Narrative Strukturen), 논증 구조(Argumentative Strukturen)를 비롯한 많은 하위 부류가 존재한다. Van DIJK는 논증 구조의 측면에서 광고를 분석하여 제시한 바 있다. 먼저 Van DIJK는 일반적인 논증 구조를 다음과 같이 도식화하고 있다.

(5)

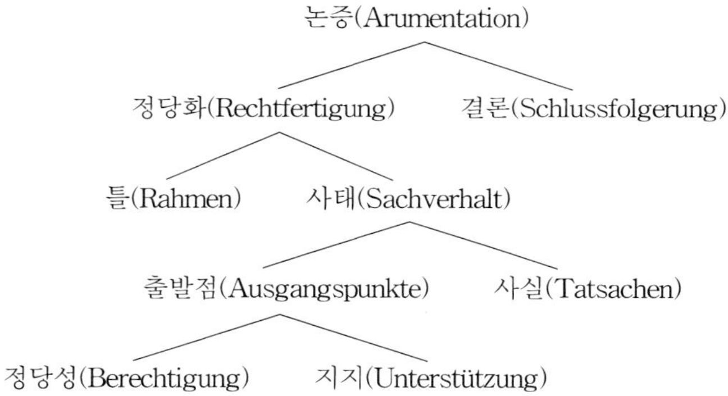

그에 의하면 광고는 암묵적이고((7)의 광고 분석 예에서의 *표) 간접적이며 실제적인 결론에 대한 전형적인 예로 간주된다. (5)의 구조를 바탕으로 실제 광고를 분석해 보기로 한다. (6)은 특수캡슐로 다른 요구르트보다 유산균 효과가 월등하다고 선전하는 광고의 예이고 (7)은 이 광고를 논증 구조로 분석한 것이다.[8]

(6) 캡슐없는 요구르트 마시기?
밑빠진 독에 물 붓기!
캡슐에 싸이지 않은 유산균은 위에서 죽어버리기 십상-
아무리 마셔본들 효과를 기대할 수 있겠습니까?

---

7) 한편 '거시구조(Makrostruktur)'는 텍스트의 주제 즉 텍스트의 내용을 지시하는 것으로 텍스트 형식을 가리키는 초구조에 비해 의미적 개념으로 정의되고 있다. 따라서 초구조는 내용과 무관하게 존재한다.

8) 구체적인 예의 분석에 있어서는 Van DIJK(1980(정시호 역, 1995: 234-235))에 제시된 광고 분석의 경우를 참고하였다.

하지만 닥터캡슐의 장 생존율은 당사 비캡슐 요구르트의 최소 1,000배!
이제 닥터캡슐로 골라 드십시오, 유산균을 고스란히 챙기십시오.
2중 구조라 확실한 특수 캡슐
위에서는 녹지 않고 장에서만 녹는 특수캡슐로 유산균을 보호하는 닥터 캡슐!
무려 180만 개의 유산균을 함유한 캡슐이 한 병에 150개 이상 들어있습니다.
캡슐요구르트의 놀라운 유산균 효과
특수캡슐로 싸여 있으니까, 장까지 많이많이 살아서 가니까-
닥터캡슐 한 병이면 당사 비캡슐요구르트 열 병 이상의 유산균 효과를 보실 수 있습니다.

－닥터캡슐 요구르트

(7) 가. 닥터캡슐을 사십시오.(결론)
나. 닥터캡슐은 유산균을 특수캡슐로 보호하고 있습니다.(사실)
다. 특수캡슐은 유산균을 장까지 산 채로 많이 운반합니다.(정당성1)
라. 특수캡슐은 위에서는 녹지 않습니다.(지지)
마. *(다, 라)는 실험으로 입증되었습니다.(사실)
바. *유산균이 죽지 않고 장까지 많이 도달한다면 다른 요구르트보다 더 저렴한 비용이 듭니다.(지지)
사. *당신은 경제적인 유산균 효과를 얻고 싶습니다.(동기=정당성2)
아. *당신은 장까지 살아 가지 못하는 유산균 요구르트를 위해 돈을 지불하고 싶지 않습니다.(정당성3)
자. *당신은 튼튼한 장을 가지고 싶어하는 사람입니다.(틀)

실제로 광고에서 논증 구조를 선호하고 있는 이유는 비교적 자명하다. 소비자들에게 자신의 상품이나 서비스가 다른 회사의 그것보다 월등하다는 것을 논리적으로 증명하여 해당 상품이나 서비스를 구매 또는 이용하게 하려는 의도가 가장 높게 반영되는 것이 광고이기 때문이다. 따라서 논증 구조도 광고 전략의 하나라고 할 수 있다. 이제 다음에서는 언어적 중의성이 어떻게 광고 전략으로 작용하는가 하는 것을 살펴보기 위해 먼저 언어적 중의성에 대해 간단히 살펴보고 실제 광고의 분석에서 이를 확인해 보기로 한다.

3. 언어적 중의성

일반적으로 논의되는 언어적 중의성은 크게 두 가지이다. 하나는 어휘적(lexical) 중의성이고 다른 하나는 구조적(structual) 중의성이다.[9] 어휘적 중의성은 다의어 및 동음이의어와 필연적인 관계를 가지고 있고 구조적 중의성은 어휘 차원이 아니라 어휘들이 결합되는 방식에 있어서 해석상 중의성이 발생하는 경우이다. 여기에서 중요한 것은 이들 두 가지 중의성이 대체적으로 부정적인 관점에서 이해된다는 것이다. 어휘적이든 구조적이든 간에 중의성의 해소에 노력을 기울이는 것이 일반적이기 때문이다. 다음의 경우를 살펴보자.

(8) FINE
FOR
PARKING
HERE

(8)은 도로 표지판의 하나로 'FINE'이 가지는 중의성 때문에 '주차에 대한 적합한(형용사로서의 fine) 장소'의 의미를 가지기도 하고 '주차하면 벌금(명사로서의 fine)을 물림'이라는 의미를 가지기도 한다. 이러한 경우는 주차 단속원과 시민 사이에 명백히 '갈등'을 해소해야 하는 상황이 된다.

---

9) Ullmann(1962: 56-192)에서는 중의성을 크게 음성적(phonetic), 문법적(grammatical), 어휘적(lexical)인 것의 세 가지로 나누고 있다. 음성적 중의성은 기식군(breath group)에 의한 것으로 a near가 an ear와 혼동되는 경우를 말한다. 국어의 '아버지가 방에'와 '아버지 가방에'도 이러한 경우의 예가 된다. 문법적 중의성은 다시 문법 형식들에 의한 것과 문장의 구조에 의한 것으로 나누고 있다. 전자는 접두사나 접미사의 경우를 포함하여 굴절 어미 등이 동음적(동형적)이기 때문에 생기는 경우가 대표적으로 라틴어의 주격과 대격 어미가 일치하거나 여격과 탈격 복수가 같은 것이 그 예가 된다. 후자는 개별 단어는 중의적이지 않지만 그것들이 배열되는 과정에서 중의성이 생기는 경우이다. 국어의 '사람들이 많은 도시를 다녀보면'이 '도시를 많이 돌아본'과 '도시에 사람들이 많은'의 두 가지 의미를 가지는 경우를 예로 들 수 있다. 끝으로 어휘적 중의성은 어휘가 가지는 다의성과 동음이의성에 의해 생기는 것을 말한다.

그러나 중의성이 어느 정도 긍정적인 방향으로 사용되는 경우도 있다. 중의성이 분위기의 전환을 위한 농담이나 유머로 사용되는 것이 그러한 경우의 하나라고 할 수 있다. 다음을 살펴보기로 하자.[10)]

(9) "How is bread made?"
"I know that!" Alice cried eagerly.
"You take some flour-"
"Where do you pick the flower?" the White Queen asked. "In a garden, or in the hedges?"
"Well, it isn't picked at all," Alice explained; "it's ground-"
"How many acres of ground?" said the White Queen.

(9)는 'flour'와 'flower' 그리고 grind의 과거형 'ground'와 명사 'ground'가 '고의적으로' 중의성을 일으킨 유머의 예이다. 이것은 언어유희로까지 파악될 가능성이 높다.[11)]

한편 변형 문법은 특히 구조적 중의성을 매우 유용한 도구로 이용하고 있다.

(10) The President could not ratify the treaty.

(10)은 다음과 같은 두 가지 의미로 해석될 수 있다는 점에서 중의적이다.

(11) 가. It would not be possible for the President to ratify the treaty.
나. It would be possible for the President not to ratify the treaty.

---

10) 예문은 Fromkin & Rodman(1993: 129)에서 가져온 것이다.

11) 우리의 고전에서 동음성에 기반한 언어유희는 풍자와 해학의 요소로 작용하고 있음을 익히 알고 있다. 봉산 탈춤에서 양반을 '개잘량이라는 양자에 개다리소반이라는 반자'로 묘사하고 있는 부분은 전자의 예이며 춘향전에서 '서방인지 남방인지 걸인 하나 들어온다' 하는 부분은 후자의 예가 된다.

즉 (11가)에서는 not가 그 범위 내에 양상 could를 수식하고 있고 (11나)에서는 not가 [ratify the treaty]를 수식하고 있는 것으로 해석된다.

따라서 (10)의 문장은 간략하게 다음과 같이 도식화할 수 있다.

(12) 가.

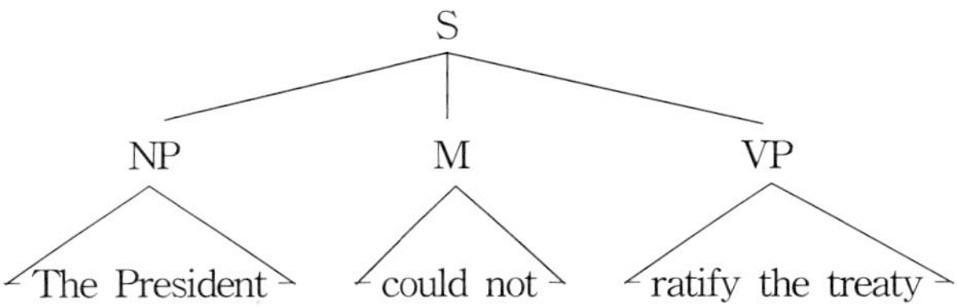

나.

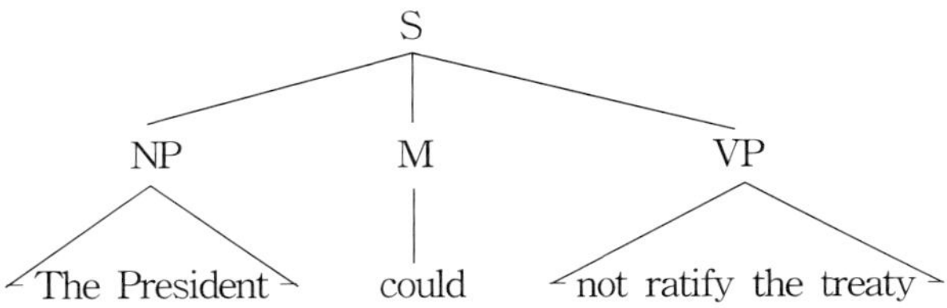

그림에서 보는 바와 같이 not이 (12가)에서는 VP 밖에 놓이고 (12나)에서는 VP 안에 놓이기 때문에 이를 통해 VP를 하나의 성분으로 설정할 수 있는 근거가 생기게 된다. 즉 중의성을 통해 구(句) 성분의 확인에 있어 도움을 얻은 것이다.12)

12) 주지하는 바와 같이 생성 문법에서 구(句) 범주의 확인은 논의의 출발점이 될 만큼 매우 중요한 의미를 갖는다. 변형 문법에 있어 구조적 중의성은 범주의 확인 이외에도 보어(complement)와 부가어(adjunct)의 구별, 부가어와 귀속어(attribute)의 구별, 보어와 귀속어의 구별, 'WH 이동' 변형 설정 등에 의미론적 근거를 제공하는 것으로 간주된다. 자세한 것은 Radford(1988[서정목 · 이광호 · 임홍빈 역(1990)]을 참고할 것.

4. 광고에 나타난 언어적 중의성

4.1. 동음성과 상품명

언어적 중의성이 광고의 전략으로 사용되는 것에 대해 논의하기 전에 먼저 동음성에 대해 간단히 살펴보기로 한다. 동음성이 광고에 이용되는 양상은 흔히 상품명과 연관되어서였다. 최근의 광고이기는 하지만 이러한 것을 몇 가지 들어보기로 하자.13)

(13) A: 아. 숲으로 가자. 조금만 더 가면……(만원인 지하철에 시달리는 A가 아파트 문을 열면 숲이 펼쳐진다.)
A: 숲이다
N: (에어컨 등장) 바이탈 촉매로 깨끗하니까 더 차갑다.
자막N: 바이탈 냉방 수피아
A: 저 집도 숲이야!

—대우 에어컨 '수피아'

(13)은 '숲'이 주는 시원함을 부각시켜 에어컨을 이와 동음적인 '수피아'로 명명한 광고이다. 즉 '수피아'는 '숲이야'를 모형화한 것이다.

(14) A: (볼을 잡고 신음한다) 아-아.
B: 붓고 피나고 염증까지. 확실한 걸 쓰셔야지(이가탄이라고 쓰여 있는 약을 들고 있다.)
A: 이가탄(약을 받아들고 있다)!
N: 잇몸엔 이가탄

13) 광고 기술을 위해 편의상 사용된 약호와 그 의미는 다음과 같다. 광고에 등장하는 인물은 A, B, C, D, E 등으로 표시된다. '자막'은 그야말로 화면에 표시되는 자막이고 N은 광고에 등장하지 않는 제3의 인물이 말하고 있는 것을 나타낸다. 따라서 '자막N'은 자막과 내레이터의 대사가 일치하고 있음을 나타낸다. 내레이터가 여럿일 경우에는 N1, N2와 같이 구분하기로 한다. 괄호 속에 있는 것은 주로 장면에 대한 설명이다.

N: 이가 튼튼 이가탄(약 클로즈업)

A: (이가 튼튼하다는 것을 증명하기 위해 이로 트럭을 끄는 장면을 연출한다.)

B: 이가탄 확실하지?

A: 고맙수(웃음).

—명인제약 잇몸약 '이가탄'

(14)도 그 사정은 위의 (13)과 흡사하다. 잇몸 치료제로서 그 명칭을 부각시키기 위해 '이가 탄탄해진다'는 의미를 살려 '이가탄'이라고 명명한 경우이다.

다음의 경우는 상황이 다소 복잡하다.

(15) A, B: (상자를 들고 둘이 기쁜 듯이 다리를 맞춰 걷는다)

C: 잘 샀다(상자를 들고 기쁜 듯이 맴을 돈다.)

D: 잘 샀다(상자를 들고 역시 기쁜 듯이 맴을 돈다.)

A, B: (A가 웃으며) 그럼 주연인데! (상자에 '주연테크 컴퓨터'란 상호가 뚜렷이 보인다.)

자막E: (상자를 들고 한 데 모여 리듬에 맞춰 몸을 흔드는 A,B,C,D를 보며) 주연들만 모였네!

자막N: (상자 속의 컴퓨터가 깔끔하게 정렬되어 있는 배경 화면 위로) 주연테크 컴퓨터!

A, B, C, D, E: (D가 주연테크 컴퓨터 상자를 손으로 치면 모두 함께 입을 모아) 잘 샀다.

—주연테크 컴퓨터

이 광고의 핵심 어휘는 '주연'이다. 또한 이 광고를 제대로 이해하려면 등장인물 A, B, C, D, E에 대한 배경 지식이 다소 필요하다. 이들은 모두 드라마나 영화의 주인공 즉 '주연'을 맡음직한 비중 있는 연기자들임에 주목해야 하기 때문이다. '자막E'의 '주연들만 모였네'는 그러한 의미에서 어느 정도 중의적이라고 할 만하다. 즉 이때의 '주연'은 드라마나 영화 속의 주인공이라는 의미와 컴퓨터 상품명으로서의 주연테크 컴퓨터 양자의 의미를 모두 가지고 있는 것이다. 그러나 궁극적인 의도는 상품명 '주연'테크 컴퓨터에 있으므로 전략으로 사용된 동음성은 (13), (14)와 동일한 선상에서 이해될 수 있는 것이다.

4.2. 중의성의 범위

광고에 나타난 언어적 중의성은 전술한 바와 같이 그리고 또 후술하는 바와 같이 주로 동음성에 기반을 둔 것이다. 그러나 중의적인 것으로 간주할 수 있는 경우는 보다 포괄적인 시각을 요구하기도 한다. 다음 광고를 예로 들어 살펴보자.

(16) A: 그냥 만두가 아닙니다.
A: 군만둡니다.
A: 굽기 좋게 넓적하고, 백설이니까 속도 꽈악(속이 꽉 찬 만두 클로즈업)
N: 만두는 구워야 맛있습니다.
A: (만두를 먹으며 최고라는 뜻의 엄지 손가락을 보이며) 굿 만두
A: 백설 군만두
자막N: (깨끗하고 믿을 수 있는)백설냉동
A: (백설 군만두를 보고 놀라는 표정을 지으며) 놀랄 만두 하군!
—백설 군만두

(16)에서 사용된 '놀랄 만두 하군!'의 '만두'는 명사 '만두(饅頭)'가 아니라 의존 명사 '만'과 조사 '도'의 결합이다. 이것은 일종의 언어유희라고 할 수 있으나 포괄적인 의미에서 '만두'의 동음성을 이용한 것이고 또한 이것이 '놀라다'라는 동사와 결합함으로써 암묵적으로 상품의 가치를 높이려는 하나의 전략으로써 사용되고 있음을 볼 수 있다. 이 광고에서의 이러한 포괄적 중의성은 역시 광고의 효과를 저해하는 것이 아니라 향상시키는 데 분명히 일익을 담당하고 있다. 따라서 이러한 것까지도 언어적 중의성에 포함해서 다룰 수 있을 것이다.

이제 이상의 논의를 바탕으로 본격적으로 광고에 나타난 언어적 중의

성에 대해 살펴보기로 한다. 먼저 신문과 잡지 광고에 대해 간단히 살펴보고자 한다.

4.3. 신문 및 잡지 광고와 언어적 중의성

언어적 중의성에 있어 신문이나 잡지의 광고가 TV와 크게 다른 점은 찾아보기 힘들다. 대부분의 광고가 TV를 중심으로 하되 신문이나 잡지에 그 한 장면을 적절하게 편집해서 싣는 경우가 일반적인 데 그 요인이 있는 것 같다.

다음의 광고도 마찬가지이다.

(17) 에어컨 청소는 내가 하마
냉각핀에 뿌리기만 하면 간편하게 에어컨 청소 끝!

—에어컨 청소 하마

이 광고를 제대로 이해하기 위해서는 우선 기존에 널리 유행한 바 있는 (물론 지금도 그렇다고 생각되지만) '물 먹는 하마'에 대한 지식이 필요하다. '물 먹는 하마'는 동물로서의 '하마'의 이미지를 살려 습기의 방지를 위해 사용되는 상품이다. (17)의 '에어컨 청소 하마'는 '물 먹는 하마'에 대한 광고와 상호텍스트성의 관계에 있다. 그러나 '에어컨 청소 하마'는 '물', 즉 '습기'와는 상관이 없다. 이 광고에는 '물 먹는 하마'가 구축한 지지 기반에 편승하려는 의도가 숨겨져 있다.

(17)에서 보이는 중의성은 '에어컨 청소는 내가 하마'의 '하마'에 있다. 이것은 동사 '하-'에 종결 어미 '-마'가 결합한 것인데 상품명에 나오는 '하마'의 그것과 동음성을 보여 주고 있다. (13), (14)와 평행하게 상품명을 위해 동음성이 사용된 경우라고 할 수 있다.

다음은 TV와 상호적인 (17)과는 달리 잡지나 신문에만 실려 있는 광고의 예이다.

(18) e빠진 중소기업-WebVISION이 맞춰드리겠습니다.(이가 빠진 사람의 모습

을 클로즈업한 사진에 빠진 이와 이 사이에 광고 문구 삽입)
중견·중소기업을 위한 e-business솔루션-WebVISION
e-business의 필요성은 느끼면서도 비용 및 기타 제반 여건으로 e-business 환경을 구축하지 못했던 중견·중소기업에게 아주 기쁜 소식이 있습니다. 기업이 요구하는 다양한 e-business 솔루션을 저렴하고 신속하게 구축하는 WebVISION 지금 후지쯔에 전화하셔서 컨설팅부터 시스템 구축과 운용까지 토탈 서비스를 받아보십시오. 한발 앞서 구축한 Web 기반의 e-business 환경이 귀사의 경쟁력을 높이고 귀사의 이익을 극대화시켜드릴 것입니다.

—WebVISION

(18)은 최근의 정보화 사회를 대변하는 새로운 단어 'e-business'와 연관된 광고이다. 여기서 나타나는 중의성은 'e(lectronic)'와 '이(齒)'의 동음성에 기반한 것이다. 디지털 시대인 현대 사회에서 'e-business'를 빼고 기업을 운영한다는 것은 마치 '이가 빠진' 것처럼 치명적인 결함을 가지고 있다는 것을 강조하고 자신의 회사가 그 빈자리를 훌륭하게 메꿔 줄 수 있음을 역설한 광고이다. 이 광고는 바탕 그림의 설명에서도 볼 수 있는 바와 같이 어떤 일을 하는 데 있어서 '이가 빠져서는 안 된다'라는 사실을 의도적으로 제시함으로써 동음성을 광고 전략의 하나로 이용하고 있는 예라고 할 수 있다.

4.4. TV광고와 언어적 중의성

(18)의 광고에서 볼 수 있는 바와 같이 'e(lectronic)'에 기반한 광고가 최근 자주 등장하고 있다. 특히 언어적 중의성과 관련된 것으로 다음의 두 예를 살펴보기로 한다.

(19) 자막N1: Everywhere
(이 세상 어디에 있든지.
www.samsungcard.co.kr)

자막N1: Everytime
(24시간 언제든지
www.samsungcard.co.kr)
자막N1: Everything
N2: 삼성카드의 세상이 인터넷까지 넓어집니다. e-세상의(이 세상의) 중심
(내가 원하는 모든 것을
www.samsungcard.co.kr)
자막: E인터넷
www.samsungcard.co.kr
자막N3: e-money
e-머니
삼성카드
www.samsungcard.co.kr

—삼성카드

(20) 자막: 대림아파트 e-편한 세상
A: 어서 오세요. 우리집 e-편한 세상입니다.
(자막: e-편한 세상의 인터넷 서비스)
인터넷 아파트니까 손끝만 까딱하면
(자막: e-편한 세상의 인터넷 서비스 아이씨티로가 만듭니다.)
B: 301호 새로 이사왔어요.
C: 아기 침대 필요한 분 연락 주세요.
A: 여자들이 편해져요.
자막N1: 대림아파트
자막N2: e-편한 세상
A: 부럽죠? e-편한 세상

—대림아파트 'e-편한 세상'

먼저 (19)에서 나타나는 중의성은 'e-세상의 중심'과 '이 세상의 중심'에서 찾아볼 수 있다. 전자는 'e-business'를 포함한 'e(lectronic)' 관련 분야의 중심이라는 의미이고 후자는 우리가 살아가고 있는 현재 이 세상의 중심이라는 의미이다. 이들 의미는 모두 의도적으로 사용된 것이고

두 가지 모두 '삼성카드'의 위상을 높이는 데 기여하고 있으므로 언어적 중의성이 전략의 하나로 사용된 예가 된다.

(20)에서는 등장인물 A가 '손끝만 까딱하면'이라고 말하면 선전하는 아파트가 'e(lectronic)'의 측면에서 새로 이사온 사람들과 화상으로 서로 인사를 하고 또 컴퓨터 등을 통해 여러 가지 정보(광고에서의 '아기 침대 필요한 분 연락 주세요')를 손쉽게 얻을 수 있다는 점을 강조하고 있다. 이것은 'e-편한 세상'에서 찾아볼 수 있는 의미이다. 한편 'e(lectronic)'의 측면이 편한 아파트는 하나의 편한 세상이라는 의미를 가질 수 있고 이 점에서 'e-편한 세상'은 '이 편한 아파트'라는 의미를 가지게 된다. 따라서 (20)의 광고에서도 중의성이 광고 전략의 하나로 사용되고 있음을 확인할 수 있다.

다음 광고는 상품명의 일부를 사용하여 중의성을 확보하고 있는 경우이다.

(21) A: 믿구 탁(자막) 맡길 데 어디 없나?
A: 탁(자막) 탁(자막) 잘 굴리는 데가 있는데
A: 탁(자막) 책임지구 탁(자막) 알아서 해주면 좀 좋아
A: 마음이 탁 놓이는 데가 어디 있을 텐데.
자막N1: 믿고 탁
자막N2: 삼성투자신탁증권
A: 이것도(오백 원짜리 동전을 들고) 맡겨 버려?

—삼성투자신탁증권

(21)의 광고는 '투자신탁증권'의 '탁'을 '신탁(信託)'의 그것과 '무릎을 탁 치다, 맥이 탁 풀리다, 탁 트인 벌판, 숨이 탁 막히다, 가래침을 탁 뱉다' 등의 용법을 보이는 부사 '탁'과 연관짓고 있다. 역시 '탁 맡기다'가 긍정적 효과를 가져온다는 점에서 전략으로서의 언어적 중의성이 사용된 경우라 할 수 있다.

주로 상품명에 동음성을 사용한 앞의 광고들과는 달리 다음 광고는 상품의 내용을 위해 언어적 중의성이 전략으로 사용된 예이다.

(22) A: 내 2% 어딨어?
B: (2%를 마시다가 A에게) 너는 물이나 마셔.
(A를 꼬집는다)
B: 아. 아퍼어
A: 난 물만 먹고 사니
N: 물은 아니다, 나를 채워주는 것(자막), 2% 부족할 때(자막)
자막A: 날 물로 보지 마

—롯데칠성 음료수 '2%'

이 광고의 핵심은 맨 마지막의 '날 물로 보지 마'에 있다. 이것은 표면적으로는 '물은 아니다'라는 면을 강조해서 이 광고가 선전하는 음료수가 물과는 다르지만 또한 물이 가지고 있는 장점을 최대로 이용한 음료수임을 역설하고 있다. 그러나 또 다른 면에서 보면 독특한 맛으로 승부하려는 여타 음료수에 비해 상대적으로 '맛' 면에서는 내세울 것이 없지만 그렇다고 해서 다른 음료수들에 절대 뒤지지 않는다는 점을 강조하기 위해 '물로 보지 마' 즉 '나를 가볍게 또는 쉽게 생각하지 마'라는 의미를 아울러 부여하고 있는 것이다.

다음 (23)의 광고도 이러한 측면에서 살펴볼 수 있다.

(23) 자막N: 변비
문제는 장운동
A: 장 운동이 살아나야 변비가 사라지죠.
자막A: 아락실 장마사지로 하루에 한번!
(기차의 운동이 장의 운동으로 오버랩)
A: 변비엔 아락실!
A: 아락실 (A가 기차의 운동을 흉내내며) 기차네!

—부광약품 변비약 '아락실'

이 광고는 배경 화면의 설명에서도 알 수 있는 바와 같이 '아락실'이 활발한 장운동을 보장함으로써 변비를 치유한다는 메시지를 담고 있다. 이 광고의 핵심은 맨 마지막의 '기차네'에 있다. 배경 화면을 염두에 둔다면 이것이 일차적으로 '기차(train)'를 의미하고 있다는 데 의심의 여지가 없다. 기차의 운동과 같이 장운동을 활성화시켜 준다는 의미이다. 그러나 다른 한편 이것은 '기차다' 즉 '말할 수 없을 만큼 좋거나 훌륭하다'는 의미를 가지는 형용사로도 파악된다는 점에서 언어적 중의성을 보여 준다. 고통거리인 변비를 해결해 준다면 그것이야말로 '기찬' 약이 되지 않을 수 없는 것이다.

다음의 광고도 전략으로서의 언어적 중의성이 사용된 예이다.

(24) 자막N: 초고속 인터넷 시대
자막A: 나는 ADSL로 접속
(접속하는 동작을 취하자 순식간에 등장인물의 가요가 뮤직비디오와 함께 잠시 흘러나온다.)
자막A: 너의 속도에 반했다
자막A: 나는 ADSL(ADSL이라는 글자 위에 날개 표시 오버랩)
(초고속 인터넷과 전화를 동시에)
N자막: 하나로 통신
자막A: 한달 내내 써도 29,000원.(요금이 너무 싸다는 투로)
—ADSL 하나로통신

여기서의 중의성은 '나는 ADSL'에서 확보된다. 이것은 배경 화면에 대한 설명에서도 볼 수 있는 바와 같이 '초고속'이라는 의미를 강조하기 위해 '날다(飛)'의 활용형 '나는'이 일차적인 의미를 가진다고 할 수 있다. 그러나 이 광고는 등장인물 A가 다른 사람은 몰라도 '나는' 즉 '나(我)는' ADSL을 선택한다는 의미도 또한 담고 있다. 등장인물 A의 인기도를 고려할 때 이러한 선택이 소비자의 심리를 자극하는 효과는 매우 가시적이라고 할 수 있다. 이러한 점에서 (24)의 광고는 두 가지 의미 모두가 상품의 선전에 긍정적인 효과를 거두는 데 기여하고 있으므로 전략으로서의 중의성이 사용되고 있음을 알 수 있다.

마지막으로 살펴볼 다음의 광고는 앞의 예들과는 상황이 다소 다르다.

(25) N: 비가 내린다.(장면은 비가 오고 우산을 받쳐든 모델이 의자에 앉아

있다.)

N: 통화비가 내린다.

N: 수업이 끝나면 할인이 시작됩니다.

자막N: 수업이 끝나는 시간(오후 4시)부터 통화비 최저 50%에서 최고 77%까지 할인(신문광고 참조)

N: TTL 스쿨요금 탄생, TTL 스쿨요금

—011TTL 휴대폰 스쿨요금제

여기에서 눈여겨볼 것은 '비'와 '통화비'의 관계이다. 전자는 자연 현상으로서의 '비(雨)'이다. 이것은 배경 장면을 통해 자명하게 드러난다. 그러나 바로 다음에 나오는 '통화비'는 '통화요금'을 의미한다. 즉 전자의 '비'와 후자의 '비'는 동음성의 관계에 있다. 이와 관련하여 또 한 가지 관심을 끄는 것은 '내리다'라는 동사에 있다. '비가 내리다'의 '내리다'와 '통화비가 내리다'의 '내리다'는 다의 관계에 있다. 전자가 구체적인 의미라면 후자는 추상적인 의미를 가지고 있다. '비가 내린다'는 오직 '통화비가 내린다'를 위해서 존재한다. 그런 점에서 여기에서 발견되는 동음성은 앞의 경우들과는 그 성격을 달리한다. 일종의 언어 유희에 가깝다고 할 수 있다. 그러나 '비가 내린다'는 궁극적으로 '통화비가 내린다'라는 광고의 효과를 위해 기여하고 있고 역시 긍정적인 작용을 하고 있으므로 전략으로서의 동음어가 사용되고 있다고 말할 수 있다.

5. 마무리

지금까지 광고 전략의 하나로써 언어적 중의성이 어떻게 작용하고 있는가 하는 것을 살펴보았다. 언어적 중의성은 본고에서 폭넓은 의미로 사용되고 있다. 즉 다의성에 의한 것보다는 동음성에 기반한 것이 주로 광고 전략의 하나로써 이용되고 있다는 것이다. 무엇보다 중요한 것은 이러한 중의성의 해소 과정이 오히려 긍정적인 효과를 거두기 때문에 광고의 전략으로 활용된다는 것이다. 의미가 여러 가지로 해석되면 될수록 제품의 선전에는 긍정적인 효과를 가져오게 된다는 것을 구체적인 예들을 분석하는 과정에서 살펴볼 수 있었다.

언어적 중의성은 한편 (3사)의 상호텍스트성과 연관되면 텍스트 전체 차원에서의 중의성과도 관련하여 논의될 가능성이 있다. '경제안정'이라는 주제를 위해 '자린고비 이야기'를 인용한 공익 광고의 예를 들어 이에 대해 살펴보기로 하자. 주지하는 바와 같이 흔히 '자린고비 이야기'는 '구두쇠'나 '인색한'의 전형적인 표상으로 그래서는 안 된다는 식의 부정적인 인상을 가지고 있다. 그러나 경제가 어렵고 힘든 상황에서 제시된 '자린고비 이야기'라면 상황은 매우 달라진다. 이때의 '자린고비'는 '절제와 절약'의 표상으로 이해될 성질의 것이기 때문이다. 이것은 곧 하나의 텍스트가 상황에 따라 다르게 해석될 수 있다는 것을 의미하는 것이고 표현을 달리하면 하나의 텍스트가 자체로 중의성을 가지고 있다고 말할 수 있게 된다. 또한 부정적인 이미지가 시대를 달리하여 다르게 해석되고 있으므로 이것은 현대적 재수용의 한 예가 되는 것이기도 하다.

광고는 텍스트 언어학의 대상으로서는 매우 흥미로운 관심의 대상이 된다고 할 수 있다. 비교적 짧은 분량에 담아야 할 내용이 응축되어 있기 때문이다. 본고에서는 주로 언어적 중의성에 관심을 맞추어 광고텍스트를 살펴보았지만 이를 포함하여 다각도에서 광고에 대한 관심을 가져볼 필요가 있을 것 같다.

[참고문헌]

고영근(1992), 「텍스트의 경계를 어떻게 세울 것인가」, 『언어학과 인지』 김태옥교수 회갑기념 논총, 한국문화사.

______(1994), 「독일의 언어학계를 돌아 봄」, 『텍스트언어학』 2, 도서출판 박이정.

______(1995), 『단어 · 문장 · 텍스트』, 한국문화사.

______(1996), 「윤선도 〈오우가〉의 텍스트 분석」, 『이기문교수 정년퇴임 기념

논문집』, 신구문화사.
______(1997), 「텍스트이론과 문학작품의 분석」, 『텍스트언어학』 4, 도서출판 박이정.
______(1998), 「좋은 텍스트를 만드는 길」, 『새국어생활』 8.4.
______(1999), 「텍스트이론-언어문학통합론의 이론과 실제-」, 아르케.
권재일(1998), 「텍스트언어학과 인문학의 발전」, 『추상과 의미의 실제』, 도서출판 박이정.
김선희(2000), 「광고 언어의 다양한 쓰임과 그 특성」, 한글 248.
김진권(1996), 「상호텍스트성-차우더의 거시텍스트이론을 중심으로-」, 『텍스트언어학』 4, 도서출판 박이정.
김태옥 · 이현호 공역(1995), 『텍스트 언어학 입문』(Beaugrande, Robert De & Dressler, Wolfgang, U., 1981, *Introduction to Text Linguistics*), 한신문화사.
박여성(1996a), "텍스트언어학의 이론과 실제", 서울대학교 국문과 대학원 강연원고.
______(1996b), 「간텍스트성의 문제-현대독일어의 실용텍스트를 중심으로」, 『텍스트언어학』 3, 도서출판 박이정.
______(1999), 「한국어 텍스트 유형의 결정변수와 분포에 관한 연구-확언적 텍스트 종류를 중심으로-」, 『텍스트언어학』 6, 도서출판 박이정.
서정목 · 이광호 · 임홍빈 역(1990), 『개정신판 변형 문법-그 만남의 첫 강좌』(Radford, A., 1988, *Transformational Grammar: A First Course*), 을유문화사.
신익성 역(1995), 『텍스트 언어학』(Coseriu, C., 1981, *Textlinguistik*), 사회문화연구소.
심재기 · 이기용 · 이정민(1984), 『의미론서설』, 집문당.
윤석민(1993), 「RST와 국어의 텍스트 분석」, 『텍스트언어학』 1, 서광학술자료사.
이성만(1995), 「언어학적 텍스트이해의 의미론적 과제」, 『텍스트언어학』 3, 도서출판 박이정.
______(1998), 「텍스트 이해에서 바꿔쓰기의 기능」, 『텍스트언어학』 5, 도서출판 박이정.

이성만 역(1994), 『텍스트언어학의 이해』(Brinker, K., 1992, *Linguistische Text-analyse*), 한국문화사.

이성만 역(1995), 『텍스트 언어학 입문』(Vater, H., 1994, *Einführung in die Textlinguistik*), 한국문화사.

이은경(1998), 「텔레비전 토크쇼의 연결어미 분석」, 『텍스트언어학』 5, 도서출판 박이정.

이현호(1993), 『한국 현대시의 담화·화용론적 연구』, 한국문화사.

장경희(1988), 「국어의 간접표현」, 『주시경학보』 1, 탑출판사.

장경희(1999), 「국어의 수용형 대화와 거부형 대화」, 『텍스트언어학』 6, 도서출판 박이정.

정시호(1996), 「반 다이크의 텍스트학 이론에 대하여」, 『텍스트언어학』 5, 도서출판 박이정.

정시호 역(1995), 『텍스트학』(Van, DIJK, TEUN A., 1980, *Textwissenschaft Eine inter disziplinare Einfuhrung*), 민음사.

Dressler, Wolfgang, U. & Barbaresi, Lavinia, M.(1994), *Morphopragmatics: Diminutives and Intensifiers in Italian, German, and Other Languages*, Mouton de Gruyter.

Fromkin, V., & Rodman, R.(1993), (fifth edition) *An Introduction to Language*, HBJ.

Haegeman, L.(1991), *Introduction to Government & Binding Theory*, Basil Blackwell.

Schiffrin, D.(1994), *Approaches to Discourse*, Basil Blackwell.

Ullmann, S.(1962), *Semantics: An Introduction to the Science of Meaning*, Basil Blackwell.

광고언어의 호소적 기능에 대한 텍스트 언어학적인 연구

-인쇄광고 헤드카피의 텍스트 화용론적인 분석-

오장근

1. 들어가기

본 논문의 목적은 텍스트 화용론적인 관점[1]에서 어떻게 광고가 분석될 수 있는가 하는 가능성을 살펴보는 데 있다. 그럴 경우 이 논문의 분석대상은 광고의 헤드카피로 제약되는데, 이는 광고의 호소기능과 관련하여 헤드카피는 독자의 관심과 시선을 붙잡기 위해 쓰인 중요한 광고적 언어성분이기 때문이다. 그러나 여기에서는 헤드카피의 추론형식에 대한 고찰이나, 문법적 내지 통사적 수단을 통해 만들어진 헤드카피가 광고에서 텍스트 표층과 맺고 있는 연관관계나 의미적 관련성 등에 대한 분석에 머물지 않고자 한다. 왜냐하면 이러한 분석은 화용론적 층위에서야 비로소 파악될 수 있는 광고의 기본기능인 호소기능을 규명하지도 못한 채 분석을 마칠 수도 있기 때문이다. 따라서 본 연구는 화행론적인 관점에서 헤드카피의 화행유형을 규정한 후, 이것이 전달하고 있는 정보를 (비언어적인 성분을 포함한) 다른 성분들과의 관계에서 파악하고, 상품이나 서비스를 제공하기 위한 광고의 호소기능에 헤드카피가 어

---

1) 본 논문이 견지하고자 하는 '텍스트 화용론적'이라는 것은, 광고 커뮤니케이션 과정에서 텍스트의 의미와 기능을 파악하는 데 있어 수용자의 기대와 더불어 다양한 비언어적인 성분과 언어적인 성분들이 모두 고려되고 있음을 뜻한다. 따라서 여기에서는 텍스트 언어학뿐 아니라 기호학과 화행이론, 그리고 일반 광고이론의 여러 논의들이 함께 언급되고 있다.

떠한 역할을 하는지 확인하고자 한다.

2. 호소 커뮤니케이션으로서의 광고

2.1. 광고 커뮤니케이션과 광고의 기능

커뮤니케이션의 개념은 어원학적으로 볼 때, 라틴어 communis(공통의), agere(행위하다, 행하다) 또는 communicare(일치하다, 하나가 되다)에서 파생되어, 최근에 이르러는 거의 언어적 이해과정과 사회적 상호작용에서의 다양한 기호체계를 이용한 신호들의 교환으로 이해된다. 그러므로 우리가 이러한 인간의 상호행위와 언어적 이해과정에 관련하여 커뮤니케이션 개념을 규정한다고 볼 때, 광고는 기본적으로 언어적·비언어적 코드로 형성된 메시지를 다양한 매체를 통해 전달하는 광고주와 소비자 사이에서 이루어지는 비대인적 커뮤니케이션 활동으로 간주될 수 있다.

이러한 관점에서 다른 커뮤니케이션 모델과 구분되는 광고 커뮤니케이션만이 지니고 있는 독특성을 조빈스키(Sowinski, 1998, 23쪽 참조)의 견해를 따라 기술하면 다음과 같다.

① 광고의 최초 제안자로서 생산자와 광고 메시지 사이에는 광고대행사와 같은 광고업체가 광고제작자로서 참여하고 있으며, 그럴 경우 이들은 광고구상(내지는 광고 전략)과 이의 코드화(현실화)를 규정하고, 생산자는 광고임무를 부여한 자로서 이러한 행위에 영향을 줄 수 있다.

② 광고의 코드화는 대부분의 경우 최소한 2개 이상의 코드(그림과 텍스트, 또는 음악도 곁들여지기도 한다. 예외: 신문광고 등)로 수행된다.

③ 모든 광고 메시지와 정보가 광고매체의 수용자(예를 들어, 잡지독자 등) 모두에게 전달되는 것은 아니다. 따라서 광고 커뮤니케이션의 과정 중 정보해독 전에 선별도구로서 스키마적인 정보여과장치가 수용자 측에 삽입

되어 있는 것이다.

④ 잠재적인 소비자들은 광고의 (구매충동) 자극을 다양한 유형의 광고를 통해서 직접적으로 또는 오피니언-리더(대리 광고자)를 통해서 간접적으로 또는 양쪽 모두의 방법으로 받게 된다.

⑤ 커뮤니케이션의 변경 내지는 광고전략의 변경을 야기시키는 생산자에 대한 의사소통상의 피드백은 일반적으로 구매반작용(판매변화)에 의존하여, 즉 소비와 관련하여서만 가능하다.

그렇다면 이러한 광고 커뮤니케이션이 수행하는 텍스트기능은 무엇일까? 광고의 기능은 그 종류에 따라 조금씩 다르나 여기서는 광고의 일반적인 주요기능에 대해서만 간단히 살펴보고자 한다. 물론 광고의 기능은 상품・용역・아이디어 등에 대한 정보를 소비자들에게 알려주고 그것들의 판매를 촉진하는 것이 그 궁극적인 기능이다. 하지만 이러한 기능을 좀 더 분석해 보면 다시 여러 가지로 나누어 볼 수 있는데, 예를 들어 보베와 아렌스(Bovee and Arens, 1982: 9-11; 차배근 등, 1992: 225 이하 재인용)는 광고의 기능을 마케팅 기능과 사회경제적 기능으로 나누어, 우선 마케팅 기능으로는 1) 제품에 대한 인식과 차별화의 기능 2) 제품에 관한 정보 전달의 기능 3) 제품의 사용과 구매 권유의 기능 4) 일반적 수요 자극의 기능 5) 제품의 사용증가를 위한 기능 6) 제품에 대한 소비자들의 선호도와 충성심 형성・유지의 기능을 들고 있으며, 사회경제적 기능으로는 1) 커뮤니케이션 기능 2) 교육적 기능 3) 경제적 기능 4) 사회적 기능 등을 들고 있다. 또한 코틀러(Kotler, 1988: 619)는 광고의 주요 기능으로 정보전달 기능과 호소기능, 그리고 회기기능을 들고 있는데, 그에게 있어서 호소를 중심으로 하는 커뮤니케이션 기능이 광고의 기본적인 고유 기능으로 간주되고 있다.[2] 왜냐하면 우리의 일반적인 이해에 따르면, 광고는 특정한 호소대상(target)에게 호의적인 이미

2) 차배근 등(1992, 225쪽) 참조. 정보전달 기능은 광고주가 제품이나 서비스의 특성을 정보차원에서 소비자에게 알려주는 것을 의미하며, 호소기능은 광고의 적극적인 의미로서 소비자가 자사 제품이나 서비스를 채택하도록 광고를 통해 설득하는 것을 말한다. 그리고 회기적 기능은 소비자가 제품이나 서비스를 채택하게 될 당시 이미 노출된 광고의 내용을 상기함으로써 채택에 도움을 받는 것을 말한다.

지를 창출함으로써, 광고대상에 대한 일정한 욕구나 관심을 불러일으켜 이를 선택하거나 선택하는 행위를 돕게 하는 호소 커뮤니케이션으로서 이해될 수 있기 때문이다.

본고는 따라서 코틀러와 마찬가지로 광고의 호소기능을 다른 기능들보다 우선하여 다룰 것이며, 이를 위해 다음에서는 광고의 호소기능이 우리에게 어떻게 인식되고 있는지를 살펴본 후, 이러한 기능을 효과적으로 수행하기 위해서 광고텍스트는 어떠한 구조로 형성되어 있으며, 특히 헤드카피가 광고의 지배적 텍스트기능인 호소기능과 관련하여 어떠한 역할을 수행하는지 살펴보고자 한다.

2.2. 광고의 호소기능은 어떻게 주어지는가?

만약 우리가 언어학적인 입장에서 광고의 지배적 기능인 호소기능을 규정하고자 한다면, 이에 대한 논의는 텍스트종류 '광고'에 대한 접근에서부터 시작되어야 할 것이다. 왜냐하면—이미 브링커(Brinker, 1985: 118)가 언급하고 있는 것처럼—텍스트종류는 한 언어공동체에서 전형적으로 반복되는 의사소통의 모형으로, 역사적으로 발전해온, 다시 말해 관습적으로 통용되는 복잡한 언어행위의 커뮤니케이션 기능적 그리고 구조적 특징들의 결합으로 이해될 수 있는데, 우리가 하나의 텍스트를 일정한 텍스트종류로 인식할 경우 이에 대한 텍스트종류의 지식이 텍스트이해의 선신호로서 해당 텍스트에 대한 기능과 내용에 대해 일정한 정보를 제공해 줄 수 있기 때문이다. 예를 들어 '선영아 사랑해'나 'June' 광고의 경우는 광고상품(서비스)을 정확하게 전달하지 않아 텍스트종류의 지배기능과 포괄적 구조에 대한 기대를 유보시킴으로써, 흥미와 인지도를 높인 경우라 할 수 있을 것이다. 더 나아가 기사유형의 광고나 드라마 양식의 광고는 수용자에게 처음부터 광고가 아닌 다른 텍스트기대를 야기시킴으로써 광고의 인지도를 높이는 경우이기도 하다. 다시 말해 이들 예에서 볼 수 있는 것처럼 텍스트종류에 대한 지식은 텍스트를 분석하는 데 있어 기초가 되는 지식으로 텍스트의 지배적 기능을 규정하는 출발점이 된다 하겠다.

그렇다면 우리는 어떻게 다른 텍스트종류와 구분하여 광고를 하나의 텍스트종류로서 정의할 수 있는 것일까? 이러한 문제를 해결하기 위해 우리는 상황적 또는 콘텍스트적 자질과 기능적 자질 그리고 언어적 자질을 함께 아우르는 통합적인 관점에서 광고텍스트라는 개념에 접근해야 할 것 같다. 그럴 경우 텍스트구조, 지시관계, 문장유형, 어휘 등으로 대표되는 텍스트 내적 자질과 텍스트기능, 커뮤니케이션 상황, 화자의 의도 등을 의미하는 텍스트 외적 자질의 체계적인 고려는 텍스트종류에 대한 포괄적인 분석을 보장하게 될 것이다. 따라서 이 논문에서는 위에서 언급한 두 개의 텍스트자질을 통합하는 텍스트종류로서의 광고의 개념을 정의하고자 한다(오장근, 2000, 363쪽 이하 참조).[3]

> 광고는 생산물이나 서비스 또는 공공의 목적에 대한 정보를 제공하는 짧지만, 그러나 그 자체로 완성된 텍스트로, 많은 양이 일정한 시간 동안 무수히 많은 잠재적인 수요자를 대상으로 제공되는 텍스트종류를 말한다. 그럴 경우 광고는 제공하고자 하는 생산물이나 서비스에 대해 긍정적인 이미지를 창출함으로써 그것의 구매와 사용을 현실화시킬 목적으로 사용되는, 일정한 목적에 의해 인위적으로 형성된 호소적 기능을 지닌 텍스트종류라 할 것이다.

결론적으로, 광고텍스트는 '광고'라는 텍스트종류 특유의 구성원칙에 의해 만들어지고 텍스트종류 특유의 기능들을 수행하게 된다. 따라서 텍스트종류에 대한 지식은 우리가 하나의 텍스트를 일정한 텍스트종류로 인식함으로써 생기게 되는 수용자의 기대로서, 이를 통해 텍스트수용자는 텍스트분석을 위한 최초의 단서를 발견할 수 있고, 텍스트의 기능과 내용에 대한 대강의 기대도 이루어질 수 있다. 본고에서는 이를 텍스트종류에 의한 선신호 기능(Präsignalrolle)과 스키마 기대기능(Schemaerwartungsrolle)으로 부르고자 한다.

---

3) 이와 같은 텍스트종류로서의 '광고'의 개념정의는 방송광고(Werbesendungen)를 포함하는 보편적인 정의라기보다는 인쇄광고(Werbeanzeigen)에 제한된 정의라 하겠다. 따라서 분석의 편의를 위해 부득이하게 여기에서는 청각적인 효과나 장면의 연쇄에 따른 정보전달의 효과 등은 다루어지지 않고 있다.

3. 광고와 카피

3.1. 광고언어로서의 카피

카피를 사전에서 살펴보면 베낀 것, 사본, 등사, 모사의 뜻을 담고 있으며 광고 관계 용어로는 광고 문장, 광고 문안이라고 되어 있다. 광고 용어로서의 카피는 대략 세 가지 의미를 담고 있다(맹명관, 1999, 30쪽 이하). 첫째, 좁은 의미의 카피는 광고의 본문(body copy)을 의미한다. 둘째, 본문 말고도 그것을 포함한 광고상에서 읽히는 모든 요소, 즉 헤드라인, 서브 헤드라인, 리드, 소제목 등을 말한다. 셋째, 넓은 의미의 카피는 광고 작품을 구성하는 일체의 것을 말한다. 그러나 일반적으로 카피라고 할 때는 첫 번째와 두 번째를 합한 뜻을 가리키며, 조사에서 거론하는 카피 텍스트나 카피 전략(copy strategy)은 세 번째 의미를 가리킨다. 본고에서는 우리의 일반적인 이해에 근거하여 용어 '카피'를 광고를 구성하는 다양한 언어정보를 포함하는 개념으로 사용하고자 하며, 그럴 경우 언어적 유형으로 전달되는 광고메시지로서 '광고언어'나 '광고의 언어정보' 같은 용어와 동일한 의미로 쓰이게 된다.

광고카피는 광고메시지를 전달하기 위한 중요한 매개체 중의 하나이다. 이를 위해 광고카피는 기본적으로 일상어적인 언어수단을 이용한다. 그러기에 광고에서의 이러한 언어사용은 때때로 몇몇 일상어적인 수단들(예를 들어, 구어체적-비문법적 표현들)이 광고의 전형적인 표현으로 일컬어질 만큼 특징적으로 나타난다. 그러나 광고언어는 전문어나 젊은 이들의 언어 또는 일정한 사회공동체의 그룹언어 같은 다양한 특수언어를 사용하기도 하는데, 이는 일정한 목적 집단의 호감을 얻어 그들과의 연대성을 불러일으키기 위해 의도적으로 사용되고 있는 것이다. 결국 일상어와 광고언어 사이에는 가벼이 볼 수 없는 상호작용이 존재하고 있는 것이다. 한편으로는 광고언어가 일상어의 흐름을 파악하고 있다고 말할 수 있으며, 다른 한편으로는 일상어의 사용이 확대되어, 광고텍스트가 그 언어사용을 받아들이게 된 것이라고도 말할 수 있을 것이다.

따라서 광고언어는 광고상황과 밀접한 관계를 갖는 특수형태의 언어라 할 수 있다. 종래에는 제한된 사람들 사이에서 말하여지고, 특이한 어휘를 가지고 있으며, 특별한 표현의 필요성을 충족시켜 주는 광고언어의 특수성에 비추어 특수어(Sondersprache)의 범주에 광고언어를 넣기도 하였으나, 광고언어에서는 보다 많은 사람의 보다 용이한 이해를 지향하고 있기 때문에 대상의 다양성과 표현의 작위성 그리고 의도성으로 인해 자연언어로서의 1차 언어가 아니라 오히려 자연언어를 인위적으로 가공한 작위의 언어(Kunstsprache)로 간주되어야 할 것이다.[4)]

3.2. 광고카피의 텍스트구조

광고카피의 총괄적 형성구조는 광고텍스트의 화용론적 특성에 의해 규정된다고 할 수 있을 것이다. 왜냐하면 우리는 광고의 목적이 어디에 있느냐에 따라 텍스트 내에서 강조되거나, 무시되는 서로 다른 언어정보 유형들을 만나볼 수 있기 때문이다. 예를 들어 〈그림 1〉에서와 같이 비언어적 정보가 지배적인 비주얼 호소적인 광고의 경우, 언어정보는 상품의 이미지정보를 보완하거나 상품명을 알리는 정도로 제한적으로 주어지며, 극단적인 경우(예를 들어, 베네통(Benneton) 광고)는 회사 로고만이 등장하기도 한다. 이와는 반대로 메시지 호소적인 광고는 언어정보가 지배적으로 등장하는데, 이와 같은 경우 비주얼 성분은 부수적 기능을 수행하거나 〈그림 2〉와 같이 무시되기도 한다. 〈그림 3〉의 경우는 메시지 정보와 비주얼 정보가 어느 정도 상호보완적인 관계를 지니는 경우로 두 가지의 서로 다른 코드유형이 서로 다른 층위의 독립적 정보를 전달하면서 동일한 목적을 지향하기 위해 주어지고 있는 경우이다.

그러므로 우리가 개개의 광고텍스트에서 지배기능인 호소기능의 구체적 실현 양상을 살펴보고자 한다면, 우선적으로 다루어야 할 것은 비주얼과 언어정보로 구성되어 있는 광고카피의 외적 구성형식이다. 왜냐하면 광고의 외적 구성형식을 이루는 개별 텍스트의 성분들은 소비자의 구매의욕을 창출하기 위한 서로 다른 화용론적 기능들을 수행하고 있어

4) 정동규(2000), 190쪽과 그로쎄(Grosse, 1966), 76쪽 이하 참조.

〈그림 1〉

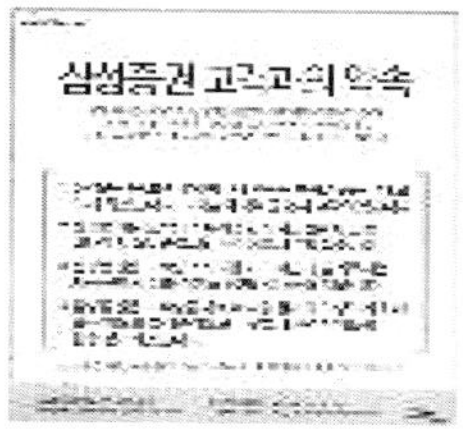

〈그림 2〉

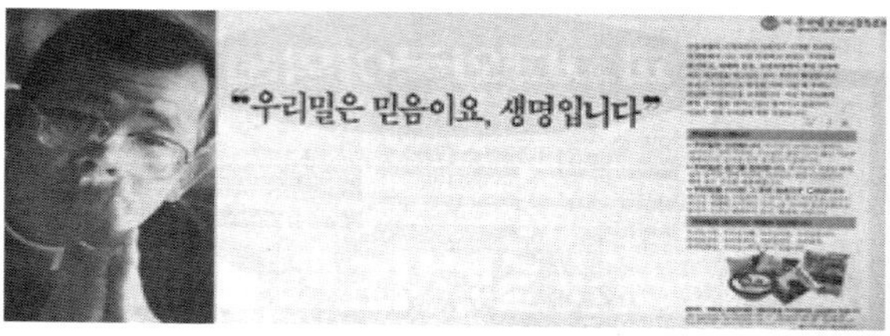

〈그림 3〉

서, 이러한 텍스트구조가 결국은 제공된 상품에 대한 광고주의 의도된 설득행위를 반영하고 있기 때문이다. 맹명관(1999, 36쪽)에 따르면, 광고카피는 유형적으로 다음과 같은 요소로 이루어져 있다.

- 헤드라인(headline)
- 서브 헤드라인(sub headline)
- 오버라인(overline or leadline)
- 보디카피(body copy or text)
- 캡션(caption)
- 블럽(blurb or bullon)
- 박스(box or panels)
- 슬로건(slogan or tagline)
- 로고(logotype, and signature) 등

그러나 이러한 구성요소들을 기능적, 형식적으로 단순화시킬 경우, 이들은 크게 헤드카피(또는 헤드라인), 보디카피, 슬로건, 부수정보로 정리될 수 있는데, 이를 기준으로 광고카피의 구조를 구분하면 다음과 같다. (조빈스키(Sowinski, 1998), 51쪽과 오장근(2000), 363쪽 이하 참조)

- 언어정보가 없는 광고: 향수나 속옷 또는 의류패션 광고에서 찾아볼 수 있는 비주얼 중심의 광고들로 여기에서는 단지 회사로고나 회사명 또는 상품명만이 주어지는 경우를 말한다.[5]
- 하나의 언어정보를 지니고 있는 광고: 이러한 광고카피 구조는 회사로고, 회사명, 상품명 또는 (담배의 경우) 건강경고문을 제외한 슬로건이나 헤드카피 등의 상품을 특징짓고 설명하는 언어정보가 단지 하나만 존재하는 경우를 말한다.
- 두 개의 언어정보를 지니고 있는 광고: 이러한 광고카피 구조 역시 대부분 언어정보가 비교적 빈약한 경우로 상품의 이미지를 특징짓는 슬로건과 헤드카피로 구성되거나, 헤드카피와 부수정보 또는 상품(서비스)의 자세한 설명을 포함하는 보디카피로 구성된 경우도 있다.
- 세 개의 언어정보를 지니고 있는 광고: 광고에서 가장 자주 사용되는 광고카피 구조로 일반적으로 하나의 헤드카피와 하나의 보디카피 그리고 하나의 슬로건으로 구성된다. 그러나 이러한 구성은 그때그때마다의 광고상품과 광고목적에 따라 다양하게 실현될 수 있다.(예를 들어, '슬로건-두 개의 헤드카피-보디카피' 또는 '헤드카피-슬로건-부수정보' 등)
- 네 개의 언어정보를 지니고 있는 광고: 대부분 언어정보를 통해 광고메시지가 전달되는 경우로, 광고카피는 헤드카피-보디카피-슬로건-부수정보로 이루어진다. 부수정보를 지니고 있는 메시지 중심의 광고들이 해당된다.

---

5) 본 논문에서는 맹명관과는 달리 회사로고를 카피정보에서 배제하고자 한다. 비록 로고가 회사명을 알려주고, 극단적인 경우 로고와 비주얼 정보만 있는 광고가 있기도 하지만, 본질적으로 로고표시는 언어적이라기보다는 시각적 아이콘으로 이해되는 것이 보편적일 듯하다. 뿐만 아니라 회사명과 상품명도 광고카피의 구성성분에서 제외되고 있는데, 이들이 대부분 개별 광고의 호소기능과는 독립적으로 존재하는 것이기 때문이다.

4. 텍스트 화용론적 관점에서의 헤드카피 분석을 위하여

4.1. 헤드카피의 정의와 텍스트 위치

광고 전문 용어로 '헤드라인(engl. Headline=dt. Schlagzeile)'으로 지칭되는 헤드카피는 비주얼과 함께 광고수용자의 시선을 해당 광고텍스트에 유도하여 관심을 일으키게 하는 '문열이(Aufmacher)' 역할을 담당한다.[6] 헤드카피의 개념은 독일어의 경우 신문 방송학에서 유래하며, 오늘날에도 여전히 개별 신문보도의 내용을 간략하게 특징짓는 표제어의 개념으로도 사용되고 있다. 조빈스키(1979, 72쪽)에 따르면 헤드카피의 독일어 표현인 'Schlagzeile'는 그래픽적으로 두드러지게(진하거나, 크게 또는 다양한 색채로) 표현된 주표제어에 대해 1880년경에 통용되었던 것으로, 이미 사용되고 있던—원래 무대에서 다음의 배우가 등장해야 함을 암시하는 대사 부분(Stichwort)을 의미하는—'Schlagwort(슬로건)'와 유사하게 조어된 낱말로 추정된다.

일반적으로 특정한 신문 텍스트종류(사건보도나 사태보도 등)의 표제어는 연이어 전개될 정보나 소식에 주의를 기울이게 하고, 또한 간단하고 적절하게 표현되어야만 하는데, 이는 신문의 표제어가 핵심 정보나 소식을 보여주어 독자로 하여금 신문을 계속해서 읽을 수 있도록 자극하기 위해서 이다. 이러한 기능은 앞에서 언급한 것처럼 광고의 헤드카피에서도 적용되는데, 다만 헤드카피는 신문의 표제어와는 달리 항상 핵심정보만을 담고 있어야 하는 것은 아니다. 오히려 헤드카피는 독자의 주의집중을 매우 다양한 방법으로 야기시킬 수 있는데, 예를 들어 '어떠한 커뮤니케이션 성분들 또는 어떠한 광고기능이 강조되어야 하는지', '어떠한 생산품의 사진이 선택되었는지' 또는 '어떠한 광고전략이 선호되고 있는지' 등에 따라 다를 수 있다. 그렇다면 헤드카피는 광고텍스트 전체에서 어디에 위치하며 그럴 경우 어떠한 역할을 담당하는 것일까? 김원식(2000, 274쪽 이하)에 의존하여 살펴보고자 한다. 통상적으로 헤드

6) 김원식(2000), 274쪽 참조.

카피는 광고텍스트의 상단에 위치한다〈그림 4〉. 눈길을 끌기 위한 'Topline'이 있는 예외적인 경우 헤드카피의 위치는 그 하단으로 정해지기도 한다〈그림 5〉.

최근에는 헤드카피가 사진이나 그래픽의 아래에 위치하여 그래픽의 설명문처럼 자리하는 경향이 늘고 있다. 이와 같은 헤드카피의 위치변경은 우선 수용자의 시선을 확보한 후에 카피정보를 전달하는 데 매우 효과적으로 평가된다. 이때에 헤드카피는 모든 언어적 텍스트 요소 가운데 가장 윗자리를 차지한다. 이제 헤드카피는 광고 전체의 제목이 아니라 언어정보의 제목으로 봐야 한다.

〈그림 4〉

〈그림 5〉

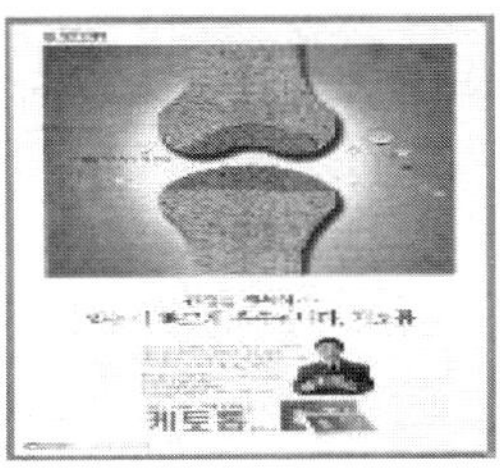

〈그림 6〉

〈그림 7〉

〈그림 8〉

〈그림 9〉

〈그림 10〉

반면에 헤드카피가 제목으로서는 완전히 비일상적인 위치에 자리하는 광고도 점차 늘어가는 추세다.

1) 헤드카피가 광고 하단에 위치하는 경우 (예: 〈그림 8〉)
2) 헤드카피가 광고의 그래픽의 중앙에 위치하는 경우 (예: 〈그림 9〉)
3) 헤드카피가 광고 전체에 분산하여 위치하는 경우 (예: 〈그림 10〉)

이러한 헤드카피 위치의 변화는 표제행(Schlagzeile) 또는 머리행(Kopfzeile)으로서의 전통적 헤드카피와는 다른 새로운 헤드카피-변이형이 자리 잡게 된 것으로 볼 수 있다. 따라서 광고에서의 헤드카피는 결국 그가 수행하는 텍스트기능에 의해 규정되어야 하며, 더 이상 텍스트 내의 위치에 따라 표준화되고 규정될 수는 없을 것이다. 이런 점에서 헤드카피는 이제 광고 제목이 아니라, 다만 시선유도의 표제행으로 이해해야 한다.

4.2. 헤드카피의 기능

만약 광고가 효과적이고자 한다면, 모든 유형의 광고는 3가지의 중요한 원칙이 지켜져야 하는데, 이를 조빈스키(Sowinski, 1998, 30쪽 이하)는 주의환기성(Auffälligkeit), 독창성(Originalität) 그리고 정보성(Informativität)의 원칙으로 나타내고 있다. 그러나 본 논문의 연구대상인 헤드카피의 특성, 다시 말해 다른 카피정보들과는 달리 활자체에 비주얼적인 성격을 부여하고 있음과 관련하여 볼 때, 특별한 의미를 지니는 것은 주의환기성의 원칙일 것이다. 왜냐하면 대부분의 광고수용자들은 평균적으로 몇 초 이내에 이 광고를 읽어볼 것인지 여부를 결정하며, 결정 후에도 광고의 헤드카피와 비주얼 부분만 대충 살펴보고 넘어가기 때문에 성공적인 헤드카피이기 위해서는 광고자와 수용자 사이의 접촉의 강화를 고려하여, 수용자의 주의를 끌기 위해 만들어지며, 또 그것을 위해 배치되어야만 하기 때문이다.7)

7) 대부분의 소비자들은 헤드카피를 훑어보는 것으로 광고노출을 끝낼 수 있기에, 헤드

이렇듯, 헤드카피는 텍스트 구성상 텍스트를 전개해 가는 시발점으로서 광고수용자의 주의를 환기시키고 영향을 끼치는 광고의 핵심이기 때문에 헤드카피의 제작과 관련해 일반적으로 요구되는 지침이 있다. 헤드카피의 가장 일차적인 주요 기능은 무엇보다도 소비자의 주의를 끄는 것이고 두 번째 중요한 기능은 바디카피를 읽도록 유도하는 것이다.(보베와 아렌스(Bovee & Arens), 1982 참조) 또한, 헤드카피는 적절한 표적시장을 선정해 주는 것이어야 하고, 상품범주와 상표명을 인식시킬 수 있어야 하는데, 이를 'USP(Unique Selling Proposition) 전략'이라고 지칭한다. 그 외에, 헤드카피는 상표의 주요 특징을 소개함으로써 어떤 약속이나 보상을 포함해야 한다. 따라서 상품의 주요가치를 위해 신중하게 단어를 선택해야 하며, 진부한 표현보다 특이하게 호소하여야 하고 또한 광고의 다른 요소들과 잘 결합되어야 한다(던과 버반(Dunn & Burban), 1982; 리대룡, 1985).

사실 헤드카피는 그것만으로 광고효과에 기여하는 것은 아니며, 관련된 시각적 자극들과 상호 작용함으로써 기능하게 된다. 이는 모든 광고들에서 특정유형의 헤드카피가 더 효과적인 것은 아니라는 점을 시사한다. 그러나, 광고는 일방적인 커뮤니케이션이고 특히 광고가 주의를 획득하지 못하면 후속효과는 전혀 기대할 수 없다는 점 때문에, 헤드카피의 유형에 따라 일반적이고 상대적인 차이가 있을 것으로 생각할 수 있다. 그러므로 여기서는 광고의 호소기능의 실현과 관련하여 헤드카피의 실현형식과 화행유형(Sprechakttyp)에 따른 다양한 분류방법과 광고효과에 대해 간략히 다루어 보고자 한다.

카피의 차이가 매우 큰 광고효과의 차이를 나타낼 수도 있다. 예를 들어, 버튼Burton (1983)에 따르면, 헤드라인을 읽는 사람 중에서 바디카피까지 읽는 사람은 전체의 20%에 불과하다. 케이플즈는 동일한 바디카피에 헤드카피만 바꿔서 붙인 몇 개의 광고를 테스트한 결과 최대효과를 보인 광고와 최소효과를 보인 광고의 차이는 무려 400%나 된다는 결과를 얻었다(이상우, 1983). 그러나 동일한 헤드카피에 바디카피만을 바꾸어서 연구한 국내 연구의 결과는 최대효과 광고와 최소효과 광고의 차이가 50%에 불과했다(김홍익, 1991). 이런 결과는 상대적으로 헤드카피의 역할이 매우 중요하다는 것을 시사한다.

4.3. 헤드카피의 화행론적 분류와 광고효과

지금까지 헤드카피를 어떻게 분류할 것인가에 관해 일반적으로 받아들여지는 정해진 분류법은 없다. 광고 슬로건에 기초하여 광고언어의 화행론적 유형들을 분류한 플라더(1972, 341쪽 이하) 마찬가지로 헤드카피를 화행에 따라 분류하는 경우도 있고, 내용이나 제시방법 또는 실현형식에 따라 분류하기도 한다.[8] 그러나 본고에서는 맹명관(1999)의 분류와 플라더(1972)의 분류를 통합적인 관점에서 문장작성형식과 화행의 기준에 따라 다음과 같이 7가지로 분류해 보고자 한다.

1) 제시행위: 일상생활에서 언어사용과 문헌에서 가장 흔히 볼 수 있는 발화로 광고언어에서도 평서문의 형태로 많이 나타나고 있다. 광고언어에서 제시화행이 주는 효과는 수용자에게 사실을 사실대로 말한다고 믿게 하는 점이다.
2) 질문행위: 의문형으로 실현되는 경우로, 믿기 어려운 의구적 내용을 표현하거나, 이의를 제기할 때, 또는 알면서 강조하거나 수용자의 동의를 구하는 방법으로 사용한다.
3) 정표행위: 대표적인 감정표출형 발화이다. 특히 감탄형은 화자의 감정을 표출하는 것으로서 이런 감정이 수용자에게 공감될 것을 기대한다. 감탄형은 그 자체가 자기 충족적인 것이어서 수용자의 공감이 없을 경우 거부감을 느끼게 할 수 있다.
4) 주장행위: 광고에서 명령, 판단, 보장 등으로 실현되는 행위를 말한다. 이들 중 명령형은 어투가 단정적이고, 수용자의 행동을 조작하려는 것으로 받아들일 가능성이 많기 때문에 자주 사용되지는 않는다. 특히 행동적, 도발적인 성향의 어휘가 사용된 경우는 더욱 그렇다. 그러나, 언어적 내용이 일반적으로 받아들여지는 것이고, 또 화자의 의도가 비개인적인 것으로 해석되는 경우에는 행동적 효과가 높을 수 있다.

---

8) 던(Dunn, 1963)의 헤드카피 분류와 웨이드맨Wademan(1993)의 헤드카피 구분을 참조. 이 밖에도 던과 버반(Dunn & Burban, 1982)은 제시방법에 따라, 버반(Burban, 1974)내용에 따라 헤드카피를 분류하였다. 우리나라의 경우, 정호기(1985)는 헤드카피를 표현형식에 따라 ① 뉴스, 고지형식 ② 단정, 고지형식 ③ 효용, 이익형식 ④ 주장, 제한형식 ⑤ 질문, 제안형식 ⑥ 증언, 제안형식 ⑦ 증서, 제안형식 ⑧ 경고, 제안형식으로 구분하기도 하였다.

5) 요구행위: 명령형과 함께 광고주의 주장을 직설적이고 단정적으로 노출시켜 거부감을 줄 수 있다는 점에서 그다지 선호되고 있지 않은 형식이다. 그러나 주장화행에 비해 청유형과 같은 요구화행은 화자의 입장이나 감정이 수용자와 유사하다는 느낌과 함께 덜 강제적인 것이어서 거부감을 완화하는 특징을 갖는다.
6) 규정행위: 화행자체는 주장화행의 일부이나 실현형식 상의 차이로 인해 구분된다. 문장을 단절시켜 사이를 둔 다음, 결론으로 연결하는 방법을 말한다. 불완전한 형태의 문장형식이기 때문에 갖는 긍정적 효과가 있다.
7) 경고(정지)행위: 광고되는 생산품의 우월성을 강조하기 위해, 수용자의 일정한 행위를 고발하거나 금지하는 발화로 일종의 주장행위이다. 대부분 부정문의 형식으로 실현된다.

4.4. 광고 헤드카피와 비언어적 성분들과의 관계

광고물에서 소비자의 눈을 잡아끄는 것은 대부분의 경우 비주얼의 힘이다. 그러나 그 광고물이 제품 광고물일 경우 그 제품을 소비자로 하여금 공감을 얻게 하고 마침내 구매로 이어지게 하는 것은, 제품의 특징과 기능에 대한 정보를 제공하는 카피의 힘이 크다고 하겠다. 그러므로 효과적인 광고는 치밀한 전략에 의해 표현된 비주얼과 카피의 완벽한 결합체라고 할 수 있을 것이며, 그럴 경우 헤드카피는 소비자의 시선을 집중시키면서, 제품에 대한 일반적인 정보를 제공하기도 하는 그의 기능에서 볼 때, 어쩌면 가장 효과적으로 표현된 광고의 언어성분이라고 할 수 있을 것이다. 특히 언어로 표현된 헤드카피의 힘은 제품의 인지도 등의 요소와 밀접한 상관관계를 이루어 광고의 궁극적 목표인 판매를 촉진시킨다는 마케팅적인 면 외에, 그것이 언어로 표현되어 소비자들에게 영향을 준다는 커뮤니케이션적인 측면도 있기 때문에 광고효과와 관련하여 헤드카피가 시사하는 바는 비단 언급한 두 가지 측면 중 어느 한쪽에 치우치지 않음을 알 수 있다.

따라서 구명철(2002)이 언어기호(특히 헤드카피와 슬로건)와 시각기호의 관계를 기호학적인 관점에서 규명하고자 시도한 것은 논리 기술적인 면에서의 아쉬움은 남지만 그 방향성만은 적절한 듯하다. 물론 언어기호와 시각기호의 유기적 관계를 고려하여 광고분석을 시도한 경우는 이미 베히슈타인(Bechstein, 1987), 조빈스키(1998), 야니히(Janich, 1999) 등에서도 찾아볼 수 있다. 특히 야니히는 언어적 표현과 비주얼 사이에 존재할 수 있는 모든 가능한 관계를 '유사성(Ähnlichkeit)', '입증(Beweis)', '사고연계(Gedankenverknüpfung)', '일체적 부분(Teil-für-Ganzes)', '원인-결과(Grund-Folge)', '반복(Wiederholung)', '점층(Steigerung)', '의미규정(Bedeutungsbestimmung)', '병렬(Verkoppelung)', '낯설게하기(Verfremdung)', '상징화(Symbolisierung)' 등으로 하위 분류하면서, 이들의 관계를 규정하는 데 중요한 실마리를 제공해 주고 있다. 이러한 야니히의 연구에 근거하여 구명철은 광고카피에 대한 비주얼의 역할에 따라 카피와 비주얼 간의 관계를 다음과 같이 하위 분류하였다.(구명철(2002), 430쪽 이하)

- 시선 유인 요소로서의 비주얼
- 정서적 배경으로서의 비주얼
- 카피내용을 시각화하는 비주얼
- 카피내용을 입증하는 비주얼
- 카피와 인과관계에 있는 비주얼
- 카피해석의 실마리를 제공하는 비주얼
- 카피와 상호보완 관계를 지니는 비주얼

이러한 방법론은 광고카피를 해석하는 과정에서 비주얼이 차지하는 다양한 역할을 알게 하고, 이들 광고 성분들 사이의 관계를 기호학적 틀에서 구체적으로 구분할 수 있는 가능성을 제기하는 성과를 거두기는 했지만, 몇 가지 아쉬움은 지적해야 할 것 같다.

첫째, 카피와 비주얼의 대응관계가 소쉬르적 이분법에 의한 단순 도식적 설명이었다는 것이다. 예를 들어 BECK'S 광고의 경우, "범선=세계로의 진출"이라는 등식을 성립시키고자 하였다면, 소쉬르적 기호해석보다는 바르트(Barthes)적 기호해석이 더 옳았을 것이다. 왜냐하면 아래의 도식에서 보이는 것처럼 '세계로의 진출/진취성' 또는 '(필자의 생각으로는) 청량감/시원함'의 의미는 카피의 기의 Ⅱ에 해당되는 함의로 이는 비주얼의 기의 Ⅱ에 의해 부여되는 의미이기 때문이다. 만약 이들의 관계를 굳이 단순화시키고자 하였다면 메타언어와 메타비주얼의 관계로 설명했어야 한다.(〈그림 12〉 참조)

두 번째로 카피와 비주얼 사이의 관계 분석 시각이 카피 중심적이었다는 것이다. 예를 들어 비주얼 지배적인 이미지 광고의 경우, 카피는 단지 회사명이나 로고만 쓰이는 등 전체 광고이해에 부수적 정보를 제공하는 경우도 있기 때문이다. 따라서 '비주얼을 해석하는 데 실마리를 제공하는 카피'나 '비주얼을 입증하거나, 설명하는 카피' 등에 대해서도 언급해야 할 것이다.

끝으로 광고이해에 있어서 비주얼의 의미작용은 복합적으로 관계할 수 있기 때문에, 하나의 카피해석에 제한시켜 비주얼의 기능을 규정짓는 것은 적절하지 않을 수 있다. 예를 들어 앞에서 제시한 '우리밀 살리기 운동본부'의 광고에서 등장하는 김수환 추기경의 모습은 '우리밀은 믿음이요, 생명입니다'라는 헤드카피의 의미를 보완해줄 뿐 아니라, 광고전체에 대한 신뢰와 호소기능을 강화시키는 역할도 수행하고 있는 것이다.

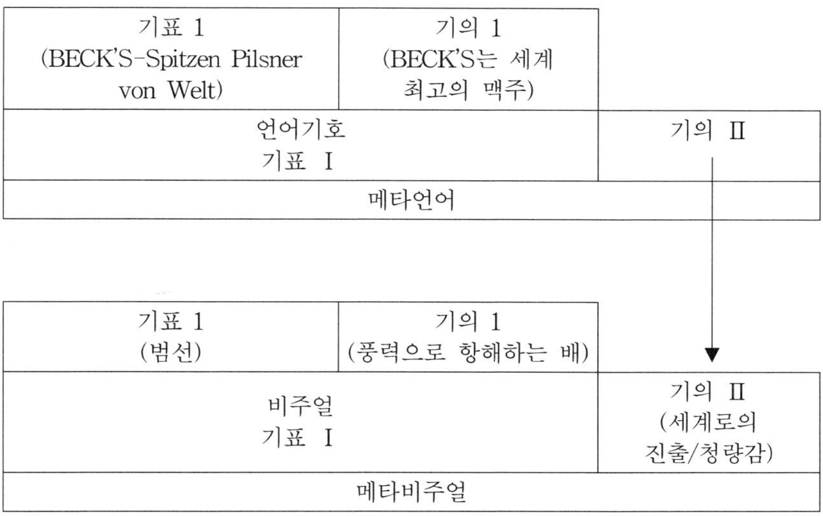

〈그림 11〉

이제 다음에서는 이러한 헤드카피의 이해를 바탕으로 실제 광고 분석을 통해 광고텍스트의 호소기능과 헤드카피의 역할을 살펴볼 것이다. 그럴 경우 여기서 다루어질 것은 헤드카피의 이해에 대한 전반적인 메커니즘을 확인하는 것으로, 특히 헤드카피의 화행유형 규정과 더불어 헤드카피의 정보를 (비주얼 성분을 포함한) 다른 성분들과의 관계에서 파악하고자 하며, 더 나아가 상품이나 서비스를 제공하기 위한 광고의 호소적 기능 형성에 헤드카피가 어떠한 역할을 하는지 등도 확인하고자 한다.

5. 사례분석을 통한 광고의 호소기능과 헤드카피의 역할

5.1. 분석대상: 담배 HB의 광고 “HB? Ich auch(HB? 저도 역시).”

이 광고는 격주마다 발행되는 독일의 TV프로그램 안내 잡지인 ‘TV

TODAY'의 1995년 스무 번째 발행판에 실린 전면광고이다. 이 광고의 카피는 수용자의 주의를 환기시키고 흥미를 유발하게 하는 헤드카피와 상품의 특징을 표현해주는 슬로건으로 구성되어 있다. 광고의 가장 큰 부분을 차지하는 것은 비주얼이다. 지배적인 비주얼 성분은 웃으면서 뒤를 바라보는 젊은 여자로, 손에 담배를 들고 있는 것으로 미루어 이 여자가 흡연가임을 추측케 한다. 이 분석대상을 좀 더 세분하여 단순 기술형식으로 정리하면 다음과 같다.

헤드카피, 매우 크고, 진한 글씨체: HB? Ich / auch

슬로건 형식의 맺음말, 조금 큰 글씨체: Geschmack für Leute von heute

비주얼, 부분적으로 헤드카피와 슬로건으로 방해받기는 하지만 광고의 거의 전면을 차지: 지배적인 색깔은 하얀색, 붉은색, 노란색 그리고 파란색.

〈비주얼 묘사는 금발의 짧은 머리를 한 젊은 여자 흡연가에 포커스를 맞추고 있다. 그녀는 약간은 자극적이고 스포티한 옷차림을 하고 있다—민소매의 상의, 짧은 청반바지 등. 그리고 하단 왼쪽 슬로건 옆에는 'HB'라는 마크가 쓰여 있는 담뱃갑이 보인다. 이 금발의 젊은 여자는 친구의 등에 업혀 웃으면서 뒤를 바라보고 있다. 배경으로 다른 사람들의 뒷모습이 보이고 붉은색과 하얀색 그리고 노란색이 파스텔톤으로 주어져 있다.

5.2. 헤드카피의 텍스트 화용론적 분석과 광고의 호소기능

본고의 텍스트 분석은 우선 텍스트종류에 대한 지식에서부터 출발한다. 왜냐하면 이미 2.2에서 언급했듯이 텍스트종류의 지식은 텍스트이해의 선신호로서 해당 텍스트에 대한 기능과 내용에 대해 일정한 정보를 제공해 줄 수 있기 때문이다. 따라서 텍스트 분석에 앞서 텍스트수용자는 이 예문 텍스트의 언어정보가 일정한 상품을 직접적으로 언급하고, 또한 전체적 레이아웃이 상품이미지와 관련하여 구성되어 있음을 근거로 하여 이를 광고텍스트로 기대하게 된다. 물론 이러한 근거가 텍스트종류를 규정하는 데 절대적 특징은 될 수 없지만, 적어도 일종의 기대유형으로서 이들 특징이 위 분석 텍스트를 '광고'텍스트로 분류하는 데 최소한의 이유는 될 수 있을 것이다. 결국 수용자는 텍스트종류 지식에 기초해 분석 텍스트의 지배기능을 다음과 같이 확정한다.

> 이 예문 텍스트는 두개의 언어정보를 지니는 호소적 기능의 광고텍스트로, 텍스트의 지배기능을 형식화하면 다음과 같다.
> Ich empfehle Ihnen (dem Rezipienten), das Produkt X zu kaufen.
> [저는 당신이(수용자가) 상품X를 사실 것을 권합니다.]

비록 텍스트종류 지식에 의해 분석 텍스트의 기본기능을 확정할 수 있었다 하더라도, 이것이 광고텍스트가 전달하고자 하는 전체 정보를 이해하기에 충분한 것은 아니다. 여기에는 아직도 대답되어야 할 몇몇의 질문들이 여전히 남아있기 때문인데, 예를 들어 '수용자는 광고자가 광고를 통해 판매하고자 하는 상품을 어떻게 알아낼 수 있을까?' 하는 것과, 또는 '텍스트 이해에 있어서 비주얼 성분들은 어떤 역할을 수행하고 있으며, 이들은 또 전체적인 광고정보를 파악하는 데 어떻게 통합될 수 있는 것일까?' 하는 것, 그리고 '불완전한 문장으로 되어있는 광고카피는 어떻게 이해될 수 있을까?' 하는 것 등의 질문들이 그것이다. 우선 본고는 문법적(또는 통사적-의미적) 처리과정을 통해 불완전한 문장의 첫 번째 카피를 재구성하고자 한다.

크고 진하게 표현된 활자의 두드러짐을 통해 수용자의 시선을 모으고 있는 첫 번째 광고카피는 그 실현형식과 배치 그리고 주의집중의 기능으로 인해 헤드카피로 간주될 수 있다. 그러나 불완전한 구어체의 문장으로 쓰인 헤드카피의 이해는 다단계의 문법적 처리과정을 요구하는데, 이를 체계적으로 보여 주면 다음과 같다.

① 두 개의 의미론적 기호표시를 통해 첫 번째 카피인 'HB? Ich auch(HB? 저도 역시)'의 관계를 '질문-대답'의 논리적 인접관계로 파악, 통사규칙에 따라 재구성한다.
[HB? Ich auch. → V+S+HB? Ich+V+auch+O]
② 아이콘 정보를 통해 HB의 의미적 지시대상을 확보한다.

[(담배명으로서)HB → HB가 적힌 왼쪽 하단의 담뱃갑 아이콘을 통해 규정]

③ 대답문 주어 Ich와의 의미적 상관관계와 익명의 수용자에 대한 광고텍스트의 일반적인 의미론적 특성에 의해 의문문의 주어를 Sie로 규정한다.[9]
[V+S+HB? → V+Sie+HB?]

④ 담배명칭 HB와 담배를 들고 있는 젊은 여자의 아이콘을 통해 동사를 규정한다.[10]
[V+Sie+HB? Ich+V+auch+O→ Rauchen Sie HB? Ich rauche auch+O]

⑤ 대명사화 규칙을 통해 대답문의 목적어를 확정한다.
[Rauchen Sie HB? Ich rauche auch+O → Rauchen Sie HB? Ich rauche sie auch.]

결국 위의 문법적 처리과정을 통해 재구성된 헤드카피는 'Rauchen Sie HB? Ich rauche sie auch(HB를 피우시나요? 저도 HB를 핍니다)'로, 화행형식은 자신의 상태를 사실대로 말하는 제시화행을 선택하고 있다. 이 화행형식은 써얼의 '단언화행(Repräsentativa)'과 유사한 화행으로, 표현된 명제가 참이 되도록 화자를 구속시키는 언표내적 목적을 통해 특징지어져 있다. 따라서 분석 텍스트의 헤드카피는 수용자에게 사실을 사실대로 말하고 있음을 믿게 함으로써 그들의 관심과 동의를 이끌어 내고자 하는 것이다. 뿐만 아니라 이 헤드카피는 광고의 통상적인 위치인 텍스트상단에 위치하는 것이 아니라, 중앙에 위치함으로써—매우 크고 진하게 쓴 활자체와 더불어—수용자의 시선을 비주얼 정보에 앞서 빼앗는 효과도 지니고 있다. 또한 헤드카피 'HB? Ich auch.'는 광고하단의 비주얼 정보와의 상호작용(아이콘 정보를 통한 지시대상 확인)을 통해 상품범주와 상표명을 인식하게 해 주고, 슬로건 'Geschmack für Leute von

9) 이 광고의 경우 의문문의 주어로 du는 적절하지 않은데, 왜냐하면 통상 불특정 다수의 수용자를 가정할 경우, 공식적인 말 걸기는 Sie 호칭을 사용하고, 친칭(dutzen)은 어린이 광고나 청소년 광고 또는 우정이나 친한 관계를 강조하는 광고에서 나오기 때문이다.

10) 물론 동사의 자리에는 mögen, möchten, wollen 등의 기호와 희망을 나타내는 동사군이 올 수도 있으며, 동사 HB의 음성적 유사성을 이용한 haben 동사도 올 수 있다. 단지 여기에서는 20명의 독일 대학생에게서 가장 많이 선택된 동사 rauchen을 통해 헤드카피의 이해를 위한 절차적 과정만을 제시할 뿐이다.

heute(현대인을 위한 맛)'와 함께 생산물의 특성을 특징지어 주기도 한다.

그렇다면 광고의 호소기능은 언어적으로 어떻게 실현된 것일까? 이에 대답하기 위해 다음에서는 헤드카피와 함께 중요한 언어정보를 주는 슬로건과의 테마적 의존관계를 반 다이크(van Dijk, 1980)의 거시구조 방법론에 의지하여 분석하여 보고자 한다. 우선 우리는 거시규칙 '일반화'를 통해 다음의 거사구조를 얻을 수 있다.[11]

1) 분석 광고 'HB? Ich auch.'의 거시구조
-첫 번째 접근-

Ⅰ. Eine Konsumentin vermittelt ihr Konsumerlebnis der Zigarette HB.
한 흡연여성이 담배 HB를 피워 본 경험을 얘기함.
(여성흡연자의 입장 표명 Einstellungsbekundung der Konsumentin)

Ⅱ. Die Zigarette HB bietet den Geschmack für Leute von heute.
담배 HB는 현대인에게 맞는 맛을 제공함.
(담배 HB의 특성 Kennzeichnung der Zigarette 'HB')

이미 앞에서도 언급했듯이 첫 번째 카피인 헤드카피는 젊은 여성 흡연자의 담배 HB에 대한 입장표명이 테마화되고 있으며, 두 번째 카피인 슬로건에서는 담배 HB의 특성이 테마화되고 있다. 그러나 우리가 만약 이 여성 흡연자가 담배 HB의 맛에 의해서 이 상품을 선택하여 사용하고 있다고 가정한다면, 헤드카피의 정보는 슬로건 정보의 한 구체적인 예로 통합될 수 있을 것이다. 따라서 이 광고카피의 궁극적 거시구조(텍스트 테마)는 담배 HB의 특성을 묘사하는 거시명제로 정리될 수 있겠다.

2) 분석 광고 'HB? Ich auch.'의 거시구조
-두 번째 접근-

Ⅰ. Die Zigarette HB bietet den Geschmack für Leute von heute.

---

11) 분석 텍스트의 거시구조를 얻기 위해 우리는 일반적으로 '생략'과 '선택'의 거시규칙을 우선적으로 적용해야 하지만, 이 예문의 경우에는 이러한 거시규칙의 적용이 불필요한데, 왜냐하면 빠르고 손쉬운 이해를 위해 이 텍스트는 이미 중요하지 않은 정보를 삭제했기 때문이다.

담배 HB는 현대인에게 맞는 맛을 제공

이 분석에 따르면 광고의 헤드카피 'HB? Ich auch.'는 부수적 언어정보로, 슬로건과는 'denn'이나 'weil'로 연결되어 화행의 근거를 획득하게 되는 정보이다. 다시 말해 이 헤드카피는 광고자가 언어적으로 전달하고자 하는 주요 정보를 보완해 줄 뿐, 정보기능은 지니고 못하고 있다는 것이다. 이제 분석광고의 호소기능을 언어적으로 표현하면 다음과 같다.

Rauchen Sie 'HB'? Ich rauche sie auch.
Denn 'HB' bietet den Geschmack für Leute von heute.
Also empfehle ich Ihnen, 'HB' zu kaufen.
HB를 피우시나요? 저도 역시 HB를 피웁니다.
왜냐하면 HB는 현대인을 위한 맛을 주고 있으니까요.
그래서 저는 당신이 HB를 사실 것을 권합니다.

이제 끝으로 비주얼 정보가 광고의 호소기능과 헤드카피의 이해에 어떠한 역할을 수행하는지 확인해 보고자 한다. 우선 헤드카피의 이해와 관련되어 비주얼 정보와의 의미 관계를 도식화시켜 살펴보고자 한다.

1) HB?의 의미파악과 관련하여

기표 1 (표현으로서 HB)	기의 1
언어기호	

↓

기표 1 (HB가 적힌 담뱃갑의 사진)	기의 1 (담배명칭/담배회사)
비주얼	

여기에서는 헤드카피의 표현 HB의 지시대상이 광고의 좌측 하단에 있는 담뱃갑의 아이콘 정보를 통해 확인되고 있음을 보여 준다. 즉 카피의 내용을 시각화하는 비주얼 정보로 이해된다.

2) Ich auch.의 의미파악과 관련하여

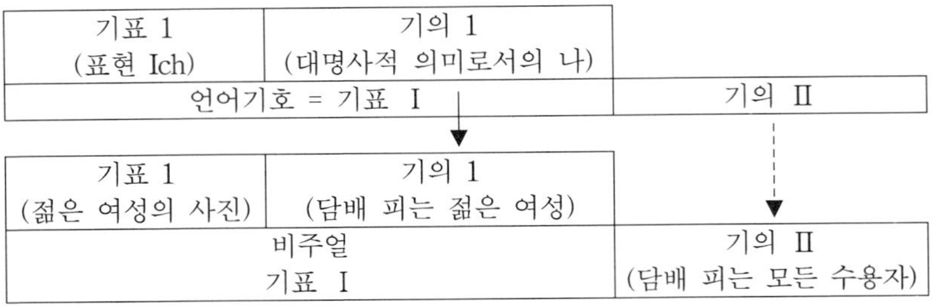

여기에서는 일차적으로 대명사 Ich의 지시대상이 광고의 중앙에 배치된 담배를 손에 든 젊은 여성의 아이콘을 통해 확인된다. 그럴 경우 비주얼과 카피의 관계는 비주얼의 기의가 그대로 카피의 기의로 전이되는 '카피내용을 시각화하는 비주얼'로 이해될 수 있다.(실선의 화살표로 표시됨) 그러나 만약 광고가 불특정 다수의 수용자를 목표대상으로 만들어진다고 가정할 때, 담배를 피는 젊은 여자는 모든 흡연자를 대신하는 제유적 아이콘으로 간주될 수도 있다.(점선의 화살표로 표시됨) 이 경우 비주얼은 '카피해석의 실마리를 제공하는 비주얼'로 이해된다. 결국 본 광고의 헤드카피와 비주얼 간의 의미관계는 카피의 지시대상이 대부분 비주얼의 1차적 의미를 통해 확인되는 '카피의 내용을 시각화하는 비주얼'로 규정될 수 있다.

그밖에 광고의 호소기능과 관련하여 해석될 수 있는 비주얼 정보를 기호학적 방법에 따라 정리하면 다음과 같다.

도상적 시니피앙	제1층위 시니피에	제2층위 시니피에(함의)
젊은 여성 흡연자의 모습 짧은 머리의 모습 스포티한 옷차림의 모습	젊은 여성 흡연자 짧은 머리 스포티한 옷차림	오늘날 젊은 여성들의 적극적이고, 활동적인 특성
돌아보며 웃는 얼굴의 사진	웃는 얼굴	광고물 HB를 사용할 경우 얻게 되는 만족감
민소매와 짧은 반바지의 사진 아름다운 젊은 여성의 모습	자극적인 옷차림 아름답고 젊은 여성	이상적 가치의 아름다움이 광고물 HB의 맛으로 의미전환
다양한 배경색들	하얀색, 노란색, 빨간색	담뱃갑

위의 도표로 정리된 비주얼 성분들의 의미작용을 종합해 보면, 우리는 이들 비주얼 성분들이 텍스트 테마인 '담배 HB의 맛'과 관련하여 다양한 정보를 제공해 주고 있음을 확인할 수 있다. 다시 말해 언어정보가 담배 HB의 맛에 대하여 단지 추상적으로만—젊은이들을 위한 맛—전달하고 있음에 반해, 비주얼 정보는 다양한 형식으로 담배의 맛을 구체화시키면서 광고의 호소기능을 강화시키고 있는 것이다.

6. 마무리

지금까지 대부분의 광고 연구는 기호학적인 관점에서 사진이나 그림 등 영상이미지에 대한 이해를 주로 다루거나, 비주얼 정보와 언어정보 사이의 의미적 관계를 규명하기도 하였으며, 언어학적인 관점에서 광고언어의 특성과 문체적 특징들을 기술하고, 일정한 언어이론에 기대어 분석을 시도하기도 하였다. 그러나 그럼에도 불구하고 늘 마음 끝자락에 아쉽게도 남아 있었던 것은, 광고텍스트의 지배기능으로 전체 텍스트 이해에 기본적 틀을 제공하는 호소기능이 너무 자연스럽게 전제되고 있었다는 것이다.

따라서 본고는 우리에게 늘 전제되고 있었던 광고언어의 호소기능을 테마로 다루고자 하였다. 이를 위해 본고는 커뮤니케이션 관점에서 광고를 살펴보고자 하였으며, 그럴 경우 광고의 커뮤니케이션 기능 중 지배적 기능인 호소기능이 어떻게 광고에 부여될 수 있는지에 대해 관심을 가졌다. 이의 해결을 위해 본고는 광고를 하나의 텍스트 종류로 규정하였고, 텍스트 화용론적 관점에서 광고의 호소기능이 텍스트 종류에 대한 수용자의 텍스트기대에서 출발함을 제시할 수 있었다. 그러나 광고언어의 호소기능은 일반적으로 직접적이기보다는 간접적으로 표현되기에, 이러한 호소기능과 관련하여 광고 카피가 어떠한 실현형식과 화행형식을 지니고 있는지 그 가능성을 살펴보고자 하였다. 특히 본고는 헤드카피에 주목하였는데, 이는 헤드카피가 텍스트 구성상 텍스트를 전개해 가는 시발점으로서 광고 수용자의 주의를 환기시키고, 설득효과에 영향을 끼치는 광고의 핵심적 언어성분이기 때문이다. 더욱이 헤드카피의 화행유형은 일정한 텍스트기능을 담보하기에, 광고의 지배기능인 호소기능과 관련하여 그 해석과정과 메커니즘을 분석하여 보았다.

결론적으로 말해 광고의 호소기능은 카피와 비주얼의 실현양식에서 출현하는 것이 아니라, 수용자의 텍스트기대에 의해 주어지며, 이러한 호소기능을 효과적으로 전달하기 위해 광고자는 전략적으로 다양한 카피형식을 선택하고 비주얼 정보를 통해 구체화시키고 있다는 것이다. 특히 헤드카피는 광고이해의 시작점으로서 그래픽적 독특함과 그 화행형식을 통해 주의집중과 더불어 효과적인 수용자 설득의 방향성을 제시해주며, 그럴 경우 헤드카피의 올바른 이해를 위해 비주얼을 비롯한 다양한 언어정보들이 상호작용하고 있음을 확인할 수 있었다.

[참고문헌]

고영근(1999), 『텍스트이론』, 아르케.

구명철(2002), 「독일광고에 나타난 언어기호와 시각기호의 관계」, 『독일문학』 84, 426-443쪽.

김원식(2000), 「광고 텍스트의 언어학적 특성」, 『독일문학』 73집, 264-292쪽.

김홍익(1991), 「광고어에 대한 효율적인 언어사용에 관한 연구」, 서울대 석사논문.

송용섭 · 리대룡(1985), 『현대광고론』, 무역경영사.

안정오 역(2001)/유르겐 트라반트(1996), 『기호학의 전통과 경향』, 인간사랑.

오장근(1999a), 「광고텍스트의 전략적 이해」, 『독어학』 제1집, 한국독어학회.

______(1999b), 「텍스트 이해와 수용자의 전략」, 『텍스트언어학』 7, 한국텍스트언어학회.

______(2000), 「광고와 언어학」, 『독일어문학』 제12집, 독일어문학회.

이민행(2000), 「광고카피와 대화함축 -센스, 카피 그리고 거짓말-」, 『독일언어연구』 13집, 53-67쪽.

이상우 역(1983), 『존케이플즈의 성공하는 광고』, 오리콤 마케팅 커뮤니케이션.

이현우(1998), 『광고와 언어』, 커뮤니케이션북스.

이화자(1998), 『광고표현론』, 나남출판.

정동규(2000), 「광고언어의 단어유희」, 『독어학』 2, 185-206쪽.

최명원(2000), 「의사소통 모델에 따른 광고분석의 문제점」, 『독어학』 2, 207-228.

Adamzik, Kirsten(1994), "Zum Textsortenberiff am Beispiel von Werbeanzeigen", In: Peter-Paul König/Helmut Wiegers(hg.): Satz-Text-Diskurs. Akten des 27. Linguistischen Kolloquiums, Münster 1992, Bd. 2, Tübingen, S. 175-180.

Barthes, Roland(1969), "Rhetorik des Bildes", In: Günter Schiwy: *Der französische Strukturalismus*, Hamburg, S. 158-166.

Baumgart, Manuela(1992), *Die Sprache der Anzeigenwerbung*. Eine linguistische Analyse aktueller Werbeslogans. Heidelberg.

Beaugrande, Robert-A. de/Dressler, Wolfgang(1981), *Einführung in die Textlinguistik*. Niemeyer, Tübingen.

Bechstein, Gabriele(1987), *Werbliche Kommunikation*. Heidelberg.

Bendel, Sylvia(1998), Werbeanzeigen von 1622-1798. *Entstehung und Entwicklung einer Textsorte*. Niemeyer, Tübingen.

Bovee, L. Courtland/Arens, F. William(1982), *Contemporary Advertising*, Homewood, Irwin.

Dunn, S. Watson(1964), *International Handbook of Advertising*. McGraw-Hill, New York.

Dunn, S. Watson/Barban, M. Arnold(1982), *Its Role in Modern Marketing*, 5th ed., The Dryden Press, Chicago.

Fritz, Thomas(1994), Die Botschaft der Markenartikel. Vertextungsstrategien in der Werbung. Stauffenburg, Tübingen.

Hantsch, Ingrid(1972), Zur semantischen Stragegie der Werbung. In: Peter Nusser (Hg.): Anzeigenwerbung. München 1975, S. 137-159.

Januschek, Franz(1974), Werbesprache erklärt aus ihren Funktionen und ihren Rezeptionsbedingungen. In: Sprache im technischen Zeitalter, H.51, S. 241-260.

Janich, Nina(1999), Werbesprache. Ein Arbeitsbuch. Tübingen.

Kotler, Philip(1988), *Marketing Management, 6th ed.* Prentice-Hall, Englewood Cliffs.

Kroeber, Werner R.(1990), *Strategie und Technik der Werbung. Verhaltenswissenschaftliche Ansätze*. 2. Aufl., Stuttgart/Berlin/Köln.
Oh, Jang-Geun(1999), Das strategische Textverstehen. Theoretische Grundlagen, Methode und Anwendung des strategischen Textverstehens. Münster.
Römer, Ruth(1968), Die Sprache der Anzeigewerbung. Düsseldorf.
Sowinski, Bernhard(1998), *Werbung*. Niemeyer, Tübingen.

TV광고의 텍스트 언어학적 분석

이인경

1. 들어가기

본고는 TV광고 텍스트를 구성하는 발화 형식들의 텍스트성 실현 양상을 분석하고 이것이 광고 전략과 어떠한 상관관계를 맺는지 살펴보고자 한다. 시·청각 기호의 사용이 모두 가능하며 시간의 흐름에 따라 순차적으로 메시지가 전달되는 특징을 가진 매체 'TV'는 다른 매체들과 비교할 때 그 구성이나 내용 전개 방식에서 차이가 있을 수 있다. 그 중 가장 큰 특징은 TV광고의 주요 메시지가 '구어'로 발화되고 있음에도 불구하고, 문어적인 특징을 많이 지닌 광고주의 발화와 일상 대화와 유사한 모델들의 발화가 한 텍스트 내에서 함께 사용되는 것이라고 할 수 있다. 광고주의 목소리는 주로 성우에 의해 대신 발화되며 문어담화의 성격을 가지고 있고, 모델들의 발화는 주로 일상 대화와 유사한 성격을 가지고 있다. 본고에서는 성우의 문어담화를 해설부(narrative part), 모델들의 구어담화를 대화부(conversational part)라 명명하기로 한다. 해설부와 대화부는 실제 TV광고 텍스트 안에서 다양한 방식으로 결합하며 다양한 결속구조(cohesion)[1]를 지닐 것이다. 현재 TV광고 텍스트들의 발화 형식을 분류하여 해설부와 대화부의 결합 양상을 살펴보고, 이들의

1) 우리가 맨 처음 텍스트를 접했을 때 그 텍스트가 어떤 텍스트인지를 알 수 있는 것은 바로 텍스트의 표층 형식, 즉 텍스트 언어학에서 말하는 결속구조에 의한 것인데 외적으로 표현되는 언어 형식이 다른 TV광고 텍스트의 특성은 바로 이 결속구조가 가지는 특징이라고 할 수 있을 것이다.

결속구조적 특징을 알아본다. 특히 결속구조의 실현은 주제를 실현하는 결속성과도 관련되는 문제일 것이다. 실제 TV광고를 분석하는 과정에서 TV광고 텍스트의 결속성 실현 양상에 대해 살펴보고, 이것인 광고효과와 어떠한 상관관계를 맺는지에 대해서도 살펴보기로 한다.

2. 연구대상 및 연구방법

본 연구를 위해 2003년 3월 2일부터 4월 5일까지 약 한 달간 각 시간대별로 아침(오전 9~10시), 저녁(오후 7~8시), 밤(10시 이후) 시간동안 TV 프로그램 앞뒤에 방영되는 광고를 수집하여 전사하였다. 이는 각 시간대별로 TV 시청 대상자가 다르고 나아가서는 선전하는 광고 상품 또한 다를 것이라는 가정에 근거한 것이다. 또한 TV광고 시청자의 연령·성별·교육 수준 등에 따라서도 TV광고 텍스트 생산자의 주제 전달 방식과 선호하는 발화 형식은 달라질 것으로 생각했다. 수집된 광고텍스트들의 목록과 수를 주제별로 제시하면 다음과 같다.

① 금융 상품: 증권, 카드, 보험, 은행 등 총 27개
② 건축: 아파트 및 건축 자재 총 18개
③ 컴퓨터: 컴퓨터 기기 총 12개
④ 약품: 진통제, 연고류, 건강 보조제 등 총 10개
⑤ 통신: 국제 전화, 핸드폰, 인터넷 통신 등 총 14개
⑥ 화장품 및 미용제: 화장품, 염색약, 모발제, 샴푸류 등 총 29개
⑦ 세제 및 살충제: 세제, 비누, 치약, 살충제 등 총 7개
⑧ 식품: 라면, 김치 , 장류 등 총 18개
⑨ 제과: 음료, 빙과, 과자류 등 총 23개
⑩ 자동차: 자동차, 타이어, 주유소 등 총 8개
⑪ 가전 제품: 총 14개

⑫ 기업 광고: 총 8개
⑬ 의류: 총 5개
⑭ 기타: 총 11개
총 204개

3. TV광고 텍스트의 구성과 결속구조

3.1. TV광고 텍스트의 구조

전언했듯이, TV광고 텍스트는 광고주가 상품과 관련된 자신의 입장을 광고주 본인이나 성우의 목소리를 통해서 직접 발화하는 해설부와 광고 안 가상의 상황 속 모델이 발화하는 대화부로 나눌 수 있다.[2)]

〈해설부중심 텍스트〉

(1) 더 넓어진 금융 네트웍 세상
신한을 만나면 당신도 커집니다
당신 뜻대로 신한 금융 지주회사 ―신한금융지주회사

〈일방대화 삽입 텍스트〉

(2) 모델: 지포락, 이번엔 용기
이게 지포백처럼 꽉 잠기니까 신선하죠
냉동실에도 전자렌지에도
역시 지포락이네요
멘트: 지포락
모델: 다시 써도, 깔끔해요 ―지포락

2) 해설부와 발화부는 각각 모델들이 화면에 나와 발화하는 것과 성우의 목소리로만 발화되는 것으로 나눌 수 있다. 김정선(1997)에서는 이를 각각 '모델발화'와 '멘트발화'로 지칭하고 있는데 본고에서도 이 용어를 그대로 사용하기로 한다.

〈쌍방대화 삽입 텍스트〉

(3) 모델ⓐ: 동부화잽니다
이거 안 되겠는데요, 저희 차로 먼저 가시죠
모델ⓑ: 저, 동부화재도 아닌데요
모델ⓐ: 사람이 먼저죠
모델ⓑ: 동부화재 아니면 큰 일 날 뻔했지
멘트: 차보다 사람이 먼저입니다
동부화재 자동차 보험
프로미 —동부화재

(1)~(3)에서 보이는 것처럼 해설부와 대화부는 TV광고 텍스트 내에서 다양한 조합을 이루면서 사용된다. (1)은 광고주 본인의 입장에서 말하는 해설부로, 텍스트수용자와의 거리는 멀어지지만 설득과 관련한 자신의 입장을 확실히 표현할 수 있다. 해설부를 구성하는 발화문들은 시나 소설 등의 문어(文語)텍스트들이나 뉴스·연설문 등 문어체(文語體) 텍스트에서 파생한 것으로, 관형사구와 명사가 결합한 구 층위의 발화나 부사구 등으로 술어부분을 생략하거나 '-ㅂ니다' '-다' 형태의 존대 체계를 사용하고 있다. 경어법 및 서법을 생략하는 관계로 끝을 맺는 명사에 의미를 집약시키고 동시에 단정적인 느낌을 주어 해당 발화의 명제 내용에 객관성을 부여하는 역할을 담당한다.

반면 대화부 삽입 텍스트는 일상생활의 대화에 기원을 두고, 이를 재현하면서 광고를 시청하는 청자의 실생활과 광고의 상황을 자연스럽게 밀착시키며 텍스트수용자에게 친근함을 주고 있다. (2)는 시청자를 청자로 상정하고 발화하는 일방대화 중심의 텍스트이며, (3)은 두 명 이상의 모델이 등장하여 가상의 상황을 보여주는 쌍방대화 중심의 텍스트이다. 이들 텍스트는 궁극적으로 대중을 청자로 삼기 때문에 경어법은 주로 '해요'체로 실현되지만 화자가 자기 자신을 청자로 삼고 발화한다거나 텍스트 상황 속 화·청자의 관계가 어떻게 되는가에 따라서 다양하게 실현된다. 특히 신선경(1999)에서도 지적한 것처럼 대화부가 삽입된 텍스트들은 반드시 해설부와 함께 TV광고 텍스트를 구성한다. 모델들의 대화 부분이 성우의 해설부에 비해 텍스트 생산자의 직접적인 목소리가 개입되지 않아 설득에 대한 의도가 잘 드러나지 않기 때문이다. 이러한 점에서 보았을 때, TV광고 텍스트 내에서 해설부는 주로 광고의 설득 주제를 강조하는 기능을 담당하기 때문에 텍스트 의도성에 있어 집약적이라 말할 수 있다. 반면 대화부는 텍스트수용자에게 친근한 느낌을 형성하여 텍스트 용인성에 기여한다 할 수 있겠다.

이렇게 서로 다른 유형에서 파생한 해설부와 대화부가 하나를 이루는 TV광고 텍스트는 다른 텍스트들에 비해 그 결속구조의 실현에 있어서 좀 더 독특한 운영 방식을 가지게 될 것이다. 다른 두 개의 발화 형식 해설부·대화부가 서로 다른 유형에서 파생되었다는 것은 그것을 이루는 결속구조 장치의 운용이 다를 수 있다는 전제를 갖기 때문이다. 이에 다음 장에서는 해설부중심의 광고텍스트와 대화부중심의 광고텍스트의 결속구조를 비교하며 이들의 결속구조 장치 운용에 차이가 있는지 알아보기로 한다.

3.2. TV광고 텍스트의 결속구조

텍스트를 완결된 텍스트로 만드는 텍스트 결속구조 장치(cohesive device)에는 반복(recurrence), 생략(ellipsis), 대용(pro-form), 시상(tense-aspect), 접속 표현(junction-expression) 등이 있다. TV광고 텍스트의 결속구조를 분석하는 본고에서는 그중 텍스트의 반복과 생략 현상을 중심으로 살펴보기로 한다. 메시지를 전달하는 발화 요소가 4~6어절로 많지 않은 TV광고 텍스트에서는 짧은 시간 안에 설득 메시지를 간결하고 명료하게 전달하기 위해 반복과 생략을 주된 결속구조 장치로 사용하고 있기 때문이다. 특히 해설부와 대화부에 따라 결속구조 장치의 운용 양상이 다를 것이라고 전제하는 본고에서는 해설부중심 텍스트와 대화부중심 텍스트에서 사용되는 반복과 생략 현상을 따로 분류하여 살펴보기로 한다.

3.2.1. 반복(recurrence)

먼저 해설부가 주를 이루는 텍스트에서 반복양상에 대해 살펴보기로 한다.

(4) 멘트: 진정 사랑$_1$하기에[3]
그의 내일까지 사랑$_1$합니다
교보 생명$_2$으로 더 사랑$_1$하세요
■ 하늘만큼 땅만큼
교보생명$_2$ —교보생명

(5) 멘트: **■ 봄**, **여름**, **가을**, **겨울**을 지내보면
오스람$_1$이 얼마나 오래 가는$_2$지
아시게 될 겁니다.
〈자막: 봄, 여름, 가을, 겨울을 지내보면
오스람이 얼마나 오래 가는지
아시게 될 겁니다.〉
정말 오래 가는$_2$ 오스람$_1$
그 차이를 경험해 보십쇼. —오스람 광고

(4), (5)는 해설부중심의 TV광고 텍스트이다. (4)에서는 '명사+하-'형태인 '사랑하-'가 '교보생명'이라는 상품명과 함께 반복되고 있고, (5)에서는 '오래가는'이 함께 명시적으로 재수용되면서 음의 반복 효과를 주고 있다. 또한 (4)의 ■은 '-만큼'이라는 조사가 대립관계를 이루는 어휘와 함께 반복되어 대구를 이루고 있다. 이렇게 해설부로 이루어진 텍스트는 뒤에 살펴 볼 대화부중심의 발화에 비해 어휘의 명시적인 재수용 양상이 두드러진다. 특히 실제 광고상황 속에서 예(5)는 발화문이 자막에 의해 다시 반복되는 현상을 보이며 반복에 대한 의미적 결속을 강화한다.

---

3) 본고에서 반복 및 반복된 어휘 수와 관련한 기호는 번호로서 처리한다. 또 예문에서 ■은 병행 구문의 반복을 표시한 것임을 밝힌다.

예들에서도 확인할 수 있듯이 해설부 발화에서 어휘 반복의 대상이 되는 품사는 명사, 대명사 위주의 체언 성분이다. 반복의 내용을 이루는 것은 주로 상품명과 관련된 텍스트의 핵심 주제인데, (5)에서 보이는 '오래 가는'처럼 용언의 반복은 관형사구로 활용이 불가능한 고정성을 지닌 형태로 반복되며 성우에 의해 발화되었을 때 음 반복의 운율적인 효과를 준다.

반면, 대화부중심 텍스트의 반복양상은 해설부와 조금 다른 특징을 보인다.

(6) 모델: ❶**동화 자연마루 깔았어요.**
❷다 똑같은 줄 **알았어요.**
동화 자연마루는
다르더라구요.
55년
나무 전문기업이니까
멘트: New Wood Creator
(자막: New Wood Creator)
모델: **동화 자연마루**
정말 **달라요.** —동화 자연마루 건축자재 광고

(7) 모델ⓐ: 오, 자일리톨이네
모델ⓑ: 너 양치**했어**? **했어**
모델ⓒ: 얘들아, 나도 양치**했어**
모델ⓑ: 너 진짜 **했어**? 음
모델ⓓ: 휘바휘바!
멘트: 양치 후 좋은 습관
롯데 자일리톨 플러스 2 —롯데 자일리톨 식품 광고

대화부 발화 역시 간결성과 명료성을 가장 중요시하는 TV광고 언어의 특성상 반복이 주요 결속구조 실현 장치로 쓰인다. 하지만 그 반복의 실현 양상은 해설부 발화와 다른 방식으로 전개된다. (6)에서는 '동화 자연마루'라는 상품명과 '다르다'라는 형용사가 반복되고 있다. 하지만 해설부에서 용언 성분이 관형형이나 부사형으로 고정적인 형태를 띠며 반복되어 음의 반복 효과까지 유발했던 반면, 대화부에서는 어미 활용의 방식을 사용하여 다른 발음으로 발화하는 경향을 보인다.

또한 명사와 인칭·지시대명사 등 체언의 반복이 주류를 이루었던 해설부에 비해 대화부에서는 상품명을 제외하고는 용언 성분의 어휘가 주로 반복되고 있다. (7)의 모델ⓑ의 대화에서는 '양치하다'에서 '하다'동사만을 반복하면서 '사랑하다' 같은 '-하다'류 동사에서 '사랑' 등 어간 성분을 중심으로 반복하던 (4)의 해설부 중심 텍스트와 대조를 이룬다. 한편 (6)의 ❶과 ❷에서는 유사문형이 반복되는 병행문의 반복이 일어나는데 해설부에서 부사구와 명사구가 주로 반복되는 현상과도 대비되는 현상이라고 할 수 있다.

이렇게 해설부중심 텍스트의 반복은 명사·대명사 등 체언이나 구 중심의 명시적인 재반복을 선호하였지만, 대화부중심 텍스트의 반복은 상품명을 제외한 명시적인 재반복은 잘 일어나지 않으며, 명시적인 반복이라도 술어부의 활용을 통해 일어나기 때문에 다른 어휘인 듯한 느낌을 주는 특징을 가지고 있다. 해설부와 대화부의 품사별 반복 빈도는 다음과 같다.

〈표 1〉 해설부중심 텍스트와 대화부중심 텍스트의 반복 현상 비교

	해설부중심(광고 70개)	대화부중심(광고 70개)
명사·대명사 (상품명 제외)	58	10
동사	12('-하다'형 동사)	16
관형구/부사구	16	2
절	4	8
전체빈도	90	36

3.2.2. 생략(ellipsis)

생략은 해설부 발화보다는 대화부에서 더 선호하는 결속구조 장치 중

하나인데, 이는 TV광고 텍스트의 대화가 그 형태 면에서, 상황맥락(context)상 회복 가능한 부분은 대부분 생략하여 사용 언어의 경제성을 중요시하는 면대면 대화와 유사하기 때문이다.[4] 하지만 자연적이고 즉흥적인 면대면 대화와 비교할 때, 어떤 특정한 상품을 사도록 하는 설득 목표를 위해 텍스트 생산자가 가공한 TV광고의 대화는 생략하는 위치나 생략이 회복되는 위치, 또 생략된 의미 성분이 광고주의 치밀한 광고 전략과 관련된다.

(8) 멘트1: **(∅) 아직도 못 일어나셨군요?**[5]
에이스로 바꾸시죠.
침대가 아침을 바꿉니다
멘트2: Change the morning
멘트1: 에이스 침대 ─에이스 침대 가구 광고

먼저 대화부의 생략 현상에 대해 살펴보기로 한다. 앞서 반복의 실현 양상을 살펴보면서 대화부 형식이 해설부 발화와는 대조적으로 용언 성분이 강조됨을 확인할 수 있었는데 상대적으로 생략은 체언으로 구성되는 주어나 목적어 성분에서 많이 일어나는 것을 발견할 수 있었다. 따라서 생략되는 의미 내용은 주로 소통 상황 속의 화·청자이거나 상품명, 상품의 종류 등이다. (8)의 광고텍스트 역시 발화의 주어를 생략한 소통 상황적 생략이라고 볼 수 있다.[6] 일상 대화에서 소통 상황을 통해 회복 가능한 청자를 생략하는 것은 일반적인 현상이기 때문에 광고에서 일어나는 생략이라고만 보기는 어렵다. 그런데 TV광고에서는 광고텍스트가

4) 일반적으로 구어 텍스트인 대화는 면대면 소통 상황에서 회복 가능한 내용은 모두 생략하고 간결성을 추구하는 측면이 강하다. 반면 문어 텍스트의 해설부는 적형적인 문장을 추구하기 때문에 대화 등 구어 텍스트에 비해 생략이 어렵다.

5) 본고에서 생략과 관련한 기호는 (∅)로 통일하기로 한다.

6) 이는 각각 문맥적 생략, 상황적 생략, 개념적 생략이라는 이름으로 구별된다. 문맥적 생략은 생략된 요소를 회복할 수 있는 생략으로 생략된 요소가 선행하는 선행(anaphor) 생략과 생략된 요소가 후행하는 후행(cataphoric) 생략의 두 가지 방식으로 나타난다. 소통상황적 생략은 의사소통의 상황 요인에 의해서 회복될 수 있는 요소가 생략되는 것이고, 마지막으로 개념적 생략은 생략된 내용의 지시 대상을 화자 또는 청자의 선행 지식 체계에서 찾을 수 있는 생략을 말한다.

가지는 화·청자의 이중구조를 이용하여 광고효과를 창출해내기도 한다. (8)처럼 텍스트의 첫머리에서 청자 성분을 생략하고 의문형을 사용하는 것은 TV광고 텍스트에서 가장 많이 사용되는 도입부이다.(김선희: 2000) 이런 형식이 즐겨 사용되는 것은 주어를 생략하고 답을 요구하는 질문 형식을 사용해 시청자들의 관심을 유도하고 광고에의 참여를 불러일으키는 효과를 기대할 수 있기 때문이다. 특히 소통 상황적 특성상 화·청자의 이중 구조를 가진 TV광고 텍스트는 생략된 청자가 중의적인 지시 대상을 가지게 되는 경우도 있다.

(9) 멘트1: 이상하다
분명히 넣었는데
어디더라?
멘트2: **(∅) 걱정하지 마세요.**
새지 않는 락 앤 락이니까요.
멘트3: 락 앤 락
멘트2: 잠그면 안심입니다. —락 앤 락 생활용품 광고

(9)의 '걱정하지 마세요'는 멘트1의 발화에 대한 반응으로 생략된 청자는 멘트1을 발화하는 성우라고 할 수 있겠지만, 동시에 광고를 시청하는 시청자에게 이야기하는 것이라고도 할 수 있다. 이러한 중의적인 생략은 소통 상황 구조를 이용하여 시청자들의 관심을 유발하고 광고에의 참여를 유도하는 TV광고 텍스트만의 독특한 특징이라고 할 수 있다.

(10) 모델: **(∅)정말 기뻐요**
어떤 아파트가 좋은 아파튼지[7] 알게 되었거든요
주방만 해도 한두 가지가 아니에요
오렌지 체크 리스트로
저도 아파트 전문가 다 됐어요

7) 맞춤법에 따라 전사한다면 '아파트인지' 형태가 적합할 것이나, 실제 모델이 발화한 발음 그대로 전사한 것임을 밝힌다.

로고송: 이 편한 세상[8]

멘트: 대림아파트 —대림 이 편한 세상 건축물 광고

(10)의 '정말 기뻐요'에서 보이는 화자 생략 역시 일상 대화와 다를 바 없는 특징이라고 할 수 있는데, 일방대화 중심의 발화 형식에서 그 회복 성분인 '저'가 화자의 마지막 발화에서 항상 명시적으로 회복된다는 점에서 특징적이다. 특히, 마지막 발화는 상품 구매나 구매 후의 만족스러운 상황을 정리하는 내용이 많은데, 결국 그때 지금까지 발화에서 생략되어 있던 화자 자신을 강조함으로써 텍스트를 받아들이는 시청자와 차별함으로써 광고효과를 기대하는 것임을 알 수 있다.

(11) 모델ⓐ: 아! (∅) **맵다!**

모델ⓑ: (∅) **맛있지? 맛있지? 맛있지?**

모델ⓒ: (∅) **맛있게 맵죠?**

로고송: **태양초 고추장**[9]

해찬들 —해찬들 고추장

(11)의 대화부 발화에서는 '맵고', '맛있는'의 대상이 되는 주어 성분이 생략되어 있다. 이는 뒤에 로고송으로 발화되는 '태양초 고추장'으로 회복된다. 이렇게 TV광고에서 일어나는 주어·목적어 성분의 생략은 주로 그 생략된 부분에 해당하는 의미 내용이 뒤에 발화되는 해설부에서 회복되는 경향을 보이는데, 구정보가 아닌 새로운 정보를 생략함으로써 텍스트수용자에게 빠진 의미 내용이 무엇인지 궁금증을 불러일으켜 텍스트 내용에 흥미를 유발하는 효과를 가지게 된다.

이렇게 대화부중심 텍스트가 체언이 포함된 주어, 목적어, 부사어 등이 생략되는 경향을 보인 것과는 대조적으로 해설부중심의 생략은 술어를 중심으로 사용된다.

8) '이 편한 세상'이라는 발화는 모델에 의해 발화되었지만 로고송 형태로 발화되었다.

9) 상품명을 주로 발화하는 해설부 대신 로고송이 대신 등장하였는데 생략된 성분을 회복한다는 점에서 분석대상으로 포함시켰다.

(12) 멘트: **(∅) 더** 넓어진 금융 네트웍 세상
신한을 만나면 당신도 커집니다.
당신 뜻대로 (∅)
신한금융지주회사 —신한금융지주회사 금융상품 광고

(13) 멘트: **늘 처음처럼 깨끗하게 (∅)**
하우젠 드럼세탁기
그녀의 집엔 하우젠이 있습니다. —삼성 하우젠 가전제품 광고

(12)와 (13)에서는 각각 술어에 해당하는 부분이 생략되어 있다. 그런데 두 텍스트에서 각 발화들이 생략된 의미 성분을 회복하는 과정에 있어서는 차이가 있다. (12)의 경우는 선행 발화를 통해 '커집니다' 정도로 회복 성분을 뚜렷하게 생각할 수 있는 데 비해 (13)의 '늘 처음처럼 깨끗하게' 발화 내에서 생략된 술어 성분은 해당 텍스트의 문맥에서는 그 의미 내용을 뚜렷하게 찾을 수 없다. 다만 텍스트수용자가 가지고 있는 기존의 선행 지식을 통해 '빨아줍니다' 정도로의 회복이 가능한 것이다. 광고 언어에서는 다른 유형의 텍스트에 비해서 텍스트수용자가 가지고 있는 사전 지식으로 생략된 회복 성분을 유추하는 개념적 생략이 많이 쓰이는데 이는 30초 이내의 짧은 시간에 필요한 정보를 전달하고 상대를 설득시켜야 하는 광고의 유형적 특징과 연관관계를 맺는 것이라고 할 수 있다.(이은희, 2000)[10]

---

10) 또한 이 개념적 생략은 TV광고를 비롯한 모든 광고 언어에서 특정 어휘 성분과 연관되어 나타나기도 한다. (12)에서 보이는 '더'가 바로 그 예이다. '더'는 의미상 비교하는 대상이 필수적인데 일부러 비교되는 항을 생략한 표현법을 사용함으로써 텍스트 수용자들이 그 항을 유추하도록 만들고 있다. 또 다른 비교를 나타내는 어휘 '다르다'도 광고 언어에서 그 비교항을 생략한 표현으로 자주 사용되고 있다.
예) 소비자 평가단이 직접 확인하셨습니다
케라시스 헤어클리닉 시스템으로 머릿결이 살아납니다.
당신도 (∅) 달라질 수 있습니다.
케라시스, 헤어클리닉 시스템 —애경 케라시스 샴푸 광고
예)에서 보이는 '다르다'나 (12)의 '더'에서 생략된 의미 성분은 명확하게 복원되지 않는 중의성(ambiguity)을 가진다. 이렇게 광고 언어에서 사용된 개념적 생략은 다른 텍스트에서 사용된 개념적 생략에 비해 그 회복의 의미가 명확하지 않은 성향을 지니게 된다. 김완석(1994)과 이은희(2000)에 따르면 이 생략은 시청자의 개입을 더욱 높이는 한편 생략을 통한 오도 효과의 측면을 위한 전략적 차원에서 사용되는

3.3. TV광고 텍스트 결속구조와 결속성의 상관관계

앞서 살펴본 것처럼 TV광고 텍스트 내에서 해설부와 대화부의 반복과 생략은 특정 품사를 선호한다든지, 각각의 발화 내에서 빠진 의미 성분을 다른 화자의 발화에서 회복한다는 등의 독특한 특징이 있었다. 다음의 예를 살펴보자.

(14) 멘트: **매일매일 신선한 치킨**이 뜹니다.
KFC는 **매일** 아침 도착하는
신선한 치킨으로만 요리합니다.
겉은 더 바삭해지고, 속은 야들야들
KFC 오리지널 치킨
치킨의 정성을 더하는
KFC —KFC 광고

(15) 모델ⓐ: 아!
모델ⓑ: 아, **쎄다** 트러스트 몰라요?
모델ⓒ: 아!
모델ⓑ: 아 트러스트 있잖아요
모델ⓓ: 아! 아!
모델ⓑ: 아, 그러게 트러스트 붙이랬잖아
멘트: **관절에 쎄다**
48시간 트러스트
모델ⓑ: **쎄다** 트러스트 —트러스트 광고

(14)와 (15)는 각각 해설부중심과 대화부중심으로 이루어진 TV광고 텍스트이다. (14)에서는 '신선한 치킨'이라는 어휘화된 구가 반복되고 있

것이라고 할 수 있다. 개념적 생략이 발생한 경우 생략된 의미 성분을 보충하기 위해 추론의 과정을 거치게 되는데, 그 추론의 과정에서 시청자로 하여금 잘못된 내용을 추론하게 한다는 것이다. 특히 '더'나 '다르다' 같은 경우에서 비교하는 항의 생략은 비교의 대상이 되는 상품이 다른 동종 제품들에 비해 우수하다는 식으로 광고의 내용을 잘못 이해하게 하는 효과를 주게 된다.

고, (15)는 상품명의 반복과 함께 대화부의 모델ⓑ의 첫 번째 발화에서 생략되어 있던 부사어가 해설부의 멘트발화에서 회복되는 독특한 TV광고 텍스트만의 결속구조적 특징을 보여 주고 있다. 즉, (14)와 (15)는 앞서 살펴본 해설부중심 텍스트의 결속구조적 특징과 대화부중심 텍스트의 결속구조적 특징을 충실하게 따르고 있는 텍스트들이다.

결속구조 실현 양상이 다르다는 것은 발화형식을 어떻게 구성하느냐에 따라서 텍스트의 결속성 실현 양상, 즉 텍스트 생산자가 텍스트의 주제를 전달하고 텍스트수용자가 이를 받아들이는 방식이 달라진다는 것을 의미하는 것이기도 하다. 텍스트의 표층 형식은 결국 텍스트의 의미를 효과적으로 전달하기 위한 수단으로서 사용되기 때문이다. 특히 TV광고 텍스트에서 결속성의 실현 양상은 TV광고 텍스트라는 유형적 측면을 고려한 의미에서의 결속성이어야 할 것이다. 즉 광고주의 설득 주제가 텍스트를 통해 충분히 드러나는 한편, 받아들이는 시청자들이 텍스트 내용에 흥미를 느끼고 그 주제를 용인할 수 있어야 한다는 것이다. (14)와 (15)의 두 텍스트 모두 설득의 기능을 수행하기 위해, 'KFC 치킨은 신선하다'와 '트러스트는 관절엔 쎄다'라는 텍스트 주제가 명시적으로 파악된다. 주제를 구성하는 일부 어휘가 반복되느냐 생략되느냐에 따라, 즉 텍스트의 결속구조가 어떻게 다르냐에 따라 텍스트 수용자들이 그 의미를 파악하고 텍스트에 흥미를 느끼게 되는 결속성의 실현 양상은 다르다.

먼저 (14)에서는 '신선한 치킨이 뜬다'는 다소 모호한 내용의 문장이 첫머리에 제시된다. '뜹니다'는 텍스트수용자의 기존 지식 체계 안에서 주술 구조를 이루어 발화되는 데 다소 어색한 관계이기 때문이다. 그 텍스트의 모호성은 후행 발화의 텍스트수용자의 흥미를 유발할 수 있는 요인으로 작용한다. 텍스트의 모호성은 후행 발화를 통해 바로 회복된다. 후행 발화에서는 '뜹니다'와 '해'라는 어휘 안에서 묶일 수 있는 '아침'이라는 어휘가 등장한다. 발화문의 전체 술어인 '요리합니다'는 '치킨'과 술어관계를 맺기에 무리가 없는 어휘로서 '신선한 치킨'의 반복을 통해 선행 발화의 '뜹니다'와 동지시관계를 맺게 되는 것이다. 후행 발화가 선행 발화에서 사용된 '신선한 치킨'을 그대로 재반복한 것이 텍스트 심층의 의미들을 결속시키며 모호했던 선행 발화의 의미를 구체화시키고, 텍스트의 주제를 강화하게 되는 것이다.

반면 (15)에서는 텍스트 첫머리에 상품명이 제시된다. 하지만 '트러스트'라는 상품명이 어떤 곳에 좋은 것인지에 대한 정보는 생략되어 있다. 이때 일어나는 생략은 구정보에 대한 생략이 아니기 때문에 텍스트수용자가 자신의 스키마(schema)와 텍스트 외의 시·청각 기호를 통해 추론해내야 한다. 즉, 시청자들은 광고에서 발화되는 내용에 적극적으로 개입하며 텍스트의 주제를 스스로 완성해내는 방법으로 의미의 결속성을 실현시키게 되는 것이다. 이때 해설부의 발화에 의한 회복 성분과 자신의 추론에 의한 잠정적인 의미 성분이 일치하였을 때 텍스트수용자의 해당 의미에 대한 기억은 더욱 강화될 수 있다.[11] 결국 이때 일어난 생략은 텍스트수용자들의 흥미를 자극하여 텍스트의 주제를 텍스트수용자가 직접 채워넣게 하는 결속장치로 사용되며 텍스트의 결속성을 실현하는 것이다.

이는 결국 TV광고 텍스트 내에서 해설부와 대화부가 설득과 관련한 텍스트 주제를 가장 효과적으로 드러내기 위해 전략적으로 사용되어 하나의 TV광고 텍스트를 구성하는 것으로 이해할 수 있다. 다음 장에서는 TV광고 텍스트 안에서 해설부와 대화부가 어떠한 역할을 하며 광고 주제를 전달하고 효과적인 광고 전략을 수행하는지에 대해 살펴보기로 한다.

4. TV광고 텍스트 구성과 광고효과

4.1. TV광고 텍스트 분류

3장에서 살펴본 것처럼 해설부와 대화부는 TV광고 텍스트 내에서 다

11) 게슈탈트 심리학에서는 인간은 부족한 부분을 채워서 이해하려고 하는 경향이 있는데 이때 채워진 정보는 수동적으로 받아들인 정보보다 더 오랫동안 기억하는 경향이 있다고 주장하고 있다.

양한 조합을 이루면서 사용된다. 본고에서 수집한 자료들을 분석한 결과 TV광고 텍스트는 1) 해설부 2) 해설부에 일방대화가 삽입된 형식 3) 일방대화에 해설부가 삽입된 형식 4) 쌍방대화에 해설부가 삽입된 형식 5) 일방대화와 해설부가 교대로 사용되는 형식 6) 독백부와 해설부, 일방대화가 결합된 형식 7) 쌍방대화와 해설부가 교대로 사용되는 형식으로 다시 세분화할 수 있었다. 이 발화 형식들은 일차적으로 텍스트수용자를 고려한 광고 주제에 따라 선택적으로 사용되는 것이라고 말할 수 있다. 광고 주제는 구매의 대상이 되는 상품과 텍스트수용자의 연령·사회적 지위 등을 고려하여 광고주가 제품과 관련한 설득 행위를 수행하고자 할 때 생각하는 가장 일차적인 문제로 많은 설득의 방법 중 '무엇을 말하며 어떤 행동을 유발할 것인가'를 선택하는 것이라고 할 수 있다. 먼저 '무엇'에 해당하는 것은 광고 상품을 구매함으로써 소비자가 얻게 될 이익을 말하는 것으로서, 광고하는 상품을 사용하며 느끼게 될 사실적인 정보일 수도 있고, 상품이 2차·3차적으로 상징하는 이미지일 수도 있다. 광고주가 설득과 관련해 해당 상품의 정보를 전달하는지, 아니면 그것의 이미지를 부각시키는지에 따라서 정보 전달 중심의 광고와 이미지 전달 중심의 광고로 나눌 수 있겠다. 또한 광고텍스트는 궁극적으로 제품의 구매라는 텍스트수용자의 직접적인 행위 유발을 목표로 하지만 텍스트의 내용상, 즉 소비자의 반응과 관련한 주제 전달 방식은 텍스트 생산자의 의도가 텍스트수용자의 직접 행동 유발을 목표로 하는지, 훗날의 행동을 위한 사고 변화를 목표로 하는지를 기준으로 또다시 나눌 수 있다.

이러한 광고 주제 전달 방식은 구매 대상인 상품, 광고 대상의 연령과 사회 계층 등 상황적 요인에 따라 선택적으로 사용될 것이다. 본고에서는 먼저 가장 기본적이며 객관적 상황요인이라고 할 수 있는 광고 상품을 기준으로 발화 형식의 선호도를 조사하고, 그 중 1) 금융 및 기업, 2) 가전 제품 및 컴퓨터, 3) 화장품 및 미용재, 4) 식·약품류에 한정하여 광고 주제를 분석해 보기로 한다. 4개의 상품군으로 분류하여 살펴보는 것은 분류한 4개의 상품군들이 TV에 방영되는 상품 광고 중 다수를 차지하고, 다른 광고들에 비해 언어로 표현되는 요소가 많다는 공통점이 있으나 동시에 상품의 가격과 관련한 구매 고객의 사회적 지위, 상품의 특성과 관련한 구매 고객의 성별이나 연령층에서 오는 차이를 비교적 뚜렷하게 인식할 수 있다는 판단에서이다. 4개의 상품 광고를 발화 형식별로 분석하여 그 선호도를 통계로 나타낸 결과는 〈표 2〉와 같다.

〈표 2〉를 보면, TV광고 텍스트 내에서는 다른 발화 형식에 비해 해설부 중심의 광고나 해설부와 일방대화 결합 형식이 많이 사용되는 현상을 볼 수 있었다. 각 상품별 발화 형식의 선호도를 살펴보면, 먼저 금융 및 기업 광고에서는 해설부중심의 광고가 주를 이루며 상품과 발화 형식 간의 선호도가 뚜렷했지만, 식·약품류의 광고는 발화 형식의 사용에 큰 제약을 받지 않고 있음을 확인할 수 있었다. '가전 및 컴퓨터류'는 해설부와 일방대화 중심의 발화 형식을 선호하며 특히, 쌍방대화가 삽입된 발화 형식은 사용되지 않는 경향을 보였다. '화장품 및 미용재'는 해설부 발화와 함께 주로 모델의 일방 대화를 해설부가 정리하는 발화 형식이나, 모델의 일방대화와 해설부가 교대로 사용되는 발화 형식을 선호하고 있다. 이렇게 명확하지는 않지만 광고주가 해당 상품 종류에 따른 발화 형식 선택의 선호도가 드러나는 것으로 확인할 수 있다.

〈표 2〉 〈상품별 발화 형식 선호도〉

<table>
<tr><th colspan="3">상 품
발화 형식(%)</th><th>금융
및
기업</th><th>식·약품</th><th>가전
및
컴퓨터</th><th>화장품
및
미용재</th><th></th></tr>
<tr><td rowspan="2">해설부
중심</td><td colspan="2">해설부</td><td>57%
(20)</td><td>32%
(13)</td><td>38%
(10)</td><td>28%
(8)</td><td></td></tr>
<tr><td colspan="2">해설부+일방대화</td><td>8.5%
(3)</td><td>2%
(1)</td><td>35%
(9)</td><td>3%
(1)</td><td></td></tr>
<tr><td rowspan="4">대화부
삽입</td><td colspan="2">일방대화+(해설부)</td><td>8.5%
(3)</td><td>20%
(8)</td><td>19%
(5)</td><td>24%
(7)</td><td></td></tr>
<tr><td colspan="2">쌍방대화+해설부</td><td>25%
(9)</td><td>22%
(9)</td><td></td><td>3%
(1)</td><td></td></tr>
<tr><td rowspan="2">교대</td><td>일방(독백)+해설부</td><td></td><td>4%
(2)</td><td>7%
(2)</td><td>38%
(11)</td><td></td></tr>
<tr><td>쌍방대화+해설부</td><td></td><td>20%
(8)</td><td></td><td>3%
(1)</td><td></td></tr>
<tr><td>총계</td><td colspan="2"></td><td>100%
(35)</td><td>100%
(41)</td><td>100%
(26)</td><td>100%
(29)</td><td>131</td></tr>
</table>

이는 결국 상품별로 광고주의 광고 주제도 차이가 있을 수 있음을 의미하는 것이기도 하다. 실제 텍스트의 내용 분석을 통해서 각각의 발화 형식이 텍스트의 주제와 내용 전개에 미치는 특징을 살펴보기로 한다. 이를 통해 TV광고 텍스트의 궁극적인 기능인 설득 전략과의 관련성에 대해서도 살펴볼 수 있을 것이다.

4.2. TV광고 텍스트분석

4.2.1. 해설부중심 발화 형식

(16) 멘트: ①*누구*에게나 소중한 **꿈**
②**꿈**이 있는 곳에 **우체국**이 있습니다
③**우체국** 예금, **우체국** 보험 —우체국 예금, 보험 광고

(17) 멘트: ①**바람**이 살아 있다
②에어컨 속에 **공기** 청정기가 하나 더
③*그녀*의 집엔 하우젠이 있습니다
모델: ④맑고 깨끗해서 더 시원해요
멘트: ⑤아름다운 차이, 하우젠 —삼성 하우젠 가전제품 광고

(16)과 (17)은 해설부중심으로 구성되어 있는 TV광고 텍스트이다. (16)은 해설부 단독으로만 이루어져 있는 금융 상품광고이고, (17)의 가전제품 광고는 해설부중심 텍스트에 모델의 일방대화가 삽입된 구성이다.

해설부중심으로 이루어진 두 텍스트에서 텍스트 내용 전개와 관련하여 운용되는 주된 결속구조 장치는 반복이다. 먼저, (16)은 '꿈'과 '우체국'이라는 상품명의 일부가 각각 ①과 ②, ②와 ③에서 명시적으로 재반복되며 광고 소구와 상품의 관계를 강조한다. ②에서 꿈과 우체국은 '~이 있-' 형태의 병행 구문 반복으로 더욱 강화되는 효과를 보인다. 서로 대구를 이루는 이 ②의 발화는 '꿈'과 '우체국'의 의미 결속을 강화시켜 줄

뿐만 아니라 실제 텍스트 내에서 발화될 때 일정한 운율감을 부여하는 요소로도 작용하게 된다. (17) 역시 '바람'과 '공기'라는 유의어의 반복이 일어난다. ②와 ④는 부사어 '더'가 반복되며 제품의 긍정적인 이미지를 상승시키는 한편 서로 다른 목소리로 발화되는 해설부와 대화부 발화 형식에 운율적인 통일감을 형성하고 있다. (16)과 (17)은 '꿈', '바람' 등 체언 성분을 반복하며 광고와 관련한 설득 메시지를 전개시켜 나가고 있는 것이라고 할 수 있다.

두 텍스트는 내용 전개 면에서도 유사한 구성방식을 보인다. (16)의 텍스트 내용은 '누구에게나 꿈은 소중하다'는 보편적인 내용을 먼저 제시하여 텍스트 생산자들의 공감을 유도한 후, ②에서 '꿈'이 실현되는 공간을 해당 광고의 상품인 '우체국'과 연결시킴으로써 설득을 유도하는 방식으로 구성되어 있다. (17) 또한 상품 구매 후 만족스러운 상태를 사태(event)의 객관성을 부여하는 ①의 내용을 해라체 직설법 현재형으로 먼저 표현하여 발화에 긍정적인 느낌을 형성한다. ③에서 발화의 긍정적인 상태가 상품명인 '하우젠'에 기인한 것임을 밝히며 상품 구매를 유도한다. 한편 (17)은 제품 사용과 관련한 자신의 느낌을 시청자에게 직접 말하는 모델발화 ④가 추가됨으로써 (16)에 비교할 때, 특히 두 예문에서 보이는 '누구'와 '그녀' 등의 대용형(pro-form)은 해설부중심의 발화 텍스트에 주로 사용되며, 텍스트 상황과 텍스트수용자 사이에 거리를 만들어 객관적인 느낌을 주기 때문에 내용 전개상 모델보다는 제품에 대한 특성이 더욱 강조된다.

4.2.2. 대화부 삽입 발화형식

대화부중심의 텍스트는 '대화'라는 삽입텍스트 유형 자체가 TV광고 텍스트 내에서 텍스트수용자에게 친숙한 느낌을 주며 텍스트 용인성을 높이는 기제로 작용하기 때문에 실제 면대면 대화 상황과 최대한 유사한 분위기를 만들어 텍스트수용자들이 쉽게 광고 안 상황으로 동화될 수 있는 방식으로 발화 형식을 구성하고 결속구조 장치를 운용한다.

1) 일방대화와 해설부 결합 형식

(18) 모델: ①정성껏 시부모를 모시는 집사람이
늘 고맙죠
②부엌에 있는 시간을
줄여주고 싶어요
③엄마가 해 주신 맛있는 밥
④**햇반**은 *제가* **삽니다**
멘트: ⑤엄마가 해 주신 밥, **햇반** —제일제당 햇반 식품 광고

(18)의 일방대화 중심 텍스트 역시 상품명을 제외하고 상대적으로 짧은 양의 발화에서 어색한 느낌을 줄 수 있는 어휘의 명시적인 반복을 피하고, 일상 대화와 유사한 방식으로 주어를 생략하며 발화하고 있다. 일방대화에서 설득 주제와 관련된 내용이 모두 전개되기 때문에 해설부 발화는 보통 끝에 발화되며, 일방대화 중 일부 내용을 반복하는 구성방식을 취한다. 서술어가 생략된 명사구로 발화된 ③은 멘트발화 ⑤로 다시 반복되며 해설부와 대화부를 연결시키는 장치로 사용되고 있다. ⑤의 해설부는 모델이 상품과 관련한 느낌을 전개하는 과정에서 떨어질 수 있었던 설득 주제를 명시적으로 강조하고, 그동안 모델에 의해 묘사되었던 제품의 특성을 구체적으로 명명하는 기능을 담당하고 있다.

특히 (18)은 제품의 특성과 관련한 명사를 설명하는 방식으로 내용 전개가 이루어지던 해설부중심의 발화와 비교할 때, 삽입 텍스트 화자 발화의 술어 성분에 따라 텍스트의 내용이 전개되는 특징을 가진다. ①의 '고맙다'와 ②의 '줄여주고 싶다'는 텍스트 내 화자 자신의 개인적인 소원을 담고 있지만, 고마움의 대상이 되는 '시부모를 모시는 집사람'이 '효(孝)' 중심의 유교 사상을 공통적인 문화 기반으로 향유한 사회 환경을 고려할 때 보편적이고 긍정적인 이데올로기로 작용하며 시청자들이 텍스트 내 상황에 쉽게 동화된다. 모델의 마지막 발화인 ④에서는 느낌과 관련된 추상적인 어휘에서 '사다'라는 적극적인 행동형 어휘와 함께 '저'라는 주어가 강조되고 있다. 이것은 일방대화에 해설부가 결합한 텍스트에서 주로 볼 수 있는 것으로[12], 삽입텍스트의 마지막 발화로 주어

가 회복되어 행동과 관련한 텍스트 내 화자의 의지를 더욱 강화하는 표현으로 사용된 것으로 볼 수 있다.

2) 일방대화와 해설부 교대 형식

(19) 모델: ①밤에만 **(∅) 바르세요**?
　　②전 **(∅)** **아침**부터 **발라요**
멘트: ③**아침**에 시작하는 주름관리
　　④A3F ON 아데노신 아이크림
모델: ⑤주름에 **(∅)** 직접 **발라주세요** －A3F ON 아데노신 화장품 광고

(20) 모델: ①내 머릿결은 상처받았다
멘트: ②나노테라피로 **한 올 한 올** 생생하게 **(∅)**
모델: ③**한 올 한 올** **(∅)**
　　머릿결이 살아나요
멘트: ④다르다, 나노테라피 －나노테라피 샴푸 광고

(19)~(20)은 (18)과 비교할 때 해설부와 대화부가 교대로 사용되고 있다는 점에서 다르다. (19)와 (20)은 각각 모델의 발화가 일방대화로만 이루어져 있다는 점, 독백에서 일방대화로 전환된다는 점에서 차이가 있다. 특히 두 텍스트는 반복과 생략이 모델의 일방대화와 해설부에서 선택적으로 사용되며 광고효과를 유발한다는 특징이 있다.

먼저 (19)에서는 명사 '아침'이 해설부와 대화부에서 반복되며 두 텍스트를 연결시키고 있다. ①, ②, ⑤의 모델발화 내부에서는 동사 '바르다'의 반복 외에 각각 목적어 성분이 모두 생략되는 현상을 보이는데, 이때 생략되는 성분은 해설부의 멘트발화에서 회복된다. 회복되는 의미 내용은 상품명으로서 생략을 통해 텍스트의 흥미를 유발하기 위한 결속구조 장치로 사용되고 있다.[13] (20)에서는 '머릿결'과 '나노테라피'가 각각 대

12) 전사에서 발견한 형태로는 '제가/전 삽니다/챙깁니다/전문갑니다/선택합니다/찾습니다' 등이 있었다. 단정적인 어투를 사용하여 텍스트를 수용하는 시청자들도 같은 결론에 이르도록 하는 광고 전략을 사용하고 있는 것으로 볼 수 있을 것이다.

화부와 해설부 내에서 반복되는 한편 상품의 특성과 관련한 '한 올 한 올'의 부사구가 대화부와 해설부 내에서 교대로 반복 사용되며 두 부분 텍스트를 연결해 주고 있다. 또한 멘트발화②에서 생략된 서술어와 ③에서 생략된 부사어는 각각 다른 화자의 발화에 의해 '살아나요', '생생하게' 정도로 회복가능성을 보인다.

이러한 대화부와 해설부 교대 형식은 모델의 긍정적인 상황에 대한 원인 또는 미처 해결하지 못한 문제에 대한 해결책을 해설부 발화가 대신 답해주는 내용으로 이루어져 있다. (19)는 자신의 긍정적인 상황과 이에 대비되는 시청자의 상황을 의문문을 통해 대비시키고 있고, (20)에서는 독백을 통해 자신의 문제를 호소하고 있다. 보통 해설부가 해결책으로 답해주는 내용은 상품명 또는 상품과 관련된 해당 텍스트의 주제로, 해설부가 주된 설득의 기능을 담당하고 있음을 확인할 수 있었다. 이는 해설부 발화가 광고주의 목소리를 대변하는 것임을 생각할 때 당연한 결과라고 할 수 있겠다.

3) 쌍방대화부와 해설부 결합형식

쌍방대화부와 해설부가 결합하는 TV광고 텍스트의 발화 형식은 (18)처럼 대화부와 해설부가 서로 닫힌 구조를 가지며 해설부가 대화부에서 제시된 내용을 요약 정리하고 다시 한번 강조하는 기능을 가지는 구성과 (19)~(20)처럼 대화부에서 제시되지 않은 주된 설득 메시지가 해설부에서 발화되며 광고 주제를 전달하는 구성을 가지는 것으로 나눌 수 있다.

(21) 모델ⓐ: ①어머, 어머니!
②김치 좀 사려구요.
모델ⓑ: ③알지? **양반김치**

13) ⑤에서 생략된 목적어 성분은 ④를 통해 쉽게 회복되지만, ④의 선행 발화 ①과 ②에서 생략된 성분은 일반적인 '아이크림'을 지칭하는 것인지, 상품명인지 모호성을 가진다. 이러한 의미 성분의 모호성이 오히려 텍스트의 흥미를 유발하는 요인으로 작용할 수 있다.

④철따라 좋은 *배추*만 쓰잖니
모델ⓐ: ⑤그럼요
⑥*고춧가루*는 또 어떻구요
멘 트: ⑦고집스럽게 지켜 온 **양반가의 김치맛**
⑧동원 **양반김치**
모델ⓐ: ⑨ 음! —동원 양반김치

(21)은 해설부와 대화부가 서로 닫힌 구조를 갖고 있는 텍스트이다. 마찬가지로 어휘의 직접적인 반복 등으로 강조의 효과를 추구하기보다는 일상 대화의 유형적 특성에 충실한 방향으로 텍스트 결속구조 장치를 운용한다. 상품명인 '양반김치'를 제외하고는 반복 현상이 두드러지지 않으며, 다만 '배추', '고춧가루' 등 '김치'와 '부분-전체' 관계를 이루는 어휘가 사용되며 의미적 결속관계를 형성한다. ⑦의 해설부는 모델ⓐ와 ⓑ의 대화를 정리하고 제품과 관련된 설명을 명시적으로 드러내는 해설부 발화이다. '고집스럽게'는 '양반은 고집스럽다'라는 전제를 통해서만 텍스트 수용자에게 용인될 수 있는 발화인데 텍스트수용자들이 가진 보편적인 사전 지식을 통해서 양반의 까다롭고 한결같은 이미지를 상품의 이미지로까지 확대시키고 있다.

(22) 모델ⓐ: ①아! 잇몸병
모델ⓑ: ②또 잇몸병?
③염증에 냄새까지?
④참을 걸 참아야지
⑤이가탄도 몰라?
멘 트: ⑥잇몸병, 건강한 치아까지 손상됩니다
⑦잇몸을 탄탄하게, 이가탄
모델ⓑ: ⑧잇몸병? 이가탄이 딱이야 딱 —이가탄 광고

(22)의 광고텍스트는 (21)과 비교할 때, ⑥~⑦의 해설부가 대화부와 연계를 맺으며 제품의 효능을 설명하는 텍스트 주제부로서의 기능을 담당하고 있다. '잇몸병'과 '이가탄'은 대화부와 해설부 내에서 반복되며 각

부분텍스트를 이어주는 결속구조 장치로 사용된다.

앞서 살펴본 일방대화 중심의 텍스트에서 대화부 화자의 문제나 궁금증에 대한 해결책을 보통 해설부가 제시하는 형식을 가지고 있었는데, (21)~(22)같은 쌍방대화부 삽입 텍스트들은 선행 화자의 고민이나 문제를 후행 화자가 해결하는 방향으로 내용을 전개시키는 특징을 보였다. 모두 대화 화제에 적극적인 반응을 보이며 이야기를 전개시키고 있는데, 이는 화제의 갑작스러운 전환이 자연스러운 일반적인 대화와 구분되는 특징이라고 할 수 있을 것이다. 또한 보통 쌍방대화부와 해설부가 결합한 형식은 제품명이 먼저 소개되었고, 광고텍스트의 끝에는 모델들이 다시 등장하여 제품 사용과 관련된 만족스러움을 직접적으로 표시하는 구성이 삽입되는 경우가 있는데, 이는 대부분 상품 사용 후 얻게 될 긍정적인 정보를 먼저 말한 후 상품명을 제시하는 해설부와는 반대의 구성방식을 취하는 것이라고 볼 수 있다.

한편 해설부중심의 텍스트나 일방대화로 이루어진 텍스트에서 '누구', '그/그녀', '저/나' 등의 대명사를 사용하여 설득 주제와 관련한 내용을 지지했다면, 화·청자의 생략이 강한 쌍방대화에서는 주로 '(상품)도 모르다', '(상품)은 알다'의 문형을 주로 의문형을 통해 발화하며 상품을 구매하는 것이 보편적인 현상임을 암시하는 형식으로 주장에 대한 당위성을 지지하는 경향을 보였다.[14)]

4.3. 발화 형식과 광고 전략과의 상관성

4.3.1. 광고 주제와의 상관성

실제 TV광고 텍스트의 분석을 통해서 TV광고를 구성하는 발화 형식들이 일정한 결속구조 장치 운용방식과 내용적인 전형성을 가지고 있었다. 또한 자료의 분석을 통해서 텍스트 구성과 광고 주제가 일정한 상관

---

14) 물론, '모르다'·'알다'를 사용하여 제품 구매를 유도하는 것은 시청자를 향해 직접 대화하는 일방대화에서도 가능한 것이다.

관계가 있음을 확인할 수 있었다.

먼저 이미지 중심의 광고는 해설부 단독 발화 형식에서 주로 사용되었고 대화부와 해설부가 서로 닫힌 구조를 갖는 발화 형식에서 선택적으로 사용되는 경향을 보였다. 일반적으로 이미지 중심의 광고는 상품 구매와 관련한 근거로 상품의 특성에서 발견되는 특징이 아닌 추상적인 이미지를 상품과 관련한 광고 주제로 내세우기 때문에, 논증 구조의 전개 방식 중 상품 구매를 주장하는 근거가 되는 명제 내용이 발화 텍스트 내에서 잘 실현되지 않는 경향이 있다.[15] 따라서 해당 발화 내용이 적고, 체언 어휘 반복의 결속구조 장치 운용으로 '꿈', '사랑' 등 추상명사를 텍스트의 주제로 집약시킬 수 있는 해설부 발화 형식이 이미지 중심 광고에 적합할 것이라고 본다. 광고주의 목소리를 대변하는 해설부 중심 발화형식이 이미지 중심 광고에 많이 사용되는 것은 텍스트 생산자의 의도를 명확히 표현하여 텍스트 수용자가 이해하는 과정에서 생길지도 모르는 생각의 불일치를 최소한 줄이기 위한 것이라고 할 수 있겠다.

한편 텍스트 수용자의 '행동'과 '생각' 중 어떤 부분을 강조할 것인가는 발화 형식과의 상관관계는 뚜렷이 드러나지 않았지만, 각각의 해설부와 대화에서 사용되는 어휘와 문형에서 차이점이 보인다.

(23) 가. (생략)

멘트: 교보생명으로 더 **사랑하세요.** —교보생명 광고

나. (생략)

멘트: 언제나 당신 곁에 있다는 것을 **기억하세요.** —삼성카드

(24) 가. (생략)

모델: '주름에 **직접 발라주세요.**' —A3F on 아이크림

나. (생략)

모델ⓑ: **참을 걸 참아야지**

15) 보통 의류 광고는 제품과 관련한 이미지 중심으로 광고 메시지를 전달하는 이미지 중심 광고의 전형이라고 할 수 있는데, 보통 제품과 관련한 이미지를 전달하는 '정당성', '지지'와 관련된 내용은 모두 발화가 아닌 화면의 영상을 통해서 보인다. 대부분 광고텍스트의 끝 부분에 발화되는 멘트발화 즉, 해설부 발화 형식은 광고 내용과 관련한 결론 즉, 주장만을 보여 준다.

이가탄도 몰라? —명인제약 이가탄

(23)과 (24)는 각각 해설부와 대화부에서 사용되는 행동과 관련된 발화들이다. 특히 해설부중심 텍스트에서 사용되는 명령형을 구성하는 어휘들은 '사랑하세요', '도전하세요', '기억하세요' 등 기존 수용자들의 지식체계 내에서 긍정적인 느낌을 주어 상승의 효과를 주는 어휘들인 한편 한자어 명사에 '-하다'가 결합하여 이루어진 추상명사들이 대부분이다. 이는 소비자의 직접 행동을 요구하는 문형을 가지고는 있지만 오히려 추상명사를 강조하여 행동을 실제로 옮기는 것보다는 제품의 이미지나 제품명 자체를 기억하게 하는 효과를 주고 있다.

반면 (24)의 대화부 텍스트에서는 '가'처럼 제품의 사용법과 관련한 동사가 'V+-주다'라는 보조 용언과 결합하거나 의문형의 완곡한 표현으로 사용되어 그 명령의 위계는 공손하지만 오히려 텍스트수용자의 구체적인 직접 행동을 요구하는 광고 전략을 사용하고 있다. 텍스트 내용 분석에서 살펴보았지만 첫째, 발화문이 삽입된 (19)안에서 '바르다'라는 동사는 '아침에 바르다'처럼 제품의 특성과 관련한 절 이상 수준의 반복으로 행동과 관련된 세부적인 사항까지 강조되며 텍스트수용자의 직접 행동을 유발하였고, 둘째, 발화문이 삽입된 (22)는 제품 구매의 당위성이 모델과 성우의 발화에 의해 열거되며 텍스트 수용자의 행동을 유발한다. 발화 형식들 간의 차이가 뚜렷하지 않지만 텍스트 수용자의 직접 행동을 유발하는 광고 전략은 대화부 텍스트를 삽입하는 것이 더 자연스러우며, 비록 명령형의 문장 형태를 사용했을지라도 해설부중심의 텍스트는 소비자의 간접적인 행동을 유발하고 있음을 알 수 있다.[16)]

16) 한편 광고 주제와 관련된 정보 중심과 이미지 중심, 직접 행동과 간접 행동 유발과의 상관관계도 있을 것으로 보인다. 정보를 중심적으로 제공하는 것과 행동을 직접적으로 유발하는 방법과는 다른 차원의 문제이지만 행동에 직접적인 영향을 주기 위해서는 오랜 접촉과 이미지 속에서 점차로 변용시키는 이미지형보다는 구체적인 정보를 제공하는 정보형이 보다 유사한 측면을 갖는다고 말할 수 있다(문현정 1995: 42).

4.3.2. 발화 형식과 광고 상품과의 상관성

4.1의 통계자료를 통해 TV광고 텍스트를 구성하는 발화 형식은 광고하고자 하는 상품과도 일정한 관계가 있음을 발견할 수 있었다. 해설부 중심의 텍스트는 상품에 관한 객관적인 정보를 전달하며 텍스트의 설득의도를 집약시키는 기능을 갖고 있는 반면, 텍스트 수용자와의 관계에서 삽입텍스트인 대화에 비해 더 거리감이 있고 격식적인 성격을 가지고 있다. 이러한 해설부의 특징은 어떤 상품에 관해서는 오히려 더 효율적인 광고효과를 유발할 수 있는데 분석에서 살펴 본, 금융상품과 가전제품의 광고가 그 예라고 할 수 있을 것이다. 두 상품은 자료에서 분류한 4개의 상품군 중 다른 상품군에 비해 해설부중심으로 발화되는 TV광고가 많다는 특징을 가지고 있는 한편 '가격' 면에서 나머지 두 제품에 비해 비교적 고가(高價)의 상품이라는 공통점을 갖는다. 이러한 제품의 특성은 제품의 장점을 언급하는 것과는 별도로 가격이라는 요소 자체가 제품을 구매하는 데 부정적인 요소가 된다. 따라서 광고주는 소수의 등장인물이 등장하여 제품의 장점을 말하고 설득하는 대화부 삽입 텍스트보다 광고주의 생각을 자유롭게 전개시킬 수 있는 해설부중심의 발화를 통해, 제품의 장점에 대해서는 언급하지 않고 인간의 보편적인 감정을 유발하거나 제품과 관련한 광고주의 의지를 천명하는 방식으로 설득행위를 수행하게 된다.

상대적으로 대화부가 삽입된 TV광고 텍스트들은 해설부중심 발화에 비해 텍스트수용자에게 친숙한 느낌을 주게 된다. 구매에 대한 부담이 적고 잠정적 소비자인 텍스트수용자들의 실생활과 밀접한 관련을 맺는 화장품 및 미용재, 식・약품류의 광고가 앞서 두 상품군에 비해 해설부 발화에서 쌍방대화 삽입 텍스트까지 다양한 발화 형식을 보이고 있는 것도 그런 이유에 기인하는 현상이라고 본다.[17)]

17) 식・약품류의 광고에 비해 상대적으로 모델 이미지의 의존도가 높은 화장품 및 미용재 광고에서는 쌍방대화 삽입 텍스트보다는 일방대화 중심의 텍스트를 선호한다는 차이를 보이고 있다.

5. 마무리

TV광고 텍스트를 구성하는 발화 형식들의 결속구조 장치 운용 양상을 살펴보고, TV광고 텍스트의 구성과 광고효과가 갖는 상관관계에 대해 분석해 보았다. TV광고 텍스트는 그 유형적인 특징상 해설부와 대화부가 일정한 조합으로 구성되며 반복과 생략 등의 결속구조 장치를 중심으로 의미의 결속성을 실현하고 있었다. 해설부는 반복을 주로 사용하였지만, 대화부는 주로 생략 현상을 사용하는 양상을 나타내었다. 특히 주목할 만한 두 발화 형식의 차이점은 반복과 생략 현상을 일으키는 문장 성분이 다르다는 것이었다. 해설부가 주로 체언 성분을 반복하였다면, 대화부는 체언 성분을 생략시키고, 술어를 강조하는 방식으로 결속구조 장치를 사용하였다.

이러한 현상을 해설부나 대화부 중 어느 부분을 강조하느냐에 따라 의미의 결속 방식도 달리 나타날 수 있음을 전제하는 것인데 이에 4장에서는 반복과 생략, 어휘들의 배열관계를 중심으로 실제 TV광고들을 유형별로 살펴보았다. 본고의 논의에서 가장 괄목할 만한 점은 TV광고 텍스트의 발화 형식과 광고 주제・광고 상품 등 광고의 설득과 관련한 요소들이 상관관계를 가지고 있다는 것이었다. 실제 TV광고들을 유형별로 분석한 결과, 텍스트수용자에게 직접적인 행동을 요구하는 광고 주제는 대화부가 삽입된 텍스트에서 주로 가능한 것이었고, 광고의 2・3차적인 부가가치를 부각시키는 이미지 광고는 주로 해설부중심의 광고에서 사용된다는 것을 알 수 있었다. 또한 광고상품 중 비교적 고가이며 필수품이라고 하기에는 힘든 금융・가전 제품 등은 해설부중심의 발화 텍스트를 선호하였으며, 가격에 구애를 받지 않는 일상 생활용품 등은 대화부중심의 텍스트를 선호하는 현상을 발견할 수 있었다.

[참고문헌]

고영근(2001), 『텍스트 이론』, 아르케.

김명환(1999), 「광고문의 텍스트언어학적 연구」, 서울대 대학원 석사학위논문.
김선희(2000), 「광고언어의 다양한 쓰임과 그 특성」, 『한글』 248.
———(2000), 『광고심리학』, 학지사.
김정선(1997), 「텔레비전 광고 텍스트의 구조와 대화」, 『한양어문』 15.
김혜숙(1997b), 「신문 광고 문안의 결속구조 고찰」, 『동국어문학』 9.
———(1998), 「광고 텍스트의 통사·의미적 결속 기능」, 『동국어문학』 10~11.
노은희(1996), 「교육적 관점에서의 대화의 결속기제 고찰-반복 기제를 중심으로」, 『국어교육』 93.
문금현(2002), 「광고문에 나오는 간접표현의 의미 분석」, 『한국어의 미학』 10.
문현정(1995), 「광고언어의 설득적 표현에 대한 비판적 고찰」, 서울대 대학원 석사학위논문.
신명선(2000), 「광고텍스트의 문화적 의미와 교육」, 『국어교육』 103호.
신선경(1999), 「TV 광고의 텍스트 언어학적 특징-발화 단위와 형식을 중심으로」, 『텍스트언어학』 7.
윤석민(1989), 「국어의 텍스트 언어학적 연구 시론」, 『국어연구』 92.
이은희(2000), 「광고 언어의 생략 현상」, 『국어교육』 103.
이현우(1998), 「광고 슬로건 및 브랜드 네임에 대한 언어학적 접근 연구」, 『광고연구』 40.
———(1998), 『광고와 언어』, 커뮤니케이션북스.
임유종(1993), 「광고표제부에 대한 연구-표제부의 특성, 표현양상, 방식을 중심으로」, 『한양어문연구』 11.
장경희(1992), 「광고언어의 유형과 특성」, 『새국어생활』 2-2.
———(1997), 「대화텍스트의 결속구조」, 『언어와 문학의 새연구』. 한양대.
진영원(1998), 「텔레비젼 광고의 서사구조 분석」, 경북대 대학원 석사학위논문.
한희경(2001), 「광고의 언어학적 분석-문법 현상을 중심으로」, 영남대학교 석사학위논문.
Brinker(1992). Linguistics Textanalyse, 이성만 역(1994), 『텍스트언어학의 이해』, 한국문화사.
De Beaugrande. & W. Dressler(1981), *Introduction to Textlinguistics*. 김태옥·이현호 역(1995), 『텍스트 언어학 입문』, 한신문화사.
George Yule(1996), *Pragmatics*, Oxford University Press.

Jacob L. May(1993), *Pragmatics An Introduction*, 이성범 역(1996), 『화용론』, 한신문화사.

Jean M. Adam & Marc Bonhomme(1997), L'Argumentation Publicitaire: Rhétorique de l'éologe et de la persuasion, NATHAN, 장인봉(2001), 「광고논증: 찬사와 설득의 수사학」, 고려대.

Haliday & Hasan(1989), *Language, context and text: aspects of language In a social-semiotic perspective*. Oxford University Press.

Ⅵ. 텍스트 처리 (생산, 수용, 해석, 이해, 요약)

텍스트의 이해

응집성과 텍스트 이해

텍스트 이해와 수용자의 전략

텍스트 이해에서 '바꿔쓰기'의 구조와 기능

텍스트의 이해

-찰스 샌더스 퍼스의 기호관을 중심으로-

안정오

1. 들어가기

텍스트 언어학에서 이해나 해석[1]의 측면은 그렇게 많이 다루어지지 않았다. 이는 한편으로 이 영역이 문헌학이나 심리언어학에서 다루어졌기 때문이고 다른 한편으로는 텍스트생산자 측면에서 텍스트연구가 주로 접근되었기 때문이다. 그러나 텍스트의 이해의 문제는 텍스트의 생산 이상으로 텍스트 언어학의 중심 연구 분야이다. 텍스트 생산에서 고려해야 할 측면들이 텍스트 이해의 측면에서 많이 관찰되고 있기 때문이다. 또한 텍스트는 언제나 수신자나 청취자의 입장에서 생산이 되고 능동적이고 적극적으로 수용되어야만 그 텍스트의 내용이 정확히 이해되기 때문이다. 그래서 폴렌츠(von Polenz)는 다음과 같이 텍스트의 이해를 언급한 바 있다. “어떤 표현의 이해나 수용은 완전히 전달된 정보단위의 단순한 수용이 아니라, 수용자의 조합된 행위의 결과이다. 즉 언어지식의 활용 그리고 화자나 저술가가 자신의 표현을 가지고 의도하려는 것

---

1) 여기서 해석과 이해는 다르게 이해되어야 한다. 해석은 단순히 텍스트의 내용을 수신자 입장에서 문법적으로, 어휘적으로 제대로 수용하였음을 의미한다. 그러나 이해는 한 단계 더 나가서 상황에 맞는 적용과 다른 맥락까지를 말하는 보다 광범위한 해석의 한 방식이다. 그래서 수신자의 입장에서 채널을 통해서 텍스트나 대화가 들어오면 일단은 생리적이고 물리적인 채널을 통해 수용을 하고 텍스트의 해석을 일차적으로 한 다음 분석을 통해서 텍스트의 이해로 들어가 최종적으로 그 텍스트를 따라 행동을 하게 될 것이다.

에 대한 가설설정의 조합이다.”[2)]

이런 측면에서 볼 때 텍스트 이해는 단순히 주어진 것의 수용단계가 아니라 새로운 것의 창조요 가설적인 접근방식이라고 보아야 하고 이러한 의미에서 텍스트 언어학에서도 텍스트의 종류나 텍스트성만을 다룰 것이 아니라 텍스트 이해 작용기전도 심도 있게 연구해야 할 것이다.[3)]

텍스트의미는 일단은 개인적인 정신범주에 속하는 문제이다. 그러나 보다 많은 개인들 사이의 의사소통은 언어의 상호성과 언어적 측면이 전제되어야 한다. 그렇다면 이러한 텍스트의미의 이해는 어떤 측면을 나타내고 있는지 여러 각도에서 고찰해 보아야 한다.

그래서 심리학적인 측면, 인지적인 측면, 교육적인 측면, 화용론적인 측면, 기호학적인 측면에서 텍스트의 해석과 이해의 문제를 살피어 보겠다. 본 논문에서는 특히 찰스 샌더스 퍼스의 기호학적 측면에서 접근한 텍스트(기호)의 해석과 이해 방식이 상당히 타당해 보이므로 그 이론을 통해 텍스트 이해의 작용기전을 접근해 보고자 한다.

2. 텍스트 이해의 작용기전

전통적인 측면에서 볼 때 이미 심리학, 언어학, 철학 등에서 언어의 모든 단위, 즉 소리, 문자, 낱말, 구 그리고 텍스트의 수용을 다루어 왔고 어떤 분과에서는 부분적으로 다루기도 하고 어떤 분과에서는 종합적

---

2) von Polenz, 1985: 299.

3) 텍스트언어학(1-15집) 잡지에 나오는 연구결과를 살피어 보면 텍스트의 이해문제는 네 건 정도가 다루어지고 있다. 3집 이성만 언어학적 텍스트이해의 의미론적 과제, 7집 오장근 텍스트이해와 수용자의 전략, 이삼형 텍스트이해와 추론, 10집 이광숙 독어교육과 텍스트의 이해. 텍스트 분석 30건 이상, 텍스트성에 관하여 20건 이상 그리고 대화분석 10건 이상으로 주를 이루는 연구였다. Brinker(1988), Vater(1992), Beaugrande/ Dressler(1995)는 텍스트 이해문제를 다루지 않았고 Heinemann/ Viehweger(1991), van Dijk(1980)은 텍스트 이해문제를 다루고 있다.

으로 텍스트 이해의 작용기전을 접근하기도 하였다. 예를 들어 인지과학은 오감을 통한 종합 과정으로 인간행위들을 다루고 있는데, 텍스트 이해도 그런 방식으로 접근하므로 그들이 제시한 텍스트 이해의 연구결과들이 상당히 설득력이 있다. 이 연구 결과에 의하면 텍스트는 명제들의 구조이고 이것들의 구상이 술어들과 결합된 것으로 이해한다. 그래서 언어적으로 만들어진 텍스트가 이해된다는 것은 명제들로 구성된 인지적 지식구조로서 이해된다고 할 수 있다. 하지만 일반적으로 알려지기는 텍스트 이해자는 텍스트 이해에 필수적인 명제들 중 한 명제만을 텍스트 자체로부터 추출한다.

이와는 반대로 반 다이크는 일정수의 특별한 함축적인 명제들은 텍스트에 표현된 명제들로부터 유도된다고 했다.4) 그래서 텍스트를 이해한다는 것은 텍스트수용자가 이러한 텍스트토대를 재구성하는 것이라고 말할 수 있다. 텍스트작업은 수많은 단계들이 동시에 일어나는 과정인데 텍스트와 연관되어 개념과 명제들이 어떤 과정인지는 모르지만 총체적으로 일어나게 된다. 다음에서 여러 분야가 접근하는 텍스트의 이해를 살펴보기로 하자.

2.1. 심리언어학적 텍스트 이해

일반적으로 가장 많이 알려진 텍스트 이해 방식은 심리언어학에서 나온 것일 것이다. 텍스트도 일종의 언어습득대상이기 때문이다. 그러나 종전의 심리언어학에서는 의외로 문장에까지만 관심을 두었다. 최근의 심리언어학은 텍스트에까지 연구지평을 넓히는데 여기서 나온 텍스트 작업모형은 다음과 같다.

(1) 소리가 음운으로 분류된다.
(2) 분류된 음운들은 낱말로 배열된다.
(3) 배열된 낱말들은 형태와 문장 지식에 의거해 품사로 나누어진다.

4) van Dijk, 1980: 33.

(4) 문장관계가 명백해지고 이것들이 명제로 종합된다.

(5) 끝으로 텍스트의 의미는 하나의 구조로서, 즉 명제, 명제요소들 그리고 명제들 사이의 관계들로 구성되어 있는 구조로 저장된다. 여기서 텍스트 의미란 언어적으로 주어진 형식으로 기억에 저장되는 것이 아니고 “명제적 텍스트토대”로 저장된다.[5)]

그러나 이 모형은 문제가 있다. 텍스트 이해가 문장론 이론과 같은 분석과정을 거치기 때문이다. 인지된 텍스트의 표현구조는 어떤 상황에서 구성요소로 나뉘고 이 구성요소는 문장구조에 배열되고, 그 배열된 구조는 결국 의미로 이끌어진다. 그러나 직관적 텍스트 이해에서 기호 연쇄체 인지와 의미구성소의 인지 사이의 문장적 분석과정이 필수적으로 등장하고 있음에 대해 텍스트는 전혀 정보를 제공하지 않는다. 실제로는 각 언어학의 분석단위로 나뉘어서 텍스트가 이해되는 것이 아니다. “구체적 상황에서 문장이해를 위해 청자는 분류화, 범주화, 조합, 해석과 관계되는 일련의 가설을 세워야 한다.”[6)] 텍스트의미는 구상들과 관계들로 구성된 원자적 구조로 파악된다. 여기서 구상들은 분석되지 않은 채 남아 있고, 의미동인들은 완전하게 고려되지 않는다. 그래서 의미는 모든 명제적 모형에서 직접적인 정보로 축약된다.[7)]

심리학자 킨취는 텍스트 이해를 위해 “의미론적 텍스트토대”를 발전시켰다: “텍스트토대는 화자와 청자가 머릿속에 갖고 있는 관념의 완전하고 명백하고 확실한 재현이다.”[8)] 그래서 텍스트내용의 어떤 언어적 형식은 표층적 현상이고, 화자와 저자를 통한 텍스트의 실현은 단순한 저술문제이다. 그러나 이러한 접근 방식에도 역시 문제는 있다. 텍스트의 이해가 명제모형으로 충분하게 서술될 수 없다는 점이다. 명제구조가 여러 가지 텍스트표층구조에 결합되기 때문이다. 이런 텍스트 이해에 대한 심리적 재현의 모형에서는 텍스트의미의 다른 중요한 동인을 고려하지 않는다. 그래서 텍스트 명제적 토대는 텍스트의미와 동일할 수 없다. 비

5) van Dijk, 1980: 171.
6) van Dijk, 1980: 165.
7) Busse, 1992: 108 이하 참조.
8) Biere, 1989: 68; Busse, 1992: 111 참조.

어레는 다음과 같이 이런 모형을 비판하고 있다: "만일 우리가 명제적 텍스트토대에서 어떤 텍스트를 재현한다면 텍스트생산에서 화용적 측면은 배제된 채로 남아 있게 된다."[9] 그에 의하면 텍스트 이해는 단순히 명제구조로 수렴될 수 없다.[10]

2.2. 반 다이크의 텍스트 이해

언어적인 처리를 인지적으로 이해한다면 인간은 음성을 듣고 그것을 낱말에 배열하고 낱말을 다시 형태문장론에 대입을 시키고 전체적인 것을 다시 명제로 번역하여 텍스트를 이해한다. 하지만 이러한 통찰은 그렇게 체계적이지는 않다. 왜냐하면 텍스트라는 복잡한 거대구조를 이해하는 과정이 완전히 인지적으로 밝혀질 수 없기 때문이다. 그래서 인지언어학에서는 낱말, 문장, 형태문장론적인 과정은 어느 정도 업적을 이루어 내었지만 인지적 텍스트 처리 모형은 아직 개발해 내지 못하였다.

명제적으로 텍스트가 수용자에게 나타난다는 사실은 어느 정도 공감대를 가지기는 하지만 어떤 작용기전으로 이것이 텍스트수용자의 이해에 드러나는가는 그렇게 명백하게 밝혀져 있지 않다. 반 다이크는 이런 조작 과정을 다음과 같이 설명하고 있다.

(1) 분류하기: 음성연속체나 문자로 개념이나 명제를 정리한다.
(2) 범주화하기: 문장론적 문법에 알맞게 문자들을 배열한다.
(3) 조합하기: 언어지식에 근거해서 단위들을 조합한다.
(4) 해석하기: 전통적으로 확정된 의미를 낱말형태, 문장들에 배열한다.[11]

텍스트의 이해과정에서 네 번째 해석하기가 매우 중요하다. 이는 수학적인 공식에 따른 텍스트 해석은 잘못된 해석이 되기 쉽기 때문이다. 상황에 알맞은 전통적인 의미와 제도를 따라서 낱말, 문장을 재구성해야

9) Biere, 1989: 71.
10) Busse, 1992: 111 이하 참조.
11) van Dijk, 1980: 163ff.

한다.

반 다이크가 주장하는 텍스트 이해는 문장을 이해하는 미시적 이해가 있고 텍스트 전체를 이해하는 거시적 이해가 있다. 미시적인 이해는 인지과학에서 볼 때 단기적인 기억을 사용하고 거시적 텍스트 이해는 장기적인 기억을 사용한다.

2.2.1. 텍스트의 미시적 이해

반 다이크에 의하면 발화는 단기기억으로 수용되고 구조는 바탕으로 가정되어 있는 것이 텍스트처리라고 생각한다. 그러나 이런 생각은 실제에서는 다르게 나타난다. 즉 일정한 정보가 텍스트로 수신자에게 주어지면 그 텍스트의 순서에 관계없이 결국은 명제로 읽혀지는 것이 일반이다.

두 개의 상이한 문장이 연결되어 나타날 때 수용자는 내용만을 파악하지 그 내용이 무슨 문장으로 되어 있는지를 기억하지 못한다고 한다. 텍스트가 이해될 때는 항상 복합명제로 통합되기 때문이다. 그래서 텍스트 처리는 명제, 명제의 요소, 명제와 명제 요소 사이의 관계 등을 고려하여 진행된다.[12]

명제들은 서로 분리되어 나타나는 것이 아니고 연관성을 지니는데 이것이 구조이고 이 구조를 따라 하나의 텍스트로 성장한다. 그래서 지시관계, 대명사, 시제관계, 화법관계 등이 거시구조인 주제를 향해 결집된다. 그리고 나서 명제 간의 통일관계를 토대로 의미적 구성을 하게 되고 논항과 참여자 사이의 기능적인 관계에 대한 의미구조도 생겨난다.

2.2.2. 텍스트의 거시적 이해

반 다이크는 거시구조 차원에서 텍스트의 의미구조를 접근하기도 한다. 단기기억에 저장될 요소와 장기기억에 저장되어서 사용되는 요소들

---

12) 반 다이크(정시호 역), 1995: 273 이하 참조.

이 있는데 주로 거시명제는 장기기억에 저장된다는 것이다.

텍스트 의미론에서 볼 때 정보조직과 정보 축소는 문장을 이해하면서 생략, 보편화, 구성화의 단계를 거친다. 생략에서는 언어사용자가 중요치 않은 명제는 다 생략해 버린다. 그리고 공통되는 내용을 가지는 명제들은 초명제로 탈바꿈한다. 마지막으로 모든 명제는 전제조건, 구성요소, 결과, 특징 등을 나타내는 총괄적 명제로 바뀐다.[13]

거시규칙과 거시전략을 사용하려면 보편화에서와 같은 일반적 의미지식뿐만 아니라 일반적인 지식틀을 끌어들이는 것이 필수적이다. 그리고 나서 언어사용자는 어떤 정보가 중요한지 결정하게 된다.

그러나 문체적, 수사학적, 문학적 텍스트 구조들은 어떻게 인지되어 이해되는지 알려지지 않았다.[14] 이러한 이야기 구조에서는 도식적인 초구조가 중요하다. 해석과정에서 이러한 것들은 명제와 명제에서 나타나는 거시명제가 발생하기 때문이다.

2.2.3. 의미기억에서 텍스트 처리

의미기억에는 장기기억과 단기기억이 있다. 텍스트처리는 이 두개의 기억을 통해 이루어진다. 이 두 가지 기억처리 방식의 조합으로 다음 세 가지 가설이 생각될 수 있다.

첫 번째 연구가설: 의미 단기기억에서 이해되고 처리된 텍스트명제는 다 장기기억으로 넘어간다는 가설이다. 그러나 모든 것이 다 기계적으로 장기기억으로 넘어가지 않는 것이 현실이다.

두 번째 연구가설: 장기기억에서의 정보저장은 의미 단기기억에서 이 정보에 부가된 구조의 기능이라는 가설이다. 이 가설도 지나치게 이론적인데 장기기억 자체에서는 더 이상의 어떠한 해석조작도 수행되지 않는다고 주장하기 때문이다. 항상 단기기억에서만 추론과 해석이 나온다는 생각이다. 그러나 단기기억의 과정이 다 의식적으로 진행되지 않는다.

---

13) 반 다이크(정시호 역), 1995: 291 이하 참조.

14) 반 다이크(정시호 역), 1995: 296 이하 참조.

세 번째 연구가설: 기억 속에 있는 텍스트 정보의 재발견, 접근 또는 재구성은 기억 속에서 일어나는 정보구조의 기능이라는 가설이다. 어떤 명제가 장기기억에서 구조적 가치를 부여받는데 그 구조적 가치에 따라서 거시명제가 텍스트에 들어 있게 된다. 그러나 의미적으로 구조적 가치가 주어질 뿐 아니라 도식적 관계를 통해서도 결정된다.

이런 연구가설은 정보가 기억 속에서 어떻게 저장되는가 하는 것과 관련 있지만 실은 텍스트 이해나 해석은 관심, 목표, 의견, 과제, 소원 등과 같은 또 다른 일련의 요소들이 중요하다.

더 나가서 텍스트 이해자의 감정적 상태에도 많이 좌우된다. 예를 들어 어떤 특정한 관심분야에 고정되어 있는 사람은 다른 관심분야를 가진 자와 다르게 텍스트를 이해하고 처리할 수 있다. 이를 반 다이크는 텍스트처리에서의 집중성이라고 했다. 즉 목표, 소원, 필요 등이 텍스트의 규범과 가치를 결정한다.[15]

텍스트가 이해되지 않을 때는 합리화과정이 일어난다. 특정한 가치판단, 특정태도를 요구하는 정보를 수용하고 해석할 때도 비슷하다. 그래서 중립적 텍스트처리가 아니고 감정적 가치나 관계적 가치가 요구되는데, 이를 반 다이크는 "기능적 관여가치"라고 했다.[16] 그러므로 텍스트의 일반적 인지, 일반적 해석과 이해를 한 단계 더 나가서 조건, 전제, 상황 등이 고려된 상태에서 텍스트를 이해해야 한다. 그때는 순수히 구조적 도식이 아니고 내용, 의미적 도식이 텍스트 이해에 결정적이다. 그 결과 텍스트는 생략, 부가, 치환, 대치, 재결합의 과정 등을 부분적으로 거치게 된다.

2.3. 화용론에서 텍스트 처리

지금까지 텍스트 구조만을 두고 이해의 차원을 생각했는데 텍스트를 어떻게 화용론적으로 해석하는가도 흥미 있는 문제이다. 화용론에서는

15) 반 다이크(정시호 역), 1995: 299-309 이하 참조.
16) 반 다이크(정시호 역), 1995: 307 이하 참조.

일반적인 문법과 명제의 차원을 떠나서 보다 크고 넓은 의미에서의 텍스트를 텍스트로 보고 텍스트의 이해에 접근한다.

화용론에서는 일차적으로 의미구조-통사구조-어휘, 문체-음성-발화속도-소리높이 등이 고려되고 표정, 몸짓, 머리자세, 청자와의 거리, 그 밖의 행위 등 "부차적 텍스트특성"(비언어적 특성)이 고려될 것이다.

이 분과에서 텍스트를 해석할 때 더 중요한 것은 사실은 맥락분석이다. 여기서 맥락에 따른 사회적 상황 해석은 사회적 관계틀에서만 가능하다. 이 사회적 관계들은 기능, 신분, 규약적, 제도적 행위 구조 등이다. 그래서 일반 언어적인 고려사항을 고찰하고 종합적인 상황 판단에 따라서 사회적인 관계틀에 맞게 텍스트를 이해하고 해석해야 정확한 텍스트의 이해가 수립될 수 있다.

화용론은 언어적 발화의 기능분석과 자질분석을 다룬다. 더 나가서 언어발화와 커뮤니케이션 행위의 상호작용을 연구한다. 화용론은 행위라는 의식적인 활동이 언어와 상호작용을 통해서 의미작용을 한다는 전제하에서 출발하고 그 안에 의도와 의향을 파악하는 것이 목적이므로 텍스트의 이해에 매우 실질적이다. 이런 맥락에서 텍스트를 기술할 때 당연히 언어적 상호작용이 주는 의미와 기능 사이에 밀접한 관련을 전제하고 텍스트와 맥락 사이의 상호관련성을 고려하는 화용론의 접근 방식은 정당하다고 할 수 있다.[17)]

2.4. 교육적인 측면에서 이상적인 텍스트 처리

교육적인 측면에서 텍스트생산과 이해는 매우 중요하다. 텍스트를 생산하고 수용하는 기술습득이 언어교육의 목표이기 때문이다. 심리언어학적으로 볼 때 텍스트는 먼저 문장으로 등장하고 수용자가 그 문장들의 뭉치를 텍스트로 요약하고 그것을 조건에 맞게 재편집하는 것이 언어수용의 기본이다. 그래서 상황에 맞는 이해를 수용자가 할 수 있도록 하는 것이 이상적인 텍스트 교육방식이다. 이런 상황에 맞는 해석을 하기 위

17) 반 다이크(정시호 역), 1995: 326-333 참조.

해서는 사회적인 환경과 관계에 연관을 시켜 텍스트를 이해하도록 하는 화용적인 텍스트 이해 방식이 유용할 수 있다. 그래서 다음과 같은 모형을 상정해 볼 수 있다.

텍스트문장이해-텍스트요약-텍스트구조의 화용적이고 사회적인 연결

물론 의사소통의 성공을 위해 언어 인지적인 조건과 함께 사회적인 조건은 기본으로 전제되어 있다.

시간과 장소에 따른 사회적 맥락이 텍스트 이해에서는 중요한데 대화 참여자의 범주와 상대방의 관계에서 나오는 상호작용 그리고 그 상호작용과의 사회적 미시 맥락이 상호작용함으로써 소통은 성공할 수 있다. 교육적인 측면에서 텍스트 이해의 성사를 위해서 화용론처럼 상호작용을 규제하는 관습과 관계를 고려하는 것이 중요하다. 이 사회적인 상호작용을 무시했을 때 텍스트는 발기인이 전혀 원하지 않는 방향으로 이해될 수 있다.[18)]

퍼스 기호학에서 해석체는 바로 사회, 문화 그리고 맥락을 중시하는 개념이다. 이 해석체 개념으로 텍스트를 이해할 때 소통은 보다 원활하게 성사될 수 있을 것이다.

3. 퍼스기호학에서 텍스트 처리

퍼스는 기호를 사회에서 일어난 무한한 의사소통과정의 결과물이라고 했고 이 기호로 모든 것은 구성되어 있어 심지어 사고(思考)까지도 기호의 결과라고 하였다. 세상의 모든 구성체인 이러한 기호의 종류와 작용기전을 밝히는 것이 그의 기호관이다.

소쉬르의 기호학에서는 기호가 이원적이면서 상당히 좁은 개념으로

18) 반 다이크(정시호 역), 1995: 333-336 참조.

설명되고 있으나 이와는 다르게 퍼스에서 기호는 넓은 의미의 기호이다.

> "기호란 대표인데 어떤 견지나 능력에서 어떤 사람에게 어떤 것을 보증하는 어떤 것이다. 이것은 어떤 누구를 지향하고 있다. 즉 어떤 사람의 의식에서 등가적인 기호를, 혹은 필경 좀 더 발전된 기호를 산출한다. 이것이 생산해 내는 기호를 나는 첫 번째 기호의 해석체라 부른다. 기호는 어떤 것을, 즉 그것의 대상을 보증한다. 이것은 모든 견지에서 그 대상을 보증하는 것이 아니고 어떤 종류의 관념과 관련지어서 그 대상을 보증한다. 이것을 때때로 나는 표상의 토대라 불렀다. […] 여기서 '관념'은 모든 각 사람은 어떤 다른 사람의 관념을 공유하고 있다고 이해되어야 한다." —CP, 2,228[19)]

여기서 기호는 상징, 텍스트, 지시체 등 모든 것을 나타내고 있다. 소쉬르는 기호만을 정의한 데 반해서 퍼스에 의하면 기호는 대리자이고 제삼자를 지향한다고 했다. 그래서 퍼스의 기호는 언제나 삼원적인 구조를 지닌다. 기호는 대상을 나타내는 표상체, 기호의 대상인 대상체 그리고 기호를 이해하고 해석하는 사회적인 조건인 해석체로 구성되어 있다.

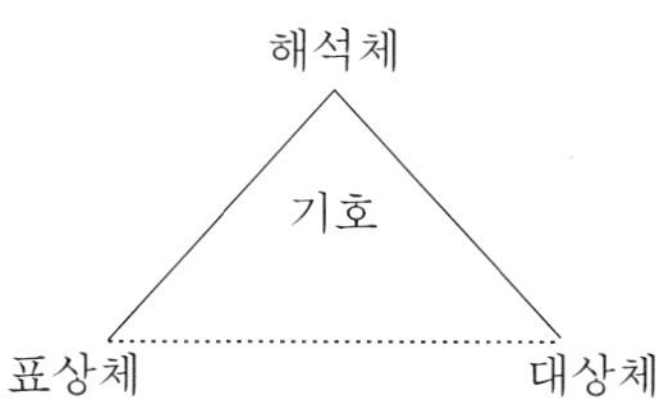

표상체는 언제나 대상체를 나타내기는 하지만 직접적이고 절대적인 관계는 아니므로 점선으로 나타나 있고, 해석체와 대상체 그리고 표상체와 해석체는 직접적인 실선으로 연결되어 있는데 그 관계들이 절대적이고 임의적이지 않아야만 의사소통이 가능하기 때문이다. 이러한 서로 간의 관계는 하지만 좁은 의미가 아니고, 넓은 의미로 이해해야 한다. 다시 말하면 원인과 결과의 맥락을 나타내는 것이 아니고 서로를 "규정한

---

19) "CP"는 퍼스의 논문 모음집 "Collected Papers"의 약자이다.

다"로 이해해야 한다.(CP, 8,177) 대상체가 기호를 결정하고 그에 따라서 기호는 '해석체'를 일으킨다. 기호과정은 원인과 결과의 인과적인 과정을 토대로 하는 것이 아니고 오히려 해석체가 기호를 나름대로 특정한 방식으로 읽어낸다. 이 독특한 방식이 바로 사회적인 맥락에 의존하는 방식이다.

3.1. 해석체

앞에서 언급한대로 퍼스의 기호현상에는 기호, 해석자(Interpret), 해석체(Interpretant)가 있는데 기호를 해석자가 해석하기 때문에 기호의 의미가 생겨나고 이러한 일련의 과정을 기호현상(Semiose)이라고 말할 수 있다. 행동주의에서 말하는 자극과 반응 사이에는 어떤 중계요소가 없지만 기호현상에서는 자극과 반응이 유발되기 위해서는 제 삼의 요소가 있어야 한다. 퍼스의 기호관은 삼원적 기호관인데 거기서 규약성과 사회성을 전제로 하는 해석체 개념이 중요하다. 그에 의하면 기호는 사회적으로 해석하는 방식을 따르는데 그 방식이 해석체이다. 그는 이에 대해 다음과 같이 말하고 있다. "기호는 기호 자신이 생산하거나 변경하는 어떤 것을 보증하는데 기호가 보증하는 것이 '대상'이며, 기호가 전달하는 것이 '의미'이며, 기호가 제시하여 환기되는 것이 '해석체'이다."(CP, 1,339)

퍼스는 이 해석체의 개념을 인간적인 의사소통구조의 시각으로 보고 있다. 다시 말하면 각각의 기호는 이것들을 반복하고 해석하는 다른 기호와 연속적이고 상관적인 관계에 있다.

> "우리가 생각할 때 사고 기호는 어떤 생각에 토대를 두는가? 아마도 일차로 상당히 내적 발달과정을 거친 후에 얻어진 외적 표현이 생기고 이를 매체로 결국 다른 사람의 생각에 토대를 둘 것이다. 그러나 이런 과정이 일어나는지 아닌지는 언제나 우리의 사고 자체 안에서 이것의 후속으로 생기는 사고를 통해서 해석된다. [……] 다시 말하자면 사고를 해석하거나 반복하는 사고를 좇지 않은 사고는 어느 순간에도 존재하지 않는다. 모든 사고기호가 연속되는 다른 기호로 전환되고 해석되는 법칙은 그래서 어떤 예외도 없다. 모

든 생각하기가 죽음으로 인해 어떤 급작스럽고 궁극적으로 끝나는 것이 아니라면 말이다."

—W, 2,223[20)]

퍼스에 의하면 인용에 나오는 것처럼 사고는 사고의 후속이고 그 사고의 기원은 기호이다. 이 기호의 영원한 순환을 통해서 세상은 구성되고 의사소통된다. 의사소통은 기호의 현상이다.

소쉬르는 기호를 발신자가 꼭 있어야 하는 것으로 보지만 퍼스는 기호는 발신자가 없어도 가능하다고 본다. 즉 기호와 대상, 기호와 의미 사이의 협동을 유발시키는 감화 혹은 행위가 발신자 없이도 가능하다는 말이다. 말하자면 인간은 자연적인 현상도 기후 증후로 수용할 수 있다. 예를 들어서 의사는 빠른 맥박을 고열 증후로 볼 수 있고 아침의 안개는 그날 더울 것이라는 증후로 기호화하여 읽을 수 있다는 말이다.

퍼스가 말하는 해석체는 절대로 해석자가 아니다. 해석자가 임의로 이해하는 현상은 절대 해석체가 아니다. 해석체는 번역되고 기호에 의해서 암시된 모든 논리적 가능성을 추론적으로 발전시킨다. 즉 해석체는 대전제, 소전제 등으로부터 연역해 낸 삼단논법일 수 있다. 어떤 기호의 해석체는 시니피앙으로 하여금 특정한 유형의 상황을 일으키는 대상의 총체를 규명하는 방법을 의미한다. 해석체는 의미론적 세계와 화용론적 세계 사이의 매개요소이다. 퍼스에 의하면 해석체는 최초의 기호를 나타내는 "다른 기호"이다.(CP, 4,127) 또 다른 한편으로 일련의 기호들이 만들어내는 개념이다.(CP, 1,554) 기호가 해석체로 해석체가 기호로 계속 바뀌고 전이되면서 기호화과정은 무한궤도를 달리게 된다.(CP, 1,339)

기호학이 문화적인 현상에까지 지평을 넓힐 수 있는 것은 바로 이 해석체의 개념 때문이다. 하지만 이 개념은 많은 오해와 잘못된 해석을 낳았다. 그래서 문화적인 현상에 특별한 관심을 가진 움베르토 에코는 이 해석체를 다양하게 다음과 같이 설명하고 있다.[21)]

(1) 이것은 다른 의미론적 체계에서 동등한 의미의 기호일 수 있다.('개' 낱말–

20) "W"는 퍼스의 논문모음집 "Writing of C. S. Peirce"의 약자이다.
21) Eco, 1991: 103-104.

'개' 그림)

(2) 이것은 또 다른 대상체를 가리킨다. 특정한 사물을 지시하는 손짓.

(3) 이것은 같은 기호체계를 사용하는 과학적 정의이다.(소금 = NaCl)

(4) 이것은 어떤 고정된 내포적 가치를 갖는 감정적 연상이다.(개-충성심)

(5) 이것은 다른 언어로의 번역이나 동의어에 의한 대체를 뜻한다.

에코에 의하면 해석체란 최종적인 해석의 결과가 아니고 또 다른 기호인데 그는 "첫 번째 기호를 이것이[해석체가] 해석한다"라고 이해하고 있다. 더 나가서 해석체는 보다 넓은 의미에서 일련의 기호에 의해 만들어지는 이념이라고 이해한다. 그래서 그는 기호과정 없는 사고는 존재하지 않으며 기호에 의해 생산된 이념은 해석체의 그 어떤 것이라고 주장한다.[22]

이 해석체를 다른 학자들의 용어들과 비교해 보면 다음과 같이 나타낼 수 있을 것이다.[23]

퍼스 **해석체**
소쉬르 시니피에
모리스 지시대상(1938), 의미대상(1946)
카르납 내연
프레게 의의

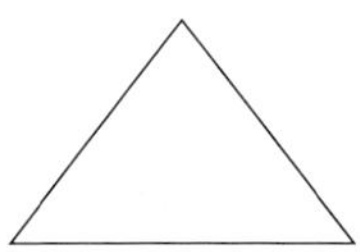

퍼스 **기호**
소쉬르 시니피앙
모리스 기호 전달수단
카르납 x
프레게 기호

퍼스 **대상**
소쉬르 x
모리스 외시
카르납 외연
프레게 의미

22) Eco, 1977: 162 이하 참조.

23) 김광현 역(에코), 2000: 44.

위에 나온 도표를 자세히 분석해 보면 퍼스와는 다르게 소쉬르는 기호를 시니피앙과 시니피에로 나누고 있지만 대상체란 개념은 생각하지 않고 있다.[24] 프레게는 기호를 의의와 의미로 나누어서 퍼스와 유사해 보이지만 해석체와 의의는 전혀 다른 개념이다. 모리스는 퍼스의 제자로서 용어만 조금 다르고 그와 유사한 분류를 한다.

이런 기호들의 해석체는 행위일 수 있고, 행동일 수 있는데 이런 생각은 모리스의 행동주의기호학에 동기를 부여한다. 그래서 퍼스의 제자인 모리스는 기호의 해석체를 다음과 같이 이해하기도 한다.

> "어떤 기호의 해석체는 어떤 인간의 정신 안에 일어나는 어떤 기호이다. 그래서 기호를 정의한다는 것은 기호 해석자의 정신 속에 있는 스스로 기호인 해석체를 정의하는 순환적인 사실을 밝히는 것일 뿐이다."[25]

에코는 또한 이 해석체를 자신의 책 "Zeichen"(기호)에서 다음과 같이 말한다.

> "해석체는 시니피앙으로부터 시니피에가 서술되는 기호학적 작용기전이다. 사람들은 모든 다른 기호나 모든 기호복합체를 해석체로 나타낸다."[26]

그리고 에코는 자신의 동일한 책의 몇 쪽 지나서 문화와 관련지어 이 해석체를 "모든 해석체는 문화적 단위 혹은 의미적 단위이다"[27]라고 언급하고 있다. 이는 해석체의 사회성과 그 구성원 간의 묵계적인 약속임을 뜻한다. 이 해석체를 알지 못하고는 의사소통은 전혀 불가능하다. 의사소통능력이란 각자의 마음에 해석체가 전제되어 있음을 뜻한다.

기호는 대상이나 객체를 보증하고 해석체를 위해서 등장한다. 그러나 기호는 자신의 의의를 스스로 이해하지는 않는다. 기호란 어떤 사람을

---

24) 스토아학파에서는 기호를 다음으로 분류한다: 세마이논-시니피앙, 세마이노메논-시니피에(내용), 틘차논-사건을 가리키는 기호.(사건, 행위) 이와 유사한 기호관이 퍼스의 기호관이다.

25) Morris, 1977: 208.

26) Eco, 1977: 171.

27) Eco, 1977: 176.

위한 기호이다. 이것은 어떤 사람의 작용, 감정, 행위 안에서 수용된다. 다시 말하면 사람들 사이에서 일어나는 내적인, 외적인 의사소통을 통해서 해석적으로 수용된다는 말이다. 그렇다고 일상적인 대화 안에서만 이것이 일어나는 것은 아니다. 사람이나 동물 및 식물같은 유사해석자도 역시 해석체를 전이, 재해석, 요약 등의 상이한 방식으로 처리한다. 그래서 퍼스는 이러한 의사소통적인 관점에서 이 해석체(혹은 기호작용)를 세 가지로 구분한다.

(1) 직접적인 해석체(혹은 기호작용)－일차적 기호란 바로 직접적인 기호작용인데 기호수용자 안에서 직접적인 감정이 작용하는 것을 말한다. 이러한 기호는 서술이 허술한 기호인데 예를 들어 음악작품이 그것이다.
(2) 동적인 해석체(혹은 기호작용)－기호작용은 직접적인 방식으로만이 아니고 복합적인 관계체계를 통해서도 가능하다. 명령기호 “차렷!”은 군인들이 근육운동을 행하는 에너지적 해석체를 가지게 된다. 이러한 에너지를 수반하는 행위가 뒤따라온다 할지라도 화행 “차렷!”은 성공적으로 수행되었고 기호과정이 종결되었다고 말할 수 있다.
(3) 논리적인 해석체(혹은 기호작용)－논리적인 기호작용은 최종적인 해석체이다. 이것은 장기적으로 확신을 확정하는 것을 목표로 하는 보다 깊은 차원을 가진다.

우리가 어떤 사무실에서 기호체 “금연표지판”을 보았을 때 우리에게 이것은 직접적인 대상으로서 담배를 피우지 않는 개념이 설정되고 동적 대상으로서 우리는 담배를 절대 불을 붙여 피우지 않는다. 이것을 해석체에 연장하여 생각하면 담배를 안 피워야 한다는 생각은 직접적인 해석체이고 담배를 피우다가도 끄는 행위는 동적 해석체이며 그 표지판을 보고 습관적으로 아무도 담배를 피우지 않는 행위는 최종적인 해석체이다.

우리가 매일 생산해 내고 이해해야 하는 텍스트는 항상 의사소통에서 중심적인 역할을 한다. 그러나 이것이 사람에 의해 해석되지 않으면 더 이상 텍스트가 아니다. 텍스트는 언어습득의 기본 대상이다. 비트겐슈타인이 말한 언어놀이의 개념은 바로 텍스트의 맥락을 두고 의미하는 것이며 소쉬르의 가치 개념도 역시 텍스트나 언어의 사회적인 맥락과 그 안에서의 한계 가치를 말하는 것이다. 그래서 텍스트의 이해는 "지금", "여기"라는 장소와 시간의 제한은 물론 그 안에 포함되어 있는 사회적인 맥락을 고려하는 것이 보다 중요한 일이다. 그래서 생산된 텍스트의 이해는 퍼스의 해석체 개념에서 접근하는 것이 인지적인 방법, 교육학적인 방법, 반 다이크가 말하는 명제적 접근 방식보다 훨씬 설득력이 있어 보인다. 그렇다면 텍스트를 해석체로 보았을 때 그것은 텍스트수용자에서 어떻게 이해되는가?

4. 텍스트 이해는 가추적 과정

퍼스에 따르면 의사소통과정이란 기호화작용이다. 그래서 그가 이해하는 의사소통과정은 기호의 해석이다. 예를 들어 어떤 낱말 "자동차"를 화자가 말하고 청자가 들었을 때는 이미 청자는 그에 대한 해석체(자동차는 빠르다, 자동차는 편하다 등)를 인지하고 있다. 그래서 "자동차를 타고 가자"고 했을 때 청자는 그 기호를 제대로 환기하고 해석하여서 그에 맞게 반응을 보이게 된다. 이것을 우리는 일반적으로 의사소통과정이라고 한다.

퍼스에 의하면 기호나 텍스트로 이루어진 의사소통에서 이해는 가추법(Abduktion)을 통해서 일어난다. 퍼스는 이 가추법을 연역법 그리고 귀납법과 비교하면서 설명한다.(CP, 2,623)

일반적으로 연역법은 귀납법과의 비교를 통해 이해될 수 있다. 연역법은 법칙을 세우고 사례를 분석하여 결과를 추출해 낸다. 그래서 **법칙+사례=결과**의 공식이 나타난다. 다음의 예로 구체적 과정을 살필 수 있다.

법칙: 이 주머니에서 나온 모든 콩은 하얀 색이다.
사례: 이 콩들은 이 주머니에서 나온 것이다.
결과: 이 콩들은 하얀 색이다.

그러나 연역법은 규칙에 의해 알려진 정보만을 알아내고 새로운 사실을 알아내지는 못한다.

귀납법은 연역법과는 반대로 사례를 통해 결과로 가서 법칙을 찾아낸다. 공식은 **사례+결과=법칙**이다. 구체적인 예는 다음과 같다.

사례: 이 콩들은 이 주머니에서 나온 것이다.
결과: 이 콩들은 하얀 색이다.
법칙: 이 주머니에서 나온 모든 콩은 하얀 색이다.

귀납법은 관찰된 사례와 결과만을 서술한다.

가추법은 연역법과 귀납법과는 다르게 가설적인 어떤 법칙에서 어떤 것을 유추해 낸다. 즉 **가설적 법칙+결과=유추**가 이것의 공식인데 다음 예를 통해 자세히 살필 수 있다.

법칙: 이 주머니에서 나온 모든 콩은 하얀 색이다.
결과: 이 콩들은 하얀 색이다.
사례: 이 콩들은 이 주머니에서 나온 것이다.

그러나 가추법은 어떤 것이 어떠할 수도 있을 것임을 제시한다.(CP, 5,171 참조) 가추법은 가정이므로 그럴 수도 있고 안 그럴 수도 있다. 인간들은 이 가추법에 의해 모든 새로운 것을 알아내었다. 과학분야에서 만유인력과 상대성원리는 과학자들의 과감한 가추법에 의한 것이다.

의사소통에서 화자가 어떤 진술을 말했을 때 그것을 해석하는 힘은 가추력이다. 인간이 어떤 진술을 들었을 때 가추력에 의해 "그 말은 아마도 그럴 것이다"라고 가설을 세우고 그에 맞게 반응하는 것이 기초해석과정이고 의사소통과정이다. 이 능력이 바로 인간에게 의사소통능력이다.[28]

---

28) 코난 도일이 쓴 셜록 홈스의 탐정소설 『바스커빌의 사냥개』, 『주홍빛 연구』, 『대수

가추법은 기호가 의미를 얻게 해 주는 의미규칙의 체계를 찾는 하나의 방법론인데 이는 매우 위험이 많이 내포되어 있는 시험적인 찾아내기 행위이다.

모든 의사소통과정은 우리 모두 각자가 어떤 사회에서 개별적으로 가지고 있는 어휘와 문장의 저장상태 그리고 풍습, 전통, 사회적 관습을 근거로 한 매우 개연적인 가추법을 수단으로 성사되는 일련의 과정이다.[29]

기호나 텍스트를 수신자가 듣거나 볼 때 수신자는 그것들을 일단 해석체로 접근을 하고 그 해석체를 수용한 다음 그것을 상황시점에 맞게 가추적으로 해석해내어 이해를 한다.

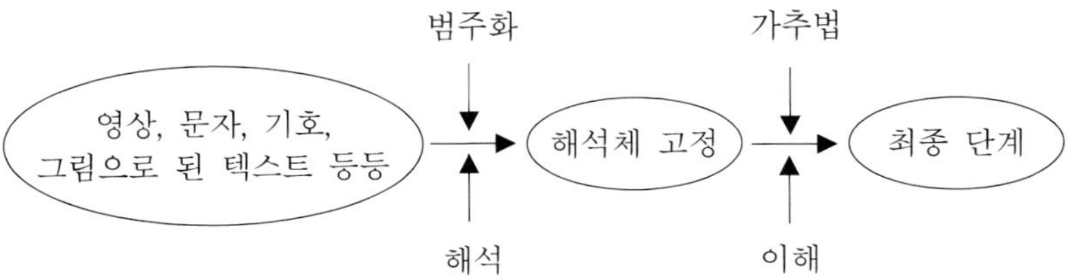

주어진 것을 이해하기 위해 우리는 먼저 그것들을 범주화하여서 해석체에 각각 고정시킨다. 그리고 그것을 상황에 맞게 가추적으로 해석하여 최종적인 결과로 이어지게 하고 그 결과에 따라서 반응하고 결정한다.

도원저택』이나 애드가 앨런 포우의 『도둑맞은 편지』, 『황금충』과 같은 소설은 우리에게 가추력을 훈련시켜 준다. 움베르토 에코는 구체적인 예로 『장미의 이름』에 나오는 윌리엄 바스커빌 신부의 추리력을 가추법의 실천이라고 설명한다. 이에 대해서는 『기호학의 전통과 경향』(안정오 譯, 2001) 참조.

29) 가추법에 관하여서는 필자가 공동저술한 「기호의 사고, 사고의 기호」(『기호학으로 세상읽기』, 301-328쪽, 소명출판, 2002)를 많이 참조하였다.

5. 마무리

텍스트는 생산자 측면에서 많은 연구가 되어 왔다. 텍스트의 응집성과 응결성에 대한 연구는 물론 텍스트 종류의 제시를 위해 많은 노력을 기울여 왔고 그에 대한 결과는 상당히 고무적이다. 하지만 의사소통의 측면에서 텍스트의 이해에 대한 접근은 그렇게 적극적이지 않았다. 그래서 본 논문에서 우리는 텍스트의 이해를 학제적으로 접근하여 기호학적인 연구결과를 적용해 보려 하였다.

찰스 샌더스 퍼스는 자신의 기호관에서 특별한 개념인 해석체를 제시하였다. 기존의 의사소통이론이나 의미론의 주장과는 다르게 퍼스는 이 개념을 사회적이고 문화적인 맥락에서 설명하고 있다. 즉 화용적이고 문화적인 개념으로 그는 이 해석체를 이해한다. 그에 의하면 모든 언어단위는 기호이고 그 기호는 이 개념에서부터 접근을 해야 한다. 그래서 텍스트도 역시 그런 식으로 해당 문화와 맥락에서 이해가 되어야 하는데 그의 관점에 따라서 텍스트 이해를 설명하려는 것이 본고의 주장이었다.

그렇다면 그러한 작용기전은 어떤 식으로 수용자의 의사소통과정에서 일어나는가라는 질문에서는 여러 가지 설명이 의사소통이론에서 제시되었지만 퍼스의 기호관에 의하면 이러한 모든 의사소통과정은 가추법으로 성사된다.

그에 의하면 가추법은 연역법과 귀납법보다는 허술해 보이지만 보다 진취적이고 용감하며 매우 상황과 문화에 종속적이다. 이는 의사소통이라는 아주 막연할 수 있는 과정을 계속 진행하도록 유도해 준다. 그래서 어떤 텍스트나 기호가 주어지만 사회적인 기존의 다른 기호(가설적인 법칙)를 이용해서 사례를 만드는 식으로 기호를 하나의 사례로 풀어내어 의사소통을 한다.

텍스트를 문화와 상황에서 나온 생산물이라고 볼 때 그런 가추적인 방식으로 텍스트를 이해하는 것이 유용하다. 이 논문에서는 구체적인 텍스트의 이해 메커니즘을 제시하려는 것은 아니다. 단지 텍스트의 이해 전략에서 텍스트를 해석체로 볼 때 가추법이라는 추론방식이 유효함을 퍼스의 기호학적인 입장에서 제시해 보려는 시도이다. 그래서 수용자가 글말이나 입말 텍스트를 이해할 때 "통사론적, 의미론적, 문체론적, 거시적, 스키마, 비언어적, 사회문화적 전략"[30]이 다양하게 사용되는데 이것에 가추법적인 전략을 추가하여 텍스트를 사회적 이해 정서인 해석체로 봄으로써 텍스트를 이해하게 하려는 것이 본 연구의 목적이다. 하지만 구체적인 텍스트의 예에 대한 적용은 아직 정해지지 않았다. 퍼스의 기호관에 의한 텍스트 이해는 앞으로 보다 정확하고 구체적인 연구를 통하여 차차 제시되어야 할 것이다.

[참고문헌]

김광현 역(2000), 『기호, 개념과 역사』(에코, 움베르토), 열린책들.

백설자 역(2001), 『텍스트언어학 입문』(하이네만/피베거), 역락.

서우석 역(1985), 『기호학이론(에코, 움베르토), 문학과지성사.

안정오(1999), 「기호의 언어철학적 고찰」, 『한국어와 세계관』, 한국어내용학회, 279-307쪽.

안정오 역(2001), 『기호학의 전통과 경향』(위르겐 트라반트), 인간사랑.

안정오 외(2002), 『기호학으로 세상 읽기』, 소명출판.

오장근(1999), 「텍스트이해와 수용자 전략」, 『텍스트언어학』 7.

이광숙(2001), 「독어교육과 텍스트의 이해」, 『텍스트언어학』 10.

이기숙 역(2000), 『기호와 해석』(켈러, 루디), 인간사랑.

이성만(1995), 「언어학적 텍스트이해의 의미론적 과제」, 『텍스트 언어학』 3.

이성만 역(2004), 『텍스트언어학의 이해』(블링커, 클라우스), 역락.

정시호 역(1995), 『텍스트학』(반다이크), 아르케.

조국현(2003), 「한국 텍스트언어학연구에 대한 성찰」, 『텍스트언어학』 15집.

한국텍스트언어학회, 『텍스트 언어학』 1-15집(1993-2003), 박이정.

Biere, B. U.(1989), *Verstaendlich-machen*, Tuebingen.

Brinker, K.(1985), *Linguistische Textanalyse*, Erich Schmidt Verlag.

Bühler, K.(1982(1934)), *Sprachtheorie*, Stuttgart: Fischer.

---

30) 오장근, 1999 참조.

Busse, D.(1992), *Textinterpretation*, Westdeutscherverlag: Opladen.

de Beaugrande, R./Dressler, W.(1981), *Einfuehrung in die Textlinguistik*, Muenchen.

Dijk, Teun A. v.(1980), *Textwissenschaft*, Tuebingen.

Eco, U.(1977), Zeichen, Einführung in einen Begriff und seine Geschichte. Frankfurt am Main: Suhrkamp.

Eco, U.(1991), *Semiotik*, Wilhelm Fink Verlag: Regensburg.

Heinemann, W./Viehweger, D., *Textlinguistik*, Neimeyer.

Keller, R.(1995), *Zeichentheorie*, Tübingen und Basel: Francke.

Morris, C.(1977), *Pragmatische Semiotik und Handlungstheorie*, Suhrkamp.

Nagl, L.(1992), *Charles Sanders Peirce*, Frankfurt a. M.: Campus Verlag.

Nöth, W.(2000), *Handbuch der Semiotik*, Stuttgart: Metzler.

Peirce, C. S.(1931-35), *Collected Papers I-VI*, ed. C. Hartshorn/P. Weiss. Cambridge: Harvard Uni Press.

______(1958), *Collected Papers VII-VIII*, ed. A. W. Burks. Cambridge: Harvard Uni Press.

______(1989), Writing of Charles S. Peirce. ed. E. C. Moore. Indiana Uni. Press: Bloomington/Indiana.

Saussure, F. de(1966), *Grundfragen der allgemeinen Sprachwissenschaft*, de Gruyter: Berlin.

Strohner, H.(1990), *Textverstehen*, Opladen: Westdeutscher Verlag.

Trabant, J.(1996), *Elemente der Semiotik*, Francke: Tübingen.

Vater, H.(1992), *Einfuehrung in die Textlinguistik*, Muenchen.

응집성과 텍스트 이해

조숙환

1. 들어가기

Larson(1984: 365-366)에 의하면, 텍스트(text)는 문어체나 구어체로 된 담화 장르(genre)로서, 화자의 의도에 따라 몇 가지 종류로 분류된다. 대표적인 사례로서, 서사텍스트(narrative)는 발생한 사건들을 순서대로 그린 이야기이고, 과학텍스트(expository)는 어떤 현상이나 이치를 설명하는 글이다. Halliday & Hasan(1976: 1-2)에 의하면, 텍스트에는 '느낌'(texture)이 담겨 있으며, 구, 문장, 문단들이 적절한 응집장치(cohesive device)로 견실하게 연결되어 있을 때, 텍스트 전체의 응집성(coherence)이 풍부하게 형성될 수 있다고 한다.

응집성은 다양한 의미관계를 포함하는데, 예를 들면, 다음 (1)에서 볼 수 있듯이, 두 문장이 원인-결과(cause-consequence)의 관계로 연결되어 있음을 알 수 있다.

(1) 가. 오늘은 눈이 많이 왔다.
　　나. 그래서 교통이 혼잡했다.

(1가)와 (1나) 두 문장은 인과접속사 '그래서'와 같은 응집장치로 연결되어, 의미적으로 '원인-결과'의 의미관계가 내포된 응집성이 형성되어 있다. 응집장치는 인과접속사 외에 반복, 정박(anchoring), 지시사, 생략 등 여러 종류가 있다. 반복은 명사나 형용사의 반복, 또는 관계화나 명사화

를 통한 서술부의 반복을 의미하며, 정박은 '이때,' '다시' 등의 담화 연결사에 의한 방법을 포함하고, 지시사는 특정한 사물이나 사건을 가리키는 '이것,' '저것,' '그것' 등의 표현이다. 또한, 한국어, 중국어, 일본어 등의 언어에서는 화자 간에 공유하는 구정보(given information)가 생략되어 응집성이 풍부해지는 효과를 낳기도 한다.

응집성의 개념은 초기텍스트 언어학자인 Halliday & Hasan(1976)부터 Beaugrande & Dressler(1980)와 같은 최근 텍스트성 이론가들에 이르기까지 조금씩 다른 의미로 이용되었다.[1] 해리스(Harris 1964)에 의하면, 응집성은 텍스트에 있는 명제(proposition)들의 연결성과 직접 관계가 있다. 즉, 각 명제들이 서로 연결되어 하나의 거시적 의미 명제(semantic macro-proposition)로 통합되면서 텍스트의 주제에 부합될 때 응집성이 형성된다고 한다.

한편, 다음 (2)의 담화에서 볼 수 있듯이, 응집성은 단순히 의미와 (형태)-통사구조와 같은 언어 형태에 의해서만 구축되는 것이 아니라는 것을 알 수 있다. 이러한 사실은 이미 오래전에 Widdowson(1978)에 의해 밝혀졌는데, 응집성은 청자와 화자의 추론(inference)에 의한 함축(implicature)에 의해 형성될 수도 있다고 논의하였다.

(2) 영이: 다음에 병원 가는 날이 언제이지요?
순이: 전화가 연결되지 않았어요.

(2)에서 순이는 "몰라요"라고 명시적으로 표현하지는 않았지만, 이 담화를 들은 사람이면 누구나 전화불통이 병원예약의 어려움을 함축한다는 것을 추론할 수 있다. 위 담화가 정상적으로 소통되려면, 화자와 청자는 추론과정에서 병원 방문은 보통 전화로 예약된다는 사전지식이나 문화적 관습을 인식해야 하는데, 이러한 지식은 담화상에 겉으로 표현되지 않은 언어 외적인 정보이다. 이러한 사실에 기반하여, Carrell(1982: 482)은 텍스트의 응집성은 화자와 청자의 사전 배경지식이나 기억구조와의

1) 김태옥 · 이현호(1991)에서는 'cohesion', 'cohesive devices'를 각각 '결속구조', '결속구조적 장치'로 번역했다. 본 논문에서는 각각 '응집구조', '응집장치'로 번역하였다.

상호작용에 의해 형성된다고 주장했다.

최근, 여러 연구에서 응집성이 텍스트의 읽기와 이해 과정에서 어떤 역할을 하는지에 대한 문제가 주요한 과제로 다루어졌다(McNamara & Kintsch, 1996; Degand, Lefevre, & Bestgen, 1999; Sanders & Noordman, 2000; Yeh, 2004; Duran et al. 2007). 최근의 연구결과에 의하면, 학습과 기억에 끼치는 응집성의 영향은 응집장치(cohesive device)의 형태, 텍스트의 종류, 읽기(on-line) 및 이해(off-line) 등 수행 과제의 성격에 따라 다르게 나타나며, 또한 유사한 종류의 텍스트에 쓰인 동일한 응집장치의 역할이 서로 다르게 나타난 경우도 관찰되었다. *because*, *so* 등의 인과적 접속사의 역할에 대해 Millis, Graesser, & Haberlandt (1993)은 기계장치 해설문의 기억을 촉진하지 않는다고 논의한 반면, Degand, Lefevre, & Bestgen(1999)는 과학 텍스트의 이해를 향상시킨다고 주장했다. 한편, 읽기에 대한 인과적 접속사의 역할은 대체로 긍정적으로 보고되었다(Bestgen & Vonk, 1995; Sanders & Noordman, 2000).

위에서 볼 수 있듯이, 선행연구는 대부분 여러 종류의 응집 장치와 텍스트를 이용하여 읽기와 이해에 끼치는 응집성의 영향을 조사하였다. 한편, 텍스트 이해에 대한 지엽적(local) 또는 총체적(global) 응집성에 대한 연구는 많지 않은 것 같다. van Dijk & Kintsch(1983)에 의하면, 이해는 글을 읽는 과정에서 지엽적인 차원과 총체적인 수준에서 응집성이 형성된다고 한다. 지엽적 응집성은 어떤 텍스트에서 한두 문장 이상 떨어지지 않은 명제들이 추론을 통해 작업 기억(working memory) 내에서 연결되어 형성된다. 가령, 위의 (1)에서 응집 장치인 '그래서'는 작업 기억에서 인과 원인 추론을 일으키며 이 추론을 통해 (1가)와 (1나) 사이에 지엽적 응집성이 형성된다. 이런 지엽 정보들은 '눈'과 '도로상황'의 관계, '도로상황'과 '차량움직임'의 관계 등 상위 수준의 대형구조(macro structure)로 조직되고 통합되면서 텍스트 전체의 요지로 규정되어 총체적 응집성이 형성된다는 것이다.

위에서 언급한 개념적 정의에 의하면, 총체적 응집성의 형성은 지엽적 응집성의 구성을 포함하고 있다. 과연, 텍스트의 이해는 두 가지 응집성을 형성하는 모든 정보에 민감한 것일까? 이 문제를 검토하기 위해 본

논문에서는 김세영 · 한광희 · 조숙환(2002)의 자료를 이용하여 다음 (3)과 같은 질문에 대한 분석을 시도해 보고자 한다.

(3) 가. 과학텍스트의 이해는 응집성의 강도와 관계가 있는가?
나. 텍스트의 이해는 지엽적 응집성 및 총체적 응집성과 어떤 관계를 갖는가?

2. 연구방법

김세영 · 한광희 · 조숙환(2002)의 연구에서는 과학텍스트를 이용하여 읽기와 이해에 대한 응집장치의 영향을 조사하였다. 연구방법으로서 읽기 시간을 측정했으며, 또한 읽은 후에 부과되는 회상과 재인검사를 실시하였다. 즉, 네 가지 응집장치를 이용하여 높고 낮은 응집 조건으로 구성된 두 가지 과학텍스트를 컴퓨터 화면으로 제시하여 각 단락별 읽기 시간을 측정하였으며, 또한 빈칸 채우기 과제를 이용하여 〈보기〉의 유무에 따라 차별화된 회상과 재인검사를 실시하였다.[2)]

2.1. 실험

〈참가자〉

참가자는 연세대학교에서 심리학 교양과목을 수강하는 학부생 82명이었다. 이들은 과거에 본 실험의 자극으로 사용된 번개 생성 과정에 대한 과목을 수강했거나 실험에 참가한 경험이 없었다.

---

2) 이 실험은 김세영이 시행하였으며 실험결과는 일차적으로 김세영 · 한광희 · 조숙환(2002)에 보고되었다.

〈자극〉

본 실험에서는 과학텍스트를 이용하였다. 과학텍스트는 과학 개념들이 어떻게 관련되어 있는가를 설명하는 내용으로 되어 있다. 본 실험에 사용된 과학텍스트는 번개의 생성과정에 대한 것으로 다양한 응집장치가 사용되어 응집성이 높은 텍스트와 응집장치가 누락되어 응집성이 약화된 텍스트 두 가지를 고안하였다. 응집성이 높은 텍스트에서는 응집장치가 각 단락에 다양하게 변별적으로 사용되었다. 응집성이 높은 유형으로 사용된 "번개의 생성과정" 과학텍스트는 다음과 같다. (주: 응집성 낮은 텍스트는 부록 1 참조)

번개의 생성과정(응집성 높은 유형)

[단락1]

번개는 뇌운에 의해서 형성된 모든 종류의 눈에 보이는 전기 방전을 총칭한 것으로 크게 구름방전과 대지방전으로 구분할 수 있다. 구름방전은 구름 속 방전과 구름 사이의 방전, 구름과 그 주위 대기와의 방전을 포함한다. 대지방전은 구름과 지상 사이의 전기적 전하 차이에서 비롯되는 방전 현상으로 벼락 또는 낙뢰라고도 한다.

[단락2]

지표면이 따뜻해지면, 지표 부근에 있던 습한 공기가 가열되어 빠르게 상승하기 **때문에** **상승기류를 생성**하게 된다. **상승기류를 생성**한 이 습한 공기는 상승하면서 수증기가 물방울로 응결되어, 구름을 형성하게 된다. **구름 꼭대기**의 기온은 빙점보다 훨씬 아래이기 **때문에**, **구름 꼭대기**에서는 수증기와 작은 물방울들이 미세한 얼음 결정으로 변한다.

[단락3]

구름 속의 작은 물방울과 얼음 결정은 점차적으로 커짐에 따라 상승기류가 지탱하지 못해 아래로 **떨어지기** 시작한다. **떨어지는** 입자들은 상승하는 미세한 결정이나 물방울과 서로 충돌하면서 우박, 눈 등의 더 **무거운** 입자를 형성하게 된다. **이 무거운** 입자들은 하강하면서 주변의 공기를 끌어들여 하강기류를 생성한다. 이 하강기류로 인해 뇌우풍이 불게 된다.

[단락4]
구름 속에서 공기 대류는 전기전하를 축적하는 원인이 된다. **왜냐하면** 하강 중인 우박이나 다른 무거운 입자들과 상승중인 작은 물방울이나 미세한 얼음 결정들이 서로 충돌하여서 전하를 띠기 **때문이다**. **이때,** 구름의 상승기류는 양전하를 위쪽으로 보내고, 반대로 하강기류는 음전하를 구름의 하층부로 보낸다.

[단락5]
구름의 하층부와 지면의 전위차가 커지게 되면 대지방전이 시작된다. **이때** 구름 하층부에서 음전하가 방출되고 아래로 **이동하면** 가속된다. 이들 전하는 전기력이 가장 큰 경로를 따라 지표를 향해 조금씩 **이동하는데** **이를** **계단 선도**라고 한다. 음전하가 아래로 이동하면서 생기는 **계단 선도**는 처음에 약 50m 전진한 후 멈추었다가 **다시** 50m 정도 앞으로 나아가는 것을 되풀이하면서 **다시** **도전로**를 형성한다. 음전하를 띤 입자들은 **도전로**를 따라서 구름에서 지면으로 급격히 방전된다.

[단락6]
계단 선도가 지표 부근에 이르게 되면, 구름으로부터 이동한 음전하가 지표면의 양전하를 띤 입자들을 나무나 **빌딩 같은 물체**로 유도한다. **건물등으로** 유도된 양전하는 도전로를 따라 위로 이동하여 되돌이 뇌격을 형성한다. 되돌이 뇌격과 선도뇌격은 보통 지상 약 50m 지점에서 만나 **번개**를 형성한다. **번개**가 치는 순간 도전로에는 수억 볼트의 전류가 흐르게 되므로, 근처의 공기가 급속하게 가열 팽창하여 천둥소리가 나게 되는 것이다.

위의 텍스트에 사용된 응집장치들을 분류하면 〈표 1〉과 같다. 즉, 둘째 단락에서는 반복, 지시사, 원인 응집장치가 사용되어 있고, 셋째 단락에는 반복유형, 넷째 단락에는 정박과 원인, 다섯째 단락에서는 반복과

〈표 1〉 단락별로 사용된 응집장치

결속장치 / 단락	반복	지시사	정박	원인
단락2	“구름꼭대기 “상승기류생성”	“이”		“때문에”
단락3	“떨어지는” “무거운”			
단락4			“이때”	“왜냐하면” “때문이다”
단락5	“음전하 이동” “도전로” “계단선도”		“이때” “다시”	
단락6	“건물 등으로” 유사반복			

정박의 응집장치가 각각 사용되어 있다.

〈장치〉

자극은 개인용 컴퓨터 17인치 모니터(해상도 1024×768) 흰색 바탕 화면에 검은 글씨로 제시하였다.

〈절차〉

각 실험참가자는 컴퓨터 화면에 제시된 텍스트를 한 단락씩 읽었다. 단락이 이해되면 각자의 속도에 맞추어 엔터키를 눌러 다음 차례의 단락을 읽도록 지시했다. 이때 단락별 읽기 시간이 측정되었으며 모든 텍스트를 읽고 난 후에 회상검사와 재인검사의 순서대로 이해 과제를 수행하였다. 회상과 재인검사는 자극으로 제시되었던 글에 이용되었던 주요 단어를 빈칸에 채워 넣는 방식으로 실시되었는데, 각각 다음 (4가)-(4나)의 방법으로 이루어졌다.

(4) 가. 회상검사:

계단선도는 무엇인가? (　　　　　　　　　　　　　　　　　　　　　　　　)

나. 재인검사:

다음 일련의 과정들을 번개가 생성되는 과정에 맞도록 순서를 나열해 보라.

(　　　)-(　　　)-(　　　)-(　　　)-(　　　)

ㄱ. 하강기류형성　　　　　　ㄴ. 상승기류형성

ㄷ. 되놀이 뇌적 형성　　　　ㄹ. 대지방전

ㅁ. 계단선도형성

3. 결과

3.1. 응집장치에 따른 단락별 읽기 시간

먼저 온라인(on-line)상의 읽기 시간을 보면, 응집장치 유무의 영향이 다섯째 단락에서는 통계적으로 유의미하게 나타난 반면(F(1, 78)=4.913, p=.030), 셋째 단락에서는 조건 간 평균의 차이가 유의미하지 않은 것으로(F(1, 81)=3.27, p=.074) 관찰되었다.

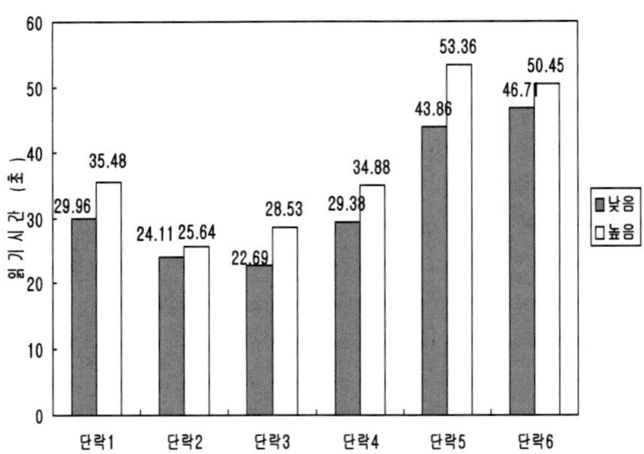

〈그림 1〉 응집장치에 따른 단락별 읽기 시간

3.2. 단락별 회상 및 재인검사 결과

읽기 과정이 끝난 후에 실시된 오프라인(off-line) 처리과제인 회상검사와 재인검사의 결과는 각각 〈그림 2〉, 〈그림 3〉과 같다. 회상검사에서는 둘째 단락에서 조건 간의 유의한 차이가 나타났으며(F(1, 81)=6.313 p=.014), 넷째 단락(F(1, 81)=6.586, p=.012)과 다섯째 단락에서도 회상의 차이가 유의한 것으로 나타났다(F(1, 81)=5.516, p=.021). 재인검사의 결과에 의하면, 각각 둘째 단락(F(1, 81)=6.459, p=.013)과 다섯째 단락에서 통계적으로 유의미한 차이가 나타났다(F(1, 81)=16.815, p=.000).

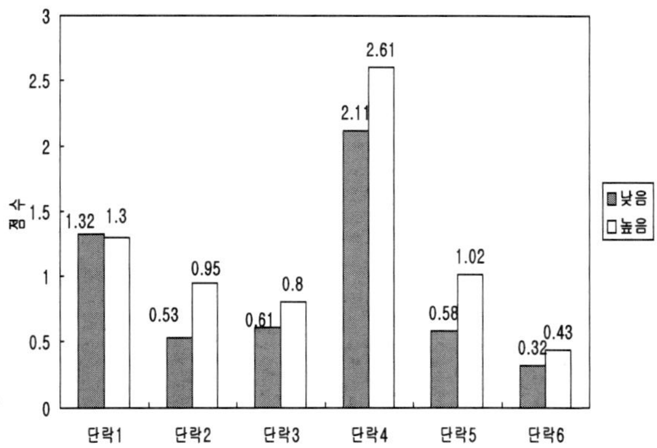

〈그림 2〉 단락별 회상검사 점수

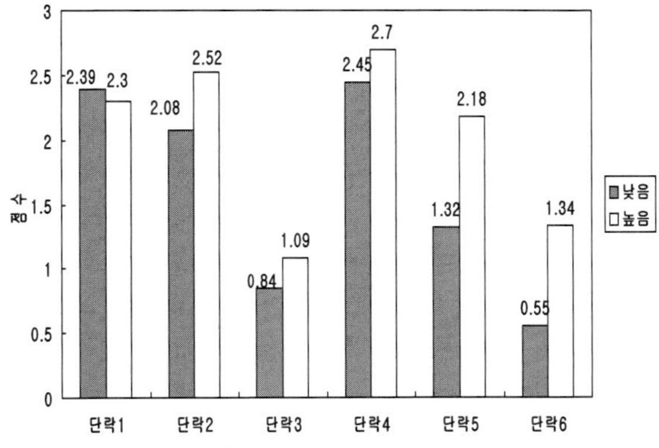

〈그림 3〉 단락별 재인검사 점수

4. 논의

본고에서 우리는 몇 가지 중요한 관찰을 하였다. 먼저, 응집장치가 포함된 단락이 그렇지 않은 단락보다 읽기 시간이 길게 나타났다. 읽기 시간이 길게 나타난 것은 응집장치 내용의 통합 과정으로 인한 부가적인 인지과정이 추가되었기 때문일 가능성이 있다. 물론, 이 해석은 어떤 인지과정의 발생으로 어떤 상호작용에 의해 읽기 시간에 차이가 빚어진 것인지 검토되어야 보다 의미 있을 것이다. 이 점은 아래의 논의에서 부분적으로 다루고 있다.

본 연구는 총 여섯 단락 중, 오직 몇 단락에서만 조건 간의 유의미한 차이를 발견하였다. 가령, 다섯째 단락에서는 읽기, 회상, 재인 등 온라인, 오프라인 두 처리과정에서 모두 유의미한 차이가 관찰되었으며, 둘째 단락에서는 오프라인 처리과제인 회상, 재인검사에서 유의미한 차이가 발견되었다. 넷째 단락에서는 〈보기〉가 주어지지 않은 과제인 회상검사에서만 유의한 결과를 얻었다.

각 단락마다 조건 간의 유의미한 차이가 차별적으로 나타난 결과는 특기할 만한 일이다. 이 결과는 각 단락에 쓰인 응집장치들이 각 문단에 어떻게 구성되어 있는지의 문제와 관련이 있을 것 같다.

첫째, 〈표 1〉에 있듯이 둘째 단락과 다섯째 단락에는 다른 단락에 비해 다양한 응집장치가 이용된 것을 볼 수 있다. 셋째 단락에는 반복 장치만 쓰인 반면, 다섯째 단락에는 반복 외에 지시사, 원인, 정박 등 다양한 응집장치가 포함되어 있다.

이밖에, 둘째, 둘째, 넷째, 다섯째 단락에서 나타난 유의미한 차이는 각 단락의 지역적(local) 응집성과 관련될 가능성이 있다. 둘째, 넷째 단락에는 인과적 접속사의 사용으로 다음 (5)와 같은 인과 고리(causal chain)가 근간을 이루고 있다.

(5) 인과 고리(causal chain):

[단락 2] 빙점아래의 기온 → 얼음 결정으로 변화

[단락 4] 물방울, 얼음 결정들 충돌 → 전기전하 축적

이 밖에, 둘째, 다섯째 단락에는 모두 명사, 수식어 등의 요소가 반복되면서 지시사(referent)의 관계가 긴밀히 연결되어 있음을 알 수 있다. 각 문단에 쓰인 지시사 고리(referent chain)는 다음 (6)과 같이 요약될 수 있다.

(6) 지시사 고리(referent chain):
[단락 2]
"상승기류를 생성하게 된다"－"상승기류를 생성한"
"습한 공기가 가열되어"－"이 습한 공기는"
"구름 꼭대기의 기온은"－"구름 꼭대기에서는"
[단락 5]
"음전하가 방출되고, 아래로 이동하면서"－"음전하가 아래로 이동하면"
"계단 선도라고 한다"－"계단 선도는"
"도전로를 형성한다"－"도전로를 따라서"

한편, 〈표 1〉에서 보았듯이, 수식어의 반복 형태인 응집장치가 쓰인 셋째 문단에서는 읽기, 회상, 재인 등 모든 수행과제에서 유의미한 차이를 발견하지 못했다는 점이 주목할 만하다. 선행연구에 의하면, 반복의 효과에 대한 주장이 엇갈리는 것을 볼 수 있다. Kintsch & van Dijk(1983)는 반복이 응집성 형성에 중요한 역할을 한다고 보는 반면, Golding, Millis, Hauselt, Sego(1995), 전문기(2001) 등의 연구에 의하면, 인과적 접속사와 같은 명시적 응집장치가 배제된 반복 장치만으로는 텍스트의 응집성 형성이 어려울 것이라고 판단하였다. 위에서 언급했듯이, 특히 셋째 문단은 두 종류의 수식어가 각각 한번씩 반복되어 쓰였을 뿐("떨어지기"－"떨어지는," "무거운 입자를"－"무거운 입자들은"), 다른 응집장치는 이용하지 않았다. 본 연구의 결과는 반복 장치만으로는 응집성의 형성이 어려워서, 읽기와 이해에 촉진적인 역할을 하지 못한다는 것을 시사한다.

5. 마무리

본 연구에서 우리는 실험을 통하여 응집장치의 효과가 선택적이라는 것을 확인하였다. 인과적 접속사와 정박 응집장치는 수행과제에 따라 온라인(읽기) 및 오프라인 처리(이해)에 다르게 영향을 주는데, 이러한 선택적 촉진은 지시사 고리, 인과 고리 등 지엽적 응집성의 강도와 어떤 유형의 응집장치가 동일한 맥락에서 발생하는지의 여부와 관련되어 있는 것 같다. 한편, 본 연구에서는 반복 응집장치는 다른 응집장치와의 상호작용이 배제된 문맥에서는 온라인, 오프라인 처리 등 두 가지 수행을 모두 촉진하지 않는 것으로 나타났다. 이 연구결과는 응집성의 강도가 모든 응집장치에 의해 단순히 일관적으로 촉진되어 정보처리에 영향을 주는 것이 아님을 시사하며, 이러한 결과는 응집장치가 장치의 종류 및 과제의 유형에 따라 차별적인 효과를 준다는 최근의 연구결과(Sanders & Noordman, 2000; Moreno, 2003; Martinez, 2004; Rahime & Cortes, 2008)를 뒷받침한다.

[참고문헌]

김세영・한광희・조숙환(2002), 「집장치가 과학텍스트의 기억과 이해에 미치는 효과」, 『인지과학 13』, 1-13쪽.

김태옥・이현호(1995), 「담화연구의 텍스트성 이론과 적합성 이론」, 『담화와 인지 1』, 1-78쪽.

왕성순(1997), 「*Text Typology and givenness Constraint on Interpretation: A Relevance Theoretic Approach*」, 서강대학교 대학원, 박사논문.

이정모・이재호 편(1998), 『인지심리학의 제문제』, 학지사.

전문기(2001), 「글의 응집성이 글의 이해에 미치는 영향」, 성균관대학교 석사논문.

Aktas, Rahime N. & Viviana Cortes.(2008), "Shell nouns as cohesive devices in published and ESL student writing", *Journal of English for Academic Purposes* 7, 3-14.

Beaugrande, Robert A. & Wolfgant U. Dressler.(1980), *Introduction to Text Linguistics*, London: Longman.

Carrell, P. L.(1982), "Cohesion is not coherence", *TESOL Quarterly* 16, 479-488.

Degand, L., Lefevre, N., and Bestgen, Y.(1999), "The impact of connectives and anaphoric expressions on expository discourse comprehension", *Document Design* 1, 39-51.

Duran,N.D., McCarthy, P.M.,Graesser, A.C., & McNamara.D.S.,(2007), Using temporal cohesion to predict temporal coherence in narrative and expositorytexts. *Behavior Research Methods*. 39, 212-223.

Golding, J., Millis, K., Hauselt, J., & Sego, S.(1995), "The effects of connectives and causal relatedness on text comprehension." *Sources of coherence in reading(pp. 127-144), Hillsdale, NJ: Lawrence Erlbaum Associate.*

Halliday, MAK & Hasan, Ruqaiya.(1976), *Cohesion in English*, London: Longman.

Larson, Mildred L.(1984), *Meaning-based translation: A guide to cross-language equivalence*, Lanham, MD: University Press of America.

Martinez, Ana C. L.(2004), "Discourse markers in the expository writing of Spanish University students", Iberica 8, 63-80.

McNamara, D. S., & Kintsch, W.(1996), "Learning from texts: Effects of prior knowledge and text coherence." *Discourse Processes* 22, 247-288.

Millis, K. K., Graesser, A. C., & Haberlandt, K.(1993), "The impact of connectives on the memory for expository texts", *Applied Cognitive Psychology* 7, 317-339.

Moreno, Ana I.(2003), "The role of cohesive devices as textual constraints on relevance: A discourse-as-device view", *International Journal of English Studies* 3, 111-165.

Sanders, T. J. M. and Noordman, L. G. M.(2000), "The role of coherence relations and their linguistic markers in text processing", *Discourse Processes* 29, 37-60.

Yeh, Chun-Chun.(2004), "The relationship of cohesion and coherence: A contrastive study of English and Chinese", *Journal of Language and Linguistics* 3, 243-260.

<부록 1>

번개의 생성과정(응집성 낮은 유형)

[단락1]
번개는 뇌운에 의해서 형성된 모든 종류의 눈에 보이는 전기 방전을 총칭한 것으로 크게 구름방전과 대지방전으로 구분할 수 있다. 구름방전은 구름 속 방전과 구름 사이의 방전, 구름과 그 주위 대기와의 방전을 포함한다. 대지방전은 구름과 지상 사이의 전기적 전하 차이에서 비롯되는 방전 현상으로 벼락 또는 낙뢰라고도 한다.

[단락2]
지표면이 따뜻해지면, 지표 부근에 있던 습한 공기가 가열되어 빠르게 상승함으로써 상승기류를 생성하게 된다. 공기는 상승하면서 수증기가 물방울로 응결되어, 구름을 형성하게 된다. 구름 꼭대기의 기온은 빙점보다 훨씬 아래이기 때문에 구름 꼭대기에서는 수증기와 작은 물방울들이 미세한 얼음 결정으로 변한다.

[단락3]
구름 속의 작은 물방울과 얼음 결정은 점차적으로 커짐에 따라 상승기류가 지탱하지 못해 아래로 떨어지기 시작한다. 입자들은 상승하는 미세한 결정이나 물방울과 서로 충돌하면서 우박, 눈 등의 더 무거운 입자를 형성하게 된다. 입자들은 하강하면서 주변의 공기를 끌어들여 하강기류를 생성한다. 이 하강기류로 인해 뇌우풍이 불게 된다.

[단락4]
구름 속에서 공기 대류는 전기전하를 축적하는 원인이 된다. 하강 중인 우박이나 다른 무거운 입자들과 상승 중인 작은 물방울이나 미세한 얼음 결정들이 서로 충돌하여서 전하를 띠게 된다. 구름의 상승기류는 양전하를 위쪽으로 보내고, 반대로 하강기류는 음전하를 구름의 하층부로 보낸다.

[단락5]
구름의 하층부와 지면의 전위차가 커지게 되면 대지방전이 시작된다. 구름 하층부에서 음전하가 방출되고 아래로 이동하면서 가속된다. 이들 전하는 전기력이 가장 큰 경로를 따라 지표를 향해 조금씩 이동하는데 이를 계단 선도라고 한다. 이는 처음에 약 50m 정도 앞으로 나아가는 것을 되풀이하면서 도전로를 형성한다. 음전하를 띤 입자들은 도전로를 따라서 구름에서 지면으로 급격히 방전된다.

[단락6]
계단 선도가 지표 부근에 이르게 되면, 구름으로부터 이동한 음전하가 지표면의 양전하를 띤 입자들을 나무나 빌딩 같은 물체로 유도한다. 양전하는 도전로를 따라 위로 이동하여 되돌이 뇌격을 형성한다. 되돌이 뇌격과 선도뇌격은 보통 지상 약 50m 지점에서 만나 번개를 형성한다. 번개가 치는 순간 도전로에는 수억 볼트의 전류가 흐르게 되므로, 근처의 공기가 급속하게 가열·팽창하여 천둥소리가 나게 되는 것이다.

텍스트 이해와 수용자의 전략

오장근

1. 들어가기

만약 텍스트가 단순히 기계적으로 수용자에게 받아들여지는 것이 아니라, 수용자의 선지식(先知識)이나 전략 또는 목적에 의해 능동적으로 재구성될 수 있다고 한다면, 텍스트 이해를 위한 이러한 처리방법은 의도적이고 목적 지향적으로 진행된 텍스트의 수용작업이라고 말할 수 있을 것이며, 이는 또한 전략적 텍스트 이해의 구체적인 표현이라 할 수 있겠다. 이러한 의미에서 볼 때, 텍스트 이해는 텍스트 생산자에 의해 의도된 소통적 정보의 단순한 전달이나 수용자의 수동적인 수용이 아니라, 오히려 수용자에 의해 수행되는 적극적인 의미구성행위로서 간주될 수 있어야 할 것이다.

따라서 본고에서는 텍스트가 어떻게 수용자에게 이해될 수 있는지를 소통적-기능적 관점에서 다루고자 한다. 그럴 경우 문제시되는 것은 어떠한 인지체계들이 텍스트의 다층적 구조에서 활성화되어지고 또 상호작용하는지를 제시해야 하는 것으로, 이를 위해 본고에서는 반 다이크/킨취의 전략적 텍스트 이해 모델을 수용, 비판함으로써 또 하나의 텍스트 이해 모델인 기능중심의 전략적 이해모델을 제안하고자 한다. 뿐만 아니라 이 글의 말미에서는 텍스트 이해의 과정에서 활성화된 의미조절 성분들이 텍스트의 전달의도를 파악하는 데 있어서 과연 동일한 이해상관성을 지니고 있는가 하는 것도 다루어지게 되는데, 이를 위해 5.2에서는 '사건보도(Meldung/Nachricht)'의 신문기사가 분석 텍스트로서 주어지게 된다. 그러나 무엇보다도 먼저 이러한 문제점들을 다루기에 앞서 다음에서는 분석대상을 명확히 하기 위해 텍스트 이해 중심의 텍스트 개념을 정의하고자 한다.

2. 텍스트 이해 중심의 텍스트 개념을 정의하면서

언어학에서 있어서 '텍스트'라는 분석단위는 그때그때마다의 입장에 따라 다양하게 기술된다. 예를 들어 하르벡Harweg(1968)은 통사론적인 관점에서 텍스트를 '끊임없는 대명사의 연쇄로 구성되는 언어단위'로, 그레마스(Greimas, 1971)는 의미론적인 관점에서 '텍스트 내에 존재하는 어휘단위의 서로 다른 의미론적 자질들의 양립가능한 체계'로, 그리고 슈미트(Schmidt, 1973), 로젠그렌(Rosengren, 1979), 모취(Motsch, 1986) 등은 화행론에 영향을 받아 텍스트를 '화자(또는 저자)와 청자(또는 독자) 사이의 일정한 의사소통 관계를 생성해내기 위한 복합적인 언어행위'로 정의하였다. 이러한 다수의 텍스트 개념에 대한 정의는 무엇보다도 개별적인 시각의 절대화와 선호에 기인한다고 하겠는데, 이들은 주로 텍스트 언어학의 발전과정에서 크게 두 개의 방향으로 구분될 수 있다. 즉 텍스트라는 분석단위가 문장을 분석할 때와 같이 동일한 방법으로 기술되고 또 설명된다고 하는 언어체계 중심적인 텍스트 개념과, 텍스트가 우선은 의사소통의 단위이라는 것에 기초하여 전개되는 의사소통 중심적인(또는 행위 중심적인) 텍스트 개념이 그것이다(브링커(Brinker), 1988; 하이네만/피베거(Heinemann/Viehweger), 1991; 파터(Vater), 1992; 롤프(Rolf), 1993 등 참조).

그러나 텍스트라는 분석단위는 언어체계 중심적인 관점이나 의사소통 중심적인 관점 중 어느 하나만으로 정의내리기에는 적절하지 못한 언어단위인 듯싶다. 왜냐하면 만약 텍스트가 한편으로는 언어기호의 산물로서 의미와 목적을 지니며 일정하게 배열된 발화연속체이면서, 다른 한편으로는 의사소통의 단위로서 일정한 의사소통적 기능을 담당하는 언어 단위라고 한다면, 텍스트는 결국 기능적으로뿐만 아니라 구조적으로도 역시 정의되어야만 하는 개념이기 때문이다. 즉 텍스트 개념을 규정하는 데 있어서, 이러한 서로 다른 접근방법들은 선택적으로 기능하는 것이 아니라 상호보완적으로 기능해야만 할 것이다. 따라서 본고에서는 이 두 가지 시각을 아우를 수 있는 다음과 같은 통합적인 텍스트 개념을 따르고자 한다.

> 텍스트는 그 내적으로는 결속력이 있으면서, 전체로서는 인식 가능한 의사소통의 기능을 전달하는 언어적, 비언어적인 신호의 전체로서 정의되어질 수 있다. 따라서 텍스트는 단지 언어적인 성분들로만 구성되어진 것이 아니라, 오히려 비언어적인 성분들을 수반하거나, 또는 이들을 통해 보충되어지기도 하며, 심지어는 대부분이 비언어적인 성분들로도 구성되어질 수 있는 텍스트의 의미전달을 위한 제한된 연속체라 할 수 있을 것이다.
>
> —브링커(Brinker, 1988), 17쪽; 칼마이어/클라인/마이어-헤어만/넷처/지버트 (Kallmeyer/Klein/Meyer-Hermann/Netzer/Siebert, 1980), 45쪽 참조.

3. 텍스트콤페텐츠, 텍스트처리, 텍스트 이해

텍스트를 이해하는 데 있어서 활성화되는 수용자의 복합적인 텍스트 지식인 텍스트콤페텐츠(텍스트능력)의 개념을 설명하기 위해 여기에서는 우선 본고를 이끌어 가는 데 있어서 전제되어야 할 큰 틀개념(Rahmenbegriffe)인 '텍스트콤페텐츠(Textkompetenz)-텍스트처리(Textverarbeit)-텍스트 이해(Textverstehen)' 사이의 관계가 규정되어야 할 것 같다. 왜냐하면 텍스트콤페텐츠 개념은 이러한 관계 속에서야 비로소 텍스트 이해의 중요한 전제개념으로서 설명될 수 있기 때문이다; 텍스트처리는 이럴 경우 텍스트의 생산과 수용에서 수행되는 인지적인 과정으로 이해되는데, 인지 심리학에서는 주로 '언어처리행위(Sprachverarbeitung)'라는 명칭으로 일컬어진다. 이러한 인지적 행위는 텍스트생산 측면과 텍스트 수용 측면의 제 문제들을 모두 고려하고 있으며, 그러기에 텍스트콤페텐츠를 규정하는 데 중요하다고 하겠다.

릭하이트/쉬트로너(Rickheit/Strohner, 1993: 71ff.)는 "텍스트콤페텐츠-텍스트처리-텍스트 이해의 관계는 상호 의존적이며, 그들 사이에는 계층적임과 동시에 상호작용적인 관계가 설정되어 있다"고 말하고 있다. 이러한 계층관계를 도식으로 나타내면 다음과 같다.

텍스트콤페텐츠(Textkompetenz)
↓
텍스트처리(Textverarbeit)
↓
텍스트 이해(Textverstehen)

결국 이 도식에 따르면, 텍스트콤페텐츠는 텍스트처리라는 인지과정의 전제가 되며, 텍스트 이해는 바로 이러한 처리과정의 결과로서 이끌어진다는 것이다. 그렇다면 텍스트 이해의 기본토대이면서, 텍스트처리의 전과정인 텍스트콤페텐츠는 과연 어떻게 이해되어야 할 것인가?

텍스트콤페텐츠는 우선 코세리우(Coseriu)에 의해 일반적인 언어이론의 범주에서 정의되었다. 그의 이론에 따르면 텍스트콤페텐츠는 '문화적인 언어콤페텐츠(kulturellen Sprachkompetenz)'의 한 구성 요소로 이해되고 있는데, 그럴 경우 이 '문화적인 언어콤페텐츠'는 '일반 언어콤페텐츠(Allgemein-sprachliches Kompetenz, 일반 언어적인 지식)'와 '개별언어적인 콤페텐츠(Einzelsprachliche Kompetenz, 관용어적인 지식)' 그리고 '텍스트콤페텐츠Textkompetenz (표현 지식)'를 포함하는 용어로 쓰이고 있다. 결국 그에게 있어서 '텍스트콤페텐츠'는 문화적인 층위에 속하는 성분으로, 그중에서도 특히 구체적인 상황에 따른 개별적인 발화의 형성에 해당하는 지식을 의미하는데, 이는 촘스키의 이해에 의하면 퍼포먼츠(Performanz, 개별적인 언어사용)의 개념에 속한다고 하겠다.[1]

1) 이에 대해서는 코세리우(Coseriu, 1988), 65쪽 참조.

이와는 달리 잔디히(Sandig, 1979)는 텍스트콤퍼텐츠를—그녀는 '문체콤페텐츠(Stilkompetenz)'라는 용어를 사용하고 있다—언어콤페텐츠(Sprachkompetenz)와 행위콤페텐츠(Handlungskompetenz)와의 관련 속에서 살펴보고자 하였다. 이러한 관계설정의 장점은 이를 통해 텍스트 생산 내지는 텍스트수용에 직접적으로 참여하고 있는 다양한 지식들 간의 상호작용이 보다 잘 파악되어질 수 있다는 데 있다. 언어콤페텐츠와 행위콤페텐츠와의 관련 속에서 살펴본 텍스트콤페텐츠의 성분들은 다음과 같다.[2)]

〈언어콤페텐츠와 행위콤페텐츠〉

1) 언어 단위들과 언어규칙들: 언어적인 지식
2) 백과사전적 지식 또는 전문지식
3) 상황적인 지식
4) 언어행위지식
5) 거시 텍스트구조에 대한 지식

〈텍스트콤페텐츠〉

1) 텍스트를 구성하고 있는 문법적이고 의미론적인 연결단위들
2) 적합하고 전형적인 어휘목록을 지니는 전형적인 텍스트유형들
3) 전형적인 행위유형들(전형적으로 일어나는 콘텍스트적-상황적인 행위유형들과 대화의 원리들)
4) 언표내적인 역할과 그 유형들
5) 텍스트 구조단위들의 생산을 위한 규칙들
6) 단순한 텍스트 구조단위로부터 복합적인 텍스트를 형성하기 위한 일반적인 규칙과 통례

결국 언어콤페텐츠와 행위콤페텐츠와의 관계 속에서 이해된 텍스트콤페텐츠는 따라서 코세리우의 경우에서처럼 단순히 퍼포먼츠에 속하는

2) 이에 대해서는 바르타(Bartha, 1994), 17쪽 참조. 잔디히 역시 그녀의 저서 *Stilistik der deutschen Sprache*(1986), 86쪽 이하에서 이를 자세히 설명하고 있다.

개념으로 이해되는 것이 아니라, 언어사용자의 언어지식과 체계화된 언어행위에 대한 통상적인 지식을 전제하고, 이와 더불어 텍스트의 의사소통적 의미인 텍스트기능을 파악하는 데 요구되는 다양한 텍스트지식 (예를 들어 '텍스트종류에 대한 지식'이나 '텍스트구조에 대한 지식')들을 포함하고 있다고 하겠다. 따라서 이러한 의미로 이해되는 텍스트콤페텐츠는 위에서 살펴본 것처럼 언어지식과 (언어)행위지식을 포괄하는 복합적인 지식체계로서, 텍스트생산자나 수용자가 텍스트를 생산 또는 수용할 경우 활성화시키게 되는 텍스트와 관련된 지식의 전체를 말한다 할 것이다.

만약 한 텍스트가 수용자에 의해 이해되었다고 한다면—텍스트 이해의 측면에서 텍스트콤페텐츠를 살펴볼 경우—이는 텍스트생산자에 의해 의도된 텍스트의 소통적 의미가 전달되었다는 것을 뜻하며, 이러한 텍스트 이해의 과정은 텍스트를 통해 명시적으로 또는 암시적으로 주어진 성분들이 다양한 층위에서—문법적, 의미론적 그리고 화용론적인 층위에서—활성화되는 텍스트수용자의 지식을 전제한다고 하겠다. 결국 수용자 측면에서 살펴본 텍스트 이해는 텍스트자체에만 의존할 뿐 아니라 텍스트가 처리되는 인지적인 과정에도 의존하고 있으며, 이런 이유로 텍스트 이해는 인지적인 텍스트처리 과정의 결과로서 이해되며, 그럴 경우 이의 전제는 텍스트를 통해 활성화되는 수용자의 복합적인 지식인 텍스트콤페텐츠라 할 수 있을 것이다.

이제 다음에서는 어떻게 텍스트콤페텐츠의 개개의 성분들이 텍스트 이해의 과정에서 활성화되고, 상호작용하는지를 나타내고자 하며, 이를 위해 본 논문에서는 반 다이크/킨취(van Dijk/Kintsch, 1983)의 전략개념(Strategiebegriff)을 사용하고자 한다. 그럴 경우 전략개념은 행위개념과 연관되어 텍스트 이해라는 행위목적에 이르기 위해 수행되는 인지적 과정으로 이해된다.

4. 반 다이크/킨취의 전략적 텍스트 수용모델

4.1. '전략'이라는 개념의 사용을 위하여

일반적으로 군사적인 용어로서 장기적인 군사목적에 이르기 위한 방법을 나타내는 '전략'(Strategie)이라는 용어는[3] 언어학의 경우 주로 하위적인 개념(槪念)으로 쓰이고 있다고 할 수 있는데, 이는 이 용어가 단지 개별 문장의 생산에만 관련하여 사용되고 있기 때문이다(보그란데/드레슬러(de Beaugrande/Dressler, 1981), 37쪽). 그러나 텍스트가 그의 수용행위와 떨어져서는 올바르게 파악될 수도, 정의될 수도 없다는 관점에서 살펴본다면, 우리는 이를 목적에 이르기 위해 의도적으로 진행된 텍스트 생산과 수용의 모든 행위를 포괄하는 용어로 규정해야만 할 것이다. 결국 전략—보다 정확히 말해, '의사소통의 전략'—이라는 용어는 주로 목적에 따라 의도적으로 진행된 일련의 선택행위와 결정행위의 결과로서 이해되어야 하며, 의사소통의 목적을 수행하기 위한 해결과정과 방법을 통해 특징지어질 수 있을 것이다.[4] 따라서 언어행위를 통해 목적에 이르기 위한 모든 시도는 원칙적으로 전략적인 것이라 하겠다. 하이네만/피베거(Heinemann/Vieweger, 1991, 215쪽)는 이러한 개념 정의에 의거해 다음과 같이 '전략'이라는 개념을 설명하고 있다.[5]

전략은 한편으로는 상호행위와 사회적인 제약으로부터 유도될 수 있는 의

3) 바그너(Wagner, 1978, 14쪽); 하이네만/피베거(Heinemann/Viehweger, 1991, 214쪽) 참조.

4) 미헬(Michel) 등은(1988, 27) 전략이라는 개념을 '의사소통과제(Kommunikations-aufgabe)의 적절한 해결을 지향하는 개념'으로 이해하였는데, 이와 유사한 개념정의를 우리는 레바인(Rehbein, 1977, 205쪽)과 바그너(Wagner, 1978, 14쪽)에서 찾아볼 수 있다.

5) 이러한 의미에서 개념 '전략'은 '화자 또는 청자의 플랜'과 유사한 의미로 광범위하게 사용되고 있다. 그러나 반 다이크/킨취(van Dijk/Kintsch, 1983, 65쪽)에 있어서 이 두 개념은 구분되고 있는데, 즉 플랜이 거시적인 행위의 전반적인 개념이자, 그 결과 또는 목적이라고 한다면, 전략은 그러한 목적에 이르기 위한 다양한 방법의 표현이라고 말할 수 있을 것이다.

사소통파트너의 의사소통을 위한 과제와 목적, 그리고 다른 한편으로는 이를 실현하기 위해 설정될 수 있는 언어수단과 그의 구조화를 중재한다.

그렇다면 본고가 다루고자 하는 수용자의 전략, 즉 텍스트 이해를 위해 수용자가 사용하게 되는 전략은 과연 어떻게 규정될 수 있는 것일까? 반 다이크/킨취(van Dijk/Kintsch, 1983)의 의견에 따르면, 텍스트 이해에 있어서 수용전략은 개별적인 수용과정의 연속과 중요성(또는 관여성의 정도)에 영향을 주는 정신적인 프로그램(mentale Programme)인데, 이것은 이미 저장된 지식을 불러일으켜 보다 쉽게 사용하고 또 개선하기 위해 수용자에 의해 설정되는 수용자의 의도적인 행위로 이해될 수 있을 것이다. 그러므로 본고에서는 수용전략을, 만약 텍스트의 수용행위가 독자와 텍스트 사이의 상호작용으로 이해될 수 있다고 할 경우, 위에서 규정된 '전략'의 개념과 관련하여 수용자가 이르고자 하는 일정한 목적, 즉 의사소통의 목적에 의해 규정될 수 있는 개념으로 받아들이고자 한다. 결국 수용전략은 텍스트 수용자가 얻고자 하는 미래의 상황과 밀접하게 관련되어 있으며, 이의 사용은 텍스트 자체가 지니고 있는 언어적 특성과 수용자 개개인의 언어외적 특성(예를 들어, 수용자의 텍스트기대 또는 사전지식)에 의해 실현될 수 있다.

수용자의 텍스트 이해 전략과 관련하여 여기서 우리는 우선 리바인(Levine, 1982)에 의존하여, 국지적(局地的) 텍스트 결속력을 형성하는 데 쓰이는 미시적인 전략(Mikrostrategie)과 전국적(全局的)인 텍스트 결속력을 형성하는 데 쓰이는 거시적인 전략(Makrostrategie)을 구분해 보고자 한다. 미시적인 전략은 주로 서로 연속되어 있는 텍스트 발화들과 그들의 의미연결을 이해하기 위해 쓰이고 있는데, 그럴 경우 중심이 되는 텍스트정보와 주변적인 텍스트정보는 동일하게, 즉 아무런 정보성의 차이 없이 받아들여지게 된다. 그러나 거시적인 전략은 이와는 달리 텍스트 수용과정에서 중요한 역할을 수행하는 중요한 정보, 즉 텍스트 테마를 찾아내는 데 쓰이는 수용전략을 말한다. 반 다이크/킨취(1983)는 이와 관련하여 한편으로는 국지적 결속력을 위한 전략(local coherence strategies)을, 다른 한편으로는 거시전략(macro strategies)과 스키마 전략(schematic strategies)을 구분하였고, 마이어(Meyer, 1984)는 미세전략

(detail strategies)과 구조전략(strukture strategies)을 구분하기도 하였다.

4.2. 반 다이크/킨취의 전략적 텍스트수용 모델과 비판

반 다이크/킨취에 의해 전개된 전략적 텍스트수용 모델은, 텍스트 이해가 지금까지의 구조적, 층위 지향적인 모델을 통해서가 아니라, 단지 이들 층위들의 상호작용을 지향하는 복합적인 모델을 통해서야 비로소 적절하게 기술되고 설명될 수 있다는 가정에서부터 출발하고 있다. 따라서 이 모델의 중심 개념은 다양한 층위에서 진행되는 이해전략이며, 이러한 전략의 강조를 통해 전략적 텍스트수용 모델은 우선 개념적인 층위에서 스키마 이론적인 접근방법과 행위 지향적인 접근방법을 구분해주고 있다.

역동적이고 과정지향적인 텍스트수용 모델인 반 다이크/킨취의 전략적 텍스트수용 모델은 수용자의 세계지식과 의도 또는 동기에 의해 영향을 받아 다양한 층위에서 진행되는 텍스트수용의 과정을 통해 텍스트 이해를 설명하고 있다. 따라서 전략적 텍스트수용 모델에서는 텍스트 이해의 과정적인 측면과 기능적인 측면이 함께 고려되고 있는데, 그럴 경우 전략은 텍스트의 이해를 위해 모든 층위에서 활성화되는 수용자의 과정적인 지식과 그의 사용을 나타낸다고 하겠다. 반 다이크/킨취의 이 다층모델은 텍스트 수용의 행위가 개개의 층위에서 순서적으로 일어나는 것이 아니라, 모든 층위에서 동시에 일어나며, 국지적 층위와 전국적 층위의 수용과정이 서로 맞물려 작용하고 있다는 점에서, 수용자에 의해 진행되는 텍스트 이해의 행위를 보다 분명하게 설명하고자 하는 모델이라 할 수 있을 것이다.[6]

6) 반 다이크/킨취의 텍스트의 수용 전략들을 층위적으로 설명하면 다음과 같다.
- 명제적 층위에서는 낱말의 의미에 기초해서 의미론적인 지식을 활성화시키고, 또한 문장부분들의 통사적 구조들로부터 명제를 구성하게 하는 '명제 전략'이 텍스트 이해를 위해 사용된다.
- 국지적인 결속력의 층위에서는 텍스트의 연속되는 문장들 사이의 의미있는 관계를 형성시키는 '국지적 결속력을 위한 전략'이 텍스트 이해를 위해 사용된다.
- 거시구조 층위는 텍스트의 거시명제가 파생되는 '거시 전략'과 관계된다. 거시명제

반 다이크/킨취의 전략모델은 텍스트 이해가 포함하고 있는 모든 층위—명제적 층위에서부터 초구조 층위까지—를 고려하고자 하였다는 점에서 이전의 다른 이해모델보다는 포괄적인 모델이라 할 수 있을 것이다. 이 모델은 과정지향적인 모델로, 텍스트 이해를 위한 지식의 사용, 즉 우리의 저장된 기억으로부터 활성화된 지식들이 어떻게 텍스트 이해의 과정에서 전략적으로 사용될 수 있는지를 다루어 줌으로써 텍스트 이해의 본질을 설명해 주고 있는 모델이라 할 수 있을 것이다. 그러나 우리는 반 다이크/킨취의 이러한 전략적 이해모델을 다음의 관점에서 비판할 수 있을 것이며, 이를 기반으로 보다 설명력 있는 모델을 모색해 보고자 한다.

1) 비록 반 다이크/킨취가 이 모델을 통해 개개의 층위에서 일어나는 이해의 과정을 매번 실험을 통해 확인하고 있다 하더라도, 개개의 층위들 사이에서 일어나는 상호작용이 언급만 될 뿐 이를 설명할 수 있는 실험을 제시해 주지 못하고 있다면, 이 모델은 텍스트 이해의 과정에 대한 우리의 일상적인 생각과는 거리가 있다고 할 수 있을 것이다.
2) 반 다이크/킨취가 중요하지 않게 다룬 사회-문화적인 전략, 문체적인 전략 그리고 비언어적 전략들은 상황에 따라 텍스트 이해에 중요한 역할을 수행할 수도 있는데, 예를 들어 비언어적인 전략은 언어적 정보가 적은 텍스트(광고나 사용방법 설명서 등)를 이해하는 경우에, 문체적 전략은 은유나 반어법으로 표현된 텍스트를 이해하는 경우에 그리고 사회-문화적인 전략

는 거시전략의 반복된 사용을 통해 형성되는 층위적인 구조로, 이러한 텍스트의 거시구조를 우리는 텍스트의 테마 또는 내용의 핵심으로 나타낼 수 있다.
—특정한 텍스트 종류의 통상적인 형식인 초구조의 층위는 텍스트 스키마의 사용과 관련된 '스키마 전략'이 텍스트 이해를 위해 사용된다. 반 다이크/킨취는 스키마 개념의 모호함 때문에 스키마라는 명칭을 사용하는 대신 초구조라는 명칭을 사용하였다. 스키마 전략의 사용은 텍스트를 이해하기 위한 최초의 단서로서, 텍스트의 전국적인 형식인 초구조를 우리의 기억으로부터 불러일으켜, 개별명제들의 의미를 구성하게 하는 역할을 한다.
이러한 텍스트 수용의 중요층위와 더불어 텍스트수용 전략은 문체적 층위와 비언어적 층위 그리고 사회-문화적 층위에서도 나타나는데, 유감스럽게도 반 다이크/킨취는 이를 중요하게 다루지 않고 있다. 이 밖에도 반 다이크/킨취는 좁은 의미에 있어서의 텍스트 이해모델에는 포함되지 않지만, 화자와 청자를 포함하는 담화수용모델에서는 반드시 있어야만 하는 텍스트 생산 전략을 언급하기도 하였다.

은 한 사회의 독특한 문화나 사고방식을 설명하는 텍스트의 이해에 중요한 역할을 하는 전략이 될 수 있다.

따라서 이러한 전략들은 텍스트 이해의 구성적 또는 부차적 기능만을 수행하고 있는 것이 아니라, 텍스트종류에 따라 텍스트 이해의 지배적 기능을 수행할 수도 있는 것이다.

이러한 결점을 보완하기 위하여, 우리는 우선 하나의 언어 형성체가 텍스트로서 간주되기 위해 지켜야만 하는 일반적인 조건들을 기술하는 것처럼, 텍스트 이해를 화용론적인(의사소통적-기능적인) 층위, 주제적인 층위 그리고 문법적인 층위로 각각 구분하여 기술하고자 하며, 이렇게 구성층위를 가정하는 것은 텍스트를 하나의 언어적이고 의사소통적인 단위로 기술하고자 하는 화행론적 관점을 따르고 있기 때문이다. 따라서 구조적, 기능적인 단위로서의 텍스트는 언어행위의 개념과 밀접하게 연결되어 있으며, 이러한 관점에서 텍스트는 "언어행위를 수행하기 위하여 반드시 필요한 의사소통의 단위"라고 규정할 수 있을 것이다.(릭하이트/쉬트로너, 1993, 21쪽 참조.)

텍스트 이해에서의 구성층위의 구분은 화용론 내에서 한 언어행위가 3개의 서로 다른 부분 행위들(써얼Searle의 이해에 따르면, 언표내적 행위(illokutionärer Akt), 명제적 행위(propositionaler Akt) 그리고 언표행위(Äußerungsakt)로 구분되는 것과 일치하고 있는데, 그럴 경우 언표내적인 행위는 화용론적인 층위에서, 명제적 행위는 주제적인 층위에서 그리고 언표행위는 문법적인 층위에서 파악된다고 할 수 있을 것이다(브링커(Brinker), 1994, 110쪽).

그렇다면 우리가 살펴보고자 하는 텍스트의 이해는 어느 층위에서 일어나는 현상일까? 만약 우리가 그로쎄(Große, 1976, 26쪽)나 브링커(1988, 86쪽)가 그런 것처럼, 수용자의 텍스트 이해를, 사회적으로 통용되는 언어적 또는 비언어적인 성분들로 표현된 텍스트 생산자의 의사소통적 목적인 텍스트기능 또는 텍스트의미의 파악으로 정의할 수 있다면, 우리는 텍스트 이해의 분석을 화용론적 층위에서 수행되는 텍스트의 수용작업에 제한하여야만 할 것이다. 왜냐하면 텍스트기능의 정의는 언표내적인 행위의 화행론적 개념과 상당히 일치하고 있기 때문이다. 결국 화용론적인 층위에서 수행되는 텍스트 이해는, 서로 다른 의미조절성분들이—브링커는 이를 '텍스트기능의 지시소들(Indikatoren der Textfunktionen)'로 표현하고 있다—이들을 우리의 저장된 지식으로부터 활성화시키는 다양한 텍스트수용 전략을 통해 수용자의 텍스트구성에 참여하고, 통합됨으로써 도출되는 것이라 할 수 있을 것이다. 그럴 경우 반 다이크/킨취에 의해 중요치 않게 다루어졌던 사회-문화적, 문체적 그리고 비언어적인 전략들은 다른 전략들과 동일하게 텍스트의 수용작업에 관여할 수 있게 될 것이다. 그러므로 본고에서 말하고 있는 '텍스트 이해의 분석'은—인지언어학이나, 심리언어학에서 말하는 것과 같이—텍스트 이해의 과정 자체를 파악하고자 하는 것이 아니라, 텍스트의 기능적인 관점에서 텍스트 이해에 참여하는 다양한 의미성분들의 역할과 상호관계를 분석, 이들을 재구성하는 것이라 하겠다. 결국 본고에서 다루게 되는 텍스트 이해의 모델은 반 다이크/킨취의 기능적-과정적인 전략모델이 아닌, 화용론적 층위에서 행하여지는 기능중심의 전략모델로 이해되어야 할 것이다.

끝으로 텍스트생산자의 지배적인 행위의도(Handlungsabsicht)인 텍스트의 의미 또는 텍스트기능을 파악하기 위해 참여하는 의미조절성분들과 이들을 활성화시키고 적절하게 사용하는 수용자의 이해전략을 층위적으로 간단하게 설명하면 다음과 같다.

- 통사론적 전략(syntaktische Strategie): 문법적 층위에서 기술되는 통사적인 의미조절성분들의 활성화를 위해 사용되는 수용자의 전략을 말한다. 통사적인 의미조절성분으로는 대명사를 비롯한 대용형들, 접속사, 관사, 시제, 생략현상들과 같은 텍스트 결속구조를 위한 언어적인 수단들을 들 수 있다.
- 의미론적 전략(semantische Strategie): 통사전략과 마찬가지로 문법적 층위에서 기술되지만, 낱말의 어의(Wortbedeutung)에 기초하고 있는 의미조절성분들의 활성화를 위해 사용되는 수용자의 전략을 말한다. 이에 해당하는 의미조절성분으로는 동어반복(Rekurrenz), 유의어(Synonymen), 상위어(Hyperonymen), 하위어(Hyponymen), 의해(Paraphrase), 인접개념(Kontiguität) 등을 들 수 있다.
- 문체론적 전략(stilistische Strategie): 낱말의 어의에 기초하고 있기는 하지

만, 그 낱말의 통상적인 사용과는 다른 의미로 이해되어야 하는 의미조절성분들의 활성화를 위해 사용되는 전략을 말한다. 이에 해당하는 가장 대표적인 성분으로는 반어적인 표현을 들 수 있으며, 그 밖에 은유(Metaphern)나 환유(Metonymien) 그리고 과장(Hyperbel) 등도 여기서 언급될 수 있다.

– 거시전략(Makrostrategie): 주제적 층위에서 기술되는 거시구조, 즉 텍스트 테마의 인식을 위해 사용되는 수용자의 전략을 말한다. 거시구조는 '생략, 선택, 일반화, 통합'이라는 거시규칙을 통해 이끌어지며, 이렇게 이끌어진 텍스트 테마는 다시 거시전략을 통해 텍스트 이해의 과정에서 활성화된다.

– 스키마전략(schematische Strategie): 화용론적 층위에서 기술되는 텍스트종류에 대한 지식(Textsortenwissen)을 활성화하기 위해 사용되는 수용자의 전략을 말한다. 텍스트종류에 대한 지식은 우리가 하나의 텍스트를 일정한 텍스트종류로 인식함으로써 생기게 되는 수용자의 기대로서, 이를 통해 수용자는 텍스트 이해를 위한 최초의 단서를 발견할 수 있고(텍스트종류에 대한 지식이 갖는 선신호적 역할(Präsignalrolle)), 텍스트의 기능과 내용에 대한 대강의 기대도 이루어질 수 있다(Schemaerwartungsrolle).

– 비언어적 전략(nonverbale Strategie): 스키마전략과 마찬가지로 화용론적 층위에서 활성화되는 시각적-형상적인 기호체계의 의미형성기능을 위해 사용되는 수용자의 전략을 말한다. 언어적인 성분과 비언어적인 성분 사이의 상호작용을 통해서 해석될 수 있는 다매체 텍스트(multimedialer Text, 예를 들어, 광고텍스트)를 이해하는 데 있어서 비언어적인 의미조절성분들은 특히 중요한 의미를 지니며, 이들의 의미와 기능은 언어적인 성분들과의 의미론적 관계에서 정의될 수 있다. 비언어적인 의미조절성분으로는 아이콘적인(ikonisch), 활자적인(typographisch), 인덱스적인(indexikalisch) 성분 등 일반적으로 '형상(Bild)'이라는 명칭하에 포함될 수 있는, 텍스트 결속력을 형성하는 모든 비언어적인 의미조절성분들이 여기서 언급될 수 있다.

– 사회적・문화적 전략(sozio-kulturelle Strategie): 텍스트 이해의 과정에서 인간사회의 구성원인 수용자가 자신의 사회-문화적 환경과 사회적 위치로부터 받아들이게 된 세계지식(Weltwissen)을 활성화하기 위해 화용론적 층위에서 사용하는 전략을 말한다. 따라서 사회-문화적인 의미조절성분으로는, 한 낱말의 의미 또는 낱말과 낱말 사이의 의미관계가 언어 외적인 경험에 기초하여야만 이해될 수 있을 경우, 이를 위해 활성화되는 수용자의

백과사전적 지식 또는 전문지식이 이에 해당된다고 하겠다.

5. 수용자의 텍스트 이해 전략과 그 관여성

5.1. 수용전략의 관여성과 텍스트종류에 관한 지식

3.2에서 제안된 기능중심의 전략적 텍스트 이해 모델에서는 '텍스트의 의(Textsinn)'인 텍스트의 소통적 기능을 직·간접적으로 지시함으로서 텍스트 이해를 조절하는 텍스트콤페텐츠의 화용론적인 성분인 언어적-비언어적인 의미조절성분들의 전략적 사용을 간략하게 설명하였다. 하지만 그럼에도 불구하고 여전히 남아 있는 의문점은 이해과정에서 활성화되는 모든 전략들이 주어진 텍스트를 이해하는 데 있어 동일한 상관관계를 지니는가 하는 것이다.

의미조절성분들의 이해 상관관계에 대해 답한다는 것은 결코 쉬운 일은 아닐 것이다. 그러나 텍스트종류의 지식이—스키마전략의 설명에서 언급된 것처럼—텍스트 이해의 선신호로서 해당 텍스트에 대한 기능과 내용에 대해 일정한 정보를 제공할 수 있다면, 최소한 우리는 텍스트종류의 지식이 텍스트를 이해하는 데 있어서 중요한 역할을 하고 있다고는 말할 수 있을 것이다. 텍스트가 만약 언어표현을 통해 명백하게 그 의미를 표출해내지 못한다면, 또는 텍스트의 언어성분들이 서로 다른 소통적 기능을 암시함으로서 그 지배기능이 불분명하다면, 그럴 경우 텍스트의 지배기능은 텍스트종류에 대한 지식에 기초하여 비로소 정의될 수 있다 하겠다. 왜냐하면 텍스트종류의 지식은 우선적으로 해당 텍스트의 소통적 기능을 규정하며, 부분적으로는 텍스트의 전국적 구조에 대한 지식(Wissen über die Globalstruktur des Textes)에 바탕을 두어 일정한 (통상적인) 텍스트내용을 추론해 낼 수 있기 때문이다.[7] 그 밖에도 텍스

7) 하이네만/피베거(1991, 191쪽), 롤프(1993, 168쪽), 박여성(1994, 146쪽) 참조.

트종류에 대한 지식은 텍스트 이해에 있어서 필요한 정보만을 선택하여 그 이해를 신속하고 효율적으로 할 수 있게 하는 역할을 수행하기도 한다. 예를 들어 '간략한 사건보도(Kurznachrichten)' 같은 신문기사의 경우—극단적인 경우의 예로서—수용자는 단지 표제어(Überschrift)만으로 텍스트 전체의 이해에 이를 수도 있는데, 이는 텍스트종류에 대한 지식으로부터 야기되는 소통적 텍스트기능과 텍스트의 전국적 구조에 대한 기대가 정보의 선별을 가능하게 해 주기 때문이다. 그러므로 텍스트 이해는 원칙적으로 볼 때 선택적으로 수행된다고 할 수 있으며, 무엇보다도 텍스트종류에 대한 지식에 근거한 언어적-비언어적인 의미조절성분들의 상호관계에 의존하여 진행된다고 할 수 있을 것이다.

이제 다음에서는 신문텍스트의 수용을 예로 하여 텍스트종류의 지식과 다양한 수용전략들 사이의 관계, 그리고 그들의 이해상관성을 전략적 텍스트 이해의 관점에서 설명하고자 한다. 그럴 경우 여기에서는 또한 어떠한 의미조절성분들이 텍스트의의를 파악하기 위해 활성화될 수 있고, 또 어떻게 상호작용하게 되는지 등이 자세히 다루어지게 될 것이다.

5.2. 수용전략의 관여성과 텍스트 이해

5.2.1. 분석 텍스트

"Staat darf nicht an Stelle der Eltern treten"
Papst kritisiert Kubas Erziehung

Von MICHAEL FRITSCH

Santa Clara–1) Papst Johannes Paul II. hat deutliche Kritik am kubanischen Erziehungssystem geübt und 2) das Recht der Eltern verteidigt, selbst für das Wohl ihrer Kinder zu sorgen. 3) Während seiner ersten Freiluft-Messe in der Provinz-Haupstadt Santa Clara sagte der Papst: 4) "So richtig es ist, daß der Staat in Sachen Erziehung bestimmte Rechte und Pflichte hat, so gibt es ihm dennoch nicht das Recht, an die Stelle der

Eltern zu treten." 5) Der Papst spielte damit auf die Praxis in Kuba an, Kinder frühzeitig von ihren Eltern zu trennen und sie außerhalb ihrer Heimat in Internaten zu indoktrinieren sowie zu Ernteein-sätzen heranzuziehen.

—Berichte im Innern(Münstersche Zeitung, 23.01.1998)

"국가는 부모의 자리를 대신해서는 안 된다"

교황 쿠바의 교육상황을 비판

미하엘 프리취

싼타클라라—1) 교황 요하네스 파울 2세는 쿠바의 교육체계를 분명한 어조로 비판하면서, 2) 자녀의 복지는 부모 스스로가 돌봐야 한다는 부모의 권리를 옹호하였다. 3) 지방도시 싼타클라라에서 행하여진 그의 첫 번째 야외미사에서 교황은 4) "국가가 교육에 일정한 권리와 의무를 지니는 것은 옳지만, 그렇다 하더라도 부모의 자리를 대신할 권리가 국가에게 주어져 있지는 않다"고 말하였다. 5) 교황은 어린이들이 일찍이 고향을 떠나 부모로부터 떨어져 기숙사에서 배우게 하고 추수하는 일에 투입하는 쿠바의 교육 실태를 비난하였다.

—안쪽의 관련 사태보도(Bericht) 참조(뮌스터 신문 1988년 1월 23일자에서)

5.2.2. 텍스트종류에 관한 지식과 수용전략의 상호작용

신문텍스트의 전략적 이해분석을 위한 위의 분석 텍스트는 98년 1월 23일의 뮌스터 신문에 게재된 기사이다. '텍스트의 길이'와 '다음에 나올 자세한 보도에 대한 언급'(위 예문의 경우 "안쪽의 관련 사태보도 참조")에 기초하여 보면 이 텍스트는 텍스트종류 '사건보도(Meldung/Nachricht)'에 해당된다고 하겠다.[8] 물론 위에서 언급한 두 가지의 텍스

8) 부허(Bucher)에 따르면 사건보도에는 사실 또는 일어난 일이 전달되는 형식들이 속하며, 사태보도에는 일어난 일의 전달뿐만이 아니라 그 배경까지도 전달되는 텍스트 형식들이 속한다고 한다. 결국 그에 따르면 사태보도는 사건보도가 지니고 있는 특유의 전달 형식까지도 포함하고 있는 텍스트 종류라고 하겠다. 그 밖에 르포타지는

트 외적 특징들이 텍스트종류 '사건보도'를 규정하기 위한 객관적이고 절대적인 특징이라고 말할 수는 없지만, 그러나 적어도 우리는 이들 특징이 위 분석 텍스트를 '사건보도'의 텍스트로 분류할 수 있는 최소한의 근거는 될 수 있으리라 생각된다. 왜냐하면 대부분의 사건보도는—사건의 배경이나 객관적 상황을 사건보도와 더불어 설명하는—사태보도의 축약텍스트로 간주되기 때문이다.(뤼거(Lüger, 1983), 부허(Bucher, 1986), 그리고 오장근(1999) 참조) 뿐만 아니라 이 분석 텍스트가 일어난 사건에 대한 가치중립적이고 객관적인 정보만을 전달하여 주고 있다는 것 역시 우리가 위의 텍스트를 텍스트종류 '사건보도'로 이해할 수 있게 하는 근거가 되기도 한다. 따라서 4.2의 '스키마전략'에서 말한 것처럼 만약 수용자가 본래의 텍스트수용 과정을 시작하기 이전에 텍스트 이해의 선신호(Präsignal)인 텍스트종류에 대한 지식을 '텍스트기대(Texterwartung)'로서 활성화시킬 수 있다면, 우리는 이를 통해 위의 분석 텍스트에 대해 다음과 같은 기대형식, 즉 텍스트의 이해유형, 텍스트의 소통적 기능 그리고 텍스트의 전국적 구조 등을 정의할 수 있을 것이다.

1) 텍스트종류 '사건보도'의 이해유형

신문텍스트를 이해할 경우 수용자는 그에게 특히 흥미로운 신문을 정보의 원천으로 선택할 뿐만 아니라, 그는 신문의 외적형식이나 표제어 등을 통해 그에게 특히 흥미로운 분야에 대한 정보를 찾게 된다. 그럼으로써 다수의 텍스트콤페텐츠가 이해의 과정에 투입되며, 이러한 텍스트콤페텐츠의 전략적 사용을 통해 수용자는 이미 그의 의식 속에 저장된 지식단위와 새로이 받아들여지는 지식단위와의 연관관계를 더욱 굳건히 하게 되고, 이를 자신의 지식으로 수용하게 된다. 그러나 이에 반해 수용자에게 흥미롭지 않은 정보는 일반적으로 간과되거나 단지 대충 훑어봄으로써 그에게는 전혀 인지되지 않을 것이다. 따라서 만약 흥미가 신문텍스트의 수용과정에 일차적인 자극이 될 수 있다고 한다면, 우리는

리포터의 개인적인 관점이나 자세한 인물기술 등을 포함하고 있는 전달형식들을 일컫는다.

신문텍스트의 이해유형을—하이네만/피베거의 이해유형분류[9]에 따라 분류해 본다면—'흥미위주의 텍스트 이해'로 정의할 수 있을 것이다. 결국 텍스트종류 '사건보도' 역시 신문텍스트로서 흥미위주의 독서행위(Leseaktivität)를 보인다면, 우리는 이러한 사건보도의 텍스트 이해 유형을 '흥미위주의 텍스트 이해'로 정의내릴 수 있을 것이다.

2) 텍스트종류 '사건보도'의 소통적 기본유형

텍스트의 지배적인 소통기능에 따라 신문텍스트는 일반적으로 정보위주 텍스트, 의견위주 텍스트 그리고 쌍방적 텍스트의 세 가지 기본유형으로 구분될 수 있다(뤼거(Lüger, 1983), 훈즈누어셔(Hundsnurscher, 1984), 부허(Bucher, 1986) 참조). 뤼거(1983, 73쪽 이하)에 따르면 텍스트종류 '사건보도'는 '사태보도', '르포타지'와 더불어 정보전달 기능이 강조되는 '정보중심 텍스트'에 속하며, 브링커(1988, 98쪽)는 이러한 텍스트의 정보기능을 다음과 같이 명백하게 형식화시키고 있다. 나는(텍스트생산자) 당신에게(수용자에게) 사건X(텍스트내용)에 대한 정보를 제공한다.

Ich(der Emittent) informiere Sie(den Rezipienten) über den Sachverhalt X(Textinhalt).

3) 텍스트종류 '사건보도'의 전국적 텍스트모형

텍스트종류 '사건보도'는 이해유형과 소통적 기본 기능만으로 규정될 수 없다. 왜냐하면 '사태보도'나 '르포타지'도 역시 '사건보도'와 동일한 소통기능과 이해유형을 지니고 있기 때문이다. 따라서 사건보도를 보다 명확하게 정의할 수 있는 조건은 사건보도의 정보전달 텍스트구조 즉 전국적 텍스트모형이다. 부허에 따르면, '사건보도'의 텍스트구조(정보전달의 구조)는 다음과 같다. A는 무엇인가 일어난 사건을 보도한다.

---

9) 하이네만/피베거(1991, 264쪽 이하). 하이네만/피베거는 수용자의 독서행위를 기준으로 하여 텍스트 이해의 유형을 '과제중심의 텍스트 이해', '흥미위주의 텍스트 이해', '행태중심의 텍스트 이해' 그리고 '파트너가 고려된 텍스트 이해' 등으로 구분하였다.

A berichtet(mitteilen, fest-stellen), daß sich etwas ereignet hat.

이러한 사건보도의 전국적 텍스트구조인 '-을 보도하다(berich-ten, daß)'는 구체적인 정보전달의 전형적인 실현형식으로 다음과 같이 하위 분류될 수 있다.

(1) 무슨 일이 일어났는지를 전달한다.
mitteilen, was sich ereignet hat.
(2) 언제/어디서/왜 사건이 일어났는지를 전달한다.
mitteilen, wann/wo/weshalb etwas passiert ist.
(3) 누가 이 사건에 참여했는지를 전달한다.
mitteilen, wer an dem Ereignis beteiligt war.

위에서 언급한 텍스트종류 사건보도의 텍스트 이해 유형, 소통적 기능 그리고 전국적 텍스트모형을 도식으로 표현하면 다음과 같이 요약할 수 있다.

〈텍스트종류 '사건보도'의 텍스트 특유의 기대 스키마〉
Ⅰ. 텍스트 이해 유형: 흥미위주의 이해 유형
Ⅱ. 텍스트의 소통적 기능: 정보적 기능
Ⅲ. 전국적 텍스트모형:
A는 무엇인가 일어난 사건을 보도한다.
A berichtet, daß sich etwas ereignet hat

만약 텍스트수용자가 텍스트종류 '사건보도'에 대한 이러한 기대 스키마에 기초하여 텍스트의의를 파악하기에 이를 수 있다면, 몇 가지 질문들이 여전히 대답되어야만 할 것 같다. 즉 무엇이 기사에서 전달되고 있는가? 어떠한 의미조절 성분들이 텍스트의의를 파악하기 위해 활성화되어야 하는가? 그리고 이들이 어떻게 이해의 과정에서 상호작용하게 되는가? 등등. 텍스트 이해의 경우 선택적 기능을 부여해 주는 텍스트종류 지식의 기대 스키마에 기초하여, 여기서 우선적으로 다루어질 것은 이

기사에서 전달되고 있는 정보가 무엇인가 하는 것이다. 왜냐하면 사건보도의 소통적 목적은 일정한 사건에 대한 정보전달에 있기 때문이다. 다시 말해 수용자는 생산자가 이러한 텍스트종류를 통해 수용자에게 알리고자 하는 텍스트 테마를 보다 정확하게 파악하여야만 하기 때문이다. 그럴 경우 텍스트테마를 이끌어내고 또 활성화시키는 거시전략은 이러한 텍스트 이해에 중요한 역할을 수행하게 된다. 텍스트테마인 거시구조를 이끌어내기 위해 우리는 여기서 반 다이크(1980, 43쪽)에 있어서 '의미론적 변형규칙'으로 이해되는 거시규칙을 사용하여야 할 것이다. 중요하지 않은 정보를 제외시키는 거시규칙 '생략(Auslassen)', '선택(Selektieren)'을 통해 우리는 우선 첫 번째 단계에서 다음과 같은 거시구조를 얻을 수 있다.

〈사건보도 텍스트의 1단계 거시구조〉

Ⅰ. 교황 요하네스 파울 2세는 쿠바의 교육체계를 비판하였다.
Ⅱ. 교황은 자녀의 복지를 부모 스스로가 돌봐야 하는 부모의 권리를 옹호하였다.
Ⅲ. 교황은 국가가 부모를 대신할 권리가 없다고 말하였다.
Ⅳ. 교황은 쿠바의 교육현실을 비난하였다.

이러한 정보들은 다시금 거시규칙 '일반화(Generalisieren)'를 통해 다음의 거시구조에 이를 수 있다.

〈사건보도 텍스트의 2단계 거시구조〉

Ⅰ. 교황은 쿠바의 교육체계를 비판하였다.
Ⅱ. 교황은 자녀의 복지를 위한 부모의 권리를 옹호하였다.

2단계 접근에서는 1단계 거시구조의 명제Ⅳ가 명제Ⅰ의 하위특성 개념으로, 명제Ⅲ은 명제Ⅱ의 하위특성 개념으로 간주되어, 2단계 거시구조에서는 각각 명제Ⅰ과 명제Ⅱ로 일반화될 수 있다. 뿐만 아니라 우리는 거시규칙 '통합화 또는 구성화'를 통해 텍스트테마인 3단계의 거시구조를 유추해낼 수도 있는데, 이럴 경우 2단계 거시구조의 명제Ⅱ는 명제

I 의 내포된 정보로 통합될 수 있다.

〈사건보도 텍스트의 3단계 거시구조〉
I. 쿠바의 교육체계에 대한 교황의 비판

만약 수용자가 자신의 관점에서 텍스트의의를 파악하는 데 필요한 정보들을 수용하게 되었을 때 텍스트의 수용과정이 끝나게 된다면, 우리는 이제 위에서 언급한 두 개의 전략(스키마전략과 거시전략)이 텍스트종류 '사건보도'를 이해하는 데 있어 중요한 수용전략으로 간주될 수 있는데, 왜냐하면 우리는 이들 전략을 통해 분석 텍스트가 전달하고자 하는 정보를 다음과 같이 이해할 수 있기 때문이다.

> 이 사건보도에서는 교황이 쿠바의 교육체계를 비판한 사실을 전달하고 있다. (독문: In dieser Meldung/Nachricht wird mitgeteilt, daß der Papst das kubanische Erziehungssystem kritisiert.)[10]

그러나 이러한 텍스트 이해의 분석에는 여전히 하나의 문제가 더 설명되어야 한다. 즉 위의 분석 텍스트인 사건보도를 이해하는 데 있어서 표제어의 역할이 설명되어야 한다는 것이다. 왜냐하면 여기에서는 수용자가 이미 표제어 '교황 쿠바의 교육체계를 비판하다(Papst kritisiert Kubas Erziehung)'를 통해 예문 텍스트의 주요정보를 파악할 수 있기 때문이다.

이러한 텍스트종류의 수용행위는 어느 정도 비언어적인 성분들을 통해, 다시 말해 활자적인(typographisch) 강조로 독자의 흥미를 일깨워 주는 기사제목이나 표제어를 통해 조절될 수 있는데, 이는 만약 수용자가 큰 활자체로 쓰여진 정보에 우선적으로 주목하게 된다고 가정할 경

---

10) 분석텍스트의 이해를 다시금 독문으로 표기한 것은 스키마전략과 거시전략의 사용을 통해 얻어진 내용들을—여기서는 사건보도의 전국적 텍스트구조인 'mitteilen, daß…'와 텍스트테마인 'der Papst kritisiert das kubanische Erziehungssystem'—보다 선명하게 표시해 줌으로써 이들 전략들의 중요성과 상호관련성을 보여 주기 위해서다.

우, 기대 가능한 정보의 유형을 수용자가 이미 표제어에서 얻을 수 있다는 것을 뜻한다. 따라서 표제어의 정보가 분명하고, 또 잠재적인 독자의 주목을 끌기 위하여 주요한 정보를 지니게 되면 될수록 독자는 보다 빨리 텍스트의 내용과 지배적인 텍스트기능을 파악하게 될 것이다.

결국 분석 텍스트의 텍스트의의를 파악하기 위해서는 스키마전략과 거시전략 외에도 비언어적인 전략이 사용되어야만 하는데, 이는 활자의 크기를 통해, 즉 비언어적인 성분의 사용을 통해 수용자의 주목을 끌어, 해당 텍스트에 대한 흥미를 유발시켜 주기 때문이다. 특히 큰 활자체로 강조된 위의 표제어는 거시규칙에 의해서야 비로소 이끌어질 수 있는 텍스트의 테마를 전달해 줌으로써 수용자가 이미 표제어만으로 전체의 내용을 추론해낼 수 있도록 도와주고 있는 것이다. 물론 사건보도 기사의 자세한 내용을 파악하고자 한다면, 기사를 읽는 수용자에겐 위의 3가지 전략 외에도—비록 텍스트의 의의를 파악하는 데 중요한 역할을 수행하지는 않는다 하더라도—개개의 텍스트부분들이 지니고 있는 통사적 관계를 설명하는 통사론적 전략, 낱말들의 의미와 텍스트의미의 상관관계를 설명하는 의미론적 전략, 텍스트생산자의 문체적 특징을 밝히는 문체론적 전략 그리고 사회-문화적 배경하에서 텍스트를 이해하도록 도와주는 사회-문화적 전략들이 텍스트 이해의 과정에서 사용될 수 있을 것이다.

6. 마무리

지금까지의 거의 모든 텍스트 이해 모델은 텍스트수용자가 우선은 텍스트의 개별성분들을, 즉 낱말, 명제, 텍스트부분 등을 수용·처리한 후, 이러한 개별 텍스트단위들의 연속적인 통합과정을 거쳐 부분텍스트들의 의미를 파악하고, 그런 다음 마침내 텍스트의의를 이해하기에 이른다는 전제에서부터 출발하고 있다. 그러나 본고에서는 이에 반해 텍스트의 이해가 텍스트를 읽음으로써 비로소 시작되는 것이 아니라, 이미 "화용론적인 선지향성(Voraborientierung)"(크노브로흐(Knobloch, 1984), 103쪽)에서부터 출발한다는 전제로부터 시작하고 있다. 다시 말해 스키마 전략을 통해 활성화되는 텍스트종류의 지식이 텍스트 이해의 근간이 되는 전국적인 기본구조로서 또는 텍스트기대로서 본래의 이해과정보다 앞서 인식된다는 것이다. 그럴 경우 언어적 또는 비언어적 개별성분들은 텍스트종류에 대한 지식에 의해 선택되고, 텍스트 이해에 참여하게 된다. 따라서 텍스트 이해는 일정한 언어적 또는 비언어적인 의미조절 성분들에서 확인될 수 있는 것이 아니라, 여러 가지 전제들이 기술된 후, 예를 들어 텍스트 이해를 위한 여러 가지의 상황관련성이 기술된 후, 우선은 근간이 되는 기대 스키마를 찾아내고, 이것에 다시 텍스트수용자에게 있어서 중요한 언어적 또는 비언어적인 성분들을 관련시킴으로써 텍스트 이해는 확인될 수 있다는 것이다. 텍스트의의를 규정하는 것은 결국 이러한 이해과정의 끝에 서 있는 것이다. 다시 말해 이러한 이해 분석으로 이끌어질 수 있는 것은, 텍스트 이해가 일정한 언어적 또는 비언어적인 의미조절성분들에서 수행되는 것이 아니라, 전체적으로 함께 상호작용하며 구성된다는 것이다. 그럴 경우 텍스트종류에 대한 지식은 '텍스트기대'라는 형식으로 텍스트의의를 파악하고, 또 수용전략들의 상관관계를 규정하는 데 중요한 역할을 수행하고 있음을 알 수 있다.

[참고문헌]

박여성(1995), 「화행론적 텍스트유형학을 위하여」, 『텍스트언어학』 2.

오장근(1999), 「광고텍스트의 전략적 이해」, 1999년 10월 한국독어독문학회 추계학술대회 발표논문 manuscript.

Bartha, Magdolna(1994), Das Projekt "Text und Kommunikation in der Lehre" Konzeption. In: der. (Hg.): Textverstehen-Textarbeit-Textkompetenz. Beiträge zum Workshop am 9.-10. Mai 1994 am Germanistischen Institut der Eötvö-Loránd-Uni. Budapest. S. 7-28.

Biere, Bernd U.(1989), Verständlich-Machen. Hermeneutische Tradition-

Historische Praxis-Sprachtheoretische Begründung. Niemeyer, Tübingen.

Brinker, Klaus(1988), Linguistische Textanalyse. Eine Einführung in Grundbegriffe und Methoden. 2. Aufl. Berlin.

______(1994), Textkonstitution und Textkompetenz. In: Magdolna Bartha (Hg.): Textverstehen-Textarbeit-Textkompetenz. Beiträge zum Workshop am 9.-10. Mai 1994 am Germanistischen Institut der Eötvö-oránd-Uni. Budapest. S. 109-123.

Bucher, Hans-Jürgen(1986), Pressekommunikation. Grundstrukturen einer öffentlichen Form der Kommunikation aus linguistischer Sicht. Dissertation, Tübingen 1986.

Coseriu, Eugenio(1988), Sprachkompetenz. Tübingen (=UTB 1481)

Dijk, Teun van(1980), Textwissenschaft. Eine interdisziplinäre Einführung. München.

Dijk, Teun van/Kintsch, Walter(1983), Strategies of discourse comprehension. New York.

Greimas, Algirdas J.(1971), Strukturale Semantik. Methodologische Unter-chungen. Autori. Übersetzung aus dem Französischen von Jens Ihwe. Braunschweg.

Große, Ernst U.(1976), Text und Kommunikation. Eine linguistische Einführung in die Funktionen der Texte. Stuttgart.

Harweg, Roland: Pronomina und Textkonstitution. Müchen 1968.

Hundsnurscher, Franz: Theorie und Praxis der Textklassifikation. In: Rosengren, Inger(Hg.): Sprache und Pragmatik. Lunder Symposium 1983. Lund 1984, S. 75-97.

Isenberg, Horst(1977), "Text" versus "Satz". In: Frantisek Danes/Dieter Viehweger(Hg.): Probleme der Textgrammatik II. Berlin, S. 119-146.

Kallmeyer, Werner/Klein, Wolfgang/Meyer-H., Reinhard/Netzer, Klaus/Sieber, Hans-Jürgen(Hg.) (1974): Lektürekolleg zur Textlinguistik. 2. Bd. Frankfurt am Main.

Kintsch, Walter/Dijk, Teun van(1978), Toward a Model of Discourse Comprehension. In: Psychological Review 85, S. 368-394.

Lüger, Heinz-Helmut(1983), Pressesprache. Niemeyer, Tübingen.

Michel, Georg u. a.(1988), Sprachliche Kommunikation. Einführung und

Übungen. Leipzig.

Motsch, Wolfgang(1986), Anforderungen an eine handlungsorientierte Textanalyse. In: Zeitschrift für Germanistik, S. 261-282.

Oh, Jang-Geun(1999), Das strategische Textverstehen. Theoretische Grundlagen, Methode und Anwendung des strategischen Textverstehens. Münster.

Rickheit, Gert/Strohner, Hans(1993), Grundlagen der kognitiven Sprachverarbeitung. Tübingen und Basel (=UTB 1735).

Rolf, Eckard(1993), Die Funktionen der Gebrauchstextsorten. de Gruyter, Berlin/New York.

Rosengren, Inger(1979), Sprachhandlung als Mittel zum Zweck. Typen und Funktionen. In: Lunder Germanistische Forschungen 48. S. 188-221.

Sandig, Barbara(1979), Stilistik. Sprachpragmatische Grundlegung der Stilbeschreibung. Berlin/New York.

Schmidt, Wilhelm(1980), Thesen zur Einteilung und Beschreibung von Texten. In: Brünner Beiträge zur Germanistik und Nordistik. II, S. 77-89.

Vater, Heinz(1992), Einführung in die Textlinguistik. Köln.

Wagner, Klaus R.(1979), Sprechplanung. Empirie, Theorie und Didaktik der Sprecherstrategien. Frankfurt am Main.

텍스트 이해에서 '바꿔쓰기'의 구조와 기능

이성만

1. 들어가기

커뮤니케이션에서 청자는 최적의 텍스트를 구성하고 화자의 생산의도를 재구성하기 위하여 다양한 보조수단들을 투입할 수 있다. 그 가운데 가장 중요한 것이 '바꿔쓰기'[1])이다.

바꿔쓰기의 방법 중 하나는 청자가 자신이 이해했다고 생각하는 바를 화자에게 확인하는 것이다. 이는 청자가 발화를 해석하고 진술의 결과를 명확히 하려는 것인데, 이로부터 화자는 청자가 이해한 것을 추론할 수 있다. 다른 하나는 화자가 대화과정에서 오해가 일어났음을 인식했을 때나 오해의 여지가 있다고 생각할 때 자신의 진술을 달리 표현하는 것이다. 이는 화자가 자신의 의사소통 의도, 주제의 여러 국면들을 설명하고 대화의 일부를 요약·종결하여 새로운 주제로 이끌어가거나 청자의 이해를 도우려는 것이다.

바꿔쓰기는 전통적으로 단어와 문장 차원에서 동의성과 관련해서 주목을 받아왔다. 그러나 커뮤니케이션 과정에서 텍스트(대화)의 역할이

---

1) 'Paraphrase'는 '바꿔쓰기', '변용', '변환', '의역' 등과 같이 다양하게 번역되어 사용되고 있다. 여기서는 '바꿔쓰기'와 '의역'의 용어를 문맥에 따라 자유롭게 사용하기로 한다. 바꿔쓰기에 관한 연구는 독일어 분야에서는 라트(1979), 벤첼(1981), 귈리히와 코치(1987), 귈리히(1984), 뷔리히(1996)가 대표적이며, 한국어에서는 동의 현상을 통사·의미론적으로 접근한 것이 대부분이며, 장경희(1988)처럼 간접표현에 관련된 경우, 주경희(1998)처럼 관용구(속담)를 다룬 경우, 그리고 이성만(2002)처럼 텍스트 내·외적 상호텍스트성의 관점에서 바꿔쓰기(재작성) 문제를 접근한 예들도 있다.

주목을 받으면서 텍스트의 해석이나 이해의 주요 수단으로서 바꿔쓰기의 기능도 재조명되고 있다.

여기서는 먼저 단어와 문장 차원에서 바꿔쓰기의 역할을 운게호이어(1969)와 분덜리히(1980)에 기대어 살핀다. 다음으로 텍스트 이해에서 바꿔쓰기의 기능을 탐색하기 위하여 바꿔쓰기의 종류를 세 가지(통사적, 의미적, 화용적 바꿔쓰기)로 나누어 검토한다. 마지막으로 바꿔쓰기를 통한 텍스트 이해 또는 재구성 전략을 일상텍스트를 중심으로 분석함으로써 '텍스트 바꿔쓰기'의 상호텍스트적 구조와 기능을 밝히겠다.

2. 문장에서의 바꿔쓰기: 개념적 접근

여기서는 문장에서의 바꿔쓰기, 곧 '어휘 · 문장 바꿔쓰기'와 의미적 등가성을 정의하는 방법과 관련된 논의를 중심으로 살피고, 논의의 결과를 통사적 · 의미적 · 화용적 바꿔쓰기의 세 가지로 요약하여 텍스트에서의 바꿔쓰기, 즉 '텍스트 바꿔쓰기'의 상호텍스트적 구조와 기능을 살피는 토대로 삼겠다.

운게호이어(1969)에 따르면, 두 문장 Rp와 Rq가 (특정 시간 tm에 개인 Ij의 의사소통 의도에서) 한 문장주제의 동일한 부분 ΘB를 언어로 표현한 것이라면, 이들은 서로 바꿔쓰기 관계에 있는데, PAR(Rp, Rq | ΘB; Ij, tm)로 형식화될 수 있다.

운게호이어가 도입한 화용적 바꿔쓰기는 변형문법의 출발점, 곧 문장의 통사구조가 체계적으로 바뀌더라도 그 의미는 보존한다는 입장을 비판하면서 유도된 개념이다. 변형문법 학자들에 의하면, 능동/수동(통사적 바꿔쓰기)은 기본적으로 의미가 같다. 이러한 바꿔쓰기 개념에서 중요한 것은 제보자가 이 문장들을 특정 상황에서 의미가 같다고 판단하는 것이 아니라, 이 문장들이 모든 '이상적인 화자/청자'에게 어떤 상황이나 어떤 문맥에서든 의미가 같다는 판단에 이르는 것이다.

운게호이어는 이러한 언어체계의 입장을 버리고 화용론적 관점에서 '명시적 의역'과 '암시적 의역'(운게호이어, 1969: 204)으로 이원화한다. 전자는 발화들이 '삽입구' 등에 의해 단순히 병렬로 배열되는 경우이다. 후자는 화자가 다음과 같은 특정한 상용구를 사용하여 바꿔쓰기를 암시하는 경우이다.

-단순화: 간단히 말해, 줄이면, ……

-명세화: 엄밀히 말하면, 부언하면, 정확히 하면, 풀어서 말하면, 달리 말하면, ……

-요약화: 요약하면, 요지는, 말하자면, 그러니까, 종합하면, ……

-중점화: 즉, 특히, 주제와 관련시키면, ……

운게호이어(앞책: 82f.)는 '형태'에 따라 바꿔쓰기를 세 가지로 구분한다.

1. 최소변형을 통한 바꿔쓰기
   a. 한 어휘를 축소 또는 확장하기
      -Ich esse *den ganzen Käse/den Käse/Käse.*
      -Er gießt *Blumen/die Blumen/die schönen Blumen.*
      나는 *그 치즈 전체/그 치즈/치즈*를 먹는다.
      그는 *꽃/그 꽃/그 아름다운 꽃*에 물을 준다.
   b. 어휘요소를 유지하면서 구문 바꾸기
      -Ich schlage ihn → Er wird von mir geschlagen.
      나는 그를 때린다. → 그는 나에게 맞는다.
   c. 동의어 및 관용구, 구체적/비유적 표현 등으로 교체하기
      -Ich *sehe/bemerke/sichte* ihn.
      -Er wohnt *bei mir zuhause/unter meinem Dach.*
      나는 그를 *본다/주목한다/알아본다.*
      그는 *나의 집에서/나와 한 집에서* 살고 있다.
2. 전체를 바꿔쓰기
   -추워/창문 좀 닫아!
   -Ich bin hungrig/Beeil dich mit dem Essen!
   나는 배가 고프다/밥 좀 빨리 해!
3. 최대변형을 통한 바꿔쓰기
   -논문 요약하기

바꿔쓰기 유형의 또 다른 목록은 분덜리히(1980: 81ff.)에서 발견된다. 분덜리히는 '어휘적, 문체적, 화용적, 숙어적, 통사적, 그리고 통사·의미적 바꿔쓰기'를 구분한다.

'어휘적 바꿔쓰기'는 동의어를 사용하는 경우이다(예, 때리다/치다). 동의어들이 다양한 언어변종으로 표현되는 경우(예, 때리다/갈기다)를 '문체적 바꿔쓰기'라고 한다.

'맥락적' 또는 '화용적' 바꿔쓰기는 특정한 상황에서 기능을 발휘한다.[2] 화용적 바꿔쓰기의 기능은 다음의 예에서 보듯이 동일한 효과를 겨냥하는 직접적인 표현 대신에 간접적인 표현을 사용하는 점에서 찾을 수 있다.[3]

(1) a. 일요일에 예술의 전당에서 정명훈 피아노 콘서트가 있다.
  b. 일요일에 너와 함께 콘서트에 가고 싶어.

'숙어적 바꿔쓰기'는 어휘적 바꿔쓰기와 유사하기는 하지만, 한 단어가 숙어적 또는 관용구적 어법으로 대체되는 차이가 있다(예, 임신하다/배가 부르다, 쉽다/누워서 떡 먹다, ……).

'통사적 바꿔쓰기'는 동일한 내용어들이 상이한 통사적 구조와 기능에서 능동/수동과 같은 관계에서 사용되기 때문에 성립된다. 따라서 통사적 바꿔쓰기는 외형적으로는 변형문법의 바꿔쓰기와 유사하다. 그러나 변형문법에서는 바꿔쓰기 관계가 필연적으로, 곧 언어체계에 근거하여 성립되는 반면에, 통사적 바꿔쓰기는 책임이 의사소통 참여자 측에 있다는 점을 상기할 필요가 있다. 즉, 능동/수동 관계에 있는 문장들은 어떤 상황에서는 바꿔쓰기 관계로서 삽입될 수 있지만, 다른 상황에서는 이들 간에 나타나는 이러한 차이가 화자에게 중요할 수 있다.

분덜리히는 통사적 바꿔쓰기와 통사·의미적 바꿔쓰기를 구분하는 기준으로서 통사적 바꿔쓰기가 근거하는 기재들이 일반화될 수 있다는 점

---

2) 커뮤니케이션 연구의 관점에서 보면, 바꿔쓰기는 모두 '맥락적/화용적' 바꿔쓰기이기도 하다. '화용적 바꿔쓰기'는 따라서 분덜리히가 정의한 것처럼 바꿔쓰기의 한 부류라고는 할 수 없다. 바꿔쓰기는 모두 구체적인 상황과 구체적인 화자와 청자에 의존하기 때문이다.

3) 간접화행에 대해서는 특히 장경희(1988) 참조.

을 든다. 또한 분덜리히는 바꿔쓰기들이 거의 일반화될 수 없는 기재들에 근거한 경우를 통사·의미적 바꿔쓰기라고 부른다. 이는 일반화될 수 있는 통사적 전환이 어휘적으로 모습을 달리하는 경우인데, '조카/숙모', '더 젊다/더 늙다', '받다/주다'처럼 어휘 변환에 의한 바꿔쓰기가 그런 예들이다.[4)]

바꿔쓰기는 한국어의 '즉, 다시 말해서, 말하자면……', 독일어의 'd.h., heißt, besser noch, oder besser, genauer, also, bzw, oder, was ich meine, ist……' 같은 재작성 표지(Reformulierungsindikator)[5)]에 의해 암시되는 경우도 드물지 않다. 기본적으로 바꿔쓰기 구문은 관련 표현, 재작성 표지, 재작성 표현 중 하나를 포함한다. 토론에서 사용된 (2)처럼 이러한 재작성 표지 없이 기존의 발화를 내용적으로 반복하는 바꿔쓰기도 애용된다.

(2) a. <u>dein chef</u> hat dich ja auch *gebraucht*.
b. <u>der</u> war ja *auf* dich *angewiesen*.
c. <u>der</u> wäre ja *aufgeschmissen gewesen* ohne dich.

관련 표현 (2a [너네 사장이 너를 필요로 한 거지])는 (2b [저 분이 너한테 의지한 거지])와 (2c [저 분은 네가 없었다면 분명 곤경에 빠졌을 거야])에 의해 내용적으로 변형되어 바꿔쓰기가 일어나고 있다. *chef*[사장]과 수신자 *dich*[너를] 간의 통사구조와 의미관계는 변함없다. 주어만이 (2b)와 (2c)에서 대명사로 표현된다. 그리고 '뭔가 필요하다'는 내용이 *brauchen*[필요하다], *angewiesen sein*[의지하다], *aufgeschmissen sein* [곤경에 빠지다]로 변형되면서 표현이 확장된다. 여기서 말하는 확장은 가공된 표현이 관련 표현보다 표면적으로 확장된 경우를 말하는데, 관련

4) 탈문장적 바꿔쓰기들, 예를 들어 복잡한 문장들이 다수의 더 단순한 문장들로 대체되거나 그 역도 성립하는 경우들도 통사·의미적 바꿔쓰기의 개념에 속한다. 이러한 바꿔쓰기에서는 접속사가 전치사로 전환되고 동사들이 명사화되는 경우가 흔하기 때문이다. 분덜리히(1980: 86)와 본고의 573쪽 이하 참조.

5) 여기서는 재작성 표지를 바꿔쓰기 표지의 상위 개념으로 사용하였음. 재구성 표지 전반에 관한 체계적인 논의와 구어 텍스트에서 바꿔쓰기 표지의 기능에 대해서는 이성만(2002) 참조.

표현의 한 어휘소(또는 하나 이상의 어휘소)가 다소 자의적으로 개별 자질들로 분할되는 방식을 취한다. 가공된 표현은 표현 면에서는 확장되었지만, 내용 면에서는 관련 표현과 유사한 핵심 자질을 유지하고 있다.

3. 텍스트에서의 바꿔쓰기: 방법론적 접근

앞 장에서는 언어학자들이 제시한 문장 바꿔쓰기의 기준들을 선별적으로 살펴보았다. 한편으로 문장에서의 바꿔쓰기는 거의 예외 없이 이해 보장의 기능을 갖는다는 특성이 있다. 실제로 다양하게 사용된 바꿔쓰기는 대화나 텍스트에서 화자의 청자 지향적인 계도(啓導)를 암시하는 징후의 의미를 갖는 것으로 볼 수 있다. 그 이유는 화자가 특히 청자의 이해 고충을 선취, 인식 또는 제거하기 위하여 부단한 노력을 기울이기 때문이다. 다른 한편으로 바꿔쓰기의 지나친 사용은 화자 자신의 발화의도가 불명확하고 의사소통능력이 부족함을 보여 주는 징후일 수 있다. 한 문장으로 구성된 부분 텍스트[6] (3)은 바꿔쓰기가 무절제하게 사용되어서 동어반복이 일어난 경우를 보인 예이다.[7]

(3) Wenn man nämlich die Instrumentalität der Sprache be- rücksichtigt, ihre Verwendungs*möglichkeiten,* kommt man oft dazu, das, wofür die Sprache verwendet werden kann, das, was die Sprache ermöglicht, das wofür sie Grundlage oder Abkürzung sein kann, als die Funktion der Sprache anzusehen, also das Wesen der Sprache nicht durch ihre innere *Leistung*, sondern durch ihre äußerliche *Verwendung* zu bestimmen.

---

6) 본고에서는 한 텍스트의 구성성분으로서 부분 텍스트(Teiltext) 또는 단락(Paragraph)을 'TT'로 형식화하여 사용함.

7) Coseriu, U.(1970), *Sprache. Strukturen und Funktionen*, Tübingen, 50쪽. 분덜리히(1980: 78)에서 재인용하였음.

'언어의 도구적인 면, 곧 언어의 사용 가능성을 염두에 둔다면, 언어가 무엇에 사용될 수 있는가, 언어가 무엇을 가능하게 하는가, 언어가 무엇의 토대나 축약일 수 있는가 하는 점을 흔히 언어의 기능으로 볼 수 있게 된다. 즉, 언어의 본질은 언어의 내적인 성과를 통해서가 아니라 언어의 외적인 사용을 통하여 규정될 수 있는 것이다.'

(3)에서 다양하게 열거된 바꿔쓰기와 마지막 구문을 축소 · 요약하면 (3′)와 같은 텍스트 바꿔쓰기가 가능하다.

(3′) Wenn man die Verwendungsmöglichkeiten der Sprache berücksichtigt, so kommt man dazu, das, wofür die Sprache verwendet werden kann, als die Funktion der Sprache anzusehen, also das Wesen der Sprache durch ihre Verwendung zu bestimmen."

'언어의 사용 가능성을 고려하면, 언어가 무엇에 사용될 수 있는가 하는 점을 언어의 기능으로 볼 수 있게 된다. 즉, 언어의 본질은 언어의 사용을 통하여 규정될 수 있는 것이다.'

이런 맥락에서 *Möglichkeiten*[가능성], *Funktion*[기능], *Wesen*[본질]이 등가 관계에 있다면, (3)은 'x이면 x이다'($PAR_{TH}(Tx_1, Tx_1')$)는 구조를 취한다. (3)은 유사어 반복으로서 순환적이며, 당연한 진리만을 표현하고 있으므로, 특수한 생각을 표현하고 있지 않다. 말하자면 (3)은 특수한 주변생각, 예를 들어 언어의 사용 가능성이 단지 어떤 외면적인 것일 따름이고 그의 내면적인 성과는 내보이지 않는 주변생각만을 나타낼 수 있다. 이러한 주변생각을 문제삼는 것은 *Verwendung*[사용]과 *Leistung*[성과]의 대비적인 강조로 암시되고 있다. *äußere*[외부의]와는 달리, 단어 *äußerliche*[외적인, 외면적인]은 이 맥락에서는 부정적인 의미로 이해될 수 있다.

우리의 기본 가정은 동일한 정보가 언어 표현의 선택에 따라 다양하게 전달될 수 있다는 것이다. 예컨대 한 화자가 "역으로 가는 길을 가르쳐주실 수 있습니까?"라고 하고, 다른 화자가 "아마도 내일 비가 올 것만 같아요"라고 말한다면, 각 발화는 기본적으로 서로 다른 정보를 포함하고 있으므로 문체 변이형으로 보기 어렵다. 여기서 말하는 문체상의 선택은 임의의 x를 선택한다는 뜻이 아니라 항상 '공변의(covariant) 표현 가능성 집합 중에서 선택한다'는 뜻이다.

캐츠와 포더(1970: 212)[8]는 능력 있는 화・청자의 중요한 의미능력 가운데 하나는 어떤 문장들이 한 문장을 바꿔쓰기한 것인지를 판단할 수 있는 능력이라고 본다. 그 동안 이 문제에 대한 생성문법의 연구는 '동의어 문장들'이 공통적인 심층구조를 갖는 다른 문장들의 변이형으로 볼 수 있다는 아주 일반적인 성과에 도달했을 따름이다. 그러나 바꿔쓰기의 원리는 1970년대부터 텍스트 언어학의 주요 관심사가 되고 있다. 이를테면, 어휘(또는 의미소)를 보존하는 통사적 변형, 동의어와 상・하의어 교체, 관용구・환유・논리・정보・기능에서 등가적으로 대치하기,[9] 표제를 텍스트로 확장하기,[10] 원본텍스트를 요약텍스트로 축소・역주하기, 삭제하기, 치환하기, 텍스트 교주하기 등이 텍스트 바꿔쓰기의 주요 관심사들이다.[11] 텍스트를 텍스트로 바꿔쓰기를 할 때에는 물론 파트너 텍스트들(동일한 주제를 다룬 텍스트들) 사이에 극히 암시적이고 간접적인 관계도 허용되어야 한다. 그럼에도 지금까지 바꿔쓰기의 구조를 명확하게

---

8) "Die Struktur einer semantischen Theorie." in H. Steger(ed.), *Vorschläge für eine strukturale Grammatik*, p. 212, Darmstadt.

9) 몇 가지 중요한 예만 제시한다. PAR(A′, A′): eine *rätselhafte, geradezu geheimnisumwitterte* Frau[*불가사의한*, 정말 *비밀에 싸인* 여인](동의어 관계), ein *Hotel*, das kaum den Namen *Unterkunft* verdient[숙소라는 명칭을 거의 사용하지 않는 호텔](하의・상의어 관계). PAR($A_{[s]}$, ($B_{[g]} \wedge C_{[Arb]}$)): 개별 어휘소 A와 그 확장형의 요소인 B와 C가 서로 주종관계에 있는 경우, So *zerstörerische*(C) *Luftbewegungen*(B) sind bei uns kaum registriert worden. *Hurrikane und Orkane*(A) gibt es viel häufiger in den Tropen[그토록 *파괴적인 대기 움직임*이 우리 지역에서 기록된 적은 거의 없었다. *태풍과 허리케인*은 열대지방에서 훨씬 더 흔하다.]. PAR($A_{[s]}$, ($B_{[g]} \wedge C_{[ds]}$)): 정의소(Definiendum)와, 피정의소(Definiens)의 요소 B와 C는 서로 연언(連言) 관계에 있다. 피정의소는 정의소의 확장이다: *Orkan*(A) heißt eine *Luftbewegung*(B) von mehr als 100km/h(C)[*허리케인*은 시속 100km 이상의 *대기 움직임*을 말하는 것이다].

10) 아그리콜라(1979, 22)는 일반적인 관점에서 표제와 본문과의 관계를 이렇게 정의한다: 'PAR_{TH}(A, Tx), 즉 표제 A는 관련 텍스트 Tx와 동일 주제 바꿔쓰기(isothematische Paraphrase) 관계에 있다.' 즉, 표제 A는 이어지는 텍스트(본문) Tx과 주제상 등가관계에 있다: 'A는 Tx의 대상, 핵심이다.' 표제 A는 Tx에 대해 응축 관계에, Tx는 A에 대해 확장 관계에 있다.

11) 드레슬러(1972: 18f.), 보그랑드와 드레슬러(1981), 이성만(1996) 참조.

제시하거나 상호 관련 속에서 설정하지는 못하였다. 그 이유는 바꿔쓰기의 경우에 동의어 관계에서보다 의미 등가성을 별로 문제삼지 않고, 오히려 문장이나 텍스트의 차등화된 일치 관계를 문제삼았기 때문이다.

그러므로 여기서는 텍스트의 기능과 본질 그리고 텍스트의 거의 무한한 변형·구성 가능성에 맞게, 그리고 텍스트 변형의 개념을 되도록 폭넓게 적용할 수 있도록 텍스트 바꿔쓰기를 느슨하게 다음처럼 정의하고자 한다: '텍스트 Tx_1와 Tx_2가 동일한 주제 TH에 따라 전개되었고 이들이 다시 그 주제로 회기될 수 있다면, 이들은 서로 동일주제(Isothema)를 바꿔쓰기 한 것이다.'[12] 이 정의는 하위텍스트와 하위주제에도 적용된다. 이런 관점에서 우리는 텍스트에서 바꿔쓰기의 유형을 다음처럼 세 가지로 정리할 수 있다.

3.1. 통사적 바꿔쓰기

통사적 바꿔쓰기는 같은 언어 수단들을 다양하게 사용하여 동일한 사태를 재현하는 것이다. 여기서 중요한 것은 의미변화가 일어나지 않는 순수 형식적인 바꿔쓰기인데, 텍스트 통사론에서 말하는 대용 또는 응결 수단들이 좋은 본보기이다.

표층구조하고만 관련된 차이는 생성문법의 기술 장치로도 파악될 수 있다. 그 동안 변형에 대하여 가정된 의미 불변 원칙은 단순한 치환 외에도 첨가나 삭제가 수행되면 문제가 된다.[13] 간단한 예가 수동변형이다. 우리가 능동/수동에 대해 완전한 의미 등가를 가정하기 위해서는 수동 변형이 언어사용에서 단순한 통사상의 장난이 아님을 보여주어야 한다. 수동 변형은 행위를 능동 변형의 대상으로 바꾸고 대개 행동주를 배제시키는 기능을 한다. 그러나 중요한 것은 의미차이이다. 변형을 통하여 언어학적으로 명확한 기술이 가능하다는 초기의 생각은 완벽한 '통사

12) 아그리콜라(1979: 28)도 참조.

13) 운게호이어(1969: 195f.)는 '완전변형(Totalvariation)에 의한 바꿔쓰기'(예, 배고파 - 빨리 밥 줘!)와 '최소변형(Minimalvariation)에 의한 바꿔쓰기'를 구분한다. 본고의 제2장의 논의 참조.

적 바꿔쓰기'가 상대적으로 드물다는 점에서 설득력을 잃게 된다.

다음의 어휘 변화들은 통사적 변화와 관련이 있다.

(4) a. 철수는 민수보다 더 젊다/더 얌전하다.
b. 민수는 철수보다 더 늙었다/덜 얌전하다.
c. 명희는 예찬의 숙모/여선생이다.
d. 예찬은 명희의 조카/학생이다.
e. 다정은 진효에게 차를 주었다/팔았다/빌려주었다.
f. 진효는 다정에게서 차를 얻었다/샀다/빌렸다.

(4b)는 (4a)의 바꿔쓰기이다. 마찬가지로 (4d)와 (4c), (4f)와 (4e)는 서로 바꿔쓰기 관계에 있다. '더 젊다/더 늙었다, 숙모/조카, 주다/받다' 등은 이른바 어휘적 변환이다. A가 B보다 더 젊으면 당연히 B는 A보다 더 늙었으며, 그 역도 성립한다. 변환 표현이 선택되면 A와 B의 통사적 위치만 교체될 수 있다. 이 점은 앞에서 말한 능동/수동 관계의 특징과 일치한다. 그러나 여기서 중요한 것은 어휘적 관계이다.

또 다른 극단적인 경우로는 다음과 같은 바꿔쓰기 부류들이다.

(5) a. Die Aufgabe ist lösbar.
b. Die Aufgabe läßt sich lösen.
c. Die Aufgabe ist zu lösen.
d. Die Aufgabe kann gelöst werden.
e. Man kann die Aufgabe lösen.
f. Es ist möglich, die Aufgabe zu lösen.

(5)는 모두 '이 문제는 해결될 수 있다'는 뜻인데, 여기서 바뀌지 않은 것은 *die Aufgabe*[문제]와 *lösen*[해결하다, 풀다]뿐이다. 물론 이 자리에 *Ziel/erreichen*[목표/달성하다], *Pilz/essen*[버섯/먹다] 같은 또 다른 단어들이 들어갈 수 있다. 그 밖에 동사가 형용사로 바뀌고, 동사 *lassen*[하게 하다]와 화법동사 *können*[할 수 있다] 또는 *möglich*[가능한]이 첨가된다. (5e)와 (5f)에는 능동구문이, (5d)에서는 수동구문이 나타난다.

(5a)~(5c)에는 동사의 능동형이 나타나지만 유사수동 구문이다. 논리적 주어가 문법적 주어이고 논리적 주어는 'von-전치사구'하고만 결합될 수 있기 때문이다. 텍스트 차원에서도 통사적 바꿔쓰기가 가능하다.14)

(6) a. Es regnete. Trotzdem fuhr Peter Rad. Das verschlimmerte seinen Husten.
b. Peter fuhr Rad, obwohl es regnete. Das verschlimmerte seinen Husten.
c. Peter fuhr trotz des Regens Rad. Das verschlimmerte seinen Husten.
d. Peters Radfahren trotz des Regens verschlimmerte seinem Husten.

(6)은 모두 '비가 왔음에도 피터는 자전거를 타고 다녔다. 그래서 감기가 더 심해졌다'라는 기본의미가 있다. (6d)는 복잡한 생각을 표현한 명사구이다. (6a)처럼 이 생각이 세 부분들로 나누어질 수 있다. 바뀌는 것은 부분생각들(부분명제들)을 연결하는 텍스트 수단들이다.

3.2. 의미적 바꿔쓰기

바꿔쓰기는 의미소(Semem)의 의미를 바꿔쓰기 하여 설명한 결과라고 할 수 있다. 즉, 바꿔쓰기는 하나 이상의 어휘를 포함한다는 점에서 통사적 단위이자 동시에 하나 이상의 의미소를 포함한다는 점에서 의미적 단위이다. 이것은 한 어휘를 자립적인 언어단위로 어휘화시키는 그의 구성성분으로 자유롭게 분할하여 얻어진 결과물로 해석될 수 있다. 개별 어휘의 관점에서 보면, 확장 과정, 곧 실제적인 바꿔쓰기와 관련이 있고, 바꿔쓰기 결과물의 관점에서 보면 축소, 요약 및 응축 또는 탈명사화로

14) 구문상의 차이를 식별할 수 있도록 직역하면 다음과 같다. a. 비가 왔다. 그럼에도 피터는 자전거를 타고 다녔다. 그것이 그의 기침을 악화시켰다. b. 피터는 비가 오는데도 불구하고 자전거를 타고 다녔다(양보절). 그것이 그의 기침을 악화시켰다. c. 피터는 우천임에도 자전거를 타고 다녔다(양보구). 그것이 그의 기침을 악화시켰다. d. 우천임에도 감행한 피터의 자전거타기는 그의 기침을 악화시켰다.

간주될 수 있다. 축소는 확장과 반대의 과정을 취한다. 표면적으로 확장된 의미단위의 의미자질들이 '요약'되고, 가공된 표현의 의미소(들)로 압축(응축)된다. '변형'은 확장이나 축소의 그 어느 특성도 없으며, 어느 정도 동일한 단어자료가 다르게 배열되어 나타나게 되는 경우이다. 바꿔쓰기의 기본 형태는 PAR(x, y)로 형식화될 수 있는데, 간단한 예를 들어 설명하면 (7)과 같다.

(7) a. 확장에 의한 바꿔쓰기: $x<y$

x: 대통령 y: 국가의 최고 통치자

x: 뉴스 표제 y: 뉴스 본문

b. 요약/응축(압축)에 의한 바꿔쓰기: $x>y$

x: 이 텍스트의 정보들로 텍스트 주제를 추론하는 과정

y: 주제 추론하기

c. 변형에 의한 바꿔쓰기: $x\cong y$ (예, (5), (9) 참조)

여기서 방법론적인 관점에서 추론하기와 바꿔쓰기의 차이를 살펴보자. 추론과 전제는 평서문이 유의적이거나 참일 수 있도록 진리를 필요로 하는 문장들(명제들)이다. 우리는 이들을 문장에서 이끌어내어 그 의미를 설명한다. 따라서 이들은 중요한 방법론적 보조 장치들이다.

(8) Eigentum verpflichtet. Es soll zugleich dem Wohle der Allgemeinheit dienen.

재산에는 의무가 따르며, 동시에 공익에 이바지해야 한다.

→ Es gibt jemanden(=X), der Eigentum hat. (a)

→ Jemand besitzt etwas. (b)

재산을 가진 누군가가 있다.—누군가가 무엇을 소유하고 있다.

→ Es gibt jemanden(=Y), der verpflichtet ist. (c)

의무가 있는 누군가가 있다.

→ X=Y (d)

→ Y ist zu etwas verpflichtet. (e)

→ Jemand (=Z) hat Sanktionierungsmöglichkeiten gegen Y. (f)

→ Z ist willens und bereit, Sanktionen zu ergreifen. (g)
Y는 무엇에 대한 의무가 있다.
→ 누군가가 Y의 위반에 대해 재제를 받을 수 있다.
→ Eigentum verpflichtet. Darum soll es zugleich dem Wohle der Allgemeinheit dienen. (h)
재산에는 의무가 따른다. 그래서 공익에도 이바지해야 한다.

이 예는 다른 관계들도 나름의 역할을 하는 실제 망상조직의 작은 단면에 지나지 않는다. 예시적으로 설명된 추론들은 다양한 위상을 갖는다. (8a)로는 실제로 전제가 표현되었다. 이 전제가 타당하지 않았다면 규정은 무의미했을 것이다. 왜냐하면 이 전제는 모순적인 전제를 위한 규정이었을 것이기 때문이다. (8c)는 의무를 필요로 하는 *verpflichten*[의무가 따른다]의 의미로부터 어휘·문법적으로 추론한 것이다. (8e)는 동사 *verpflichten*의 다른 의미·문법적 특성을 설명하고 있다. 이처럼 직접적인 추론 외에도 (8b), (8f), (8g) 같은 추론에서 나오게 되는 간접 추론이 있다. 이런 모든 추론들은 랑그(langue)에 근거한 것이라 할 수 있다.

(8d)와 (8h) 같은 추론은 다르다. (8d)는 명백히 우리의 세상지식에 기초하는 의의조건을 주고 있다. 이 조건이 없으면 우리의 일상세계에서는 전체 규정이 무의미해 질 것이다. 반대로 (8h)는 수용자가 맥락에 따라 추론하는 두 문장들 간의 내용 관계를 설명한다. 그런 불명확한 추론은 이른바 함축과 간접화행을 이해하는 데 결정적이다.

추론의 결과는 표현들이 얼마나 응축되어 있을 수 있으며, 그에 따라 그것을 이해하는 것이 얼마나 복잡할 수 있느냐를 보여준다. 동시에 우리는 *jemand*[누군가], *etwas*[어떤 것] 같은 불특정 표현들에서 부분적으로만 지식을 통하여 정확히 규정되는 기본법의 모호함을 인식하게 된다. *Jemand*는 누구인가? 누구나 뭔가를 소지하는 기본법에 예속된 사람인가? 무엇이 법의 지배를 받고 있는가? 그러나 부분적으로는 여전히 모호하다. 무엇에 대하여 사유재산은 실제로 의무가 있는가? 물론 우리는 그것에 관해 추측을 할 수 있다. 우리에게 중요한 것은 문법적으로 근거가 제시된 추론이다. 우리는 문장을 이해하기 위하여 그 추론에 주목해야 한다.

바꿔쓰기의 매력은 모호한 사용에 대하여 동일한 뜻을 가진 문장을 제시하는 것이다. 말하자면 바꿔쓰기는 추론보다 더 강하지만, 의미제시보다는 더 약하다. 왜냐하면 의미제시는 사용 가능성을 모두 이해해야 하기 때문이다. 그래서 한 문장에 대하여 자신은 서로 바꿔쓰기 관계에 있지 않는 다수의 바꿔쓰기도 주어질 수 있는데, 그 역도 성립한다.15)

(9) Die Würde des Menschen ist unantastbar.
→ Man darf die Würde des Menschen nicht antasten.
→ Man kann die Würde des Menschen nicht antasten.
→ Keiner darf die Würde des Menschen antasten.

(9)는 '인간의 존엄성은 침해할 수 없다'는 뜻인데, 여기서는 *unantastbar* [침해할 수 없는]의 문법적 바꿔쓰기를 제시하고자 하였다. 문법에서는 많은 구문의 의미가 일반적인 바꿔쓰기로 설명되었다. 그리고 사용 면에서 구분할 수 없고, 어떤 대안들이 적용되는지 드러난다. 그러나 바꿔쓰기는 형성방식의 개별 국면들과 문법적 특성들을 명확히 보여준다.

3.3. 화용적 바꿔쓰기

(10) a. A가 B를 때린다.
b. A가 B를 처벌한다.
c. A가 B에게 분풀이를 한다.

(10b)와 (10c)는 (10a)의 행위를 한 가능한 이유를 기술하고 있다. 그러나 열거된 행위들은 (10a)에서와 같은 행위를 통해서도 실현될 수 있

15) 의미상의 차이를 식별할 수 있도록 직역하면 다음과 같다.
인간의 존엄성은 침해받을 수 없다.
→ 우리는 인간의 존엄성을 침해해서는 안 된다.
→ 우리는 인간의 존엄성을 침해할 수 없다.
→ 누구도 인간의 존엄성을 침해해서는 안 된다.

는데, (11)의 표현들에서 알 수 있다.

(11) a. A는 B를 처벌하기 위하여(B에게 분풀이를 하기 위하여) B를 때린다.
b. A는 B를 때려서 B를 처벌한다(B에게 분풀이를 한다).

(10a), (10b), (10c)는 특수한 상황에서는 참이다. 벌이나 분풀이가 기본적으로 형벌에 의해 수행되는 맥락들이 있다. 이런 맥락에서는 (10a)와 (10b), (10c)는 서로 바꿔쓰기 관계에 있다. 즉, 화용적 바꿔쓰기를 문제삼고 있다. 반대로, 벌이나 분풀이가 형벌에 의한 것과는 달리 수행되는 상황들이 있는데, 그런 맥락에서는 (10a)와 (10b), (10c)는 바꿔쓰기 관계에 있는 것이 아니다.

4. 바꿔쓰기를 통한 텍스트 이해전략

앞 장에서 논의한 결과를 요약하면, 텍스트 바꿔쓰기(PAR(x, y))에는 다음과 같은 전략들이 필수적이다.

−PAR(Lx_1, Lx_2): 어휘 Lx_1를 다른 어휘 Lx_2로 바꿔쓰기한다.
−PAR_{TH}(S_1, S_2): 문장 S_1을 다른 문장 S_2로 바꿔쓰기한다.
−PAR_{TH}(Tx_1, Tx_2): 텍스트 또는 부분 텍스트(TT) Tx_1을 다른 텍스트 또는 부분 텍스트 Tx_2로 바꿔쓰기한다.
−PAR_{TH}(A, Tx): 표제 A를 본문 Tx로 바꿔쓰기한다.

4.1. 요약을 통한 텍스트 이해전략($PAR_{TH}(Tx_1, Tx_2 \mid Tx_1 > Tx_2)$)

'인터뷰', '(정치)토론', '경찰조서', '수업대화'16) 등 대부분의 대화유형에서는 의사소통 파트너의 대화내용을 재구성, 정리, 요약, 해석 등을 함으로써 사회자가 파트너의 대화내용을 올바로 이해하였는지 확인하거나 일반 청취자의 이해를 돕는 경우가 흔하게 나타난다. 먼저 대화와 주제를 조종할 때 사용되는 텍스트 바꿔쓰기의 몇 가지 예를 살펴보기로 한다.

(12)에서는 사회복지부 공무원과 소송 의뢰인의 대화에서 청자에 의한 바꿔쓰기, 즉 의뢰인(화자)의 말차례(turn)에 대한 담당 공무원의 바꿔쓰기 전략에 한정시키겠다. 이런 대화에서는 대개 담당 공무원만이 정확한 법적인 상황과 개별 전달내용의 적합성에 관한 정보를 받기 때문에, 담당 공무원은 소송 의뢰인이 대화를 통해 제공하는 과잉정보들 중에서 중요한 정보들을 선별해야 한다. 이런 정보 여과작업은 특정한 국면을 강조하고 나머지 국면들을 삭제하는 이른바 '국면 바꿔쓰기'에 의해 이루어진다.

(12) **소송 의뢰인**: 전 아직도 그 회사의 구성원으로 남아 있습니다. 그런데 한 때 수술할 지경에 이르기는 했지만 이제 다시 건강을 되찾았다고 생각해요. [……] 아무튼 저는 이제 다시 일을 할 수 있을 것 같아요.

담당 공무원: *그러니까* 당신은 예전의 그 회사에서 다시 일을 할 수 있다 이거지요.

(12)에서는 되찾은 작업능력의 국면이 강조되고 있다. 그런데 작업능력이 추측만 되고 있고('다시 건강을 되찾았다고 생각해요.') 작업능력 사실의 근거는 질문되지 않고 있다.

화자는 청자에게 바꿔쓰기를 임의적이 아니라 의식적으로 제공할 수 있다. 청자는 자신의 몰이해를 예컨대 '그게 무슨 뜻이지, 응?' 또는 '무슨 말인지 모르겠어'처럼 신호하여 화자에게 바꿔쓰기를 요구할 수 있다. 그러나 청자도 스스로 자신의 이해정도를 나타내는 바꿔쓰기를 제시할 수 있다: '그게 p(명제내용)를 뜻하는 거냐?'('Meinst du damit, dass p.')

---

16) 박용익(1998: 249ff.) 참조. 수업대화에서는 '(비)이해표시'에서 정의, 설명, 되물음 형태의 바꿔쓰기가 사용됨.

슈퍼마켓 정육점에서 점원과 손님이 비언어적 행동을 수반하면서 나누는 대화를 이용하여 이 점을 설명해 보자.

(13) 손님: "Ja, 100g davon."(손으로 가리키며)
점원: "Davon?"(손으로 가리키며)
손님: "Nein, dahinter."
손님: 맞아요. 그것에서 100g 주세요.
점원: 이것에서요?
손님: 이뇨. 그 뒤에 있는 것에서.

손님의 첫 번째 손짓은 상품을 확인하기 위한 행위 계획이다. 점원은 확인을 바르게 수행하였는지 확신할 수 없어서 바꿔쓰기, 곧 자신의 관점에서 손짓을 한다. 그 이유는 일반적으로 점원이 진열대의 상품에 더 가까이 서 있기 때문이다. 손님은 점원의 확인이 잘못되었음을 *Nein*[아뇨]로 암시하고, 자신의 첫 손짓을 수정하는 바꿔쓰기를 한다. 이번에는 *dahinter*[그 뒤에 있는 것에서]라는 언어적 형태로 나타난다. 그러나 *dahinter* 자체도 상황 속에서만 바꿔쓰기가 된 것이기 때문에 여전히 가리키는 대상이 불명확하다. 점원은 두 표현이나 손님의 손짓을 연결시킬 때 비로소 손님이 원하는 상품을 올바로 확인할 수 있게 된다.

이처럼 바꿔쓰기가 협동적인 이해 도구이자 조작수단의 기능을 한다는 점은 텍스트에서도 찾을 수 있다. 문어체 텍스트에서 사용되는 일반적인 형태의 바꿔쓰기는 독자에게는 없는 배경지식을 협동적으로 전해주는 방식인데, 개념이나 어휘의 바꿔쓰기가 대부분이다.

(14) a. 텍스트의 '전국적 의미', 다시 말해서 텍스트의 주제 내지 대화 주제를 밝혀줄 거시구조는 계층적 구조를 취할 수 있다.
b. Es muss jedoch einwandfrei, d.h. frisch, sauber und frei von Sand und Schmutz sein.
하지만 그것은 이론의 여지가 없어야 합니다. 즉, 투명하고 깨끗하고 티끌하나 없어야 합니다.

(14)에서 알 수 있는 것은 낯선 단어(예, 전국적 의미)뿐 아니라 너무나 일반적이거나 모호한 단어들(예, *einwandfrei*[이론의 여지가 없는])도 문제가 될 수 있다는 점이다. 저자는 그때그때의 상황맥락에서 독자가 이런 단어를 어떻게 이해해야 할 것인지를 바꿔쓰기를 통하여 제어하고 조종할 수 있다. PAR(x, y)를 이용하여 (14b)의 바꿔쓰기 관계를 분석하면 PAR=d.h.(=das heißt[즉]), x=es muss einwandfrei sein[이론의 여지가 없어야 합니다], y=es muss frisch, sauber und frei von Sand und Schmutz sein[투명하고 깨끗하고 티끌하나 없어야 합니다]의 형식을 취한다.

4.2. 해석을 통한 텍스트 요약전략

(15) 수녀 의료보험공단 사취

로카르노(dpa). [1] 로카르노의 한 수녀가 백만 달러에 달하는 사기행각으로 체포되었다. [2] 가짜 계산서 때문에 월요일에 구금된 수도회 수녀 엘사는 수 년 동안 개인병원 ‘산타 키아라’를 위하여 근무 수당을 보험조합에 허위로 청구하였다. [3] 물론 그녀는 그 돈을 한 푼도 착복하지는 않았으며, 경리사원으로서 적자에 허덕이는 개인병원을 유지시키고자 사취행각으로 활로를 모색했을 따름이었다.

(15)는 세 문장으로 구성되어 있다. [2]와 [3]은 [1]의 진술에 대한 추가정보를 제공한다. 텍스트가 간단함에도 ‘수녀/수도회 수녀, 체포/구금, 사기행각/사취행각’ 같은 어휘적 바꿔쓰기가 사용되고 있는데, 표현을 바꾸면 탈락될 수 있다. 관점에 따라 (15)의 해석은 명제내용 ‘수녀’, ‘수녀의 체포’, ‘사기행각으로 인한 체포’ 중 어느 것부터 시작해도 적절하다. 표제를 근거로 하면 ‘수녀’부터, [1]을 근거로 하면 ‘수녀의 체포’나 ‘사기행각에 의한 체포’부터 시작되어야 할 것이다. 사기꾼이 수녀라는 사실은 실제로 중요하지 않지만, 독특한 매력 때문에 강조되고 있다. 독자는 [3]에서야 수녀가 개인적인 동기에 의한 행동이 아님을 알게 된다. 명제 ‘수녀의 체포’는 인물을 강조한다. 그러면 이야기는 이 인물이 어떤 사건

과 연루되어 있는지를 제시해야 한다. 명제 '수녀의 체포'와 '사기행각에 의한 체포'는 사건을 강조한다. 그러면 이야기는 사건의 장소와 시간 및 관련 인물들을 구체화해야 한다. 그렇지만 경찰이 그 사건에 관여하였는지는 언급될 필요가 없다. '체포하다'라는 동사에서 이것을 유추할 수 있기 때문이다. 보도가치가 있는 사건에서 주요 인물들이 연루되어 있지 않다면 명제 '사기행각에 의한 체포' 같은 시작이 일반적이다. 이런 경우에는 '사고 후 도주', '주차장의 혈투' 같은 텍스트 표제가 가능하다. 그렇지 않은 경우에는 주요 인물이 표제에서 언급된다. 그러면 '수녀'나 '수녀의 체포' 같은 시작이 의미가 있다. 이런 경우에 수녀는 중요하지는 않지만 표제에서 강조되므로, 어느 명제내용부터 시작되어도 상관없다.

가령 '수녀'로 시작하게 되면 먼저 인물이 세부적으로 특성화되므로, 그 다음에는 그 인물의 행위가, 마지막에는 보도를 야기한 사건들이 오게 된다. '수녀의 체포'나 '사기행각에 의한 체포'를 선택하면 거꾸로 사건부터 시작하게 된다. (15)의 표현들을 바꿔쓰기하면 다음과 같이 된다.

(16) (a) 중요한 것은 수녀이다. (b) 그녀의 이름은 엘사이다. (c) 그녀는 개인 병원 '산타 키아라'의 경리사원이었다. (d) 그 병원은 번창하지 못했다. (e) 그 수녀는 적자에 허덕이는 그 병원을 유지시키고자 했다. (f) 그녀는 수 년 동안 가짜 계산서를 보냈다. (g) 그녀는 의료보험조합에 근무수당을 허위로 청구하였다. (h) 그것은 사기였다. (i) 금액이 백만 달러에 달했다. (j) 그 수녀는 그 돈을 착복하지는 않았다. (k) 경찰은 그녀를 월요일에 로카르노에서 체포하였다.

이들은 응결수단인 전조응어(또는 전술언급 지시어)를 포함하고 있다. 대명사 '그녀', '그', '그것'이 그런 예이다. (16h)는 (16g)에 대한 논평이다. 즉, (16g)에 기술된 행위는 일반적인 범죄사실 구성요건이다. (16a)~(16k)는 기본적으로 각각 한 가지 정보만 재현하고 있다. 이들은 일반적인 어순과 능동구조를 취하고 있다.

(16b)가 중요하지 않음은 쉽게 알 수 있다. (16d), (16e), (16j)는 수녀의 사기 동기를 밝히고 있지만, 범죄사실 구성요건과 그에 따른 체포는 중요하지 않다. (16g)는 (16f)에 관한 설명이므로 (16f)는 불필요하다. 따

라서 (16a, c, f, g, h, j)를 이용해서 텍스트를 요약할 수 있다. 이들의 내용을 하나의 복문으로 재현하면 다음과 같은 텍스트 바꿔쓰기가 가능하다.

(17) 월요일에 로카르노에서 개인병원 '산타 키아나'의 경리사원 수녀가 의료보험조합에 백만 달러 이상을 부당 청구한 사기행각 때문에 체포되었다.

4.3. 설명을 통한 텍스트 이해전략($PAR_{TH}(Tx_1, Tx_2)|Tx_1 < Tx_2$)

블루멘탈(1983: 2f.)은 문체의 전형적인 구조를 '의미 응축(semantische Dichte)'에서 찾고 있다. 의미 응축은 화자의 의도와 청자의 수용이라는 텍스트의 연상관계에 근거한 것으로서, 텍스트에 따라 바뀌는 현상이다. 그리고 연상은 발화에서 나타나는 단어들 간에 성립하며, 수용자의 연상은 텍스트에 의해 야기된 효과이다. 연상수단은 알려진 문체무늬(Stilfigur)와 일치하기는 하지만, 또 다른 문체현상의 기술도 허용한다. '대립관계', '유사관계'(동의어 관계, 음성 유사성), '근접관계'(지식 프레임에 의한 결속관계)는 블루멘탈(앞 책: 12)에 따르면 쉽고 빠르게 파악하고 잘 유지하기에 적합한 원칙이다. 이러한 '의미 응축'을 가장 쉽게 발견할 수 있는 곳이 서정시와 광고언어, 정치언어 또는 서적 표제와 익살 등이다. 여기서는 전형적인 응축의 예로서 독일의 지하철 역 벽면 등에 낙서형태로 된 정치 '금언'을 분석하여 보겠다.

(18) BT2: *Ent-rüstet Euch!*

여기서는 *sich entrüsten*[분노하다]와 *abrüsten*[군비 축소하다]의 음성 유사 관계가, 그리고 *abrüsten*[군비 축소하다], *aufrüsten*[군비 증강하다], *nachrüsten*[군비 확장하다], *Rüstung*[군비]의 근접 관계가, 마지막으로 접두사 *ent-*와 *ab-*의 의미적 유사관계가 사용되고 있다. 이 금언은 가능한 바꿔쓰기 '*Entrüstet euch über die (Nach-)Rüstung*'[군비 확장에 분노하라!]보다 더 효과적이고 더 깊은 인상을 준다. 우리는 *sich entrüsten*

의 규약적인 사용과의 화용론적 '대립관계'를 인식할 수 있다. 즉, 무장해제(Entrüstung)가 일어나는데, 즉흥적이다. 이것은 누군가가 분노하도록, 즉 *rüstet ab!*[군비를 축소하라!]에서 가능하듯이 행동하도록 누구에게 요구하는 말이 아니다. 바꿔쓰기를 이용하면 언어표현과 그 이면에 숨겨진 전체적인 내포의미와의 관계를 밝힐 수 있다: '*Seid entrüstet über die (Nach-)Rüstung und handelt: rüstet ab!*'[군비 확장에 분노한다, 군비를 축소하라!]

4.4. 변형을 통한 파트너 텍스트들 간의 상호소통 ($PAR_{TH}(Tx_1, Tx_2|Tx_1 \rightleftarrows Tx_n)$)

예시분석의 예로는 여러 날 동안 연속적으로 취급된 '비행기 추락'에 관한 일간신문의 「뉴스단신(Meldung)」을 이용하기로 한다. 뉴스단신은 다른 미디어 텍스트 유형보다 형식이 간단하고 구조가 복잡하지 않으며, 뉴스의 원천이 동일하다는 특징이 있다.

(19) BT1-1: 쿠바 반혁명주의자들의 테러음모로 비행기 추락

첫날의 뉴스단신의 핵심주제는 명사구로 된 표제[17]에서 명시된 추락사건이고[(19): 쿠바 비행기 추락], 주제 확장과 희생자의 수와 특수한 추락 상황에 관한 주변주제들로 구성되어 있다[(20): 73명의 승객과 승무원 희생, 폭발에 의한 추락].

(20) BT1-2: 수요일 저녁 쿠바 항공사 '쿠바나' 소속 비행기 한 대가 바바도스 근처에서 추락했다. 기내에는 73명의 승객과 승무원이 타고 있었다.

같은 신문에 난 또 다른 관련 뉴스의 예가 (21)[폭발은 곧 승객 암살]

17) 표제의 문법적 형태는 크게 NP[명사구], VP[동사구] 또는 S[문장]의 세 가지 형태로 요약된다. 우리의 예는 본문 전체의 의미를 정확하게 요약한 NP에 속한다.

이다.

(21) BT2: 쿠바 항공사 '쿠바나' 소속 비행기가 수요일 저녁 바바도스 근처의 쿠바해로 추락했다고 쿠바 합동통신이 보도했다. 바바도스-킹스톤-하바나 노선을 운항하던 이 비행기의 기내에는 73명의 승객과 승무원이 타고 있었다. 'DC 8' 기종인 이 비행기가 추락하기 직전 조종사는 브리지타운 소재 관제탑에 비행기 기내에 폭발이 일어났다고 전했다.

그 다음날에는 추락의 핵심주제가 그의 원인 제시, 즉 테러음모에 의한 폭발 보도로 확인함으로써 확장되면서, 일부 승객들의 특성에 관해 신빙성 있는 보충정보를 통하여 변형되고 있다[(22): 원흉은 반혁명주의자, 원흉의 본거지 마이애미, 승객 중 일부는 쿠바 펜싱선수단, 대회 후 귀국중인 펜싱선수단, 펜싱선수단 13개 메달 획득].

(22) BT3: 78명의 인명은 쿠바 항공사 '쿠바나' 소속 비행기가 카리브해의 바바도스 섬 근처에서 추락한 수요일 저녁 테러음모의 희생자들이 되었다. 뉴욕발 소련 관영통신 TASS의 보고에 의하면, 대 참사의 책임은 미 플로리다의 마이애미에 본부를 둔 반혁명주의자들에게 있다. 바바도스-킹스톤-하바나 노선 여객기의 승객 중에는 카라카스에서 열린 펜싱대회에 참석한 쿠바 선수단도 있었는데, 이들은 이번 대회에서 24개의 메달 중 13개를 획득한 바 있다.

이틀 후의 뉴스인 (23)에서는 복합주제의 강조사항이 이동되면서 주제 바꾸기(Themenverschiebung)가 일어난다. 지금까지 핵심주제였던 '비행기 추락' 사건이 새로운 핵심주제인 '용의자 체포'라는 주변주제로 바뀌었다. 여기서는 암살의 원흉에 관한 주제 확장이 핵심주제뿐 아니라 주변주제와 동시에 관련을 맺고 있다.

(23) BT4: 트리니다트 토바고 경찰은 스페인의 한 항구에서 쿠바의 바바도스 섬 서쪽에 추락한 쿠바 여객기에 폭탄을 설치한 혐의를 받고 있는 2명의 용의자를 체포했다. 수요일 저녁 비행기 추락 당시에 78명이 사망했

> 다. 체포된 두 명의 용의자는 중간 기착지인 바바도스에서 비행기를 내렸다. 쿠바 비행기 추락 후 반혁명주의 단체 '콘도르'의 대표는 전화통화에서 이번 테러음모에 대해 지지 입장을 표명한 바 있다.

텍스트와 텍스트, 텍스트 안에서 부분 텍스트들 간의 커뮤니케이션, 곧 텍스트 내·외적 상호텍스트성 관계를 통하여 다음과 같은 두 가지 사실을 알 수 있다. 후자의 예와 관련시키면, 하나는 한 텍스트(Tx)가 여러 부분 텍스트들(TT)로 구성되어 있다는 점이다. 이 부분텍스트들은 각각 하나 또는 그 이상의 문장들로 구성되어 있는데, 모두 확장될 수 있다. 예를 들면, 이들은 하나의 단락으로 확장될 수 있다. 다른 하나는 이러한 텍스트들이 하나의 단문이나 명사구 형태를 취할 수 있는 하나의 기본생각으로 소급될 수 있다. 그리고 우리의 예에서와 같이 주제에서 친족 관계에 있는 이러한 전체 텍스트는 축소된 부분텍스트 단위들을 합성한 것으로 볼 수 있다.

5. 마무리

바꿔쓰기는 일상적인 커뮤니케이션에서 필수적인 생산 전략이자 이해 전략이다. 바꿔쓰기는 언어의 표준화뿐 아니라 개념 정의에도 이용된다. 또한 바꿔쓰기는 텍스트의 의미를 분석하고 해석하는 중요한 도구이기도 하다. 텍스트의 해석은 배경, 동인, 사회적·역사적 맥락 등을 해독해야 한다.

텍스트를 체계적으로 해석하면 텍스트의 표준적인 표현 변이형에 이를 수 있다. 즉, 복잡한 문장들은 축소되고, 텍스트의 개별 진술(명제)과 정보들은 선별되고 정리된다. 텍스트가 최소 문장들의 연속체로 분할되는 것이다. 이렇게 하여 중요한 진술들은 중요성이 떨어지는 진술들과 분리되고, 텍스트가 요약되고, 텍스트의 핵심어들이 일반화될 수 있다. 텍스트 유형에 특징적인 표준 형태를 찾아내거나 개발하는 일도 가능하다.

여기서는 바꿔쓰기를 세 가지(통사적, 의미적, 화용적 바꿔쓰기)로 요약하였다. 화용적 바꿔쓰기는 적어도 협동적인 동기에서, 이를테면 이해 보장에 사용된다. 마찬가지로 바꿔쓰기는 비협동적인 목적에, 이를테면 협동성을 그럴싸하게 보이고 대화의 주제흐름을 조종하고 화자의 진술을 청자에게 유리한 방향으로 이끌거나(청자 바꿔쓰기 때) 또는 청자의 해석을 조종할 시간을 얻기 위하여 투입될 수 있다.

이러한 바꿔쓰기의 유형들은 텍스트 이해에서 여러 가지 기능을 가질 수 있는데, 여기서는 세 가지 기능(확장[명세화, 설명, 해석, ……]·변형·축소[요약, ……])를 통한 텍스트 이해전략, 변형을 통한 파트너 텍스트들 간의 상호소통)을 텍스트 바꿔쓰기의 주된 기능으로 삼고 있다 (24). 이것을 예시적으로 동일주제를 다룬 「뉴스단신」을 분석하였는데, 그 결과를 도식화한 것이 (25)의 동그라미 부분이다.

(24)

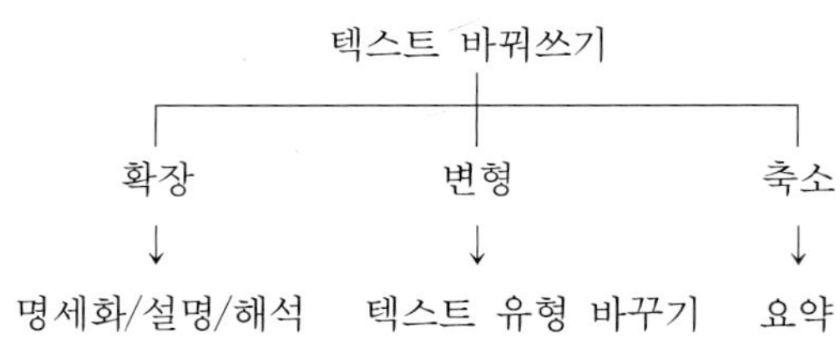

(25)

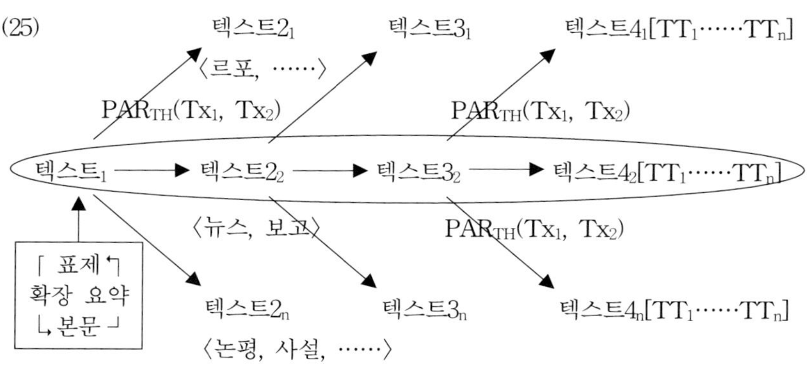

〈설명〉

표제: PAR(A, Tx)

본문: PAR_{TH}(Lx, Lx′/Sx/TTx), PAR_{TH}(Sx, Lx/Sx′/TTx), PAR_{TH}(TTx, Lx/Sx/TTx′).

파트너 텍스트들: PAR_{TH}(Tx, Tx′/Tx_n)

텍스트 바꿔쓰기는 어휘 및 문장 바꿔쓰기처럼 절대적인 관계가 아니라 상대적인, 등급화될 수 있는 관계이다. 텍스트 유형화[18]에서 동일한 의사소통 기능을 가진 텍스트 유형들인 T_1과 T_2(예시분석에서 사용한 텍스트 유형은 제보적 기능이 지배적인 「뉴스단신」임)가 바꿔쓰기 관계에 있는 것으로 보일 수 있는 정도는 앞에서 제시한 통사적·의미적·화용적 바꿔쓰기의 방법을 통하여 탐구될 수 있다. 예컨대 신문 커뮤니케이션에서는 동일주제를 다루었을지라도 텍스트 유형이 다르게 되면, '텍스트기능'이 달라지는데, 이런 경우는 동그라미 속에 있는 텍스트들과 동그라미 바깥에 있는 텍스트들과의 상호텍스트적 관계에서 찾을 수 있다.

결론적으로, 바꿔쓰기는 구어와 문어를 포괄하는 모든 텍스트종류들에서 특히 텍스트 이해에 중요한 기능을 한다. 앞으로 이에 대한 보다 종합적인 연구가 있어야겠으며, 나아가서 구어와 문어의 텍스트 생산 및 이해 과정에서 바꿔쓰기 전략의 역할과 기능에 대한 자세한 연구도 병행되어야 할 것이다.[19]

[참고문헌]

박용익(1998), 『대화분석론』, 한국문화사.

백설자(1998), 「발화성격규정어와 그 의사소통적 기능-한국어와 독일어의 대비연구」, 『텍스트언어학』 5, 205-231쪽, 한국텍스트언어학회.

18) 텍스트의 유형화 문제는 화행(speech act)을 기준으로 한 브링커(1997) 참조.

19) 문어 텍스트에서 이들의 기능에 대해서는 백설자(1998)가 대표적임.

이성만(1993), 「저자시점의 언어적 실현에 대하여－사회적 이미지 형성의 텍스트언어학적 연구시론」, 『인문논총』 8, 141-170쪽, 배재대 인문과학연구소.

______(1996), 「문체와 텍스트. 화용문체론적 텍스트분석」" 『독일문학』 59, 385-407쪽, 한국독어독문학회.

______(2002), 「신문언어의 텍스트언어학적 연구 1」, 『텍스트언어학』 13, 107-140쪽, 한국텍스트언어학회.

______(2005), 「상호텍스트적 관계 속의 텍스트」, 『언어과학연구』 33, 221-242쪽, 언어과학회.

장경희(1988), 「국어의 간접표현」, 『주시경학보』 1, 130-152쪽, 주시경연구소.

주경희(1998), 「문결속 기능으로서의 속담」, 『텍스트언어학』 5, 87-101쪽, 한국텍스트언어학회.

Agricola, E.(1979), *Textstruktur-Textanalyse-Informations-kern*, Leipzig.

de Beaugrande, R./W.U. Dressler(1981), *Einführung in die Text- linguistik*, Tübingen.

Blumenthal, P.(1983), *Semantische Dichte. Assoziativität in Poesie und Werbesprache*, Tübingen: Niemeyer.

Brinker, K.(1997), *Linguistische Textanalyse*, Berlin: Schmidt.

Bührig, K.(1996), *Reformulierende Handlungen*. Tübingen.

Dressler, W.U.(1972), *Einführung in die Textlinguistik*, Tübingen.

Gülich, E.(1994), "Formulierungsarbeit im Gespräch,: Cmejrkova · Frantisek · Havlova, *Writing vs. Speaking*, Tübingen, 77-95.

Gülich, E./Kotschi, Th.(1987), "Reformulierungshandlungen als Mittel der Textkonstitution," in Motsch, W., *Satz, Text, sprachliche Handlung*, 199-261 Berlin.

Lang, E.(1977), "Paraphrasenprobleme I," *Linguistische Studien*, Reihe A, 42, 97-156, Berlin.

Rath, R.(1979), *Kommunikatinspraxis*, Tübingen.

Sandig, B.(1986), *Stilistik der deutschen Sprache*, Berlin: de Gruyter.

Ungeheuer, G.(1969), "Paraphrase und syntaktische Tiefenstruktur," *Folia Linguistica* 3, 178-227.

Wenzel, A.(1981), "Funktionen kommunikativer Paraphrasen. Am Beispiel von Gesprächen zwischen Bürgern und Beamten am Sozialamt," in Schröder · Steger, *Dialogforschung*. 385-417, Stuttgart.

Wunderlich, D.(1980), *Arbeitsbuch Semantik*. Frankfurt/M.

찾아보기

ㄱ

저자 소개

고영근(高永根): 서울대학교 명예교수
462-500 성남시 분당구 구미동 66 까치마을 신원APT 302동 1001호
전　　화: 031-712-7241
휴 대 폰: 018-223-7241
전자우편: komorph@hanmail.net

고성환(高晟煥): 한국방송통신대학교 국어국문학과
110-791 서울시 종로구 동숭동 169번지
전　　화: 02-3668-4556
휴 대 폰: 010-5247-4825
전자우편: kosh@knou.ac.kr

김동근(金東瑾): 전남대학교 인문대학 국어국문학과
500-843 광주광역시 북구 용봉로 77
전　　화: 062-530-3139
휴 대 폰: 011-620-5584
전자우편: dong@chonnam.ac.kr

성기옥(成基玉): 전 이화여자대학교 국어국문학과 교수
670-832 경남 거창군 고제면 농산리 776
전　　화: 055-943-9083
휴 대 폰: 017-293-9053
전자우편: ns773@naver.com

신선경(申宣京): 한국기술교육대학교 교양학부
330-708 충남 천안시 동남구 병천면 충절로 1800
휴 대 폰: 010-2047-7144
전자우편: skshin4@kut.ac.kr

신지연(申智姸): 목원대학교 국어국문학과
302-318 대전광역시 서구 목원길 21
전　　화: 042-829-7496
휴 대 폰: 010-9021-7496
전자우편: jshin@mokwon.ac.kr

안정오(安正五): 고려대학교 인문대학 독일문화정보학과
339-700 충남 연기군 조치원읍 서창동 208번지
전　　화: 02-977-3236, 041-860-1244
휴 대 폰: 010-8995-6006
전자우편: anco@korea.ac.kr

양영희(梁永嬉): 전남대학교 인문대학 국어국문학과 강사
500-757 광주시 북구 용봉동 전남대학교 인문대학
전　　화: 062-530-3130
휴 대 폰: 010-6431-4133
전자우편: chamnamu-02@hanmail.net

양정호(梁正昊): 덕성여자대학교 국어국문학과
132-714 서울시 도봉구 쌍문동 419
전　　화: 02-901-8158
휴 대 폰: 010-5035-0842
전자우편: suiya1@hanmail.net

엄　훈(嚴　薰): 청주교육대학교 국어교육과
361-712 충북 청주시 흥덕구 청남로 330
휴 대 폰: 016-298-2649
전자우편: hihoon@cje.ac.kr

오장근(吳長根): 인하대학교 사회교육학과 대우교수
402-751 인천광역시 남구 용현동 253
전　　화: 032-860-7860
휴 대 폰: 010-6743-2771
전자우편: domplatz@hanmail.net

윤석민(尹錫敏): 전북대학교 국어국문학과
561-756 전북 전주시 덕진구 덕진동 1가 664-14
전　　화: 063-270-3176
휴 대 폰: 010-4165-8318
전자우편: yuonsm@chonbuk.ac.kr

이성만(李成萬): 배재대학교 독일어문화학과
302-735 대전광역시 서구 도마2동
전　　화: 042-520-5334
휴 대 폰: 016-403-3472
전자우편: leesm@pcu.ac.kr

이은경(李恩卿): 홍익대학교 국어교육과
121-791 서울시 마포구 상수동 72-1
전　　화: 02-320-1875
전자우편: yieg@hongik.ac.kr

이인경(李仁暻): 이화여자대학교 국어국문학과 강사
138-798 서울시 잠실7동 우성 아파트 29동 601호
전　　화: 02-415-7885
휴 대 폰: 011-605-9396
전자우편: ikfeen@hanmail.net

이정복(李正福): 대구대학교 국어국문학과
712-714 경북 경산시 진량읍 내리리 15
전　　화: 053-850-6017
휴 대 폰: 010-4809-3347
전자우편: leejb@daegu.ac.kr

이희승(李熙昇): 서울대학교 문리과대학 교수
동아일보사 사장 역임
편저서: 『國語學槪說』, 『國語學論考』, 『국어대사전』, 『一石李熙昇全集』 등
연락처: 이경은(kelee85@yahoo.co.kr)
135-280 강남구 대치동 미도아파트 109동 1001호

장경희(張京姬): 한양대학교 사범대학 국어교육과
133-791 서울시 성동구 행당동 17
전　　화: 011-9037-4827
전자우편: changkh@hanyang.ac.kr

장소원(張素媛): 서울대학교 국어국문학과
151-742 서울시 관악구 관악로 599
전　　화: 02-880-6032
휴 대 폰: 010-2905-6032
전자우편: sowon@snu.ac.kr

조보라미: 영남대학교 국어국문학과
712-749 경북 경산시 대동 214-1
전　　화: 053-810-2113
전자우편: brmzoh@yahoo.co.kr

조숙환(曺淑煥): 서강대학교 영어영문학과
121-742 서울시 마포구 신수동 1
전　　화: 02-705-8300
휴 대 폰: 019-335-9887
전자우편: swcho@sogang.ac.kr

최용호(崔龍鎬): 한국외국어대학교 프랑스어과
449-791 경기도 용인시 처인구 모현면 왕산리 산 89
전　　화: 031-330-4236
휴 대 폰: 011-390-0646
전자우편: yhchoi@hufs.ac.kr

최형용(崔炯龍): 이화여자대학교 국어국문학과
120-750 서울시 서대문구 대현동 11-1
전　　화: 017-277-3786
전자우편: chy@ewha.ac.kr

황선엽(黃善燁): 성신여자대학교 국어국문학과
136-742 서울특별시 성북구 동선동 3가 249-1
전　　화: 02-920-7593
휴 대 폰: 011-437-4052
전자우편: idhsy@sungshin.ac.kr

텍스트 언어학 총서 1

한국문학작품과 텍스트분석 값 30,000원

2009년 6월 25일 1판 1쇄

저 자 고영근 밖에
발 행 인 임 경 환
발 행 처 **집 문 당**
주 소 413-756 경기도 파주시 교하읍 문발리 514-7(본사)
110-360 서울시 종로구 와룡동 95번지(서울사무소)
등 록 1971. 3. 23. 제2-304호
영 업 부 (02)743-3192~3 팩스(02)742-4657
전자우편 sale@jipmoon.co.kr
편 집 부 (02)743-3096 팩스(02)743-3097
전자우편 edit@jipmoon.co.kr
홈페이지 www.jipmoon.co.kr

ISBN 978-89-303-1398-8

이 도서의 국립중앙도서관 출판시도서목록(CIP)은 e-CIP 홈페이지
(http://www.nl.go.kr/ecip)에서 이용하실 수 있습니다.(CIP제어번호: CIP2009001521)